U0137864

上海市「十二五」重点图书

本书由上海文化发展基金会图书出版专项基金资助出版

【晚清以来人物年谱长编系列】

闻一多年谱长编

增订版

上卷

闻黎明　侯菊坤 ◎ 编著

闻立雕 ◎ 审定

上海交通大学出版社

SHANGHAI JIAO TONG UNIVERSITY PRESS

内容提要

本书按年谱长编体例编写,客观、完整和系统地记录闻一多先生各个时期的生平历史。全书由谱前、正谱、谱后三部分组成。谱前主要记录家世渊源,正谱包括家庭生活、求学经历、社会政治活动、文艺创作理论、学术研究、教学工作、思想发展、个人情操、友朋交谊等,谱后记录闻一多殉难后,国内外的反响和查处过程以及各界人士的追悼、纪念活动等。本书以原始或直接资料为基本史料,广泛收集宣言、函电、演讲记录、听课笔记、时事答问、报刊报道、档案文献、友朋学生的回忆和日记等相关信息,并参考走访记录和信访复函等资料。

图书在版编目(CIP)数据

闻一多年谱长编:全2卷／闻黎明,侯菊坤编著.
—增订本. —上海:上海交通大学出版社,2012
(晚清以来人物年谱长编系列)
ISBN 978-7-313-08647-1

Ⅰ.①闻… Ⅱ.①闻…②侯… Ⅲ.①闻一多
(1899～1946)-年谱 Ⅳ.①K825.6

中国版本图书馆 CIP 数据核字(2012)第 125996 号

闻一多年谱长编(上卷)
——增订本

编　　著：闻黎明　侯菊坤
出版发行：上海交通大学出版社　　　　　　　地　　址：上海市番禺路 951 号
邮政编码：200030　　　　　　　　　　　　　电　　话：021-64071208
出 版 人：韩建民
印　　制：上海盛通时代印刷有限公司　　　　经　　销：全国新华书店
开　　本：787 mm×960 mm　1/16　　　　　总 印 张：65.75　插页：12
总 字 数：1190 千字
版　　次：2014 年 12 月第 1 版　　　　　　　印　　次：2014 年 12 月第 1 次印刷
书　　号：ISBN 978-7-313-08647-1/K
总定价(全 2 卷)：350.00 元

聞一多年譜長編

趙樸初署

闻一多先生

（时为 1945 年抗战胜利后剃去胡须后之留影，张友仁摄）

1917 年清华学校中等科毕业留影

1913 年 11 月辛酉级演出《革命军》合影（右一蹲者为闻一多）

1921 年清华学校高等科毕业留影

1921 年为《清华年刊》绘制的《梦笔生花》

1922 年出国前与父亲等人合影（右一为闻一多）

1922 年在芝加哥美术馆前

1923 年美国科罗拉多大学中国同学会(后排右二为闻一多,梁文蔷提供)

1928 年闻一多任武汉大学文学院长

1937 年抗战爆发初,闻一多与全家在湖北浠水老家

1939 年闻一多演出《祖国》时留影

1938 年春湘黔滇旅行团辅导团途中留影(前蹲者为闻一多)

闻一多做伏羲研究时的绘图

闻一多用古籀文录写的《离骚》

1944 年闻一多与西南联大中文系教授合影
（左朱自清、罗庸、罗常培、闻一多、王力）

1945 年闻一多春游石林（董公勖摄）

1946 年 6 月，闻一多与全家在西南联大西仓坡宿舍前
（左起：闻立鹏、闻一多、闻立鹤、高孝贞、闻惠、闻名、赵妈、闻立雕，赵沨摄）

1946 年 6 月闻一多在家里治印（赵沨摄）

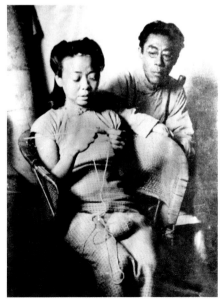

闻一多与妻子高孝贞

《一二·一运动始末记》手稿

1946年《民主周刊》刊登的闻一多为李公朴殉难题词

湖北浠水闻一多纪念馆

北京八宝山公墓的闻一多、高真(高孝贞)合葬墓

序　一

闻一多之孙、闻立雕之子黎明同志,怀着对于革命先烈无限敬爱的赤忱,花费了大量心血,搜集了很多珍贵资料,编辑出这部《闻一多年谱长编》。考虑到我的时间与精力,只将一九四四年至一九四六年六月这两年半(这一段我比较熟悉)的稿本交我阅读,这已经是沉甸甸的六本复印件了。我说它重甸甸,不仅指的是这几本稿件的重量;更指的是,它所包含的那一段历史内容的分量;闻一多及其战友们崇高的思想感情的分量;还有闻一多周围的一代革命青年爱祖国、爱人民、爱民主从而热爱中国共产党的巨大革命热情的分量。我一遍一遍地抚摸着这些复印本,我感到它不仅是沉甸甸的,而且是火辣辣的。它一下子把我带回到那个如火如茶的年代,带回到四十年代中期昆明民主运动、学生运动的热潮中。闻一多、李公朴及其战友们的高大形象重现眼前。

从这本《长编》中可以看到,作为诗人、学者和一代哲人的闻一多,他愈来愈坚定地走向革命,走到人民革命的前锋,是他和周围的人民群众,特别是和广大革命青年思想感情互相交融的必然结果。他热爱青年,信任并帮助青年,也就得到青年们的热爱、信任和帮助。他从青年群众汲取智慧和力量,从而用更高的智慧和力量引导青年向前进。五四运动,"一二·九"运动、"一二·一"运动……都从中锻炼出一代一代的革命英雄和文化战士。

五四运动也许离我们够远了。虽然五四提出的民主与科学的任务尚待继续努力,而五四时代的老战士,迄今健在者已寥若晨星。"一二·九"运动涌现出大批男女健将,在党的领导下,和革命群众,特别是和武装的革命群众相结合,在我国革命和建设中发挥了光辉的作用,现在也都老了,到了写回忆录的年岁了。"一二·一"运动直到解放前夕波澜迭起的青年爱国民主运动,与解放区的人民武装斗争相结合,也做出了伟大历史贡献并锻炼出大批的勇士,其中很多人成为新中国各方面的社会栋梁。闻一多及其光荣战友们——李公朴、吴晗、张奚若、周新民、楚图南们,都是热爱青年、寄希望于青年一代的,他们的希望并没有落空。

记得毛泽东曾对一批留苏青年学生说过这样的话:世界是你们的,也是我们的,但归根到底是你们的。这话说得对,是符合历史唯物论和唯物辩证法的。近十年来,我国进入社会主义建设与改革的新时期,教育文化事业也有很大发展。在国内外高等院校进行科学文化钻研的有志之士,数量与规模超过以往任何时期。他们今天是祖国的希望,明天是社会的栋梁。四个现代化的重任,要靠他们继续担当。固然前进的道路远非一帆风顺,但是跨过艰难险阻,同时也克服自身的缺点和弱点,他们将变得更聪明,更刚毅,更具有乘长风破万里浪的本领。我们也像闻一多烈士那样,寄希望于青年一代。我们相信青年的大多数,也就是相信祖国的明天、新中国的未来,必将属于爱国、爱党、爱人民、热爱社会主义事业和科学真理的青年一代。

我深深感谢黎明同志的辛勤劳作。这部《长编》不但展现了一个大时代的若干轨迹,也展现了一位文化巨人成长发展的身影。但在定稿时候,最好作些剪裁或压缩。例如,昆明民主运动中经一多起草或润色的大量长篇文件,包括昆明民盟对时局的宣言、声明及文化界的呼吁书、签名信等(其中有些文稿是1946年秋北平政治空气紧张期间吴晗移存我处,又经我交徐冰转移妥善地方保存下来的),这些革命文献资料的各篇全文,似可汇编成附册,附在《年谱长编》之后,使全书眉目更加清晰,这作为一个参考意见吧。进一步的希望,则是从这部《长编》中提取精华,编出一部内容精审、思想性文学性兼美的年谱或传记,使读者披书可见闻一多其人,又从一个人看到一个时代。这更是寄希望于青年一代了。

张光年

一九八九年四月于北京

序　二

　　《闻一多年谱长编》是闻黎明同志积年奋发努力的成果。这本内容十分丰富而翔实的书,足可以令读者对闻一多其人和他的时代有比较清楚的了解。

　　闻一多先生是一位卓越的爱国者,是一位知识渊博的学者和充满激情的诗人。他从一个脱离人民群众的知识分子,转变为同人民一起奋斗的战士;从一位接受美式教育的民主个人主义者,转变为坚定的革命者。他所走的道路,以及他为民主革命而牺牲,对今天乃至今后的几代人——特别是青年知识分子——仍会发生很大的教育与感召的作用。

　　像近代一切奋发有为的中国知识分子一样,鼓舞闻一多不断前进的基本动力是他那浓挚的爱国热情。他在美式教育的学堂里读书,身历中西文化冲突的激烈震荡,而能独立打下中国文化的深厚根柢,并产生文化兴国的理想。在美国留学期间,他深受帝国主义侵略和歧视的刺激,日夜思念祖国。他丝毫不曾迷醉于异国的富有繁华,更不曾有半点仰人鼻息的念头。他努力提前完成学业归国,以展其文化兴国的抱负。这想法自然是不切实际的。那时,他的爱国主义还带有狭隘民族主义的倾向。经历伟大的抗日战争的实践,他的思想境界大为转变。这时,他已把反抗侵略和争取人民的解放联系在一起了,爱国的感情植根于对人民的深切同情之上。

　　深切了解人民,把自己的命运同人民联系在一起,这是闻一多思想转变最重要的关键。

　　一九三七年抗战爆发,闻一多同清华大学一起南迁,继之又与同学生们一起徒步走到云南。整整八年,他与普通老百姓一样,时在饥饿的威胁之中,对人民的苦难和牺牲有了切肤之感。同时,他也亲眼看到了国民党军政当局丧师失地,毫无悔过之心,官吏贪污,军官扣饷,流血奋战的士兵却有的沦为乞丐。闻一多开始觉醒了。当抗战胜利之际,国民党的大批官员"劫收"自肥,苦熬了八年的人民却更加痛苦。人民想望民主,统治当局却施以法西斯特务统治;人民要求和平,蒋介石却发动内战,国家、人民的命运将何以堪?闻一多挺身站到人民的前列,他愤慨,他抗议,他痛斥蒋介石、国民党,而把希望寄托于中国共产党。他成了国民党当局的眼中钉,早在他牺牲的前一年,就把他列入了黑名单。一多先生明知特务的枪口正在向他瞄准,他毫无畏惧,继续斗争,他心中想着亿万的人民。他是作为一位真正的人民英雄倒下去的。

闻一多先生之所以能成为人民英雄,因为他是一位无私的勇士。他在斗争中总是自我刻励,经常解剖自己。他认为"民主运动必须从自己身上先做起,时时刻刻先要检讨自己"。这才是一种真正的民主精神。只有自身具备真正的民主精神,才配作民主的战士。

闻一多先生是中国最有天才的诗人和最富有创造力的学者之一。他的新诗创作和新诗理论,在中国新诗史上占有重要地位。他关于中国古代文化史(包括上古神话、古代诗歌及文学、古文字学、民俗学,等等)的研究,极多创获,广为海内外学者所称引。他还是一位杰出的书画艺术家。

一多先生深谙中国古典,却不流为蠹鱼;他了解西方艺术,却不屑止于稗贩。他借鉴西方的理论与方法,用批判的眼光整理和发掘古代文化遗产,多发前人所未发,为后来者开许多门径。他是中国新文化运动的一位健将。他始终坚持了五四新文化运动的基本精神,并不断推向前进。他反对任何复古倒退的思想。当他献身于民主运动的时候,他同时仍是一位向封建主义旧文化冲锋陷阵的猛士。在一九四四年纪念五四的会上,他大声疾呼,不要退回五四以前的路上去,并重新喊出:打倒孔家店,摧毁那些毒害我们民族的思想。

一多先生离开我们快半个世纪了。这本《年谱长编》,为我们重现了一多先生的生活、奋斗与思想,也部分地重现了他所处的那个时代。我们了解一多先生的思想发展和奋斗的历程,可以帮助我们了解他所处的那个时代。反过来,我们了解他所处的那个时代,会更易于理解一多先生所走的道路。我们了解了那个时代和他所走的道路,会帮助我们理解今天,理解社会主义现代化的历史任务及其意义。

历史是人类最伟大的教师。没有一个聪明人会拒绝向历史中汲取人类以往积累的经验和智慧。研究历史可以有多种入手的方法,其中历史人物的研究是迄今人们运用得最广泛最有成效的方法之一,中国历史学宝库中尤多典范。历史人物研究可以有多种方式,多种体例。年谱(包括年谱长编,下同)要算是中国历史学家的一个创例。宋代以来,蔚为壮观。一部编得好的年谱,它的价值决不亚于一本优秀的传记。清人王懋竑著《朱子年谱》,一向被公认为史学佳作。近人丁文江著《梁任公先生年谱长编初稿》,至今还没有一本梁启超的传记可以超过这部年谱的价值。

有一种流俗之见,以为年谱是历史学初级产品,名家不屑为此,这是一种偏见。梁任公说:"王白田(王懋竑字——引者)之《朱子年谱》,彼终身仅著此一书,而此一书已足令彼不朽。"丁文江一世声名,固不在《梁任公先生年谱长编初稿》一书。但,倘彼不为地质学家,不为中研院总干事,不为……单此一书,亦"足令彼不朽"。因为研究中国近现代史不能不研究梁启超,而研究梁启超的人不能不读此书。

历史学的基本任务不外重建历史,即尽可能充分地占有历史材料(遗憾的是,迄今人们还无法做到真正完全地占有历史材料),运用尽可能精密的方法(任何精密的方法,实行起来仍难免发生失误。所以大学问家在运用其方法时,总能自觉地注意防弊。做学问,讲究方法是完全必要的,然而迷信方法却是危险的),把过去的历史重现出来。历史学家所做的分析、裁断,即使是正确的,也不过是使历史中本有的内在联系变得醒目而已。年谱是再现谱主一生历史的良好形式。这里并非只是材料的堆积,必须有分析,必须有考辨与裁断。一个优秀的历史学家作年谱,照样可以发挥其史识与史才。而且作年谱是历史学的最好训练。许多著名的大学者和历史学家都曾作过年谱,如毛奇龄作《王阳明年谱》,钱大昕作《陆放翁年谱》、《王应麟年谱》,段玉裁作《戴东原年谱》,缪荃孙作《孔融年谱》,梁启超作《朱舜水年谱》、《陶渊明年谱》,王国维作《太史公系年要略》,胡适作《章实斋年谱》,等等。

闻黎明同志以数年心血,成就此书。书中收入大量第一手文献,又广泛地作过调查访问,留下珍贵记录。许多关系谱主的重要事件,既引用了谱主的言论著作,又有当时的文献佐证,又有多位当事者的回忆,使事件的来龙去脉,左右关联,诸多侧面,都得到比较完全、比较生动的反映,读起来,如见其人,如临其境。这就是收到了重建历史的效果。读此书,不能不赞赏作者搜求之勤,排比之细,可谓功力俱见。自然,再好的书,也难免有不足之处。此书有关谱主的言行,材料翔实,脉络清晰。相比之下,于时代相关的背景材料,似稍嫌疏略。譬如一幅画,不但中心人物、景物要表现有力,还须有适当的远景与近景为衬托。没有衬托,或衬托不够满意,也会影响整个画面的艺术效果。这点小缺欠不足以掩此书的大成功,提出来,只是希望作者精益求精。

黎明同志是闻一多先生嫡孙,为乃祖作谱,能够不存一丝一毫为尊者讳的旧观念,一本史家求实的精神,此点亦极令人赞佩。

黎明同志与我一九八四年始相熟,现在同我一道工作。彼颇具乃祖遗风,黾勉好学,谦虚热诚。此书稿初成,即送给我看,并索序。自度学浅德薄,安敢言序?不过通读书稿,敬仰前贤,略抒所感而已。同时,于平日为学略有体会处,不避琐屑、亦稍稍连带及之。拉杂书此,还就正于黎明同志及时下俊彦。

耿云志

一九九〇年四月三日

编 写 说 明

一、本书以年谱长编为体例,恪守客观态度,尽量完整、系统记录闻一多各个时期的生平历史。

二、全书由谱前、正谱、谱后三部分组成。谱前主要记录家世渊源。正谱包括求学经历、社会活动、文艺创作、文艺理论、学术研究、教学工作、政治活动、思想发展、家庭生活、个人情操、友朋交谊等。谱后记录闻一多殉难后国内外的反响和查处过程以及各界人士的追悼、纪念等活动。

三、本书基本史料以原始或直接资料为重点,来源为:

1. 闻一多全集、诗集、文集。

2. 佚诗、佚文。

3. 手稿、书信、联名文章及题字题词、篆刻铭文。

4. 起草修改润色的各类宣言、函电。

5. 他人记录的演讲记录、听课笔记、时事问答。

6. 亲朋好友学生的回忆、日记,编者的走访记录和信访复函。

7. 报刊、杂志的报道、档案文献。

四、所有资料以时间顺序排列。作品系于写作时间,未能确知者列于发表时间,发表时间未知者酌情处理,其他材料亦然。

五、征引资料首次出现时,均注明详细出处;复出者简略注之。未注出处内注者,多为谱主家属回忆。本书正文行文俱用中文数字,出处及括号公元用阿拉伯数字,以示醒目。

六、为叙述方便,必要处采用本末记述。

七、行文中当改当补之字,标以[ ],漫漶或缺字处标以□。

八、本书完成于一九八九年,包括武汉大学闻一多研究室编辑之《闻一多全集》及其他著述、档案等诸多文献均未结集出版。因逐一核查工程浩繁，且难以扫尽，故增订版引文出处标注仍依初版原貌，未做改动。又，时隔多年，若干馆藏机构改名他称（如中国革命博物馆与中国历史博物馆合并为国家博物馆，清华大学档案室、校史组，分别改为档案馆、校史研究室等）。为尊重历史起见，本书仍称原名。

目　　录

谱前

　　湖北省浠水县巴河镇——闻一多先生的故乡。

　　浠水地处鄂东,位于长江中游北岸,距武汉二百余里。浠水西为黄冈,乃古之黄州,苏轼在这里留下了千古绝唱《赤壁赋》和《念奴娇·赤壁怀古》。与黄冈隔江的鄂城,为三国孙权称吴帝之地,后人谓之吴大帝城。与浠水相邻之蕲春,古称蕲州,是明代医学家李时珍的故里。浠水之北的罗田县,为元朝末年红巾军揭竿而起的地方。

　　浠水作为县名原称蕲水,出现于南朝刘宋元嘉二十五年(公元四四八年),原址在今浠水之东。唐初,其地并入蕲春。至唐玄宗天宝初,改兰溪县名蕲水,延绵历年,一九三三年,为避免与蕲春县名相混,湖北省政府咨文国民政府行政院内政部,拟将蕲水县改名浠水县。旋经内政部查核,行政院批准,转呈国民政府备案。五月,蕲水正式更名浠水。(据《准内政部咨为奉令核准湖北蕲水县改名为浠水县一案仰知照由》,《司法行政公报》第34期,1933年5月31日)

　　浠水县背依峻岭,面临长江,浠水河流经城旁。县境名胜颇多,有玉台书院、清泉寺、笔沼、散花洲、茶泉、斗方寺等,均与历代文化、军事有关,流传着引人入胜的故事。元末红巾军首领徐寿辉在蕲水定都,一时,这里成为南方农民起义的政治军事中心。

　　巴河镇以长江支流巴河水为名,是江淮鄂岳光蔡诸地之要冲,自古帆樯云集,商贾、骚客往来不断。便利的交通与繁荣的经济,促使这里文化发展起来,养育出不少人才。清嘉庆二十四年(公元一八一九年)恩科状元陈沆,即巴河人至今引以自豪的前辈文人。闻家与陈家仅隔一小阜,两家世代联姻,关系很深。

　　浠水闻氏为客籍,据家谱记载,其原为文天祥之后裔。乾隆四十六年(公元一七八一年)闻大烱撰族谱序云:"吾族本姓文氏,世居江右吉安之庐陵。宋景炎二年,信国公军溃于空阬,始祖良辅公被执,在道潜逃于蕲之兰清邑,改文为闻因家焉。兰清者,今兰溪镇,蕲之属地也。良辅祖明哲保身,以绵宗祀,生四子。伯仲季皆卒无后,其叔子谷瑞祖威猛善谋,元末以义勇破走红巾,保障乡邑,录功镇守蜀之衢州卫。亦生四子,长真一,次真二,次真三,次真四。后真一祖留蜀,真二祖迁江南之英山,惟真三、真四两祖归于蕲,后复散处。真三祖之后居河坪,真四祖之后盛桂等之高祖显高居巴河,其余或在罗田,或在武昌,支分派别蕃衍昌隆。"(《总理前修

族谱序》,《闻氏宗谱》第1卷第42页,敦本堂1916年刻本)

四修《闻氏宗谱》卷五《一世祖至三世祖世传述略》亦云:"一世祖良辅公,举南宋孝廉,官副使,由江西吉安府庐陵县迁居蕲水永福乡二十七都十三图,生子四:长应珍,次谷瑛,三谷瑞,四谷璋。珍、瑛、璋三祖均无出,瑞祖以军功镇四川衢州卫,生子四:真一、真二、真三、真四。真一祖子孙留蜀,真二祖子孙迁皖,真三真四两祖归于蕲。真三祖之后居邑河坪附近之闻家湾一带。真四祖之后初居河坪闻家铺,后徙居邑之巴河及邑城附近之钟师楼等处。两祖后裔旋复近徙黄冈、罗田、蕲州、武昌、襄阳、谷城等县,或远迁陕西、河南、湖南、江南、江西等省。"(第1页)

敦本堂刻《闻氏宗谱》云浠水闻氏与文天祥的关系,语焉未详,家族多年传言浠水闻氏为文天祥的后人。但,浠水闻一多纪念馆工作人员赴湖北武穴市龙坪镇五里村考察时,发现"闻一多与文天祥同根共祖",但"不是文天祥的嫡系后裔",而"是文天祥的家族的旁系后裔"。

龚成俊、朱兴中、王润《关于改"文"为"闻"的考证》云:"一九九九年八月,笔者赴湖北武穴市龙坪镇五里村考察时,文天祯(文天祥的堂兄)的二十二世裔孙明杰、二十四世裔孙尚雄、尚志,及二十五世裔孙善之等人热情接待了我们,并捐了一套《文氏宗谱》,计十四本。""这套谱以记载文氏鄂济(今湖北武穴市)祯公世系为主,谱首以清朝乾隆丁亥(公元一七六七年)刻本的七省(赣、鄂、湘、蜀、粤、桂、闽)通谱为准,记述了文氏自西周受姓起,至天祯、天祥二公七十一世的《江右统宗世系》。其中,西周文叔以文为姓,十八传至周敬王时任越国大夫文种;又十六传至西汉循史文翁,再十二传至汉景帝时蜀郡太守文球。按景定旧谱,以文球为江右始祖,传至天祯、天祥为二十五世。就在以这文球为始祖的世系中,第二十世孙中有良彦、良辅弟兄俩,且均注明'世系未详'"。据《文氏宗谱·江右统宗世系》,文氏江右统宗世系一世祖文球,传至第十世为文仲良。仲良有三子,长子文玉英,传至二十五世为文天祥;三子文玉简,传至二十世为文良辅。根据名字相同、籍贯吻合、世系衔接、背景同一等因素,作者认为:浠水闻氏一世祖"闻良辅",很可能就是"文良辅",并且"良辅、天祥完全有同时共世的可能性"。

由此,作者考证的结论是:① 浠水闻氏"改'文'为'闻'是真实可信的";② "闻一多与文天祥同根同祖,但闻一多不是文天祥的直系后裔,是文天祥的家族的旁系后裔"。作者还认为:从世系来看,"以文氏受姓起,文天祥为七十一世,闻一多为八十五世";"以文球为始祖,文天祥为二十五世,闻一多为三十九世";"如果他们共同的第一个先祖仲良为始祖,则文天祥为十六世,闻一多为三十世"。(陆耀东、赵慧、陈国恩主编《闻一多国际学术研讨会论文选》,第292至295页,武汉大学出版社2002年1月出版)

浠水闻氏自良辅始,传至先生已二十世。其脉如下:

一世:良辅

二世:谷瑞

三世:真四

四世:冕

五世:思通

六世:大玉(明征仕郎)

七世:仲森(明邑庠生)

八世:克己(明郡庠生。字行仁,号颜斋)

九世:砺山(明太学生。字琢庵)

十世:显高(明邑庠生。字荣升,号均辅。生于明万历三十四年十二月二十二日,卒于崇祯十二年六月二十二日)

十一世:证胜(太学生。字尚儒,号书田。生于明崇祯元年五月初四,卒于清康熙五十二年八月初四)

十二世:启谟(清郡庠生。字世则,号德斋。生于清顺治十三年十一月初五,卒于康熙二十九年八月二十日)

十三世:澄昌(清优增贡生。字象潭,号相周。生于康熙二十七年六月十五日,卒于乾隆三十四年十二月初七)

十四世:盛梅(清例贡生。名兴邦,字雪友,又字燮友,号理斋。生于康熙四十九年七月二十日,卒于乾隆三十一年十二月初九)

十五世:猷(清贡生。例赠文林郎。贡名大猷,字秩廷,号升亭,亦号允斋。生于乾隆十一年十月二十日,卒于嘉庆十年六月初四)

十六世:贤筠(清太学生。貤赠朝议大夫。监名其乐,字翠衔,号竹轩,亦号松山。生于乾隆四十五年正月初七,卒于咸丰三年十一月十七日)

十七世:良锜(清贡生。敕封文林郎。贡名兆兰,字佩香,亦字佩湘,号采夫。生于嘉庆十四年三月十三日,卒于光绪九年七月二十日)

十八世:佐溎(清太学生。中书科中书衔,例授文林郎。官名子淦,字禧凝,号香泉,亦号丽生。生于道光十三年四月十一日,卒于宣统三年正月初九)

十九世:邦本(清邑优增生。庠名彬,更名廷政,字固臣,号道甫。生于同治二年十二月十二日)

二十世:即先生。

先生一脉,于十世显高渐盛,并自永福乡迁居巴河镇箭楼口。然时逢明末张献忠、李自成农民大起义,明军乘机劫掠,四子中养胜、悦胜、玉胜皆卒于兵,唯有显高及幼子证胜匿逃得脱。旋,十一世证胜被族众推为户首。康乾之际,天下靖宁,传至十三世澄昌,家道再兴。至十五世猷,迁居造化策缺塘左角,人口繁衍,子孙多有入泮,以至门闾高大,乡党士林莫不啧啧称颂。至十六世贤筠,此脉进入鼎盛,虽不似贤墉、贤垌二兄子孙显耀,却也有孙中进士、举人。其中长子良铭之子佐溥(名捷,字泽农,号敏泉,亦号鹿樵)为光绪丙戌科进士,曾三次出任河南乡试同考官。相比之下,先生高祖良锜却门丁不旺,生三子仅存长子佐溙。时遇捻军起义,家财尽失,用度维艰。为传嗣,匆匆于避难之河坪佃舍,为佐溙娶妻,即先生祖母、冈邑太学生刘庆藜之女。

旋,良锜以患血疾,不得不弃举子业,独守孤子,寄托于子孙辈。先生祖父佐溙发奋读书,某次下场作《孙权钓鱼台赋》,为正在视学之张之洞所赏,暗编堂号待取,然揭榜时竟未高中。良锜叹曰:"嗜词章学雅,不喜作制艺,故不利有司试。"(《先考丽生大人行状》,《闻氏宗谱》第22卷,第48页)值此打击,佐溙亦心灰意冷。然良锜不肯作罢,"以为书香不继,大是恨事。每于试后见族有报捷者,终夜涕泣,又强自解曰,有孙可弄,岂无后望。爰筑书室于屋侧,延名师课孙辈。"(闻子淦《敕封文林郎贡生先考佩香大人行述》,同前,第21卷,第15至16页)一八八三年五月,佐溙长子廷炬以经古入泮,良锜时重病卧床,强起坐堂中,笑对客曰:"心愿足矣,夫复何言。"不弥月而逝。

佐溙亦承父志,筑诱善学舍,延师督子。他并不强求诸子读经作八股,而重视"鸠探各专门学诸书",令之"各以其性之所近者习焉"。(《先考丽生大人行状》,同前,第22卷,第49页)

佐溙生四子:长子邦柱,生于咸丰十一年九月初五,官名廷炬,字石臣,号侍宸。以古场取录词赋入学,后复再取考史论史骈体文法律等学,补廪膳生。宣统元年考授恩贡,选授直隶州州判,敕授征仕郎。三子邦材,生于同治七年九月二十九日,以古场取词赋入学,为邑庠生,庠名一泽,更名廷基,字用臣,号诵承,卒于光绪二十六年七月十一日。四子邦梯,生于同治九年二月二十七日,以解经入学,庠名治,更名廷治,字丹臣,号云甫,亦号丹忱。

邦本,佐溙之次子,先生之父,生于同治二年十二月十二日,以取论史学补邑之优增生。邦本庠名彬,更名廷政,字固臣,号道甫。先生的亲戚、对先生全家了解甚多的王康说:邦本"是清末秀才,对国学有相当的造诣,是位十分严谨的长者,早年参加过一些维新变革的活动,是较早地接受新思潮影响的一代文人,认识到时代潮流的趋向。老人深怀救国之心,为人耿介正直,不愿随俗浮沉,在政界呆过一阵子后,就退隐家园,深居简出,读书写字,以教读儿孙为己任,所给予闻一多弟兄品格上的影响是明显的。"(王康《闻一多传》,第7至8页,湖北人民出版社1979年5月出版) 邦本娶黄冈县人、太学生刘廷熙之女为妻,即先生之母。刘氏生于同治三年四月二十四日。

邦本生子五:长子家骧,生于光绪十四年七月初九,校名治,字德其。号展云,后以展民行,大排行第二。北洋法政专门学校毕业。娶太学生毕衍簇之长女为妻。次子家骢,生于光绪十六年闰二月初七,校名新,字慕桓,号履信,大排行第三。湖北省方言学校法文预科毕业。娶候选从九品陈正纬之女为妻。三子家骒,生于光绪十八年十月十三日,校名奇,字希穆,号巡周,大排行第五,湖北省中等工业学校毕业,考入北京国立工业专门学校。娶太学生高奎光次女为妻。先生为四子。五子家驷。

邦本亦生女五:长女归太学生陈正绪之子陈邦畴,次女归邑庠生陈丙章之子陈邦懋,三女许光绪十一年拔贡、十七年举人、湖南浏阳宁乡县知县冯廷桂之子冯景文。四女、五女待字。①

浠水闻氏自第十一世起定有世派,原定世派为"佳启昌盛世,贤良佐邦(即国字派)家(即畴字派),立心期中正,厚德焕光华。"后又增定世派:"广学成嘉品,崇儒有道时,泽长源达远,衍庆本先培。"(《闻氏宗谱》,第3卷,第1页)

---

① 以上截止于一九一六年刻印《闻氏宗谱》之时。

附：浠水闻氏世系列表：

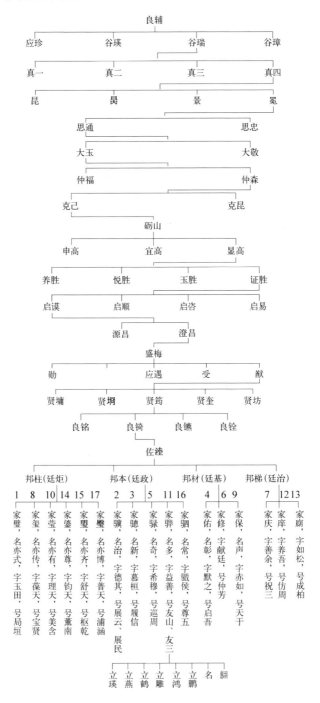

一八九九年　一岁

一八九四年,中日甲午战争爆发。

一八九五年,中日《马关条约》签订。

一八九八年,戊戌变法。六月京师大学堂成立。

十一月二十四日　清光绪二十五年己亥十月二十二日未时,先生诞生于湖北省蕲水县巴河镇望天湖畔闻家铺。浠水闻氏是从十世祖显高公时迁至巴河镇,至第十五世祖大猷公时,在紧依望天湖的造化策缺塘左角购置田地,从此在这里繁衍。巴河靠近长江,当地地名多冠以"洲"、"港"、"垮"、"矶"等,而"闻家铺"之名因来自家族中有人做生意,开货铺之故。"闻家铺"今名"闻家铺村",为巴河镇所属的十二个行政村之一。

先生初名亦多,族名家骅,字益善,号友山,亦号友三,大排行第十一。先生之名与字皆出自《论语·季氏》:"益者三友","友直、友谅、友多闻"。(据访问闻家骊记录,1989.3.6)后,入清华学校,改名单字"多",五四运动后又改为"一多"。

先生生活于三世同堂之家,祖上世代耕读。先生自传《闻多》:"先世业儒,大父尤嗜书,尝广鸠群籍,费不赀,筑室曰'绵葛轩',延名师傅诸孙十余辈于内。"(清华学校辛酉级中等科毕业纪念刊《辛酉镜》,1917年6月15日出版)

先生祖上原有宅院,因人口增多,又于一里许外筑起一所大院落,于是有了新屋、老屋之别。分家时,诸兄抽签,三房仍住老屋,大、二、四房搬入新屋。新屋为一进三重院,有三个厅堂,内可耍龙灯。两旁有小厅、书房、寝室、天井等。各房各有二三十间屋子,典型湖北大家族式格局。大门悬匾额,上书"春生梅阁",故人称此院落为"春生阁"。大门两边的对联书"七十从心所欲,百年之计树人"。院内有书房,即"绵葛轩",内藏经史子集群书字画,数量很可观。(据访问闻钧天记录,1986.9.15)

先生家二房住院内入门左侧,各房虽同住一个院内,但分开过日子。分家时,每房每年可得六百多石租子,后来先生的父亲又买了些地,大约能收七百石谷子。不过租子常收不齐,家里人口又多,所以经济上并不像别人想的那么宽裕。(据访问

闻家驷记录,1986.11.20)

　　新屋面临浩淼的望天湖,每年祭屈原时,湖上龙舟竞渡,热闹非凡。隔望天湖可见远处群山,最高者为碧峰岩。先生后在《红烛》中收有《二月庐》一诗,诗中描写新屋:

> 面对一幅淡山明水的画屏,
> 在一块棋盘似的稻田边上,
> 蹲着一座看棋的瓦屋——
> 紧紧地被捏在小山底拳心里。

一九〇〇年　二岁

上半年,义和团运动爆发。

六月十七日,八国联军攻占大沽炮台。七月十四日天津陷落,八月五日北京陷落。

是年　大病。季镇淮《闻一多先生年谱》:"一岁多的时候,生了一场大病,叫'热症',这回险些送命,祖母已经把装殓的衣鞋都准备好了。"(《闻朱年谱》,第3页,清华大学出版社1986年8月出版)

一九〇一年　三岁

九月七日,《辛丑条约》在北京签字,清政府赔款白银四亿五千万两,分三十九年还清,年息四厘,本息合计九亿八千万两,以海关税、常关税和盐税作保。

一九〇二年 四岁

十二月,京师大学堂恢复开学。

一九〇三年　五岁

是年,《革命军》、《猛回头》、《警世钟》等反清革命小册子发行。

是年,"癸卯学制"在全国推行,中国现代学校教育制度形成。

一九〇四年 六岁

二月九日,日俄战争爆发。

二月十五日,华兴会在长沙成立。

三月十一日,商务印书馆编辑之《东方杂志》在上海创刊。

十一月,光复会在上海成立。

是年 始入私塾。季镇淮《闻一多先生年谱》:"开始入塾上学,老师是一位姓徐的老先生,读的是《三字经》、《幼学琼林》、《尔雅》和四书之类。"(《闻朱年谱》,第3页)这位启蒙老师用的是老方法,教书很认真,一丝不苟,只是脾气有点古怪,管教学生格外严厉。不过先生读书很用功。闻展民《哭四弟一多》:"汝初就外傅,群季争嬉戏,汝独哦哦不休。"(李闻二烈士纪念委员会编《人民英烈:李公朴闻一多先生遇刺纪实》,第376页,1948年8月出版)

一九〇五年 七岁

三月十日,俄国在日俄战争中战败。九月五日,日俄签订《朴茨茅斯条约》,日本取代俄国攫得在南满的侵略特权,俄国势力退至东北北部。

八月二十日,中国同盟会在日本东京成立,孙中山任总理,黄兴为庶务长。纲领为"驱除鞑虏,恢复中华,建立民国,平均地权"。十一月十七日,同盟会机关报《民报》创刊。

九月二日,清政府"谕立停科举以广学校",开始废科举、兴学堂。十二月,谕令设立学部,为全国教育最高行政机构。

十二月二日,载泽等五大臣赴东西洋各国考察政治。

三月十二日 胞弟闻家骃生。闻家骃学名常,字骧侯,号尊五,大排行第十六。闻家骃之名来自《论语·颜渊》中之"驷不及舌"之典,故又号及之,字亦趋。入学时,觉"亦趋"不好听,一度改名闻藉。后到昆明,还用过几次笔名"砚田"。(访问闻家骃记录,1989.3.6;1989.3.12)

四月六日 祖母刘氏逝,享年七十五岁。

是年 "春生梅阁"内办起一所改良家塾——"绵葛轩小学",既读诗云子曰,也教博物、算学、美术。(据闻立清《深切怀念一多叔,满腔豪血忆当年》,中共浠水县委统战部编《故乡人民的怀念》,第36页,1979年10月印行)先生就在这儿读书。

在家塾中教书的先生叫王梅甫,"出身于师范学堂","用当时新编的学校教材,如国文、历史、博物、修身等课本。这是先生接触新思潮的开始"。(季镇淮《闻一多先生年谱》,《闻朱年谱》,第3页)王梅甫先生经历坎坷,但教书很认真。王康《闻一多传》云:"塾师是一位半新半旧的知识分子,'旧学'的根底不错,又多少学过一些'新学',是个颇有些见解和抱负的人。但他像那时代许多没有什么后台的文人一样,在外面消磨了不少时光,也难找到栖身之所,更谈不上施展什么抱负了。只好回到乡间帮人课读,把自己的一点希望寄托在孩子们的身上。他教书十分严格,要学生们除了熟读《三字经》、《朱子家训》等,还要读洋学堂新编的修身课本;除了背诵《幼学琼林》和《四书》《五经》,还要学新的国文、历史、博物等等。"四十年后,先生在昆明昆华中学兼任国文教员时,"还深情怀念他启蒙的老师,据说这个人脾气有点古怪,管教也太严厉,还是老一套的方式方法,叫人害怕;不过教书很负责任,真是一丝不苟。"(第8至9页)

每入夜,还从父亲读《汉书》。自传《闻多》:"时多尚幼,好弄,与诸兄竞诵,恒绌,夜归,从父阅《汉书》,数旁引日课中古事之相类者以为比。父大悦,自尔每夜必举书中名人言行以告之。"(《辛酉镜》) 季镇淮《闻一多先生年谱》:"先生好学,可说'发于自然'。每逢新年,门外玩着龙灯,或者平时门外来了花轿,孩子们没有不跑出去看热闹的,先生总是一个人坐在屋里看书或画画。祖父看见这种情形,当然很喜欢。"(《闻朱年谱》,第4页)

先生从小便喜欢画画。季镇淮《闻一多先生年谱》:"先生爱好美术也是从小就开始的。往往逼着别人剪纸花样给他玩。譬如看见有人坐轿子回来,他就要求大姑母剪两个轿夫抬着轿子的样子;看见轿夫把笠帽放在桌上,他又要求剪出笠帽放在桌上的样子;轿夫们吃饭去了,他又定要剪一张吃饭的样子。"(《闻朱年谱》,第5页)

先生喜爱绘画,与爱看戏有一定关系。老家人韦奇常带先生去巴河镇看戏,回来先生就画戏中的人物。韦奇发现书中的绣像,也叫先生去看,并用纸描摹。这样时间长了,先生与韦奇关系不断加深,并很同情这个据说参加过太平军起义的老家人。韦奇爱吃狗肉,闻家有人不让他在炊上炖,还有人张口责骂,先生却总护着他。

(据刘烜《闻一多评传》,第5页,北京大学出版社1983年7月出版)

一九〇六年　八岁

四月,俄、法、比等国修建的京汉铁路全线修通。

九月一日,清政府颁诏"仿行宪政","预备立宪"开始。

十二月二日,孙中山在日本作《三民主义与中国民族之前途》演讲,首次提出"五权宪法"概念。

是年,中国同盟会机关报《民报》与梁启超主办的《新民丛报》展开大论战,一方主张武力推翻满清政府,建立民主共和国,实行土地国有;一方主张拥戴光绪皇帝,实行君主立宪,反对平均地权。

一九〇七年　九岁

　　三月八日,清政府颁布《学部奏定女子学堂章程》、《学部奏定女子师范学堂章程》,女子教育纳入国家教育体系。

一九〇八年　十岁

十一月,光绪皇帝、慈禧太后先后病逝,溥仪继位。

一九〇九年　十一岁

　　六月,清政府成立游美学务处,办理利用美国退还的"庚子赔款"派遣学生留学美国事务。

　　八月,清政府将清华园作为游美肄业馆的馆址。

　　是年　可以看到新潮流的书刊了。闻家驷《忆一多兄》:我们家庭"比较早地接受了新时代潮流的影响,在辛亥革命前夕就能阅读到《东方杂志》和《新民丛报》之类的书刊。"(《闻一多纪念文集》,第373页,三联书店1980年8月出版)这些书刊有些是大哥闻展民带回来的。闻家驷回忆:"大哥是我们四房中最早外出参加社会活动的,他第一个到外面上学、工作,曾在北洋法政专门学校里读过书,并在京津、云南、绥远等地任职,干的是不大不小的差事。他曾和代理过湖北省主席,也是浠水人的孔庚(字文仙)来往较多;与曾担任过湖北省财政厅长的黄永熙是老同学老朋友。黄永熙在政治上属政学系进步党,思想保守,但人很热情,他的儿子上学是大哥供给的。大哥在外面活动,辛亥前后就参加过与宋教仁有关系的某个社团。他常把新的思想和书刊带回家,对我们兄弟几人影响很大。"(据访问闻家驷记录,1986.11.20)

一九一〇年　十二岁

三月,汪精卫谋刺摄政王载沣,事泄被捕。

是年　"至武昌,入两湖师范附属高等小学校"。(《闻多》、《辛酉镜》)同入该校者还有堂兄六哥家修、七哥家庆、八哥亦传、九哥家保、十哥亦有。时,由各房出资,在武昌芝麻岭三佛阁庙内租了一所房子,是一个小楼隔开的半边。家里自带米油,起火做饭,孩子们统由长房闻廷炬照料。(据访问闻钧天记录,1986.9.15)

该校附属于两湖师范学堂,后者是两湖地区创办最早、规模最大的一所完全师范学堂,其前身为两湖高等学堂,一九〇四年七月湖广总督张之洞派武昌知府梁鼎芬改建为此名。一九〇六年十月,仁、义两斋(即文史专科)及附属高、初等学堂首先开办,为两湖师范学堂之首。先生所在附属高等小学校,采用的是新式教材与方法。

同时,又"在叔父丹臣(廷治)先生主持的改良私塾里补习,中文之外,并有英文、算学"。(季镇淮《闻一多先生年谱》,《闻朱年谱》,第3页)①

---

①　季谱系此事于1909年,据《闻多》所述,当是1910年之事。

一九一一年 十三岁

四月二十七日，黄兴等革命党人发动黄花岗起义。

五月二十日，英、德、法、美四国银行团与清政府签订《粤汉、川汉铁路借款合同》，引发粤汉、川汉铁路沿线各省爆发大规模保路风潮。

十月十日，革命党人举行武昌起义。

二月七日 祖父闻佐滗病逝。享年七十九岁。

十月十日 夜，武昌起义。是日，中秋方过，傍晚登黄鹤楼观月，未久密云至，不得见月。夜深，起风雨，与枪炮声相杂。望窗外，见总督府大火，映墙壁皆赤。见门外有右臂束白巾之持枪士兵，知军中举义。十一日晨，匆匆至文昌门渡口，不得渡。步行至汉阳门，始得小船渡江，抵汉口已日暮。旋乘轮赴黄州，返巴河老家。后做《辛亥纪事》(收《古瓦集》)，述目睹武昌起义之经历。文云：

> 曩者诸兄弟游学武昌，馆于三佛阁。辛亥秋诸兄弟在者益众。季父督课严，匪故莫得入肆。八月之望，校中有假，乃以其夕登黄鹤楼观月。天高风寒，江流有声。徘徊久之，密云从东南起，浡漭浡郁，气薄无际，遂不见月，索然而返。置茗小憩，各就榻，相与笑语失寐。及夜深，闻风雨飒然至屋瓦皆鸣，霹雳轰隆，腾响不绝；漂洒皆吱之音相杂，遥迩崇庳，耳听皆满。起自牖中视之，四檐无溜，月在高树。疑未释而响益蒸；甚恐，率拥衾屏息，相嬗不敢反侧。有顷，季父从沙门至，呼曰："起闻战声乎？不速去，性命且不保。"乃皆起拭目相瞋视者顷之，抗生曰："有变乎？是革命党也。"季父急曰："毋妄言，诛矣。"于是牖中露微光，谓且曙，各肱筐霄鳌衣物图籍真其中而键之。少待，声益厉而光益大，映墙壁皆赤。仆至，始知督署大火。昧爽，出户见臂兵右臂束白巾，支枪而遇，因问所以出城，则西指。乃毕冪食，趣文昌门，不得渡，步柢汉阳门，始得舟渡江。至汉口，日莫。以轮舟柢黄州，方中夜。更水行溯□而东，据舷美睡，惊始集；达巴河，闻鸡唱矣。

回家后，继续读书。还把武昌起义的见闻画成"成套的革命故事，贴得满墙的"。(季镇淮《闻一多先生年谱》，《闻朱年谱》，第5页)其中"画过一个人手执小旗，振臂高呼，表示拥护共和"。(刘烜《闻一多评传》，第7页)

一九一二年　十四岁

一月一日，孙中山在南京就任临时大总统，中华民国南京临时政府成立。

二月十二日，清政府颁布退位诏。十五日，参议院选举袁世凯为临时大总统。

三月十一日，南京临时政府公布《中华民国临时约法》，规定中华民国实行立法、行政、司法三权分立的政治体制。

四月二日，参议院议决临时政府迁往北京。

五月，京师大学堂改名北京大学，经严复为校长。

八月二十五日，国民党在北京成立，举孙中山为理事长，实际党务由宋教仁负责。两天后，汤化龙等立宪党人组织民主党，后拥梁启超为领袖。次年，民主党与共和党合并，成立进步党。

十一月三日，沙俄策动外蒙古"独立"，是日签订《俄蒙协约》，北京政府声明概不承认。

是年春　武昌局势逐渐平静，先生"复晋省，入民国公校，旋去而之实修学校"。（《闻多》，《辛酉镜》）

是年夏　北京清华学校来鄂招生，先生投考，录为备取第一名。堂弟闻钧天回忆："清华来鄂招生，闻廷政在教育司门前看到告示，回来便让一哥去投考。因为报名有年龄限制，别人都过了年限，只有一哥一人符合条件。"（据访问闻钧天记录，1986.9.15）长兄闻展民《哭四弟一多》回忆："汝幼好读梁任公文字，此乃汝认识政治之发轫。十三岁出应清华入学考试，主司赏汝文，以此获选。"（《人民英烈》，第376页）

考试的作文题目是《多闻阙疑》，这正应了先生名字的来历，又用梁启超文笔，故得主考赞许。季镇淮《闻一多先生年谱》："清华学校在鄂招生，规定湖北省只取四名。先生报名投考，初试时，一篇文题《多闻阙疑》的中文作文，大得主考人赞许，据说是模仿当时最时髦的梁任公笔调而作的；不过因为其他学科成绩平平，结果录为备取第一名。"（季镇淮《闻一多先生年谱》，《闻朱年谱》，第4页）

考试情形，当年与先生同入清华学校的江西籍同学刘师舜回忆可兹参考。其云："民国元年，清华招考新生，我同（邱）大年都到教育司报考应试。还记得那时清华招考,好像未用校名,我所听到的似乎只是'游美预备科'的名义,而得到招考消息的人也并不多。所以应试的不过廖廖数十人,我和大年均在内,记得头场考过以后,成绩稍优的,都召到楼上试场受试。其中英文一科,似乎只考默写,而默写之时,仅由主试人报几个单字,应试人照样录于考卷上面。我还记得很清楚,单字之一为 lnksamd。……江西教育司考试的结果,一共取了正取五名,备取若干名。正取除大年和我以外,有贺季贞(以字行,原名贞元)、程其佳、王朝梅,大年考了第一名。后来因为还有缺额,备取游嘉谷、汤承鑫也都补上了。"(刘师舜《悼念同级好友邱大年》,台湾《传记文学》第 11 卷第 2 期)

是年冬　由闻家骅伴送赴北京参加清华学校复试[①],"临时背熟一些应用的英文成语,因而复试的结果,在规定鄂籍应取四名中,先生以第一名录取了"。(季镇淮《闻一多先生年谱》,《闻朱年谱》第 4 页)　当时,虽然社会风气尚未全开,各省报考者数量不一,但已有竞争。潘光旦说他报考的一九一三年,江苏名额仅 11 人,而报名的却达 200 多人,原因是"留美"的金字招牌很能吸引人。(潘光旦《清华初期的学生生活》,《文史资料选辑》第 31 辑,中华书局 1962 年 10 月出版)

清华学校是用美国退还庚款办起来的学校,创办于一九一一年三月。此前一九〇九年六月清政府在北京即设立游美学务处,由外交部与学部共管。同年八月招收直接送美学生,并筹建游美肄业馆,选定清华园为校址。一九一一年三月肄业馆改称清华学堂。一九一二年十月又改称清华学校。这是一所留美预备学校,招生名额按各省分担赔款数额分配,学生入校学习八年,毕业后全部资送美国留学。当时社会风气未开,一般家长对于子弟出洋多存畏惧心理,大家子弟又囿于父母之邦、蛮夷之国的成见,所以应考者不像以后那么踊跃。但闻廷政思想开明,一则为了清华学习的是近代科学文化,二则学生学膳费全免,可省家庭不少开销,因先生入学时,学、膳、宿费全免。一九一六年后入学者,始实行半膳费,再以后入学者则改全膳费。

清华学堂成立时,学制分高等、中等两科,均为四年,后改为高等科三年、中等科五年。先生这年入学,因高等科毕业于一九二〇年庚申年,故称庚申级。庚申级共四十二人,来自十三个省。其情形见庚申级中等科毕业纪念刊《级史》:"民国元年秋八月,校中初始业,生徒先后至,级友新自直隶至者二人,孟继懋、李耀慈。自山西至者五人,梁治国、师淑瓒、张省、秦文蔼、刘和。自四川至者四人,罗经绶、吴际泰、王德郫、吴泽湘。至张心生、何锡藩、何锡瑶、马恒□,由河南咨送。萨本铁、

---

①　季谱说由父亲伴送,据闻钧天、闻家驷回忆,当是由闻家骅伴送。

吴世晋、杨天成,由福建咨送。黄大恒、蒋祖烈,自湘至。闻多、罗发祖、时昭涵、何钧、王度、宗植心,自鄂至。至陈宗泽、陈本鎏,自粤至。江西六人,邱椿、刘师舜、程其佳、王朝梅、游嘉谷、汤承鑫。江苏四人,姜家汉、赵学海、徐荫昌、贾观林。山东二人,孙建中、高长庚。贵州一人,周兹绪。云南一人,陈复光。凡四十有二人,籍隶十三省,尔时年近十四五者居多,游嘉谷十岁,称最幼。受号,复试,就班。班有长,二班为级,级有长,吴际泰年长,性温厚,众推为级长,兼长乙班。甲班则吴泽湘长之。"(清华学校庚申级编《级史·纪·一年纪》,清华学校 1916 年 4 月编印)

时,清华学校尚在试验阶段,中等科之中文课程,依各生程度分别编入一至五年级。先生因中文甚佳,被单独编入五年级。《级史》载课程及课外活动云:"当是时,中等科五年卒业,本级居末,故称中等科一年级。课程总分中英两科,英文七类,一曰读本,二曰默书,三曰文法,四曰图画,五曰数,六曰乐,七曰博物。郑乃文先生教读本、默书、文法,刘先生授数学,章先生授博物,画师为美女士施达先生,乐师为沙菩女士,亦美人。中文以文境之深浅,定级次之高下。闻多列入五年级,邱椿、罗发祖、徐荫昌列入四年级,程其佳、萨本铁等列入三年级,余皆入一二年级。三年级以上,日讲文一小时,下此者有中国历史、中国地理。作文皆每周或间周一次不等。运动时,级友类踟蹰道旁,观望而已。当时以初入学,奉法谨,相知浅,常默不交谈。至十月十日,国有庆,校令生徒习礼于礼堂,如西礼,各级以次起立欢呼,至本级,相顾笑,不立。继立者二十余人,不呼。高三学生潘文炳君劝诱数四,遂呼之。是夜,堂中座有次,秉烛,联行,齐歌,欢呼,各以级次,不可乱,尽欢焉。他日乃欣然相告曰,吾今而后知有一九二〇。一九二〇者,西历千九百二十年也,本级于是年毕本校业。要其终而言,故以名本级。"(同前)

据《级史·分班表》,先生编入乙班,同班者有邱椿、贾观林、何钧、时昭涵、罗发组等;甲班有刘师舜、王朝梅、萨本铁、周兹绪等。又,一年级所学课程,读本采鲍尔文氏《英文读本》第二、三集,文法采邓尼氏《英文法程》,算术采斯密司氏《中等英文算术》,博物采吴秀三《中学生理卫生教科书》、钱承驹《中学动物学教科书》与《普通植物学教科书》,会话采爱德夏氏《异邦之人》。

先生考取清华,对他的大家庭也有不小影响。兄弟们十分羡慕,看到除上学读书外,还有一条出洋的路,于是有几个暗暗下决心走这条路。后来堂兄闻亦传、堂弟闻亦齐相继考入清华,在家乡引起哄动。(据访问闻钧天记录,1986.9.15)

一九一三年 十五岁

三月二十日，宋教仁在上海被袁世凯所派枪手刺杀，两天后不治身亡。

七月十二日，李烈钧在江西湖口举兵讨袁，二次革命爆发。

十月六日，袁世凯胁迫国会选举其为正式大总统，袁世凯遂组建北洋政府。

十一月四日，袁世凯下令解散国民党，取消国民党籍议员资格。

二月 寒假后开学，重新编班。先生编入甲班。同班中还有徐笃恭、王朝梅、师淑庠、何钧、时昭涵、周兹绪、罗发组、吴世晋、高长庚等。(据《级史·分班表》)

六月 因英文跟不上而留级。自传《闻多》："来校时，距大考仅一月，又不审英文。次年夏，遂留级。"这年庚申级留级或离校者十人，几乎占全级四分之一。

九月 重新从中等科一年级读起。是年六月三日，校令改高等科、中等科各为四年，恢复最初学制。因该级高等科毕业为辛酉年(1921年)，故称辛酉级。自庚申级留级者还有贾观林、师淑庠、何钧、周兹绪、时昭涵等。该级共七十三人，分甲乙丙三班。先生乙班二十四人，有师淑庠、贾观林、何钧、周兹绪、顾德铭、王际真、彭开煦、瞿世英、薛祖康、吴泽霖、钱宗堡、沈有乾、萨本栋、任宗济、徐宽年等，由陆锦文先生负责管理。甲班有时昭涵、潘光旦、王世圻、罗隆基等，丙班有何浩若、程绍迥等。(据《辛酉镜·班次》)

先生去年入校时，便改名"闻多"，并取消字号。辛酉级一些同学在他的影响下，也只用一人一名。吴泽霖《老友一多二三事》："有人提倡废除别名与号，主张一人一名，名号统一。一多就竭力拥护响应。他在族中属'家'字辈，原名家骅，考清华时就改名'多'。入校后就宣布以后只用'闻多'，取消原来的'友三'和'友山'的号和别号。在他的带头下，很多同学就取消了别名，我就是其中之一。"(《闻一多纪念文集》，第161至162页)

十一月八日 与何钧等发起课余补习会，并被推举为副会长。《辛酉镜·大事记》："十一月，何钧、闻多等发起课余补习会，所以磨厉道德、交换智识，而联络感情也。会为三部：曰图书，藏中西书报图籍，俾会友以时往观。曰演讲，周有常会一次，以练习演说或辩论，期之终有比赛，优者奖之，以资鼓励。曰练习，分中西文及科学三科,科有长,析疑难拟论辩,间一周归其所作于科长,科长课其殿最,择其优,别存之以饷众。议粗成,既以请于校长而许之,遂以八日开全级大会于博物教室,以征议于级友,赞成者大半,乃以赞成者为会员。又推何钧为会长,闻多副之。"十一日,请桂质廷、陆锦文两教师为名誉会长。

十一月十五日 课余补习会开成立大会,先生祝词。《辛酉镜·大事记》:"下午一时大会,全体会友于博物教室,庆成立也。会长何钧首为开会词,次为副会长闻多祝词,三为合唱,四为赵校长演说,五为瞿世英英语述故事,六为名誉会长桂质廷先生演说,七为贾观林独唱。会将终,桂先生复起以英语述是日会序以告诸美教员。"

同日 清华学校举行全校性各级戏剧比赛。辛酉级演出独幕剧《革命军》(又名《武昌起义》),先生参与编剧,并饰革命党人。该剧获全校第二名。

《辛酉镜·戏剧》云其剧情为:"瑞澂闻武昌革命党蛰伏,朝夕惴恐,一日召张彪至,与议守御之法,又以妻孥委之,属先遁去,以防不虞。彪行,吏拘二党人至,澂亦不加详鞫,坐以死罪。俄而报事变,澂惊而仆,兽行往复室中,不知所措。从者将之起,亟为芟须易服,戴之于舆以逃。既出,署中火举,枪举四起。舆夫惧,步趋相问,旋起旋踬,伏至颠顿。"

这是先生参加戏剧活动的第一试,此后便热衷戏剧。当时在该剧中饰仆人的吴泽霖云:"一多在中等科时确曾爱好戏剧,但他的兴趣主要在编写剧本,特别是推敲台词。常与罗发组等搞到深更半夜,好像还有顾德铭和贾观林等人。"(吴泽霖给编者的信,1986.6.27)浦薛凤《忆清华级友闻一多》亦云:"伊又喜欢编写剧本。最初几年,高中两科八年,每年辄写演短剧比赛;吾级多次之短幕戏剧均由他一手创作,演出之后,总能名列前茅。"(台湾《传记文学》,第39卷第1期,1981.7)

十二月六日 课余补习会推先生编辑《课余一览》。《辛酉镜·大事记》:"六日常会时,有议述半年来成绩以为杂志者,众曰善,遂以闻多等司编辑,定名曰《课余一览》。"次年一月寒假中,《课余一览》第一期编成,二月印行,"分言论、科学、文艺、小说、杂俎、纪事,凡六类,以油印"。这是先生初次编辑的刊物。

十二月三十日 辛酉级开年终俱乐会,有演说、谐语、唱歌,并演出趣剧《打城隍》。先生饰差役。

《辛酉镜·戏剧》记该剧剧情为:"秦筑长城,强民为役,民患之,皆相引去,乃遣吏巡于乡野以捕民。有农夫耕于亩,见二吏,遥知有变,亟逃匿于城隍庙中。遇士人,亦言避乱至。旋一樵夫又至。僧惧获罪,迫令三人出,三人哀求,僧乃设计取神像之衣冠,使三人著之,坐龛中,佯为偶像,以避吏之索。于是士人为城隍,农为判官,樵为小鬼。坐定,二吏果至,称不得人,将祷于神以求佑,乃列俎豆于案,再拜而去。三人方饥甚,因分取其馔而食之。次日吏仍不得人,又至,责神素餐,鞭之乃出。士愤甚,恐明日再来,求与判官易服使代受鞭。次日吏又至,言城隍必听判官之逸言,乃鞭判官。既去,士又求为小鬼。明日吏至,言城隍、判官均受责,今日必小鬼为之祟也,遂鞭小鬼而出。于是士大号,余人亦不觉失笑,吏闻声返,则见人,遂拘之以去。"

次年一月七日,美国驻华公使芮恩施及夫人来校参观,清华学校特以该剧作为欢迎节目之一。

一九一四年 十六岁

一月十日,袁世凯命令解散国会。

五月一日,袁世凯公布《中华民国约法》。

七月八日,孙中山在日本东京创立中华革命党,重结革命力量。

二月二十一日 课余补习会改选,先生任书记,仍任《课余一览》中文编辑。寒假后开学,担任乙班班长。(据《辛酉镜·大事记》)

三月十四日 辛酉级与庚申级举行联合辩论会,题为"今日中国小学校能否有读经"。先生任本级主辩,获胜。辩论会主席为校长周寄梅(贻春)。

《辛酉镜·演说辩论》:"吾级初有课余补习会设演讲部,每星期开会,以资练习。然其时规模甫具,于演说一门,未臻完备,不过为改革进行之根据耳。至民国三年春,与二年级博约会举行联合辩论会,始稍著成绩也。是会于三月十四日举行,场设博物教室,校长周先生实为主席。辩论题为'今日中国小学校能否有读经'。吾级主辩闻多,助辩陈念宗、钱宗堡,为正组。博约会主辩罗发组,助辩邱椿、吴泽湘,为反组。① 其结果吾级获胜。裁判乃陈筱田、李仲华、张恺三先生也。"

周寄梅主持清华学校期间,十分注重演说训练。一九一三年十二月十七日,他为提倡演说专门发布布告。布告云:"言为心之声,即所以代表意者也,故这言语一端,孔门列为专科。演说一道,又为今文明各国所必注重,况共和政体,演说之用途益广,启导国民,演说之收效较速。吾邦于此端,近鲜研究,未始非一缺点。诸生等值此学年之际,正宜从事练习,将来施诸实用,必能大有裨益。兹拟订国语演说竞赛章程六条,以为鼓励之资,诸生等各自奋励,共夺锦标,本校长不禁有厚望焉。"(吴景超《清华的历史》,清华周刊社编《清华生活》,1923.4.28) 由于周寄梅的提倡,清华学生演说练习形成风气,先生亦得到训练。

时,袁世凯通令各省崇祀孔子,康有为以孔教会长名义电袁,要求将读经一科

---

① 《辛酉镜·大事记》载辛酉级为反组,庚申级为正组,与此所述不同。

加入学校课程。

六月十五日　《课余一览》第一期第二号出版,先生参与编辑。

该号刊有先生的论说《名誉谈》、小说《泪蕊》(与时昭涵合著)、杂俎《曹大镐先生绝命词》、《髯仙》、《人名妙对》五篇。原刊已残,上文仅见于目录,唯存《名誉谈》一篇,目录署名闻多,然正文署名"漱仙",当是笔名。《名誉谈》为现今发现之先生发表的第一篇文章,文言写成,内容主张为社会做贡献,反对独善其身。该文全文如下:

处百龄之内,居一世之中,倏忽比之白驹,寄寓谓之逆旅。所谓结驷连骥之游,侈袟执圭之贵,乐既乐矣,特黄粱一梦耳。其能存纪念于世界,使体魄逝而精神永存者,惟名而已。名之大小久暂,常视其有益于一群之深浅高下以为之衡。吾辈今日所享之文明,其何以致之,皆古人好名之一念所留耳。文明无极境,故求名之心亦无穷期。所求之名大,其所遭拂戾之境益众,而其人之价值亦与俱高。古今丰功伟烈,当其发端之始,莫不有至艰至险之象横于其中,稍一迟回立归失败。惟有此千古不朽之希望,以策其后,故常冒万难而不辞,务达其鹄,以为归宿。古来豪杰之士,恒牺牲其及身现存之幸福,数濒于危而不悔者,职此故耳。然则名之一字,固斯人第二之生命,而九洲风云之生气,所以稽天柱而纽地维者也。孔子曰:君子疾没世而名不称焉。孟子曰:好名之人,能让千乘之国,苟非其人,箪食豆羹而见于色。(此章赵注本极分明,自晦庵误解,翳障始生,宋儒贱名学说,半以此为根据,不知其字正上文好名者之代名词,明白易晓,过于求深,反不辞矣。是故文法不可以不急讲也。)圣人之重名也至矣。惟老氏始以名为大戒,其言道也,曰无名天地之始;其训世也,曰为善无近名。今讲圣贤行义达道之学,而傅之以老庄绝望弃智之旨,吾不知其何说也。自秦汉以及唐,好名之念,犹未绝于士大夫之心,跅弛不羁之士,史不绝书,而国威赖以不替。泊宋学家言,风靡一世,神州俗尚,为之一变,尚知足而绝希望,重保身而戒冒险,主退让而斥进取,谬种传流,天下事乃尽壤于冥冥之中。千年以来,了无进步,而退化之征,不一而足。束身自好之士,读孔孟之书,而坚守老子不为天下先之教,凡慷慨尚气磊落光明者,皆中以好名之咎而摈斥之。彼乡里谥为善人,庙堂进为耆德者,曾无雄奇进取之气,惟余靡靡颓惰之音。宋明之丧,皆若辈之毒焰致之耳。士生今日,人格之高下,当以舆论之荣辱判之;而舆论予夺之衡,必以有益人群与否为准,凡一切独善其身之说,皆斯世之蟊贼也,学者苟力崇进取,不避艰难,以急切近名之心,而蕲于开物成务之哲,神州之患,岂无豸乎。而我清华士子,际此清年,旭日方东,曙光熊熊,叱咤羲轮,放大光明,以嚇吓寰中。河出伏流,狂涛怒吼,乘风扬帆,破万里浪,以横绝五洲,腾云驾雾。海阔天空,美哉前途,郁郁葱葱,大好良机,正吾人大有作为之日,幸勿交臂失之也。岳武穆词云,"莫等闲,白了少年头,空悲切",良有以也。

是年夏 参加图画校外写生团。《辛酉镜·美术》:"甲寅夏,图画教员司达尔女士组织校外写生团,闻多、时昭涵、潘光旦等皆与焉。"

图画校外写生团由司达尔女士负责,其"毕业于美国俄亥俄州立威斯林大学,历任该州洛第高等学校教授,暨迪科他威斯林大学绘画教授。富有学识经验。辛亥春,来清华本校绘画教务"。(清华学校庚申级编《级史·图画志》)

先生善画,闻于清华,人称"闻多之水彩景画,善露阳光,有灿烂晴日之景象"。(《辛酉镜·美术》)浦薛凤《忆清华级友闻一多》亦称:"吾级吴泽霖、方来、杨廷宝与本人,对绘画亦有兴趣,兼受美术教师司达女士之鼓励。惟一多铅笔与水彩画成绩特好,最受赏识,是为其留美学习绘画之根源。"(台湾《传记文学》,第39卷第1期,1981.7)较先生低一年级的张闻骏曾见过一幅画,说那是先生用各种碎片拼起来的,很特别。在级会的布告栏里,常见有花鸟之类的画,不少出自先生手笔。(据访问张闻骏记录,1986.8.28)

清华中等科一至三年级均设有图画课,任教者前后有两位美籍女教师。司达尔(Miss Starr)教白描,画石膏像;里格卡特(Miss Lyggate)教写生。课上有炭画、水彩画练习,先生颇有兴趣。《闻多》云:"习书画,不拘拘于陈法,意之所至,笔辄随之不稍停。"

九月十四日 暑假后举行开学典礼。先生升入中等科二年级,编入甲班。同班中有时昭涵、顾德铭、薛祖康、吴泽霖、钱宗堡、郭殿邦、萨本栋、罗隆基、廖芸皋、熊祖同、聂鸿逵等。(据《辛酉镜·班次》)

九月十八日 课余补习会改选,"举定闻君多为会长"。(《清华周刊》第13期,1914.9.22)十一月上旬课余补习会改组,更名为中二级会,凡级友均为会员。

十二月十二日 中二级会"常会时表决陈列近来文学及美术成绩为游艺会,以闻多、陈念宗为汇稿员"。(《辛酉镜·大事记》)后因条件未成熟,游艺会被取消。

十二月三十一日 中二级会"开年终俱乐部会,选举下学期职员,闻多为级长兼会长,顾德铭为副会长"。(《辛酉镜·大事记》)浦薛凤说:"一多,原是单名'多',以聪慧见称。读书而外,从事各项课外活动,加之写字秀道,作文华美,图画高明,口才卓越,是以被推担任级长,知名校内。"(《忆清华级友闻一多》,台湾《传记文学》第39卷第1期,1981.7)

一九一五年　十七岁

一月十八日，日本向袁世凯提出旨在灭亡中国的“二十一条”。

五月九日，袁世凯接受“二十一条”，激起全国民众强烈反对。后，全国教育联合会决定将是日定为“国耻日”。

九月十五日，陈独秀在上海创办《青年》杂志，次年第一期起改名《新青年》。新文化运动兴起。

十二月十二日，袁世凯宣布接受帝制，改国号“中华帝国”，定一九一六年为“洪宪元年”。

十二月二十五日，蔡锷等宣告云南独立，组织护国军讨袁；孙中山发表“讨袁宣言”。

六月十三日　中二级会改选，“先由闻君多叙述该会经过之情形，闻者莫不感发。次选举下学期正副会长，其结果陈君念宗为正会长，闻君多副之。次由新旧会长致就职交代词，茶点，继以各种游戏，尽欢而散”。(《清华周刊第一次临时增刊》，1915.6.26)

六月二十六日　《清华周刊第一次临时增刊》载《本校三育最优成绩得奖表》，智育类图画项下云：“二级第一闻多”，获“景画一幅。”《辛酉镜·美术》：“闻多以图画冠全级，奖景画一幅。方来亦获名誉奖。其年，本级图画成绩甚优，多选到巴拿马展览会。”

《增刊》所附职员表中有先生之名，这是先生初次担任《清华周刊》编辑。《清华周刊》原为《清华周报》，创办于一九一四年三月二十四日，为同学所办校内刊物。其编辑均由校方指派。秋，改为《清华周刊》，总编辑陈达，编辑还有吴宓、洪深、汤用彤、罗发组等。该刊目的有二：“一、求同学之自励，促教育之进步，以光大我校固有之荣誉，培养完全国民之性格。二、荟集全校之新闻，编列新鲜之历史，使师生之感情日益密，上下之关系日益切。”(《清华周报·发刊词》)

是年暑假　回浠水老家。

清华功课很重，只有暑假才能集中时间读各自喜爱的书籍。自传《闻多》云：“每暑假返家，恒闭户读书，忘寝馈。每闻宾客至，辄踧踖隅匿，顿足言曰：‘胡又来扰人也！'所居室中，横胪群籍，榻几恒满。"闻展民《哭四弟一多》云："其后远游，虽暑归省。虽值炎午，汗挥雨注，犹披览不辍。比薄暮，蚊蚋袭人，以扇摇曳，油灯照影，伴汝书声，母氏悯汝劳，命之辍，汝不应。一日傍晚，汝方立露井观书，蜈蚣缘汝足而上，家人乍见呼汝，罔顾，代而驱之，汝反讶其扰。"（《人民英烈》，第376页） 有时，家里人叫他"书痴"，有的责备他"不事俗务"，先生则曰："吕端大事不糊涂！"（《闻朱年谱》，第4页）

家中有间书屋，不大，但安静，两扇窗户打开，光线充足。先生在这里读书二月，故称"二月庐"。暑假中所做读书札记，亦题作《二月庐漫纪》，中文稿曾在《清华周刊》连载过一些。

先生回乡，给家里也带来新的气氛和欢乐。闻家骝《忆一多兄》："在经史子集四类书籍中，父亲主张读经，一多兄则主张多读子史集。而他每年暑假回家，也正是利用这两个月的时间来大量阅读这些书籍的。他嫌一般的书桌不够使用，于是便把裁缝做衣服用的案板拿来当书桌，上面堆满了各类书籍以及稿纸和稿本，重叠沓杂，每隔几天，总得有人替他整理一番。'闻一多先生的书桌'，从他青年时代起，就不是很有秩序的。我上中学以前，是在父亲的督促下念书的，因此一多兄暑假回家消夏，对我也是一大解放。在他的影响之下，我也读起《史记》、《汉书》、《古文辞类纂》、《十八家诗钞》这一类书籍来了。"（《闻一多纪念文集》，第373页）

侄子闻立勋《回忆四叔闻一多》中说："他对我们晚辈的学习非常关心，常出题目教我们做文章。望天湖的荷花开了，他出《咏荷花》的题目教我们做诗。那时候，军阀混战，溃兵横行乡里，有时为了躲避骚扰，家里人不得不在湖中船上度过。一多叔知道了，就出了个《溃兵行》的题目叫我们做。文章做好，他亲自给我们修改。谁的文章做得好，他就把自己的牙刷、牙膏、镜子、梳子等日常生活用品奖给我们。……他时常带我们去钓鱼、摘菱角，等我们玩够了，又把我们集在一起，教我们做诗、学算术。一多叔很喜欢画画，每天一大早起床就带着画夹画笔到望天湖边画荷花。他画的荷花栩栩如生，我们都争着要。……有年暑假，他特地给我糊了把扇子，并在上面画了个牧童骑牛，手拿着书看。还题了四句话：'王冕牧牛，骑牛读书，试问尔儿，自比何如？'"（未刊，汪德富整理）

先生与胞弟闻家骝感情尤深。闻家骝《忆一多兄》云："记得有一次他给我讲解苏子瞻留别其弟子由的一首诗（题作《辛丑年十一月十九日既与子由别于郑州西门之外，马上赋诗一篇寄之》），讲到'亦知人生要有别，但恐岁月去飘忽。寒灯相对记畴昔，夜雨何时听萧瑟'时，他不禁感慨系之。这时，他心里显然是以子瞻自比，而把我比作子由的，因为岁月如流，眼看暑假就要结束了。"（《闻一多纪念文

集》,第 373 页)

九月十三日　清华学校开学典礼。先生升入中等科三年级,编入乙班,并担任班长。同班有时昭涵、顾德铭、薛祖康、何浩若、罗隆基、王昌林、熊祖同等。(据《辛酉镜·班次》)

是月　《清华周刊》改为单行小册子式样,先生继续担任编辑。时,总编辑为陈达,副编辑为曾宏遽、施济元,编辑除先生外,还有吴宓、沈鹏飞、洪深、汤用彤、罗发组、张鹤年,经理为陈俊。(《清华周刊》《清华周刊本校十周年纪念号》,1921.4.28)

十月十六日　在级会上演说。"中三级会,于上星期六,举行第四次常会,主席王君世圻,演说者有杨君廉正、闻君多、姚君永励,皆畅所欲言,娓娓动听,历一时余始散"。(《清华周刊》第 51 期,1915.10.20)

十一月三日　清华决定出版《清华年报》,职员由校长指定,高等科学生任正职,中等科学生为副职,先生被指定担任图画副编辑。时,图画编辑为朱彬,副编辑还有曹栋、欧阳勋、徐笃恭、陶世杰。(据《清华周刊》第 55 期,1915.11.17)《清华年报》为"中国高等学校中最早的周年出版物,印刷这报的宗旨,是送到巴拿马赛会展览。全书用英文,多图画照片,附以简单说明,所以使人一看,即如见清华一样"。(《清华周刊双四节特刊》,1922.4.4)

十一月六日　中三级为款待本级教员及协和学校足球队,在工字厅演出《两仆计》,(《清华周刊》第 54 期,1915.11.10)先生饰律师。

《辛酉镜·戏剧》介绍剧情为:"有劳普同者,雄于资,子维新留学欧洲有年,尝以书归,请于父,将娶西妇,普同不许。后维新归,携一西妇,普同见而大怒,将逐之。维新哀求于母,母怜之,颇有留意,而普同终牢不可破。维新不得已,挈妇去。普同又惧无嗣,谋诸仆高三。高三称普同之甥吴氏子颇警敏,可引为嗣。普同之妻独以为然,谓吴氏子素不谨礼法。普同不听,召之至,与之语,大悦,遂以为嗣子。初吴氏子本贪婪,垂涎于劳氏资财者有年矣,至是则益大喜过望,与其仆陶晏谋,乞力为之说项,事成,当分资以为酬。陶晏既见普同,言吴氏子警敏而好学,试尝冠其曹,故最为父母所钟爱。普同信以为真,事遂成。吴与仆既至普同家,每喜外出,数日不归。后普同微病,吴未尝入寝门,普同怒,明日以高三计,佯称病重,命速召律师至析产。吴大喜,俟律师至,导之别入一室,使陶晏卧病以为普同,告律师,尽以家资为吴氏。后为高三所觉,以闻诸普同,普同召吴至,重责其不义。吴与仆愧而私逸去,普同乃复遣人觅维新妇。"

十一月十三日　中三级与中四级举行联合辩论会,先生参加,为本级助辩,获胜。《辛酉镜·演说辩论》:"本级与庚申级开联合辩论会,题曰'国家之富强在政欤抑在人欤'。四年级主'在政',主辩邱椿,助辩萨本铁、陈复光。吾级主'在人',主辩钱宗堡,助辩闻多、周兹绪。裁判员为陈筱田、戴梦松、王庆孙三先生。结果,吾级获胜。"

十一月二十四日　清华学校举行第三次戏剧比赛。中三级演出《兰言》,赞浪子回头。先生饰伍澹阶之母。①

《辛酉镜·戏剧》记述剧情为:"伍澹阶者,尝毕业于某陆军学校。父早世,母老弟幼。澹阶恃有厚资,不勤学,尝至市井,与人博,至数日不归。友劝之,不听。事闻于母,母遣仆召之,亦不归。明日仆来,报母病,澹阶以为诳,博如故,翌日始归,见母,母大怒,杖之。适其舅至,言乌将军方有事于西藏,拟命澹阶偕行。乌将军者,澹阶之父执也,父死时尝以澹阶托焉。母初尚犹豫莫决,卒从舅言,修书命澹阶持往见将军。既至,将军与之语,大悦,乃以为参谋,军兴后,屡建奇功,擢为少将。后军事竣,归家,母见之,为之大喜。"

十二月十八日　在中三级会英文演说会上讲故事。"中三级会于上星期晚举行第八次常会,会序为英文演说,主席为袁君昶熙,演说员为徐宽年、宋珣、熊祖同三君,题目徐君为《排除恶魔试探法》,宋君为《如何能为完全学生》,熊君为预备。言语清雅,意想高尚,可为修道养德之助。末由闻君多讲故事,欢聚一室,历一时始散"。(《清华周刊》第59期,1915.12.22)

十二月二十四日　在中三级会举行"演装国会"上担任国会主席,"中三级会于月之二十四日午后开会,讨论各项事宜。其布置均仿国会仪式,因名演装国会,既可练习口才,亦可唤起兴味。闻君多为主席,讨论逾时而散"。(《清华周刊》第61期,1915.12.29)这种"演装国会"在月初曾举行过一次,当时"议件为'日本下哀的美敦书要求中国将南满归并日本,中国宜取如何行动'一事。会友有主和者,有主战者,雄辩滔滔,秩序井然,俨如一小国会"。(《清华周刊》第58期,1915.12.8)

十二月二十五日　参与创办贫民小学。时,民间提倡向西方学习,普及教育风气颇为盛行,清华学校教职员亦怜悯附近贫寒子弟幼年失学,由周寄梅、赵月潭等先生发起成府贫民小学。成府贫民小学于一九一五年五月开办,经费全部由发起人及赞助人捐助。(《学生方面·德育·社会服务》《清华周刊本校十周年纪念号》,1921.4.28)清华同学受此影响,亦提议在海甸镇创办一所贫民小学,并得高等科全体同学多数人同意。二十四日,高等科各级级长、班长开会讨论进行手续,认为贫民小学既为清华学生创办,自应高、中两科"合力进行"。是日,"开高、中两科各级长、班长

---

① 《兰言》演出时间,《辛酉镜》作12月31日,这里依《清华周刊》所载日期。

联合大会,张君光圻主席,议定此事由高、中两科合办,其筹款方法,校内则同学临时捐及常年捐,校外则以音乐体操各种美术之余兴开会募捐。其余详章及施行手续已举定朱成厚、关颂韬、闻多、白敦庸、陈烈勋、吴世晋、傅葆琛、吴曾愈、林振彬、孟继懋、陆梅僧诸君分别担任"。(《清华周刊》第61期,1915.12.29)

十二月三十一日　中三级开会选举下学期职员,先生当选会长。"中三级会于上星期五晚在博物教室举行年终俱乐会,初由会长报告本期大概事略及下期应行改良之处,继选举正副会长,其结果闻君多被选为正会长,沈君有乾副之,戏剧茶点,尽兴而散。"(《清华周刊》第62期,1916.1.5)

一九一六年 十八岁

一月一日,云南成立都督府,"护国战争"爆发。

三月二十二日,袁世凯宣布取消帝制,恢复"中华民国"国号,复任大总统。

六月六日,袁世凯病殁,黎元洪继任大总统,段祺瑞出任内阁总理兼陆军总长,皖系军阀控制北京政府。

八月一日,国会复会。

十二月,黎元洪任命蔡元培为北京大学校长。

一月九日 致父母亲信,收《闻一多书信选集》。此为迄今所存先生最早的信函。信中报告平安消息,又问及在云南的长兄闻展民的情况。时,云南已举护国义帜,但袁世凯极力封锁消息,故信中云:"滇事真相,颇不易知,据此间舆论,无大暴动也。"(第1页,人民文学出版社1986年10月出版)

时,学校对中等科学生管理甚严,其中定有学生家人通信十条规则。吴景超在《清华的历史》中说:规则规定"每个学生,一月至少要写两封家信,送斋务处注册,即投入该处邮横内。不按定章与家属通信的。查出后由斋务处督其面书,以示相当之罚"。(清华周刊社编《清华生活》,1923.4.28)

是月中旬 致闻家骢信。收《闻一多书信选集》。缺前,仅存后半封,云明日起大考。

二月二十六日 清华学校学生为创办贫民小学筹募资金,于是晚在市内米市大街基督教青年会演出《卖梨人》与《贫民惨剧》。先生参加总务部与招待部工作。这是清华的一次大规模活动,参加者颇多,如陈达、刘崇鋐、陈长桐、汤用彤、向哲濬、罗发组、李济、陆梅僧、林志煌、时昭瀛等均担任了组织或演出工作。

《卖梨人》为趣剧,《贫民惨剧》为悲剧,由洪深编写,并在演出前做了说明。剧情紧扣人民困苦生活,说明"贫贱小民幼时无适当之教育,长成无一定之职业,不能自活,强横者或竟为社会螫贼,愚懦者亦冻馁而死,哀惨莫甚"。(《清华周刊》第66期,1916.2.29)是晚观者中有外交部次长、教育部总长及次长、萨镇冰上将。外交次长曹汝霖当场捐款百元。三月四日,复在青年会再次演出该两剧。

此次演出本是清华学生为创办贫民小学筹募经费,但原拟设在海甸镇的贫民小学离校较远,办事诸多不便,周寄梅等清华教职员所办的成府贫民小学则需费甚亟,于是决定将此款充作成府小学基金。(《学生方面·德育·社会服务》,《清华周刊本校十周年纪念号》,1921.4.28)

这次演出,也是清华学生第一次进城演剧。至先生一九二二年赴美留学前,清华学生为筹募捐款共入城演剧四次,先生除本年四月为北京青年会留学部筹款的一次未参加外,其余均参加了。

二月二十九日　《清华周刊》刊登各年级职员,先生为辛酉级班长、第八自修室室长。中等科"中三级长闻多,甲班班长沈有乾,乙班班长薛祖康,丙班班长吴泽霖。"中等科自修室室长名单中,云"第八自修室闻多"。(《校闻·职员选定》,《清华周刊》第66期,1916.2.29)

三月初　因级会与年级组织并立,"行事多有冲突","级长闻多及丙班班长吴泽霖建议级与会合治。级分三部,有体育部、有毕业纪念筹备部,而以会为总务部。议粗成,既以谋诸甲班班长沈有乾,乙班班长薛祖康,及中三级会长陈念宗而许之。又于上课时征议于级友,亦获多数赞成"。(《辛酉镜·大事记》)

三月十一日　中三级召开全级大会,决定接受先生与吴泽霖建议,"选举钱宗堡、康德馨、刘沛漳、闻多、沈有乾、薛祖康、陈念宗、姚永励九人为(级会改组章程)起草员"。(《辛酉镜·大事记》)

三月二十五日　中三级召开大会,通过改组章程。此后,中三级改称辛酉级。新会长由薛祖康担任,先生任英文书记。(据《清华周刊》第70期,1916.3.29)

四月五日　清明节。下午,参加全校西山植树,步行七里许,至红石山(清华校产),每人植树五六株。(据渠《本校西山种树记》,《清华周刊》第76期,1916.5.10)

四月十二日　《清华周刊》调整职员,先生仍担任中文编辑。时,总编辑为汤用彤,中文编辑还有沈鹏飞、苏乐真、刘庄、汪心渠、李权时、沈浩、曹明銮、桂中枢、严继光、廖永忠。英文编辑为王祖廉、刘崇鋐。经理为林志煌,副经理为姚永励。此外,学校还加派了顾问,顾问为夏廷献、杨恩湛、叶醴文、周辨明、王文显、唐悦良、陈达、吴宓、洪深、谭少藩。(据《清华周刊》第72期,1916.4.12;《清华周刊》,《清华周刊本校十周年纪念号》,1921.4.28)

四月十九日　《二月庐漫纪》开始发表于《清华周刊》第七十三期。全文十六篇,均收入《闻一多青少年时代诗文集》。

此文为读书札记,体现了先生"闲为古文辞,喜敷陈奇义,不屑屑于浅显"(《闻多》)的读书特点。首篇四则,其一则与闻氏姓氏有关:

　　　余祖信国公天祥,军隤于空阬,被执;家属潜逃于楚北蕲水之永福乡,改文为闻,史亦失传,而家乘相沿久矣;其与取韩之半为韦事将毋同?或疑景炎二年,元人送公家属于燕,二子死;其明年,长子复亡,家属皆尽。是犹云汉之诠所云,黎民靡有孑遗耳!古称尽信书不如无书,有以也。

先生为弄清"闻"姓源流,曾做有《闻氏先德考》,搜集若干史料,但终因语焉不详未能成文。

四月二十六日　《二月庐漫纪》续一发表于《清华周刊》第七十四期。共四则,有取《史记》《汉书》之典故引以发叹者,有因宋宣和年间禁苏轼文字的感慨。

四月二十七日　辛酉级会召开辩论会,"辩论题为'今日中国修练甲兵较普及教育为尤要'。正面主辩康德馨,助辩陈华庚、浦薛凤;反面主辩闻多,助辩罗隆基、王际真。结果由会友公决,反面获胜"。(《清华周刊》第75期,1916.5.3)

五月三日　《二月庐漫纪》续二发表于《清华周刊》第七十五期。共三则,前两则为两汉史事,后则为读《晋书》而发现史笔有所不同。

五月十日　《二月庐漫纪》续三发表于《清华周刊》第七十六期。共三则,其一记康熙征准噶尔时俘厄鲁特一乐工,其歌音调悲壮,颇有骨气。

五月十七日　《论振兴国学》发表于《清华周刊》第七十七期。收《闻一多青少年时代诗文集》。

时,清华课程分西学、国学两部。西学课程与留学密切,学生多所重视。而国学课程相反,且为下午开课,即使不及格亦可毕业。于是某些学生在国学课上常演闹剧,先生很看不惯,故撰文强调国学乃国运所寄。文云:

　　　国于天地,必有与立,文字是也。文字者,文明之所寄,而国粹之所凭也。希腊之兴以文,及文之衰也,而国亦随之。罗马之强在奥开斯吞时代,及文气荼敝,礼沦乐弛,而铁骑遂得肆其蹂躏焉!吾国汉唐之际,文章彪炳,而郅治跻于咸五登三之盛。晋宋以还,文风不振,国势披靡。洎乎晚近,日趋而伪,亦日趋而微。维新之士,醉心狄鞮,么么古学。学校之有国文一科,只如告朔之饩羊耳。致有心之士,三五晨星,欲作中流之柱,而亦以杯水车薪,多寡殊势,卒莫可如何焉。呜呼!痛孰甚哉!痛孰甚哉!吾国以幅员寥廓,人物骈阗之邦。而因循苟且,廓廎自大,政治窳敝能是,工艺薄暴若是者,职是故也。夫赋一诗不能退房,撰一文不能送穷,恒年矻矻,心瘁肌瘦。而所谓诵《诗》三百,使于四方,不能专对者,遍于天下,斯诚然矣。顾礼《礼》节人,《乐》以发和,《书》以道事,《诗》以违意,《易》以道化,《春秋》以道义。江河行地,日月经天,亘万世而不渝,胪万事而一理者,古学之为用,亦既广且大矣。苟披天地之纯,阐古人之真,俾内圣外王之道,昭然若日月之揭。且使天下咸知圣人之学在实行,而戒多言。葆吾国粹,扬吾菁华,则斯文不终丧,而五帝不足六矣。尤有进者,以吾国文字,发明新学,俾不娴呫庐文字者,咸得窥其堂奥。则讵第新学日进,新理日昌而已耶。即科斗之文,亦将渡太平洋而西行矣。顾不盛欤?今乃管蠡自私,执新病旧,斥鷃笑鹏,泽鲵嗤鲲。新学浸盛而古学浸衰,古学浸衰,而国势浸危。呜呼!是岂首倡维新诸哲之初心耶?《易》曰:"硕果不食。"《诗》曰:"风雨如晦,鸡鸣不已。"吾言及吾国古学,吾不禁恝焉而悲。虽然,亡羊补牢,未为迟也。今之所谓胜朝遗逸,友麋鹿以终岁;骨鲠耆儒,似中风而狂走者,已无能为矣。而惟新学是鹜者,既已习于新务,目不识丁,则振兴国学,尤非若辈之责。惟吾清华以预备游美之校,似不遑注重国学者,乃能不忘其旧,刻自濯磨。故晨鸡始唱,踞皋高吟,其惟吾辈之责乎!诸君勉旃。

五月二十四日　《二月庐漫纪》续四发表于《清华周刊》第七十八期。共四则,均为摘古诗词之句加以评比。首则引张翰、王赞、苏轼三人之诗,诗中均有"鲈",称三人一人胜一人。次则记述乡里闵佩锷事,云:"吾乡有闵佩锷者,字侣华,诗有清才,曩尝读其《茶余清课》诗集,玲珑满目,美不胜收。近复得其《咏渔舟》云:'一叶蒲舟雨后收,芦花浅水便勾留。任他前处风波恶,只傍垂杨下钓钩。'语亦可味。"先生留意故乡名贤之事,此中可见一斑。

五月二十六日　清华学校中等科三月成立联合演说辩论团,先生为成员。是日,该团举行英文演说决赛,六人参加,先生为其一,演说题为"公众动力"。(《清华周刊》第79期,1916.5.31)

五月三十一日　《二月庐漫纪》续五发表于《清华周刊》第七十九期。共四则。其一记魏源为陈沆《简学斋诗集》之题记。陈沆,字太初,号秋舫,嘉庆间状元,其居与先生家为邻,陈、闻两家世代为姻。先生对陈沆事格外留心。

六月三日　辛酉级级会选举下学期职员,选出"会长沈君有乾,演说部长闻君多,国文书记罗君隆基,英文书记钱君宗堡,会计刘君沛漳,图画员杨君廷宝,图书管理员吴君宗儒及吴君泽霖"。(《清华周刊第二次临时增刊》,1916.6.17)

六月十七日　《美国学校毕业典礼之一斑》发表于《清华周刊第二次临时增刊》。收《闻一多青少年时代诗文集》。

此为听了美籍教员力绮萨女士讲述美国大学毕业礼节情形后,有所感触而作。其序中云:

　　棫朴勉勉,文王亹亹。三王之大学曰辟雍,五帝之大学曰成均,吾国昔日学校之盛若此。其毕业、升学之典,在有所闻,奈失之庞樊,莫由稽考。洎后王

失政,教育薛暴,学校寝衰,科举制作,士子惟于应试时仅一觌面。常日黄卷青
灯,株守牖下,与古人相对,与世人无缘,致埋首闭户,而以勤称,奚怪其孤陋寡
闻而遗讥鼠目也。稽欧美各邦,每视学校毕业为重典,其风俗有大别于吾人
者。故学者幼而同学,有朋友丽泽之益;长而共事,有明良翼赞之功。其所裨
益,顾不巨欤!

六月二十九日 暑假开始。回浠水故乡度假。

时,闻氏族众第四次修纂《闻氏宗谱》,督修为先生堂伯祖闻瑛(族名佐澍,字瑞
霖,号紫卿,同治壬申考取誊录官国史馆汉誊录,编纂臣工列传,议叙盐大使)。总
纂为堂叔祖闻凯(族名佐泗,字杏亭,号鲁泉、定三)。先生伯父闻廷炬任纂修,编修
有先生之父廷政与叔廷治。先生与胞兄家騋、家骙及堂兄亦尊、亦齐等亦参与誊写
与校对。(据《四修任职谱务名目》,《闻氏宗谱》卷首,第 22 至 23 页)

假期间,接级友浦薛凤来信,内附一诗,先生亦作唱和。浦薛凤《忆清华级友闻
一多》:"'葱汤麦饭撑肠食,明月清风放胆眠。自是读书非习改,不妨避世学逃禅.'
此是级友闻一多兄在六十五足年以前,亦即在一九一六年暑假,自其湖北家中复信
所附之律诗一首,迄今只能记诵之四句。先是,予曾寄笺,钦佩其才华,并赠以夏夜
寄怀一章:'才华洋溢孰能侪? 窃喜同窗益友求! 铁划银钩书法遒,金声玉振论文
优。铅描水彩画图俏,谈笑风生意气流。夏夜乘凉星月皎,思君一日如三秋.'此为
予肄业清华七年中惟独一次与同学之唱和,足征予对一多甚深仰慕。"(台湾《传记文
学》,第 39 卷第 1 期,1981.7)

浦薛凤所说的唱和之诗,即自编古诗文集《古瓦集》所收之《答浦瑞堂》三首,内
中个别文字与浦文记载有出入。全诗如下:

> 君问生涯应鞅然,
> 疏狂尤甚两年前;
> 葱汤麦饭撑肠食,
> 明月清风放胆眠;
> 自是读书非学政,
> 不妨接世类逃禅;
> 寂寞荒邨何求喜,
> 盼来青鸟报吴燕。
>
> 风波浮蔼岂由期?
> 奄忽相逾邈莫追。

千里空争尺素短，

五年悔失寸心知。

淡交君子原如水，

殷慕鲽生早向葵。

为约断金崇令往

景光记取惜随时！

忝许雕龙亦太憨，

应知焚砚有君苗。

遥知读毁苏秦股，

应更吟癯沈约腰。

敢为丽珠藏爪甲？

漫将燕石引琼瑶。

锦囊且待西窗夜，

莫枉双鱼度渭桥。

秋后又有致潘光宣信，后以《致友人书》发表于次年二月二十二日《清华周刊》第九十七期，并编入《辛酉镜》。收《闻一多青少年时代诗文集》。

潘光宣，字仲昂，江苏宝山人，一九一三年考入清华中等科一年级。一九一六年初因踢足球一腿受伤，未及重视竟发炎溃烂，不得已于一月十八日锯去，回家休养。先生当时事务繁忙，为未能赴市内协和医院探望甚为内疚，特致书表明心境，并勉励其振奋。信云：

白日不居，别来半载，引企兰光，瞻思何极！常欲裁尺一书，面付河鲤。只以足下剖蛤之医百就，飞蓬之客长驰，山河有戒，萍趺无方，良恐歧违，遂成阻辍。今春某君等约诣院省视，本拟借行，嗣以鱼忙趁暇，命驾不发，鹤望兴嗟，鼓瑟弥感，邢非避尹，参若仇商，咫尺天涯，恨何如也！伏谂迩来餐卫适时，定动多豫。国手折肱，终逢越□；夔足迅步，健于邯郸。倏将驱车北平，稽吕之来辄千里；剪烛西牖，杜李之文可细论，甚善甚善！某荆楚委蜕，因艳多才之士，燕赵负书，剧怜慷慨之夫。自辞鹤室，驴迹蜗居，人事罕接，素心靡梦。湖水灏瀚，望天不波，岩峰巉岏，帽云欲碧（望天湖碧峰岩俱近二月庐也）。锲镂疲瓶，涵饫搜猎。永叔蚕食，落纸有声；义山獭祭，陈书如此。油镫不辉，尚胜车胤之萤；雄鸡警宵，起舞越石之剑。讵不知诗莫退房，文靡送穷；太白谪仙，尚讥杯水；子云壮夫，亦悔雕虫哉！第苟能伐毛九度，学务立言，诵《诗》三百，使能专对,则圣籍传德,金纸满籁;太玄阐道,文不覆瓿。以视生弗益时,死莫闻后,蜉蝣寄身,草木同腐者,不犹愈乎! 不犹愈乎! 足下江东独步,冀北擅名,驾学浩浩之表,飞才博博之区,矧复体匪彦伯之涩,诀获昌黎之真;领袖英绝,润色鸿业,斯文不坠,大匹必扶,直券受耳,尚其勉旃。时因朔风,辄抒近感,摛词多狂,倘所乐耳。鲈脍正鲜,季鹰在吴;鳣序伊始,我驾独北。长安近日,梦月为劳,江南有梅,逢驿可达。

潘光䜣于一九一七年回校,因滞学一年故低先生一级,但两人友情甚笃,为莫逆之交。

九月六日　辛酉级召开级会,时无级长,"举定闻多君为书记",总负责任。同时,决定出版一种杂志,以钱宗堡为总编辑,先生为中文编辑。此外,先生还担任了级会演说部长、演剧部编辑部主任。(据《清华周刊》第81期,1916.10.4;《辛酉镜·大事记》)

九月十一日　清华学校开学典礼。先生升入中等科四年级,编入甲班。同班中有王朝梅、王德郅、时昭涵、周兹绪、袁昶熙、顾德铭、王际真、姚永励、薛祖康、吴泽霖、钱宗堡、沈有乾、萨本栋等。(据《辛酉镜·班次》)

九月二十六日　清华学校成立全校性文艺团体"游艺社",下分演剧、音乐两部。先生担任副社长,时社长为林志煌,后为罗发组。"游艺社成立于一九一六年秋季,分戏剧、音乐两部","第一任社长林志煌,副社长闻多,演剧部长陆梅僧,音乐部长徐笃恭。第二任社长罗发组,副社长闻多。"(《学生方面·智育》,《清华周刊本校十周年纪念号》,1921.4.28)是日游艺社开第一次大会,推举先生兼任中等科会计。"九月二十六日午后一时,本校游艺社假高等科一百四十一号教室开会,讨论进行办法。由社长林君志煌提出,全体职员业经多数社员通过矣。据列于下:音乐部长桂中枢,演剧部长陆梅僧,书记张兰阁,会计白敦庸,干事沈浩、温祖荫,编剧员蒲通谷、乔万选、张廷玉、姚醒黄、罗发祖、童锡祥,布景员向哲濬、陈长桐、程树仁、吴泽湘、吴泽霖,中等科会计,由副社长闻君多担任。"(据《清华周刊》第85期,1916.11.1)一九一九年底,游艺社改称新剧社,专事排演新剧。

九月二十七日　《二月庐漫纪》续六发表于《清华周刊》第八十期。共三则,有诗品之风。末则引"风马牛不相及"典故,云:"近有解者,牛走逆风,马走顺风,故不相及。"可知先生颇留意新说。

十月四日　《二月庐漫纪》续七发表于《清华周刊》第八十一期。共五则,皆论先秦经史。有疑《诗经》朱熹传序者,有论及"匏瓜"之星名来历者。

十月九日　为庆祝双十国庆节,清华学校举行全校化装竞赛。辛酉级由先生所司之演剧部筹备,是日演出《蓬莱会》,获全校"最优,获奖绣旗一面",(《辛酉镜·大事记》)演毕全体合影。先生在剧中饰驴。

该剧剧情见《辛酉镜·戏剧》:"一道人美髭髯,王冠袞衣,跣其足,手一尘麈上。二仙童舞于其前,又歌灵芝之曲,'I Know A Bank'。即毕,道人自称曰牛鼻道人,尝从太上老君游,得奇术,能立致风雨。旋问二童曰:'今日何日?'童曰:'中华民国国庆纪念日也。'道人輾然而笑,麾麈,众徒以次上,与道人习礼。礼毕,比肩而立:茶碗者,道人之侍者也,最先出;次上之须妇,四不像;再次上胡髻而西服,束钟手腕以代镯表者,五不像也;又次为半面人,左半男,右半女,如二人并而为一;阶行者为狼狈,二面,皆具口鼻,如二人背立而为一;又次为侏儒与长人;又次为秃浮图与怪物;又次为笨伯;驴最末出,振耳长鸣,众皆失笑。于是道人命茶碗唱名,众皆应诺,独六不像不到。道人曰:今日为双十节,当作游戏以志庆,若曹之运动者,曷作百码之竞走,胜者吾奖之。众推笨伯、怪物与驴比赛,而侏儒为评判者。其结果,驴第一,怪物次之,笨伯居末。驴驰速度为四十八分又五之一,遂获以金牌,文曰'勿走草地'。会毕,道人率其徒谒玉帝,且行且歌。歌曰:'It's a long way to Tipperary, it's a long way to go. It's a long way to Tipperary, to the sweetest ... girl I know. Good-night ladies. Good-night ladies. Good-night ladies. We are going to leave you now.'"歌词大意为:它是到梯别来瑞的漫长的路,是一条很长远的路,它是到梯别来瑞的漫长的路,是到我所知道的最甜蜜的姑娘那里去的路。晚安,女士,晚安,女士,现在我们将离你而去了。

十月十一日　《二月庐漫纪》续八发表于《清华周刊》第八十二期。共三则,为读诗赋之评论。

十月十八日　《二月庐漫纪》续九发表于《清华周刊》第八十三期。共五则。

十月二十一日　辛酉级召开级会,"举钱宗堡、刘沛漳、闻多三君为中等科联合演说辩论团该级演说代表"。(《清华周刊》第84期,1916.10.25)

十月二十七日　担任贫民小学开办手续起草员。"清华学生创办贫民小学,自前学期来,已筹得款项二百余元。现学生代表团,特于前星期五下午五时,开会讨论进行方法,并选定程其保、闻多、陈烈勋、黄勤、刘庄五君,为开办手续起草员。"(《校闻》,《清华周刊》第85期。1916.11.1)

十一月一日　《二月庐漫纪》续十发表于《清华周刊》第八十五期。共六则。有以诗征谚者:"'尾大不掉',此非寓言也。古言西域有兽曰羯,尾大于身之半,非以车载尾则不可行。先白湛渊有《咏羯》诗:'羯尾大于斛,坚车载不起;此以不掉灭,彼以不掉死。'"又有辨字辨物者:"柳生于叶间,成穗作鹅黄色者,柳花也;花既褪,就蒂结实,熟则乱飞如絮者,柳絮也。杜诗:'雀啄江头黄柳花。'又云:'生憎柳絮白于棉。'花与絮不同,显然可见。"

十一月四日 辛酉级举行英文辩论,分三团,先生为丙团主辩之一,"题为'解决体育馆与图书馆孰为重要'"。"丙团主席杨廉正,书记何浩若。正组主辩吴泽霖,助辩聂鸿逵、王德郅;反组主辩闻多,助辩王际真、宋珣。结果由会友公判,三团俱正组胜。"(《清华周刊》第86期,1916.11.8)

十一月八日 《二月庐漫纪》续十一发表于《清华周刊》第八十六期。共六则,有辨名者,有辨物者。

其一则云:"宋朝废后入道,谓之'教主'。郭后曰'金庭教主',孟后曰'华阳教主',其实乃一师号耳;厥后群黄冠乃敢上道君尊号曰'教主',不祥甚矣!孟后出瑶华宫遂去教主之称以避尊号,吁可怪也。及今尊孔氏为教主,则益滥矣。"又一则云:"宋儒辟佛老者,目曰虚无之教。观之诗曰,无声无臭,未尝以为讳也。世亦有疑及无声无臭者乎?《易》曰:无方无体,《易》未尝以无为讳也。世亦有疑及无方无体者乎?无意无必,无固无我,即《论语》亦未尝以无为讳也;世亦疑及无意无必无固无我者乎?又如曾子云:'有若无,实若虚。'则是为道者政患不虚不无耳,世亦有疑及若无若虚者乎?使之数言者不出于儒书,而出于佛氏之口,人亦必吹毛求其疵矣。"又一则云:"有人作《游女诗》云:'不曾怜玉笋,相竞采金盐。'人多不识'金盐'为何物,或以为花名。按《煮石经》云:'五加皮亦名金盐。'"

十一月十五日 《二月庐漫纪》续十二发表于《清华周刊》第八十七期。共四则,皆读诗词以品味。

十一月十八日 参加游艺社会议,通过社章,并由副校长赵国材讲释新剧。(据《清华周刊》第88期,1916.11.23) 时,赵新编一剧,欲由游艺社演奏,二十二及二十四日,赵特邀先生等至其宅商议。

十一月二十三日 《二月庐漫纪》续十三发表于《清华周刊》第八十八期。共两则。

一则为读《史记》时所发之疑问,颇见功底,云:"《史记》谓孔子见卫灵公之宠姬南子。非也。孔子适卫,门人为仆,灵公与夫人南子同车出游,令宦者雍梁骖乘,使孔子为次乘,游于市,孔子耻之。夫圣人方以季桓子受齐女乐而去鲁适卫,至卫而耻为灵公南子之次乘,岂肯轻身往见之?南子盖鲁之南蒯耳。南蒯以费畔,昭公十四年奔齐,侍饮于景公。公曰:'叛夫',对曰:'臣欲张公室也。'南蒯欲弱季氏而张公室,夫子见之,将以兴鲁也,与见佛肸事不约而合。佛肸之召,子路曾致疑矣,此又不悦。夫子以坚白匏瓜,微言不足以醒之,故复有天厌之,誓比类以观,则知其非见卫之南子,而见鲁之南子必矣。"

十一月二十五日　辛酉级级会举行中文辩论与英文演说,前者题为"有名英雄较无名英雄对于中国关系更大";后者参加者有先生等人,(据《清华周刊》第 89 期,1916.11.30)演说内容未详。

十一月三十日　《二月庐漫纪》续十四发表于《清华周刊》第八十九期。共五则。

一则嘲曾国藩,甚有趣:

清曾文正公振镛,儿时好弄;尝于塾中为龟戏,匍匐地上,覆大木盆于背,手足并进,蠕蠕然固一大龟也。太翁亦显宦,深怒其无状。一日侦其为是戏时,突入塾中。公窘急,即缩其四体于盆内;太翁伴为不知也,就坐盆上,与塾师谈,日昃而退。师惧公不堪,揭盆视,乃呼噪而出,如无所苦焉;顾自是不复敢为是戏矣。

又三则赞少年聪慧:

明戴大宾幼聪颖,读书辄过目不忘。在馆时嬉戏,邻师过之,以其幼也,因出联曰:"月圆",大宾应声曰:"风扁"。师笑曰:"风何以言扁?"大宾曰:"风不扁,何穿透门隙也?"师又曰:"马嘶",对曰:"牛舞"。师曰:"牛何以舞?"曰:"大舜作乐,百兽率舞,牛不在中乎?"时方七岁也。

吾友罗君鲁参(罗隆基),言今夏尝与人戏作辩论,以牛与羊孰为有用为题。鲁参曰:"牛音乐家也。"其人曰:"何以言之?"曰:"语称对牛弹琴,牛得非音乐家乎?"闻者不禁失笑。引用成语之妙,视大宾殆尤过之。

王禹偁七学能文,毕文简公为郡从事始知之。闻其家以磨面为生,因命作"磨"诗。元之对曰:"但存心里正,何愁眼下迟! 得人轻借力,便是转身时。"文简大奇之。

古诗《拟李陵与苏武诗三首》、《读项羽本纪》亦发表于是期《清华周刊》。这是先生首次正式发表的古诗,似颇看重,次年编入《辛酉镜》。收《闻一多青少年时代诗文集》。

是月　辛酉级王际真、高长庚等发起唱歌团,"请林玉堂先生为教员",团员十四人,先生亦加入,唱男低音,兼书记。时,辛酉级"音乐程度进步最速,平日习乐时,已能分音",美籍音乐教员施丽"女士尝许为全校之冠。是年夏,女士返美,秋间遂无音乐",但"级友练习之勤如昔"。(《辛酉镜·乐歌》)

是月　又参加特别图画班。时,"入第四学年,无图画,西教员白西玲集级友之习画者十余人为特别图画班,每周习画一次,成绩甚富"。(《辛酉镜·美术》)

十二月七日 担任《清华年报》图画副编辑。时,"《清华年报》编辑部现以事繁,特添派中等科闻多、杨廷宝二君为绘画副编辑"。(《清华周刊》第 90 期,1916.12.7)这年年报图画副编辑只两人,均系辛酉级级友。

十二月十四日 《二月庐漫纪》续十五发表于《清华周刊》第九十一期。共两则。末则记一少年聪慧,流露出先生的少年抱负。

十二月二十一日 《新君子广义》发表于《清华周刊》第九十二期。收《闻一多青少年时代诗文集》。

是月八日,周辨明先生在中等科作伦理演说,题为"童子军之创始者英将波威事略"。演说中提出"新君子",先生听后甚觉"良新,退而思其义,盖精且博,因为之说以广先生之意",乃作此文。文中主张提倡进取的新君子精神,云:

> 夫新君子者,对于旧君子而言也。礼义自绳,审几烛微,造次颠沛,靡斯须之或弛,此我国人所称为"君子"者,吾称之曰"旧君子"。《易·系辞》曰:"无思也,无为也,寂然不动,感而遂通天下之故。"是以旧君子之旨主静,静则尚保守;其弊不外徒言道义,而鲜实践,马迁所谓博而寡要,劳而少功者是也。新君子之旨主动,动则尚进取;其学以博爱为本,而体诸人群日用之间。盖君子习夫人群日用之务,则不赖于人,而廉耻立;知夫人群日用之务,则不夺于人,而礼让兴。廉耻立,礼让兴,此泰西之治,治于多新君子也。夫吾国自四民之途分,农以给食,工以成器,贾以资用,以及监门畜之,臧获任之,皆莫非益我者。独士自称君子,弗屑于细人之务,于是舒步簋篦之谓道,褒衣博袖之谓儒,呫哔咿唔之谓学;谬种流传,每况愈下。而所谓伪圣贤者,遂接迹于天下,以成今日之荼毒焉。呜呼!袁枚氏所谓士少则天下治,讵无谓哉?!今童子军之所习者,若结绳、烹饪,若缝纫,皆所以锻炼而范成新君子者也,岂得以琐屑病之哉!吾校前者有筑路之举,以士人而劳身役形,以事版筑之琐务,盖以也,吾同学其毋堕此新君子之精神焉可。

十二月三十日 清华学校举行年终戏剧比赛,由高、中两科各演出一剧。中等科演出了先生参与编写的四幕剧《紫荆魂》,被评为优胜。其剧情"第一幕图渔利奸人施诡计,争意气富户闹分家。第二幕开大会师徒同聚乐,接快信兄弟急归乡。第三幕吃酒席流氓图抢劫,住饭店学生窥阴谋。第四幕御外侮警长进忠言,敦人伦夏氏昌家道"。演出后人评到"布景之精巧,谈谐之奇诡,运用匠心,惨淡经营之处,中等科尤见出色"。(《清华周刊》第 94 期,1917.1.5)

是年冬 因病住进校医院,触景生情,想起同学贾观林,作《招亡友赋》,发表于次年二月八日《清华周刊》第九十五期。收《闻一多青少年时代诗文集》。

　　贾观林,字觊君,上海人,一九一三年入清华学校,与先生同级。喜戏剧,曾同编写剧本,在《革命军》中饰瑞澂、《打城隍》中饰差役、在《两仆计》中饰陶晏,皆与先生同台演出。一九一五年十二月二十二日,中等科同学王锡纯患猩红热病故,学校即将与王同寝室的贾观林等十余人迁入校医院分居,但贾观林仍不幸被传染,于二十四日病逝。(深《猩红热之发见及治法》,《清华周刊》第 62 期,1916.1.1)一夕,先生住在医院觉得"恍恍惚惚,觊君来前,惊而延之,神定景逝。更寐而求,苦不交睫,起视牖外,疏星出没,月在高树,巡字而呼,仰空而泣,踟蹰搔首,不知所措,乃作赋以招之"。《招亡友赋》十分感人,文云:

　　　　呜呼噫嘻! 子胡不归? 精气不失,凝神显质,道出于躬,子胡不神以逸哉? 王弼谭玄,嵇康传琴,越昔之哲,罔阻于幽扃,子胡为而弗灵哉? 土伯魑魅,咆哮念呷,薛荔攫人,挟厥荷剂,子独不之憺哉? 豪骑鲸游,突机逍遥,促以长飚,迅于赤熛,子胡不来与走共此宵哉? 子死之所,今为吾圄,子或弗臆,道无险阻,烛子以炬,夫畴复敢子拒哉? 厥室之左,楼峨峨哉;厥室之右,涧浏浏哉;厥室之前,行轩辇哉;厥室之后,圃百亩哉;厥室之门,无卫屯哉;厥室之幌,阔且晃哉;子胡不归! 夫畴复敢勴劓哉? 走有青琼,酲醐轻哉;濡鳖臛蠵,实鼎偟哉;粗粝饭脙,如饴膏哉;绿蚁新酷,泛玉罍哉;炉可温哉,榻可眠哉,故籍从衡,可供研哉;鸿谈狂笑,无人诮哉;言之不足,承歌啸哉;子胡不归! 走迟子于室之突哉,走思畴昔,泪如汐哉;订交清华,比云霞哉;乙卯之冬,谊蔑如哉;蝌文象胥,学不颇哉;惟子与走共切磋哉! 鞅掌会务,维勤恳哉,惟子与走共此厓哉;少年志越,拯时难哉,惟子与走共此自悯哉! 睥睨宙合,嗤慕愚贤,慷慨悲歌,愤言踬辞,于儁迈何,不可再哉! 高谭雄辨,深扣清酬,隽语解颐,睿音箴尤,于询哗何? 不如昔哉! 明月丽天,庭阶垩雪,狂语欣罗,清歌裂帛,如风乏何? 不可复哉! 秋飙雨夕,素友杂坐,羽觞忽接,秦声同和,如豪狂何? 令其已哉! 子说走书,玉润金生,走兹擘笺,子来为走评哉;子嗜走画,幛涛有声,走调丹青,子来助走成哉;已走之志,昔尚功而贱言,兹务言以立功,子来以为走之折衷哉。已走之学,曩蔑古而咶今,兹戾今而淫古,子来为决舍取哉。呜呼噫嘻! 子胡不归哉?

　　　　辞毕,有声冥冥,不见其形;其言曰:二人同心,幽明不乖,交子以神,匪以形骸;闵免崇德,勿复相怀!

　　先生很喜欢这篇赋,后将它编入中等科毕业纪念刊《辛酉镜》。

一九一七年　十九岁

　　春，胡适在《新青年》发表《文学改良刍议》。一个月后，陈独秀在《新青年》发表《文学革命论》，两文均提倡"文学革命"。

　　七月一日，溥仪在北京称帝复辟，复国号"清"，改年号为"宣统九年"。

　　七月十二日，段祺瑞率军攻占北京，溥仪宣布退位，复辟结束。黎元洪辞大总统，冯国璋继任。复任国务总理的段祺瑞重新控制北京政府，拒绝恢复《临时约法》和国会。

　　八月十四日，北京政府对德、奥宣战，参加第一次世界大战。

　　八月二十五日，南下国会议员在广州召开"国会非常会议"，成立护法军政府，选举孙中山为大元帅，护法运动开始。

　　二月三日　辛酉级级会讨论编辑中等科毕业纪念刊事，"议既定，选举职员，以闻多司编辑，吴泽霖司经理，薛祖康司会计，他职员均由编辑或经理指派"。（《辛酉镜·大事记》）

　　三月三日　二月十二日级友陈宗泽病逝。是日辛酉级在清华礼堂开会追悼，先生诵祭文。（据《辛酉镜·大事记》）

　　三月十五日　辛酉级中等科毕业纪念刊编辑部召开会议，决定将该刊名称定为《辛酉镜》（此前作《级鉴》），由先生任总编辑，罗隆基、何浩若、钱宗堡、周兹绪四人为编辑。是月十日，曾请杨仲达、李寿先、赵瑞侯三先生为该刊顾问。（据《辛酉镜·大事记》）

　　三月十七日　辛酉级级会举行英语辩论会，题作"普通教育较人才教育为要"，先生担任辩论会的主席。（据《清华周刊》第 101 期，1917.3.22）

　　三月二十二日　《辨质》发表于《清华周刊》第一〇一期。收《闻一多青少年时代诗文集》。

　　该文认为"君子为学，必光明气质"，"质之不明，学将焉本？是以蛀蚀之木，雕镂不加；粪土之墙，髹垩不施；君子质有未明，则学莫成，即成亦适增天下之害耳"。从体裁看，很像是古文"辨"体，可能是课中关于写作方法的训练，但表现了先生对

"气质"的认识。其中云：

> 夫气质之病，未可胜穷，要之毗于动者为妄，毗于静者为惰，而动者不妨妄，静者不妨惰；妄者惰之因，惰者妄之果；妄者必惰，惰者必妄，心无所主，时而气溢于外故为妄，气蕴于内故为惰；譬之感疾者，凉燠交作，靡有定象也。凡少年多发扬之气，故喜动，好矜而乐群；质之不明，则流为妄；负意气，骛声誉，卓诡其行；虓然与人争，胜则沾沾自憙，以为天下莫己若，于是益为之横暴而无艺；隅见屈于人，则必嫉之、仇之，至不谋所以摈斥之而不快；甚或结俦侣，图标榜，小以害大，寡以隳众，是之谓嚣张，是妄之病也。耆老多衰颓之气，故喜静而好独，旧之学者多病是；今则犹有其伦，甘其味，华其服，读书以求一己之利；非己也，莫肯费锱铢，莫肯举手足；或则亹作而夕暝，孜孜而修，逍遥而息；观书矣，不窥园也；对古人矣，不接今人也；是之谓旷夫，是惰之病也。惰者蠹己，犹不失为庸懦；妄者则为小人：辨察以资声色之契券，淹博以为权门之禽犊，通达时务以为盗贼之嚆矢；其为害有不止于天下后世者哉！是故，多庸懦，昔之中国之所以不振；多小人，今之中国之所以乱。虽然，学者气质之病而至于妄，妄盖蔑以以加矣。欲疗斯疾，则奈之何？《说命》曰："逊志务时敏"，斯言可味矣。方寸之明，皎如白日；人之为惰为妄，盖莫不自知；知为妄则务逊志，知为惰则务时敏；此其事不求诸人，而求诸己，不求诸己之气质，而求诸己之心。盖气质传于四体五官，四体之惰，心之惰也，五官之妄，心之妄也。务逊志时敏者亦以心，以心治心，无不成；不则心有不明而反役于质，则掩饰弥缝之事生，若是病不入于膏肓者几希。吁！可不慎哉！

三月二十四日　为中国运动员赴日本参加远东运动会募集捐款，游艺社在校内演出《都在我》，先生有力焉。《清华周刊》报道云："本校游艺社为远东运动会募集捐款，以充派遣运动员赴日所需旅费，编演新剧一种，名曰《都在我》。特于前星期六(三月二十四日)晚，先在校内排演，座设食堂，七时半开幕，十时半始毕。化装精工，表情细致，极淋漓之妙。由游艺社社长罗发祖君主席，观者踊跃阗塞，而中美教员之眷属亲友，远东与观者亦甚众。票价分优待(不取资)、特别(五角)、普通(二角)三种。更拟于四月十三、十四晚，在北京青年会开演。兹录《都在我》剧目如左。第一幕霍得信，第二幕债累远游，第三幕途穷遇救，四幕寿辰私逢子，第五幕罹疾团聚。"(《校闻》,《清华周刊》第102期,1917.3.29)

其后，该剧复增加一幕，并于四月七日再次在清华礼堂演出。《清华周刊》报道云："游艺社排演之《都在我》新剧，现又增加一幕，并将剧情略加修改，较前更有精彩。定于月之十三、十四日，假北京青年会排演，售票每张一元，得资补助远东运动会队员路费。并拟于本星期六晚,先在礼堂排演一次,凡本校校役,及星期六星期天学校学生,及其家属,均可来与观云。"(《校闻》,《清华周刊》第 103 期,1917.4.5)

四月十三日 应远东运动会中国董事会邀请,《都在我》在市内米市大街基督教青年会正式演出,由外交部参事刁作谦主持,十四日继续演出,由外交部次长王正廷主持。两次演出均甚成功,《清华周刊》报道云:"本校游艺社应远东运动会中国董事会之请,特于十三、十四两日晚,在北京青年会排演《都在我》一剧。座券每张取价一元。十三日晚七时半开演,由外交部参事刁作谦先生主席,并先说明演剧募捐之宗旨。中西士女来观者六百余人,每幕终,掌声雷动,盖剧员均振作精神,视在校初演时,为大进步也。十一时毕。十四日晚,由王正廷先生主席,观客八百余人。演至第三幕时,电灯遽坏,全堂黑暗,而剧员在台上者,并不停演。急燃烛以代电灯,约经三分钟,电灯复亮,而其间烛之去取,均由剧中之店仆为之,故观者尤以为妙,盖合于剧中情节也。又每次闭幕布景时,皆在赵、曹二女士互奏洋琴,以破岑寂,而增兴趣云。"(《校闻》,《清华周刊》第 105 期,1917.4.19) 此次远东运动会,中国派出运动员、职员等近百人。运动员中有清华学校孟继懋、程树仁、姚醒黄、邝寿堃、关颂韬五人,他们于四月二十八日与中国北部运动员离京。运动会上,程树仁获标枪第三,孟继懋获铁饼第三。

四月十九日 《清华周刊》更换职员,先生仍任中文编辑。时总编辑为李权时,中文编辑还有桂中枢、廖永忠、邱椿(大年)等。(据《清华周刊》第 104 期,1917.4.12) 九月下旬,先生辞此职。

四月二十一日 参加辛酉级级会举行之英语辩论会。辩论"题为'今日中国科学家较文学家为要'。正面主辩王德郅,助辩周天骥、陶世杰、杨廷宝;反面主辩方来,助辩区沛玖、沈乃正、闻多。评判员刘寰伟先生。结果反面胜。"(《清华周刊》第 106 期,1917.4.26)

五月十七日 《清华周刊》刊登辛酉级中等科毕业级刊《辛酉级》编辑消息,云:"中四级会。中四级书,定名《辛酉级》,自筹备以来,积极进行,约于月底可付印云。"(《校闻》,《清华周刊》第 109 期,1917.5.17)

六月十五日 《辛酉镜》印行。总编辑为先生。封面为一展翅飞翔雄鹰,背绘光芒四射的太阳,正中以篆书书写"辛酉镜"三字。杨廷宝回忆:"《辛酉镜》封面那只鹰是谁具体画的,我已记不太清楚,我和一多都可能有份。"(杨廷宝致黄延复信,1980.7.17,未刊)

全书分十三类:班次、课程、教员、级友、课艺、论著、艺林、译丛、辩论演说、体育、美术、乐剧、大事记。系统扼要记述了辛酉级同学在中等科四年的学习与生活。

　　收入该书的先生著述有数种,除《致友人书》、《招亡友赋》、《拟李陵与苏武诗三首》、《读项羽本纪》已发表过外,还新发表有《发刊词》、《陈涉亡秦论》、《生于忧患死于安乐论》、《马赋》、《松赋》、古诗《春柳》、《月夜遣兴》、《七夕闺词》和自撰小传《闻多》。上述诸篇均收入《闻一多青少年时代诗文集》。

　　《发刊词》署名"闻多",述《辛酉镜》成书原因及编辑思想、体例,反映了先生对各项栏目的认识。其云:

　　　　吾校中等科诸级,值毕业时,述其学绩以为杂志者:戊午有《进步》,己未有《留音》,庚申有《级史》。阳林舒荫,众羽并翔,康衢扬镳,千马合辙,志同体殊,然胥归于纪念云尔,谓为嗜学则夸矣。丁巳夏,吾辛酉级,将升入高等。级友等愧大道之未明,幸小成之可喜,乃缀成绩,纪沿革,表姓氏,摄像影,以编辑成书,颜之曰《辛酉镜》;而付诸剞劂,亦所以纪吾学,志吾侪,而藉云自镜耳。顾或谓灵均制骚,班氏谓其露才;李泌凤颖,张子戒以韬晦;是故和光可以成德,扬己必致损慧;今纵有成绩可纪,奚必显以示诸人哉!夫游夏之科,照耀孔门;艺文一志,炳麟汉史;万宝争辉始能夺目;五音繁会斯乃铿耳。兹者才短袜线,匪子产之博物;学愧肤受,无夷吾之通兝;而欲巧弄翰墨,遗灾梨枣,是亦啄菢之慕鸾音,疲驴之追骏步也!记者闻之,喟然而叹曰:夫榆枋橘柚,约为弟昆;翔麟衰骥,共试鬃蹄;四载以来,三育兼进,兹值毕业,可无纪念?同人虽陋,岂不知杯水坳堂,仅载芥舟,支辞片论,无当崇议哉!特以衡阳之木,萌于拱把,千里之程,肇自跬步;苟蚍蜉弗舍,丘垤可成;精卫不辍,溟渤可塞;是故槏栌侏儒,棍阒居楔,靡不竭智殚精,旁收远绍,诠实胪陈,用资自镜;不侈扈(扈)言之滥,不希躐等之功;抑亦往事不忘,用师后事,前车覆辙,以鉴来车之意云尔。而必欲以比于古之作者,是犹强燕雀以步鸿鹄,挟泰山以超北海也。且岁华轮转,身世飘浮。今共砚席,傫作箕斗;苟鸿爪不忘,尺简恒握,则蒹葭怀想,千里如面。盖上景下景,墨子之别传可籍;人相我相,如来之大意犹存;顾不懿与!兹出版有日,为括其门类,约十有三;各诠其义,列之于后,读者鉴焉:

　　　　班次之分,以便教授,升降靡定,只以合数,甲乙殊号,不区程度。诠班次第一。

　　　　学术百端,陆厨邺架,充栋汗牛,兹之所肄,胥尚普通,未能深求,书籍表帙,久惧失徵,表以备佚。诠课程第二。

　　　　启蒙解惑,师德难忘,桶楥梏质,缪厕门墙,游杨立雪,感祝瓣香。诠教员第三。

榆枋橘柚，异苔同岑，兑能丽泽，豫应盍簪，学侪并载，用资规箴。诠级友第四。

欧学东来，群忘国粹，学校有文，奥趐疣赘，清华规课，新旧靡整，同人虽陋，尚知濯厉，亘兹四载，不乏合制。诠课艺第五。

精研覃思，蕴奥云披，锐比莫邪，秀类青芝，并蓄俱收，大放厥辞。诠论著第六。

韩欧徐庾，骈散异体，各擅厥趣，未可偏诋，茹古含今，我心则取，幼稚不揣，操觚喜试。诠艺林第七。

维兹之世，种族繁浩，黄晰棕黑，译移斯宝，呋卢鸿制，愧鲜深造，爬罗剔抉，简易是考。诠译丛第八。

矫尾厉角，独号季子，嘘枯吹生，允推公绪，碧鸡白马，能究天人，宣尼四科，亦重言语。诠辩论演说第九。

文育越龄，跃高六尺，羊侃总髻，蹋壁五寻，血气之勇，固匪君子，筋骨之秀，讵乏儒林？中士尚文，积弱既久，愿作先声，雄鸡踞阜。诠体育第十。

淘性怡神，书画不废，墨翟制鸢，始肇儒工，孔称游艺，由来尚矣，新学东渐，于兹尤崇。诠美术第十一。

折扣皇荂，嗑然增喋，优孟滥觞，淫哇风作，慨兹横流，用振光铎。诠乐剧第十二。

校风尚竞，借区优劣，外务乃敠，级事镠辖，改弦更张，日新月异，前事不忘，后事之师，钩玄纂要，用作箴规。诠大事记第十三。

《陈涉亡秦论》是课堂上的一篇作文，先生用问答来评述了自己对这一历史的看法：

客或问于闻子曰："陈涉亦尝亡秦乎？"对曰："秦之亡久矣，商君亡其法度，李斯亡其文献，吕不韦亡其宗嗣；三者，国之所与立，三者亡，而斧扆图籍虽存，亡无日矣！涉特亡其斧扆图籍者耳，岂真亡秦者哉！"曰："秦无道，故家遗俗，豪人侠士之弯弓报怨者，尚鲜其人；涉聚罢散之众，揭竿斩木，奋臂一呼，而豪俊蜂起，天地瓦崩，其所福吾民者大矣！"曰："唯唯。否否。嬴秦虐民，海内侧目，涉首义诛秦，以苏民困；吾子称涉以罪秦，当矣；然而涉起谪戍而首事，非有一日之规，计自免于刑耳！称之，吾恐后世乱臣贼子，将假涉之名，以玩法殃民；无如贬之，以无贻以口实也。夫秦犹桀纣也，人胥知其暴，以得而诛之；斯辈假汤武之名，以肆其蹂躏，人莫敢罪之者矣，其为害不且百倍于秦耶？！"客乃喟然而叹曰："诚如子言，则苗莠莫分，是非混淆；孰也仁，孰也暴，何莫非吾民之蟊贼哉！呜呼，吾用是为天下后世惧。"

《生于忧患死于安乐论》也是一篇作文，对孟子这一名言发生了疑问：

> 天道循环也，忧患之极，安乐随之；安乐之极，忧患随之；故天下无忧患，而天下皆忧患；天下无安乐，而天下皆安乐；惟圣贤明乎此。忧患而安乐之，是能忍；安乐而忧患之，是能虑；能妨能虑，故无往而不生。愚庸昧乎此，忧患而忧患之，是无勇；安乐而安乐之，是无智；无勇无智，故无往而不死。孟子曰："生于忧患而死于安乐。"斯言也，窃有疑焉。夫生人者岂必忧患？而死人者必安乐耶？抑能忍能虑，有以生之，而无勇无智，有以死之也？是故天不生无用之物，亦不造无用之境。忧患安乐，皆所以益我者；处之不以其道，斯害也已。异哉！物之害者，即其益我者也，可不恫欤！

《马赋》是今存先生的第一首古体译诗，其序云：

> 古罗马爱部鲁洲之艾阙城中，有巨钟焉。民间有冤滥者，则鸣钟以闻诸县令。约翰王时有武士，垂老，贪婪货利，尽市其鹰犬、甲胄以取资。畜马一匹，旋弃之。马食蔓触钟，钟鸣，县令至，则见老马，左右言属武士；乃亟召武士至，重责之，武士大惭，复携马归。美人亨曼长卿以诗纪之。兹译其意，广其辞，而为之赋。

《闻多》是先生的自传，原作未署名。郭道晖、孙敦恒《关于闻一多少年时代的自传——〈闻多〉》："我们最近访问了闻一多在清华学校时的同班好友吴泽霖教授，他当时也是《辛酉镜》负责人之一（总经理）。据他回忆，这些小传大多是由彼此要好的同学互写，也有的是由本人自撰，最后由总编辑闻一多审定。至于《闻多》一文究竟是谁写的，吴先生已记不清了。但他一读这篇小传，就认定是闻一多的手笔：其行文完全是闻一多的风格；小传中爱用一点生僻的古字，这也是闻一多当时的癖好；其中所述的一些情节，也只有闻一多自己才能写出。所以可断定是他的自传。至少，闻一多作为总编辑，对这篇小传也是亲自审定过的。"（《闻一多青少年时代诗文集》，第4至5页，云南人民出版社1983年8月出版）《闻多》全文如下：

> 闻多，字友三，亦字友山，湖北蕲水人。先世业儒，大父尤嗜书，尝广鸠群籍，费不赀，筑室曰"綮葛轩"，延名师傅诸孙十余辈于内。时多尚幼，好弄，与诸兄竞诵，恒绁，夜归，从父阅《汉书》，数旁引日课中古事之相类者以为比。父大悦，自尔每夜必举书中名人言行以告之。十二岁，至武昌，入两湖师范附属高等小学校。甫一载，革命事起，遂归。翌年春，复晋省，入民国公校，旋去而之实修学校。越月，试清华，获选。来校时，距大考仅一月，又不审英文，次年夏，遂留级。喜任事，于会务无洪纤剧易悉就理。所见独不与人同，而强于自

信,每以意行事,利与钝不之顾也。性简易而慷爽,历落自喜,不与人较短长,然待人以诚,有以缓急告者,虽无赀,必称贷以应。好文学及美术,独拙于科学,亦未尝强求之;人或责之,多叹曰:"吁!物有所适,性有所近,必欲强物以倍性,几何不至抑郁而发狂疾哉?"每暑假返家,恒闭户读书,忘寝馈。每闻宾客至,辄趑趄隅匿,顿足言曰:"胡又来扰人也!"所居室中,横胪群籍,榻几恒满。闲为古文辞,喜敷陈奇义,不屑屑于浅显。暇则歌啸或奏箫笛以自娱,多宫商之音。习书画,不拘拘于陈法,意之所至,笔辄随之不稍停云。

又,《级友》栏有贾观林传,据吴泽霖给编者信,认为它也是先生所作或手订,兹录以参考:

贾观林,字觏君,江苏上海人,少聪颖,年七岁,入龙门师范附属小学,谨礼法,试冠其曹,师友皆敬爱之。年十二,闻清华招生,即欣然投考,卒获选。将入京,父念其幼,恋恋不舍。观林慨然曰:男儿志在四方,讵当踡局于一隅哉,父何阻儿行耶。父壮其志而许之。来校后益勤奋,智育体育皆见长于侪辈,尤以新剧称。广交游,校中上自校长,下及厮役,类能道其名。乙卯暑假南旋,补习英文,夜以承昼,积劳成疾,几濒于危,阅月乃愈,然体质则大亏。秋间偕弟观鑫及同乡之新入校者数人北来,途中絜巨鬈细,观林独任之,人称其能。来校时,勤谨如昔,而于级务则尤号热诚,尝与同学数人等筹划演剧比赛事,至更三四夜弗寝。稿成,将练习,而观林剧病,作狂热,身皆赤,不能安眠。乃起蹀躞往复于室中,凡百数十匝不已。时博颡歌乐府,惨厉悲壮,哀动四邻,神气惘惘,若无所丽,倏步倏趋,倏泣倏笑,毫发蝟张,戟手作势,宛如短兵之相接,则方拟所编戏中之情节也。数日病益臻,属其弟曰:吾病行将愈,幸勿以告家中,致增父母忧。语次,据枕大泣,呜咽不能成声。明日遂逝,时民国四年十二月二十四日也。观林风采闲润,温恭蕴藉,性伉直而警敏过人,级务中有干事者,非观林莫属。又喜体育,尝为本级长跑队员。其死也,同学靡不叹昔,昆弟四人,长兄蚤世,观林居次,二弟均幼,今肄业本校之名观鑫者,其从弟也。

《辛酉镜》各类之序,多由先生手订,其中颇能反映某些思想与认识。如《课艺·序》特别强调国学,与《论振兴国学》一文如出一辙。其云:

文字者,国粹之所凭,而文明之所寄也。希腊之兴以文,及文之衰也,而国亦随之。罗马之强为奥开斯吞时代,迨文风荼蔽,而政治癫坏,士艺薜暴,铁骑遂得肆其蹂躏焉。吾国自战国以及汉唐,文章彪炳,称为最盛,五季而后,日趋委靡,国运以衰。今维新之士,管蠡自私,弃国学而重鞮狄之文,其孰知旧学体也,新学用也,微体则用将何施,蔑体而求用,得毋不可乎。吾清华以预备游美之校,乃能刻自濯厉,以崇国学,日课中英文各半,每周作文以觇进展,法玉燉也。而吾级中能体是意,孜孜不懈者,尤不乏人,每值作文,靡弗殚思竭力,精益求精,四年来,成绩有可观矣。兹录其最可诵者若干首,以示不忘国粹之意,倘亦爱国志士所共许乎。

又,《艺林·序》亦强调国学重要性:

> 文之为物,无津涯无畔岸至广博也。为文者,学以明之,气以行之,神以化之,乃能中肯。然技非止乎此也,举吾国一国之文由来已二千余年矣,其间硕士通人,焚膏继晷,演而为雄富流丽高雅清逸,虽竭毕生精力,犹人执一端不克尽趣,然令读者色飞神移望尘不及。时代变迁,学途演益,幻不能与古人抗衡,故文自浅也。况吾清华学子,学术之外加以象寄鞮鞻,日不暇给,未能专攻国学。今著艺林,枯涩满篇,虽名曰文,自知其实非文矣。

《辛酉镜》之序,为林纾所作,迄今林纾之集均未见收入,故录以参考:"余尝再至清华园讲论语,见学者彬彬然,部署井井然,司其事者温温而有礼。余太息以为此校讲新学,乃一本于礼衷古道一线其犹存于斯矣。兹者薛君书来,以其级所刊之《辛酉镜》一书属余序于余。书分十三类,文咸通赡,不悖于理,将刊以行世。方今学者东涂西抹,鲜能专心致志以崇实际,而诸君乃能聿自濯励,勤学不懈。兹植中学毕业复辑其四年来之成绩著于篇,此固有志之所为,而未可数数觏者也。故草数言以归之,益以励其响往焉。丁巳四月闽县林纾叙。"

先生亦喜爱林纾著述,某年暑假返乡,在武汉买了《畏庐集》及续集,在家认真披阅,还让闻家驷也共读。(据访问闻家驷记录,1986.11.20)

是月　与时昭涵合著的《童子军》发表于《清华学报》第二卷第八期。

童子军是少年学生的一种准军事组织,它在清华学校刚刚出现不久,《清华学报》第一卷第三期曾有文介绍世界童子军历史概要。先生觉其叙述过略,乃搜集诸书资料,以述其创始、历史、课程及各大洲之组织。其文云:

> 童子军之关系于文明者甚巨,其进步之速,成功之著,颇足供吾人之研究。兹所述,特其大略耳,未可以概全豹也。
>
> 童子军之由来尚矣。亘古以来,殆无代无之,古昔士卒之选与小战者,童子军也,殖民者童子军也,武士之为宗教而战者,童子风也,以及班超之西征张骞之通西域皆庶几近之也,其他类此者更仆难数。然而童子军之名称,则创自英之国白敦波威将军。将军之始来非洲也,初无心于发起童子军也,及见投效之土人,其操作之力,胜于英兵,始悟高尚之学识,不若寻常事物之适用也。乃得兵士中经验幼稚者区为二三小队,使居旷野,以自求生活,而资实习。未几

事颇有效,而办理童子军之心以萌。泊战事毕,率新联军返英伦,见国内少年,大都类于本国兵卒,乃决意提倡童子军。一九零七年之夏。将军集童子若干人,于多科地方(Dorset)编制之童子军,明年著童子军要旨一书(Seousing for Boys),而童子军始风行天下矣。

童子军之目的,在教童子以自治与自术之法,童子每喜习于郊外之生活,故恒视童子军为极大乐趣。童子之亲长,亦以其能使子弟强健身体,改良气质,故乐为之劻勉,而国家则以童子军,能造就完善国民,故亦乐为之提倡也。英国鲁斯伯(Lord Rosebery)、美国罗斯福、威尔逊诸人,皆极口称赞童子军者正以此也。虽然,童子军诚善矣。苟徒作空言,不能施之实行,亦不足贵也,故童子军之格言,为"预备"军人之常语为"每日作一善事"。

童子军可分二种:曰军事童子军,曰寻常童子军。军事童子军,必警敏机练,故常为军中侦探,纵观青史,童子军之死于疆场者,比比而是,即于今之欧战中,亦数见不鲜焉。寻常童子军,必习于森林中之生活,视日星以辨方向,见微隐之记号,必能立明其义,能自协卫,而不假援于医,遭大危险,必能措置自如,盖与军事童子军之所当习者,无大异也。

人每误童子军为军人之预备,此实大谬。童子军者,所以练习童子之爱国心,及他种美德也。童子军含防范军事之性质,非军事之预备也。

童子军亦教育之一大端也。教育之旨,在于实用,而实用必于经验中求之,不可求之书籍也。哥伦比亚大学卢色尔氏 Dean Ruesell 尝称童子军为近世教育法之最高者,盖有以也。童子军童专技奖章,有救火者,有治伤者,有操舟者,有救生者,皆所以资鼓励者也。他如各种游戏,及运动,尤足以廉制其筋骨。诸如此者,苟求之于丹铅几席之间,吾未见其有成也。盖学者,逆其意必败,顺其性则成者,理固然也。质而言之,童子军之动作,多使童子,时具乐观,以促其成。故童子军人,只能娴诵军律。或华于军服者,非真童子军。真童子军者,必求务实。

童子军之课程:童子军必能周于事变,故其所当学者,不一而足,其课程至庞杂,而难于划一。兹述其最要者数种,为童子军所当一习者。

射猎:射猎之技,至不一也。习斯技者,必先知虫鱼鸟兽之天性,与夫果木之根实,以便亟需时,知所求食。但不可藉此以暴殄天物,盖童子军,必知爱物,是其军律也。童子军又当习潜行,潜行时,置身处之颜色,必与衣服之颜色相同。如见敌时,切不可行动,以防敌之知觉。行经旷野,当能辨人类或禽兽之足迹。居城市,当能于人民之行动,及装饰中,辩其性质,以逃于险难,或过他人有危厄时，则当救之。此皆所以练习其观察之力也。

帐幕：帐幕乃野居之生活。居帐幕者，吸新鲜之空气，作快愉之游戏，围帐大宿，野外观星，朝则习泅，暮则打浆，其乐无涯也。然身体之强健，亦靡不由此。

至于扎帐幕，燃火柴，安榻治馔，以及觇察方向，皆练习自治之良机也。或野居时，建桥梁，作游戏，猎鸟兽，陟巉岩，以及治瀡涤器，巡防守卫，互相为助，则又增进协力精神之良机也。至于眠时，以鼻代口作呼吸，以油或皂液洁耳，饭后寝前，刷牙齿，剪指甲，常粪除秽污等事，此又养成清洁勤俭之习也。

童子军亦当恭敬妇女，而保护之。古之武士，恒遇妇孺孱弱，必极力相助。信宗教，崇俭德，有服从心，具冒险性，节口体，以周人之急，冒生命，以赴人之难，以信义相勖，不侥倖以取利，不苟且以伦生。今之童子军犹昔之武士也，故亦当如是。

风云变幻，未可预测，童子军既有救生之责，则当随时随地，考察变故之由，而预防之。譬如救火可一事，尤当注意，救火时，最不可藉口于幼稚，以图逸豫。盖既为童子军，则当为童子军一份子之义务也。

荷兰之童子军，亦甚众，善用拉所 Lasso。拉所者，结绳之一种也，可以建桥、作梯，或以救火中之人。比利时之童子军亦称精练，其旗号通信治伤造室等技，为他国童子军所不可及。法俄之童子军，大有功于现今之战争。法之童子军，以治伤及秘密通信称。俄之童子军，以通警信友扶助弱者称。美国之童子军，占世界最多数，其在纽约一城者，长官约有一千三百人，童子军二十万人，又有混成队以华人及黑人组成，又有盲人童子军，其成绩如操练木[术]之缝经[纫?]音乐绘图打字等技，有足令人惊忤者。

爱国：吾人尽知人人皆当爱国，然知爱国而不能为国尽力者，是人体之徒具形骸，而无筋骨也。既知爱国，则当随地为国尽力，尽力之道，无论巨细轻重，皆足以表其爱国之热诚也。

童子军流行之速，有足令人惊忤者。其在欧洲，于挪威瑞典丹麦荷兰比利时法兰西俄罗斯诸国，为尤盛。诸国童子军之办法皆无大异，然其或[成]绩则各有特长，挪威之童子军，与英国大相仿佛，丹麦之童子军，为数最伙，其于治伤一技尤精。

加拿大之童子军，多英人或印度土人，皆习于游猎迹狩摇船等技，及他种户外工作。

南美洲童子军之组织寥寥无几，然土人于视察游猎以及热火等术甚为精，为他人所不及。

近数年间童子军始传入中国,有中华全国童子军协会设于上海,入会者不论属何信仰,凡敢赞助童子军之进行者,皆收录之。会中组织法,大都根据于英国童子军,今上海广东南京汉口北京天津苏州各处,皆有支部,中国之童子军尚在幼稚时代,然睹其进步之速,及踊跃之精神,将来童子军之发达,可预卜也。

是月 清华学校举办成绩展览,先生的书法作品亦入展。先生初习隶书,《辛酉镜》有所记载:"本级第一年级时有字课,第四年又有字课,其成绩多选到校中展览会。闻多、时昭涵习隶,周兹绪、浦薛凤、杨长龄等习苏,皆其中之最著者也。"闻钧天在《诗二首——忆一多哥》"附志"中说先生在家曾"临汉礼器碑"。(《闻一多纪念文集》,第378页)

九月三日 清华学校有学生应英国招工局所招,充作华工译员,是日乘轮东渡,中有先生同班的刘沛漳等人。而吴泽湘等被学校发现所阻,并勒令退学。(据《清华周刊》第112期,1917.9.20)

时,段祺瑞政府于八月十四日向德意志帝国和奥匈帝国正式宣战。旋,英国招工局来华招考华工译员。段政府参战,未发一兵一卒,为清华学生所愤慨。他们见清华园西面关押着在青岛缴械的德国军官,以为祖国历史上所蒙受的欺凌从此可以逐步摆脱了,于是感到应征就是报国的时机。第二批相约应征并被录取者有辛酉级的钱宗堡、吴泽霖等,但在威海卫待船出发时被学校侦知强行带回,并要给予记大过处分。先生十分气愤,据理力争。说:"爱国无罪","爱国的权利,不容剥夺"。事后,同学们都认为这句话"义正词严,铿锵有力,极为精辟,在班上也就传开了"。(吴泽霖《老友一多二三事》,《闻一多纪念文集》,第163至164页)

九月十日 清华开学典礼。升入高等科一年级。时,堂弟闻亦齐(字舒天,大排行第十五)考入清华学校中等科一年级,与高仕镇(即高士其)、李效泌、汤佩松、王造时、杨世恩等同级。

十月二十一日 为提倡社会服务精神,学校组织全校学生参加筑路劳动,先生所在年级由陈筱田先生督率。校内近春园西南至成府村是师生出行的必经之路,但这段路高下不齐,遇雨便泞泥不堪。去年清明植树节时,曾修筑了近春园石桥北的一小段,而桥南如故,故学校决定动员学生修筑桥南至成府一段,长约半里许。是日,全校按年级分段负责,除中等科一、二年级外,其余为六组,一日即完工。修路办法是:"以大石缘路之两旁,中实以砖砾,上敷以土,碾而平之,复敷以煤屑,又碾平之。路旁掘小沟以通雨潦,而工以毕。"(承《本学期筑路记》,《清华周刊》第117期,1917.11.1)这次修路的技术指导为庄达卿先生。

十月三十日 清华将组织全校性国语演说辩论会,辛酉级"选出罗隆基、康德馨、聂鸿逵、沈乃正、闻多、周兹绪、姚永励七君为清华国语演说辩论会会员"。(《清华周刊》第117期,1917.11.1) 次月三日,国语演说辩论会开成立大会。后,又请胡适之演讲中国文学改良问题,主张"用白话作文为改良我国文学之利器"。(《清华周刊》第121期,1917.11.29)

　　十二月一日　清华国语演说辩论会开会,"演说者有乔万选、杜庭修、罗发组、闻多、康德馨五君。裁判员为马绍良、梅月涵(贻琦)、孟伯洪三先生,结果尚未宣布"。(《清华周刊》第122期,1917.12.6)

　　十二月三十一日　清华岁末联欢,演出各级联合排练的《可以风》。先生与陆梅僧、杨光泩、卢默生、何浩若、罗发组、全增嘏、时昭瀛、董修甲等共二十五人登场。(据《清华周刊》第121期,1917.11.29) 人评"剧中情节新奇,而演者又素以艺术者,摹情写景,大有可观"。

一九一八年　二十岁

八月十二日,北京新国会("安福国会")开幕。

九月四日,徐世昌被选为大总统。

十一月,第一次世界大战结束,"协约国"战胜。

一月二十五日　有家信一封,仅存后半函。收《闻一多书信选集》。知近有作文《修学自述》、《辛亥避乱纪事》、《助战篇》、《论文一则》、《得天下英才而教育之三乐也论》、《清华工字厅后荷花池记》、《瓯鱼说》。

《修学自述》、《瓯鱼说》,今佚。《辛亥避乱纪事》即《辛亥纪事》,《助战篇》即《助战平议》,《论文一则》可能即《〈史记·曹相国世家〉读后》,三者与其他均编入自编古诗文集《古瓦集》。

《助战平议》、《〈史记·曹相国世家〉读后》、《得天下英才而教育之三乐也论》,皆是"应课底作品"。其中《助战平议》可了解先生对第一次世界大战的一些思考。其文云:

> 或问"欧西各国相战,力疲财殚,势不能自已。协约国更喋我绝德,复乞兵助战。我义不容辞,投鼠忌器,进退维谷。此其臧否,莫可预逆;敢问孰为近?"
>
> 对曰:"辛亥以还,中国无宁日,今兹益甚。西南称戈,海内骚动,不能抚也;武夫强梁,弁髦中央,不能讨也;封豨长蛇,上下交竞,不能禁也;赭衣半道,群盗莽蟄,不能戢也;河渠阏淤,沉竈产蛙,不能治也;饥馑荐臻,易子为食,不能恤也。为今之计,补苴罅漏,惟日不足,尚何暇及于干戈哉?□之八口之家,饥其父母妻子,节食以鬐门者使助邻人斗;门者胜不能活父母妻子,况其人朽弱不习于斗乎?况贼有搴刃以临其堂者乎?是故力不足战者不能战,势不可战者不能战。返乎是灭亡之道也。今之出兵,奚以异此?"
>
> 客曰:"不然,庚子之役,残吾民,据吾土,掠吾财,火吾□□宝货者,非诸国邪?尔后蜂集吾宇,日切齿以求噬吾肉者,非诸国邪?夫耻不可久蓄敌不可宽纵,乘人之惫,并吾之力,一击以复吾仇,而振吾气,此其时也。即不幸而败,吾将士以羞愤之余,观夫他人士卒之忾,器械之精,军备之整,与其人民之勇武好

义,亦将罣然而思,默而然赧,必有所激励而猛醒矣。此机又不失哉?"

曰:"众敌相斗,我之利也;敌众势分,相持莫敢为先,我之幸也。助一而胜,胜之则势专而力厚;彼存我薄,必反目相搏。人之亟难,我则济之,我或受虐,谁助我者? 若曰藉资观摩,则又非的论矣。欧美士卒之侨吾华者伙矣,我将士之游欧美者亦伙矣,不足以资观乎。甲午之衅,庚子之辱,乙卯之屈,不足以厉其耻,辛亥以来之屯蹇从艰不足以激其气,则虽去故国,走万里,亦奚以为?"

且夫善谋国者,求诸己,不求诸人,求诸内不求诸外。郑伯不耻城下之盟,越王不耻稽会之困者,尺蠖之屈,以求伸也,鸷鸟未击,不能胜其身也。是以"无敌国外患者国恒亡",不经盘根错节者功不就。

列强非吾敌,武夫专横,群小党争,敌之劲者;战败非吾耻,草莽遍野,水旱频仍,耻之甚者。数者不除,虽今日克一城,明日却一敌,无益也。若能内治修而国基固,天下且倒戈相向,外患何自来哉? 惜乎,今之谋国者,徒知黩武以自燿,而不足察也。

《〈史记·曹相国世家〉读后》全文云:

天下治乱之所系,天子而下,相臣而已。故天子为太甲、成王,得相如伊、周,犹不失为贤王。汉惠帝以问幼履至尊,曹参为相,饮酒歌呼,无所事事。参殁无几,帝遭吕后之虐,亏损至□,抑郁以死;诸吕因而危刘氏,赖平、勃、朱虚以仅全。是自匈奴骄横,南粤潜帝,宗亲侯王,异姓功臣,鞅鞅无宁日矣。

天下治安之日,恒视若无事,乃有大疑大难,出耳目智虑之外,非二三小臣所及知,知之亦莫敢言,此责乃在相臣。高帝新崩,主弱臣悍,不测之祸,昭然无可讳。参诚心乎汉宝,汉丞相权最重,孝惠尤宽仁优礼大臣,则深谋敏事,罅漏补苴,以杜其渐,绝其萌,甚或迫不得已,犯太后之严,冒群臣之怨,毅然为之,大患何自来哉? 计不此出,而尸位素餐,以贻忧社稷,参之辜,无可逃矣。而世或称之合道,何哉? 自来贤相,自舜、禹以至韩、范,咸莫不有丰功假烈,彰彰在人耳目,至于曹参,吾不知其何以不贤也。

且夫恙者出死再甦,神耗血涸,余瀓未灭,则凡餐卫与居,调护之劳,至烦以璪;忽之,病且再作,危乎殆矣。暴君□刘,生民倒悬,一旦□于水火,养民者宜抚之,恤之,慰之,育之,因其疾苦,奉法顺流,以与之更始,然后元气可复。故守成之功难如创始。周公一沐三握发,一饭吐餔,犹不免三监之叛。今孝惠之为君,不贤于成王,诸吕之为吕,不亲于管、蔡、嬴秦之暴,不减于商受,而曹参为相,饮酒歌呼,不事事,然则参乃贤于周公乎? 太史公谓参攻城野战之功所以多若至此者，以与淮阴侯俱。吾亦谓参究为庸人，方其居相，非不知大乱未形，有如积薪厝炎者，其谨守管篇，一遵酂侯之旧，以苟安旦夕者，惟力不足耳。姚崇以十事要玄宗，伪命之议不行，李忠定免冠求去；为相臣者不当若是耶？

呜呼！自曹参以饮酒不事事称贤，汉、唐以还，相沼成风；为大臣者不敢决天下事，与进退贤不肖，曰："吾知循故事尔，专则罪也。"为郡，为县，以至廉察一道，视政之弊不敢革，视民之疾不敢去，曰："吾知奉法尔，违乃辟也。"若是，不惟时君以为贤，天下亦以为贤，于是内外相济以成俗，而不之怪，国日削，民日弊，因循以须乱亡而已，岂不哀哉？

孔子曰："如有周公之才之美，使骄且吝，其余不足观也已。"如参者，苟且婾惰，容悦骫琐，先其身而后国家，是吝之类与。近古以来，失于此者，盖不可枚计。然其有厉精图治之志，如王荆公、张江陵者，又皆以骄自败，为天下后世所诟病。呜呼！骄者吾哀其志，爱其才，而惜其无量，吝者吾耻焉。

《得天下英才而教育之三乐也论》全文云：

天下不患无才智，而常患无圣人。虽有才智不由训迪，不就陶坛，亦终于汩没，不以才智称也。才智者之巧能恒有以过人，注错之不当，且欲不流于污僈突盗不可得。是以有志之士，其求师也汲汲；中才求师于贤智，贤智者又求师焉，则归圣人。圣人众所赖以成其才者；然圣人更得所谓才者而教之，则孕为政教，历万禩，薄九阓，弥厚土；圣人之于才，求之固不可不亟哉？盖传之或非其人，至并其真以失之，虽传犹不传，圣人之于才，求之尤不可不亟哉？夫才智之出幸遇圣人，圣人作焉，复有以成就天下之才智，谅哉其难之欤；惟其难而得之，其为乐也何以乎？

昔孔孟之徒皆数千人，而得之散游诸侯，又友其士之仁，其大夫之贤。二圣人之安贫乐道，优游耄耋，岂不以此？虽然天下才智之众，必不尽出于孔孟之门；不然，九流十家倡异说者，不至若是其众。九流十家者其言虽庞，要榷其旨，未尝大倍于圣。其亦不幸而不折衷于孔孟以轨于正也，惜哉！

呜呼！成康以还，数百年间，圣人凡再见，士之不获被其泽者，乃多至此。今又二千年已，不闻又有圣人者，缀学之士，诵其言而向往之，更莫得其人以为依归，则相媲乎其差近于圣人者；若文中子、朱子、阳明子者，门下士咸以千万计，不为不盛，及睹其其间，求能踪迹闵、颜、万章之伦者，寥寥耳，又何怪哉！

呜呼！去圣人益远，微言益希，而士乃益孤，能不令人益思慕圣人乎哉！

是月 暂停阅《汉书》，改阅《史记》，并随时做札记。又，阅毕黎庶昌选《续古文辞类纂》，该书二十八卷。

二月九日　开学典礼。开始读姚鼐选《古文辞类纂》，全书七十五卷，选战国至清代古人辞赋，依文体分论辩、序跋、奏议、书说、赠序、诏令、传状、碑志、杂记、箴铭、颂赞、辞赋、哀祭十三类。书首序目论及各类文体特点及义例。

二月十六日　在图画特别班听司达尔女士"演讲建筑上之美术"。（《清华周刊》第 129 期，1918.2.21）

五月上旬　致闻家驷信。收《闻一多书信选集》。云："清华学校于下礼拜举行周年纪念会，近日正值一切预备，急形忙碌。"纪念会即清华学校七周年校庆，于十一日举行。

五月十二日　致闻家驷信。收《闻一多书信选集》。信中说到读史情况，觉得读周秦文字太少：

> 父亲手谕问兄《汉书》已阅多少，兄自去腊起，实已改阅《史记》。札记亦随阅随做，并未拘前后，每次字数亦不拘定。近稍温阅《左传》，但札记仍用《史记》材料。此外自修功课，去岁寒假前已阅毕黎（莼斋）选《续古文辞类纂》，本学期正阅姚选本，未毕。近以大考在即，中文自习功课多未照格履行。兄现为文，气息尚不能醇厚，总由读周秦文字太少，暑假回家，当从此下手。

又云近有评注司马光《谏院题名记》：

> 寄来作文二篇，均已改就，并附评语，当详细参阅。兄近作二篇，亦附寄归。又评注司马温公《谏院题名记》，文法甚明显，可仔细揣摩。

六月二十七日　暑假开始。与闻亦齐同归浠水。

是年暑假　作古体诗《夜泊汉口将发遇同学王君》、《晚步湖上》、《为陈甥画扇》、《夜雨》、《初起》、《漫书》、《芦褐行》、《答浦瑞堂》（三首）、《感事》、《戊午秋日惩志，七十七韵》、《入都，留题二月庐》（二首录一）等。均编入自编古诗文集《古瓦集》。

其中《漫书》为：

> 负笈八年不称意，湖居二月鸟鱼亲；
> 采莲未异求君子，待月真如望美人；
> 豪气五车追日驭，闲情一曲拟天钧。
> 士行寂寞成悲壮，过尔优游报国身。

《感事》为：

> 金火精神云汉鹤，几人稽绍许吾俦！
> 已羞龙首华歆席，又失神仙郭泰舟。

忠信纵逃三省愧,苍黄能忽五丝忧?

从今何处分清浊,濯足淘缨任汝求。

《戊午秋日惩志,七十七韵》中写到童年与入清华后的情景,其前部分为:

高霁月三望,埋头更夕昼;

肝肠一荡涤,六凿忽通透。

黄昏坐陈编,绝发感秋飔;

检点廿年事,翘首愧屋漏。

忆音犹童騃,燕颔挺轩秀,

强勉学诗文,夏楚疲师授。

入塾数因循,分食勇攫斗,

蒙昧送伏腊,对镜失冲幼。

开轩临门野,仰俯悼宇宙;

翡翠巢高堂,麒麟卧幽□。

金匮垂史册,畏垒列俎豆;

男儿百年事,首当五车富。

负笈走鄂渚,敦敦穷四候,

舆算尽粪土,文章侈钉饾。

倏焉岁云秋,曷尝改昏瞀?

浩劫大运转,豪杰万方凑。

紫气郁云霄,华城灼燠□。

避难窜穷邨,饱暖惭赘瘤。

造次试清华,承乏侥入彀;

已暗朱蓝染,复废大小扣。

三余度等闲,两载益纠缪。

鹝鸠已先鸣,百草失芳茂。

灭裂误播耕,努力事耘耨。

攘臂领级事,锐意图急就,

独力扛龙文,未敢爱颈胆。

往往僵烦剧,后钝瞋怐愗;

时或举艰巨,腐谈叱迂狃。

鏖文战辨说,一虎敌诸狖。

积疑布腾沸,众痏生肤腠。

群口嘘赤熛，吹毛此庇瘘。

因之成怪民，未免讥槛猷。

《入都，留题二月庐》(二首录一)，为对家乡和二月庐的留恋：

萧萧木落雁初鸣，未吐阳关泪已淫。

书急故人图晤意，密缝慈母望归心；

假中日月空流水，圣处工夫只愧衾。

想见秋风悲卫玠，大江□□日西沉。

九月上旬　清华开学，升入高等科二年级。时，堂兄闻亦传(字葆天，大排行第八)亦考入清华学校高等科一年级(即一九二二级)，与潘光宣、时昭瀛等同级。清华遂有"闻氏三兄弟"之称。

十月上旬　辛酉级选举职员，选先生为中文书记及国语辩论代表。(据《清华周刊》第 145 期，1918.10.10)

十月十九日　清华同学追悼暑假中逝于天津的孙作周同学。先生诵祭文，后以《代清华全体同学祭孙作周文》为题，发表于一九一九年五月《清华学报》第四卷第六期。收《闻一多青少年时代诗文集》。中云：

维中华民国七年七月，孙君作周殁于天津。十月十九日，清华全体同学始克开会追悼，并致清泉庶核之奠，为位而哭之曰：云火孕劫，豺虎集庐，噬窳嚼膏，遂滋疮疽；澶渊却币，阿房遗墟，鸠工麕籍，群士是居。于中有人，维吾作周：浑刚其德，葭厉其修，士气之卑，言甘貌柔；君企古人，砭失针尤，凡吾顽骏，孰敢且偷。铜驼寂寂，麦秀离离，有触君目，太息嗟咨；亦憾彼贼，亦哀此茧，烹桑祸鼋，及我何时；前车之鉴，念兹在兹；感发愤励，苦研湛思，灌新沃旧，蔚为华滋；学则锐进，身先年衰，凶微夙觇，发斑颒鬐。析津度假，诸父是依，胡为一病，溘然永辞。呜呼作周！天脱骏骣，聊浪九野，半驾而蹉，纵不君恸，谓邦国何！君器未利，君学方始，匪曰邦国，惟君是倚；有生虽众，庸庸难特，卓卓如君，远大可企；怀才不伸，而竟以死，昊天罔极，吾悲曷已！岂惟悲君，兼悼吾类，自君之殁，继逝者二。济济清华，数百同辈，七年于兹，死亡相逮。死也曷既，生者有涯，生我父母，育我国家，师迪友砻，后望正奢。匆匆一逝，万古长嗟，藏舟亡壑，痛孰有加！死者死耳！君则何恫，惟君英灵，宜为鬼雄。夷氛日逼，蟭蚌方讧，相国毋乱，惟君之忠。呜呼哀哉！尚飨。

十一月十四日　与清华师生同赴天安门，参加畿辅学界一万五千人庆祝第一次世界大战协约国胜利之集会。时，大战于十一日结束，中国忝列战胜国。

夜，作《提灯会》一首。后发表于次年五月《清华学报》第四卷第六期。收《闻一多青少年时代诗文集》。序云:"德虏既克,寰区额庆。京师学生万五千人,以某月某日之夜,提灯为贺。是夜吾校亦有提灯游海淀者,吾弗与焉;俯思国难,感而成韵。"先生认为战争双方均为"强狼",只是"失性沸相噬,绝脰决肝脾",战争的结果是"田禾灼涂炭,中藏老农尸",所以庆贺胜利之"吉金铿尘嚣,我听思斗钰;华灯耿黑树,我睹疑磷爝",甚至"思此肝腑裂,仰天泪淋漓",恨不得"何当效春雷,高鸣振聋痴"。

十一月十五日 致父母信。收《闻一多书信选集》。详报在校一应各项开销,并云收到湖北省给旅外本籍学生的首次津贴二十九元。各项开销计有"欢迎新同乡一元五角,《学报》一元八角五,《周刊》八角,图画特别班器用费一元,杂项捐款如国庆纪念级会常费、级会俱乐会捐款、高等科二三四年级欢迎一年级捐款,及欧战协济会捐款,共三四元。"足见先生热心,如《闻多》所自谓:"性简易而慷爽,历落自喜,不与人较短长,然待人以诚,有以缓急告者,虽无赀,必称贷以应。"

十一月二十五日 致闻家驷信。收《闻一多书信选集》。嘱弟多读经史:"经史务必多读,且正湛思冥鞬,以通其义,勿蹈兄之覆辙也。兄近每为文,非三四日稿不脱,此枯涩之病,根柢脆薄之故尔。今课程冗杂,惟日不足,尝求闲暑稍读经史,以补昔之不逮,竟不可得,因动私自咎悔,呜呼!亦何及哉!"又询及弟之健康:"弟腹病近发否?摄生不可不讲,然亦不可以此自馁。病者身也,心志则不能病。起居以时,饮食惟适,立心坚确,向学不懈,阴阳亦退而听命矣。"

十二月十九日 游艺社改组后分为编剧、演剧、总务、化装、布景五部。是日出版之《清华周刊》报道云:"游艺社自改组以来,积极进行,共分为五部。编剧、演剧两部设于高等科新楼下层,总务部设于高等科斋务处,化装、布景二部设于高等科寝室侧。并敦请校长张先生为名誉社长,及教职员多人为各部顾问。现年终俱乐会已届该社编演一剧,名《鸳鸯仇》,师生全演,共分六幕,(一)鹏飞,(二)鹤逝,(三)鹣比,(四)鸠逐,(五)鹑奔,(六)鹃啼。现正演习,将于除夕八时在体育馆开演。演券值,头等伍角,贰等二角。此次化装布景,均力求改良,并闻开幕前有著名新剧大家刘艺舟先生演说云"。(《校闻》,《清华周刊》第154期,1918.12.19)

十二月三十一日 晚,游艺社在校内体育馆演出《鸳鸯仇》、《黑狗洞》。《鸳鸯仇》为先生参与编写、排练。剧情为:"郭伯渠商人也,子女各一。女,前妻出,许婚莫良新。莫幼志学,未娶即游学美洲。郭没,妻虐其女,家日落,其女孑然一身,独于贫困中见一番贞节性,所期望者,莫良新学成归国,光耀门庭,遂人伦之乐耳。谁知人心难测,莫良新而没良心,出家忘家,因新忘旧,眷新知之情,忘未婚之妻,别娶贾爱琴而弃郭女。女于此时无望于世,去发为尼,盖节女之末路也。莫良新夤缘得官,奔走于王大老之门。莫良新忘其良心而别娶人,亦忘其良心而私其妻,求荣得辱,求乐得苦,天演之报应也。其捷如响,贾爱琴竟成假爱情,没良心适以自害也。莫盗矿山而贾媞王,禁之不可而反见挟,争执之间,误毙假爱情之贾爱琴,天理难逃,而没良心之莫良新,亦因以自毙,产没入官,家败人亡,此又没良心之报也。母流为丐,祸及其母,适以大其罪,女竟自裁,轻其生更足以贞其贞。"(廖永忠《记七年除夕新剧〈鸳鸯仇〉》,《清华周刊》第157期,1919.1.9)

《鸳鸯仇》演出是清华同学戏剧活动的一大盛况。《清华周刊》报道其情云:"戊午除夕,本校游艺社编演新剧《鸳鸯仇》于体育馆,本校上自教职员,下至同学,皆得购票往观。座有头等、二等之别,故票价亦随之而有五角、二角之分。自是晚八时许开演,至十一时余始毕。除本校教职员及同学外,来宾到校观剧者甚众。每演幕毕时,由军乐队奏乐,乐之抑扬顿挫,高下曲折,咸中声律,不异于戏戏之? 喜有因,怒有由,哀乐忧戚,曲尽事情,不异于乐戏。戏毕而乐,乐毕而戏,戏之中有乐,乐之中有戏,观戏而思戏中之乐,闻乐而思乐中之戏,目有观观戏,耳有听听乐,心有思思乐,口有道道戏。戏之描写,事情曲尽世态,自成其戏。乐之歌咏,性情纯厚,温和自成。其乐凡当时得闻是乐者,皆知乐之所以为乐,得观是戏者,皆知戏之所以为戏也。是晚天气甚寒,暴风时起,杨树柳枝,随暴风而支援有声,门窗户牖,因暴风而叮当动响。听其所以响而响,思其所以然而然。因情动感斯,盖乐中之乐,戏中之戏也。体育馆内电光明烂,人声嘈杂,每幕之事情不同,而景致因之。千态万状,变化无穷。细心而思,又一乐中之乐,戏中之戏也。天地自然之变化,因是晚之乐而成其乐,戏场人之布设,亦因是晚之戏而成其戏。知天然人为之乐乃可以听,是晚之乐而乐其乐,明天然人为之戏乃可以观。是晚之戏而戏,其戏宇宙内亦乐歌馆也、演戏场也。人生之得失利害,喜怒忧乐,亦如乐歌馆、演戏场也。变化无常也,大地茫茫,无事非乐也,无事非戏也,知万事皆乐,故记者因是晚闻乐而乐,于乐知万事皆事,故记者因是晚而观戏而明于戏,乐于乐,故不忘言乐明于戏,故不忘记戏。"(廖永忠《记七年除夕新剧〈鸳鸯仇〉》,《清华周刊》第157期,1919.1.9) 观众席有特别座、头等座、二等座,均仿西式,似为戏剧改良之一次尝试。

是月　致闻家骃信。收《闻一多书信选集》。仅存后半函,云:"清校演剧已毕,寒假中大概要进城去演。"

一九一九年　二十一岁

四月三十日,《巴黎和约》规定把德国在山东的权利让于日本。

五月五日,北京爆发五四运动。

五月,美国哲学大师杜威抵达上海,开始了为期一年多的访华讲学。

七月十四日,少年中国学会成立。

十月十日,孙中山改组中华革命党为中国国民党,自任总理。其纲领为巩固共和、实行三民主义。

十一月二十九日,孙中山在广州重组军政府。

一月一日　元旦。"晚餐集诸友十余辈,罗馔大嚼,笑语甚欢",先生称此为其"理想团体之首次会合"。(《仪老日记》)

一月二日　"作英文演说一首"。(《仪老日记》)

一月三日　"作《读关雎章札记一首》"。(《仪老日记》)

一月四日　为近来演说练习较少而担心,说:"近来演说课练习渐疏,不猛起直追,恐便落人后"。(《仪老日记》)

一月五日　决定应游艺社社长罗发组之请,担任该社编辑部部长。(据《仪老日记》)

一月六日　为"作文演说果降列中等",感到"此大耻奇辱也"。(《仪老日记》)

清华学校功课采用科学计分法,先后改过多次。其中一种是将学生分为六等,即:超等、上等、中等、下等、及格、不列等。"每班学生人数,不拘多寡,概以百分法计算。每次计分时,列入超等的,不得过百分之分;列入上等的,至少须有百分之二十,至多不得过百分之二十五;列入中等的,约百分之五十;列入下等的,至多不过百分之二十五,至少须有百分之二十;列入及格或不列等的,共计不过百分之五。"对于学生来说,"各科都在中等以上的,于升级及毕业都无关系。各科都得下等,能升级而不能毕业。各科都得及格,第一年仍可升级,第二年如无长进,即须开除。得不列等之科目,须补习,如两科得不列等,即有开除的危险。在这种计分法之下,大家都觉得不得中等,是不安稳的,所以对于功课,不敢不念熟,不敢存'混'的思

想。"(吴景超《清华的历史》,清华周刊社编《清华生活》,1923.4.28)

一月七日　午,"在钟台下练'CROSS OF GOLD'演说八遍"。八日"夜偕德明习演说",九日"夜出外习演说十二遍",十日云:"演说略有进步,当益求精至。"十四日,"夜至凉亭练演说三遍,祁寒不可禁,乃返",睡前又"温习演说五遍"。(《仪老日记》)

一月十日　参加饶麓樵先生追悼会。饶为光绪十六年举人,曾在北京大学任教十年,一九一二年到清华,教授过先生文学史等课,逝于上年十二月三十一日。

夜,与顾德明"谈修身持心之道"。(《仪老日记》)时,游艺社内出现分歧,有讥毁先生者。

一月十四日　为游艺社意见不一而烦忧,于"忧上忽思,屏弃百事,专心读书"。(《仪老日记》)

一月二十三日　根据吴泽霖九日所建议改组游艺社计划,是日改组为新剧社,下午召开新职员及顾问会议。(据《仪老日记》)新剧社专司编演新剧事,分庶务、编演两部,校中派定罗发组、陆梅僧两人分司部长职,但似乎罗、陆未就任,故公布的新剧社职员名单,先生为编演部总经理,吴泽霖任庶务部总经理。(据《清华周刊第五次临时增刊》,1919)编演部下设编剧、演剧两股,主任分别为段茂澜、张祖荫。庶务部下设布景、化装、总务三股,主任分别为程绍迥、王世圻、吴泽霖(兼)。游艺社为学生团体,改组为新剧社后,则直隶学校。(《清华新剧社纪要》,《清华周刊第五次增刊》,1919;《学生方面·智育》,《清华周刊本校十周年纪念号》,1921.4.28)

一月二十六日　为胞弟闻家驷修改作文。晚,与潘光旦、杨荫溥开新剧社编辑会议,商议修改《鸳鸯仇》。(据《仪老日记》)

一月二十七日　召开新剧社编辑第二次会议,商量修改《可以风》,计划分十幕。参加者有潘光旦、吴泽霖。(据《仪老日记》)

一月二十八日　为新剧社会务事繁忙。夜,参加第三次编辑会,再改《鸳鸯仇》。虽"两日人少",但"成绩咸可观"。(《仪老日记》)

一月二十九日　为写论文《北京明故城》,到北京大学查阅资料,同往者还有闻亦传。晚,宿鸿雪缘旅店,经理是浠水同乡。

一月三十日　仍留鸿雪缘。夜与闻亦传"谈家乡事,又引称摩诘《重九》诗,相与欷歔良久也"。(《仪老日记》)

一月三十一日　除夕。仍留鸿雪缘。晚,与闻亦传、闻亦齐"纵论今昔人物世故,悲愤追憾,莫能自已",后"据枕假寐,灯熄视东方既白矣"。(《仪老日记》)

同日　致闻家騄信。收《闻一多书信选集》。报告英文诸课成绩：作文，上；读本，中；历史，中；代数，上；地质，上。

二月一日　返清华，与潘光旦议《鸳鸯仇》分幕法。后，两人又"论教义"。（《仪老日记》）时，先生对基督教青年会所组织的活动较感兴趣，且正在读《旧约》及《旧约轶事》。清华初创，在美国聘请教员多由青年会负责，故校中美籍教师大多为基督信徒，这对先生也不无影响。

二月二日　"作《北京明城考参考汇录》稿本"。（《仪老日记》）

二月三日　得家信，知胞妹十五妹噩耗，"惊恸不已，即作报书"，"谓骨肉死亡之惨，吾生庶未之见"，"去岁乡里大疫，亲戚邻里毙亡无算，而余家独全，方私幸奇福，以为愉快。孰谓妹不死于彼时，而死于今乎。妹则死矣，妹之孝谨，妹之智慧，一日不能忘，即令人一日不堪耳"。（《仪老日记》）

二月五日　新剧社召开编辑会议，决定排练两剧。晚，赶编《巾帼剑》第一幕词，至十日编定，共成六幕，（据《仪老日记》）仅六日即完成矣。

晚，"与仲昂议办北京学生新剧联合会"。（《仪老日记》）

二月九日　清华一九一八级毕业生卢默生、李济自美国来信，"愿捐款助鄂友协进会"，（《仪老日记》）甚喜。

二月十日　清华举行开学典礼。开学后被指定为《清华学报》编辑。又计划两年内之读诗步骤，云："近决志学诗，读诗自清、明以上，溯魏、汉、先秦。读别裁毕，读明诗综，次元诗选、宋诗选，次全唐诗，次八代诗选，期于二年内读毕。"（《仪老日记》）

二月十四日　开始读《天演论》。（据《仪老日记》）

二月十九日　"作英文《二月庐记》"。（《仪老日记》）

二月二十日　有读《天演论》感想，称其："辞雅意达，兴味盎然，真移译之能事也。《新潮》中有非讥严氏者，谓译书不仅当译意，必肖其词气笔法而后精，中文选句破碎，不能达蝉联妙邃之思，欲革是病，必摹西文云云。要之严氏之文，虽难以上追诸子，方之苏氏不多让矣。必谓西方胜于中文，此义蜣蜋丸转，癖之所钟，性使然也，吾何辩哉。"（《仪老日记》）

二月二十五日　"作《愤言》"。（《仪老日记》）

二月二十七日　参加《清华学报》编辑部会议，"某先生提倡用白话文学，诸编辑率先附和之"，先生亦觉"无可如何也"。（《仪老日记》）

二月二十八日　"作《体育馆歌》"，（《仪老日记》）次日完成。

三月三日　访陈曾寿先生。（据《仪老日记》）陈曾寿，字仁先，湖北蕲水下巴河人，陈沆曾孙，光绪二十八年乡试中举，次年殿试中二榜第一一六名进士及经济科二榜十八名进士,官曾至监察御史。一九一七年七月张勋复辟,陈为报君恩出为学部侍郎,复辟失败,于本年二月十七日来清华,接替饶麓樵所遗之教职。陈曾寿与先生大伯闻侍臣相熟,论起辈分长先生一辈。先生八日家信中特书:"陈仁先前辈在清华任教习,授男文学史,前偕八哥造谒,曾询问伯父也。"

三月四日　对白话文改变态度,云:"学报用白话文颇望成功,余不愿随流俗以来讥毁。"(《仪老日记》)

三月八日　致父母亲信。收《闻一多书信选集》。报告二月份成绩:"英读本,中十;英作文,上;历史,上;代数,中。"又云:"此学期任新剧社事,又《学报》中文编辑,虽稍忙,志乃在于服事、读书两全。暇时不能钻研经史,稍稍读诗文期于不间断耳。读经史终以暑假为宜,以时宽而志专也。"

三月十四日　"译《波兰千年进化史》",(《仪老日记》)　次月十四日再译。

三月十七日　忙于剧务,"日不暇给",是日至次月二日无日记。(据《仪老日记》)

四月三日　下午入城,至第一舞台。(《仪老日记》)

四月四日　"上午练《巾帼剑》,下午练《是可忍》","晚,陈大悲先生述《我先死》事实"。(《仪老日记》)

四月五日　晚八时,先生与清华学校新剧社,为本校各社会服务机关募集捐款,在前门外第一舞台演出《我先死》与《巾帼剑》两剧。后者即据《可以风》改编,八幕。

四月六日　清华新剧社在前门外第一舞台演出《是可忍》与《得其所哉》两剧。潘光旦说这次演出是为救济河北旱灾募集捐款,全剧"由同学自己集体编写的,学校在'义举'两字的压力下,还掏了不少的一笔钱,其中一部分就消耗在各编写人于漫长的冬夜里吃火锅的上面。记得演出的那晚上,梅兰芳先生是包厢中的一员观众,后来事隔多年,我还听到当年参加编写的一个同学说,他从来没有看过梅老板演的戏,而梅老板却看过他编的戏。当年同学们搞的几乎全都是话剧,京剧是不屑搞的。"(潘光旦《清华初期的学生生活》,《文史资料选辑》第31辑,第91页)《是可忍》即《鸳鸯仇》,原六幕,后延长至八幕,"情节更为拗折",(《清华周刊》第165期,1919.4.3)该剧演出时,梅兰芳亦来观看。

两日来共演出四剧,除《得其所哉》外,先生均参加演出。此四剧都具有时代精神,演出效果颇佳,共得洋四千元。浦薛凤《忆清华级友闻一多》:"某年春季,清华为爱国运动募集款项,曾由一多与高班罗发组同学共编一部五幕新话剧,假座北京一大戏院演出,由庚申级陆梅僧担任女主角,扮演剧中之一位'姑姑'。演到悲伤最高潮处,声泪俱下,博得台下观众不少同情之泪。于是梅僧与一多之名遍传遐迩。"(台湾《传记文学》,第39卷第1期)

四月八日 遇某君,其称先生"精神上之耐忍与躯体上之忍耐俱全",先生听罢,觉"为讥为实,不可知也。然其人实获我心,可发一噱"。(《仪老日记》)

四月九日 "作水彩画一幅"。(《仪老日记》)

演剧结束,先生说:"数月来奔走剧务,昼夜不分,餐寝无暇,卒底于成。不贻讥于人,亦滋幸矣。今事毕,甚喜,从此可以读书也。"(《仪老日记》)

四月二十七日 先生与新剧社在清华学校后工字厅开俱乐大会,酬劳"往京演剧勖助诸人"。(《清华周刊》第168期,1919.5.3)

五月四日 五四运动爆发。清华学校因在郊区,未能参加白天的天安门集会与游行。是日为星期日,晚间有进城同学返校,讲诉了白天城内的爱国热潮,先生听了很受感动,连夜抄出《满江红》。二十五年后,先生才说出这一事:"我想起那时候的一件呆事,也是表示我文人的积习竟有这样深:五四的消息传到了清华,五五早起,清华的食堂门口出现了一张岳飞的《满江红》,就是我在夜里偷偷地贴去的。"(《五四历史座谈》,1944.5.3,《闻一多全集》第3册第535页,三联书店1982年8月出版)

五月五日 上午,清华沸腾起来,高、中两科科长及各级级长、各会社负责人共五十七人集会,讨论如何配合城里的爱国运动。先生以《清华学报》中文编辑和"新剧社"副社长身份参加会议,并担任临时书记,负责记录。晚上,全校同学大会,会后组织了清华学生代表团,先生与罗隆基担任临时书记,学生代表团中还有潘光旦、吴泽霖、何浩若、黄钰生等。下面的《清华学生代表团开会记录》,就是先生参加并整理出来的,它是清华同学这天活动的最早记载:

> 高等科科长乔万选,中等科科长王国华,高三级级长徐笃恭,高二级级长薛祖康,高一级级长李钟美,孔教会会长孔令烜,青年会会长陆梅僧,召集各级长各会长及各机关领袖,于上午九时在高等科一三五号开会讨论对于山东及青岛问题。主席为乔万选,临时记录书记为罗隆基、闻多。所通过事件可分二种。(一)对外,(二)对内。胪列于次:
>
> (甲)对外:(一)派代表赴京调查北京情形。(二)一切进行与他校取一致行动。(三)要求国会弹劾章陆诸贼。(四)通电巴黎专使请缓签字。(五)通电巴黎和平会议请维持公道。(六)要求总统对于山东青岛问题取坚决手段,上书或派代表。
>
> (乙)对内:(七)本晚开全体学生大会。(八)周刊加发号外,并有滑稽画。(九)本校各种出版物加"勿忘国耻"等字样。(十)不用日货。(十一)通俗演讲及传单。
>
> 推举代表五人:罗发组、陈长桐、罗隆基、孔令烜、陆梅僧。

十时半代表出发,同时代表团继续会议。至十一时半始散。午食时代表自京先后来电,有称下午二时北京有校长会议者,于是下午一时至二时代表团先后往谒赵校长,力请与会。赵校长三时进城,言先谒外交次长,如蒙许可,始能与会。代表团退至一一一号会议,乔万选因病退席,即以徐笃恭为主席。代表自京来电,称本晚有学生大会,本校需加派代表五人与会,乃公决加举代表二人,为陈复光、何浩若。又讨论本晚大会事,公决俟赴京代表报告至再定办法。

五时,代表孔令烜返校,又在一四一号开会,报告情形,又加举代表三人,为黄钰生、潘钟文、姚永励。后举五代表出发,会议继续进行,公决派人往海甸疏通商界,作学生后盾,举刘驭万、沈克非司其事。又决举行通俗演讲,分散传单,鼓吹爱国心,以本校通俗演讲部及白话报分任其事,孟治、华凤翔为委员。

晚七时半在体育馆门首开全体学生大会,陈长桐主席,报告昨日北京情形。孔令烜报告调查情形,罗发组报告调查情形,徐笃恭报告本日本团经过情形,陈长桐报告调查情形,又劝勉同学严守秩序。散会。

散会后学生代表团在一三五号会议,主席陈长桐。

(甲)先拟简章三条:(一)定名:学生代表团。(二)宗旨:以救国及作外交后盾为宗旨。(三)组织:设团长一人,副团长一人,书记七人,干事五人,印刷四人,会计三人,代表十人。

(乙)选举:团长:代理科长陈长桐。副团长:王国华。书记:英文桂中枢、沈克非、赵学海。中文闻多、潘光旦、段茂澜、周兹绪。会计:薛祖康、周良相、徐笃恭。印刷:王世圻、黄大恒、丁嗣贤、邵家麟。干事:刘聪强、曾昭承、张祖荫、刘驭万、吴泽霖、杜庭修。外交即以前被选之往京十代表充之。

(丙)募款:(一)拟由膳费内扣出(惟此项须要同学同意)。(二)更由同学随意任捐。(三)当由新剧社认捐五十元,并允暂时垫出现需款项。(四)德文生字团捐款七元又五十枚。

十一时,见本校校长五代表及派往北京代表皆回。校长谓本午校长会议未及出外,并提出五项问题:(一)与北京学界一致进行至何地步。(二)如以后事有变更学生将取何态度。(三)为何代表出校不请假。(四)遵否校章。(五)家庭质问学校,将何以答复。以上问题,当由代表团议决于明晨开会,有职教员到报告本团情况,藉资答复。地点:一四一号。时间:九时。

校长又谓同学有寄以匿名信者,代表团闻之,议代查。北京归来代表何君浩若报告京中开会情况,并决定下列事项:(一)五月七日如开大会,无论如何,我校必到。(二)罢课事坚持到底。(三)北京学会经济支绌,我校必极力设法补助。(四)蔡子民先生所谓出版物宜小心,本校须注意。(五)本校与京交通不灵,且近日信息甚多,应派员守电话室。(六)预备七日派人到京于开会时演说。(七)明日既罢课,于下列事应注意,甲不得私往上课,乙不得出校,丙不得乱写条告,丁不得随意游戏(上午八时至下午四时)。(八)明日开学生大会。(九)举定孔令烜、黄钰生、陆梅僧、罗发组四君明日往京赴联合会出席。(十)组织校内纠察部以防奸细。(《清华周刊》第170期,1919.5.15)

六日,清华同学开始罢课。七日,正式成立学生代表团,设正副团长各一人,下设秘书、外务、纠察、会计、干事、推行、编辑七部。又设义勇军军长,救国十人团总务部长、救国实业团筹备处长各一人。先生任职于秘书部。

五月九日　北京各校原定七日在天安门举行"国耻纪念会",遭北洋政府强行禁止。是日,清华同学齐集校内体育馆,召开"国耻纪念会"。会上,陈长桐致开会辞,乔万选演说,姚永励讲青岛痛史,康德馨演说,潘钟文读二十一条,全体向国旗行鞠躬礼,并宣誓:"口血未干,丹诚难泯,言犹在耳,忠岂忘心。中华民国八年五月九日,清华学生从今以后,愿牺牲生命,保护中华民国人民土地主权。此誓。""后由闻君多报告本校学生代表团职员,并由沈君克非读巴黎我国外交专电",遂之"将售品所及同学所购之日货,在体育馆前大操场焚烧,观者皆欢呼"。(《清华周刊》第170期,1919.5.15)

五月十七日　致父母信。收《闻一多书信选集》。信中报告清华及自己在五四运动中的情况,充满了爱国的热情。信中云:

> 山东交涉及北京学界之举动,迪纯兄归,当知原委。殴国贼时,清华不在内,三十二人被捕后,始加入北京学界联合会,要求释放被捕学生。此事目的达到后,各校仍逐日讨论进行,各省团体来电响应者纷纷不绝,目下声势甚盛。但傅总长、蔡校长之志亦颇受影响。现每日有游行演讲,有救国日刊,各举动积极进行,但取不越轨范以外,以稳健二字为宗旨。此次北京二十七校中,大学虽为首领,而一切进行之完密敏捷,终推清华。国家至此地步,神人交怨,有强权,无公理,全国曹然如梦,或则敢怒而不敢言。卖国贼罪大恶极、横行无忌,国人明知其恶,而视若无睹,独一般学生敢冒不韪,起而抗之。虽于事无大济,然而其心可悲,其志可嘉,其勇可佩。所以北京学界为全国所景仰,不亦宜乎?清华作事,有秩序,有精神,此次成效卓著,亦素所习练使然也。现校内办事机关曰学生代表团,分外务、推行、秘书、会计、干事、纠察六部。现定代表团暑假留校办事。男与八哥均在秘书部,而男责任尤重,万难分身。

又,言及暑假要留校编辑新剧坚持爱国活动,希望父母理解:

又新剧社拟于假中编辑新剧,亦男之职务。该社并可津贴膳费十余元,今年暑假可以留堂住宿,费用二十六元,新剧社大约可出半数(前校中拟办暑假补习学校仅中等科,男拟谋一教习,于经费颇有补助。现此事未经外交部批准,所以作罢论),尚须洋十余元。男拟如二哥、五哥可以接济更好,不能,可在友人处通挪,不知两位大人以为何如?本年又拟稍有著作,校中图书馆可以参览,亦一便也。男每年辄有此意,非有他故,无非欲多读书,多作事,且得与朋友共处,稍得切磋之益也。一年未归家,且此年中家内又多变故,二哥久在外,非独二大人愿男等回家一集,即在男等亦何尝不愿回家稍尽温省之责。远客思家,人之情也,虽曰求学求名,特不得已耳。此年中与八哥共处,时谈家务,未尝不太息悲哽,不知忧来何自也。又男每岁回家一次,必得一番感想,因平日在学校与在家中景况大不同,在校中间或失于惰逸,一回想家中景况,必警心惕虑,益自发愤。故每归家,实无一日敢懈怠,非今为家计问题,即乡村生计之难,风俗之坏,自治之不发达,何莫非作学生者之责任哉?今年不幸有国家大事,责任所在,势有难逃,不得已也。五哥回家,自不待言,二哥如有福建之行,亦可回家。男在此多暇时时奉禀述叙情况,又时时作诗歌奉上,以娱尊怀,两大人虽不见男犹见男也。男在此为国作事,非谓有男国即不亡,乃国家育养学生,岁糜巨万,一旦有事,学生尚不出力,更待谁人?忠孝二途,本非相悖,尽忠即所以尽孝也。且男在校中,颇称明大义,今遇此事,犹不能牺牲,岂足以谈爱国?男昧于世故人情,不善与俗人交接,独知读书,每至古人忠义之事,辄为神往,尝自诩吕端大事不糊涂,不在此乎?或者人以为男此议论为大言空谈,如俗语曰"不落实",或则曰"狂妄",此诚不然。今日无人作爱国之事,亦无人出爱国之言,相习成风,至不知爱国为何物,有人稍言爱国,必私相惊异,以为不落实与狂妄,岂不可悲!此番议论,原为驷弟发。感于日寇欺忤中国,愤懑填膺,不觉累牍。驷弟年少,当知二十世纪少年当有二十世纪人之思想,即爱国思想也。前托十哥转禀两大人,新剧社赴汉演戏,男或可乘机回家,现此问题已打消,男必不能回家也。或者下年经济充足,寒假可回家一看。寒假正在阴历年。男未在家度岁已六七年,时常思想团年乐趣,下年必设法回家,即请假在家多住数日,亦不惜也。区区苦衷,务祈鉴宥,不胜惶恐之至!

先生暑假留校事,《清华周刊》曾有披露:"明年国耻纪念日,新剧社拟排演戏剧,募集本校实业团经费,该社已请闻君多、时君昭瀛、段君茂澜、张君祖荫、裴君庆彪,留校编辑,以免临时匆促。"(《校闻》,《清华周刊第五次增刊》,1919)

五月二十八日　致父母信。收《闻一多书信选集》。因久不见家中来信,恐前

函被当局扣压,故又报告暑假将留校进行爱国活动:

> 前奉一禀,言暑假在校办事不能回家,一切经费,均有著〔着〕落。许久未见赐示,或因前函中颇论时局,被邮局收没,兹再述一过。清华学生代表团留校办事,男厕要职不能离身,又新剧社拟于假期中编辑新剧,并有薪金十余元。校中今年可以留堂,纳膳费二十六元,新剧社可任半数,余款已蒙五哥允许接济。如五哥款不即来,亦可向友人处通挪。男此举五哥甚赞成,以为出于爱国之热忱。今年年假,定能回家一看。此次不能回家,出于不得已,务望大人许可。详情后禀,现甚忙,不暇多渎。

是月 《清华学报》自第四卷第六期重新派定学生部职员,先生继续任中文编辑。本年《清华学报》职员仍分教员、学生两部,教员部国文编辑为孟宪承、左霑、高祖同、杨喆。学生部总编辑赵学海,中文编辑还有潘光旦、段茂澜、王箴、陈复光、曾昭抡、聂鸿逵、蔡公椿、李榦。(受注《学生各团体》,《清华周刊第五次增刊》,1919)

译 Mathew Arnold 之《渡飞矶》(*Dover Beach*)发表于《清华学报》第四卷第六期。全文如下:

平潮静素漪	明月卧娟影
巨崖灿冥湾	清光露俄顷
夜气策寒腮	铿锵入耳警
游波弄海石	揭来任扑打
中流断复续	长夜发悲哽
在昔希腊贤	此声听伊景
苦海叹茫茫	溯洄递灾眚
北海千载下	吾乃同深省
怀彼上世民	天真曷完整
方寸生春潮	忠信溢耿耿
季叶风陵迟	此道不复永
希微荡归汐	凄风送余骋
但见新奇生	大地成幻境
岂知嚼腊味	亲仇出暖冷
风雷无定姿	洪波浟骄逞
翳曤有浮云	援溺孰从井
深屑短兵接	奔腾杂顽狯
月黑风雨晦	终古无怡靖

六月四日　先生与清华学校一百六十多同学(约占全校四分之一)步行入城做宣传,行前大家都带了水壶干粮和洗漱用具,作了坐牢的准备。

先是六月二日,全校同学在体育馆前开会,拥护市学联关于派人上街宣传的号召,通过了第二天进城讲演的决议。三日,北京学生恢复一度中断的街头讲演,清华进城之百余人全体被捕。先生等是明知山有虎偏向虎山行的。先生很少提及此事,直到抗战胜利前一年的五四纪念会上,他才谦虚地说:"后来的街头演讲,清华倒干得很起劲。一千多人被关起来,其中有许多是清华的。我那时候呢?也是因为喜欢弄弄文墨,而在清华学生会里当文书。……我一直在学校里管文件,没有到城里参加演讲,除了一次是特殊的之外。"(《闻一多全集》,第3册第535页)

后来,先生作了一幅画,画面为一青年学生在门楼前的高台处讲演,周围有不少市民认真听着。这应当是他的亲身感受。

六月八日　北洋政府当局被迫释放各校被捕同学。清华学校派代表和军乐团及义勇军第二连同学前往欢迎,一起胜利返校。次日,清华举行盛大联欢晚会,庆祝斗争取得胜利。十日,北洋政府被迫宣布批准曹汝霖、章宗祥、陆宗舆"辞职"。

五四运动中,先生始终怀着饱满的爱国热忱,做着许多具体的工作。梁实秋《谈闻一多》:"一多在这潮流里当然也大露头角。但是他对于爱国运动,热心是有的,却不是公开的领袖。五四运动之际,清华的学生领袖最初是陈长桐,他有清楚的头脑和天然的领袖的魅力,继起的是和闻一多同班的罗隆基,他思想敏捷,辩才无碍,而且善于纵横捭阖。闻一多则埋头苦干,撰通电、写宣言、制标语,做的是文书的工作。他不善演说,因为他易于激动,在情绪紧张的时候满脸涨得通红,反倒说不出话。"(第6页,台湾传记文学出版社1967年1月1日出版)

那一时期里,先生还和一些同学热心地办起校工夜校,并为附近村民们设立过一个图书室、筹集小款为货郎提供借贷,这些都是在五四新思潮影响下做的一些社会服务工作。吴泽霖《老友一多二三事》:"长期罢课使我们有充分时间在学校附近进行宣传活动,同时也扩大和加强了我们原先的社会服务工作。一多和程绍迥、吴宗儒等人特别热心于组织校工,几乎把全校工友都编入了校工夜校,在那里,一方面宣传五四爱国运动的意义,一方面帮助他们识字读报、提高文化。一九四六年我由昆明回到清华,一位老校工见到我时还谈到那时夜校的情况,还记起一多是怎样耐心教他们识字的。此外,在那段时期,一多等人还鼓动同学们尽量捐募一些通俗读物,在校外小村中设立了一间小小的图书室,供村民们阅览,尽管那里识字的人并不多。当了解到村内一些货郎小贩经常苦于无处借贷来周转进货,我们设法筹集了五六十元小款作为小本经营借贷之用,一人一次可以无息借贷五元。凡此种种受到村民群众的欢迎。"(《闻一多纪念文集》,第165页)

是年暑假 留校,参加清华学校暑期学生代表团工作,并筹备编演新剧。《清华周刊第五次临时增刊》:"明年国耻纪念日,新剧社拟排演戏剧,募集本校实业团经费,该社已请闻君多、时君昭瀛、段君茂澜、张君祖荫、裴君庆彪留校编辑,以免临时匆促。"

六月十六日 全国学生联合会在上海大东旅馆召开成立大会,罗发组作为清华学校代表出席。旋,召开学联常会,清华又派先生与罗隆基、钱宗堡、陆梅僧四人为代表与会,并参加会务工作。(据《京华短简》,《申报》1919.6.27)

六月二十七日 下午二时,全国学联召开本届第一次临时干事会。推定罗隆基等为本会各股办事细则起草员。会上又讨论了出版日刊问题,时天津《民钟报》已归并于学联日刊,编辑主任为陆梅僧,由于工作繁多,先生此时亦正式担任编辑,参加日刊股工作。

七月二十四日 上午十时,在永安公司参加全国学联饯别会长段锡朋宴会。

同日 下午,有致闻家骢信,今存后半函,收《闻一多书信选集》。认为学联会议"未有伟大之建议,根本之维持",决计辍学为建立学联会所"游行国内,演讲劝募",以期坚持爱国运动:

> 今日联合会宴会,饯别段锡朋会长,肴核罗列,仅能茹其浆而已。本拟偕五哥回家藉以休息,而五哥函来谓归期必在八月初,重以清华同人方为联合会经营建筑会所事,需才孔多,闭会后,日刊仍继续出版,以资鼓吹,诸友谆谆劝留,责任所在,义不容辞,故乐集尚遥遥无期也。自会务开幕以来,所称成绩者数纸文电而已,从未有伟大之建议,根本之维持。清华同人之穷日夜废寝馈,以从事于斯者,不计日矣,及其提议建筑会所(参阅附件),实行改造社会,诸代表至有目为无藉者,可以知其浅见矣。履行此议,首重酿款,此非易事,必得一般学生辍业一载,游行国内,演讲劝募,乃可望奏功。在此五人(二罗、钱、陆暨弟)既为提议人,责有难逃矣。此外陈君长桐、黄君钰生、桂君中枢颇有意暂缓出洋以共襄盛举,吴君泽霖亦将来沪,亦为此事也。诸君在校皆籍籍,陈、黄尤为代表团中坚人物,竟肯为此举牺牲赴美,足见清华之真精神非他校之比矣。弟亦拟辍学一年,正以为读书之机会方多,此事诚千载一时矣,况将来是否必需一年,尚不定,或半年数目已足,则无碍于出洋矣。此书并附寄章程草案及建议案,均祈兄转呈父亲大人并仰候钧裁示覆。

时,先生牙痛越周,"病齿嚼咽维艰,绝粒四五日矣",只能食牛奶面包,但仍坚

持工作,《齿痛》一诗即当时所作。编入自编古诗文集《古瓦集》。诗云:

> 兼旬信饕餮,九鼎疲郇厨。
>
> 讵知病入口,积毒潜辅车!
>
> 养患更来复,一溃无肌肤。
>
> 初尚碍咀嚼,继乃难吞茹。
>
> 卢医衡在望,走访无仗扶;
>
> 刀圭所不到,卮药徐涤祛。
>
> 日日望疗治,臃肿迄不纾。
>
> 垂涎对盘餐,忍饥印欷歔。
>
> 斯世久啜醨,蕾蕾匪吾徒。
>
> 夷齐倘可接,俄乡亦足娱!

同日　学联代表在永安公司楼顶合影。照片刊于二十九日《申报》。其第一图有康白情、瞿世英、周炳琳、屈武、盛世才等;第二图有先生、罗隆基、陆梅僧、黄日葵、潘公展等;第三图有徐屏南、水楠、吴震寰等。

七月二十九日　全国学联召开评议会,讨论提案共十三项,第三案为"统一建筑会所办法案",为先生等清华代表所提出。"讨论结果,众赞成",并决定首先由北京、上海两地学生组织募捐,"九年京沪、十年津川闽湘、十一年皖浙山西江西、十二年云南南京吉林西安开封、十三年广西兰州黑龙江贵阳汉口迪化。但各地学生联合会如愿提前建筑者,得由该地学生会募集经费,本筹备处补助之。补助之额不得过规定数之半。惟该地常年义务捐仍当缴纳筹备处。"(《全国学生会评议会纪事》,《申报》1919.7.30)

是月　《清华学生代表团祭徐君曰哲文》、《清华体育馆》、《清华图书馆》、《台湾一月记》(译文)发表于《清华学报》第四卷第八期。前三者收《闻一多青少年时代诗文集》。

徐曰哲,字菊畦,江西吉水人,清华高等科一年级学生。五月十六日,徐参加清华通俗演讲团,晋京演讲,道感风寒,返即卧病,于二十二日逝世。先生为清华代表团起草此祭文,痛悼这位本校在五四运动期间第一位捐躯的同学,也表达了自己的忧国爱国思想感情:

> 萃群祆于九区兮,莫赤匪狐;启层关以揖盗兮,瓯我版图;目负豕于道路兮,孰敢诒而张弧,徐君哀彼啜醨兮,距六衢以疾呼。君之居兮病在身,君之行兮不戚以嗷,君朝出兮莫来归。搴两旗兮风幡,宛言笑兮在耳,胡一夕兮已陈?念鲁难之未艾兮,何以慰兹忠魂?指九天以为正兮,誓三户以亡秦。谨陈辞而

荐醴兮,魂来享其无懵。

附:陈钦仁《徐君曰哲传略》(节录):"本年五月四日,北京学界因外交失败,大难将临,举行示威运动,奋臂争先,共鞭国贼。清华僻处西郊,未克参与,消息传来,君投笔欢呼,击掌称快。五月十一日,本校通俗讲演团赴京演讲,君闻信加入,慷慨激昂,观者动容,听者变色。迨十四日,演讲团二次赴京,是时也,君已微有不适矣,然犹力疾从公,带病而往,虽赤日当空,精神不渝,言辞飚发,痛快淋漓。及晚返校,尚无大异。次日至体育馆游泳,凉燠不调,而君疾重矣。遂于十六日迁入本校医院。君虽卧病床褥,犹以国事为念,日必按时阅报,详询校中情形,尤期其于义勇队之组织。君之友人,以君体质素健,当无别患,不意君之疾日益深,逮月之二十二日,容消唇黑,辗转呻吟,呼吸急促,势极危殆。诸友人至,君犹曰'坐',询以病势,则曰'没进步'。诸友人大骇,乃为延医京中,冀得挽救。讵知君已病入膏肓,竟于是日午后三钟有半,与世长辞。"(《清华周刊第五次增刊》,1919)

清华体育馆和图书馆,兴建于一九一六年,一九一九年建成,属校中四大建筑之内,在全国高等学校中也是不多见的宏伟建筑。图书馆有两个大阅览室,可同时容纳二百多人。体育馆有健身房、游泳池、篮球场、五十米跑道和多种运动器械。两馆图样都由美国建筑师设计,许多材料也从美国进口,外观和内部都极力欧美化,当时的清华同学都以此两馆为自豪。先生赋诗赞美外,还力倡要充分利用这两馆。《清华体育馆》中有:"清华士子好身手,北方体育诸校群我其斗。八年成绩堪不朽,诱掖鼓奖之功国家有。""国家不惜糜巨万,岂供吾辈为弄场?"《清华图书馆》中有"京师学校数百十,谁推秘府追东壁?大学充栋三万签,清华规模更无匹。""我生乃值廿世纪,北走名校窥石渠。河间真本此焉见,收拾闳籍二酉余。""何当长蝇系白日,假我数十空五车。"

《台湾一月记》,原著莫尔斯(Hosea B. Morse)。先生译此文,与愤恨日本霸占青岛同出一意。译文全文如下:

一千八百九十四年七月,中日开衅;明年四月十二日,马关约成;战事寝,中国割台湾澎湖诸岛以归日本。日人方经营满洲军事,不及入,台湾已厉兵相待。台湾固弱小,合步骑当计四万至六万。满洲战事毕,日人并力向台湾,以三月二十三日入澎湖,二十五日台湾澎湖下。

日人称克台时,战不烈,输械来降者千余人,各炮台营垒抗御亦不力。顾台北总督所接报告则曰:"二十三日午候,日舰八艘进攻,诸炮台力御之。明日,敌舰沉者二,重创者二。越二日,晨三时,又来攻,我军坚守,敌不得逞而退。二十七[四]日夜,报挫,士卒窜退者可千人。日军初犹逡巡,后乃猛击,遂以二十五日,尽夺我炮台,然两军损失皆甚巨"云。

三十一日,居民知台湾不列和议,佥大恚,以为见弃于朝廷,群疑腾沸,发怒如水火,誓死力拒。告诸吏,不得絜眷离岛,又悉发其素所攫取于民之财货,或日人之贿赂,及军械于民间,以资取用,于是日本公司遂有私为诸官吏收匿资财者。

总督有母,年迈,请离岛,许之。将行,传行李中藏宝货,遂击溃其扈从,包解,罄其藏。扈从复聚,则又追北之。次督署第三门,不得前,遂退,死者十六人(或作三十),伤者五六十人。自是多巷战,然皆不烈。

四月二十一日,德大将及水手二十五名登陆保护侨商。五月二日,英大将亦以水手三十名至,有武装汽轮一艘,驶行 Twatutia 及 Tamsui 之间,又有英炮艇"红胸"号,德炮艇"臭猫"号,泊港内,Twatutia 之洋商亦咸震骇。某公司代香港汇丰银行存款甚巨,因台湾人民之请,又以战事发生,金融日紧,遂不能钞转他处。是公司距督署仅一哩,富于居蓄,咸以为苟有变,此必首受劫掠,公司中所佣华工制台湾茶者达千人,其间接为之役转运者亦以千数,以不欲此辈失业,又私赖有英德兵二三十人之保护,即不他徙,仍张其国旗,贸易如故。初居民闻台湾隶日本,咸怨激震恐,谣诼猬起。或传俄法德迫日人还辽东于中国,台湾亦且归中国,实则台湾公决,将递属于列强为殖民地,如塞勃瑞斯之于土耳其也。嗣以列强意稍弛,其议遂寝,然台湾人民之精神终以是益振,而挽留总督之志亦益坚。

五月八日,马关条约经中日两政府正式承认,日政府遂实行合并台湾,未几乃有应募之广东兵二千五百人,挟军火至台湾求战,以是知李鸿章所定和策之不满意于人也。

五月十六日,居民举代表数人入督署,要求悉以行政军备及财政权交出。是日午后,有正式宣告,又奏闻清廷,岛民仍愿奉正朔。

一千八百九十五年五月二十四日,台湾民主国宣布独立,其国旗蓝地绘虎,总督被选为大总统,坚辞不果,乃召集临时国会。列席之议员,日受俸金一先,人民咸大慰,列强亦无反对之表示。中国以新缔条约,故不加干涉。明日,各炮台举升旗礼,时有日舰数艘尚泊 Tamsui 也。

六月一日,清廷钦差李晋芳(一千九百〇七年至十年曾充驻英钦差大臣)偕法律及外交顾问,前美国国务卿 John W. Foster 抵 Tamsui,既得闻十日来之情形于莫尔斯君(Morse),乃乘舟赴 Kelung,与日本海军大将完结交涉。时台湾诸官吏,除总统皆离岛赴华境。

日本政府闻台湾独立,即准备军事。三十日,日本禁卫军三千人抵 Aotikong,

去 Kelung 仅二十哩。是军乃事前遣赴满洲之后备队，未尝历战事，抵岛时，犹冬服。五月三十一日，日军与前至之粤军战于 Polon Point，粤军仅有毛塞枪及有烟火药，又饮食不给，遂败溃，死者达百人，日军死者仅十七人。六月三日，小战于 Kelung 城外，历时十五分钟，此外台民更无抗拒也。

Kelung 炮台守者满万人，大炮计十二吋口径者一，十吋口径者二，七吋口径者十。三日中午，日人来袭，咸自降。又日军驻台北（Tamsui）者约万五千人，防范甚密。

台湾民国既隳，四日晨，北部官吏悉自窜，士卒四出劫掠，居民大扰。

四日，台北督署先被劫，然骚及全城，Twatutia 居民三日内无幸免者，而豪族巨绅受害尤甚。七日，日本军至，居民皆悬日旗，大书日本帝国良民住宅。外国商民以有英德海军之保护，皆免于害。

Tamsui 受害最烈，作者皆目击其状，兹胪述于次：

官吏避乱者悉窜集于阿苏（Arthur），轮舟中，舟属台湾政府，计载重七百吨，是日凡容人二千五百。未启碇，叛军扬言苟启碇，即立沉之，船长被拘，夜深乃释，恐有水雷潜伏，不敢轻驶，盖叛军必留是舟，乃以不得饷，怨官吏富豪挟赀远去耳。

四日夕，Kelung 军至，则联 Tamsui 炮台于次日九时自岸上击阿苏，阿苏时距岸仅百码。日既莫，枪声渐稀，迄翌晨，炮弹复大哄。声隆隆然，如是者数小时。至午，台湾政府银行经理，悉出其所携之银四万五千元（约五千磅），令各叛军士卒分取之，每人获一月饷。犹以为未足，复拘系总督之侄于其宅中，旋逸去，则坼隳其宅。计是次避乱舟中，无辜死伤者，亦五六千人。

是日（即六月五日）午前，Tamsui 酣战时，叛兵去来倏忽，络绎不绝，岸上常驻兵亦三四千人，皆轰击阿苏者也。午后，阿苏仍不得启碇。自税关至河，不越五十码，武装兵士巡逻其间者数百人，意皆在劫掠，然私家财物，非食品，皆不犯。其有颜某某官衔者，皆攫取无遗，一若已有，至于税关营业，仍秋毫不犯。是辈亦知其中存现金数千元，鸦片值约十万元，而外人侨居中国，又虽号富有，顾余（作者自称，下同此）当时未曾令一外兵登陆，而叛兵终不敢相侵。余之司员有就叛兵谈者，则亦咸无激言，凡此者皆炮艇泊口内有以威之也。

是时商业尚不停滞，茶叶出口仍如故，自澎湖陷后（五月二十五日）港口闭，轮舶悉止口外，凡转货小舟，必经察验，无富绅官吏匿其间，或代运公款军火者，乃许放行。按清律税金悉入国帑，税关司员不得过问，惟是时银行司员，皆窜舟上，以六月五日茶叶出口税，余不得不躬亲之。是日计得现金四千五百元,厦门银行支票一万元。余方计其数,声锵锵然,恐为叛兵所闻,且不得运归,乃置,迳移金于税关。余之薪赀,固先存厦门,此四千五百元,乃于次夜之事,大有裨益。

先是步兵得金乃散,炮兵犹以为不足,仍沮舟不使启碇,且扬言翌晨必沉舟。午后,或匄余为调停人,余乃造炮台司令,司令称赀匮,已不能令其部下,苟得千金赎全舟生命财产,泱其麾下勿扰乱也。

余羁于公事,恒留税关中。是晚九时返私宅,遇国家银行司员,台湾共和国外交总长,及著作家郑启彤将军,请余为说项,释阿苏出港,以济全舟生众。余问总督去向,皆曰不知,更问总督之侄,亦不知,总督之侄承总督命,来Tamsui传递消息,余又允保护其家族,故余欲之心,良不后于救总督,又恐调停或不利于 Tamsui 及 Twatutia 之西人(妇稚早至厦门,此专指壮丁言),乃谋于英国交涉员,皆决调停非上策,且颇望英国一等巡洋舰斯巴旦(Spartan)于次日抵埠也。余既返寓,总督侄适亦至,求保护,且言总督实匿阿苏船中,余既决为之助,泊余返海关,郑将军谓余曰:"此事文明国亦有之乎?"余不觉失笑,此人之文明观念,余盖自视弗及也。

余计算余之赀财,得洋四千五百元,益以私蓄为五千元,于是遣二人诣炮台,其一为瓦特斯君(Waters)历任皇家炮队炮手,税关办事员,及台湾共和国炮兵教授,现避难于阿苏中,一为余之司员,赖廷格君,赖君机练强干,且娴中文,是日自请前往者也。二人之行,将洋五千元,请尽断水雷线,并以炮门交税关。以十时出发,出发后,余视积银累然,中心忐忑,至不怿也。半小时后,二人偕炮台司令官来,争辩二小时,始可。但面峡口有四十二吨大炮,其炮门必得款后,乃交出。司令官又请得驻阿苏舟中,余漫应之,告以彼身利害,余不能负责任。午后三时,水雷线断,炮门除大炮外悉交来。四时,大炮门亦至,余乃加以包裹,藏之栈中。彻晓,潮不至,不能行舟。八时,距河之南岸三千码,有过山炮飞弹至,德国炮舰伊尔提师(Iltis)反击之,遂止。八时半,阿苏始启碇脱险而出。

余既以金钱,易得一炮台,并一百六十吨之炮,皆实以药弹,为此炮台之主人翁者,凡三日。第四日,傍晚,方巡视与大陆交通之电信,遇电报局司机者,衣裳楚楚,将藉阿苏以离岛,余劝止之,且允保护其生命财产,一如余之中国司员,遂不行。明日复相遇于局中,时枪弹交袭,颇生畏惧,又将潜行以去,余又止之,保护之益力,且移其机械于余宅中,于是岛国与大陆之交通,赖以不断。其尤奇者,福州电局能辨及发报人之触法,非是人之电不收。是以日人占台后,亦必藉余及此司机者,以与其政府传递消息。

六月六日,被解散之中国兵群集于 Tamsui 市中,或微有余蓄,或无,然皆知祸变已亟,不自戢,且惧不测,故大势尚不破。七日皆散走境内。先是六日有三百人集余户乞饮食,咸身怀余资,以闭市不得饮食,又不欲出之抢夺。余乃称若能去武装,则饮食立至。然是辈无武装,即不能自卫,余又许为保护,于是武装悉去,余立命余之二随员,侍于院之左右,二人虽无武装,而气象森严,足令人生畏惧,故秩序卒不乱。盖是时三百余人集食院中,三五武装游兵枵腹立门外,以一二白人之故,卒不敢入,吾白人何令人畏惧若此哉。

上述二事,可见当时风声鹤唳,朝不保夕之概。未几,大势日平,居民亦渐安堵。

外人之杂居此地者,有英法德美丹麦人,Twatutia 商民咸受卫于新至之巡士。旅居 Tamsui 者,有炮艇二相卫,卫兵虽不登陆,然犄角相望,有响斯应,市面因以渐复故常。

六月七日,平明,日军抵台北。八日薄暮,先锋骑兵十八人抵 Tamsui。明日,午前,全军抵埠,是时中国兵已溃,日本兵服毡罽,往来烈日下,窜芟残丑,而北部以粗安。台之南部,刘永福之军在焉。至十日,日军至,与战,大败,全军尽没,于是台湾不复为中国有。

是役交战者咸旧军,不由训练,枪械不完,饷亦不给。李鸿章所训北军差胜,然一望日军,辄走。此后所制新军,颇受识者称美,他日陆军之振兴,将惟是之赖乎。

八月五日　全国学生联合会举行闭幕式,到会者两百余人,有上海各团体来宾、外国领事、报界人士等。孙中山先生莅会并演说。这是先生第一次聆听孙中山演说,留下极深刻印象,二十五年后先生在一九四四年五月三日西南联大纪念五四运动座谈会上,还谈到:"那年暑假到上海开学生总会,周先生(炳琳)代表北大,我代表清华到上海听过孙中山先生的演讲。"《五四历史座谈》,《闻一多全集》第3册,第535页)孙中山演说有一小时之久,"其大意略谓:现在中国最大弊病在不能统一,各界莫不皆然。惟学界此次举动,差强人意。盖以革命经验而言,其弊亦复乎不统一。故望学生能力图统一,以促进人民之团结,知有国家而牺牲个人云云。"《全国学生联合会之闭幕会式》,《申报》1919.8.6)曹慕管、邹静斋、张子廉、包世杰、王大伟、温世霖、沈卓吾、田梓琴等各界人士亦相继演说。

八月六日　清华学校本年赴美同学齐集上海,是日清华学生同学会在东亚旅馆开话别会,主席陆梅僧,先生亦参加。"席间复有种种游戏及各样声乐以为余兴。次为赴美学生代表答词、合唱校歌、三呼万岁,复同摄一影,尽欢而散。"《清华赴美学

生消息》,《申报》1919.8.7)

在上海,有诗四首,除《齿痛》外,还有《夜坐风雨雷电交至凛然赋此》、《上海寄驷弟》、《朝雾》,均编入自编古诗集集《古瓦集》。

《夜坐风雨雷电交至凛然赋此》为:

> 暗淡虞渊玉虎追,飞廉慭勒泻来迟;
>
> 文书小阁邀孤檠,车马长衢听折箠。
>
> 天地不仁悲李耳,风雷有意动宣尼——
>
> 而今十手虽无畏,懍懍能忘天怒时?

《上海寄驷弟》为:

> 南游载橐月初弥,迻译文书叹手胝。
>
> 不谓"老饕"几绝粒,翻因微病得吟诗。
>
> 东阳思苦腰能瘦,季子囊空面未鬑,
>
> 寄语子由相告慰,联床风雨近前期。

《朝雾》为:

> 倚楼学熊经,玉露涂空廛。
>
> 朝日初到地,草际浮轻烟。
>
> 万绿浑一气,粉彩霍新鲜。
>
> 微飔拂长空,湿雾纷腾塞,
>
> 楼□忽中截,一角当空悬。
>
> 长啸发幽籁,清商入云天。
>
> 似闻答响者,不知何处边。

是月上旬　先生与诸友离开上海,前往常熟,为建立全国学联会所筹募资金。钱宗堡、吴泽霖均为常熟籍,到他们的家乡去募捐可能会顺利些。

此行作了古诗数首。《昆山午发》、《自言子文学书院射圃谒言子墓》、《辛峰亭远眺》、《寻桃源石屋二涧皆涸溯石屋上游乃得水因濯足焉》、《维摩寺》、《北郭即景》六首编入了是年十一月编辑的《清华学报》第五卷第一期。收《闻一多青少年时代诗文集》。从诗中可知先生的行程。

先生等先到昆山,再乘船至常熟。《昆山午发》:"半日疲车驾,风尘顿仆仆。停午发昆山,登船如入屋。"

到常熟后曾游虞山。绵延秀丽的虞山,东端伸入县城,素有"十里青山半入城"的美誉。山上古迹众多,先生主要看的是东部古建筑。《自言子文学书院射圃谒言子墓》,抒发了先生对言子——孔子七十二弟子中唯一的南方人的敬慕。顺山路登山,即辛峰亭,这里左可观常熟城,右可见淼淼湖水,《辛峰亭远眺》:"礼墓得奇趣,造极鼓余勇。细草受芒鞵,赋滑如踏氍。路穷值孤亭,天风趁云涌。一山压半城,二水浮双栱。尘圜骈群栌,逼视高塔竦。……"维摩寺是虞山主要寺庙,在最高峰处。《维摩寺》赞美到:"维摩古寺天下名,金粟堂前午荫清。山禽楚雀皆梵响,金灶石坛非世情。说法天仙思缥缈,随缘万鬼忆狰狞。游人不识广长舌,小立清溪听赞声。"先生还在雨后游了著名的桃源涧,但很败兴,直到石屋涧源头才看见泉水。《寻桃源石屋二涧皆涸溯石屋上游乃得水因濯足焉》:"昨夜闻倾盆,沥沥直达卯。心知二涧涨,急流想晶淼。鹤步乘兴健,笑语入窅窱。日中抵桃源,积石赜枯燥。更进探石屋,龟坼蒸郁燠。枯鱼叹未休,上游发渟潦。清泉不可求,得此亦绝倒。因之咏沧浪,濯足弄浮藻。"先生在这儿还作了画:"硬黄不盈尺,写图复草草。"诗末又少年意气:"慷慨起浩歌,旧邦赞新造。再歌颂紫白,休誉慎相保。曲止继狂呼,曳履向归道。回首众青山,云收白日皎。"

在常熟,受到吴泽霖、钱宗堡、浦薛凤的招待。吴泽霖说:"暑假期间,闻一多与罗隆基等人代表清华学生会与北大学生会代表等一起到上海参加全国性学联会议。我和熊祖同被推为留守清华的负责人,因此没有同他们一起南下。后因我家中有事,曾回返常熟一次,刚巧那时一多与罗隆基等几个人前来常熟,我就同另外两位同乡级友钱宗堡、浦薛凤招待了他们。"(吴泽霖给编者的信,1986.5.15)

在常熟等地募捐,没有收到预期效果。先生没有北上,而是返回了故乡。

八月二十六日　与闻家骢、闻家骤、闻家驷离开浠水至黄州。闻家骤将东下,先生等则乘轮至汉口。

八月二十九日　至北京。次日返清华学校。

八月三十一日　致闻家骧信。收《闻一多书信选集》。言父母"撑持家政","有无米难炊之忧"。

九月中旬　清华学校开学。先生升入高等科三年级。继续担任《清华学报》中文编辑。时,《清华学报》编辑部教员部国文编辑为戴元龄、左霈、汪鸾翔先生,学生部总编辑仍为赵学海,国文编辑还有国文编辑:洪绅、曾昭抡、陈复光、王箴、萧公权、李幹、段茂澜、聂鸿逵、周兹绪、浦薛凤、张锡录、潘光旦、蔡公椿、闻亦传、吴景超、裴庆彪。(《清华学报》、《清华周刊第六次增刊》,1920.6)

是月　与杨廷宝、方来等发起组织美术社。

该社成立约两年多时间,其活动《清华周刊》有所介绍。《美术社》云:"在一年前就有了美术社,不过没有成为一个正式的组织。去年九月,由杨廷宝、方来、闻多诸君发起组织正式的会,一方面读中外美术底书,一方面练习各种画,于是召集了会员二十余人,议定章程,开了成立会,公请司达女士为教师。习画时间系定于每星期六上午,所习的画分铅笔、水彩、钢笔、炭油等类,此外兼习静物写生、花草写生、野外写生及想像插画等。至于所阅的书系由各人认定一门,就一门内专考求他的源流、变迁,及现在的情形。所阅的书,由司达女士指定,于每月常会时报告一次。各人所认定的题目,大半是中外古代织物图案、磁器图案、塑像、金属图案以及美术史等类。所有应用各书籍,由图书管理员置于特别贮器书架。以上是内部组织的情形,及进行的方针。下面是关于会外的练习及讲演二种。在去年寒假期内,曾设有特别清寒画室,无论何时会员均可随意练习,寒假完了,此室亦取消。自此室取消后,会员鉴于平时练习时间太少,于是设一个永远的画室。水彩、铅笔及钢笔等画,均置于该室内,其一切置□,都由杨君廷宝管理。除每星期六正课外,每月有常会一次。会序有报告、演讲等类。报告系由会员将平日所看的美术书或详细调查,向大家报告。演讲一层,不必每次都有,不过间一次或二次,由司达女士演讲欧洲美术史、太西塑像美术等类,并佐以幻灯片指示一切。"(《清华周刊第六次临时增刊》,1920.6)

又,《美术社》亦云:"一九一九年秋天,教师司达尔女士示意于闻一多、杨廷宝、吴泽霖、方来等发起一个美术社。起初会员有二十余人。他们的职员有会长、书记、会计并会所管理。他们的进行方法分两种:一实习,二研究。实习每星期自二小时至四小时。所用的画具有铅笔、钢笔、水彩、油彩、木炭等。所作的资料有静物、花草、人物同户外写生、插画及图案等。关于研究便是考阅书籍。社员各择一题研究其源流、变迁及现状,作为报告,于每月常会时宣读。所择题目多系中外织物图案、瓷器图案、雕塑、绘画、美术史及名家传略。每月常会除读书报告以外,间有用幻灯演讲泰西绘画及雕刻等题。他们有一个画室 Studio 以备平时非常实习时间工期中用。以上是他们第一年的情形。一九二〇年秋天他们于形式同具文上稍有更改。关于宗旨,则除实习研究外,加了宣传美术一条。关于职员长则废除社长,留书记、会计兼干事及画室管理各一人。这年底会员到五十多人,分两班练习,有时还分三班。他们的成绩还是在实习方面。有几位国内名家看见他们这几年的作品曾讲过,不独是国内各普通学校所望尘莫及的,便是有的美术专门学校也很难同他们比肩。但是他们于作品研究方面,完全是个失败。至于宣传底成效也只有些微的痕迹可寻。会友间有鼓吹美术见之文字的,城里几次各处的展览会,他们带领了许多同学去参观了,除此以外,没有什么可讲的。"(《清华周刊本校十周年纪念号》,1921.4.28)

十月六日　致父母信。收《闻一多书信选集》。信中报告大考成绩和本学期功课:"大考成绩已揭晓,男成绩如下:英文读本中,作文上,历史中,地质上,代数末,中文作文超,图画超,文学史上。本学期所习功课为:英文(每星期四点),法文(四点),社会学(二点),政治学(二点),生物学(六点),中文讲文(二点),法制史(二点),阅书(一点)。"

是月上旬　辛酉级职员选定,级长罗隆基,先生担任书记。《清华周刊》报道云:"高三级长本由薛君祖康、熊君祖同两位中复选,继以二君固辞,遂另选罗君隆基任本期级长之职。其余职员亦均选定,书记为闻君多、熊君祖同,干事为王君德郅,级室管理为方君来,会计为沈君有乾、吴君宗儒"。(《校闻》,《清华周刊》第174期,1919,10.19)

十月十七日　出席《清华学报》中文编辑会议,筹商本学期进行事宜。(据《清华周刊》第174期,1919.10.19)

十一月一日　晚七时,辛酉级级会召开第一次常会,议决"暂停演说等竞赛,而以研究新学说及讨论时事为本年进行方针"。(《清华周刊》第178期,1919.11.16)

辛酉级会于上星期六晚七时,开第一次常会。"首由会长时昭泽发表进行意见,并请会员讨论办法。后由多数议决暂停止演说等竞赛,而以研究新学说及讨论时事为本年进行方针,凡开会之前一星期由会员提出关于新学说无或时事问题,择其中之一为标准,至开会时各表所见,互相讨论,以增进常识。"会上"拟定欧洲和会条件为下期讨论之题目"。(《校闻》,《清华周刊》第179期,1919.11.28)

十一月十四日　作新诗《雨夜》、《月亮和人》。这可能是先生最早的新诗作品,后均编入自编诗集《真我集》。①　此两诗编入《红烛》时,均有改动,后者还改题为《睡者》。

十一月十六日　作新诗《读沈尹默〈小妹〉! 想起我的妹来了也作一首》。编入《真我集》。沈尹默的诗刊于是月一日出版的《新青年》第六卷第六号,先生读后不禁想起病逝的小妹。诗中说署假里一个晚上,听见母亲提起小妹,"我忽然觉得屋子起了一阵雾,灯光也发昏了,书上的字也迷糊了;温热的泪珠一颗颗的往我的双腮上淋着"。

十一月二十一日　晚七时,出席辛酉级级会第二次常会,"讨论题目为'和约'"。(《清华周刊》第179期,1919.11.28)

十一月二十九日　与全校同学入城参加两万人大游行,抗议十六日日本暴徒制造的"福州惨案"。

―――――――――

①　《真我集》所编诸诗一般均署有日期,但均未署年份,然据先生编《红烛》与《死水》习惯,一般按写作时间排列顺序,故暂系于是年。

是月　《建设的美术》发表于《清华学报》第五卷第一期。收《闻一多青少年时代诗文集》。

这是先生发表的第一篇白话文,只刊登了前半部,即前言和第一部分"振兴工艺的美术"。它似乎是在美术社活动中的一份研究报告,强调美术在社会中的作用。前言云:

世界本是一间天然的美术馆。人类在这个美术馆中间住着,天天摹仿那些天然的美术品,同造物争妍斗巧。所以凡属人类所有东西,例如文字、音乐、戏剧、雕刻、图画、建筑、工艺都是美感的结晶,本不用讲,就是政治、实业、教育、宗教也都含着几层美术的意味。所以世界文明的进步同美术的进步,成一个正比例。

文明分思想的同物质的两种。美术也分两种,有具体的美术,有抽象的美术。抽象的美术影响于思想的文明,具体的美术影响于物质的文明。我们中国对于抽象的美术,从前倒很讲究,所以为东方旧文化的代表;对于具体的美术,不独不提倡,反而竭力摧残,因此我们的工艺腐败到了极点。

欧战完了。地球上从前那层腐朽的外壳已经脱去了。往日所梦想不到的那些希望,现在也不知不觉的达到了。其中有一种反抗陋劣的生活的运动,也渐渐的萌芽了。欧美各国的人天天都在那里大声急呼的鼓吹一种什么叫作国家美术(National Art),他们都说无论哪一个国家,在现在这个二十世纪的时代——科学进步、美术发达的时代,都不应该甘心享受那种陋劣的、没有美术观念的生活,因为人的所以为人,全在有这点美术的观念。提倡美术就是尊重人格。照这样看来,只因为限于世界的潮流,我们中国从前那种顽固不通的、轻视美术的思想,已经应该破除殆尽了。况且从国内情形看起来,像中国这样腐败的工艺,这样腐败的教育,非讲求美术决不能挽救的。现在把怎么挽救这两样东西的方法,同为什么要挽救他们的道理,稍微讲一讲,可见得美术不是空洞的,是有切实的建设力的。

是月　新剧社从演剧余利中抽出票洋七百七十元、现洋四十元,赞助成府贫民小学。(《学生方面·德育·社会服务》,《清华周刊本校十周年纪念号》,1921.4.28)这是清华学生继一九一六年在北京城内青年会募捐演出后,给予成府贫民小学的第二次经济支援。

十二月中旬　清华学生会正式成立,先生被推举为辛酉级代表之一。这是清华学生成立的第一个永久性自治机关,以代替此前诸临时代表团。

学生会分评议、干事两部,前者为最高决策机构,后者为执行机构。学生会设总务、交际、文牍、会计、新闻、干事六科,先生担任文牍科主任,潘光旦为副主任。

(据《清华周刊》第183期,1919.12.26)

十二月二十三日 清华学生会召开成立大会。校长张煜全只许可成立级会一类的组织,不准成立全校性学生会,并派校警干涉大会进行,引起公愤。学生会宣布罢课,先生作漫画"垂床听政",讽刺张无病久养,不理校务。这就是清华校史上的"一赶校长",不久,张即离开学校。

张煜全是周诒春校长被诬辞职后,于一九一八年四月被外交部任命为校长的。但他经常因病请假,很少与学生见面。吴景超说民国"八年的上半年,他简直在病榻上度日。我们且看看他的次数。八年一月,他以鼻血不止,请假二十。三月,以咯血请假一个月休养。四月,再请假一个月,五月,又请续假二十日。一直到了六月十六日,才报部勉强视事。学生对于这个多病的校长,早就不满意了,所以到十二月二十三日晚学生会开成立大会受他干涉的时候,便激成罢课的风潮。九年一月二十八日,张上书辞职,略谓'办理校务,未见偷安,才其整顿觉,不图适以集矢,近虽勉力支持,然以久病新痊之躯,实难当上艰巨之任,自应退避,以让贤能。'一月三十日,部令准张辞职,同日派罗忠诒为校长。"(吴景超《清华的历史》,清华周刊社编《清华生活》,1923.4.28)

十二月三十一日 晚八时,至高等科食堂参加全校年终俱乐大会。"是夕晚餐毕,各同学皆连袂而往,济济一堂,共庆新年。当时并有本校军乐队及滑稽之影片以助兴。至十二句钟始散。又是夜全校电灯通宵不息,以便诸同学散会后,开各团体之俱乐会及各种之游戏,以尽一夕之乐云。"(《校闻》,《清华周刊》第184期,1920,1.9)

一九二〇年 二十二岁

七月,直皖战争爆发。二十三日,直奉军进驻北京,共同控制北京政府。

八月,陈望道译《共产党宣言》全译本在上海印刷。

是年,北方各省大旱,国内开展大规模赈灾活动,国际社会也给予援助。

一月八日 清华学生会决定改新闻科为出版委员会。是日,出版委员会议决改良《清华周刊》。二十日,出版委员会提出改良条件:"一改封面,二改门类,三不取陈古文,四用标点,五采横写法,六改编辑制为集稿制,每期一人负责,次期者助理。由评议部选出集稿员十二人。"(潘如澍《清华周刊小史》,《国立清华大学二十周年纪念刊》)先生被选为集稿员。集稿员的产生首先经过全体学生初选,再经学生会复选。

一月二十二日 《清华周刊》集稿部成立。会上分工,暂定每两人负责编辑一期,先生和潘光旦合编第五期。其余还有时昭瀛、陈石孚、施滉、董凤鸣、吴景超、周念诚、黄方刚、裴庆彪、何浩若、罗隆基,分组编辑各期。(据《本校一年来大事记》,《清华周刊第六次临时增刊》,1920.6)次月,集稿员又增加到十八人。同时出版委员会修订《周刊》改良条件,为:一集稿员十八人每学期改选,二经理五人每学期改选,三取消顾问,四取消英文校闻,五稿件由全体同学负责。

三月中旬 与潘光旦、吴泽霖、闻亦传四人组成一个小团体,主要进行交流读书报告和开展问题讨论,后来增加了刘聪强、孔繁祁,一共六人,便取名"⊥社"。这个团体人数不多,"每周集会,读与讨论具备,但是富于讨论的色彩。该社产生虽然不久,会录亦很可观。"(沈干、瞿桓、周念诚《本学期会务一瞥》,《清华周刊》第185期,1920.4.24)

暑假前,⊥社曾向全校介绍了他们的情况。《⊥社》云:"⊥社在今年三月中方始成立,从产生到现在,还不过三个月,成绩当然是很幼稚,起始的时候,会友只有四人,后来才加到六人。当时我们议决,不立名称,但是后来同别人接洽的时候,实在不便,因此采'⊥'字做我们的标帜。我们采这个'⊥'字有二层意思,'⊥'字是古'上'字,借此以时时上进自勉,我们的会友是六人,'⊥'字恰是我国数目中的六字。我们没有职员,每次开会只有记录一人,大家轮流充任,他就是会中的临时主席。

每星期开会一次,时间在星期六下午四时半,每次限二点钟——一半时候作报告用,一半作讨论用。每次开会有三人任读书报告,三人任预备讨论。每人恰好二星期轮到一次。每次开会大家准时而集,有时也有因为别种冲突要改期的,然大半我们宁可牺牲个人的事,来到这会。我们的读书报告,是就各人的读书录中,摘取要者,编制成的。起初是就成本书为范围,但是现在的趋向是不限于一本书。我们的问题讨论,起初完全是一个失败。因为预备讨论的人多,以至于没有一个人有完善的预备,发言很没有中心点,有二三次弄到没有结果,到时而散。近来改为每次一个人专预备一个问题,详细写出来,到开会时宣读,别人再就他的报告上讨论,此法一直行到现在,还可以说是有一点小小的成功。我们的读书报告、问题讨论,都写在一种同样式的纸上,三个月来,合在一起,也有一百五十余页了——这就可以算是我们的成绩。我们开过十次常会,计有读书报告十六编,问题讨论六编。它们分起类来,是:读书录:历史 2;娼妓 2;美学 3;经济 2;文学 5;哲学 1;农业 1。问题讨论:称谓姓氏 2;校内问题 2;服饰 1;中国目录法 1。我们会友有一种通病——只说不做——虽然别人指点我们,我们亦有时觉得,想战胜这个病,但是因为时势同环境的关系,总不能免,我们希望,以后尽力革除这病。"(《清华周刊第六次临时增刊》,1920.6)

"⊥社"这个名字,是先生提议的。吴泽霖《老友一多二三事》:"他提议这个组织称作'⊥社'。我们都不认识这个字,他说,'这是古文上字,与尚字通。纯朴的水木清华,不应该遭受那种颓唐、靡朽的风尚所侵蚀。由出自民脂民膏的公费培养出来准备出国深造的青年,应该保持良心的纯洁性。我们是⊥社人。他们不认识⊥字,让他们莫测高深吧!'"(《闻一多纪念文集》,第 163 页)

吴泽霖还回忆说:"关于⊥社最初并不想搞什么组织形式,这些人本来都是知己朋友,天天混在一起的,用不着什么组织形式。其所以要有一名称而且取名⊥社,主要是一多和光旦的主张,旨在玩弄别人,使人看到'⊥',既不会读,也不知什么意思。当时我们反对学校连续放映恐怖性质的电影,我们当时很反感,认为没有教育意义,徒然浪费宝贵的时间。当然也有人反对我们的主张,背后风言风语,说我们是一批怪物!我们赌气地说:'我们是怪人,⊥不是怪字吗?你们认识都不认识!'"(吴泽霖给编者的信,1987.7.30)

潘光旦《谈留美生活》:"我们在清华时,六个同学成立了一个'⊥社'。闻一多也在内。⊥即古'上'字。这个社什么都管,电影不好,我们提出批评;有人上厕所不守秩序,屎尿撒在外边,我们也管。"(《文史资料选辑》第 71 辑,第 200 页,1980 年 10 月出版)

是年春 《清华学报》"总编辑赵君学海满任,校中派闻君多继任。闻君复因事

辞职,校方一时未能再派,故学报进行遂停顿"。(《本校一年来大事记》,《清华周刊第六次临时增刊》,1920.6)

是年春　作新诗《雪》。编入《真我集》,收入《红烛》时有较大改动。

这是一首应课诗,不料引起教师赵瑞侯的批评。原诗编入《真我集》时,下附小注,云:"有一次作文课底题是赏雪歌,我就试了一首白话诗。赵瑞侯先生底评语讲:'生本风骚中后起之秀,似不必趋赴潮流。'真是可笑,特地把他录下来。"

《古瓦集》卷首序亦云:"一九二〇年春作了一首应课诗,赵瑞侯先生评曰:'生本风骚中后起之秀,似不必趋赴潮流'。这时已经做了很多的白话诗。第二次月课勉强用文言文译《点兵行》,是敷衍面子的。"

《点兵行》收《古瓦集》,有序,说明文言译诗难以成功。序云:

> 读工部《兵车行》,拟书所感,久而不成。适见英人坎白尔《点兵之歌》,其写战事惨况,亦复尽致,以视杜作,特异曲同工尔,爱译之。译事之难,尽人所知,而译韵文尤难。译以白话或可得其仿佛,文言直不足以言译事矣。今之译此犹以文言者,正使读者得持以证原作,乃知文言译诗,果能存原意之仿佛者几何? 亦所以昭文言之罪也。

赵瑞侯名玉森,字瑞侯,自号醉侯,一九一六年任清华学校国文教师。他很器重先生,曾对人说:"我一生教过的学生不下万人,但真正让我得意的门生,只有四人。"(赵同《醉人为瑞——记我的祖父》,转引自浦薛凤《读赵醉侯老师"醉人为瑞"遗诗集稿书后》,《清华校友通讯》复员后17册,第142页,清华大学出版社1988年4月出版) 此四人即先生与罗隆基、浦薛凤、何浩若。多年后,赵瑞侯还赋诗云:"清华甲第首推罗,其次雍雍闻浦何,风雨鸡鸣交谊切,朝阳凤翔颂声和。"(《梦与清华高等弟子共论文》,同前,第140页)

是年春　学校指定先生为《清华学报》总编辑,旋辞之。"今年春,总编辑赵君学海满任,校中派闻君多继任。闻君复因事辞职,校中一时未能再派,故学报进行遂停顿。当闻君辞职时,正是学生会有人提议改良,拟将中文学报改为清华月刊,英文的改为季刊,编辑制换为集稿制,其中种种进行及组织,未能一时定好,所以这下学期不能出版,已经出版的只有上学期的中英文学报一本。从下学期起就实行变更的制度做照旧出版。"(《清华学报》,《清华周刊第六次增刊》,1920.6)

四月十九日　上社"第六次常会,报告题目有《中国古代娼妓史》、《梅特林克底戏剧》及《欧战原因》,讨论题目为《如何补救清华学生底细行》"。(《清华周刊》第186期,1920.4.30)

四月二十四日　《清华周刊》第一八五期起实行集稿员制。集稿员设主席一人,首任主席浦薛凤,其只担任了一个月,五月二十九日起由先生接任。

同日 《旅客式的学生》发表于《清华周刊》第一八五期。收《闻一多青少年时代诗文集》。

该文是对清华一部分只是等待出洋的学生的一幅文字画像,先生认为这也应是清华改良的内容。文中云:

> 洋楼、电话、电灯、电铃、汽炉、自来水,体育馆、图书馆、售品所、"雅座"、电影,胡琴、洋笛,中西并奏,象棋、"五百",夜以继日,厨房听差,应接不暇,汽车胶皮,往来如织——你看!好大一间清华旅馆!"只此一家","中外驰名"的旅馆!如何叫他的生意不发达呢?于是官僚来养病,留学生来候补差事,公子少爷们来等出洋——我说"等"出洋,不是预备出洋。旅馆的生意好了,掌柜的变大意了!瞧不起旅客了。旅客不肯受他的欺负,就闹起来要改良旅馆。诸位!想一想,你们旅客有什么权柄可以要求旅馆改良!你们爱住不住!你们改良了旅馆于你们有什么利益?等到旅馆改良了,你们已经走了。

> 中国有一位文学家讲,"天地者万物之逆旅"。呸!这是什么话?中国的文化底退步,就是这般非人的思想的文学家底罪孽。人类是进化的。我们生到这个世界来,这个世界就是我们的。我们的天性叫我们把这个世界造成如茶[荼]似锦的,所以我们遇着事,不论好坏,就研究,就批评,找出缺点,就改良。这是人底天性,没有这种天性,人不会从下等动物进化到现在的地位,失这种天性,社会退化到本来的地位。

> 我们把眼光放开看,我们是社会的一分子,学校是社会里一种组织,我们应该改良社会,就应从最切近的地方——我们的学校做起点。学校是我们的家——不是我们的旅馆。学校之中,学生是主体,职员、教员、校役都是客听。对于学校,我们不负责任,谁负责任呢?有人自视为世界的旅客,就失了做人的资格;有学生自视为学校的旅客,就失了做学生的资格。

> 旅客式的学生有三种。对待他们的方法有四种。实行这四种方法,才是真正的改良。

> (一)旅客式的少爷学生。贵胄子弟,自己可以出洋的,年纪太轻,不能立刻出洋,先要在本国等一等!但上了别的学校,又太吃苦了,只有清华旅馆里"百应俱全",刚合少爷们的身份。所以他们除了打球、唱戏、"雅座"、售品所以外,不知道别的。对于功课,用"满不在乎"四字了结他。横竖他们是不靠毕业出洋的,他高兴几时走,就几时走。这种旅客式的学生,是人人承认的。

> (二)旅客式的孩子学生。清华中等科底学生有住过高等小学的,有住过初等小学的,有住过幼稚园的,有什么也没有住,乳臭未干的婴儿,总之真正高

小毕业,刚合中等科程度的有几个?这般同学,当然[不]能怪他们没有成人的思想。等他们毕了中等科的业,到高等一二年级,还是年纪很轻。就算到了成人的年岁,还脱不了孩子气。他们初进学校的目的,固然跟少爷学生不同,不过他们的行为跟少爷们一样的。他们年幼连自己本身都顾不了,还说别的吗?

　　(三)旅客式的书虫学生。有一般人本知道学校应该改良,但是出洋问题要紧。功课一急竞争的烈,每天点洋烂[烛]的工夫都不够,不用说别的。所以他们目击各种腐败的情形,也只好叹一口气道曰:"没有法子!"这种学生,也是旅客式的学生。他们是读书的旅客,同那打球、唱戏、"雅座"、售品所的旅客,不过是藏与谷底比例。

　　以下是整顿旅客式的学生底方法。

　　第一种旅客式的少爷学生可算是不可救药了。他们横竖不是来念书的。如果要住旅馆,他们有的是钱,六国饭店,比清华旅馆舒服得多呢。

　　第二种,对于旅客式的孩子学生,也没有别的办法。他们没有到上学的年纪,最好是不要来,免得他们的父母担忧。他们上学还要带听差来替他们铺床叠被,收检衣服;他们不会用功,还要请高等科的学生当他们的"指导员"。清华中等科不是幼稚园,高等科的学生,也不是来替人家管孩子的,这些幼稚园的儿童应该送到幼稚园里去。

　　第三种,旅客式的书虫学生,我们只好鼓励他们,劝他们,把读书的勇气,分一点到书本外头来。

　　第四种,在学生一方面,固然应当自己觉悟,打破这种旅客式的思想,但是学校一方面,也应当有一番整顿,使得那些旅客式的少爷、孩子们,不会混到学堂里来,并且同时解放这种玉成学生底[奴]隶性的积分制度,庶几学生不致把一切都牺牲到书券[卷]本里去了。

同日　夜,作《出版物底封面》。发表于是年五月七日《清华周刊》第一八七期。收《闻一多青少年时代诗文集》。

　　该文撰写以周刊封面改换为诱因,述对封面装帧的看法。浦薛凤《忆清华级友闻一多》:"一多与予,先后曾任《清华周刊》总编辑。予主持时,心血来潮,曾自绘紫白两色相间长条之封面。周刊经理沈镇南同学因节省时间,未将样本送予过目。刊发以后,一多认为色式两劣,大加批评,并当面向予指摘。予素知其个性,不以为忤,只谓吾清华校旗系紫白两色,用此乃是表示爱校,印刷厂所用紫色太深则有之,倘色泽浅淡,当较雅静。数周之后,予即自动改换封面,并另换新型图案。"(台湾《传记文学》,第39卷第1期,1981.7)

《出版物底封面》对那一期周刊的封面设计进行了毫不客气的批评,认为"违反图案底组织底要素","违反图案底实用基础"、"与本书内容无连属或象征的意义"、"字没有艺术底价值"、"三样色彩,太费经济,仍无益于美观"。文章主要部分是起草了一个封面设计的批评大纲:

我要批评的不只《周刊》,凡我所见的目前社会上底出版物(专指杂志之类)都在内。现在先把这个题底各方面讨论一下,作批评底背景。我没有工夫详细地说明,只得写一个大纲。

(一)出版物底封面图案底价值。

(甲)主体的。

1. 美的封面可以引买书者注意。

2. 美的封面可以使存书者因爱惜封面而加分地保存本书。

3. 美的封面可以使读者心怡气平,容易消化并吸收本书底内容。

(乙)客体的。

1. 美的封面可以辅助美育。

2. 美的封面可以传播美术。此外还有别种的直接的或间接的经济价值,不胜详述。

(二)中国出版物底封面图案底艺术不发达底原由。

(甲)艺术不精。

(乙)印刷不良。

(丙)发行者底经济不足——推源还是社会生活程度太低。假使买者能出高价买,发行者当然肯费钱印华丽的封面;横竖他们总不会亏本。

(丁)以前的书籍没有美术的封面底习惯——结果,现在的社会没有美术的封面底要求。

(三)补救底方法——这层,我只能在艺术上着手。别的方面,不是作这篇文底本旨底范围以内的。

(甲)美的封面图案底要例——图案是广义的,不专指图画底构造,连字底体裁、位置,他们底方法,同封面底面积,都是图案底全体底元素。

1. 画底要例。

A. 须合艺术底法义——如条理(Oder)、配称(Proportion)、调和(narmony)等。

B. 须与本书内容有连属的或象征的意义。

C. 不宜过于繁缛。

2. 字底要例。

A. 须清楚。

B. 总体须合艺术的法义。

C. 宜美术的书法(除篆、籀、大草外)——刻版的宋体同日本式方体字宜少用。

D. 最忌名人题签——除非他是书法名家。

E. 集碑帖可以用——不可太背 A、C 两条。

3. 面积的要例

A. 宜长方,忌正方。

恐怕还有许多要点不能尽举,只待图案的作者用他的脑经[筋]去酌定。

总而言之,图案是一个专门的艺术,不深知艺术的,不宜轻试。

四月二十五日　丄社"第七次常会,报告题目有《美底教育》、《经济思想底历史》及《姆士底学说》,讨论题目为《称呼问题》、《长姓问题》及《服制问题》"。(《清华周刊》第 186 期,1920.4.30)

先生在名字中加了"一"字,大约即在讨论称呼问题这一时期。吴泽霖《老友一多二三事》:"一多既取了单名,人们只能连名带姓一起叫他,根据那时的传统,这是对人的不恭敬,于是他决定换一双名,就同一些级友商量是否可以在'多'字前后加一个简单字。当时潘光亶和我同时与他半开玩笑地说,前面加个'一'字,不是再简单不过了! 他一听,立刻跳起来说,'好,一多既好写,又易记,以后就叫我一多好了!'可是教务处不让改,因为学生名册已上报教育部。但他并不灰心,总是说,坚持就会胜利。每逢外国教员或新教员上课点名时,他总是说,多字前面还有一个'一'字,试卷上他总是写闻一多。每逢发榜或布告有他名字时,只要有可能,他总是设法去添上'一'字,墙报上他所发表的文字、白话诗或插图都署名'一多'。日久以后,人们也就把闻多这个旧名逐渐忘记了。快到毕业年头,学校终于正式承认了他的新名,在证书和同学录上所印的是闻一多而不再是闻多了"。(《闻一多纪念文集》,第 162 页) 约在这时,潘光亶亦改名为潘光旦。

五月十二日　作新诗《朝日》、《雪片》(译 Mary mapes Dooge 诗)。均编入《真我集》。

五月十四日　作新诗《率真》、《忠告》。均编入《真我集》。

五月十五日　作新诗《一个小囚犯》。编入《真我集》。这首诗仿佛是先生小时候的经历和感想。说某年四月在外边玩耍,跌了一跤,弄了一身泥污,结果被母亲关在家里不让出门。一关两个月,竟关出病来,于是又得饱尝药味。诗中描写一个孩子要冲破幽禁,渴望到大自然天地中呼吸新鲜空气的心声。

五月十七日 作新诗《伤心》、《志愿》(译 Wishes by Besworth Crocker 诗)。编入《真我集》。

五月二十二日 作新诗《黄昏》。编入《真我集》。后发表于十月二十二日《清华周刊》第一九五期时,有较大改动。收入《红烛》时又有修改。

是月 ⊥社讨论"暑假里做些什么"。(《清华周刊》第 189 期,1920.5.21)

是月 约这时,有致闻家驷信,现存前半函。收《闻一多书信选集》。说:"写信很可以用白话,并且告诉我你求学的心得。白话文现在已经通行了。"又鼓励闻家驷投考清华中等科二年级,并将应试的功课都开了出来。

六月 暑假。返武昌,换乘小火轮至巴河,回望天湖畔老家。

七月一日 作新诗《晚霁见月》、《所见》,又译韩愈古诗《南山诗》为新诗。均编入《真我集》。

七月十三日 作新诗《西岸》,发表于九月二十四日《清华周刊》第一九一期。收《红烛》。这是先生生平发表的第一首新诗。

是年暑假 新诗集《真我集》大概编于此时(集中没有此后所作之诗),共收十五首。另有一首已编入后又被删去的《一句话也不讲》,后来亦未再发表,特录如下:

太阳辛苦了一天,才赚得一个平安的黄昏。

喜得满脸通红,一直的向山洼里狂奔。

这时候窗子外边笑语歌呼的声浪,

一阵阵的往窗子里边淌。

但是窗子里边坐着我们两个人,一句话也不讲。

因为我们喝醉了彼此的秋水一样的目光,

所以就知道低着头微笑,一句话也不讲。

一本远古的诗集放在桌子上。

有时两双眼睛都对着这本书上看。

但是我们总是一句话也不讲。

呵!莫非是因为我们的思想,我们的志趣,我们的怀抱,

都已经被这位诗人替我们讲过了吗?

假期中,⊥社成员采用通信方法讨论"本社进行底改良、隔词法、伦理主义和基督教等等"。(《⊥社》,《清华周刊本校十周年纪念号》,1921.4.28)

九月上旬 暑后开学,先生升入高等科四年级,这是清华旧制的最高年级,毕业后即可放洋。升入这年级的同学,都搬到一所设备齐全的宿舍,为的是让同学们体会一下国外的生活。浦薛凤《忆清华级友闻一多》:"将届毕业之一学年,予与一

多同住高等科楼上宿舍一大房间。高等科一二三三个年级同学,均由学校分配,住入前后排列之中式宿舍,正中有长廊贯通,无数房间则在长廊左右胡同之内。惟行将毕业之高四级,则可移住西式建筑之高等科入门右边楼上与楼下。每一房间装置暖气设备,一到冬季,户外尽可北风怒号,积雪冰冻,而室内则仍和暖如阳春。此外,另有西式浴室与抽水马子。寝室之中,每人使用大书桌、小书架各一。窗户宽大而光线充足。一多与予共住长方形之最大一间,各自觉得享受。"(台湾《传记文学》,第39卷第1期,1981.7)

开学后,仍任《清华学报》中文编辑。暑假前,《清华学报》已决定改编辑制为集稿员制,在集稿员未选举出之前,由先生与罗隆基、何浩若、潘光里、吴景超五人负责集稿,并已着手集稿。暑假中,他们又进行了许多联系。但是,开学后竟然没收到一篇稿子,这让先生等很是不满,吴景超甚至还主张取消《清华学报》。吴景超在一篇文章中说:"在《学报》新集稿员未举出之前,集稿的责任是同我五人担任。我们在暑假之前,就着手集稿。我们对同学说,你们的稿子,不问是那一门,那一类,交换智识的稿子也好,发扬学术的稿子也好,我们都很欢迎。罗君隆基对于集稿这件事尤其热心,他在暑假期内,写了好些封信,问同学要稿子。开学以后,我们以为这次《学报》一定不怕稿子少了。那知道出条告收集,没有一个人投稿子来。我们当时真是急的了不得。恰好开学以后,不多天,评议部就提议举新集稿员,我们得到这个消息,真是如释重负。我因为感受那种困难,所以才主张取消《学报》。潘光亶君是局内人,所以也与我同样的主张。"吴景超还说:"许多人以为别的学校里,杂志那么多。我们学校里的杂志,以前有《年报》、《学报》、《周刊》、《白话报》,《年报》去年取消了,现在又有人主张取消《学报》,这个实在是清华学校退步的征象。我的意思,不以为然。在一九三期里,我说同学由高谈放论而搁笔,实在是好现象。现在我把这个意思,再说得透彻一点。同学凡想到《清华学报》的,一定要联想到北大的《新潮》,以为《新潮》是学生办的,《清华学报》也是学生办的,我们为什么就比不上他。大家都存了这种心理,所以总想要拿《清华学报》去与《新潮》比赛,一定不肯把《清华学报》牺牲了。我现在大胆说句话,就是《清华学报》要想学《新潮》,不是难事,像《新潮》里那种文章,清华学生未尝做不出。但是我们所以不做的缘故,最要紧的因为不经济。《新潮》里那种文章,作者不知道费了许多心力,他们因为作文章,常有牺牲读书的事。诸位想一下,我们在青年的时代,分阴寸金,何必去干这种事体呢?《新潮》里的傅君斯年是最能作文章的一个人,他受的损失也最大,所以他在《新潮》一卷三号里说:'我们现在却有件极危险的事,到了头上,就是因为办杂志,害了求学,作文章减了读书。二十几几的人,每每被这种情形所误。'别人办杂志,已经在那儿叫苦,我们何必学呢。不知相差多少呢!"(吴景超《再论清华学报应否取消并答张忠绂君》,《清华周刊》第 197 期,1920.11.5)这些话,不仅是吴景超的个人感触,先生也有同感。

九月十一日　作新诗《印象》,发表于十月二十二日《清华周刊》第一九五期。收《红烛》。

九月十八日　美术社选举先生为书记。时,美术社取消社长,由书记负总的责任。

开学以来,美术社活动十分活跃,《清华周刊》报道:"美术社自开学以来,开过三次会,讨论改良底计划。闻其结果,关于宗旨,则除实习、研究外,加了宣传美术一条;关于职员,则废除社长,留书记、会计兼干事,及'斯条提欧'Studio 管理各一人;关于经费则减为五角。该社又拟对内方面,注重互助的精神,对外注重服务的精神,如演讲、游览等,一律公开,及择优公布,学理底研究底结果,等等计划,均期以美术的知识灌输于同学,以引起其美术的兴趣。该社新旧社员共达五十余人,上星期六选举结果,书记闻多,会计兼干事吴泽霖,'斯条提欧'管理杨廷宝。会后举行第一次常课,为户外写生,到者三十余人。"(《清华周刊》第 191 期,1920.9.24)

十月一日　《征求艺术专门的同业者底呼声》、《清华底出版物与言论家》发表于《清华周刊》第一九二期。均收入《闻一多青少年时代诗文集》。

《征求艺术专门的同业者底呼声》第一次公开署"闻一多"之名。文章反映了先生早期的艺术观,它针对同学中正在讨论不止的两个问题,开卷即道明:"艺术确是改造社会底急务,艺术能替个人底生计保险。"文章也是围绕这两个问题分别论述的,末尾说:

　　现在把全篇的大意综括起来,申述一遍。艺术、科学本当并重,当今中国,科学已有萌蘖了,艺术却毫无消息。艺术的人才既是有限,有艺术的天能的自当急起负责。他们还当拿全副精神,专攻艺术。因为我们希望于他们一种新艺术的实现,这种事业决不是一知半解的艺术家所能胜任的。讲到以艺术专门为职业,我们总喜欢牵涉到生计问题,但这是一个大错。如果我们都认官僚富豪的生活为最理想的生活,当然瞧不起艺术。但是生计若专指人生的需要品——衣、食、住——加以寻常的繁华品同相当的贮蓄,艺术准能供给。况且讲到组成社会的集合的实力同个性的发展,一切的职业,就同时是我们的义务与权利,存了这个观念,恐怕也想不到什么生计问题了。

　　现在应讲的话都完了,我再学只踞皋的雄鸡,引嗓高呼一声:
　　有艺术天能的朋友们,快起来呀!

《清华底出版物与言论家》一方面批评清华的出版物不够发达；另一方面指出这种状况是由于"一般言论家都巧避著作，争趋口论"。先生称这种人为"搁笔派"。吴景超亦有同感，他在《再论〈清华学报〉应否取消并答张忠绂君》中说："在学报新集稿员未举出之前，集稿的责任，是罗隆基、何浩若、闻一多、潘光旦同我五人担任。我们在暑假以前，就着手集稿。我们对同学说，你们的稿子，不问是那一门，那一类，交换智识的稿子也好，发扬学术的稿子也好，我们都很欢迎。罗君隆基对于集稿这件事尤其热心，他在暑假期内，写了好些封信，问同学要稿子。开学以后，我们以为这次学报一定不怕稿子少了。那知道出条告收集，没有一个人投稿子来的。我们当时真是急的了得。恰好开学以后，不多天，评议部就提议举新集稿员，我们得到这个消息，真是如释重负。我因为感受那种困难，所以才主张取消学报。潘光旦是局内人，所以也与我同样的主张。"（《清华周刊》第197期，1920.11.5）

《清华底出版物与言论家》文字尖锐，也是一篇出色的杂文，兹录如下：

清华的出版改良，自从在"去张"运动底风潮里酝酿成熟了，后来便七节八枝，荆天棘地，急进的既灰了心，守旧的也瘪了气，于是风波陡落，一告[觉]瞌睡睡到今年四月，《周刊》才醒起来了。《学报》底纠葛更深，到暑假前才有集稿部底会议同宣言，也算他睁开眼皮，打了一口呵欠。但就那七期周刊底成绩论，我们的出版界敢吹"改良"两字吗？改良就是换上几句白话文，插进几个新标点吗？《周刊》如此，《学报》可知。唉！清华底出版物！清华底言论家！

但这是集稿员底过吗？——集稿员也不能尽辞其咎——不过最大的罪名，应加在全体同学里那一部分负有言论底特殊责任的身上。怎样讲呢？我们既采了集稿制，供给言论底泉源就在集稿部外——在全体同学里。但根据分工论，一校内人人应各依他的本能底特长，在各种课外作业里，择负一种责任；言论就是这许多责任中间底一种。（这里负责是对于学校的，不是个人的；"挖"是个人的责任，有人当他对于学校的责任，自然变了分数底奴隶。）不是说言论家以外，就没有别人可以发表言论，他们在执行他们的职务底余暇，也应该时时告些奋勇，大大方方地讲几句话。

言论同社会底关系是怎样呢？人人底脑筋都有受对象底载刺而起冲动底本能，环境里有这个缺点，我们的脑海里才起这种"不快感"；有这种感觉，影响到理性底活动，才有这种理想；有这种理想，才发为这种言论，口头的或笔著的。所以每篇言论，在环境里，必有个确定的根据；环境不需要这种言论，这篇言论就无从产出；人人不肯发表这篇言论，这个需要，就永远不能补足。言论里所包含的解决问题底方法,不一定都同环境底需要,针锋相对,但社会自有裁判力,决不致盲从,所以取舍言论,是社会底事,联续地接济社会取舍底材料,是言论家底事。

言论家当然包括两种,口头的同著作的。出版物所欢迎的,是著作的言论家,其余一种,有与没有,跟他毫无关系。清华出版物不能发达,只因一般言论家都巧避著作,争趋口论底一条道上。记者不知道别人,却愿将我个人现在所以渐趋这"搁笔派"底原因照直供来,做大家讨论底资料,藉以志我的罪。

自己缺少心性底修养,失了批评家底地盘,见了别人底行为,本能辨得黑白分明,只不敢提起笔写。关于学术问题底讨论,自己的脑筋干枯,读书还读不及,哪有工夫著作呢?而且稍稍一开书本,更像河伯到了海洋似的,哪里还有胆量去著作呢?再加平日专喜冷讥热嘲地批评别人,所以每到提起笔来,就仿佛看见那里森森地排着无数的韩□仇的笔锋,等着这张纸一出世,便一齐射来似的。于是慑得"风声鹤唳,草木皆兵",甚至有一篇稿子写完了,终久不敢塞到投稿箱里去。这种由懦弱产出的滑头政策为个人计,未尝不是上策;殊不知言论是为社会的,哪能带着一点主观的滋味?纵他惹起社会底反击,那更应是我们无任欢迎的了。

像我这样不才,原不足轻重。还有一般品学远出我上的朋友们,老手的言论家,现在既流入"搁笔派"了,新进的,天天喊道:"研究!批评!改造!奋斗!"但查查他们所发表的言论,也是比凤毛麟角还稀奇些呢。我希望他们都有他们的充分的理由,足以塞同学底口实,我不希望,却又害怕他们同我患了一样的"怯弱症"。唉!鼓吹出版改良,不是我们这般朋友吗?到了实行改良底时候,一个个却都"噤若寒蝉"呢!周君念诚在他的《投稿用别名是不负责》里骂道:"所以卑怯的作者更是狡猾,更是盗窃,我无以名之,名之曰蟊贼。"我说用别名,"隐在雾里放暗箭",总算是有责任心的呵!一张白嘴,说得天花乱坠,嘴唇一关,都化为乌有了,谁还能代他负责呢?大家抱着"搁笔"主义,比抵制仇货还狠心些,可怜那两家铺子,再不关门,才怪呢!

但是诸君不要误会,以为我把口头的言论家,当作一文不值。其实,是言论,我都尊敬,不过对于著作的言论家,比清谈的言论家还要十倍地尊敬。须知更有"三缄其口"的金人,那才真是社会底蟊贼。中国人最卑劣的表德,就是"顾面子","不好意思"。多多批评,多多发表言论,正是打破这种恶习,练习公开的精神底妙法。你骂完了我,我又骂你,两人都受了"闻过"底益。梁山泊底弟兄,不打不亲热。世界上哪有公开底快乐?

　　朋友们总说我们那里想的清华出版物底实现，是不可能的。试问我们可曾奋斗到最末的一分钟？现在正当一个学年底新纪元，上半年还只一家《周刊》，现在《学报》也快开张了，零售趸批，家家缺货。我谨将这两句话送给言论界底同行们，做首座右铭，并祝两家出版物底生意兴隆：

　　"小心些做文章！大胆些发表文章！"

　　此文在同学中引起不小反响。次期《清华周刊》刊登吴景超《我对于清华出版物的意见》，说看了先生的文章，"很有点感触"，它"把我们学校里的出版物情形，可谓形容尽致了"。潘光旦在《校事杂评·学报》中说："胡适之先生说过，我们大家忙着的，并不是新文化运动是新名词运动，我想大家承认他这种话是有见地的。这样，在出学报以前，大家不妨斟酌斟酌我们的言论里到底有多少可提高文化的材料，我们能不能逃出胡先生的断语。上星期一多君作了一篇《清华底出版物与言论家》，很责备同学底缄默，便是我们脑子里没有多少可以提高文化的材料底明白表示，那是责备不出来的。"

　　开学以来，⊥社活动也很活跃。"召集过三次会。第一次是讨论本期该社怎样进行，并社友个人本年计划。第二次是讨论隔词法等四问题。前礼拜开第三次会，讨论家庭改革和儿童教育二问题"。(《清华周刊》第192期，1920.10.1)

　　十月八日　诗《时间底教训》发表于《清华周刊》第一九三期。收《红烛》。

　　十月十日　国庆节。这年的国庆典礼第一次由清华学生会主办。先生写了《对于双十祝典的感想》，发表于二十二日《清华周刊》第一九五期，收《闻一多青少年时代诗文集》。文章主题有二：一为"以节期证明美育的实力"，一为论述"清华艺术的破产"。

　　是月上旬　清华学校选举本学年《清华周刊》集稿员，先生等十八人当选。集稿员分六组，先生与浦薛凤、费培杰为第二组。(据《清华周刊》第194期，1920.10.15)十一月初，集稿员分工，先生负责联系美术社、唱歌团、⊥社，并做新闻访查。(据《清华周刊》第197期，1920.11.5)

　　十月十五日　美术社是月八日至十日国庆节假期内曾组织户外写生团，在学校附近写生。(据《清华周刊》第194期，1920.10.15)是日又举行演讲会，请北京美术学校吴新吾先生演讲。此时美术社"已达六十人，现分三班，星期五下午一班，星期六上午两班，"(《清华周刊》第195期，1920.10.22)活动很频繁。①

---

　　①　据1921年出版《清华年刊》所载美术社成员合影照片，该社有：张治中、张光、张咏、张永镇、冀朝鼎、周传瑞、黄人杰、黄懋礼、黄佳俊、何鸿烈、高仕镇、过元熙、梁思成、罗家选、马杰、沈宗濂、史国刚、孙成玙、戴照然、汤家宝、谭广德、唐亮、邓健飞、曾骏全、闻亦传、闻多、吴幹。还有些人未参加合影。

十月二十三日 ⊥社"开第四次常会。这次的读书报告有两篇:《信仰与信仰底应该》及《俄国底研究》。该社于前次常会时曾决定研究电影问题,本次又将全题分为十三项:'清华底电影'、'中国底电影'、'欧美底电影'、'教育中之电影'、'艺术中之电影'、'电影与道德及电影底审查'、'电影与卫生'、'科学中之电影'、'宣传事业底电影'、'实业中之电影及电影底实业'、'电影底历史'、'电影在清华底势力'及'改良清华电影底计划'。每人担任两项(除末尾一项),分途研究,或参考书报,或实地调查,于每星期常会时报告一次。至于原有的读书报告则暂时停止"。(《清华周刊》第 196 期,1920.10.29)

关于电影问题,起初研究的范围较广,但很快便集中到对清华电影的改革上来了。

十一月十一日 清华学校改办大学之议再起,个别同学已填写了入大学志愿书。高等科同学对改办大学后旧生是否仍可出洋颇为关心,辛酉级因次年即将放洋,利益更加尤关,曾率先往见校长及谒董事会会长,但未得到明确答复。是日,校长金邦正向辛酉级全体同学发表谈话,表示:"一、清华往年派赴美国之学生,习文科者大半可入大学三四年级,习实科者大半入一二年级。本校学生似偏重文科,以后实科方面应加高程度。二、大学是否即将办成,现时尚不能说定,故已签志愿书入大学之学生,究应如何处理,尚谈不到。三、签入大学志愿书者,毕业后如体育及格,并无他项意外之事发生,当均派赴留学。"学生会闻董事会不日即将开会讨论此事,故于会前去函询问四事:"究否办大学?如办大学,又从何年起?办大学与未填愿入大学志愿书之学生有何关系?办大学后,旧学生出洋及格即送抑改为选送?"此函去后,学生会评议部推举何浩若、蔡公椿、翟桓、沈本强、杨世恩、徐致璋、曾远荣组一委员会,专司与校方交涉,各级亦委派委员参加,辛酉级派出先生与沈有乾、张杰民、浦薛凤、罗隆基、何浩若、熊祖同、钱宗堡、聂鸿逵、薛祖康十人参加该委员会。(据《出洋问题上星期内学生方面之消息》,《清华周刊》第 199 期,1920.11.19)

其后,学校决定新制旧制以轨进行,对按旧章入学的同学并无影响。《清华周刊》报道:"本校改办大学计划,现定中等科三年,高等科三年,大学二年,修业年限共八年。中等科二年级还是留着,高等科四年级改为大学第一个,增加大学二年级一年。此计定一九二一年暑假后实行。改办大学与出洋是没有关系的,大学毕业后,留学年限并不减少,仍旧五年。此计与未签志愿书学生不生关系,暑假后开办大学,由高四已签入大学志愿之六人起,其余仍旧照章派留学,以后也是如此。大学课程,虽至屡次开会,但尚未决定。"(《校闻·本校暑假后添设大学班》,《清华周刊》第 208 期,1921.1.21)后又报道:"悉校中已定设大学一年级,该级课目,亦已定妥,大致分文、实二科。文科有政治学科、社会学科、经济学科、银行学科等；实科有医学预备科、农林科及工程科。下学年高四即为大学一年，而今年在高四之六位新生则为大学二年。至大学二年之课程，目下尚未定云。"(《教务处纪事》，《清华周刊》第 211 期，1921.3.11)

十一月十二日　《黄纸条告》发表于《清华周刊》第一九八期。收《闻一多青少年时代诗文集》。

所谓"黄纸条告"是清华电影的广告，当时学校放映的电影被诲淫诲盗的内容充斥，先生等人看不惯，撰文进行批评。这期周刊还发表了周先庚的《改良清华电影的发端》。

清华学校是一九一六年开始放映电影的。那年春天，学校为教学买了一台电影放映机，但一直使用的机会，一位教物理的美国教授提议向北京影片公司租片放映，这件事曾经过同学签名赞同，并得到时任校长的周寄梅同意。起初，放映没有定期，后来改为两星期一次，一九一九年下学期起，改为每星期一次，时间均在星期六晚上，几乎没有间断。租选影片一事，初由庶务处林玉棠先生经管，后改陈长桐负责，一九一九年陈长桐毕业赴美后，先生同级同学董大西接管了这项工作。最初播放的影片，多是有价值的教育片，但渐渐就连续放映侦察、滑稽的多集影片了，有的甚至要放映八、九个星期。"而这种片子，又最动人，多看几次，立刻中迷，二次、三次就有不得不看之势，于看者的金钱、时间上发生很大的妨碍。并且这种片子，多半是讲巨奸大蠹，使人看了，生出一种谬讹的观念——以为外国的社会，比中国还要坏。此外因为刺激太甚，好奇心油然而生，因此就模仿起来了。"(聪强《清华电影之过去与现在》，《清华周刊》第 202 期，1920.12.10)

关于此事起因，潘光旦在《清华初期的学生生活》中，对当时的情况也有记述："几个河南同学，是一家的兄弟叔侄，不知通过什么方式与条件，一面从城里搞到了片子，一面取得了学校的同意，借用当时的礼堂，即后来称为'同方部'的那座建筑，作为演出的场所，居然一周一次地开业放映起来。可奇怪的是，学校并没有招商承办，而平白地多了这一行私营企业。这家弟兄叔侄无疑地掌握着这企业的全部权利，接洽片子，张贴广告，卖票收票，真是经营奔走，不遗余力。放映的又是什么片子呢？美国片子是不消说得的了。美国的哪一类片子呢？如今虽事隔四十年，大家还留着极深刻的印象的一例是一系列称为《黑衣盗》(*The Hooded Terror*)的片子，一续、再续……十几续，前后不知演了多少场，每场总是满座。这片子的内容，顾名思义，便知非奸即盗，充满着极不健康的刺激与诱惑。但学校始终不管，教师们，即在一个教数学的美国教师的儿子按照这张影片所传授的手法开始盗窃行为之后,也还不管。最后,我们一个爱管闲事的小团体,其中包括闻一多先生,终于忍不住的出头管了一下。我们利用《清华周刊》和其它方法,一面主张非带有教育意义的影片不得上演,一面发动同学对诲淫诲盗的今天所称的黄色片子,共同抵制,来逼使这一家学生商人不得不改换另一路质量的片子。小小的运动算是成功了。"

(《文史资料选辑》第31辑,第92至93页)

《黄纸条告》的批评方法也很特别,用不同人的口气,不同角度的认识来体现不健康的电影对不同人的影响,但主旨让人一读就明白:

> 万头攒动,接踵摩肩,挤在礼堂的赭色门前,好像庙会时候护国寺的香客们朝见佛爷似的;他们的馨香顶祝的热诚,即表现于那波涛澎湃的声潮里。"好极了!陡[抖]起来了!这个星期有好片子看了!"过路的人碰着这一团"触手可炙"的热气,他们的神经也被溶化了,他们的身体不觉流入这人群里,越流越多,赭色门前的大道竟遭人涛泛滥,断绝交通了,于是站岗的听差未免小起恐慌。

> 什么神通广大的魔力竟能绊住许多视线,捣烂许多神经?

> 一张方不满尺的鹅黄纸上,斜撑着几条黄子[纸]久皱的赤痕。这算是什么东西的图形?是锻铁的锤子?哪里?你瞧那鲜血淋漓;便知道是一把杀人的斧子。都错了,不是什么希奇的玩意儿,是你我都有的那只手——你我当工匠最宝贵的工具。

> 慢着,你我的手是这样的么?你瞧那里大书特书着三个日本式的隶体字:"毒手盗"。"毒",你我的手肯受这个头衔么?你我的手肯替"盗"当经理么?不!他是你我当工匠最宝贵的工具。

> 但是我们的手拒绝罪恶,我们的眼却欢迎他,眼把罪恶的图形进贡到脑宫里去,又使天心大悦,立刻喉、舌、唇收到圣旨、奏了这阕颂歌:"好极了!好片子呀!……"

> 好片子?怎样好法?《黑衣盗》、《毒手盗》,好盗,可敬可爱的盗,"飞弹走肉",杀人如同打鸟!

> 好片子,多谢你输入无量的新财宝到我们智囊里来了。若不是你的鸿赐,这些财宝,我们除非攒进地狱,哪能找得这样齐备?我们整星期囚在这"水木清华"的但是平淡的世界里,多亏你常常饷以"五花十色,光怪陆离"的地狱的风光,我们的眼福不小。

不过我很怀疑假若你熟悉天堂的路,要领我们去那里游览,我们会不会一样的兴高采烈。

有人说不会。淫暴是我们兽族的鼻祖。遗风余韵,我们置身于古物陈列所里,谁不顾盼低徊,为之神往? 所以喜入地狱是人情。但天堂是个新地方,我们没有去惯。

我说却不尽然。我引卜郎林(Browning)一句诗来申释我的意思。

Ao, but a man's reach should exceed his grasp. Or what's a heaven for?

《清华周刊》第二〇〇期刊登署名"果"的《电影话》,赞扬先生的立场,说:"一多君一篇,大意我极表同意。(不过刻薄个人的地方,我不敢赞一辞。)这种盗贼长片的电影,实是无味。"这期还刊登了择片人董大酉的《电影问题》,对选择放映影片的原因做了表白和解释。不久,董大酉辞去择片工作。

十一月十三日　美术社举行"第一次幻灯演讲会,演讲者为本校教员司达女士,讲题为西洋建筑,到会者三十余人"。(《清华周刊》第 199 期,1920.11.19)

十一月二十二日　出席清华十周年纪念筹备委员会会议。一九二一年为清华成立十周年,为组织有关纪念活动,学校成立筹备委员会,委员均由校长金邦正指定。该委员会初仅有教员,后增加学生委员,先生与吴泽霖、刘聪强、蔡公椿、罗隆基五人经清华学生会干事会推定,被校方指定为学生会方面筹备十周年纪念会专门委员。《十周年纪念之筹备》云:"本校将于一九二一年举行十周年纪念,并经校长派定委员,力事筹备一切,已详前刊。兹闻该委员会又于二十二日晚八时开第二次讨论会,筹商一切办法。当时由赵副校长主席,余日宣先生记录。其暂定会序如下:纪念会决定于四月二十八日、二十九日、三十日分三日举行。第一日(二十八日)为校中俱乐日,下午二时举行十周年纪念正式会式。二时至三时半举行庚申级'日晷落成式'。三时半以后本校学生与清华同学会比赛运动。五时至六时本校同学及教职员与清华回国生茶叙。七时至九时,回国清华同学宴会。九时以后音乐会及花爆待俱乐。第二日(二十九日)上午为成绩展览会,下午二时后为新视觉开幕礼,及童子军兵操、拳术等操演。夜间有英文剧。是日会序稍近巩性质,以便外人及留心本校西文者考察。第三日上午仍为成绩展览,下午二时起有本校体育方面各种演试,及社会服务部之展览。五时以后,有化装游行。夜间复有中文新剧,以助余兴。此外又欲筹备十周年纪念册,及《清华周刊》增刊各一本,并闻委员会中各人已他门担任,立即进行云。又委员中除上次派定之人数外,已添派梅贻琦、王赓二先生加入。学生方面,前系由校中指派学生会评议、干事两部正主席,加入委员会协助一切。后因学生会职员,系半年一任,而十周年纪念委员会之职,须至明年五月方可完毕,中途更易新手,于筹备进行诸多不便。故"经学生会方面评议、干事两部议决,另组专门委员会加入协助,闻结果,已由干事主任会推定吴泽霖、闻多、刘聪强、蔡公椿、罗隆基五人为学生会方面筹备十周年纪念会专门委员,并已由校长加行委派该五人等加入本校委员会"。(《十周年纪念之筹备》,《清华周刊》第200期,1920.11.26)

十一月二十七日 担任清华十周年纪念筹备委员会国剧委员负责人之一,专司编剧事。《十周年纪念筹备演戏底近闻》云:"十周年纪念筹备委员会所拟会序中有排演中英文戏一节","兹闻校长处已派本校国剧及英剧常期委员会,会同闻多、蔡公椿、翟桓(国剧)、吴泽霖、熊祖同、时昭瀛(英剧)六人分途进行。国剧委员会已于上星期六开会决定暂分编辑同庶务两部,并举闻多司编辑,蔡公椿、翟桓司庶务"。(《十周年纪念筹备演戏底近闻》,《清华周刊》第201期,1920.12.3)

十二月一日 上星期先生与浦薛凤、梁思成"曾发起一研究文学、音乐及各种具形艺术底团体",起名"美司斯"(The Muses)。是晚,"会友十四人集会,选杨廷宝、方来、梁思成、浦薛凤、闻一多五人为章程起草委员"。(《研究艺术的新团体出现》,《清华周刊》第201期,1920.12.3)浦薛凤《忆清华级友闻一多》:"入高等科后,一多与本人几度研商,决定组织一个文艺团体,定名'美思丝',音义各半,盖本于希腊神话中所谓司理文学和艺术之九位女神(The Nine Muses)。参加之社友,计有吴泽霖、方来、杨廷宝、董大西、梁实秋、梁思成、黄自等二十人左右。"(台湾《传记文学》第39卷第1期,1981.7)美司斯有五人委员会,"干事梁思成、徐宗涑,书记闻一多,会计浦薛凤,会所管理王绳祖"。(《美司斯》,《清华周刊本校十周年纪念号》,1921.4.28)《美司斯宣言》云:

我们深信人类底进化是由物质至于精神,即由量进于质的。生命底量至多不过百年,他的质却可以无限度地往高深醇美底境域发展。生命底艺化便是生命达到高深醇美底鹄的底唯一方法。

我们深信社会底生命这样僵枯,他的精神这样困倦,不是科学不发达实在是艺术不发达底结果,所以断定我们若要求绝对的生活底满足,非乞援于艺术不可。

我们又深信艺术底研究包括高超的精神底修养,精深的学理底考究,同苦励的技能底练习。前两样是艺术底灵魂,后一样是他的形体。有形体,无灵魂,当然不能成为艺术。

我们因此觉悟了我们——向往各种练习艺术的组织里,学习一点音乐、图画或文学的技能,那决不能算研究艺术。那样研究的艺术只可以作投时髦、供消遣、饰风流底用；那样研究艺术的确乎是社会底赘疣，生活的蟊贼。

我们既觉悟了从前的谬误，决定从今以后要于艺术底原理加以精细的剖析，于他的精神加以深邃的体会，使一面我们的技能得着正确的南针，一面我们的生命被着醇美的陶化。

质言之，我们既相信艺术能够抬高、加深、养醇、变美我们的生命底质料，我们就要实行探搜"此中三昧"，并用我们自己的生命作试验品。

我们更希望同学们都觉得他们的生命底僵枯、精神底困倦，也各各试向艺术讨点慰藉同快乐，我们敢保他们不致失望。我们并且极愿尽我们的绵力帮助他们。

我们还要申明，"美司斯"同现在校中各练习艺术的组织（如美术社、铜乐队、唱歌团、国声社等）没有冲突。我们研究，他们练习，实在彼此有"唇亡齿寒"底关系。(《清华周刊》第202期，1920.12.10)

十二月四日　　参与发起"清华演讲记录团"。《清华周刊·校闻》报道："本校近来名人演讲，日见增加，同学听讲者，亦十分热心，惟记录一节，颇乏统系，实为憾事。现已由闻一多、罗隆基二君邀集吴景超、周念诚、王造时、时昭瀛、谢文炳、梁思成、翟桓、何浩若、陈石孚、周兹绪诸君发起一种团体，专司此事，并已于上星期六晚开会讨论一切，其大概情形如下：1. 该组织暂定名为清华演讲记录团。2. 团中事务分记录、研究、刊行三项。3. 凡有发起人中五人的介绍，清华同学均可以加入为团员。4. 记录事分班任事，分班法以学科为主体，而后各就语言之所长者分司记录。又该团议决，将来所有刊行演讲录的经费，均需要求校中设法帮助云。"(《清华周刊》第202期，1920.12.10)

十二月十日　　《电影是不是艺术》写定。发表于是月十七日《清华周刊》第二〇三期，收《闻一多青少年时代诗文集》。

文章认为电影不是艺术，因为它"永久脱离不了机械底管辖"；营业的目的"只有求利底欲望，哪能顾到什么理想？"；"结构的非艺术"。但是先生也认为"电影底存在是以教育的资格存在，电影底发展是在教育底范围里发展。教育一日不灭亡，即电影一日不灭亡"。

其实，先生的指责是基于清华滥放影片的义愤，后来到美国看过几场艺术性较高的影片，认识也有所改变。一九二二年八月十四日致吴景超等友信中说："何以机械与艺术两个绝不相容的东西能够同时发达到这种地步呢？我们东方人这几千年来机械没有弄好，艺术也没有弄好，我们的精力到底花到那里去了呢？啊！这里便是东西文明的分别了。西方的生活是以他的制造算的；东方的生活是以生活自身算的。西方人以 accomplishment 为人生之成功,东方人以和平安舒之生活为人生之成功,所以西方文明是物质的,东方的则是精神的。"(《闻一多书信选集》,第 45 页)

时,⊥社关于电影问题的研究成果陆续发表于《清华周刊》。载入第二○一期的有刘聪强《电影之由来》、孔繁祁《电影事业》、闻亦传《世界各国电影底情形》。第二○二期有潘光旦《电影与道德》、《电影与视觉》、吴泽霖《电影与教育》、孔繁祁《电影与宣传》、刘聪强《清华电影之过去与现在》。第二○三期有潘光旦《清华电影和今后的娱乐》。

"又,该社因社友所研究问题渐趋专门,所作报告颇乏共同兴趣,特于进行方法稍加变动。除旧有的问题讨论外,加有常识报告,及社友底近状报告。至读书报告则改为大纲式的读书录,每月交一次"。(《清华周刊》第 201 期,1920.12.3)

同日 "美司斯"召开成立大会,梁启超、陈师曾、吴新吾、江少鹣、刘雅农到会。《美司斯成立会》报道:"会序中有梁任公先生及中国当代美术名家陈师曾、吴新吾、江少鹣、刘雅农四先生之演讲。陈先生讲题为《中国画是进步的》、吴先生《法国绘画小史》、江先生《画学之评论与作品》、刘先生《艺术与个性之关系》,梁先生略讲《中国古代真善美之理论》,皆历陈名说,推阐致尽。宾主畅谈,佐以铜乐,历时一时之久,尽欢而散。"(《清华周刊》203 期,1920.12.17)

十二月十一日 美司斯"开第一次研究会,讨论研究会进行方法。当时决定分音乐、绘画(包括雕塑、建筑)、文学、美学四门,每星期开研究会一次,每次有三人,由四门中各择一门,负责参考书籍,陈列论证,以为全体讨论之导线。"(《美司斯成立会》,《清华周刊》第 203 期,1920.12.17)

同日 ⊥社"举行常会,报告底题目有《植物底分类》、《宗教的派别》同《国际条约考略》"。(《清华周刊》第 203 期,1920.12.17)

同日 晚,出席高四级全体会议,"讨论该级请顾问事,并已通过马伦、梅贻琦、狄码、麦克劳氏、司美施五先生为该级顾问。又,该级友以马伦先生教授历史,过于严厉,已组织委员会,预备上请愿书于马先生,请其稍变方针。"(《校闻》,《清华周刊》第 203 期,1920.12.17)

一九二一年 二十三岁

一月,郑振铎、沈雁冰、叶圣陶、周作人等在北京成立提倡现实主义的文学研究会。六月,郭沫若、成仿吾、郁达夫等在日本成立注重主观抒情色彩和浪漫主义倾向的"创造社"。

五月五日,孙中山就任中华民国非常大总统。

七月,中国共产党第一次全国代表大会在上海召开,中国共产党成立。

一月六日 清华同学参加赴灾区救灾工作,吴泽霖、王际真、王世圻、罗隆基四人赴德州。是日,在山东德州地区的吴泽霖写信给先生与刘聪强、潘光旦、孔繁祁、闻亦传、梅贻宝等上社社友,叙述沿途情况和德州红十字会组织等情况,及个人此行感想。信云:"我本来定星期二动身,后来王世圻从北京回来说当日就要去,所以我就不能和你们话别。现在,我略略地把一路的情形,告诉你们一下。我们星期一晚上在中西旅馆,第二天早晨四点半就起来,六点钟在前门开车,下午四半到德州。照例一切路费及路上用费,都可以向红十字会开支,我们这次领到了头等免票四张,因为票子不够,所以 Bavcr 又给了我们大洋二十元,教我们买二张二等车票,不够的钱到德州补领。后来我们想要是我们替红十字会多省几块钱,就可以多救活几条命,所以我们就买了二张三等票。查余的人对我们非常恭敬(他们以为我们是那一部底大员),所以我们买三等奈的二个人,也坐到头等车上,一直到了德州。该处红十字会已经知道清华有人去,星期二就派人往车站接我们,可是没有接着。第二天我们真到的时候,他们没有去口,一到公事房,他们不止地向我们道歉。当夜住在卫生医院内,这个医院很新很大,伙食也不算十分坏,可是晚上冷得睡不了,这种苦处,在清华还未受过。昨天早晨有一位 E. wing 先生来领我们参观医院及附近各学校。十一点钟我们六人都到医院内的祈祷会。正午此处红十字会底总理 Drucher 请我们到他家吃饭。正午要先派二人出发,我们都想去,没有法子,只好用抽签法定去留,结果王际真及罗隆基中了头二彩,立刻卷铺盖上火车。他们到平原以后再乘火车或骑马到各路线。我们送他们二位去了以后,就到德州城内看了一下。大概今天下午,我们也都去了。德州红十字会分四部——粮食部、工程部、会计部、工人部——每部有部长,但是事情非常地繁琐,办事的人很少,所以一切秩序手续都不很桃李满天下。这一般外国人都有职业的,他们牺牲了他们的正业来作这很苦的事情,这种精神不能不使我们回想到我们本国人对待灾民态度底冷淡,实在使我们惭愧。这个钦佩和惭愧心同时发现在我们心里,就产生出一种新的牺牲心和进取心。现在我们四个人和高四同学考完了大考,等教务处底报告的时候差不多,一听见了'Pass',就立刻飞上大楼,搬行李到上海。我们所望的就是'今天出发'。现在红十字会已募得一百万金元,拟先由德州筑路至临清县,共长一百九十五里,分为三大段:第一段由德州至恩县,第二段由恩县至夏津,第三段由夏津至临清。第一大会分为三区,每区有一工程师及一翻译。每一大段有分发粮食所分送各区。工人即本地灾民,每三十人为一队 gang,每队有一队长,和一厨子,每日每队举一代表领粮食,至星期六可以告假半日回家,并领二十斤高粱和豆子,可以四人一星期底用。现在工人底总数,大概有四千,不久就要加到一万。合情合理一个工人能够养四个人,那么修这条路,就可以养活五万人。这边帮忙的人很少,除了齐鲁大学来了三十几人外,别处来的只有几个人。听说上星期他们在济南招了十几个翻译员,到了这边,话译不出来,所以就送回去了。清华底英文程度在华北很有名,所以我们一到,他们非常欢迎。齐鲁学生在二月四五号就要回去,那时也许要需用些清华学生,无论如何,我们于二月十五六号应当回校。在我们回校以先,第二批就应当出发。我们交代清楚后,才可以离开德州。你们大考完了,就要想法动身。天冷得很,我的手不能写字,以后路线上情形,下次再告诉你们。"(《通信》,《清华周刊》第 207 期,1921.1.14)

一月八日 美司斯请钱稻孙先生讲演,"题目乃关于美学"。(《美司斯讲演会》,《清华周刊》第 207 期,1921.1.14)

是月中旬 清华学校校长金邦正召见先生与⊥社社友,征求对于放映电影的意见。事后《清华周刊》报道云:"金校长现在以电影所发生之坏结果太多,决定减少电影次数,故本星期六及下星期将不展览影片,同时并拟改组校内俱乐委员会,重组游艺室。"(《校闻》,《清华周刊》第 207 期,1921.1.14)

时,⊥社关于电影问题的讨论,在校内引起强烈反响。下面选择的是几则有代表性的议论:

李迪俊在《电影与⊥社》中说:"⊥社社员在周刊上接连发了几篇关于'电影问题'的牢骚,'上惊九重',不日把他们招进府中谘议。结果是:减少开演次数,改良片子,加设大规模的俱乐委员会。大多数中高同学,听了这个消息,群情激动,对于⊥社社员和校长先生,都加以极严厉的批评。"文中还说电影"是清华大多数的教职员和学生的娱乐品",⊥社只"六个私人组织的研究学术的机关。"拿⊥社社员的资格出来批评、废除、减少清华大多数的教职员和学生的娱乐品",显然存在着"法律上的违法"和"智识上的缺乏"两个问题。因为在法律上,"⊥社社员是个少数私人的机关,研究学术的机关,没有代表大多数的清华教职员和学生的法权。换句话说,⊥社社员擅与校长私地停止、减少清华大多数的教职员和学生的电影,就是违法,就是蔑视大家的人权,就是学生自治的蟊贼!"在智识上,"⊥社社员,是老不看电影的——这个谁也知道。拿老不看电影的眼光,来批评、废止大家爱看的电影,其中利弊得失,当然有许多'伪造'和'失真'的地方,而且他们不爱看电影,电影的存废,与他们不发生利害,也就不妨发'过激'的言论了。"(《清华周刊》第 208 期,1921.1.21)

丁济祥在《对于电影问题之不平鸣》中说:"无论何事,总是以寡从众,若以五六人来破坏大家的快乐,于理讲不下去。近有一个小组织,叫作'⊥社',时常讨论,有一次这米里的会员,研究本校的电影,所以连发了几篇议论。或者校长看了这种言论,后来又无人与他辩驳,以为是我们大家的公意,所以就向他们有一个谈话。岂知为不过是五六个人的意见,他们既然喜欢道德片子、历史片子、教育片子,何不到图书馆,多看几本道德经,多读几本历史呢?"(《清华周刊》第 208 期,1921.1.21)

钱宗堡亦在《清华园电影问题的我见》中说:"第一九八期周刊上一多君做了《黄纸条告》,'振纸一呼'之后,大家在清华园电影问题上发表的意见,文章式的也有,条告式的也有,多得不胜枚举。"该文还记述了金邦正校长与先生等谈话的经过、内容及校内的反应:"上星期⊥社社员用'个人名义'和校长先生对于电影问题谈过一番话。谈话的结果引起了一个取消电影的消息,这消息被影片选择委员(这是假定的名目)一报告,又引起了⊥社一番声明。这面一声明,那面也声明:你说校长说了这句话,我说校长并没有说这句话——于是乎枪去刀来花一团,刀去枪迎锦一簇,酣呼厮杀,异常热闹。但是校长的话究竟是怎样的呢?我想双方的辩论都是空费唇舌,我们只消研究校长到底说了什么话就可以明白其中真相,谁也不用怪谁。我本来是极爱看电影的,这回得了取消的报告,心中大着其急。恐慌之际,不免就上校长处询问了一番。现在我把我所听见的也报告出来,大家可以根据各方面的话,将这问题切实的研究一下。校长所说的不外以下这几层:一、电影本来不必取消,虽说每次一角,花钱不少,然而若是没有电影,星期六上北京去所费更多。二、但是以前所演的片子也有不妥当的地方。三、本学期大考已近,可以停止,以后演也未尝不可,不过次数要减少些,余下来的时候可以开别种俱乐会。如此片子也可以挑得好一点。四、然而若是别种俱乐会办不到,每月演一二次也行。总结起来,自从⊥社诸君和校长谈话之后,学校里对于演电影的方针已经改变,从前的办法是固守成例,现在是:一减少、二替代、三改良。"(《清华周刊》第208期,1921.1.21)

由于清华园内对电影问题反应强烈,特别是一些爱好看电影的同学怕失去这一娱乐机会,非议颇多,以至校长金邦正亦不得不出来表态,云:"余认电影有好处,亦有坏处,而此好处坏处各人不同。此次停演之意,一为大考将近,各生当预备功课;二常看电影于目力上有害。此后并非不演,与其他娱乐会可间行之。每星期必演,于选片上发生困难,已是必演,无好片时,不得不以常片充数,因此之害或得多。但以前不禁止之原因,为此种常期电影虽不能较益城内各种娱乐方法高尚得多,每星期六能使学生留校未斯非策也。每次铜元二十枚,较进城一次车费尚少。此法虽有此作用,但亦有害,故亦应设法改良,以后定组织大规模委员会专管娱乐事宜,遇有电影好的片仍可开演。"(《校长对于星期六演电影之意见》,《清华周刊》第208期,1921.1.21) 同时,《清华周刊》也报道:"本校庶务长已向美国使馆借得风景片及实业片多卷,将于明晚在礼堂开演。不收入门券,诸位同学可以随便入览。"(据《校闻》,《清华周刊》第208期,1921.1.21)

是月中旬 清华学校致函将毕业之同学家属,嘱出美选择学校应考虑家中财力。清华早期学生在美生活津贴每月六十美元,后加十元,但仍有不足。时,在美学生要求清华董事会再次增加津贴,故学校特函学生家属说明。《清华周刊》报道云:"本校派赴留美学生,以前,月发膳宿费六十元,后因美国生活费增高,加给十元,每月发美金七十元。在美学生,今又屡次函电,致董事会请求增加,董事会因在美学生人数众多,每月增加几元,总数目甚大,为将来多送学生计,不宜于此时允此巨数。况美国各地生活费用并不一致,在东部纽约等地,每月此数却甚为难,但在中部数省,每月所发之款,若能节省用,尚可有除,为此种种困难,不能照准。并留美官费,尚有教育部所派往者,教育部所发之款,与清华所发相同,清华加费,教育部不得不加,因此困难索连更大矣。依上所述,在美每月七十元,有几处可够,有几处甚为难,故选择学校,不得不慎加商酌。本校为此事,已致函现高四同学各家属,家中财力充裕者,请自酌补,使学生得任意选择学校。家中无力贴补者,免到后发生困难,选择学校暂不取生活费用高昂之地。此信发后各方尚可妥洽。"(《校闻》,《清华周刊》第208期,1921.1.21)

二月十四日 开学典礼。这学期,先生当选为《清华周刊》集稿部集稿员。堂弟闻亦齐亦当选。当选的集稿员还有浦薛凤、费培杰、罗隆基、何浩若、廖芸皋、李吟秋、陈石孚、周念诚、梁治华、吴景超、时昭瀛、翟恒、冀朝鼎、王造时、沈本强、施滉。另,沈镇南、潘光迥、胡毅、何标当选为经理。(《清华周刊》《清华周刊本校十周年纪

念号》,1921.4.28)

二月二十一日　清华学生会干事部召集《清华周刊》、《通俗周刊》新集稿员开会,讨论改革学校出版物等问题,会上"公举闻一多主席,罗隆基报告上学期本刊(《清华周刊》)集稿部情形,彭文应报告《通俗周刊》情形。又讨论集稿制问题,通过继续进行"。(《本刊记事》,《清华周刊》第 210 期,1921.3.14)

晚七时,《清华周刊》集稿部开会,"闻一多主席。通过议案如下:1. 设集稿部委员三人,由本部公推。2. 集稿员长期负责。3. 分栏集稿。4. 分言论新闻学术文艺四栏,言论七人,新闻三人,学术文艺各四人。5. 每周常会(星期四晚饭后)"。(《本刊记事》,《清华周刊》第 210 期,1921.3.14) 会上推举集稿部三委员,先生任主席,周兹绪负责与经理部、校长及同学的交涉,姚永励负责物品及事务所的管理。

二月二十二日　出席《清华周刊》集稿部会议。"午后一时底会,集稿员择任采访各处新闻。通过将本刊革新底情形作为宣言登载首期,并推闻一多作。"(《本刊记事》,《清华周刊》第 210 期,1921.3.14)

同日　作《清华周刊革新底宣言》,发表于三月四日《清华周刊》第二一○期。这篇文章是代表《清华周刊》集稿部撰写的,故未署名。

全文如下:

二月十四日金校长在开学式底演说里再三提及《周刊》改良底问题,十七日又召集旧集稿员开会,征求革新底意见。校长所致意的可括为两大点:1. 对于集稿制的怀疑,2. 关于内容的改良,即增多学术底讨论。以后评议部选出我们新集稿部,便将这些问题移给我们讨论,我们开过两次会,还讨论些别的问题。今将其结果揭出,并附以简略的解释如下:

一、集稿制底革新　集稿制如今试验出很多罅漏来了;我们应因宜补苴,以求革新,若是迳直回去起用编辑制,那就同鉴于共和不能弭乱,便要复辟一样了。时间是向前流的,制度是他波上的一叶浮萍,当然不好打后退。集稿制是怎样革新的呢?

A. 集稿部委员　集稿部最明显的缺点是没有一个集中的官器[器官?]以贯通内部底气息而应外界底接洽,结果便是人人负责等于无人负责。现在我们有一个三人委员会司理上述的职务,却无取舍稿件底最末裁判权,所以他们有做集稿部底公仆底义务,而无总编辑居高临下、统辖群僚底权利。

B. 集稿员长期负责　从前集稿员每三人管一期,这一期出了版,这三人底负责算完了。各期集稿员各不相助,所以虽有十八人,其实每期所集的材料只能代表三人底精力。现在将《周刊》分为四栏,十八人各择一栏,每期都负责集稿底责任。从前的《周刊》是三人集稿,现在的是十八人集稿,六倍从前的精力。

C. 分栏集稿　集稿员依分工底原则,于四栏中各择一栏,一学期中从头到尾,专负收集、选择这一栏的稿件底责任;这样便人有专司,集稿既易于丰富,选材也易于精严。

D. 每周常会　集稿部每周会议一次,讨论选材及其他随时改良底事务。如此集稿部底精神便可望团结,机体也可望灵敏了。

二、内容的扩充　本刊现分言论、新闻、学术、文艺四大栏。言论、新闻当然是《周刊》底两重大部分。学术、文艺从前偶尔登载,却不常有;他们虽难同前两项比肩,但也各有独具的价值,不可轻视,所以我们现在要更加扩充。

A. 言论　《周刊》是清华自治底一大成绩,因他能代表我们自治底真精神——是一种醉心,预祝自治底达于焦点的热诚,即预报自治实现底先声。我们看从前的《周刊》里,冷讥热嘲,怨气冲天,细细推测其来源,无非是不满足于环境,满腔热血,力图改革,又不见实效,于是抑郁而发为愤词疾论而已。这些文字都是从热烈的心窝里流出的,代表一种最可宝贵的、诚恳的进步底精神。清华底自治精神,清华底生气可说尽结晶于《周刊》底几张纸上。目前校中美的恶的原素方在奋长争霸,《周刊》是舆论底正鹄,正需一种危词说论,监示着这恶芽,不让他发育。所以今后本刊还是以言论为主要部分,而言论还是要保存批评底精神。不过批评须守着这五个条件:

1. 鼓励善良　批评不专是揭短。同学之间,过固然要规,善也要劝。以后有鼓励我校各种良风美德的言论,我们特别欢迎。

2. 注意建设　批评是方法,建设是目的;我们因为要建设,便不得不先批评。所以我们以后特别欢迎有建设计画的批评。

3. 务避愤激　批评是不得已的事;我们对于受批评的人或事,应抱一种爱惜的同情,我们的态度要和平公正。偏重感情,反蔽理性;个人攻击,徒起争端。以后凡是这类的言论,我们一概拒绝。

4. 力矫浮夸　先洞晓事实底真相,解透其所以然,才下断语,这样的断语便有价值。我们以后对于浮夸失实的批评也一概拒绝。

5. 删除琐碎　批评是样兵器,他的锋锐不可轻试。批评若用到寻常琐碎的事上,便成杀鸡用牛刀。所以我们以后专收容讨论重大切要的问题底言论。

以上五条是应注意改正的。有那样诚恳求进底精神,加以这些改正了的方法,不愁没有正确醇善的言论。

B. 新闻　新闻分校闻、通信同国内大事记。校闻总务求丰富翔实便是。德州保定顺德各灾区都有我校同学服务,深望同学常将他们的通信交来,以便每期摘要登载。别类的通信,如来自美国者等等都欢迎。

C. 学术　学术的讨论本是《学报》底材料,但是《周刊》向来也没有十分谢绝他们。自从《学报》夭折,各种学会又纷纷蜂起,应该有很多这类的材料堆积着没有机会销行。现在《周刊》大开门户,专辟新栏,他们将来定可替他放一异彩。

D. 文艺　从来最不受欢迎的恐怕是这一栏,一因真有艺术价值的作品底稀少,二因能鉴赏这种作品者底稀少。惟其真佳品难得,所以选材要宁缺勿滥。惟其真鉴赏文艺者难得,所以文艺更不能不提倡。

本刊革新底计画,已缕述如上。从此我们集稿员愿同全体同学准着这些条件,各尽其最高度的心力,扶着这个出版物向兴旺底境域走去。他若闯进了歧路,也是我们大家领导监察他的人底疏忽。我们不应一味地怨他,气他,甚至忍起心来还想戕害他。我们应抚助他,爱护他,尊敬他;他是我们学校底生命底一部分,我们的喉舌。

二月二十三日　《清华周刊》集稿部、经理部开联合会议,决定二十五日开茶会,请校长与顾问参加,讨论两部进行办法。茶会由先生与沈宗濂、蔡公椿、周兹绪四人筹备。二十五日下午四时,茶会在清华园工字厅举行,"到会者除本刊职员外,有校长代表郑之蕃先生,及顾问林兆棠、苏石如、郭玉清先生。两部报告经过情形,又稍稍讨论进行方法。校长代表及各顾问也有各教言"。(《本刊记事》,《清华周刊》第210期,1921.3.4)

二月二十六日　《清华周刊》职员会议,确定先生以集稿部主席身份兼书记。分工先生为文艺栏主席,负责采访"美司斯"、"美术社"、"一个组织"、三社团。(据《本刊记事》,《清华周刊》第210期,1921.3.4)

二月二十八日　新诗《美与爱》写定。发表于三月三日《清华周刊》第二一一期。收《红烛》。

在这首诗中,先生很重视运用"幻象",他在《评本学年〈周刊〉里的新诗》中说到这首诗:"我觉得我的幻象比较地深炽,所以我这幅画比较地逼真一点。"

三月初　为毕业纪念做准备,辛酉级"举定闻一多、方来、杨廷宝、董大西、浦薛凤五君讨论该级级针、级旗及纪念物之样式"。(《清华周刊》第210期,1921.3.4)

三月三日　《敬告落伍的诗家》写定。发表于十一日《清华周刊》第二一一期。

收《闻一多青少年时代诗文集》。

五四运动中,新文化日益深入人心,但清华却增添了一门美术文,讲古代诗词文章,先生认为这不合潮流,说:

> 我诚诚恳恳地奉劝那些落伍的诗家,你们要闹玩儿,便罢,若要真做诗,只有新诗这条道走,赶快醒来,急起直追,还不算晚呢。若是定要执迷不悟,你们就刊起《国故》来也可,立起"南社"来也可,就是做起试帖来也无不可,只千万要做得搜藏一点,顾顾大家底面子。有人在那边鼓着嘴笑我们腐败呢!

> 若要知道旧诗怎样做不得,要做诗,定得做新诗,看看下列这几篇文就够了:
>
> 《我为什么要做新诗?》——胡适(《新青年》六卷五号或《尝试集》)
>
> 《谈新诗》——胡适(八年十月《星期评论》五号)
>
> 《新诗底我见》——康白情(《少年中国》一卷九期)

三月四日　《清华周刊》第二一〇期刊登辛酉级放洋准备消息,并云推举先生与方来、杨廷宝、董大酉、浦薛凤负责讨论级针、级旗及纪念物样式。"高四级以出洋期近,业已敦请斯密斯、王力山、马伦、狄玛、梅月涵、麦克洛斯、庄达卿、罗伯森、戴志骞、马约翰诸先生为顾问,以便对于选择职业学校,有所请教,不至举止失措云。今年美国新到之各种学校一览,已经图书主任戴先生之许可,移与高四级,所以便该级同学随时阅览。他级级友愿披阅该项书籍者,亦可往高级所。今夏高四级放洋,闻校中已购定船票百〇六张,船为'中国号',驶行期则为八月十二号。每年高四级出洋时,均立一种纪念品,今年高四亦拟照办,费用定为三百元,惟该级以直鲁灾情重大,需用赈款,已决定提出十分之九捐给灾区,十分之一则立一纪念物以纪念该级之毕业,及本年这旱灾云。高四级已举定闻多、方来、杨廷宝、董大酉、浦薛凤五君,讨论该级级针、级旗,及纪念物之样式。高四级已定于毕业时,发行级书,以作纪念,现已议定由该级中英文书房二人筹备其事。高四级已举定顾德铭、董大酉、时昭涵、吴泽霖、王世圻五君预备船上事宜。高四级谦请教职员事及请同学事,由该级职员办理,至于级日会序则由陈念宗、吴泽霖、董大酉三君筹备。"(《校闻》,《清华周刊》第 210 期,1921.3.4)

三月十一日　晚,辛酉级召开全体会议,通过先生等人设计的级旗及级针式样,通过级书内容办法及并用款数目,招待诸顾问。(《级会·级事》,《清华周刊》第 212 期,1921.3.18)

三月十二日　晚,出席《清华周刊》集稿部会议,时,《清华周刊》集稿部已拟定于十周年纪念日出版《十周年纪念增刊号》,"但以事繁,人数不够分配,现定请十人帮忙,故于上星期六假工字厅开茶话会,兼请经理部,每人出洋三毛,作茶费之用。"

《杂类》,《清华周刊》第 212 期,1921.3.18)所请十人为浦薛凤、吴景超、孙瑞璜、方来、沈有乾、王绳祖、潘光宣、梅贻宝、陈石孚、姚崧龄。(《本刊记事》,《清华周刊》第 213 期,1921.3.25)会上,推举先生与周兹绪、潘光旦、吴景超、浦薛凤五人为《十周年纪念增刊》集稿委员会委员(总集稿人),以浦为主席。(据《本刊记事》,《清华周刊》第 213 期,1921.3.25)

三月十五日　是日至二十二日,即将毕业的辛酉级同学进行体育考试。据体育教授马约翰报告,"高四级'活泼试验'及格者已有五十人。'体力试验'之分数,凡已受试者均超过所规定之三百分,时君昭涵获九百三十余分,为该级体力分数之最多者。"(《体育部》,《清华周刊》第 213 期,1921.3.25)体育考试是清华学生出国前必须通过的项目,凡不及格者不能放洋。五月十六日,又举行了补考,结果仍有八有未及格。考试项目,据梁实秋《清华八年》说有田、径、爬绳、游泳等项。陆地上的百码跑、四百码跑、铁球、铁饼、标枪、跳高、跳远等,平时还可以练习,游泳则不易地过关。先生的体育成绩很差,游泳更糟,考试时是临时突击,才勉强通过。

三月十八日　晚,辛酉级宴请本级毕业顾问。《清华周刊》报道云:"上星期五晚六时半,高四级假工字厅设宴,请该级顾问及金、何两先生。到者金校长及其夫人,何林一先生,司美女士及夫人,罗伯林先生及夫人,狄玛先生及夫人,马龙先生及夫人,马克洛斯先生及夫人,戴志骞先生,梅月涵先生等十六人。马约翰先生与夫人因事未能到。首由级长熊祖同君致开会词,表述开会宗旨为欢迎顾问及金、何二先生。自后该级同学关于出洋后择科选校种种,可向各顾问请教。席间宾主杂坐,谈笑唱乐,讌毕,入工字厅茶话。末由级长致谢而散,时已十时矣。"又云:"何林一先生请高四同学茶话,每次十余人。今夏高四赴美,盖由何先生护送云。"(《各级纪事》,《清华周刊》第 213 期,1921.3.25)

三月十九日　出席《清华周刊》集稿部会议。先生因工作头绪繁多,还任学校十周年纪念筹备委员会国剧委员负责人,故辞《清华周刊》集稿委员会委员。"(《本刊记事》,《清华周刊》第 213 期,1921.3.25)但仍任集稿员。

三月三十一日　⊥社"举行周年纪念会,是日该社社友曾旅行至万牲园,开茶会,讨论该社进行方法,并欢迎新社友方重君"。(《⊥社》,《清华周刊》第 215 期,1921.4.8)至毕业,⊥社成员只增加了梅贻宝、方重两人,共八人。

一年来,⊥社活动很多,成为清华同学中重要的社团之一,《清华周刊本校十周年纪念号》介绍⊥社一年来活动情况:"这是一个小小的、互助的团体,起初只有四人,后来加到六人、七人,以至八人。何以名'⊥'呢?是古文'上'字,所以表明上进底意思。'⊥'又是中国数码底'六',采此名时,社友正有六人。他的寿命如今已满周岁了。这一周年可以分作三个时期：一、知识的互助时期(一九二〇年三月至六月)。起初有四个人,感于智识饥荒,想用互助的方法研究一点课外的学问。他们开了一两次会,觉得人数太少,便又加了二人,共为六人。他们是刘聪强、孔繁祁、潘光旦、吴泽霖、闻亦传同闻一多。他们每星期开一次会,每人轮流当主席及书记。每会阅二小时,半为读书报告,半为问题讨论。三个月中共有读书报告十六编,可分为历史、美学、文学、农艺、哲学、经济、娼妓七类。问题讨论有称谓、服饰、取消姓氏、中国目录法索隐制及校内公益各问题。二、过渡时期(一九二〇年六月至九月)。第一期底成绩虽历历可考,却是到了末叶,精神很焕散。有两个人居然起了离社底念头,可是都立刻打消了。暑假里大家感受离索底反响,渐渐觉悟纯粹的知识上的互助不足餍塞他们的需求;他们都觉得精神的饥荒了。这时用通信方法讨论了几个问题,如本社进行底改良、隔词法、伦理主义和基督教等等。又有一个山西陆军底调查。三、精神的互助时期(一九二〇年九月至今)。这期内增社友二人为梅贻宝与方重。读书报告现在变做常识报告,又加了一个人近状报告。到现在,常识报告、问题讨论都停止了,开会时专报告或磋商个人的状况或计划。这期里有三件事表明社友精神的修养和互助底进步。(一)宗教观念底发达。社员中本有四人是基督教徒;一人因感受唯物思想底影响,中途退出,在这期内又归依了。又一社员本主张以美育代宗教,研究底结果,却指出美育可以辅进宗教,不能代替,他现在也受洗礼了。其余的人素持反对态度,现都打破成见,用心研究了。(二)改良社会底实行。校内所演的电影片子,他们怀疑了好久,后来曾用一个月底功夫去研究,把所得结果和改良意见,登在《清华周刊》里;一方面又提议到学校实行改良。结果是：一、减少次数,二、改换较良的片子,三、引用别种俱乐。他们虽达到这几种目的,然所受的反对,实为前此所未有①。他们讨论过几次改良校风底问题,都没有结果。在校中各种会社服务里,这期里他们多为之首领,提倡不遗余力。(三)灾区服务底踊跃。八人中有三人到山东平原一带,三人到直隶唐县一带。"

⊥社有时也谈论些国家政局的事。方重记得有一次⊥社开会,先生在会上大骂桂系军阀,具体说了些什么则记不起来。(据访问方重记录,1986.8.27)

在这之前,先生还接受了基督教洗礼。吴泽霖回忆："关于信基督教事,我们几个知己朋友态度几乎是一致的。我们都读过圣经,对上帝如何创造宇宙、创造人的故事,我们都不信,认为是迷信。但对宇宙万物能构成一个有条不紊的巨大体系,

---

① 《清华周刊》第208期刊登了李迪俊《电影与⊥社》、涤镜《电影存废问题》、丁济祥《对于电影问题之不平鸣》、介父《⊥字解诂》,都与⊥社持激烈的反对观点,介父之文中还有嘲弄文字。

都感到万分惊异,带有不可知论的态度。至于基督教的善恶、道德观、与人为善、服务社会、平等待人……等等思想,我们都认为人人都应信奉而且加以扩散。我们都在海淀的一个中国教堂里正式受过洗礼,在我们看来,洗礼等于宣誓,表示对这些教义深信不疑而且愿意身体力行。但我们并不相信教堂里那些迷信性质的那些仪式,同时我们认为基督教义应该由中国人自己结合中国情况而进行宣传,无须由外国传教师来包办一切。'入教应在中国教堂由中国牧师施洗礼'是原话,我们都是这样说的,也是这样做的。我们在海淀的教堂里受了洗礼,后来几乎都没有到那里去做礼拜。以上那些想法,后来当然出现了相当大的变化,彼此间也就不再谈及了。"(吴泽霖给编者的信,1987.7.13)

时,清华学校师生中有不少基督教信徒,学校还成立了全国青年会的支会,归北京青年会学生部直接联系。关于清华园中的基督教活动,潘光旦回忆说:"每年,或隔一两年,看情况,青年会又必主办一次所谓'布志大会'或'奋兴大会',请北美青年会派来中国的有名的'布道家'主讲,连讲两三天;大会终结前,必孰劝听众填写所谓'决志书',表示皈依的志愿。这些开讲人物的讲法各有巧妙不同,但至少有两点是共同的:第一是'辩才无碍',声容并茂,富有上面所说的'演说家'的煽动力;第二是从整个的'中国问题'讲起,把确乎是漆黑一团与危险万状的中国局势说得更加漆黑,更加危险,然后逐步转进到绝无仅有的一线曙光与一颗救星,那就是基督教了。他们从山穷水尽一直说到柳暗花明,却真有一套本领;一次大会之后,总有不少的同学在'决志书'上签了名,接着'受洗礼'、'吃圣餐',成为基督徒,少数还在海淀的教堂里当上了'执事'。但据我观察,这种靠一时的'奋兴'而'决志'皈依的同学绝大部分没有坚持他们的信仰,一旦诞登太平洋彼岸,接触到美国社会生活与教义大相刺谬的种种实际,多数无形地放弃了;个别的为了求一个心安理得,还写过文章,婉转说明所以不得不放弃的理由,更有进一步劝说毕业后准备到中国来传教的美国同学大可不必负起这样一个'使命'。当然,这班同学当初的所以进教,思想上也是很复杂的。他们的宏愿是出洋,信了教,有了个信徒的名义,对这宏愿的完成,无疑地是个便利。有到这种出发点的人对信仰当然也不可能太认真,更不说坚持了。通过青年会的关系,一九二一年,清华园还一度被提供作为'世界基督教青年大会'的会场。平时一般同学对青年会的活动不大置可否,这次,在一九二一年爱国运动之后,却有了鲜明的分化。基督教徒与一般青年会会员对这件事当然是支持的;一般同学则在地边看热闹,其中有些要把宿舍让出来的,大概也不会太满意;另有少数同学是反对的,他们得风气之先,已经认识到这一类的活动是帝国主义文化侵略的一个方面,他们似乎还贴过一些标语,把这种认识率直地表达出来;而在支持的一面则曾在口头上为之辩护,我自己当时是辩护人之一。实际上,青年会本身的存在也一直有同学反对,不过从没有具体化;只是在有一段时期里,少数同学成立过'孔教会',像是对青年会唱对台戏。"(潘光旦《清华初期的学生生活》,《文史资料选辑》第 31 辑,第 96 至 97 页)

潘光旦在西南联大社会学系的学生王康,在闲谈中曾问潘光旦为什么接受基督教洗礼。潘光旦说:"情况各有不同,都不外从'实用主义'出发,最主要的是搞教会工作的人都是校内的特权人物,他们的好恶往往可以影响学生的命运,不能得罪他们;如果关系搞得好,眼前是可以增加练习英文的机会,将来出国去可能还会得到什么照顾! 有的人喜欢音乐,吹吹唱唱也不过是图个奸玩吧了。还有些同学则是遇到'团契'活动或圣诞节日,那些外国人总要拉些学生做客,白去吃点东西,得点'礼物',又'增进'了师生感情,何乐而不为! 当然上帝也有作用,在情绪不好的时候,在遇到什么突然惊呀的事情,中国人的传统是喊一声'妈呀!''天啦!'在清华就会叫'主呵!''我的上帝!'"。潘光旦还引提到孔子的"敬神如神在",说这句话很有意思,大致就是'清华人'的宗教观吧。(王康《闻一多传》,第 35 至 36 页)

四月一日 《中文课堂底秩序底一斑》发表于《清华周刊》第二一四期。收《闻一多青少年时代诗文集》。这是一篇对清华学生轻视国文倾向的素描,表现了先生对这种风气的不满:

> 先生:"今天要考了。"满堂大哄,有的骂,有的笑,强狠的开门要走,和平的讲这学堂从来不兴月考。好容易经先生敷衍了半天,才慢慢地坐定了。先生把题目刚写完了,屋后一个声音叫道:"咳,混账吗! 出这些题哪做得完?"……

> 从"去张"运动以来,天天喊改良中文,到今天中文课堂底情形便是这样。难道考月考也是教员的错吗? 中文所以不能改良,学校怕麻烦,教员不自爱,当然要负一份责任,恐怕罪魁祸首还是这一般负自治的盛名的学生吧! 在英文课堂讲诚实、讲人格,到中文课堂便谣骗欺诈、放僻嚣张,丑态恶声,比戏院、茶馆、赌博场还不如。才吃过一餐饭,便把那骗洋人的假具扯破了,露出中国人的真像来了。这样还讲改良、讲自治,不要愧杀人吗?

> 现在人人正忙着预备十周年纪念会:成绩展览、演戏、刊杂志,五花八门,辉煌灿烂,可惜都是骗人的呵。

> 把这中文课堂底跟同类的丑态展览出去,才是真清华呢!

清华重英文、轻国文的现象已非一日,一位这年秋季入校刚刚上过不到两个星期的新同学对此十分吃惊。他说:"我第一天上英文课的时候,那种严肃的态度,实令人肃然起敬。孰知到了下午上国文课的时候,就变了卦,种种的怪声,几和舞台内一般。我心里就很奇怪的,但还以为今天有什么特别的原故,下次恐怕未必这样。孰知两星期来没有一天不是这样。这是令我很失望的,长此以往,国文还想有什么进步!"这位同学认为这种现象一定有原因,除了教员方面外,学生方面也存在轻视国文的观念。他认为:"他们的心理,是以为国文算不了什么,由此就有种种无意识的举动,发生起来。我敢说上国文课的时候,能专心听讲的人,只不过二三人而已。其余读英文的读英文,谈话的谈话,捣乱的捣乱,这都是轻视国文的一种表现!"(楚:《中等科国文课的纷乱》,《清华周刊》第 227 期,1921.1.25)

　　清华学校是所留美预备学校,课程安排完全为适应赴美留学而设置。开办之初,本无国文一课,国文课程是一九一三年周贻春出任校长后才开设的。有人介绍这段经过时说:周贻春认为清华学校"虽确是一个游美预备学校,然而学生毕业后留美,留美几年回国,还是一个中国人。既是一个中国人,自然要帮中国办事,既是在中国办事,离不得和一般中国人有书信的来往,或中国文化学术上的关系,所以周先生特要在清华添设国文一科,以使清华学生在中国读书的时候,于注重西文之外,同时能拿国文弄好,庶几留美回国时,不至对于本国文字,如对一未曾学习过的外国文一样,张开口不会讲,拿起笔不会作,这个法子,是周先生的'眼光远大'、'思想充足'所致。倘若没有周先生,我真不知道清华办到如今,有所谓国文一门没有啦!但是周先生仅仅拿国文一科,列在课程中间,对于他并没有何等的注重。因为任那个时候,虽然每两星期作文一次,每两星期作札记一篇,每月有月考,年终有大考,由教员评判甲乙,记出分数,或超,或上,或中,或下,以及末等、不列等,然而对于毕业的成绩,毫无关系,只要西文及了格,那管你国文下等或末等啊!学堂拿这种法子对待国文,而学生也就不得不'趋向大势'、'顺水推舟',对于国文'视若赘疣'。这是已往的事实,真正使人有不满意的地方。自从严鹤龄先生代理校长[①],知道从前学校对付国文的那种法子不好,于是决计拿国文来'大加整顿',一面修改国文内部的课程,除掉那些干枯无味的东西,添加许多对于学生现时有趣,将来有用的功课。一面又恐怕学生仍然如从前一样的'视国文若赘疣'。于是拿计分数的法子改良,和西文部一样,并且在高等科毕业,总要二十四个积点。自从这个样子一来,我们学校对于国文,真是自无变而为有,自有'而视为赘疣',变为'大加整顿'、'实行注重',确实讲得进步有'一日千里之概'了。然而实行注重国文,到如今已经有半年了,我只看见过注重国文的名称,没有看见过注重国文的实在。"(旁观

---

　　① 一九二〇年春,北洋政府外交部委派罗忠诒继任校长,但遭清华学生抵制,故罗未到位即请辞。清华董事会遂推选其主席严鹤龄为代理校长。八月,金邦正接任校长,其前均由严鹤龄主持清华学校工作。

《我为国文教员鸣不平》,《清华周刊》第 208 期,1921.1.21) 清华学生对国文的轻视,在校外也人所共知。一九二二年二月,马约翰教授上体育前,还向同学们说:现在清华国文堂秩序纷乱的情形,已然蜚声校外,无人不知,宜加注意。有人说:"国文堂的事情,竟劳体育教授说话,可见这件事体是非常重大。"(秋《国文堂秩序纷乱的真因》,《清华周刊》第 237 期,1922.2.24) 可见,严鹤龄对国文课的"整理",并没有对清华学生扭转轻视国文方面起多少作用。

四月十五日 《清华周刊》报道辛酉级出国准备,云"高四级《级书》所用照片,已于两礼拜前由北京谭星波相馆代照。该《级书》定于毕业礼时出版。(《校内新闻·青年会》,《清华周刊》第 216 期,1921.4.15)

此后,又陆续报道出国制装:"上海恒康西衣庄经高四级同学多人之招,于是礼拜派二人来校,包做西衣。闻同学中订作者甚多。惟彼等住三四日后即行返沪,所订衣件须五月中旬方能作竣。"报道要求增加治装费:"高四级前因近年物价腾贵,往洋时,所发治装费二百五十元恐不敷用,已呈请董事会酌予加增,已由董事会批驳在。惟该级毕业期迫,诸种衣装物具,亟宜预备,而需款浩大,据核实计算,须中金四百三十元左右,方能稍称完备,校中所以,既仅及其数之半,该级同学又非尽豪富,不易自供,乃于前周议决向董事会作第二次之请增治装费,想董事会素审学生出洋需款之实在情形,当能允其所请也。"报道学科选择:"高四级同学将来赴美所习学科,及所入学校,校中限于四月底择定填缴,王文显先生为辅导该级同学的选择起见,特于前星期对该级演讲选科当注意之点,及美国学校优劣的情形。先生主张于未得学士以前以入小大学为合宜云。再有留美回国学生林君者,在美年久,熟悉各地情形,现应高四级之请,将于本星期二来校与该级同学作短时间之谈话。"(《校内新闻·各级纪事》,《清华周刊》第 218 期,1921.4.29) 报道与教职员团聚计划:"本级拟于毕业前请校中教职员一次,以资团聚,日期大约在六月三号左右。"报道眼目检查:"上星期六校中请北京名医何威先生来本校视察高四级学生有无目疾,其结果计有目疾者十三人,余均无恙。"(《新闻·级会纪事》,《清华周刊》第 219 期,1921.5.13)

四月十六日 上午十一时,美术社请俄国画家黎克雷(Lee Kney)演讲。《清华周刊》报道云:"黎氏在东亚已有六年,所作中国日本暹罗各处底风景水彩画皆有三色复印,流传各处,本校也藏一套,曾陈列于图书馆。原画油彩水彩曾于本年三月经北京万国美术研究会展览一次,本校同学前往参观者甚多。黎氏是日所讲的艺术底精义又皆至理名言,听者莫不钦仰至极。"(《校内新闻》,《清华周刊》第 217 期,1921.4.22)

四月二十八日 《清华周刊本校十周年纪念号》出版。预定数达千份以上。辛酉级同学承担了此书许多工作,吴泽霖负责图画,罗隆基负责发行。后来担任清华大学校长的梅贻琦负责印刷。(《校内新闻·各级纪事》,《清华周刊》第218期,1921.4.29)先生从筹备到编辑,也尽了很大气力,是该号主要负责人之一。先生本打算作一首反映清华生活和景物的长诗登在纪念号上,但没有做成。

四月二十九日　《恢复伦理演讲》、《公共机关底威信》发表于《清华周刊》第二一八期。收《闻一多青少年时代诗文集》。

《恢复伦理演讲》批评学校把坚持多年的伦理演讲变成纯粹的学术演讲,"是学校的一大错误"。伦理演讲是清华同学课外活动的一个特色,中等科一般每周请本校教员演讲,多为讲述"中外名人事略",如华盛顿、林肯、富兰克林、戈登、曾国藩。高等科则多请名人演讲,既有长期的、系统的讲座,如一九一六年美国明尼梭达大学教授麦克罗讲代议政治发达史,一九一九年美国柏令斯登大学历史及政治系主任谭雷讲天文学,一九二〇年梁启超讲国学小史,还有临时的演说。演讲的内容很多,伦理道德的标准也不一致,学生听过可以自由理解,这多少也算作是思想教育,先生有几篇文章便是听了伦理演讲后,受到启发写出来的。在本文中先生认为:

> 我们学校风气的堕落,思想的鄙陋,几乎到了无以复加之点。其原因固甚复杂,我以为取消伦理演讲,也是一端。伦理演讲虽没有积极地提高"道德音调"之力,可是确有"杜渐防微"、禁恶于未萌底一种消极的功用,至少也能指示给我们什么是善、什么是恶,使我们知道世界上还有个真确纯粹的是非。(我们作事纵然不能一一行规蹈矩,只要出了轨道的时候,自己知道出了轨道,也是好的。)所以伦理演讲的功用便是劝善。学校有章程,犯章便记过、开除,这是惩恶。有惩恶而无劝善,是什么教育?
>
> ……
>
> 发达精神的生活,以调制过度的物质生活底流弊,只有三种方法:1.伦理,2.宗教,3.艺术。而这三者之中,数伦理为下乘。现在我姑且"卑之无甚高论",只要小心地使用这最下乘的方法,也就聊胜于无。不料我们连最下乘的也得不着,并且一方面还有那万恶的电影百方地诲淫诲盗。长此以往,那只好让我们慢慢变成禽兽了罢!

《公共机关底威信》呼吁同学们要爱护学生会同《清华周刊》,说:"公共机关是公众的产物。爱'德谟克拉西'的,便当爱公共机关。爱他,便不得不监视他,使遵于正轨;也不得不尊敬他,以保持其威信。他若走出了轨道,人人有纠正惩罚之权;他若没有出轨,而有人侮辱他,这加侮辱者,人人便当认为公敌。"此言似针对校内有人"糟蹋"学生会与周刊而发。

四月三十日　是日至五月二日,清华学校举行建校十周年纪念。是日举行纪念大会,外交总长颜惠庆到会致词,另有毕业生俱乐会、英文剧演出等。五月一日招待来宾,举行大礼堂落成典礼,和成绩展览、童子军操演、体育成绩展览、音乐会等。成绩展览中有美术展览,地点在旧礼堂北半部,负责人为史达女士。晚,演出中文戏剧,剧本为陈大悲编写的《良心》。五月三日,继续举行成绩展览。(《十周年纪念纪事》,《清华周刊》第219期,1921.5.13)

五月四日　辛酉级毕业生赴美所学专科及拟入学校均于是日前确定,先生在表上填写了美术科。杨廷宝回忆:"快毕业的时候,我们的美术教师司达女士希望我们两个都在学习专业的志愿书上填写美术,我因考虑到家庭生活问题,决定填上建筑学,而闻一多当时即决定学美术。但到美后不久又改学戏剧①,并邀我到纽约,劝我改学舞台布景。"(杨廷宝致黄延复信,1980.7.17,未刊,黄延复存)　六日,《清华周刊第七次增刊》载《高四留美肄业学科表》,云先生拟入芝加哥美术学院。

五月十二日　先生与吴景超谈起暑假中的打算,吴景超曾用诗句记述了自己的话:

> 人生最完满最快乐的生活,
>
> 只是诚心悦意地加入社会去活动,
>
> 使我所居的社会,因为有我,
>
> 可以向真善美的仙乡,再进一步。
>
> ——五月十二日对一多说(《暑假期内我们对于家乡的贡献》,《清华周刊第七次增刊》,1921.6)

五月十三日　《痛心的话》发表于《清华周刊》第二一九期。收《闻一多青少年时代诗文集》。

上星期,有三位高等科学生因旷课日久,被学校令其退学。实际上"察其内幕罪实不止此,盖此三人曾涉迹花丛,后经调查属实,遂刻不见留于校也"。《清华周刊》报道此事时特做案语,云:"本校学生向来守身如玉,从不沾染北京打牌、吸烟、逛窑诸恶习,而本校因以此自豪于京中各校。今也不然'手握多张如撑团扇'者打五百者也。闭门潜处吐雾吞云者,吸雪茄者也;去岁之醋海生波跳楼寻死,今年之旅馆为家,流连忘反,逛窑子者也。凡诸在全体同学中,仅每百分之二三,固属最少数,然有此少数即足以败坏清华之名誉而有余,吾人不可不注意也。此次所惩三人,罪有应得,诚不足惜。最可惜者,清华学校洁白名誉上受此污点,不知何日方能洗净了。"(《校内新闻》,《清华周刊》第218期,1921.4.29)　先生之文,就是为此而作。

---

①　先生留美三年均学美术,虽曾参与戏剧活动,但未改学戏剧,此处显系记忆之误。

文中认为"学校最近开除了三个人'大快人心'的事"是件好事,但"学校素来于积极训善的事毫不注意,一旦学生犯了规矩,就要开除。'不教民战,是谓弃之'。办事人怎样对得起这几个学生的家庭?怎能问得过自己的良心?"

五月十九日　晚,清华学校教职员华员公会请先生等高四级全体同学茶叙,内容为各游戏,晚十时方尽欢而散。(《各级记事》,《清华周刊》第221期,1921.5.27)

五月二十日　诗《爱的风波》发表于《清华周刊》第二二〇期。收《闻一多青少年时代诗文集》。

这可能是先生所作的第一首十四行诗(后来先生称这种诗体为"商籁体"),但认为这"试验是个失败,恐怕一半因为我的力量不够,一半因为我的诗里的意思较为复杂"。(《评本学年周刊里的新诗》) 也许是这个原因,这首诗收入《红烛》时做了较大的改动,并改名为《风波》。

同日　晚,辛酉级开会讨论毕业纪念日筹备事。《清华周刊》报道云:"该日下午会序已议定为述级史、别辞、演说、读级诗、唱级歌等等。晚间会序为音乐、电影、冷饮等等。晚餐时,并在礼堂前草地宴请全校同学,以志欢别。现已由级日筹备委员吴泽霖、董大酉、陈念宗三君分项积极筹备矣。该级以拟赠校中纪念物之用款,捐诸华北灾区,已志前刊,闻现拟别制一金牌,镌纪念捐款之原由于上,留于校中为大礼堂饰以斑点品,赠牌式亦将于毕业纪念日举行。"又云:"高四级同学以在校日久,所知校中情形为较熟悉,况现离校在即,尤不能不对校务这进行改良有一诚挚之批评或建议,以为临别赠言,故该级会日前全体通过'毕业前应与校中提出改良清华各方面种种之意见'之建议案,以为校中谋幸福计。并当场举出沈有乾等十二人为委员,计画此事。"关于增加出国治装费事,亦报道云:"高四级请求外交部、董事会增加治装费一节,迭志前刊,兹据校长处转来外交部通行云:凡清华学生官费出洋,当每名改给治装费三百六十元,此后永为定例等语,似此,则增费一事,高四已庆成功,将来毕业各级,悉得援例,出洋治装费用,当不至十分困难矣。此固外部及各董事体贴学生这至意,而该级前代理级长吴泽霖君之办事认真,亦可钦也。"(《各级记事》,《清华周刊》第221期,1921.5.27)

五月二十八日　《评本学年周刊里的新诗》写定。后发表于六月出版之《清华周刊第七次增刊》。收《闻一多青少年时代诗文集》。

这学年,《清华周刊》共刊登了十七首新诗,有先生的六首,本文即对"其余十首将逐一论之"。① 这十首诗为《一回奇异的感觉》(周念诚)、《给玳姨娜》(浦薛凤)、

---

① 先生漏掉一首,即逖生(浦薛凤)的《帆舟底出发》,载《清华周刊》第208期。

《圆黄的月》(涤甦译,原作"Moon's So Round and Yellow" By Mathias Barr)、《忆旧游》(吴景超)、《出俱乐会场的悲哀》(吴景超)、《雪》(化凫)、《慈母》(滔天)、《冬天》(滔天)、《月食》(王造时)、《游圆明园》(李相钰)。评论之前,先生首先指明:"诗的真价值,在内的原素,不在外的原素。'言之无物'、'无病而呻'的诗固不应作,便是寻常琐屑的物,感冒风寒的病,也没有入诗的价值。下面的批评首重幻象、情感,次及声与色的原素。"但是,除了这些,先生还有一些很有见解的思想。如在谈到诗的形式时认为:"美的灵魂若不附丽于美的形体,便失去他的美了。"谈到创作动因时说:"诗人胸中底感触,虽到发酵底时候,也不可轻易放出,必使他热度膨胀,自己爆裂了,流火喷石,兴云致雨,如同火山一样——必须这样,才有惊心动魂的作品。诗人总要抱着这句话做金科玉律:'可以不作就不作。'""诗家须有一种哲学,那便是他赐给人类的福音"。先生还主张新诗可以取材于旧诗:"我并不是说作新诗不应取材于旧诗,其实没有进旧诗库里去见过世面的人决不配谈诗。旧诗里可取材的多得很,只要我们会选择。例如那锣鼓式的音节决定学不得。乐府、词、曲的音节比较地还可以借用,诗的音节决不可借。"谈到"女性"时,先生说:"女性是诗人的理想,诗人眼里宇宙间最高洁醇美的东西便是女性,所以他要用最高贵的言语赞颂雪的美,便不得不讲女性。……若是没有女人,一大半的诗——一大半最宝贵的诗,不会产生了。"这些论述,在先生自己的作品中也可以发现。

是月 清华学生与教职员发生冲突,日后先生曾对王康谈起过此事。王康回忆说:"一九二一年五月,学生自治会通过了一个'用投票法取缔劣等教职员'的决议。校长为此暴跳如雷,因为这要影响他自己和那份靠裙带关系引来的人员;还有一些平常在校作威作福、骄横狂妄而又不学无术的美国教员,也着慌起来。这个决议显然是要出他们的"洋相"了。他们串通美国控制的董事会,公然要求学校压制学生,认为这是对美国不友好的表现。""闻一多同他的几位好友都参预了这个活动,以后谈起都很有风趣:'这决议当然不可能实行,学生会怎能有那么大的权力?这只是在不正常情况下才会发生的插曲,不过是解解气而已,也表明经过五四运动的中国学生不是那么好随便摆布的。'一时双方僵持了一阵,大家觉得反正给了那些不正派的中外文人一点颜色看了,事过境迁,也就算了。"(王康《闻一多》,第53页)

六月三日 为吴景超的诗《出俱乐会场的悲哀》所作的《附识》,发表于《清华周刊》第二二二期。全文如下:

> 景超以为我们的俱乐场中底种种游戏,总不外性欲杀欲两个半被文化征服的原始冲动底发泄。这种冲动是破坏文化的,所以我们不应给他们发泄机会。可是现在校中使用这种游戏底风气很盛,少数能置身于物质世界之上的

人还不致受他的影响,但多数的"弄潮儿"恐怕难免惨遭不测,葬身鱼腹之险。我读这首诗,想叫那充满性欲杀欲底表现的电影片,全校的人把他当饭吃,我便"不寒而慄"呢! 不知景超曾否为他们祈祷过:

"天可怜那弄潮儿们,

少叫他们遭几场危险!"

自从⊥社关于电影的讨论在校中引起轩然大波后,一些人非难先生等人,说他们是"'假君子'、'新圣人'、'清教徒'。我们这些人在感到孤立之余,有的泄气了、动摇了,不再吭声了。一多却完全不同。他非但毫不气馁,反而鼓动我们正式组织起来继续干"(吴泽霖《老友一多二三事》,《闻一多纪念文集》,第 162 至 163 页) 先生的《附识》就是这种不屈性格的表现。

同日　《清华周刊》刊登学校关于"高四级特别泅水时间","为每星期一至五上午十时至十一时,届时只许该级同学练习"。清华规定学生体育不及格不能毕业,每日下午四时至五时为强迫运动时间,此间图书馆、自修室、课堂、寝室一律上锁。

同日　《清华周刊》每年暑假前都出一次增刊,但这年"校长以今年已出十周年纪念号为辞,谓本期不得过六十页"。周刊集稿部开会,认为不妥,于是在本月一日派经理沈宗濂和交涉员张忠绂找校长,未遇。二日复去,校长未允。晚开会商量办法。是日先生与"集稿员全体至校长家,微雨,未遇。下午又见校长"。(子缨《本期增刊交涉始末记》,《清华周刊第七次增刊》,1921.6)

六月八日　六日,《清华周刊》集稿部将第七次增刊的全稿阅毕送校长,校长认为《清华男女同校运动之新趋势》、《斋务长问题》、《清华兵操的末日》三篇不能登。集稿部开紧急会议,认为有些问题过去周刊上曾讨论过,可以发表。是日,先生同姚永励、张忠绂、吴文藻、陈华寅五人赴校长住所力争,后互有妥协,增刊经费遂以解决。(据子缨《本期增刊交涉始末记》,《清华周刊第七次增刊》,1921.6)

同日　清华全校学生召开大会,讨论抗议"六三惨案"办法。

一九二○年七月,第一次直皖战争爆发,北京政府将大批财力投入战争,以致教育费也大量挪用,公立院校经费因此被长期拖欠,教职员生活无法保障。为此,北大、高师、女高师、法专、农专、医专、工专、美术等八所国立高等学校教职员,于是年三月十四日宣布停止职务,四月八日又举行罢课。随之,其他学校教职员亦加此行列,并得到全国各界联合会等团体的通电支持。四月十二日,八校学生两千余人手执"读书运动"旗帜,赴国务院、总统府请愿,要求发放教育经费,声援八校教职员罢课。迫于压力,总统徐世昌下令财政、交通、教育三部制订筹拨经费办法。四月三十日,国务会议通过三项办法。五月三日,各校教职员向校长提出政府履行此三条保障之方法,并声明此项保障方法办妥后,即可立即恢复职务,开始上课。但是,时越两旬,内阁总理靳云鹏对筹款办法置若罔闻,不予理睬,甚至于五月十九日操纵国务院宣布前订办法一概无效。这一行径激起教职员们的极大愤怒,于是二十二日宣布第二次辞职。六月二日上午,北京二十九校学生代表赴国务院请愿,靳云鹏拒绝接见,双方僵持至午,代表们不仅茶水无着,且遭不堪入耳之讥讪。六月三日拂晓四时许,坚守在国务院前的学生代表经四次交涉方得入内,却遭到一连卫兵荷枪实弹的看守。消息传出后,各校紧急协商,决定举行大规模请愿。上午十时,北京中小学以上男女二十二校学生六百余人,手执"教育破产"、"请政府履行国务会议议决三条"等标语,冒雨齐集新华门东门外,要求总理接见。下午,二十二所公立学校的校长与八校教职员代表,及学生共千余人,再至新华门请愿。教育部次长马邻翼出面,对代表要见靳云鹏的要求,只允代转,不能负责。代表们不满马的应付态度,遂欲拥入。时,早有准备的军警,荷枪持刀,见人就打。法专校长王家驹腰背腹部受枪柄重击;医专代理校长张焕文头部遭创,血流满身;北京国立专门以上八校教职员联席会议主席、北大教授马叙伦头部及左腰亦重伤,全身是血;北大教职员代表沈士远教授额部受刺刀刺破,一脸鲜血。军警不识教部次长马邻翼,也遭痛殴。(据《国务院军威下之教职员学生》,《晨报》,1921.6.4)惨案中,受重伤者除王家驹、张焕文、马叙伦、沈士远外,还有高师教授黄人望、张贻惠、女高师教授汤璪真、医专教授毛咸、工专教授许绳祖,及职员和学生刘兴炎、何玉书、封挺楷、王本仪、陈激、梁惠珍、刘因民、赵林书等多人。(据《挨打后教职员学生之文告》,《晨报》,1921.6.5)至于受轻伤者,则不计其数,这便是震动全国的"六三惨案"。

北京各校索薪期间,有美国退还庚款为经济后盾的清华学校均未介入。三月十四日八校教职员宣布停止职务后,清华学生会早曾集会多次,筹商援助办法,但多数以为通电上书只是纸上谈兵,代表请愿亦为与虎谋皮,俱非根本解决妙策,故始终未有具体行动,致使北京市学生联合会批评清华学生不该置身事外。

六三惨案发生后,北京市学联宣布罢课声援,部立私立学校相继起而声援,且对清华学校寂然不动多加责难。清华学生会评议部认为时机已迫,万难坐视,遂于六月八日通过《清华学校明日罢课》案,决定执行市学联的决议。当晚,此案提交全体学生大会讨论,"经三小时的争辩,多数以为:一,罢课系自杀政策,以杀止杀,万难有济。二,现今政府非罢课所能警醒,万不得已,罢课一事也只能作同情的表示。故大会将评议部的议案修改为清华学生应该罢课,惟须与北京部立私立各校取一致行动"。(《清华罢课风潮始末记》,《民国日报》1921.7.5)先生此时亦取此种态度。

六月十日 俄文专修馆等学校罢课消息传来,是否与全市学联采取一致行动举行罢课已迫不及待。是日清华全校学生再开大会,以二九二票对一一九票通过"同情罢课案"。次日,清华学校当局则宣布大考按原定十三日如期举行,不参加大考者取消学籍。

六月十三日   是日为全校期末大考日,但学生无人进入考场。为此,清华教职员召开紧急会议商讨对策。晚,校长金邦正将会议结果报告董事会,董事会遂做出决议:"本期大考改于十八日举行,不赴大考学生即认为自请退学"。

晚,清华学生会评议部、干事部主席接到金邦正转达之董事会决议后,即召开全体学生大会。大会议决:一,无论学校用何种胁迫,清华学生对于罢课案坚持到底(赞成票四二四票,反对者二票)。二,罢课终止时,全体要求学校实行补考(赞成者四四〇票,反对者一票)。旋,学生会派代表向董事会说明:"第一案表明清华学生牺牲的决心,第二案是供清华罢课并非逃考的证明。"但董事会未肯改口。

后来,学校又改大考于二十二日举行。

六月二十日   辛酉级召开级会,讨论熊祖同、浦薛凤、薛祖康等提出之"高四级单独大考案"。经激烈争辩,表决结果"单独大考案"以三十六票对二十七票通过。赞成者认为这是辛酉级多数人通过的决议,全级成员理应遵守。反对者则认为全校学生六百余人,赞成单独大考者仅三十六人,属极少数,理应服从全校多数学生通过的决议。先生与罗隆基、何浩若、吴泽霖等坚持罢考,并表示:"案虽通过,但行动仍属个人自由,不愿大考者,自可拒绝参加"。(浦薛凤《万里家山一梦中》,第73页,台湾商务印书馆1983年10月出版)

六月二十一日   北京学生联合会通过《各校于暑假起首日宣布罢课终止案》。暑假于二十六日开始,先生等要求学校于二十六日再举行大考,以便参加考试,但校方拒绝。先生等亦不妥协。

六月二十二日   清华学校举行大考。非毕业各班一律罢考。毕业的辛酉级有三分之二走入考场,而先生等二十九人拒绝参加,被取消学籍。

对这一过程,亲历其事的吴泽霖回忆说:辛酉级曾召开两次级会,第一次通过"高四服从多数",第二次通过"在未正式宣布罢课终止以前,高四级不单独大考;未大考以前,不毕业出洋"。"我级多数级友,包括一多和我在内,都认为这一运动与五四运动性质不同。但我们清华学生现属北京学生联合会的成员,理应参加这一运动。我们赞成进城参加游行、进行街头宣传、散发传单等等行动,实际上我们的确也参加了。但起初我们并不赞成举行总罢课。不过时间一拖,城内多数学校的教师都坚持罢课,学生联合会也通过了总罢课的决议,从而我们级友们的态度也变了,觉得我们理应与北京学生们行动一致。辛酉级是毕业班级,部分教师给我们做

了不少劝导工作,但我们仍决定同其他班级一致行动,参加了总罢课。"(吴泽霖给编者的信,1986.5.15)

吴泽霖在《老友一多二三事》中还回忆到:"到考试的第一天,我们全级分化了。三分之二的级友没有顶住压力,屈服了,走进了考场。他们的理由是,首先,最初学联前来征询清华态度时,我们学生会就表示不赞成并明确表示了保留意见。其次,考试涉及毕业问题,毕业考试并不是上课,并不等于破坏罢课。而我们属于少数的二十几人则认为,既然参加了罢课,就不应该为了本身的利益而半途退出集体行动。参加毕业考试意味破坏罢课、分化学运、出卖清华学生会的荣誉,也是对学生联合会的背叛,抛弃了正义。于是,一多与我们二十几人在发表了意见、拒绝了考试之后,默默接受了学校的处分。我们黯然离校,与多年同窗挥泪而别,各奔前程。我们这些人回家后当然备受家长的最严厉的斥责。留学在望,功败垂成,咸深感痛惜。"(《闻一多纪念文集》,第166至167页)

吴泽霖还回忆到:"当然在收拾行李挥泪告别时,思想上也不免产生过矛盾,觉得在清华白耽了七八年,留学在望,机会就这样白白送掉了!回家后何以对父母亲友!但一看到那些参加考试的人望到我们就远避的窘态,我们又深感自豪,认为真理是在我们一边,出洋机会可丢失,为正义不低头,这就是你祖父和我以及其余二十几人当时的心声。"(吴泽霖给编者的信,1986.5.15)

浦薛凤参加了考试,但先生则能谅解他。浦在《忆清华级友闻一多》中说:"一多与(罗)隆基、(何)浩若辈,素喜反抗权威,自然甘愿留级。予则认为随便罢课而留级,殊无意义,因而主张考试。因此之故,同一寝室之一多与予,连日相对苦笑,默默无语。但既然各行其是,彼此自然能谅解,临别握手,互道珍重。"(台湾《传记文学》,第39卷第1期,1981.7)

关于清华学校此次罢考事件,北京《晨报》曾有系统报道,文云:

六三教潮发生以后,同时引起了教育上许多枝枝节节的问题,在这些枝节问题里面,最足以引起社会注意的,莫过于此次清华学校的罢课风潮。当清华罢课风潮热烈的时候,报纸上对于此事少所记载,故旁观者于个中真相尚不明瞭,近两日来社会上始知清华学生因罢课援助六三学潮的缘故,得下列结果:(一)全体学生,自请退学,惟准予于本年九月十二日起,来与复校考试,考试及格者准其复校,惟各班须留级一年。(二)高等四年级一部分已单独赴考,其余二十九人已自请退学,牺牲本年毕业留美机会。这种结果传播以后,社会各方面发生许多误会,有说教职员学生各趋极端的,有说教职员借事报复的,有说学生意图逃考的。现在为免除社会上种种误会起见,谨将事之始末,叙述于后。

（一）事前之慎重。自三月十四日北京教职员宣布停止职务以后,清华学生会曾屡次开会筹商援助国立八校的办法,惟几经讨论,都以通电上书纸上谈兵,代表请愿与虎谋皮,俱非根本解决教潮的妙策,故始终寂然不动。到了六三事件发生以后,北京部立私立学校相继起而援应,清华方面代表来校,日必数起,责难函牍,络绎不绝,清华学生会评议部亦承认为时机已迫,万难坐视,遂于六月八日通过《清华学校明日罢课》一案。当晚提交大会讨论经三小时的争辩,多数以为(一)罢课系自杀政策,以杀止杀,万难有济。(二)现今政府非罢课所能警醒,万不得已,罢课一事也只能作同情的表示。故大会将评议部的议案修改为清华学生应该罢课,惟须与北京部立私立各校取一致行动。九日俄文专修馆等学校罢课讯息传来,罢课时机逼进一步,清华学生遂于十日以二九二票对一一九票的表决,通过同情罢课案。

（二）罢课期中的经过。罢课以后,多数学生,以为事已至此,当图积极进行,其着手办法,(一)组织部立私立各校联合会,以作国立八校联合会的后援。(二)组织募集教育基金委员会,以求教育根本解决。(三)组织宣传政治革新会,以求中国政治根本之刷新,乃当学生以全副精力筹谋对外的时候,校中暗潮忽然发生,卒至于教潮无丝毫补益,而自身受无谓牺牲,诚为可惜。原来该校有几个引起暗潮的远因。(一)六三事件发生以后,学生方面曾致函校内教职员,要求作一同情的表示,信去以后久无动静。故十一日晚罢课案,事先也未征求教职员的同意,事后派人接洽则教职员已啧有烦言。(二)六三事件发生以前,学生正从事清华内部的改革,对于更换教员一节,主持极坚,此亦引起误会之一点。(三)清华原定十三日大考,十一日通过罢课议案,事实上不免逃[考]嫌疑,加以当时学生有主张罢课期中,必不大考者尤足供人口实。

其实罢课期内必不大考一案,正反两面,颇多争执,而闻然不避逃考之嫌通过此案者,实亦别具苦衷。十一号系清华温书最后一日,各项功课,实际上已算完结,所差不过形式上的考试而已。清华记分法,平日分数作为百分之七十,大考占百分之三十,上期大考又占三十分之半,在成绩上说来,百分中已去八十五,优劣等级,不待大考早已决定。若十一号罢课,十三号复行大考,宁非自欺欺人,掩耳盗铃,况且形式的大考,教潮稍有转机,不难补行。此罢课期内必不大考一案,所以必须坚持也。以上几个远因,很足以引起此次的暗潮。到了十三号,本校教职员开了一次会议,从上午开到下午,尚无结果,外间风声,只知态度严厉四字。到了十三[日]晚,校长将教职员结果报告董事会后,即有董事会第一次的决议,"本期大考改于十八日举行,不赴大考学生即认为自请退学"。此议案由金校长非正式的通知学生会评干主席,学生即于是晚开全体大会,议决下列二案。(一)无论学校用何种胁迫,清华学生对于罢课案坚持到底,赞成四二四票,反对者二票。(二)罢课终止时,全体要求学校实行补考,赞成者四四〇票,反对者一票。二案通过以后,学生会即派代表向董事会接洽,并将二案赞成反对的票数报告董事会,同时说明,第一案表明清华学生牺牲的决心,第二案足供清华罢课并非逃考的证明。当时董事会以为同情罢课,良心上固不能认为学生完全错误,但在职言职,董事会亦只知维持校章。最后的结果,董事会对于自请退学案加以复议。在这种压力紧迫的时代,高四居领袖地位,留美机会,近在日前,利害关系,自更密切,其态度当然为全校所注目。高四学生自己召集了两次级会,第一次通过"高四服从多数",第二次通过"在未正式宣布罢课终止以前,高四级不单独大考,未大考以前,不毕业不出洋,词严义正,态度坚强,全堂学生气概为之一壮。不幸有始无终,翻覆变幻,卒至级团破裂,友谊中绝,此一恨事也。

自十四[日]以后,经几次教职员的会议,校长与董事会往返商榷,至十七号又议决两道校令。(一)本校大考事。经本校教职员议决定于十八号举行,如不赴考,即以自行告退论。(二)本学期不赴考者,准其于本年九月十二日起,来与复校考试,考试及格者,准其复校依次升级,惟各班须一律留级一年。两道校令未公布以前,报章上忽有政府提出五条办法收束教潮的记载,同学趋向忽然一变,以为教潮必有转机,校中又如此压迫,何不就此收束,从事大考,一方面洗刷逃考的嫌疑,一方面再图考后的运动,况北京教职员,劝告罢课的宣言同时发出,清华罢课虽然中止,其对于六三教潮表示同情的初志当为社会所谅察,由是学生会终止罢课的议案,连续提出,全体大会,日必三四次,所讨论的无非是收束罢课问题。然罢课终不能如期收束者,厥有下列数因。

(一)罢课既谨慎发之于前,当郑重将之于后,以争教育始者,当以争教育终,五条办法是否确实,教职员对于此五条是否满意,此在收束罢课以前当确应有把握者也。(二)学生罢课,应自发自收,决不能因学校的压力,借题下台。(三)罢课时既与部立私立各校一致行动,收束时,自不能单独径行。对于第一层,学生会于十九日派代表二人往教育部探询消息,其结果五条中马次长认只有两条已经实行,其余均系报纸谣传,政府否认有此办法。同时教职员亦认政府虚与委蛇,毫无收束学潮的诚意。消息宣布后,同学的态度又由收束的而转移到坚持方面去了。加以第三项部立私立各校一致行动,则收束罢课,尤非旦夕所办到。事到如此,教职员方面既步步迫人,董事方面又着着不让,大考期转瞬就到,退学条件马上实行,利害关头,必非口头上的坚持到底四字可以真算确的态度,故评议部在十九号议决举行全

校无记名投票一次,表决下列事件:(一)罢课期内大考不大考,(二)服从多数不服从多数。投票的结果如下:

不考,服从多数,二九八票。

考,服从多数,七十一票。

不考,不服从多数,三票。

考,不服从多数,四〇票。

废票,二十五票。

这次投票,因为要知道同学方面真确的态度,故事先既没有演说讨论,事后开票也非常的慎重,开票的时候,由评干两部各派代表二人以资监督,开票的结果,由监票人签名作证。投票以后,学生会又派人到董事会报告投票的结果,同时告诉他们说,明日大考学生中最少有四十余人应考,但这不是学生团体破裂的现象,良莠不齐,在哪一个组织里也是如此。学生会并要求学校暂不公布迫令学生大考的条告,如于预定大考终止期内清华不能停止罢课,清华学生甘愿自请多留一年。这请求有两层意思:(一)牺牲是学生自动的,不希望学校拿留级当作一种刑罚,当作一种恐吓学生的手段。(二)少数破坏团体的学生,学校应置之不理,不给他们以大考或毕业的机会,因为这种学生毕业出洋以后,亦不过为虎添翼而已。

董事会刁主席对于少数不服从多数一层极不满意,并说中国现今最宜提倡的精神,既为(一)同情心,(二)少数服从多数。不过对于学生会无记名投票的结果,也有下列的怀疑:(一)此种投票,恐系一二领袖鼓吹的结果,(二)此种投票,恐系少年学生一时感情的作用。根据这两层怀疑,他主张举行第二次投票以资对证,其办法(一)负责任的具名投票,(二)由校长执行,(三)票的内容只有校长董事外交总长可阅看,至于总数可以报告学生。第二次投票在十九日晚举行,据校长所宣布的结果列下:

不考,服从,三二九票。

考,服从,八十八票。

不考,不服从,二票。

考,不服从,三十三票。

废票,四票。

(注意,不考的四一九票,单独大考的三十三票)

投票的结果,当晚由校长用电话通知董事会,董事会对于迫令大考的校令,又作第二次复议,结果到了二十一日,发出下列二校令:(一)关于本校期大考事宜,经本校全体教职员议决,定于本月二十二日开始大考,至二十八日考完,届时诸生务须赴考,如不赴考,即以自行告退论。(二)查学期考试日期,并声明如届时不赴考者,即自行告退论,各在案,惟念诸生秉父兄之命,远道求学,数年成绩弃于一旦,殊为可惜。兹格外予诸生以特别时机会,如本学期届时不赴考者,准其于本年九月十二日起,来与复校考试,考试及格者,准其复校,依次升级肄业。惟各班须一律留校多学一年,俟大学一年级学完考试毕业后,方能遣派赴美。这两道校令不过字句间与十八日校令稍有不同,重要办法,则丝毫没有变更。同时评议部也于二十一日晚开会,议决(一)对于二十二日大考的校令置之不理,(二)组织强有力纠察股,维持同学间的秩序。

从二十号到二十二号这两日里,酝酿出来了一件最大的变故,就是高四级的分裂。当高四级几次宣言明示态度的时候,本诸至诚坚持牺牲者,固然有人,而高调独唱,希冀挽救的人也不少。到了二十号,事机已迫,面目毕露,前日提出"不单独大考,不大考不出洋"的人,现在居然提出"高四级单独大考"的议案来,而且以三十六票对二十七票的多数通过以级为单位,坚持以三十六票为一级的多数。反对方面,则以全校为单位,坚持三十六票为全校的极少数。两不相让,各树一帜,八年友谊遂终趋决绝矣。二十二号为实行大考的日期,单独大考者犹冀一度的调停,故上午均未赴考。调停办法,即根据二十一号部立私立联合会所通过的"各校于暑假起首日,宣布罢课终止"一案,要求学校于二十六日暑假后,补行大考,二十二改至二十六,所差不过四日,预料校长可以通融,殊不料竟为教职员会议所拒绝,热心毕业出洋者,乃迫而出于个人单独大考之一途。是日下午一时,赴考的有五十余人,其余不考的学生团聚科学馆特为赴考人欢呼致贺,照相机排列成阵,学生会新闻科的访员,奔走道途。到了三时半,第一次功课考完,赴考人深藏不敢出,考生求校长担任保险,校长电董事设法弹压,闹得风声鹤唳。其实学生不过好奇心胜,欲观颜色罢了,那里有丝毫恶意。到了二十八号,光明正大的考试敷衍了事地过去了;现在几十位毕业出洋的学生,同着几百个退学留级的学生,已分道归家,而无中生有的暗潮,也从此告一段落。(《清华学生罢课风尘之始末——全体学生自退学,补考者留班一年》,《晨报》,1921.7.3,5—7)

六月底 返浠水老家。

在浠水老家,有诗《回顾》。收《红烛》。开头部分表现了先生当时的心境:

九年底清华底生活,

回头一看——

是秋色里一片沙漠,

却露着一颗萤火,

越望越光明，

四周是迷茫莫测的凄凉黑暗。

这是红惨绿娇的暮春时节：

如今到了荷池——

寂寞底重量正压着水

连面皮也皱不动——

一片死静！

忽在里静灵退了，

镜子碎了，

个个都喘气了。

看！太阳底笑焰——一道金光，

滤过树缝，洒在我额上；

如今羲和替我加冕了，

我是全宇宙底王！

七月四日　《古瓦集·序》在浠水老家"二月庐"写定。全文云：

闲空里翻阅旧作的诗古文辞，从前那种忘飧废寝、荡肝伐肺底情形，历历如同隔日的事，因念他们实能代表当时的一番精力，便随时择着录了下来。现在写完了，把古文辞十五首、骈文三首做上卷，诗三十八首做下卷，总名曰《古瓦集》。因为我这几件零星古董不配比汤盘孔鼎，不过是汉瓦、秦砖罢了。砖瓦虽没有盘鼎那样尊贵，可也算得一种古董，抛掉了怪可惜的，保存起来，到一则可以供摩挲，二则也是一个纪念品。

骈文同赋作得最早，无非是东扯西拉，生吞活剥，没有什么价值。古文都是一九一七年秋到一九一八年夏应课底作品。《陶渊明抚松待琴图记》同《清华园工字厅后荷花池》都有两首，其中各有一首是替人作的。两首祭文产生底时代跟这些古文差不多。这几篇文章都是一番钻研揣摩底结果。于今姚选黎选的两部《类纂》里红的圈，黄的绿的点，仿佛珊瑚、翡翠、琥珀排在纸上似的——便是当时底成绩。

诗中《项羽》同《拟李陵与苏武诗》跟骈文同时。从《夜泊汉口将发遇同学王君》到《入都留题二月庐》十三首，名《二月集》，是一九一八年暑假在家里作的。《齿痛》、《夜坐风雨雷电交至凛然赋此》、《上海寄驷弟》同《朝雾》四首是一九一九年夏在上海作的；从《昆山午发》到《维摩寺》八首是同年游虞山底作品；加上同年在家里作的《清封恭人南母裴恭人五十寿诗》，名曰《恋恋集》。这时已经作了白话散文,文言诗却还舍不得丢掉。除上述各诗外,都是在校里的产品,其中《清华园秋日》《提灯会》《清华体育馆》《清华图书馆》同《渡飞矶》底诞生时期,还在《恋恋集》之前,做古文之后。一九二〇年春作了一首应课的白话诗,赵瑞侯先生评曰:"生本风骚中后起之秀,不必趋赴潮流。"这时已经做了很多白话诗,第二次月课勉强用文言译了《点兵行》,是敷衍面子的,序子里且有"亦以昭文言之罪之"一句话。《项羽》是初学诗底"破题儿第一遭",《点兵行》是殿尾的一首文言诗。

一九二一年,七,四　一多识于二月庐

《古瓦集》收先生在清华学校求学时期创作的古文、古诗词赋,全书分上、下两卷,前者收古文十六篇,后者收古诗词赋三十三篇,加书前之《序》,共五十篇。这些作品部分曾经发表,收《闻一多青少年时代诗文集》。未发表的文言文有:《得天下英才而育之三乐也论》《助战平议》《〈史记·曹相国世家〉书后》《读曾国藩圣哲画像记》《读熊希龄论联邦政制书》《感言》《辛亥纪事》《陶渊明抚松待琴图记》(二首)、《清华园工字厅后荷花池》(二首)、《清华园中秋赏桂记》;未发表的古体诗有:《夜泊汉口将发遇同学王君》《晚步湖上》《为陈甥画扇》《夜雨》《初起》《漫书》《芦褐行》《答浦瑞堂》(三首)、《感事》《戊午秋日惩志,七十七韵》《入都,留题二月庐》(二首录一)、《抵都寄骊弟》《清华园秋日》《齿痛》《夜坐,风雨雷电交至,凛然赋此》《上海寄骊弟》《朝雾》《登昭明读书台》《望山前昆承二湖,作图》《清封恭人南母裴恭人五十寿诗》(五首录二)。

《古瓦集》一度流落于世,被中国科学院文学研究所(今中国社会科学院文学研究所)图书馆购得,先生在西南联合大学指导的研究生、中国社会科学院文学研究所图书馆馆长范宁教授曾见全貌,并抄录若干。其后,《古瓦集》因图书馆搬迁,错置失查。多年来,先生遗属多次呼吁寻找,直至一九九七年冬,方在中国社会科学院研究生院张恩和教授协助下,从未编目之图书中重新发现。一九九九年十月先生百年诞辰前夕,该集由陕西人民教育出版社影印出版(限量一千册),书前附有闻立雕的《写在前面》。北京大学费正刚教授的《〈古瓦集〉读后》,作为跋文置于书后,文中认为:从《古瓦集》的作品中,"可以了解在一九一九年五四运动前后,清华学校作为当时新兴学校的语文教育情况,以及当时青年学生对这种教育的反映和他们运用语言文字的能力,由此也使我对五四新文化运动发生的群众基础和它为什么会具有那样强烈的冲击力有了更为具体的生动的理解"。

八月十日　《清华周刊底地位——一个疑问》写定。后发表于九月二十五日《清华周刊》第二二三期。收《闻一多青少年时代诗文集》。

先生长期从事《清华周刊》编辑工作,对这个传递学校新闻、发表同学意见的园地十分关心,认为它的作用应是"一种直接地催促学校底进步的活的创造的作用",它的内容应当"代表同学以监督学生会对付学校当局"、"帮助学生会以接洽学校当局辅导同学"、"附丽学校当局以管辖同学及学生会"等,若"一味地随波逐流,以博同学底欢心"和"歌功颂德,粉饰太平",便会使它失去存在的价值。因此,它的任务是辅助同学"成为自动的、有个性的国民,不应逼迫他们俯首贴耳地做威权的奴隶"。然而,《周刊》由学生会产生,经费受学校控制、供稿与销售则靠同学们,这便造成了它无法独立的现实。先生设想它采用"不取固定的态度"、"自定绝对地独立的态度",却又叹息"恐怕做不到"。最后,文中说:"《周刊》底地位竟没有方法训释,所以他的态度主张也没有方法拣定。但是这个问题一天不解决,《周刊》底机体便一天不能健全。《周刊》长为半身不遂的机关,学校底改良便永缺一个宝贵的工具。"

八月十五日　诗《夜来之客》写定。后发表于九月二十五日《清华周刊》第二二三期。收《闻一多青少年时代诗文集》。收入《红烛》时有改动,并改题为《幻中之邂逅》。

时,清华学校对罢课同学之处分,遭到社会舆论强烈批评,七月下旬,北京国立八校校长亦致函清华董事会,从事斡旋。其函云:"此次北京教潮迁延数月,幸经调人疏解,得各方面之赞助,可告结束。惟贵校学生,因援助八校而罢课,因罢课而受处分,在北京国立八校,及公私立中小学校学生颇抱不安。对于调人,曾郑重声明'此次清华罢课,实为援助八校而起,暑假后若清华风潮不幸扩大,至万不得已时,同人亦必采罢课手段,以援助之'云云。近年国内多事,教育界重影响,已属不幸,若艰难辛苦,调停解决之教潮,秋后再生波折,恐亦必非贵董事校长之所乐闻。同人等历尽艰辛,杞忧心切,用特函请董事、校长,切实维持,免生枝节,匪为贵校之幸,抑亦北京教育界之幸也。事关大局,惟贵校谅之。"(《国立八校校长致清华学校董事会校长函》,《晨报》,1921.7.28)

是月　受到自动退学处分的清华学生家长据理力争,要求恢复学生学籍。十二日,学生家长三十余人,以清华事件处置失当,联名上呈外交部,要求撤销议决原案,以维教育而慰众望,并推举沈承烈、罗忠懋、萨君陆三人为代表面谒外交部总长,请求主持公道。呈文云:"清华学生前因国立八校濒于破产,嗣又发生六三惨剧,迫于义愤,起而援助,以罢课之名义,促当局之觉悟。惟其时适在温书期内,虽居罢课之名,实际上于学业并无损失。讵该校金校长不予谅解,迫令各该生赶期应考。该生等以温书期中之罢课,已属有名无实,而再照常应考,未免近于滑稽。又惟恐学生所抱之苦衷,不能见谅于校长,曾推举代表恳切声明,乞展期至六月二十六日(即本学期终了之日)。事先复推举代表晋谒总长,当蒙面谕,表示同情乃人类之本能,惟望于最短期内从事收束。仰见贵总长循循善诱,维持教育之苦心。不图金校长不明事理,滥用职权,对于董事会饰词耸听,妄加学生等以罢课罢考之名,遂有议决将请示展期之全体补考学生一律认为自请退学,又为成全各该生学业起见,允于秋季复学试验及格后,须留级一年。此种办法,君陆等认为不得事理之平,曾一再函达金校长及董事会,声明理由,请其谅解。不料该校校长一意孤行,偏执成见,君陆等为公为私,实难安于缄默,彼既不得与书,不得不将实在情形,为总长详细陈述之。学生以罢课手段援助八校,君陆等本不谓然。秕本诸爱国爱华之心,又仰总长早日收拾罢课之意,预选呈明二十六日终止罢课实行补考,该生等之办法,虽不免小有错误,第迹其用心,亦无不可谅之处,该校如准据校章,施以相当之处分,不但与校章不符,抑且与情理不合。该校校长,自谓此种办法乃惩戒方法之一,而其所持之理由,则谓学生一再罢课,此次若不严惩,必无以警将来。殊不知学校惩戒学生,必须根据校章,否则必须世界各国教育界有此通例。乃该校校章,既无明文规定,世界各国教育界,亦无此不规则之办法。即谓学生一再罢课,应行严重惩戒,然何以不于民国八九年罢课收束以后加以警告,平时教导无方,临时贸然施以过当之惩罚,何异不教而诛,此惩戒之说之不可能也。该校长又谓此事与实行新计划不无关连。如果属实,以法律不溯既往之原则而言,止适用于新生,不能强使按照旧章入学之学生一律遵守。即让一步言,如系改变学章,应使该已考未考各生一律实行。乃对于已考者则资谴出洋,未考者强留级,是明以冠冕堂皇之大学计划,而为惩戒爱国爱群学生之办法,准情斟理殊不可解。此实行新计划之说不可能也。该校长且谓实行此种办法,与学生有益无损,勿论与惩戒之说,自相矛盾,即使有益,何以不便应考者,利益均沾,以此为惩治戒不应考之学生,于理不能,以为奖励不应考之学生,当必更无是事。君陆等识见浅陋,不知该校长是否自出心裁,抑根据何国最新发明之教育原理,而有此不伦不类,与不能自圆其说之办法,此真君陆等所百思而不得其解也。况学生罢课,为期不过数日,今即认为留级退学,万一不幸时日稍长,又将何以处之。该校长以为学生事先声明愿意牺牲一切,其实所谓愿意牺牲一切者,不过一时义愤之词,充极其量,亦止于受学校正当之处分而已。该校长竟欲藉此施行过当之处分,殊不为不合,总之清华学生,以罢课之手段援助八校,固属于幼稚,而学校办法,尤觉不当,兹事虽微,影响实大。就学生方面言,受退学之恶名,终身蒙不洁之誉,入设备不完之大学,荒废青年宝贵之光阴。就家庭方面言,子弟延长学业,今既增加一年之担负,将来迟延回国,复减少一年之收入。就学校方面而言,处分失当,校章既等于弁髦,预算临时变更,经济更多损失。就国家教育而言,北京教潮今已解决,不幸以清华事件牵动全局,更为可惜。况清华学校,有中美关系,不明事理之徒,造作种种谣言,若不早日平息,一般国民有所误会,未必不引起国际间之恶感。君陆等瞻前顾后,再四思维,以为此种处置,实为有损无益,故特将事之始末,略陈左右。贵总长素以爱护青年为怀抱,维持教育为职志,伏乞主持公道,撤销已议决处理失当之原案,俾清华事件,早日平息,北京教育不生风波,则受赐者不惟君陆等而已也。"(《望外交部能善处清华事件——学生监护人已上公呈》,《晨报》,1921.8.16—17)

　　外交部参事刁作谦代表外交总长接见学生家长时,态度蛮横,十八日《晨报》报道此事时用了《清华学生监护人大失望——刁作谦代表外交部公认不讲理》的标题。为此,学生家长连续召开会议,商量解决办法。

　　又,清华风潮也引起美国政府关注。八月十三日,驻美公使施肇基致电北京政府,谓美政府派员来使馆询问清华学生最近之情况,请求如何答复。清华学校董事中的美国董事,亦认为对先生等的处理,在经济上对美国很不合算,不同意学校对他们的处分。于是清华当局允许拒考同学签具悔过书后即可次年放洋。但先生坚持无过可悔。吴泽霖《老友一多二三事》:八月,"为了挽回学校当局的面子,教务处给我们各人发了一个通知,嘱只要缴上一份悔过书,九月即可回校补习一年,第二年再毕业出国。于是我们就分头接触,征询意见。一多坚持不能写悔过书,一切回校再谈,经过磋商,谁都没有写悔过书。后来学校又作了让步。既然不愿个人悔过,可以写一张集体悔过书。我们坚持无过可悔,集体悔过书也不能写,一多就是这样坚决主张的。"(《闻一多纪念文集》,第167页)

　　九月十二日　　清华学校举行开学典礼,因典礼由校长金邦正主持,很多同学拒不参加。其原因,吴景超说:"六月十一日,清华学生以同情于北京六三教潮,议决罢课。金邦正极不赞成这种举动,便与董事会议决办法,凡届期不直大考的,一律留级一年。学生因为无辜受了这种留级的惩罚,所以对于金邦正,便丝毫没有师生的感情了。九月十一[二]日行开学礼,多数学生都不出席。此事给金邦正精神上以极大的打击。十月十三日,他便离开,参与太平洋会议了。""金邦正赴美以后,学生会曾上书,请他一去不返"。(吴景超《清华的历史》,清华周刊社编《清华生活》,1923年4月28日出版,第5页)　其后,清华学生会更是去函让金邦正"不必作卷土重来之梦想",迫使其于一九二四年四月不得不提出辞职。(据吴大钧:《学生大事记》,《清华周刊第八次增刊》,1922.6)

　　时,先生已返校,开始被迫留级一年的生活。按惯例,清华科毕业生至少可直接插入美国各大学二年级,学校不好对辛酉级留级之二十九人单独编级,就称他们为"大二"。清华有大二级者,仅此一届。

回校后,大二级采取抓阄办法重新分配宿舍,先生幸运分到了二四八号单间。这为他日后的社会活动提供了便利条件。

这学年,先生再次当选为《清华周刊》集稿部集稿员。先生堂兄闻亦传亦当选。当选的集稿员还有周兹绪、姚永励、陈念宗、赵宗晋、陈钦仁、沈铭书、李吟秋、陈华寅、张忠绂、吴文藻、胡毅、李迪俊、周先庚、董凤鸣、杨世恩、陈崇民。另,沈宗濂、蔡公椿、铁明、吴去非、张继忠当选为经理。又,举姚永励为集稿部委员会主席兼书记,周兹绪、闻亦传为委员,分别负责对外接洽、管理部所。(《清华周刊》,《清华周刊本校十周年纪念号》,1921.4.28)

是月下旬 清华学生会"评议部通过加添交际、新闻二科。新闻科举罗隆基、闻一多为正副主任,交际科举高镜莹、萨本栋为正副主任"。(《会社新闻》,《清华周刊》第 224 期,1921.10.1)

十月一日 诗《志愿》发表于《清华周刊》第二二四期,署名"风叶"。收《红烛》时稍有改动。收《闻一多青少年时代诗文集》者为原诗。

十月二十一日 《节译阿诺底〈纳克培小会堂〉Rugby Chapel by Matthew Arnold》发表于《清华学生周刊》第一期①,署名"风叶"。全文云:

> 我们读 Tom Brown's School Days 都知道他们的校长 Thomas Arnold 是如何地起人景仰,因回顾我们清华学生近来的境遇,又如何到至此呢! 如今"时日曷丧"之声,可以稍衰了。但那顺天应民的真命天子,还不知在那里呢! Thomas Arnold 死后十五年,他的后子 Maltthew 作此诗以追念其父。其大意可包括在这几行里——

> > "十五年来,
> >
> > 我们这一向在你的庇阴下——
> >
> > 仿佛在一口大橡底枝叶下——
> >
> > 休息的,受了骄阳。
> >
> > 同冷雨、赤科、孤悽,
> >
> > 没有遮盖,缺欠了你的蔽阴。"

> 可怜! 我们清华学生那一天不去骄阳冷雨之下! 我们为密阴的大橡做梦到如今,只怕还免不了"一场喜欢一场空"吧? 我读阿诺底诗再唤起近来校中糜烂的现状,泪珠儿几乎滚了下来呢。还有人说学生野心,干预校政。唉——

> > "知我者谓我心忧,
> >
> > 不知我者谓我何求!"

---

① 《清华学生周刊》只出过两期,便停刊了。

　　原作太长不能全录,如今取的是殿尾的两节。这并不是最好的部分。我摘取了他,是前有用意的。孔子说:"兴于诗。"我们读阿诺之作,怎好没有一点感触呢?在我个人,不得"大橡",誓不甘休;什么蒲柳散材,尚不在眼里,何况那些荆棘败类那配来污我"水木清华"的灵境呢?

看!在世界的巉岩里

走着人类的队伍,

一条软弱飘荡的线。

他们是到那里的?——一个上帝

帅着他们,给他们鹄的。——

啊!但是路这样长!

他们在漠野里多年了!

酷渴磨厄他们,巉岩

四起,威吓他们;

朋党分裂他们,他们的

队伍拿破裂、溃散来要挟。

啊!使,使他们团结着!

不然,组织那军队的

无量敌,没有一个到得了;

五[吾?]们将孤身徘徊;永远

在岩石上不生效力地撞碰,

一个;地死在荒里。

然后,当你的神昏气沮

之族处救底时候,

你,如同天使,出现了,

神圣的精诚,晶光四射。

希壹底烽火,你出现了!

你的心里没有倦怠,

你的口里没有软弱,

你的眉上没有疲困。

你站在我们的先锋里!

遇着你的声音,想慌与绝壹道走。

你在队中巡逻,唤回迟情,

振刷疲表,鼓励勇敢。

秩序,胆量重新来回了;

眼睛又燃亮了,祷祈

跟随着你的脚步走。

你填满我们行里的缺罅,

振起散漫的阵线,

整顿延续我们的行步,

前进于广漠之涯,前进于上帝之都。

十月三十一日 参加清华学校男女同校期成委员会第一次会议。此前,先生已被推选为该委员会委员,是日分工,负责文书工作。五四运动后,清华学校曾起议过男女同校问题,此时复有力倡者。是日午后五时,清华男女同校期成委员会,"在高等科二五号开第一次会,通过《简章》",决定会员分"通常与责任两种,通常会员现已有百人,责任会员亦有六十余人"。又,"举出时昭沄(即时昭瀛)、罗隆基为总务委员,潘光旦、闻一多为文书委员,刘昭禹、蔡公椿为会计委员,陈石孚、翟桓为出版委员。该委员会复举陈石孚为主席,时昭沄为副主席"。(《清华男女同校期成委员会纪事》,《清华周刊》第 225 期,1921.11.11)

《清华男女同校期成会简章》共六条,目的为"使清华男女同校于最近期间实现"。会员中的中坚分子称责任会员,"责任会员须在实现清华男女同校上切实作事,并缴纳定数的会费。责任会员及通常会员皆有到委员会及在委员会中发言之权,但惟责任会员有表决权"。(《清华周刊》第 225 期,1921.11.11)

次月中旬,该会致函北京高师自治会及北京女界联合会,中云:"男女同校风行全国,其为当今要图勿庸赘言。乃敝校当局,于此问题目下绝少计议。要之原则昭昭,终难漠视,特实现之期,迟速有差耳。同人等迫瞻大局,自惭落伍,爰鸠同志,组织团体,以谋清华男女同校之迅速实现。"是即该会成立的原因。

十一月五日 参加在工字厅召开的辛酉级级会。辛酉级级会为一九二一级部分同学所组织,时任会长时昭涵,"会员几乎都未单独大考","现该级会友入该会者甚众"。(《清华周刊》第 225 期,1921.11.11)

十一月上旬 当选大二级委员会委员,是日大二级开会选举该级委员会委员,"选定时昭泽、钱宗堡、罗隆基、闻一多、何浩若、吴泽霖、沈宗濂等七人,时昭泽为委员长"。(《清华周刊》第 225 期,1921.11.11) 该七人均为暑前参加罢考斗争的中坚分子。

由于清华学生举行罢考,使一九二一年《清华年报》未能编成。时,学校决定续办《清华年报》,并指定职员,图画一项,学生方面由先生负责,教员方面由司达尔女士负责。(《校闻》,《清华周刊》第 225 期,1921.11.11)

十一月十九日　《恢复和平》发表于《清华周刊》第二二六期。该文主旨批评某些同学对学生会苛意地批评,认为社会应有一定秩序。但是,却把这种无政府主义思潮当作了"俄罗斯的赤色在中国的影响"。文云:

在一个颠倒错乱的畸形的社会之中,一切的事变,几乎都要用颠倒错乱的方法去应付;这样积久而铸成习惯,畸形的观念沉到人们底脑筋底下去着土生根了,他们便迳直认权为经,安变如常了。这种现象是新旧过渡程中底一个大礁石。溯其来因可分两端:

一、社会现状底反响。"莫赤匪狐"、"莫黑匪乌"、"司空见惯"印象深刻,于是见了公共机关,不问青红皂白,便一概地痛心嫉首,如对蛇蝎一般。客观地对象,本没有丝毫变更,我们偏看出千形百态光怪陆离来了,其实都是我们的主观的幻象。在心理学理 illusion 底一种原因是 trequency。如今我们看着一切的公共机关都是一种黑幕底 illusion,便是从前看多了公共机关底黑幕底结果。

二、新思潮底遗毒。几千年底缰锁,一朝打破,蠢动泛驾底原始的冲动,如同被压而未熄的薪火一般,忽遭新思想底干风一吹,不觉燎原大烧起来。可怜的时代底牺牲者,他们的神精竟被波尔希维克的赤帜螫得发狂了。一个著名的美国画家讲:假若一个发怒的神灵要用一种特别地酷暴的刑具惩罚人类,再没有什么东西,比将全世界底绿色都变成赤色更可怕些的。在这样一个赤色的世界之中,人类不久定都变成疯子了。俄罗斯底赤色在中国的影响,大概同这差不多。青年们竟以为解放便抹杀一切法律主权同习惯,以为社会的平等便包括知识的平等呢。这不是疯癫是什么?

若要挽回这种狂澜,没有别的方法,全在我们善于驱使理智节制感情。换言之,我们的头脑都太热了,若能少任血性,多用考虑,便不致有这种毛病。

出虎进狼,以暴易暴。好好一棵橘树,渡过了淮水,便度[变?]成枳树。其实这也不过是人类底最长久的历史中一个片段里底现象,正如人生七八十年中一两天底疾病罢了。那理便可以判决凡是执事的都是奸恶,更那里可以迁怒嫁怨,囫囵地宣布一切行政机关底死刑呢?一方面我们既相信公共事业是要人做的,又相信公共事业是有人能做配做的,但是一方面又因一时的失望便要不分玉石捣乱一切。长照这样闹下去,只恐怕终久闹得天翻地覆才完事呢!

时局蜩螗,学生不得不抛了书本来倡一种运动;校事弛废,学生又不得偷着间暇去倡一种运动。这并不是说学生总是比当轴高明些,应该起而代庖。乃是外界既不幸有了这些麻烦生厌的畸形的状况,我们也只得耐着性儿破一个例,帮助大家把不正的扭正了,非常的复常了;为的是要这样,我们才好安心乐业做我们应做的事。所以我们没有恢复原状底机会则已,若有了,那肯不捉住这机会做去的呢!

况且我们是社会的一份子。社会的幸福建于秩序与和平的基础上。所以他的秩序将破则维持、既破则恢复才是我们的天职。爱和平重秩序,是我们中国民族底天性。我不愿我们青年一味地眩于西方文化的新奇,便将全身做了他的牺牲。

和平秩序之不见于清华久矣。如今他似乎又隐约地在我们目前盘旋,我们千万要拉住了欢迎回来。所以我们的太烘热的脑筋要尽力地冷下来,我们要尽力地想像以置身于太平景象之中,用慈祥赤裸的心相待。我们要快把那不受缰锁的安那其的,Anarchical 浮躁蠢野的"赤"气摆脱,三薰三沐降心屏息地整顿大局。万一不幸又有需要我们的时候,我们不妨再破一个例出来趋应责任的诏命。但是我们总要记着这是一个例外万不得已的事!在不需要这种举动时,最好不要枉费精神。

我们学校与当局一向取对敌的态度,一言一动,辄藏机心。如今我们若认为这种态度是用不着的呢,便不妨抛掉了他。还是和衷共济赤诚相待的,舒服得多,痛快得多。我们对于我们自主的机关学生会,一向都没有信用,没有敬心。我们知道要使清华振起一点新气象来,非藉学生会为工具不可。假若我们认为他不满意,便急起用正大光明的方法图谋改良。假若看不出要改良的地方,便需信他,敬他,护他,爱他。不要随随便便就大书特书地,说他庸懦,说他专横,忤辱他的人格。在法律中公共机关称为"法人"Arti ciial Person,寻常我们若随便出条骂人,被骂人必拉我们上斋务处去要我们赔偿名誉。须知学生会是个"法人",他的名誉也是不好随意毁败的,他的人格也是不好随意忤辱的。

同学之间若得相亲相爱还是这样为好。我们常常猜疑某某为政客,某某为流氓,某某为军阀,其实都是我们主观的判断。我们若大家平心静气存点恕道,这些名词根本地都消灭了。其实我是一个人,别人也是一个人,难道我们好别人那样坏吗?中国人最讲究家族主义。我们若能将对待家人底一种和爱的心境来施及于学校,假定校中人个个都是我们的家人,那就好了。

如今校中各方面(学校与学生,学生与学生)的捣乱也捣够了。乱极思治,人同此心。大家何必不即早回头呢！诸君！我们的梦做得久了；黎明来了，我们醒罢！

十一月二十日　晚七时半，清华文学社召开成立大会。"成立大会历时二时余，通过三组进行：诗组、小说组、戏剧组。选举职员结果：干事梁治华(实秋)，书记闻一多，会计张忠绂。诗组领袖是闻一多，小说组领袖是翟桓，戏剧组领袖是李迪俊"。(《清华周刊》第228期，1921.12.2)

清华文学社的前身是上年十二月十一日由一九二三级的梁实秋、顾毓琇、翟桓、张忠绂、李迪俊、吴文藻、齐学启等七人成立的"小说研究社"，宗旨为"介绍欧美名家小说，以谋中国小说之改进"。(《校闻》，《清华周刊》第203期，1920.12.17) 清华建校十周年纪念活动时，他们编辑出版过一本《短篇小说作法》，反应很不错，"校内已销去二百份之谱，校外回信已来者，销数约在百五十份之上，其余各大学因寄有特使券去，销数较多"，"北京商务印书馆、中华书局、佩文斋会友书社，上海泰东、亚东二书局均已承认代销"。(《校内新闻》，《清华周刊》第218期，1921.4.29)

这时，梁实秋等认识了先生，先生"提议把小说研究社改为清华文学社"。(梁实秋《清华八年》，《秋室杂忆》，第40页，台湾传记文学出版社1978年6月出版)《清华周刊》报道云"本校同学十余人，近发起一个研究文学的新组织，该会暂定名曰'文学社'，宗旨就是研究文学。进行方针，大约有两种，一种是读书报告，一种请人演讲。本校年来各种学会产生甚多，惟独少纯粹研究文学的组织，不无余憾。此次该社产生，深可庆幸。"清华文学最初成员十四人，为闻一多、时昭瀛、陈华寅、谢文炳、李迪俊、翟桓、吴景超、梁治华、顾毓琇、王绳祖、张忠绂、杨世恩、董凤鸣、史国刚。(《校闻》，《清华周刊》第227期，1921.11.25) 不到一个月，胡毅、盛斯民、吴文藻等人也加入文学社。

先生在清华文学社中被看作是老大哥。梁实秋《清华八年》："闻一多是个多才多艺的人，他不仅年纪比我们大两岁，在心理的成熟方面以及学识修养方面，都比我们不只大两岁，我们都把他当作老大哥看待。他长于图画，而且国文根柢也很坚实，作诗仿韩昌黎，硬语盘空，雄浑恣肆，而且感情丰富，正直无私。这时候我和一多都大量的写白话诗，朝夕观摩，引为乐事。"(《秋室杂忆》，第40页)

在《谈闻一多》中，梁实秋又进一步说："他最后留级的那一年，他不用上课，所有的时间都是可以自由支配的。一多独占高等科楼上单人房一间，满屋堆的是中西文学的书，喜欢文学的同学们每天络绎而来，每人有新的诗作都拿来给他看，他也毫不客气的批评。很多人都受到他的鼓励，我想受到鼓励最多的我应该算是一个。"(同上，第8至9页)

先生与梁实秋的友谊便是这时建立起来的。次年六月,先生致顾毓琇信中写到:"我于偶然留校的一年中得观三四年来日夜祷祝之文学社之成立,更于此社中得与诗人梁实秋缔交,真已喜出望外。……十年之清华生活无此乐也。我之留级,得非塞翁失马之比哉?"(《闻一多书信选集》,第35页)

十一月二十五日 清华文学社召开第一次常会,《清华周刊》报道云:这次常会"讨论'诗是什么'的问题,先由谢文炳报告,后由大家讨论,反复辩难,极有兴趣。"又云:"现该社正预备请人演讲,第一次大概是请辜鸿铭先生或周作人先生,届时必有一番盛况。"(《校闻》,《清华周刊》第228期,1921.12.2)时,胡毅加入清华文学社。

十一月二十六日 时,清华组织"学生法庭",模仿法庭审判案件。是日"学生法庭"审判两案,分别采用中国和美国现行审判制度,先生均参加法庭工作。

这是清华学生提倡自治、学习西方审判制度的一次演练,开庭前的宣传也颇有趣味。"晚七时半,举行全校俱乐。先自行车(THBA)灯火游行,每车上悬灯四,上插一大灯,有'拥护法庭'、'无法庭无自治'、'打破专制的审判'、'自治者,不治于人也'等语。"接着,开始模拟法庭,"审判的案件有二,一为抽大烟案,一为盗钱案,均辩驳有致。第一案采用中国现行法庭审判法,第二案采用美国法庭的陪审制。两案终结后,征求同学对于清华设立学生法庭的意见。"第一案开庭前,有军乐助兴,两案之间,亦再有军乐。末了,放映电影,极一时之盛。

第一案为抽大烟案,"学生蔡戒烟在学校附近某寺私吸鸦片,被学生吴泽霖侦知,在法庭举发"。此案采用中国现行法庭审判法,有审判长、推事官、书记官、司法警察、检察官、被告律师、被告、证人。先生和高镜莹、黄卓繁、王化成四人担任推事官。

《清华周刊》报道:

> 法庭组织:木案采用审判制,即中国法庭现行制度。每庭设庭长一人,推事二人,一切审问判决事项,概由庭长、推事实行之。

> 案情:学生蔡戒烟在学校附近某寺私吸鸦片,被学生吴泽霖侦知,在法庭举发。

> 登场人
> 审判长:翟桓
> 推事官:高镜莹、黄卓繁、闻一多、王化成
> 书记官:李迪俊、陈华寅
> 司法警察:张继忠、杨杰
> 检察官:沈宗濂

被告律师：何浩若

被告：（蔡戒烟）黄荫普

证人：举发人吴泽霖、驴夫（王狗儿）顾德铭、和尚（法海）张峻、被告同房胡敦元、医生刘纯聪

第二案为盗钱案。采用美国司法界现行的陪审制。案情为"魏毓贤于十一月二十日遗失日币十元，认系胡毅窃取，在法庭向胡毅提出诉讼"。"开庭时一切审问事件，由审判官、检察官、律师执行，而最后判断则由陪审官十二人一致公决"。先生和时昭沄、梅贻宝、高镜莹、王化成、闻亦传、高荫堂、李迪俊、陈华寅、吴泽霖、黄荫普、沈宗濂担任陪审员。《清华周刊》报道：

> 法庭组织：本案采用陪制（Jury system），即美国司法界现行制度。开庭时一切审问事件由审判官。检察官、律师执行，而最后判断，则由陪审官十二人一致公决之。
>
> 案情：魏毓贤于十一月二十日遗失日币十元，认系胡毅窃取，在法庭向胡毅提起诉讼。
>
> 登场人
>
> 审判长：蔡公椿
>
> 陪察[审]员：时昭瀛、梅贻宝、高镜莹、闻一多、王化成、闻亦传、高荫堂、李迪俊、陈华寅、吴泽霖、黄荫普、沈宗濂
>
> 书记官：陈石孚、史国刚
>
> 司法警察：张继忠、杨杰
>
> 检察官：梁治华
>
> 被告律师：罗隆基
>
> 被告：胡毅
>
> 证人：举发人魏毓贤、举发人同房黄卓繁、食堂证人冀朝鼎、寄物证人沈麟玉、厨房徐永瑛、陈念宗、被告人女友陈肇彰（《校闻》，《清华周刊》第 228 期，1921.12.2）

是月　本学年《清华年刊》开始编辑，先生与时昭泽、钱宗堡、沈宗濂、吴泽霖、何浩若、罗隆基为年刊委员。先生还担任美术编辑。年刊中共设十三个栏目，除体育栏图案为杨廷宝作外，其余整页插图均出自先生之手。又扉页校训图、书后广告也为先生画，二十九个装饰花边先生画了二十二个。

年刊上有先生毕业像，旁有简短英文小传，未知何人所作，其文云：

Being an artist, "One Two", of "Widow", knows the secret of beauty, which knowledge is not without visible proof. As he is a poet and reformer at once，his favorite reforms are often more poetic than practical. Whenever he receives an allowance，he may be persuaded to suspend his rule of fasting.

意为:"闻多,湖北浠水。艺术家,外号'混土'(一二)或'活陀'(寡妇),熟谙美之秘密,此种知识并不缺乏可见表征。他身兼诗人和改革家,因此他喜爱的改革往往诗意多,实用性少。一旦他获得资助,人们就能说服他中止执行斋戒的规定。"

为了反映辛酉级二十九人留级一年的生活,他们又单独编印了一小型级刊,亦为英文,先生仍为编辑之一。

十二月二日 清华文学社召开第二次常会。《清华周刊》报道云:这次常会"讨论的题目是'诗的音节问题',由闻一多报告研究的结果,闻君对于一般无音韵之新诗及美国新兴之自由诗加以严重之抨击。报告后略有辩难"。又云:"该社已延请之周作人先生因病不能来,辜鸿铭先生不在北京,但已另请别位名人演讲,必有以餍同学之望"。"再该社本公开的态度,欢迎社外同学旁听。"(《校闻》,《清华周刊》第 229 期,1921.12.9) 时,盛斯民、吴文藻加入清华文学社。清华文学社会所设在高等科七十六号,会所管理为胡毅。

先生在这次会上所做的《诗的音节问题》

此报告手稿仍存,为英文提纲,标题为"A Study of Rhythm in Poetry",下附有用较小字体写的汉译题名,为《诗底音节的研究》。由于目前一般将 Rhythm 译为"节奏",所以武汉大学闻一多研究室翻译时,将题改为《诗歌节奏的研究》,收入《闻一多论新诗》。这是先生最早的一篇关于新诗创作理论的文章提纲,全文如下:

Ⅰ. 定义

A."节奏"一词的来历

B. 节奏的两个含意

1. 拍子

2. 韵律

Ⅱ. 生理基础

A. 脉膊跳动

B. 紧张和松弛

C. 声波和光波

Ⅲ. 证据

A. 日常生活经验

B. 原始人

C. 儿童

D. 疯人

Ⅳ. 特性

A. 节奏的组成因素

1. 时间

2. 重音

B. 节奏的美学基础

1. 一致——关于"清一色"的理论

2. 变化——关于多种趣味的理论

Ⅴ. 作用

A. 实用性的

1. 个人的

a. 联结记忆

b. 引起注意

c. 节约精力

2. 社会的

a. 协同作用

b. 情感的一致

B. 美学的

1. 整体的重要性

2. 一致中的变化

3. 注意力的悬置

4. 结构的框架

Ⅵ. 自然界的节奏

Ⅶ. 各种艺术中的节奏

A. 渊源

1. 适应自然

2. 摹仿自然

B. 分类

1. 音乐的节奏

2. 舞蹈的节奏

3. 诗歌的节奏

4. 造型艺术的节奏

Ⅷ. 诗歌的节奏

A. 有关诗歌节奏的争论

1. 争论的双方：

a. 反对的一方

b. 赞成的一方

2. 争论是如何发生的？

3. 仅仅是理论上的冲突。

B. 诗歌节奏的分类

1. 内部的

a. 韵律

2. 外部的

b. 韵脚

c. 诗节

3. 总的效果

C. 诗歌节奏的作用

1. 作为美的一种手段

a. 一致中的变化

b. 完整感

(1) 完整

(2) 永恒

c. 克服困难所得的喜悦

2. 作为表达情感的手段

a. 各种人的情感的自由表达

(1) 儿童的

(2) 野蛮人的

(3) 疯人的

b. 他们的表达情感的方式

(1) 身体的摇摆动作

(2) 有节奏的发声

c. 文明的效果

(1) 舞蹈成为一种纯粹的娱乐。

（2）唱歌强调旋律与和声。

（3）用修辞方式，而不用韵律方式来朗诵诗行。

d. 但自然的本能仍然存在

（1）情感对节奏的作用：

（a）情感产生节奏。

（b）情感破坏节奏。

（2）节奏对情感的作用：

（a）节奏传达情感。

（b）节奏激发情感。

（c）节奏缓和情感。

3. 作为凭借想象加以理想化的一种手段

a. 诗的节奏促进想象的飞驰。

（1）刺耳的、不和谐的散文不利于达到这一目的。

b. 诗的节奏提供一种产生特别崇高的想象力的工具。

（2）散文在试图运用一种特别崇高的浮想联翩的风格时，往往会失败。

其结果则成为：

（a）荒诞。

（b）笨拙。

c. 诗的节奏用以下方式改变粗糙的现实：

（1）使现实和谐、美化。

（2）表现现实的普遍意义。

（a）歌德的论证。

D. 诗歌节奏的特性

1. 三种成分：

a. 音量

b. 重音

c. 字或音节

2. 与音乐节奏相比较

3. 与散文节奏相比较

E. 韵

1. 韵的功能

a. 旋律

b. 组成部分的布局

c. 与短语的关系

d. 预期效果的满足

e. 恢复想象力的活动

2. 韵的分类

a. 按用韵的位置分：

(1) 脚韵

(2) 头韵

(3) 中韵,或内韵

b. 按韵的性质分：

(1) 完全的或同一的韵

(2) 阳韵

(3) 阴韵

F. 诗节

1. 意义——一般公认诗节为诗歌韵律的最大单位。

2. 诗节以下列因素为基础：

a. 修辞句

b. 旋律句

Ⅸ. 自由诗

A. 妄图打破规律

1. 在排字形式上对诗节的影响

2. 文字游戏

3. 在抛弃节奏方面的失败

B. 目的性不明确

C. 令人遗憾的后果

1. 平庸

2. 粗糙

3. 柔弱无力

Ⅹ. 中国诗歌中的节奏

十二月九日 晚八至十时,清华文学社召开第三次常会,讨论题目为"为艺术而艺术呢? 还是为人生?"《清华周刊》报道云:"由闻一多、吴景超、谢文炳三君报告,大家讨论,互相辩难约二小时之久,虽无结果,然颇觉痛快淋漓。"又云:"该社无论全体常会或分组常会,俱是公开,同学有暇可按时前往旁听。"(《校闻》,《清华周刊》第 230 期,1921.12.16) 徐永瑛、李孝泌两同学,旁听这次讨论。

这时期,清华文学社活动频繁。十日,诗组讨论"英国诗之历史的发展";十二日,戏剧组讨论"近代西洋戏曲之发展";十四日,小说组讨论"小说发达史"。(据《清华周刊》第 229 期,1921.12.9)

十二月十六日　晚,清华文学社召开第四次常会。"讨论题目为'文学与人生',翟桓、王绳祖、张忠绂、顾毓琇报告,大家讨论。在讨论此题之先,并由顾毓琇报告'海外文坛消息',他的题目是《汉姆生(K·Hamsun)之生平及作品》"。(《校闻》,《清华周刊》第 231 期,1921.12.23) 是晚常会,与政治学研究社之演讲冲突,为避免此后与他会开会时间冲突,决定每星期日晚七时半为开会预备时间。

同日　为了给《清华年刊》配照片,学校各社团分别合影。是日,先生与清华文学社社友在体育馆前摄影。大二级同学亦分别有个人像。近日内,先生还与美术社、工社、学生会评议部、级会委员、年刊编辑、年刊图画部、基督教青年会等社团合影。

十二月十七日　"文学社诗组讨论'英国诗人莎士比亚、斯宾塞、弥尔敦'"。十九日,戏曲组讨论;二十一日,小说组讨论。(《清华日历》,《清华周刊》第 230 期,1921.12.16)

十二月二十三日　晚,清华文学社召开第五次常会。"讨论'文学可以职业化么?',报告者有陈怀因、梁治华、董凤鸣、杨世恩、史国刚。全体意见多不赞成职业化,惟对于'除学文学以外,是否当另选一种职业,以敷衍假生活'问题,颇有争论"。(《校闻》,《清华周刊》第 232 期,1921.12.30)

十二月二十四日　清华文学社诗组讨论"斯宾塞尔、莎士比亚、密尔敦的诗"。二十七日,戏曲组讨论"近代西洋戏曲发展史"。二十八日,小说组讨论"斯康底那维亚"与"德国英国之小说史略"。(据《清华周刊》第 231 期,1921.12.23)

十二月三十日　清华文学社开第六次常会,讨论"文学与文人"。

十二月三十一日　参加清华文学社诗组讨论华兹华斯、柯勒律治、斯科特的诗。(《清华周刊》第 232 期,1921.12.30)

一九二二年　二十四岁

二月四日，中日两国在华盛顿签订《解决山东悬案条约》，规定日本将胶州德国旧租借地交还中国；日军撤出山东，胶济铁路由中国以 5 340.614 万金马克赎回。

二月，参加华盛顿会议的九国签订"九国公约"。

四月二十八日，第一次直奉战争爆发。六月，奉军战败撤回关外，宣布东三省"自治"，直系军阀控制北京政府。

十一月一日，大总统徐世昌颁布实施新学制，改学制模仿美国学制，将中小学学制改为六、三、三制。

一月二日　诗《十一年一月二日作》写定，收《红烛》。此诗似与婚姻有关。

此前，还有《失败》、《贡臣》、《游戏之祸》、《花儿开过了》四首，均收《红烛》。

一月六日　晚，清华文学社"在教员休息室茶叙，作本学期最末次的聚会"。又选举"下学期的职员，定为干事翟桓、书记闻一多、会计张忠绂、会所管理杨世恩。下学期进行方针，趋重于创作，并定鼓励出产作品之方法"。（《校闻》，《清华周刊》第 234 期，1922.1.13）

是年寒假　回浠水老家。冬假时间较短，先生从未在寒假中归乡，此次是遵父母之命回里完婚。

早在先生考取清华学校之时，黄冈县潞口镇的高承烈（敬伯）先生便认定先生有出息，愿以其女高孝贞嫁与先生。闻、高两家有亲戚关系，高孝贞的母亲与先生的母亲是堂姐妹。这种亲上加亲在那时很普遍，所以随后两家便定了亲。但先生对此门亲事未放在心上，果然成婚，有突然之感。高家为官宦之家，高孝贞生于光绪二十九年七月初六（一九〇三年八月二十八日），祖父在西北地区做过道台一类的官，父高承烈曾任绥远盐务局局长、广东饶平县知事等职[①]。

为了说服先生应允这门婚事，家人做了许多工作。先生之侄闻立勋回忆："一

---

①　以上情况，是祖母高真（原名高孝贞）在 1983 年 3 月 27 日对编者讲的。当时，还说她的家也是个大家族，世派为"仁是能承孝，后代必发强"。此外还讲了很多，可惜当时没有记录下来。

叔提了三条件：一不祭祖，二不对长辈行跪拜礼，三不闹新房。家里答应说，你不祭祖我们祭，可以行鞠躬礼，对新娘要闹一下，但不过火。家里分别对大家做工作，让人闹得别过火。结婚的头天晚上，一叔把我们都叫到他房里去，盘着腿谈，在床上横七竖八地睡了一晚上。"（闻立勋回忆一多叔录音，1980.2，张同霞整理）

闻振知《忆堂兄一多二三事》也有记述："结婚要说这是人生中很重要的事了，可堂兄却根本不当一回事的。家里人为他结婚可忙坏了，而他成天把心事用在读书上去了。记得结婚那天，堂屋门前张灯结彩，四方名人不断前来恭贺新婚，吹打弹唱十分热闹，家里人一个个忙得不可开交。这一天，他可闲了，清早一起床，就抱着几本书跑出去了，家里的人几次找他理发，洗澡换衣服，他看书看迷了，问起家人要他理发换衣服干什么？竟然连自己马上要做新郎都忘了。家里人怕他又跑到外面看书，一再吩咐他好好在家招待客人，他哪里记在心上，一个人又偷偷钻进了书房，埋头读着他的书。傍晚时分，花轿到了，喜炮不断鸣放，喇叭一个劲地吹，恭喜喝彩声不停，新娘子下轿了，找新郎拜堂，不见拜堂的人影，家里人又气又急，找到书房才把他找出来。"（《故乡人民的怀念》，第33页）

一月二十日　　吴景超写下《朋友》一诗，记述与他关系密切的几位朋友，其中有先生。该诗如下：

> 朋友们啊！不要看书了！
> 我们都来聚在一起，
> 围着桌儿，
> 拿着杯儿，
> 就这般谈谈笑笑，
> 送那沉沉的长夜归去罢！
>
> 我们仰首而谈，
> 我们抵足而谈，
> 我们相视而笑的谈，
> 也不知谈过多少问题了。
> 甜蜜蜜的谈风，
> 渐渐吹到我们的"友史"上去。
>
> 我想起光旦：
> 我初见他时，

不知他叫什么名字。

一天，我候他到信箱去拿信，

就乘机在信箱前面，

认清了他的姓名。

我又想起昭瀛：

想到那一在晚上，

我发次聚在一起，不知谈些什么。

但是他那无碍的辩能，

照眼的瞳人，

从此就深深印进我的脑经。

一多：我们认得最晚了。

你还记得，

我们那天饭后出校步行，

论这人又论那人，

月旦评作了我们的缔交证？

然而这都是比较的新交啊！

我不禁想起我的老友：

想起琨华，想起大堃，

想起我那扬州病榻上的周念诚！

唉！不想了！

可恨欢乐的丝头，

只抽出缕缕的愁丝，

织成烦闷一片！

十一，一，二十日。

（吴景超《朋友》，《清华周刊》第 238 期，1922.3.3）

二月六日 寒假结束，清华学校开学。时，先生尚未返校，仍被推举继续担任《清华周刊》集稿员。此时集稿员还有沈宗濂、顾毓琇、罗隆基、黄荫普、陈念宗、翟桓、梁实秋、杨光弼、余日宣、戴志骞、梁朝威、贺麟、闻齐、史国刚、吴大钧、冀朝鼎、

胡竟铭、何鸿烈、徐敦璋、骆启荣。(据《清华周刊双四节特刊》所载集稿部职员表)

二月十七日　《清华周刊》报道大二级学生将与各年级合组一委员会,辅助课程委员会制定大二课程。一九二一年,清华成立课程委员会,负责制定各年级所学课程,但同情罢考后出现的大二级实属偶然,不在课程计划之内,故课程委员会虽开会次数,却均无结果。"盖各委员对于将来大二课程,意见不同。有主张实科课程,须与文科一并提高,以便学实科学生,将来到美后,亦可入大学三年级者;有主张令学实科学生,在清华时,多学各种外国文、西晚等科,到美后仅令其能入大学一二年级者。刻尚相持未定,故对于将来大二课程,尚无正式建设。"(《特载》,《清华周刊》第236期,1922.2.17)

三月十日,《清华周刊》刊登编制课程的王芳荃先生《关于本学年授课表所以不尽完善的一点解释》,认为课程出现紊乱,原因多端,其一是大二留级,影响全校授课。此文有助于了解先生在清华最后一年之学业,故录如下:

凡事发生,必有原因,本学年授课时间表不尽完善,亦有种种原因。

按本校尚未采用预定时间表制度,故编制时间表,有四大事项,最为紧要。即(一)课程表,(二)科目注册,(三)课程分配,(四)编制时间。编制人编制时间表时,完全受此四大事项之支配,今请将本学年编制时间表时,此四大事项之大概情形,依次说明,以便读者对于时间表不尽完善之种种原因,易于寻求。

(一)课程表　因大二课程影响所及,使已定之高等科三级及大一一级之课程表(中等科俱是必修科故不连述),仅能作学校部分的课程表。换言之,即课程表因大二课程影响所及,完成之期,实觉太晚。查去年六月二十八日学校将大二课程排就付印时,现有之法学通论财政学等,均未在内,而此项科目之决定,直距开学无几时矣。

(二)科目注册　本学年大二科目注册,多半在去年八月初上缴教务处,而迟者竟有至八月二十九日,方始缴进者,且开学后,学校循向例组织委员会,让学生将选定科目,重新更改,如此,则已编成之时间表,当然不适用于此种学生,编制者为求时间表亦能适用于此种学生起见,将已成之表,重新更动,惟因此项更动,与其他未改选科之学生时间表有连带关系,牵一发而全身动,编制人安排此项更动之艰难,从可想见。

(三)课程分配　此项请读者注意,即课程分配一日不出,时间表一日不能开始编制。本学年课程分配,在去年八月十二左右发给教务处,因彼时教员尚未聘定者颇多,故分配俱用佛山市,待开学时教员聘定后,有愿□照担任者,有愿改易一二科者,如是,则假设分配又须更改。

(四)编制时间　教务处编制时间表,向由李仲华君担任,据李君自称,每年编制此项时间表,至少须费二月之久,此次系由荃与胡鲁声君担任其事,编制者于八月十二左右接到课程分配后,即着手编制,因此事本系繁杂,更兼本学年关于课程及目科(闻案:原文如此,应作"科目")注册事项,俱呈畸零状态,则繁杂之处,自当较昔尤甚。故虽学校暑假期内,办公时间,仅限上午,而荃等编制时间,则增每日上午八时至十二时,下午一时至四时,晚间七时至十时,如此编制,继续至两星期余之久,于是大学部及高中两科时间表,乃克成功。第此编成之表,其中课程分配,系照八月十二左右发出者,科目注册,系照首次缴进者,待开学时,受课程分配及科目注册更改之影响,则已成之表,又须更改,如此情形,使编制者无所依据,无所适从,则此事之劳且不易成功,又岂仅编制人方能知耶。

其他如泰西文化学,本在日间,因演讲须三组合并,故改在晚间。史学本亦在日间,因哲学三学生改习史学,致已定时间,不能适用,故亦改在晚间。高级音乐为各选科,欲求一均无冲突之时间,自惟晚间,以及本学年大学部学生,选自然科学多至三项者,其实验时间,均应使无冲突等等,皆为编制者所意不及料,所深感困难者也。

忆荃初到校时,即主张本校当采用预定时间表制度,因学校方面,有种种困难,学生方面有种种特别情形,迄未实行,荃曾在日美各住三年,彼处学校,均采用预定时间表制度,此项制度,以学生教员愈多,则愈晚编制,至本校之编制法,实赅罕见,即在往年,编制人亦当感其法太繁,费时太久。其故盖由于(一)学生选科,范畴太广,(二)选科门类与教员人数比较,似教员尚嫌不敷。至于学生多寡一层,关系尚微,例如本学年编制时间表时,困难之处,均在大学部及高三之时间表,而高一二两级及中学全部之时间表,仅费三日,即已成功,此非明证欤。

荃亦为编制本学年授课时间表之一人,今不惮烦,而作此篇,非由好辩,亦非委过,实亦本学年对于时间表不完善之评责,累有所闻,深恐再事缄默,更增误会,故特书数语,以资解释,盖此事如匠工制器然,匠工固有巧拙之别,第一不尽完善之,料而责匠工作必尽完善之,工殆亦颇,吾侪在学校办事,处处顾全学生利益,苟且了事,实不屑为。教务处,在此寒假期内,曾将泰西文化学两班设法移至日间,大二英文卒以五六人之科目冲突,无法移改,荃尚忆数日前,有人谓体育时间,排在饭后,实非卫生之道,殊不知全校体育共有四十课,而每星

期七小时,星期六四小时计算,仅有三十九时,体育馆即同一时间,不能两课并
上,则除下午一至二及四至五外,尚能以何法位置体育时间耶。事非经过不知
难,愿共识斯言是幸。

（王芳荃《关于本学年授课表所以不尽完善的一点解释》（《言论》,《清华周刊》第239期,
1922.3.10）

二月十八日　清华文学社召开本学期第一次常会。这次常会原定上星期举
行,因闻一多等多数社友尚未返校,故延期一星期。《清华周刊》报道云:"所有社员
创作,均于开会时传观,互相批评,颇有兴趣。该社本学期计划,注重于创作方面,
同时须作关于文学之论文一篇,将学期终缴齐。"又云:"常会现改每两星期一次,开
会时有海外文坛消息报告及文学家之介绍,由社员分别轮流担任。"（《校闻》,《清华周
刊》第237期,1922.2.24）

二月二十四日　任大二级毕业戏剧演出中文剧筹备委员,《清华周刊》报道云:
大二级"毕业时拟排演中英文戏剧各一,并已组织委员会,力事筹备。中文剧委员
罗隆基(主席)、闻一多、廖芸皋;英文剧委员沈宗濂(主席)、萨本栋、钱宗堡"。（《清
华周刊》第237期,1922.2.24）　又,出国西装已于寒假中由上海送到,住在新大楼的大
二级,纷纷着装亮相,有人戏称"艳妆初试,娇羞向人"。

三月三日　清华文学社召开常会。"以时间与他会冲突,到会者稍形稀少"。
会上"通过以后每次开会将由各组分别负责介绍新近国内创作"。《清华周刊》还报
道说:"该社迩来都竭力创作,诗组、小说组作品已不少,戏剧组社员亦正在积极进
行中。"（《校闻》,《清华周刊》第239期,1922.3.10）

三月八日　作诗《蜜月著〈律诗底研究〉稿脱赋感》。未发表。诗云:

　　　　春馆香闺镇彩霓,
　　　　东莱贷笔漫灾梨——
　　　　杖摇藜火兼燃梦,
　　　　管秃龙须半扫眉。
　　　　手假研诗方剖旧,
　　　　眼光烛道故疑西。
　　　　洛阳异代疏泉出,
　　　　谁订"黄初二月"疑!

这里所说的《律诗底研究》,全文七章二十一节,与《诗底音节的研究》似为姊妹
篇,有人称此文"可能是五四运动以后,较早用新的方法,系统研究中国诗歌的民族
传统的长篇著作"。先生后来虽又几经修改,但始终未肯发表它,只有几位朋友读过。

原文共五十九页,参考书目二十种:《古诗源》、《文选》、《文心雕龙》、《十八家诗钞》、《瓯北诗话》、《然镫记闻》、《律诗定体》、《声调谱》、《谈龙录》、《国学小史》(梁启超)、《中国哲学史大纲》(胡适)、《东西文化及其哲学》(梁漱溟)、《诗学籑闻》、《漫堂诗话》、《策学备籑》、《唐诗鼓吹》、《释名》、《不林诗话》、《昌黎全集》、《六一诗话》。兹录目录如下:

第一章 定义

第二章 溯源

  第一节 律诗底章底组织

  第二节 律诗底句底组织

  第三节 五律底平仄

  第四节 七律底进化

第三章 组织

  第一节 队仗

  第二节 章底边帧

  第三节 章底局势

第四章 音节

  第一节 逗

  第二节 平仄

  第三节 韵

第五章 作用

  第一节 短练底作用

  第二节 紧凑底作用

  第三节 整齐底作用

  第四节 精严底作用

第六章 辨质

  第一节 中诗独有的体制

  第二节 均齐

  第三节 浑括

  第四节 蕴藉

  第五节 圆满

  第六节 兼有底作用

  第七节 律诗底作用

第七章 排律

三月十四日　致父母亲信。收《闻一多书信选集》。时,先生与妻子同在武汉。妻子是婚后回娘家,先生则是陪往,并决定十六日动身返京。这是行前的一封信,特别说此次婚姻实一大牺牲,作为补偿,家里应让妻子入学校读书:

> 我媳妇定住半月即归。届时务请五舅来接。千万千万。此关系伊的学业,即伊的终身之事。请两位大人勿循俗套必住二十八天,致误伊光阴。我之此次归娶,纯以恐为两大人增忧。我自揣此举,诚为一大牺牲,然为我大人牺牲,是我应当并且心愿的。如今我所敢求于两大人者只此让我妇早归求学一事耳。大人爱子心切,当不致藐视此请也。如非然者,则两大人但知爱俗套而不知爱子也。我妇自己亦情愿早归求学,如此志向,为大人者似亦不当不加以鼓励。如两大人必固执俗见,我敢冒不孝之名谓两大人为麻木不仁也。

回到学校,先生不愿谈自己的婚事,而拼命地写诗。梁实秋《谈闻一多》:"婚后一个多月,一多立即返回清华园里过他的诗人的生活。一多对他的婚姻不愿多谈,但是朋友们都知道那是怎样的一般经验。……一多作诗的时候拼命的作诗,治学的时候拼命的治学,时间根本不够用,好像没有余暇再管其他的事,包括恋爱的生活在内。他有一位已婚的朋友移情别恋,家庭时起勃谿,他就劝说他道:'你何必如此呢?你爱她,你是爱她的美貌,你为什么不把她当做一幅画像一座雕像那样去看待她呢?'可见他自己是全神贯注在艺术里,把人生也当做艺术去处理。"(第13至14页)

三月十七日　清华文学社请"梁任公先生演讲《中国韵文里所表现出来的情感》,听者极形踊跃,后到者则立而听焉"。(《清华周刊》第241期,1922.3.24)时,先生正在返回北京的路上,错过了聆听梁启超这次演讲的机会。

三月二十八日　致闻家驷信。收《闻一多书信选集》。信中说开始编订诗集《红烛》,还说正在作长诗《李白之死》:

> 到校后,做诗、抄诗、阅同学所作诗,又同他们讲诗,忙得个不亦乐乎,所以也没有功夫写信给你。我的《红烛》(我的诗集)已满四五十首,计到暑假当可得六十首。同学多劝我付印问世者,我亦甚有此意。现拟于出洋之前将全稿托梁君治华编订,托时君昭瀛经理印刷。我于此道亦稍有把握,不致太落人后。我愿你亦多用功,我定能助你。相传李太白醉而见月于水中,因入水捉月,遂溺死。此事虽不甚可靠,然确为作诗好材料。我现在正作此诗名曰《李白之死》。脱稿后,即寄来一读。

四月四日　诗《进贡者》、《死》、《深夜底泪》发表于《清华周刊双四节特刊》。收《闻一多青少年时代诗文集》。编《红烛》时,先生把《进贡者》改为《贡臣》,并对它与《死》都稍有改动。

《死》与《深夜底泪》似乎都与婚姻有关。

四月十三日 致父母亲信。收《闻一多书信选集》。是月十一日,外交部有所谓"取消留级"部令的通告,是专为清华去年参加同情罢考同学所受处分的批示,其中对罢考同学施以威压手段,捏造罪名,污辱人格,末尾云"留级办法,暂缓执行"。先生等对此部令,十分气愤,信中说:

> 取消留级部令已下。内容想八哥已有信详述,兹不复赘。该令于大二(即廿九人)全未顾及。幸而全未顾及大二,因为令中措词污辱学生人格已至极端,未及大二,则大二之人格当不污也。从前我在家时,大二曾有人要求早出洋及津贴等权利,未成。今此令出后,如大二坚持前请,或可稍得小补。但部令说我们"罢课避考",说我们"事后深知改悔",叫我们"务希自爱,以励前修"。试问如去年罢课一事,全校都未受影响,只我廿九人作真正的牺牲;我们"求仁得仁",何"悔"之有? 我们这样的人,是不知自爱吗? 他又说"予以自新","以观后效"。试问我们自始至终光明正大,有何"自新"之必要? 有何"后效"之必观? 所以我们都以为这种部令"是可忍,孰不可忍"? 但我们若受他的好处,那便无形承认部令。此种行为,良心之不许也。且从去年不肯赴考,已经光明磊落到现在,何必贪此小利,而贻"功亏一篑"之讥哉? 且早出洋实无利益,尤为我个人之不愿;津贴亦甚有限。贪此小惠而遗玷终身,君子不为也。所以我现在决定仍旧做我因罢课自愿受罚而多留一年之学生,并不因别人卖人格底机会,占一丝毫便宜,得一丝毫好处。

参加同情罢考的壬戌级(即一九二二级)同学也曾受到留级一年的处分,闻亦传亦是其中之一。闻亦传等八人曾拒写悔过书,但是外交部竟强迫他们服从多数,而潘光旦愿牺牲出洋,坚持公理,先生为此十分感动,在信中说:

> 八哥等八人不愿写悔过书自甘多留一年,此本可嘉之举,而万恶的外部竟强迫彼等服从多数,决不通融,以陷彼等于险难之域(完全牺牲出洋机会或屈伏于部令下,承认已经悔过)。此为有血性者之所共愤者也。现在我愿抵死力争,甘冒不韪,以触当局之羞恼而致罚于我。更有一可痛心之事,则此八人前已申明无论如何决不卖人格以早出洋。今多数人见威压过甚,仍将出洋,置前言于不顾。独光旦君则愿力争,不得,则完全牺牲出洋。圣哉光旦,令我五体投地,私心狂喜,不可名状! 圣哉! 圣哉! 我的朋友光旦! 我虽为局外人,但若不尽我最高度之力量以为公理战,我有负我所信奉之上帝及基督,我有负教我"当仁不让"之孔子,我尤负以身作则的我的朋友光旦!

实际上,后来潘光旦也如期放洋了。潘光旦《清华初期的学生生活》:"一九二二级,就是我所属的一级,则根本没有履行缓期出洋的处分。原来一到当年春天,出洋期近,全级六十多人,除了八个人以外,集体签具了'悔过书',不肯'悔过'的八人,包括我在内,被革除了'级籍'。但这八个人事实上也没有履行处分,学校为了避免为他们寻找工作或留校进修的麻烦,也就把他们一起送走了事。"(《文史资料选辑》第31辑,第104页)

同日　又有致闻家骥、闻家骢、闻家驷信。收《闻一多书信选集》。内容也是关于"取消留级"部令之事。

四月十四日　先生和罗隆基、吴泽霖、高镜莹四人共同具名的《取消留级部令之研究》发表于《清华周刊》第二四四期。收《闻一多青少年时代诗文集》。这是先生等人在全校面前对此部令的批驳,文中还录有先生等人此前不久写的同名义之《取消留级部令之研究》,阐述了他们的立场和观点:

> 我们现在对于此次取消留级的部令,稍微有点意见,愿同诸君商榷之。我们身为大二级友,对于这个问题所讲的话,本难发生效力,就是本日散级已经通过不早放洋,不承受"三条件"(即便给我们,我们也不要)等议案,我们的地位,仍是不便讲话。不过我们看见部令时,我们的良心便吩咐我们非讲不可。从前当局曾经屡次说过,对于这件事的办法,总要"双方过得去"。如今根据这个部令看来,他们过去了,我们可太过不去! 兹将何以过不去的四端,分别述之:

> (一)污辱人格。去年我们罢课以后,坚持不考,实为良心上的主张,而部令偏说"当时尚非主动",试问当时三度表决,几次宣言,到底是谁的主动? 这次罢课风潮,一部分人或者认为手续上稍有疏忽。这种疏忽,就是有可悔之处,也不会牵涉到主张上来。而部令说"事后深知改悔",试问对于这种正大光明的同情主张,诸君果然"深知改悔"吗? 他说"予以自新",诸君果有"自新"之必要吗? 他说"以观后效",诸君的"后效"果然要"观"吗? 其令人尤难堪者,则校令中之"诸生务须束身自爱,以励前修,无负外交部培植之至意"数语。试问当日同情罢课时,我们果然是卑污苟贱,不知自爱的学生吗? 我们果然"有负外交部培植之至意"吗?

> (二)捏造罪名。罢课一事,师出有名,全国皆知。事前三次投票,手续何等郑重? 事后追求补考,心迹显属光明。而部令乃说"罢课避考"。试问"避考"二字果能抹杀当时罢课的初衷吗?

> (三)滑头手段。这次取消留级之要求,同学方面是请其将原案完全推翻,并非暂缓执行。外部果然已认留级办法为不妥当,就该爽爽快快将该案取

消。而部令乃三次申明"暂缓执行",显属别有用意。试问将来学校经费发生问题时,留级一案是否仍能发生效力?试问将来学生无论何种举动当局认为不满意者,留级一案是否又能发生效力。"人无远虑必有近忧"。这种地方,低级诸君当特别注意!

（四）威压政策。取消留级运动发生之后,许多人实居反对地位,但因抱定多留一年之坚心,不愿出头破坏他人的成功,无非欲逐其各行其是之目的。今观部令"一体遵照"一语,又据王代理校长之谈话,留校一事,完全绝望,则不服从部令,只有退学一途。试问决定多留一年之诸君,是甘心自行退学呢,还是屈服于威压政策之下呢?

附:清华学校通告第三十四号:

查本校前以应否取消留级办法陈请外交部批示,本月十一日奉指令开:"据呈'留级办法,应否取消,亟待解决,以便进行'等情到部,当经发交董事会核议具复,兹据复称'该校学生会一再呈请取消留级办法,并声明悔过,情词恳切,似可予以自新,拟请将留级办法暂缓执行'等语前来。查上年诸生等罢课避考,显违校章,于管理原则上,本难稍事通融,第念诸生当时尚非主动,事后深知改悔,酌理衡情,不无可恕,应准将留级办法暂缓执行,以观后效,合行令仰该主任,转饬诸生一体遵照此令"等因奉此,特遵令将留级办法,暂缓执行,嗣后诸生务须束身自爱以励前修,毋负外交部培植之至意为要。此告。

四月二十一日　先生等十人赴安徽灾区服务。时逢第一次直奉大战开战前夕,双方兵力布置于长辛店、固安、马厂一带。先生等行至马厂受阻,返归。虽未到达灾区,却亲眼看到了军阀混战所造成的景象。胡竟铭《第三批前往灾区服务中途折回的记略》记载了此行的过程:"第三批赴灾区的,共有十个人,就是闻一多、胡毅、吴景超、潘光旦、潘光迥、吴士栋、刘绍禹、黄翼、赵锡龄和我。我们要去的地方为安徽;我们的任务为替代第一批在该地服务的同学回校。我们预备在四月二十五日以前到那里,所以定了二十一日由校起程。二十一日早晨,我们的行李等件,都已预备完好,并且黄、胡二君,已经进了城。……三点半钟,我们才由校起身。那时刘君、赵君和潘光旦君,都已先后单人进城,我们压车的就有五个人。……大车到了西直门,我们就换乘人力车赴旅馆,差不多六点钟我们才到金台馆。我们在京奉车站得了津浦车不通的消息,受了一个很大的打击。但是站长说,不过唐官屯底下的铁道毁了一段,现在已经去修理了,两三天一定会通车的;就不然,我们拿着华洋义赈会的旗帜(蓝地白十字),由水路或由火车,亦都可以过去。所以我们仍定次日去天津。二十二日下午,我们搭车到天津,赵君回校。晚上才到,有章元善先生家的仆人来迎。章先生也在华洋义赈会里做事,他介绍我们住在他家里。当晚在津站探问得的消息很坏,因为站长劝我们不必去,他说,火车不通的地点在马厂与沧州之间,那里是两军的防线,前两天火车因路毁出轨,压死了一个火夫,路局要去将尸首运回,尚还不行。就是该站奉军军事站长,他也说他们可以护送我们一直到他们的防线的边界,可是直军那边如何待我们,是很难知道的。我们讨论了好久,后因时候不早了,遂展到次早继续讨论。二十三日早餐的时候,我们决定有一步的希望,我们做到一步,到马厂能找到大车或船只,我们就冒险去走一走。于是饭后一齐到车站,搭十点多钟开往马厂的火车南下。我们一路都是走在奉军防线里头,我们看了好多事情:一,从天津到马厂,沿途各站均有军队驻守,并且都有一个军事站长。军事站长,全站都归他指挥,所有火车,开放扣留事情,统听他的命令。二,他们兵士的服装都极其整齐,人人都像预备出发似的,与平常军队大不相同。三,我们车子在路中一个站,遇着孙烈臣的专车北上,①他大概是去视军回来的了。四,他们的旗号是红的,二白横条。五,在杨柳青站上,停放着有几架飞机。六,沿途各站,除车队外,普通百姓很少。我们在天津并未预备食物当午饭,及后到了一点钟的时候,竟不能买一样东西充饥。最后在陈官屯站上,才找到一个叫卖的人,买了几个冷烧饼,还有煤油味,但是也管不着这许多了。火车到了马厂,我同潘君光迥下车打听消息。我们第一个惊异就是,满站堆着马草,一眼荒无人烟,惟有那些武装的军人。这车上的旅客,在唐官屯以前,都下尽了,这儿就是我们两个下来。我们询问的结果,就是无论如何走不过去——旱路或水路。因为两军各处都设卡阻止行人,不顾华洋义赈会的,站长只说:'不必去'、'危险'、'不值得',别的都隐忍不说。所以我们只好跟随原车回来。回天津的车子,旅客很多,都是由马厂一带逃避战争的。到了天津,我们随即搭京奉车到北京,因为一路让等兵车,所以夜一时才到。在北京住一夜,第二天就回来了。"(《清华周刊》第 246 期,1922.5.5) 文中还记述了他们出校门时,找不到拉行李的人力车,因为所有车辆都被拉去运军械。又说他们行前即接到灾区发来的电报,让他们停止出发,但大家仍然抱着一线希望上路。

五月七日　致闻家驷信。信中说到出洋及诗评:

　　我到现在总觉得不愿意走。一嫂②读书事我现在看得到[倒]稍淡散了。我不愿走,是因我自己的事。我前已告诉你我想将我的《红烛》付印了。但是后来我想想很不好,因为从前我太没有预备。什么杂志报章上从得未见过我

---

　　①　曾为东三省保安副司令兼吉林保安司令。4月29日,张作霖到军粮城自任镇威军总司令后,以孙烈臣为副司令。

　　②　一嫂,即先生夫人高孝贞。先生在家族中大排行第十一,弟弟妹妹称其一哥,称高孝贞为一嫂。

的名字,忽然出这一本诗,不见得有许多人注意。我现在又在起手作一本书名《新诗丛论》。这本书上半本讲我对于艺术同新诗的意见,下半本批评《尝试集》、《女神》、《冬夜》、《草儿》(《冬夜》是俞平伯底诗,《草儿》是康白情底诗,都已出版)及其他诗人底作品。《冬夜》底批评现在已作完,但这只一章,全书共有十章。我很相信我的诗在胡适、俞平伯、康白情三人之上,郭沫若(《女神》底作者)则颇视为劲敌。一般朋友也这样讲。但虽然有这种情形,我还是觉得能先有一本著作出去,把我的主张给人家知道了,然后拿诗出来更要好多了。况且我相信我在美学同诗底理论上,懂的并不比别人少;若要作点文章,也不致全无价值。还到原题上去,我不愿走,正因想在中国把这本书作完,并且把《红烛》也料理出版。我若能不出洋,我还想在清华住着利用这图书馆。但这样就发生困难了。住在学校内,弄一个相当的事,又要有时候作自己的事,颇不容易——迳直是不可能。无论如何,这都是过去的话。现在我还是出洋。若书在那边做得成更好,不成也没有法子。我不能不走,倒是因为在清华不好弄事,并不怕家里的反对。

又说到对婚姻的失望:

家里一般俗见,早不在我的心里,更不在我眼里。驷弟! 家庭是怎样地妨碍个人底发展啊! 细肝,细心,细鼻,细眼,讨厌极了! 试问早出洋底虚名好些呢? 还是当一个著作家——实实在在的著作家好些呢? 俗人真该万死! 驷弟! 大家庭之外,我现在又将有了一个小家庭。我一想起,我便为之切齿指发! 我不肯结婚,逼迫我结婚,不肯养子,逼迫我养子——谁管得了这些? 驷弟! 我将什么也不要了! 宋诗人林和清以梅为妻,以鹤为子。我将以诗为妻,以萤为子,以上帝为父母,以人类为弟兄罢! 家庭是一把铁练[链],捆着我的手,捆着我的脚,拊着我的喉咙,还捆着我的脑经[筋];我不把他摆脱了,撞碎了,我将永远没有自由,永远没有生命! 本来我立刻就可以回来了,但一因我要作书,不能回来,二因我现在,老实讲,一点也不挂念家里,所以也不想回来。驷弟! 我知道环境已迫得我发狂了;我这一生完了。我只作一个颠颠倒倒的疯诗人罢了! 世界有什么留恋的? 活一天,算一天罢了! 我的思想太衰飒了吗?"谁实为之? 孰令致之?"我现在还不知道几时才回得了。我高兴几时回,我再写信告诉你。哎呀! 我真怕再进那家庭之黑窟! 我本要一嫂早回家读书,她没有回去,并且也不写信告诉我。我已写信告诉她既是地方不安静,回去不了,那又有什么要紧呢? 但她到现在还没有信来。仗打完了,火车通了,信还没有来,这是什么道理? 她若还在省,你去告诉她,我还愿意跟她作个很好的朋友,她若还是这样糊涂,我连朋友也不要了! 我是没有道理讲的,我这样想了,便要这样讲,讲了,便要这样做。

五月十二日 《美国化的清华》与诗《春之首章》、《春之末章》发表于《清华周刊》第二四七期。收《闻一多青少年时代诗文集》。两首诗收入《红烛》时,有较大的修改。

《美国化的清华》是先生在清华读书时发表的最后一篇文章,也是先生对这所学习和生活了十年的学校的感想。文中对一般美国教授认为清华学生"太不懂美国,太没受着美国文化底好处"的抱怨,愤愤不平,有受侮之感,说:

我这意见讲出来,恐怕有点骇人,也有点得罪人。但是这种思想在我脑经[筋]酝酿了好久。到现在我将离开清华,十年的母校,假若我要有点临别的赠言,我只有这几句话可以对他讲。

我说:清华太美国化了! 清华不应该美国化,因为所谓美国文化者实不值得我们去领受! 美国文化到底是什么? 据我个人观察清华所代表的一点美国化所得来的结果是:笼统地讲,物质主义;零碎地数,经济、实验、平庸、肤浅、虚荣、浮躁、奢华——物质的昌盛,个人的发达……。或者清华不能代表美国,清华里的美国人[是]不是真正的美国人,我不知道。不过清华里的事事物物(我又拿我那十年的经验的招牌来讲话),我是知道得清清楚楚的。我敢于说我讲的关于清华的话,是没有错。我现在没工夫仔细将清华的精神分析出来,以同所谓美国化者对照,我只好举其荦荦大者数端。

(一)经济。除了经济,美国文化还有什么? 我们看近来清华要学这个的该有多少? 再看别的不学这个的,谁不是以"吃饭"作标准去挑他们的学业? 再看从美国回来当买办、经理的该有多少? 再听一般人的论调,总是这个有什么"用"? 那个有什么"用"? 他们除了衣食住的"用"外,还知道什么? 他们的思想在哪里? 他们的主义在哪里? 他们对于新思潮的贡献在哪里? 他们的人格理想在哪里? 他们的精神生活又在哪里?

(二)实验。很好! 清华学生真有干练敏捷之才!"五四"运动证明了,童子军证明了,世界基督教学生同盟大会证明了,几次的灾区服务证明了。但是也只是 efficient 而已啊!

(三)平庸(mediocrity)。清华学生不比别人好,何尝比别人坏呢? 很整齐,很灵敏,很干净,很有礼貌,——很过得去。多数不吃烟,不喝酒,不打牌,不逛胡同,——很有规矩。表面上看来清华学生真令人喜欢,但是也只是令人喜欢,不能[引]起人的敬爱,因为他们没有惊人之长。

（四）肤浅。清华学生真浮浅极了！哪里谈得上学问？哪里谈得上知识？一个个见了人，笑笑弥弥的，真是 A very good fellow，但是真有什么诚意待人吗？外观讲得真好，形势极其整齐，正同这几间大洋楼——礼堂、图书馆……——一种风味。随便在哪，面子总不能不顾。讲新也新的不彻底，讲旧也旧得不澈透。浅啊！浅极了！真是些小孩子们啦！

（五）虚荣。人说我们"急公好义"，我们捐吧，把饭钱都捐了吧，反正菜不够吃。总是要添的。人说我们能自治，学生会、法庭都干起来吧；回头会也没有人到，费也没有人交，什么也都忘掉了。运动啊，演说啊，演戏啊，一切的啊，都是出风头的好工具。

"Our Tsing Hua's pride does still abide, and ever more shall stay!"

（六）浮躁。这更不用讲了。这本来是少年的气象，男儿好身手的本色！不独举动浮躁，行动也浮躁，语言也浮躁。mob spirit！！

（七）奢华。谁说清华学生不浪费？厨房、售品所不用讲，每星期还非看电影不可。贵胄公子，这一点安逸不能不讲。清华底生活看着寻常，其实比一般中等社会人都高，在平时还不觉得，到出洋时，真不差似中了状元，三、四、五、六百块，阔给你瞧瞧！

以上所述的这些，哪样不是美国人底特色？没有出洋时已经这样了，出洋回来以后，也不过戴上几个硕士、博士、经理、工程师底头衔而已，那时这些特色只有变本加厉的。美国化呀！够了！够了！物质文明！我怕你了，厌你了，请你离开我吧！东方文明啊！支那底国魂啊！"盍归乎来"！让我还是做我东方的"老憨"吧！理想的生活啊！

"Oh! raise up. return to us again, and give us manners, virtue, freedom，power。"

先生的愤愤，实际上代表了一些清华同学的看法。梁实秋在《集稿余谈》中说："一多君在上期周刊里作的《美国化的清华》，实在是我许久想作而没有作的一个题目。'美国的教化是铸造天字第一号的机器！'我愿大家——尤其是今年赴美的同学——特别注意，若是眼珠不致变绿，头发不致变黄，最好仍是打定主意做一个'东方的人'，别做一架'美国机器'！但是我看到今年赴美学经济的人数之多，不免使我的愿望的热诚低落。"（《清华周刊》第248期，1922.5.19）

在此前后，有诗《青春》、《宇宙》、《国手》、《香篆》、《春寒》、《钟声》、《爱之神——题画》、《谢罪之后》、《忏悔》、《黄鸟》、《艺术底忠臣》、《初夏一夜底印象》、《诗债》等，均收入《红烛》。

五月十六日　梁实秋作《送一多游美》,该诗发表在次月《清华周刊第八次增刊》,序云:"一多是文学社的社友、清华现在唯一之诗人,有集曰《红烛》。今且游美,全社有失依之感。习俗之序赠的滥调,文学社社友本不优为;而别离情绪盘萦脑际不去者累日,遂进而成此。既成篇,诗之工拙弗计也!"原诗如下:

> 牡丹谢了,早谢了,
> 留下无数鸡爪子似的种子,
> 缀在绿肥的枝顶上。
> 荷钱还稀得很呢,
> 三三两两的在池边聚着,
> 也不知喁喁的商量些什么?
> 唉! 什么是饯送的馈礼呢?
> 又谁是饯送的主人呢?
> ＊　　　　　＊
> 东方的魂哟!
> 雍容温厚的东方的魂哟!
> 不在檀香炉上兔兔的香烟里了,
> 虔祷的人们膜拜着些什么啊?
>
> 东方的魂哟!
> 通灵洁彻的东方的魂哟!
> 不在幽篁的疏影里了,
> 虔祷的人们供奉着些什么啊?
>
> 遗弃的髑髅啊!
> 优美的尸身啊!
>
> 东方的魂哟!
> 终于像断了线的纸鸢,
> 漂到迢迢遥遥的云阶上了吗?
> 唉! 诗人早一把掣着线端,
> 立在云端,欢喜的降着了。
> 从云缝里露着的景象:

跳舞的髑髅，游行的尸身，
早密丛丛的填满了人间。
诗人的心也就震荡了！
"拿去——这是你的灵魂！"
只这一句话能完成诗人。
我的朋友！
看渊潭久了，渊潭也要看你！
嗅香花久了，香花也要嗅你！
天上人间的诗人啊！且记取：
"拿去——这是你的灵魂！"
只这一句话能完成诗人。

　　　＊　　　　　＊

朋友啊！
海洋里的薰风，
将把"红烛"的光焰更扇亮些罢？
你就秉着熊熊燃着的"红烛"，
昂然驶进西方海岸的湾港罢！

我感到恐怖的黑暗，
便灭了我手里的纱灯；
但是，到海底探珠的人们啊！
往黑暗里去求光明的朋友啊！
燃着你们的灯光罢！
在魔鬼怀里炬火要缩成爝火，
爝火要变成磷火了！

纱灯的周围，有数不清的灯蛾；
但是闪烁的炬火也要驱走恶魔了！
朋友啊！燃着你的灯罢！
在烛影摇红里，我替你祝福了！

　　　＊　　　　　＊

牵裳的风啊！

击鞭丝的柳枝啊！

挽不住离人去了！……

朋友啊！

谢了的牡丹，

钱大的荷盖，……

在这冷清的黄昏，

只这些是馈礼了！

但在失了魂的人们里，

谁又是饯客的主人呢？

五月十八日　清华文学社召开常会，讨论俱乐会及介绍新会友等事，并定二十一日晚召开俱乐会，并欢送今年出洋的会员，互谈至十时余始散。(《校闻》，《清华周刊》第249期，1922.5.26)

五月十九日　《清华周刊》第二四八期刊登《一九二一毕业大二级赴美留学学科学校一览表》。大二留级者二十九人全部放洋，他们是：赵连芳、钱宗堡、费培杰、何浩若、霍启芳、许复七、高镜莹、顾德铭、萨本栋、邹维渭、黄卓繁、董大西、闻一多、时昭涵、时昭泽、罗隆基、王朝梅、廖芸皋、孟宪民、孙超烜、孙增庆、陈之长、陈崇武、陈念宗、沈仁培、沈宗濂、沈有乾、吴泽霖、王昌林。①

此前，由于清华准备改办成大学，有人建议将先生等人留在国内当办大学的试验品。但校长曹云祥认为条件不成熟，所以签发了毕业证让他们出国。(据访问许复七记录，1986.8.25)

五月二十一日　晚，清华文学社开召送旧迎新会，欢送先生、时昭瀛、陈华寅三人离校，欢迎饶孟侃、万卓恒、郭协邦、马杰、程瀛元、高瀚、梁思永七人入社。顾毓琇回忆说：“晚上，在一所陈设得很精致的房屋里，有一二十人聚在一起开一个叫什么送旧迎新的俱乐部大会”，先生在会上说：“我个人对于母校的依依不舍，尤其是对于本会的依依不舍，那是不用说。”又说：“我们肉体虽然分离，精神还是在一起。”在场的人“都觉得末了这几句话，很情真，很悲壮”。(顾一樵《怀故友闻一多先生》，上海《文艺复兴》第3卷第5期，1947.7.1)　这晚的情况，《清华周刊》报道云：“当时倾谈畅叙，不知电灯之将灭云。下学期职员已经选出：干事梁治华，书记吴景超，会计吴

---

①　《清华周刊第八次增刊》云又有黄子卿、蔡承新、王际真、刘锡晋四人。刘真主编之《留学教育》则无邹维渭、沈仁培，有黄子卿、王际真。

文藻,会所管理张忠绂。诗组主席梁治华,小说组主席张忠绂,戏剧组主席王绳祖。"又云:"梁任公在该社所演讲的《中国韵文所表现的情感》业已讲完,闻再校改几遍,将编为'清华文学社丛书',由商务印书馆印行。"(《校闻》,《清华周刊第八次增刊》,1922,6)

是夜,先生返回寝室路上,见到顾毓琇。顾这时似乎有些伤感,他在《离别》中写到:"夜深人静,一个少年在幽暗的树荫底下走着,有两个黑影渐渐跟着少年走去。快赶上了,离他不过几步了,疲倦了的少年正回转身来,恰好遇见。他觉得很喜欢,很悲伤,说道:'想不到碰见你们!'他转眼看着那将要分别的朋友,故意问道:'你明天不是一早就要离校吗?'那个朋友点了点头,少年也恨无话可说。他们都倦了。他们要各自回寝室睡觉去。那一位同学是就要分路的。少年同那位离校的朋友还可以一路多走一阵。走到十字路口,那位同学要转弯了。少年知道他们还不至分别得这样早,心里觉得有一种安慰的愉快。但是看见他同他轻轻地握手,低低地言别,就想到一会儿也免不了经过这种残酷的拆散朋友的刑罚。那位离校的朋友回转身来了。少年正打算同他一步一步慢慢走回去。朋友走近面前,忽然伸出手来。少年莫明其妙,只觉得他也是犯罪的人了。'再见——我这边走了。'这种突如其来的宣告罪状,使得犯人更莫明其妙了。夜更深了。黑暗的路上,少年独自走回他的寝室去。"(转引自顾一樵《怀故友闻一多先生》,上海《文艺复兴》第3卷第5期,1947.7.1)先生是很重感情的,后来看到这文章,很感动。

离校前,先生送给梁实秋两幅画。梁在《谈闻一多》中说:"一多在离开清华之前,特为我画一幅'荷花池畔',画的是工字厅后面的荷花池,那是清华园里唯一的风景区,也是清华园里的诗人们平凤徘徊啸傲之所在,是用水彩画的,画出了一片萧瑟的景色。前此他又为我画了一幅'梦笔生花图',是一幅图案画的性质,一根毛笔生出无数缤纷的花朵,颇见奇思。"(第15页)

五月二十二日　先生一行十二人离京赴汉口。(据《清华周刊》第248期,1922.5.19)离校时,留下的通信地址为"湖北黄州下巴河王永春转"。闻亦传、闻齐的通信地址均为"湖北下巴河镇立成号转"。(《通信住址一览》,《清华周刊第八次增刊》,1922.6)

本来,由于对家里包办的婚姻不满,先生曾打算从北京直接去上海出洋,但这时还是决定回一次家。

先生在清华学校整整生活了十年,因为学制八年,先生前后又各留级一年。能在清华待十年的人极少,当时进入中等科一年级,读到八年毕业的人并不多,许多中途便离去,另一些则是中间插班,能在清华读五六年就算长了。清华学校对学生的甄别十分严格,至先生毕业这年,全校共毕业五百五十五人,因功课不及格、品行不端正、因病退学或死亡者，共四百五十六人，即毕业者仅比退学者多九十九人。以咨送或插班的学生籍贯而言，先生籍隶的湖北，毕业三十四人，退学三十人。余者中，湖南毕业二十八人，退学二十八人；江西毕业二十八人，退学三十五人；陕西毕业一人，退学八人；新疆退学五人，竟无人毕业。故吴景超说："只有湖南、甘肃二省，退学总数，等于毕业总数；直隶、湖北、江苏、浙江、福建、广东、贵州、吉林、奉天九省，毕业总数多于退学总数，其余的省分，都是得不偿失。"（《清华的历史》，清华周刊社编《清华生活》，1923.4.28）

　　清华学校为先生支出的教育经费，也有案可寻。一九二三年初，黎元洪、冯国璋向清华学校提出请求他们的子弟自费免考入学，被学校拒绝，批示云"是以冯氏子弟入校一节，即时免考插班，更无先例可援"。（清华学校档案，尤字第1051号，清华学校文案处藏，转引自《黎冯子弟与自费生》，《清华周刊》第270期"社论"，1923.2.23）当时，学校为了计算冯国璋子弟应承担之自费数目做有统计，结果是每年需一千零五十四元。按此数，先生在校十年，所用教育费应是一万零五百余元。

　　五月二十五日　　顾毓琇作《离别》，述其与先生惜别之情，交与《清华周刊文艺增刊》发表。一九四七年七月一日上海《文艺复兴》第三卷第五期重载时，顾又加了序："我比一多晚两年入学，同学相处，有七年之久，但彼此真正缔交，却在一多离校之后。一多在校时，我们曾组织清华文学社。一多是新诗人，有诗集《红烛》。我那时新旧诗一概不做，所以很少有机会多谈。民国十一年五月二十五日，文学社举行了欢送大会以后，我写了一篇'短篇'，题为《离别》，在《清华周刊文艺增刊》发表。一多将出洋前，回到湖北，看见了这篇短文，便写了一封长信，托实秋转给我。从此我们便订了交，做了二十多年的好朋友。"

　　先生对清华文学社的朋友们影响较大，以致这年年底徐志摩来文学社讲演《艺术与人生》，大家听了都有所保留意见。梁锡华《徐志摩新传》说："梁实秋在《谈徐志摩》一书内详述此事，认为那次演讲完全失败，原因在于讲者把一篇通俗性文章，装上个'牛津方式'以英文宣读。……因为志摩否定中国，高举西洋，而那班听者是颇受闻一多这位老大哥影响的清华文学社同人，他们对讲者的话，是不会无条件接受的。"（第53至55页，台北联经出版事业公司1982年10月修订再版）

　　五月二十六日　　诗《初夏一夜底印象》发表于《清华周刊》第二四九期。收《红烛》。标题下云"一九二二年五月直奉战争时"。四月二十九日，第一次直奉战争爆发，五月初，奉军败退。这时先生刚刚赴安徽灾区在马厂受阻折回。诗，就是在这种感性的体会中写成的。

　　六月十九日　　致梁实秋信。未寄。收《闻一多书信选集》。信中说思念友人，

作诗《红荷之魂》:

> 昨晨盆莲饮雨初放,因折数花,供之案头,复听侄辈诵周茂叔《爱莲说》,便不由得不联想及于二千里外之诗人。此时纵犹惮烦不肯作一纸寒暄语以慰远怀,独不欲借此以钩来一二首久久渴念之《荷花池畔》之新作乎? 别来数旬,响者"三三两两的在池边聚着"的荷钱,如今当蔚成"莲叶何田田"矣! 田田的莲叶寝假而蔚成"花开十丈藕如船"矣! 实秋,吾读足下作品,真能摄取"红荷"二字之神,故号你为"红荷之神"可也。宋人评王右丞曰:"秋水芙蓉,倚风自笑",你真当之矣。红荷之神呀! 愿你佑诸荷钱之速长也。

又说在续《李白之死》、缮《红烛》、续《风叶丛谈》(更名《松尘谈玄阁笔记》)、校订增广《律诗底研究》、作《义山诗目题要》,"暇时则课弟、妹、细君,及诸侄以诗,将欲'诗化'吾家庭也。"又言及陆游者甚多:

> 放翁真"诗人"也。彼盖时时退居第二人地位以观赏其自身之人格,故其作品中个性独显。他人歌讴宇宙,彼则歌讴"诗人"——他自己——,其所道及之宇宙,不过为他自己之背景耳。盖在彼,无诗人,亦无世界也。故其诗中画意甚多而且真切(放翁固亦能画者);在此画中,彼自身恒为其主要部分。观其诗句可知也。——
>
>> "此身合是诗人未? 细雨骑驴入剑门。"
>> "枯柳坡头风雨急,凭谁画我荷锄归?"
>> "身在范宽图画里,小楼西角剩凭阑。"
>> "小市跨驴寒日里,任教人作画图传!"
>> "何妨乞与丹青本,一棹横冲翠霭归?"

如此等等,不数枚计。他诗人每每忘却自我,或记之亦不如放翁之坚牢;放翁在诗中自称"先生"、"老夫"、"老子","使君","丈人"之处极多,而迳称"放翁"处尤多——盖处处不能忘却一个"我"也。愚以为"惟我独尊"是诗人普通态度,而放翁尤甚。诗人非襟怀开旷,操守正大,自信不移者,不能勉强作此狂语。苟能如此,则便称"惟我独尊",又何愧哉? 他人或不自知为诗人,放翁知之独悉,信之独坚。吾佩放翁之诗,吾尤佩放翁之人——诗人! 放翁不云乎?——

> "六十余年妄学诗,工夫深处独'心'知——
>   夜来一笑寒灯下,始是金丹换骨时!"

骨不换,固不能为诗也。老杜之称太白曰——

> "自是君身有仙骨,世人那得知其故?"

吾见世人之无诗骨而"妄学诗"者多矣。

六月二十二日　致梁实秋信。收《闻一多书信选集》。信中附《红荷之魂》，说："此归家后第一试也。我近主张新诗中用旧典，于此作中可见一斑。"《红荷之魂》发表于九月十一日《清华周刊》第二五〇期，收《红烛》。

信中又附一函，是看了《离别》后，写给其作者的，因为猜不到作者究竟是谁，托梁实秋代转。这封信曾于顾毓琇《怀故友闻一多先生》中刊出，收《闻一多书信选集》。全文如下：

我亲爱的"犯人"：

你冤枉了，我不知怎样就误罚了你，我懊悔不完！我不知我已冤了多少同你一样的人；我也不知自己被别人这样冤了多少次！唉！但是，亲爱的朋友，你知道还有人一壁讲别人滥刑，一壁自己也正在滥刑吗？什么魔鬼诱我在"我个人对于母校的依依不舍……"一语后又画蛇添足，添了一句什么"没有关系"的自欺欺人底话呢？但是又是什么魔鬼诱了你在那披肝沥腑，可歌可泣的短札后又添了这样自欺欺人底一段呢？——

"他看完了这封信，也不必调查他朋友的姓名。他把信收好，更不必写什么回信。……"

朋友啊！昨晚我弟弟到家，我首先便问他要增刊，到夜深才看到你的大作。我看完首页便知是同我有关的，我喜极了，看完了第二页，更喜出望外，便向与我同看的妹妹及细君讲："我要写封信去"。谁知看到篇末，竟不准我写信呢？这时，我竟是宣告了死刑的犯人了！朋友！那篇末一节文字比起"再见——我这边走了！"一语，究竟如何？朋友！你受的是一等无期徒刑，我呢？——恐怕是死刑罢？唉！我既不能作小说，若不许写信，我这冤屈不将永无雪白之日么？朋友！你看过《三叶集》吗？你记得郭沫若、田寿昌缔交底一段佳话吗？我生平服膺《女神》几于五体投地，这种观念，实受郭君人格之影响最大，而其一生行事就《三叶集》中可考见的，还是同田君缔交底一段故事，最令人景仰。我每每同我们的朋友实秋君谈及此二君之公开之热诚，辄为感叹不已。我生平自拟公开之热诚恐不肯多让郭田，只是勇气不够罢了。文学社中同社有数人我极想同他们订交，以鼓舞促进他们的文学的兴趣，并以为自己观摩砥砺之资。终于我的勇气底马力不足以鼓我上前向他们启齿。至今我尚抱为至憾。朋友，我诚不知你是谁，但我决定我这信若请实秋转呈，必定万无一失。你是毅夫吗？你是一樵吗？总之两位都是我素所景仰的；我从前只是自惭形秽，所以不敢冒昧罢了。总之，朋友，你可有这样勇气用你的真姓名赐

我一封回信吗？（这事当然现在不成问题,因为不日我就要启程）①

你说我有学问,我真不敢当。只是我自信颇能好学。你祝我成功,我倒知道应该益加勉励。

信写完了,我要还到那天晚上会中发言底起首两句话——便是对于母校的依依不舍同对于文学社的依依不舍。这两句话确是出于真情。我愿你与同社诸公努力为母校为本社效劳;我用我的至诚祝你们的成功!

我于偶然留校的一年中得观三四年来日夜祷祝之文学社之成立,更于此社中得与诗人梁实秋缔交,真已喜出望外,今既离校复得一知己如足下者,更喜出望外之外矣!唉!十年之清华生活无此乐也。我之留级,得非塞翁失马之比哉?顺祝　暑安!

误人自误的罪犯,

你的最忠诚的朋友

七月三日　自是日起,辛酉级留级者开始在上海博物馆路青年会全国协会报到、体检,并定于十六日乘提督公司麦金雷总统号放洋。（据《清华学生赴美消息》,《申报》,1922.7.3）本来,辛酉级留级同学可以与一九二二级毕业生一同赴美,但他们坚持单独启程,表示自己仍是辛酉级学生。离校后,他们还单独编辑了一本纪念小册子。

七月十二日　赴上海南京路留美同学会,参加欢送清华同学茶话会。会上朱成举致词,李耀邦演说,沈有乾代表先生等答词。（据《留美同学会欢送清华同学》,《申报》,1922.7.13）

七月十六日　乘 Key Stone State 号海轮离沪赴美。行前,曾有放弃留学的念头。梁实秋《闻一多在珂泉》:"对于到国外去,闻一多并不怎样热心。那时候,他是以诗人和艺术家自居的,而且他崇拜的是唯美主义。他觉得美国的物质文明尽管发达,那里的生活未必能适合他的要求。对于本国的文学艺术他一向有极浓厚的兴趣。他对我说过,他根本不想到美国去,不过既有这么一个机会,走一趟也好。"（天津《益世报·星期小品》第 9 期,1947.9.14）

清华学生每年放洋,学校均派人护送,这次担任大二级赴美护送员的是图书馆主任戴志骞先生,并于寒假后确定。（据《校闻》,《清华周刊》第 238 期,1922.3.3）

七月十八日　到神户。

七月二十日　到横滨。因轮船在此加煤,需停留五十小时,先生遂两次登岸乘

---

① 括号内的文字据该信原样补充。

电车至东京观光。对日本的感想,在抵美后致朋友信中说:"就自然美而论,日本的山同树真好极了。像我们清华园里小山上那种伞形的松树,日本遍处都是。有这样一株树,随便凑上一点什么东西——人也可以,车子也可以,房子也可以——就是一幅幽绝的图画。日本真是一个 picturesque 的小国。虽然伊的规模很小——一切的东西都像小孩的玩具一般。——但正要这样,才更像一幅图画呢。讲人为美,日本的装束(要在日本地方底背景里看),日本的建筑,日本的美术还要好些。"

第一天到东京,见有和平博览会和美术展览,因时间不够,仅走马看花看了一下。在东京用餐时,遇见帝国大学英文系二年级学生井上思外雄,偶尔谈起来了,感觉很不错。

第二天,为了观看展览,再次赴东京。但东京基督教青年会派来陪同他的松本,却偏要带着去看三越吴服店。三越吴服店实际上是家大型百货公司,是日本的著名企业。东京的三越吴服店为一西洋式大楼,也是东京人引以骄傲之处。但看过三越后,时间又不够了。回到横滨时,意外见到从东京特意来拜访的井上思外雄。先生说:"第二天他特来横滨到船上来找我,那知道我诘朝已上东京去了。等我回来,他碰见我,便要看我的诗,但又不懂华文。后来他要我寄几首给他,他拿去请中国朋友帮他翻译了,登在杂志上。"井上思外雄见到先生似乎很兴奋,滔滔不绝背起西洋诗歌,直到船要开了,才勉强说"再见"。(《致吴景超、顾毓琇、翟毅夫、梁实秋》,1922.7.29)

七月二十九日　致吴景超、顾毓琇、翟桓、梁实秋信。刊于九月二十三日《清华周刊》第二五一期。收《闻一多书信选集》。信上诉说旅途的生活:

> 我在这海上飘浮的六国饭店里笼着,物质的供奉奢华极了(这个公司底船比"中国"、"南京"等号底船价贵多了,因为他的设备更讲究)。但是我的精神乃在莫大的压力之下。我初以为渡海的生涯定是很沉寂,幽雅,寥阔的;我在未上船以前,时时想着在汉口某客栈看见的一幅八仙渡海底画,又时时想着郭沫若君底这节诗——

> 　　无边天海呀!
> 　　一个水银的浮沤!
> 　　上有星汉湛波,
> 　　下有融晶泛流,
> 　　正是有生之伦睡眠时候。
> 　　我独披着件白孔雀的羽衣,
> 　　遥遥地,遥遥地,
> 　　在一支象牙舟上翘首。

但是既上船后,大失所望。城市生活不但是陆地的,水上也有城市生活。我在烦闷时,我愈加渴念我在清华的朋友。这里竟连一个能与谈话的人都找不着。他们不但不能同你讲话,并且闹得你起坐不宁。走到这里是"麻雀",走到那里又是"五百";散步他拦着你的道路,静坐他扰乱你的思想。我的诗兴被他们戕害到几底于零;到了日本海峡及神户之布引泷等胜地,我竟没有半句诗底赞叹歌讴。不是到了胜地一定得作诗,但是胜地若不能引起诗兴,商店工厂还能吗? 不独作诗底兴趣没有,连作文底兴味也没有。

又说计划中的《海槎笔谈》未能作完,却替船上印行的一种日报"画了一张旅客底 caricature"。还说读了《创造》创刊号上的一篇描写中国留学生在日本受到凌辱的小说《最初之课》,"你们试想我起一种什么感想? 同种的日本人尚且如此,异种的美国人该当怎样呢?"

信写毕,又在空处加上数语,《闻一多书信选集》未收,其中有:"归国后,我定要在日本学一两年美术,日本画","《女神》多半是在日本作的,作者所描写的日本并不真确。他描写了雄阔的东岛,但东岛并不雄阔。东岛是秀丽的,应该用实秋的笔来描写。"

旅途中,先生作了几首新诗,一首名《孤雁》,收《红烛》,并以此名为海外篇的篇名。这是先生出国后作的第一首诗,诗中把自己此作"不幸的失群的孤客","泣诉那无边的酸楚"。

又有《太平洋舟中见一明星感赋》,从题目看也应是这时写的。刊于次年三月十六日《清华周刊》第二七三期所附文艺增刊第五期。收《红烛》时,改题为《太平洋舟中见一明星》。

八月一日 抵美国西北端华盛顿州港口城市西雅图。海上共行十七天。登岸后,到移民局办事处查验护照,再至海关领取行李,还要接受医生检查身体。这些办理完了,才乘车入住青年会公寓,并领取当月津贴八十美金。离开西雅图前,先生与诸同学在静会公寓门前合了一张影。这张照片,是一九二一级被迫留级同学的唯一合影。分手后,先生乘车南下至旧金山。再转车东行,穿过落基山脉与许多峡谷、原始森林。沿途景色很壮观,先生领略了美国大自然的风光。

八月七日 抵芝加哥。到站迎接的清华校友有十余人。时,芝加哥有中国留学生达二百余人,其中清华学校毕业生就有二三十人。初到芝加哥,先生住在德莱克塞尔街五七四七号。

芝加哥是美国第二大城市,位于伊利诺斯州的北部,密歇根湖的南端。十九世纪中叶成为美国铁路的中心,随之带来了工业的巨大发展。到二十世纪初,它已成为美国经济以及社会生活的中心。

芝加哥的文学活动相当发达，被称为"芝加哥文艺复兴运动"此时正至巅峰时期，它的主要作家德莱塞、安德森、马斯特斯、桑德堡，在作品中如实描绘当时美国的城市生活，谴责美国社会一味追求工业化和物质享受而丧失了传统的乡村美德。所有这些，对先生日后都有较为深刻的影响。

八月九日　致闻家骥转父母亲信。收《闻一多书信选集》。信中说与钱宗堡、罗隆基暂时同居，"房租三人共每月四十五元美金，每日在饭馆吃两餐饭，每餐约须三四角美金，刚吃完了不过一两点钟就饿了"。

八月十四日　致吴景超、翟桓、顾毓琇、梁实秋信。刊于九月二十三日《清华周刊》第二五一期。收《闻一多书信选集》。谈到对芝加哥的印象：

> 支加哥乃美国第二大城，我只讲一件事，你们就知道这里工厂之多。米西根街一带房屋皆着黑色，工厂吐出之煤烟熏之使然也。我们在那里去一回，领子就变黑了。这里对于我最 imposing 的两个地方是美术学院里的美术馆同支加哥电影园。美术馆之壮丽辉煌，你们自然能够臆想得到。戏园决非在清华看看 Fairbanks、Mary Pickford 和 Pearl White 的人所能梦见的。我们从前攻击的诲淫诲盗的长片，在这里见不着。这里最好的片子都是一次演完的。并且最大的戏园里每次的会序中电影不过是一小部分。那里最好的还是音乐同跳舞。美国人审美的程度是比我们高多了。

又表示对芝加哥的中国留学生的精神状态很不满意：

> 我要再告诉你这里中国学生团体生活的情形。这里的学生政治恶于清华。派别既多，各不相容，四分八裂，不可收拾。有一人讲得很对：处处都可以看见一个小中国，分裂的中国。清华同学会内容大概也差不多，处处都呈一种悲观的现象。我观察这里的中国学生，真颓唐极了。大概多数人是嬉嬉笑笑，带着女伴逛逛而已，其余捉不到女伴，就谈论品评，聊以解嘲而已。高一点的若谈到正当的 serious 的事，也都愁眉叹气，一筹莫展。总而言之，他们没有一点振作的精神。本月十九日是支加哥清华同学底 reunion，到时我再仔细观察观察。

信中还说到浦薛凤的一件新闻，说"你们可以想到美国留学生底生活是怎样地 romantic"，①又说："我到支加哥才一个星期，我已厌恶这种生活了！……你们在清华底享乐之中，不要忘了那半球一个孤苦伶仃的东方老憨！"

---

①　此句据原信补充。

八月十六日　致闻家骐转父母亲信①。收《闻一多书信选集》。信中诉说志在文学而又不欲放弃美术之苦恼：

> 近来生活犹常，看书、作笔记而已。现已作就陆游、韩愈两家的研究，蝇头细字，累纸盈寸矣。惜有时欲求参考书不可得，真恨事也。我现在所从事之著作乃以为将来归国教授之用，惟每念及此，辄为心忧。我在此习者，美术也，将或以美术知名于侪辈。归国后孰肯延我教授文学哉？求文学教员者又孰肯延留学西洋者教中文哉？我既不肯在美弃美术而习文学，又决意归国必教文学，于是遂成莫决之问题焉。

又对美国社会存在的种族歧视非常反感：

> 在国时从不知思家之真滋味，出国始觉得也。而在美国为尤甚，因美国只知白种人也，有颜色之人（彼称黄、黑、红种人为杂色人），蛮夷也，狗彘也。呜呼！我堂堂华胄，有五千年之政教、礼俗、文学、美术，除不娴制造机械以为杀人掠财之用，我有何者多后于彼哉？而竟为彼所藐视蹂躏，是可忍孰不可忍！士大夫久居此邦而犹不知发奋为雄者真木石也。然吾见在此之留学生皆昏昏者啜醨之徒，吾以一介之士又其奈彼何！②

八月二十七日　有英文信致"亲爱的朋友们"。日本学者铃木义昭教授翻译如下：

> 我现在有很好的机会练习打字，很想写写英文试试看，而且又恐提笔写中文就会不由得想家，所以就用英文写了。
>
> 到芝加哥后，由于搬家、参观，还有其他的许多事情而忙得不可开交。都已三周了，也没有找到合适的时间给诸兄写信，其间，多次想要提笔，可是……后来，一直在看杂志，寻找最新版的书籍，抓住一切可能的机会，与人交谈、向人学习。因为想要了解这个国家文学界的最新动向，应该引起注意的倾向等等。下面把了解到的结果概括一下吧。但还是希望不要看作是最后的定论或完全可信为妥。
>
> 文学中所谓的"新文学运动"，对于我们来说，能够明白它不是一个地方性的、偶然的事件，就很好了。众所周知，正因为它是世界规模发生的事情，所以英语圈内也很流行。
>
> 我们从太平洋彼岸的邻国那里就像模仿政治上再生的观念那样，模仿了

---

① 此信落款日期作"十月十六日"，但据信中内容，似为八月事，《闻一多书信选集》作八月，今从之。
② 此段《闻一多书信选集》据抄件，今据原信影印件校改。

文学再生的观念。

对于美国文学来说，现在实际上是个划时代的时期。此时的文学既是辉煌时代的宠儿，又是当今伟大的歌手。神秘的面纱已揭开，诗歌作为第一幕登上舞台。某位作家(诗人)曾对公众宣称："今天，任何阶层的男女，任何性格的男女都吟诗、谈诗，他们在咏自己的人生。诗人们也在谈论和欣赏自己的创作。"出版行业十分欢迎"新"诗人，宛如对大家发出了派对的邀请书。"新"诗派的主要成员有：罗伯特·弗罗斯特·李·里古拉斯·瑞切尔、埃米斯·罗艾尔、马斯特斯·爱德华·李·萨德堡·卡尔、莎朗·特斯蒂尔、哈里威特·孟禄等，其他成员在此就不一一举列了。

了解到了我们文学的叛徒，胡适博士的"八不主义"全部都不是他的独创，这多么意味深长啊。让我们摘一部分伟大的女诗人埃米斯·罗艾尔女士所代表的"新"诗派——意象派中的教条吧。

1．使用日常口语。

2．创造崭新的节律——表达崭新的心情。

3．主题的选择，完全尊崇自由。

4．表现一种概念……

5．诗风硬朗、明确，避免暧昧、不确切的表达。

以上几条不是可以嗅到胡适博士的"八不主义"教条的味道吗？

那么想给你们介绍一下意象派。也就是说为了能够追上他们的步伐，我们的"新诗"所处于的只是从一时的狂热状态中跳出来的初级时期。我们至少和罗艾尔女士他们是盟友。正是如此，才会出现教条的六条中就引用了别人的伟大而"陈腐"的四条，成为其热心的拥护者。剩下两条即：

6．最重要的是相信，诗歌的精华来自我们的集中。

我们的"白话诗"过于空洞、过于轻薄、过于贫瘠了，我们需要集中精力树立意象派诗歌的个性，用深沉而温暖的色彩去润饰她。在此摘录罗艾尔女士的《风与银》以说明我的观点。

(诗《风与银》略)

另外摘录萨德堡氏的《雾》来看一下。

(诗《雾》略)

把这两篇诗作与我们杂志中的作品做个比较。

《雾》的作者萨德堡氏，是当今美国诗人中思想和创作态度最有创意的。他曾当过理发店的清洁工，简易剧场的后台工作人员，制砖工厂的司机，餐馆的洗碗工,割麦人等等。在经历过这些之后摘取了工业国家——美国——的伟大诗人的桂冠。他现在也住在芝加哥,其公开的诗集取名为《芝加哥诗集》。住在这个城市的人们把他称作英雄、代言人,甚至赞美为"我们的神"。如果我说前不久出席了这位伟大诗人在芝加哥大学举行的后援会的话,你们也一定想知道些什么吧。可以想象我在这位伟大的人物面前所受到的鼓舞和激励。

今后打算不断地给你们寄美国最有名的女诗人孟禄编辑的杂志《诗的杂志》的复印件。关于这个杂志的名声可以引用一些评论。"排在英语圈诗人中最高的地位"。"恐怕孟禄女士在美国比其他人在诗歌上的贡献都要大"。"此杂志的诞生意味着美国文坛文艺复兴的诞生"。《诗的杂志》与《新青年》给予我们的作用相同,不,应该是更多地为美国新文学运动的进步作出了贡献。如其再这么介绍孟禄女士,倒不如看看她的作品为佳。

(诗《爱之歌》《山之歌》略)

另一方面,作为评论家的孟禄名声还要胜诗人一筹。

在此不能不提的还有以神童之称享誉美国的诗人希尔特·康玲格女士,她在不到二十岁的时候就显示出来惊人的细腻、成熟艺术家的精密等才能。

(诗《水》略)

有些事情不得不提出其诚实性,即,在我们诗的世界里环境的健全性。由《新诗人》引起的最明显的争论,也就是根据他们的艺术所引起的变化而已。所谓诗是由西部开拓及工业建造而孕育的说法所产生的生命的共鸣。美国人的生活,正由窒息、压抑的状态向户外、吉普赛式的自由状态发展。正因如此,就必然产生了简洁、直截、强有力的东西。其精神是真实的、自然粗糙的。这些就称作"新"诗了。但是,在我们中国又怎样呢?事实是诗里有过度的工业化问题。但是,这也是必须加以比较的吧。我们的诗人揭示出了煤烟、铁锈等这些鄙俗的东西。而另一方面美国还很年轻,他们如同天真烂漫的孩子似的,道出了率直、简洁、粗糙的一面。可是,难道对那些文雅年长的绅士所表示的谢辞,语言老师却用三岁孩子的口吻以开玩笑的方式说出来就允许了吗?对于语言老师来说,用孩子的想法来考虑问题并说出来,总有什么理由吧。我不反对使用明快、直截、严肃的语言,可是却不可模仿孩子。伟大的美国诗人创作出可令他们国家引以为傲的杰作,受国人的欢迎,他们试图为自己的国家复兴文艺。我们在干什么?我们呼吁着新艺术要更简明、更现代、更时新。可是作为追求个性的艺术家却屡次遭非难,批评家不断地对个性化艺术发牢骚。如果是强调真艺术,便是国家的艺术,这一规则是没有例外的。我们能将"文言文"这一老朽的东西用"白话文"代替。可是其代价是失去了自身的生气勃勃的个性。再来看看我们的作品吧。可以看出文章中外语的术语、外语的表现、外语的主题、外国的思想引进的混乱。我对自己脱身这罪责深感自责。但是,就尊严来看,没有比郭沫若更有罪了。他不过是巧沙的用中文表达了西方的思想而已。他不过是一个技巧高明的歌德的模仿者而已,至今为止,我都被蒙蔽,给了他过高的评价。

我还要不断地给你们写信的,今天就此搁笔了。在日常读书中留下了很多印象,给你们写信是惟一的表达方式。正如所知,因为周围没有可以一起谈论诗歌的人。即使偶尔诗性大发,说出的也好像只是嘲弄。因此,谁能给我写点信,真是感激不尽了。

在新学期开始之际,祝愿我们的文学会具有蒸蒸日上的劲头,一年里成果累累,事业顺畅。也祝愿大家在新学年里,完成大事,给文学会增光。我非常想知道我们的新计划。尤其想读到各位的近作。(铃木义昭《闻一多给清华文学会友人们的一封英文信》,陆耀东主编《2004年闻一多国际学术研讨会论文选》,第379至382页,武汉大学出版社2005年12月出版)

九月一日　致梁实秋、吴景超信。收《闻一多书信选集》。信中抄录四首诗:《火柴》《玄思》《我是一个流囚》《太平洋舟中见一明星感赋》。信中特言:"拙作请勿登《周刊》"[①]。但梁实秋仍将它们登载出来。《火柴》刊于次年一月十三日《清华周刊》第二六七期所附文艺增刊第三期。《玄思》刊于是年十二月二十二日《清华周刊》第二六四期所附文艺增刊第二期。《我是一个流囚》刊于次年二月十五日《清华周刊》第二六九期所附文艺增刊第四期。均收《红烛》。

《我是一个流囚》的写作动因,在信中有特别说明:

我要告诉你们我所知道的在海外研究文学的清华同学底消息。我知道两个人:一为卢默生,一为张鑫海。卢本学商业,因情感生活底不得志乃改学文学。现在成绩甚优,所作英文诗甚为外人夸奖。但是可惜艺术并不能解决他的问题。什么是他的问题呢?他是有妇之夫,且为有子乃父了。这个婚姻之不满意自不待言。但他若处于中国社会,此本不成问题。不幸他所处者乃恋爱自由之美国社会。在这种环境里不是恋人的也都薰染成恋人了。我想卢君于其从前之婚姻,只不过经历一种形式的礼仪,并不曾有情感的生活;他所有的情感都积蓄着,以为到这边来作一火山式的爆裂底预备。火

---

① 　此据该信原件,《闻一多书信选集》无此句。

山果然爆裂了！他的精神受不起那种震动便失了作用了！诗人作了情感底牺牲了！他疯了！天啊！天啊！你怎么这样糟蹋你的骄子？但是天并没有完全糟蹋他。他的神经虽失了作用，他的理智还强健如故。他的功课还做得好极了，好得无以复加了。不过他常常一两个月不同人讲话，不剃头，做些古怪的态状罢了！

……

朋友们！你们听了卢君底故事，不要替我担忧也要蹈他的前辙吗？《我是一个流囚》是卢君之事所暗示的；卢君之事实即我之事。但是我可以告慰你们我现在并不十分衰飒；我对于艺术的信心深固，我相信艺术可以救我；我对于宗教的信心还没有减替，我相信宗教可以救我。

九月十日 下午二时，参加留美西部清华学会在西北大学哈利士厅召开之事务讨论会，到会三十余人。会议由孙浩煊任主席，杨光洰任记录。会议程序为会议主席报告、会计报告账目、选举审查账目员、会长报告。继讨论数案，包括清华改为大学之计划、毕业生捐助母校事项、国内成立中国支部、清华同学会与清华学校之关系、改组《清华周刊》后应称《清华周刊及毕业生消息》、毕业生在学校董事会中之代表权等。会议决议以四月三十日为同学会周年纪念日，并选举一九二二至一九二三学年西部清华同学会新职员。结果，孟继懋当选主席，张女士当选副主席，先生当选记录书记，钱宗堡当选通信书记，王世圻当选会计。晚七时半，西部清华同学会在伊温司敦之北岸饭店举行亲睦会，与会五十三人中有十三位女宾。（据《留美通信·西部清华同学会事务讨论会记录》，《清华周刊》第 257 期，1922.11.3）

这次留美清华同学会西部年会的情况，罗隆基在致《清华周刊》编辑部信中介绍说："在报告他事以先，有一事足为诸君告慰，足为清华前途欣幸者，厥为在美清华生对母校热情渐次增加。即以本年年会而论，聚餐会外，另有议事会一次，延长三四小时之久，议案十余件，夜间聚餐席上，又将未了案件，从事讨论。吾辈姑不论其议决案件，有多大价值，将来实行，有多少效力，然一番爱恋母校之诚意，维持母校之精神，则实未可抹煞。此后同学会会员，果真能团结一气，行见官僚董事制，不推自倒，饭桶教职员，不赶自去，大学问题、基金问题、校长问题、教员问题，我辈终有提刀四顾，为之踌躇满志之日矣。欲同学会与母校之结合，则周刊实为总关键。此道一通，消息灵便，资料敏捷，则前途顺利，更不可胜言。则此时之周刊改组，居然大功告成。容不当为我辈贺，为周刊贺，为清华贺耶？周刊改组之动机，发自何人，起自何时，过去进行之往迹奚似，姑不具述。不俊与一多君自受托以后，则固未尝顷刻忘情于此。"

信中所说与先生受托之事,即为改组《清华周刊》征求留美同学的意见事。罗隆基信中说:此计划"在年会时曾正式致函主席,请其正式提出此案。适逢同学会之长报告书中亦有改组周刊计划,双管齐下,竟得一气呵成。"又说"新计划出于程其保、闻一多、余泽兰三君之手","赵学海君于该委员会讨论时,亦曾傍参末议。吾辈讨论时,多偏重留美同学会方面之组织,以为中国同学会及在校同学,其对周刊之责任、义务及权利,诸君可自为谋,此邦人不应多事越俎也。"(《留美通信》,《清华周刊》第 256 期,1922.10.28)

罗隆基信中附有先生与程其保、余泽兰起草之《留美同学对于周刊改组计划》,原稿为英文,由清华在美教员庄泽宣先生译成中文。这是先生抵美后最早参与的起草的文件,全文如下:

一、经济

甲　强迫校内及离校同学定报。

　　美国同学每年每人美金一元,在月费内扣除。

　　国内同学办法自议。

　　校内同学办法自议。

乙　学校应补助经费。

丙　用费应受学校中会计监察。

　　每年应有预算。

　　每半年应有报告。

二、编辑　编辑部应有左列人数

　　校内十五人由学生推举,校长选派美国五人,三人由东美选出,二人西美选出。

　　国内若干人,由国内同学定之。

　　总编辑由校内编辑举之。

三、经理

　　校内经理若干人由校内同学推举,校长选派。

　　留美经理一人由东西美分会长,总会长选派。

　　该经理职务:

　　甲,收费。

　　乙,更改住地。

　　丙,代收广告。

　　总经理由校内经理举之。

《计划》有《附录》,为"新闻栏编稿规则":

一、每期编稿由三人负责,即在该期新闻栏下注。

〇〇〇

负责编稿人〇〇〇

〇〇〇

二、编稿时间为星期日上午八时半至十□□□□□□一时必须交稿与□□□

三、每期新闻稿约稿纸三十张左右。

四、新闻栏暂分下列各目:

（甲）学校办事机关新闻（校长处、教务处、斋务处等）

（乙）学校其他各处新闻（图书馆、售品所、银行等）

（丙）教职员新闻（美员公会、华员公会等）

（丁）学生各级新闻

（戊）学生各会社新闻

（己）旧同学新闻

（庚）国内大事记

（辛）特载

（《留美同学对于周刊改组计划》,《清华周刊》第256期,1922.10.28）

同日 诗《寄怀实秋》写定。后发表于十一月二十五日《清华周刊》第二六〇期所附文艺增刊第一期。收《红烛》时有所增加。《闻一多青少年时代诗文集》所收为原作。诗中有:"在黑暗的严城里,／恐怖方施行他底高压政策。／诗人底尸肉,／在那里仓皇着,／仿佛一只丧家之犬呢。"这正是先生当时的自我描述。梁实秋收到这诗后,于十月十九日亦写了诗《答一多》,诗云:

烛火都要熄了,

又何有于流萤呢?

自从我底开路的神灯,

退出了我的眼界,

便在我想像的宫里大放光明,

照得各个黑角都亮了,

像一座莹彻的水晶宫!

我是人间逼迫走的逃囚，
我把荷花池做了逋薮；
那里准我姿情的唱了，
却只是我听着自己的歌声——
无归宿的孤声啊！

我无力抗拒人间的拘捕，
借了 Cupid 底小弩；
怎奈那持满待发的箭啊，
又雕着罪人底名字，
反将宣示了我的藏处！

朋友啊！
愿你闲敲几朵灯花，
愿你漫折几枝笔花，
缀在我底神鬼府襟上，
做了辟邪底篆吧！

我更要跨上亘天的彩虹——
像一条绝壁飞去的神龙，
飞到海洋的彼岸——
扇着诗人底火啊，
坐看着你的烛影摇红！

但是烛火都要熄了！
又何有于流萤呢？（《清华周刊》第 260 期,1922.11.25)

九月十七日　是日,清华一九二二级毕业生到美后,由旧金山抵芝加哥。闻亦传即同批到达,他在旧金山便给先生拍一电报,是日先生到车站迎接,次日送闻亦传赴波士顿麻省理工学院。

九月十八日　作诗《晚秋》、《笑》。后均发表于次年二月十五日《清华周刊》第二六九期所附文艺增刊第四期,并将《晚秋》改名为《秋之末日》。《红烛》收《秋之末日》时有增加。《笑》收《闻一多青少年时代诗文集》。

九月十九日　致梁实秋信。收《闻一多书信选集》。云：

　　阴雨终朝，清愁如织；忽忆放翁"欲知白日飞升法，尽在焚香听雨中"之句，即起焚香，冀以"雅"化此闷雨。不料雨听无声，香焚不燃，未免大扫兴会也。灵感久渴，昨晚忽于枕上有得，难穷落月之思，倘荷骊珠之报？近复细读昌黎，得笔记累楮盈寸，以为异日归国躬耕砚田之资本耳。

　　信中附《寄怀实秋》、《晚秋》、《笑》。末又云："其余一首《游园杂记》未完，改日再抄。"①但此后未见此诗。

是月中旬　时，先生因美术学院附近住宿费颇高，搬到远离学校的第五十七街第一三二三号，每天早八时出门，下午四时方归寓所，来往乘火车行四十余里，很不方便，好在离火车站很近。与先生同住的有钱宗堡、刘聪强，共住两间，每月租金各出二十二美元。不过房子较讲究，房东也合得来。

九月二十二日　致孔繁祁、方重信。原信无存，仅知有一句："不出国不知道想家的滋味。"（见《致吴景超》，1922.9.24，《闻一多书信选集》，第61页）

九月二十三日　辛酉级级友王朝梅被汽车压死，先生闻讯极为震惊。次日致吴景超信中说：

　　昨接沈有乾从 Stanford 寄来中国报纸——旧金山出版的——一片，中载 Colorado School of Mines 有中国学生王某因汽车失事毙命，其友孟某受重伤。我们即疑为王朝梅与孟宪民，当即电询监督处。今早得回电称毙命者果为王朝梅，但未提及孟宪民，只言常叙受轻伤。景超！方来底噩耗你是早知道的。你不要以为是这些消息使我想家。想家比较地还是小事，这两件死底消息令我想到更大的问题——生与死底意义——宇宙底大谜题！景超！我这几天神经错乱，如有所失；他们说我要疯。但是不能因这些大问题以致疯的人，可也真太麻木不仁了啊！

九月二十四日　致吴景超信。收《闻一多书信选集》。信首抄录了诗《晴朝》、《太阳吟》。前者发表于次年一月十三日《清华周刊》第二六七期所附文艺增刊第三期。后者发表于是年十一月二十五日《清华周刊》第二六○期所附文艺增刊第一期。收《红烛》时，《晴朝》有增加。

　　《太阳吟》是一首强烈的爱国思乡曲，曾打动过许多人的心：

　　　　太阳啊，刺得我心痛的太阳！

　　　　又逼走了游子底一出还乡梦，

---

①　此句据该信原件补充。

又加他十二个时辰的九曲回肠!

太阳啊,火一样烧着的太阳!
烘干了小草尖头底露水,
可也烘得干游子底冷泪盈眶?

太阳啊,六龙骖驾的太阳!
省得我受这一天天底缓刑,
就把五年当一天跑完,又与你何妨?

太阳啊,——神速的金乌——太阳!
让我骑着你每日绕行地球一周,
也便能天天望见一次家乡!

太阳啊,楼角新升的太阳!
不是刚从我们东方来的吗?
我的家乡此刻可都依然无恙?

太阳啊,我家乡来的太阳!
北京城里的官柳裹上一身秋了罢?
唉! 我也樵悴得同深秋一样!

太阳啊,奔波不息的太阳!
你也好像无家可归似的呢;
啊! 你我的身世一样地不堪设想!

太阳啊,自强不息的太阳!
大宇宙许就是你的家乡罢?
可能指示我我底家乡底方向?

太阳啊,这不像我的山川,太阳!
这里的风云另带一般惨色,

这里鸟儿唱的调子格外凄凉!

太阳啊,生命之火底太阳!
但谁不知你是球东半底情热,
谁不知又同时是球西半底智光?

太阳啊,也是我家乡底太阳!
此刻我回不了我往日的家乡,
就认你为家乡也就得失相偿!

太阳啊,慈光普照的太阳!
往后我看见你时就当回家一次;
我的家乡不在地下乃在天上!

信中说:"让你先看完最近的两首拙作,好知道我最近的心境。'不出国不知道想家的滋味'——这是我前日写信告诉繁祁、方重的;你明年此日便知道这句话的真理。我想你读完这两首诗,当不致误会以为我想的是狭义的'家'。不是! 我所想的是中国的山川,中国的草木,中国的鸟兽,中国的屋宇——中国的人。"

又说到新诗用韵问题:"现在我极喜用韵。本来中国韵极宽,用韵不是难事,并不足以妨害词意。既是这样,能多用韵的时候,我们何必不用呢? 用韵能帮助音节,完成艺术;不用,正同藏金于室而自甘冻饿,不亦愚乎?《太阳吟》十二节,自首至尾皆为一韵,我并不觉吃力。"还说现实总把自己从诗境拉到尘境:"虽然在《太阳吟》底末三节我似乎得了一种慰藉,但钱宗堡讲得对:'That is only poetry and nothing more.'现实的生活时时刻刻把我从诗境拉到尘境来。我看诗的时候可以认定上帝——全人类之父,无论我到何处,总与我同在。但我坐在饭馆里,坐在电车里,走在大街上的时候,新的形色,新的声音,新的臭味,总在刺激我的感觉,使之仓皇无措,突兀不安。感觉与心灵是一样地真实。人是肉体与灵魂两者合并而成的。"

九月二十五日 芝加哥美术学院开学。芝加哥美术学院是美国最著名的美术学校之一,为建于一八六六年的芝加哥美术馆的组成部分之一。芝加哥美术馆的藏品多达三十万件以上,包括欧美和东方的雕刻、绘画、版画、素描、装饰艺术品,以及前哥伦布时期的美洲艺术品。处面临密歇根南大街正门两侧的青铜狮子塑像,是芝加哥城的标志。现存先生在美国的唯一照片,就是青铜狮子像为背景拍下的。对于这所学校,先生很是满意。

九月二十九日　致梁实秋、吴景超信。收《闻一多书信选集》。信中说到对清华同仁欲办一月刊的意见：

> 实则我的志愿远大的很。景超所陈三条理由（一、与文学社以刺激，二、散布文学空气于清华，三、与国内文坛交换意见），我以为比较地还甚微琐。我的宗旨不仅与国内文坛交换意见，径直要领袖一种之文学潮流或派别。请申其说。我们皆知我们对于文学的意见颇有独立价值；若有专一之出版物以发表之，则易受群众之注意——收效速而且普遍。例如我之《评冬夜》因与一般之意见多所出入，遂感依归无所之苦。《小说月报》与《诗》必不欢迎也；《创造》颇有希望，但迩来复读《三叶集》，而知郭沫若与吾人之眼光终有分别，谓彼为主张极端唯美论者终不妥也。吾人若自有机关以供发表，则困难解决矣。吾冀实秋之新著《草儿评论》定有同情之感。又吾人之创作亦有特别色彩。寄人篱下，朝秦暮楚，则此种色彩定归堙没。色彩即作者个性之表现，此而不存，作品之值价何在？再者批评的论文与创作并列则有 concentration，concentration 者事半功倍之途也。余对于中国文学抱有使命，故急欲借杂志以实行之。

信中还有对湖畔诗人的评论，虽然极简，但值得重视：

> 近复读《湖畔》，觉甚有价值，修人、雪峰、漠华三君皆有佳作也。《彷徨》、《在江边小坐》、《隐痛》、《归家》皆与冰心同调；《草儿》、《冬夜》，即《女神》中亦不可得此也。盖《女神》虽现天才，然其 technique 之粗簏簏以加矣。更有一层，湖畔诗人，犹之冰心，有平庸之作，而无恶劣之品。《冬夜》底《八毛钱一筐》，《草儿》底《如厕是早起后第一件大事》，皆不可见于湖畔；即《女神》底《三个泛神论者》亦无有也。或有人要批评雪峰底《三只狗》。但《三只狗》不过有点 futuristic，还不失为诗也，从未来派者的眼光看来，许还是第一等的作品呢。四位中汪静之稍差。必要首首诗限定一句，那真是个傻子。我不能讲的太仔细了，我现在没有功夫。将来定另作批评寄上。我提议诗组可以此作一次讨论底题材。

信末附新作及复加修改的诗，共八首：《幻中之邂逅》、《春之首章》、《春之末章》、《红烛》、《深夜底泪》、《美与爱》、《游戏之祸》、《春寒》。并解释说："《美与爱》、《幻中之邂逅》，形式修整，又为一种。《红烛》、《深夜之泪》，适与相反，又为一种。《春之首末》两章，纯粹描写景物，又为一种。"对于后两首，先生又说："此二首本来长短不称，《首章》五节，《末章》十一节，现在将他们平均布置一下，割长补短，使之形式上恰成两朵姊妹花，何如？"①

———————

① 　此句据原信补充。

十月八日　结识了一位"有支那热的太太"浦西夫人(Mrs. Bush)。次日致父母信报告此事：

> 昨结识一位浦西夫人。伊有中国画幅古瓷多种而不识其年代，特约男午餐，借代为移译。此妇人甚有学问，认识此处美术文学界有名人甚多。伊已与男两封介绍信，一致美国最有名诗人山得北先生，又一致《诗》(美国有名杂志)总编辑并著名批评家孟禄女士。此后可以与此邦第一流文人游，此极可贵之机会也。

信中所说"山得北"，即今译卡尔·桑德堡(Carl Sandburg)，生于一八七八年一月，为美国诗人、历史学家、小说家、民俗学者。他曾写过惠特曼式的自由体诗《烟与钢》，歌颂工人，是深受下层劳动人民喜爱的诗人。"孟禄"即今译门罗(Harriet Monroe)，生于一八六〇年十二月，是美国《诗歌》杂志创办人、主编。《诗歌》问世于一九一二年，时正值被美国文学史称之为"芝加哥文艺复兴"时期。它代表了诗歌写作中的新形式主义倾向，也论述过印象主义、意象主义和自由诗问题，是美国一家享有崇高声望的刊物。门罗对当时诗歌革命的重要意义有一定认识，对现代诗歌的发展起了重大影响。先生这一时期的创作，受过他们的影响。

十月九日　致父母亲信。收《闻一多书信选集》。信云："离家三月，尚未接家中只字，试思远游万里之人将何以为情乎！"又说："美术学院开课两星期矣，男之成绩颇佳，屡蒙教员之奖许。美国人于此道诚不足畏也。"还说："每日早入学，晚回寓，尚有时间研究文学。"

十月十日　致吴景超、梁实秋信。收《闻一多书信选集》。谈到自己和朋友们"为艺术而艺术"的主张时说："我们相信自己的作品虽不配代表我们的神圣的主张，但我们借此可以表明我们信仰这主张之坚深，能使我们大胆地专心地实行它。"信中还表示了对胡适在批评界表现的不满。又回答吴景超所问读诗的方法问题。

> 景超问我读诗底方法，我不知你是指研究还是指鉴赏。若指研究，单摘佳篇佳句是不够的，恶篇恶句一样地要紧。还有诗人底性格哲学，也是要从诗中抽出来的。但最要紧的，是要会 generalize——看完一个人底诗——一首诗也同然——要试试能否 locate his rank, classify his kind and determine his value；若不能，便须再细心研究，至能为此而止。譬如我读完昌黎，我的三个答案是：一，他应占的位置比已占的许要高一点；二，他不是抒情的乃是叙事的天才(他虽没有作过正式的 Epics)；三，他是一个新派别底开山老祖。要求这种答案非 read between the lines 不可。还有历史也有研究的价值，那便是诗人的传记了。

先生有一篇摘录的《答吴景超书》，内容即论诗，可与此相参考。其云：

> 我以前说诗有四大原素：幻象、感情、音节、绘藻。随园老人所谓"其言动心"是情感，"其色夺目"是绘藻，"其味适口"是幻象，"其音悦耳"是音节。味是神味，是神韵，不是个性之浸透。何以神味是幻象呢？就神字的字面上就可以探得出，不过更有较有系统的分析。幻象分所动的同能动的两种。能动的幻象是明确的经过了再现、分析、综合三种阶级而成的有意识的作用。所动的幻象是经过上述几种阶级不明了的无意识的作用，中国的艺术多属此种。画家底"当其下手风雨快，笔所未到气已吞"，即所谓兴到神来随意挥洒者，便是成于这种幻象。这种现象，比能动虽不秩序不整齐不完全，但因有一种感兴，这中间自具一种妙趣，不可言状。其特征即在荒唐无稽，远于真实之中，自有不可捉摸之神韵，浪漫派的艺术便属此类。严沧浪诗话谓"盛唐诸公，惟在兴趣；羚羊挂角，无迹可求。故其妙处透彻玲珑，不可凑泊，如空中之音，相中之色，水中之影，镜中之象，言有尽而意无穷"。沧浪所谓"兴趣"同王渔洋所谓神韵便是所动幻象底别词。所谓"空音、相色、水影、镜象"者，非幻象而何？（《闻一多书信选集》，第139页）

十月十五日 致闻家骒、闻家驷信。收《闻一多书信选集》。信中说："我的功课做得可算得意"，"我进此专门学校后，益发对于自己的美术底天才有把握了，只要给我相当的时间，我定能对于此途有点成就"。又说，自己的兴趣仍在文学方面：

> 美术一途当然没有穷境，不要说三年学不完，便是三十年也是不够的。但我现在对于文学的趣味还是深于美术。我巴不得立刻回到中国来进行我的中国文学底研究。我学美术是为帮助文学起见的。现在我每日上午八点钟出门，九点钟上课至十二点止（三个钟头共为一课），下午一点钟起至四点止，然后回寓所来。多半的时候回到寓所来便没有事了，我即从事研究文学，或写写信。我研究文学现在没有一定的规则或计划，随着兴会与精力走去罢了。大体上讲来，我很满意于我现在的理智的生活。至于情感的生活是完全讲不上的。远在异国，故乡万里，一纸之书，经月不到，更有何生趣可言？

还说到《红烛》出版的问题，"我决定归国后在文学界做生涯，故必需早早做个名声出去以为预备"。

十月二十七日 致梁实秋信。收《闻一多书信选集》。说很喜欢结克生（又译洁阁森）公园："芝加哥结克生公园底秋也还可人。熊掌大的橡叶满地铺着。亲人的松鼠在上面翻来翻去找橡子吃。有一天他竟爬到我身上从左肩爬到右肩，张皇了足有半晌,才跳下去。这也别是一种风致不同于清华的。昨日下午同钱君复游,步行溪港间,藉草而坐,真有'对此茫茫,百感交集'之概。'万里悲秋常作客',这里的悲不堪言状了!"

信中附诗《秋深了》、《忆菊》。

《忆菊》完成于是日,发表于次年一月十三日《清华周刊》第二六七期所附文艺增刊第三期。收《闻一多青少年时代诗文集》。收《红烛》时有改动。该诗从菊的摆设、姿态、模样,一直写到它的环境、颜色、大小,是藉菊花来表达自己对祖国炽热的爱。下面仅录其末几段:

> 啊! 自然美底总收成啊!
> 我的祖国底秋之杰作啊!
> 东方底花,骚人逸士底花呀!
> 那东方底诗魂陶元亮
> 不是你的灵魂底化身吗?
> 那登高作赋的重九
> 不又是你诞生底吉辰吗?
>
> 你不像这里的热欲的蔷薇,
> 那微贱的紫萝兰更比不上你。
> 你是有历史,有风俗的花。
> 四千年华胄底名花呀!
> 你有高超的历史,你有逸雅的风俗!
>
> 啊! 诗人底花呀! 我想起你,
> 我的心也开成顷刻之花,
> 灿烂的如同你的一样;
> 我想起你同我的家乡,
> 我们的庄严灿烂的祖国,
> 我的希望之花又开得同你一样!
>
> 习习的秋风啊! 吹着! 吹着!
> 我要赞美我祖国底花!
> 我要赞美我如花的祖国!

请将我的字吹成一簇鲜花，

金底黄，玉底白，春酿底绿，秋山底紫，……

然后又统统吹散，吹得落英缤纷，

涨漫了高天，铺遍了大地。

秋风啊！习习的秋风啊！

我要赞美我祖国底花！

我要赞美我如花的祖国！

该信中还附有给清华文学社社友一函。

十月二十八日　致闻家骙转父母亲信。收《闻一多书信选集》。说"三年之后，我决即归国"，"我急欲归国更有一理由，则研究文学是也。恐怕我对于文学的兴味比美术还深。我在文学中已得的成就比美术亦大。此一层别人恐不深悉，但我确有把握。"又谈到在美国的生活"似乎有点寒酸"，因为要省下钱买书和出版《红烛》。

十月三十日　致吴景超、梁实秋信。收《闻一多书信选集》。谈到《红烛》编辑情况：

《红烛》即日钞录寄上……，纸张字体我想都照《女神》的样子。全集大概分为四小集：《雨夜之什》共二十三首为第一集，《宇宙之什》共二十首为第二集，《孤雁之什》（出国以后之作品，现有十四首）为第三集，《李白之死》为第四集。《忠告》、《心底悲号》、《伤心》、《画稿》、《同[谢]文炳话别》、《沉沉的夜》、《不知足的叫化子》、《别离的海》、《心与爱》、《爱之狂》十首都拟删去。《红烛》作为序诗。

又说诗兴颇浓，约每周有一首诗作：

我到美以后，成绩也出我冀料之外，近来的诗兴尤其浓厚，大概平均起来，一个礼拜也有一首。作《忆菊》后又有新作三首。秋来洁阁森公园甚可人意，上星期六、星期日我在那里整个地留连了两天。新作的三首诗都是在那时产生的。现在我心里又有了一个大计划，这便是一首大诗，拟名《黄底Symphony》。在这里我想写一篇秋景，纯粹的写景，——换言之，我要用文字画一张画。

所说三首近作，其中有《秋色》，副标题即"芝加哥洁阁森公园里"。收《红烛》。

十一月一日　先生的《〈冬夜〉评论》，与梁实秋《〈草儿〉评论》，合为《〈冬夜〉〈草儿〉评论》，作为清华文学社丛书第一种，在国内出版。

梁实秋《谈闻一多》中记述了该书出版过程："对于新诗，他最佩服的是郭沫若的《女神》，他不能赞同的是胡适之先生以及俞平伯那一套诗的理论。据他看，白话诗必须先是'诗',至于白话不白话倒是次要的问题。他在临离开清华的时候写过一篇长文《〈冬夜〉评论》,是专批评俞平伯的诗集《冬夜》的,但也是他对新诗的看法之明白的申述,这一篇文章的底稿交由吴景超抄写了一遍迳寄孙伏园主编的《晨报副刊》,不料投稿如石沉大海,不但未见披露,而且原稿亦屡经函索而不退回。幸亏留有底稿。我索性又写了一篇《〈草儿〉评论》,《草儿》是康白情的诗集,当时与《冬夜》同样的有名,二稿合刊为《〈冬夜〉〈草儿〉评论》,由我私人出资,交琉璃厂公记印书局排印,列为"清华文学社丛书第一种",于十一年十一月一日出版。一多的这一篇《〈冬夜〉评论》可以说是他的学生时代的最有代表性的论文。"(第9页)

梁实秋在《清华八年》中说此书印刷费有百余元,是他父亲供给的。

先生很重视这篇文章,次月家信中说:"我们的意见差不多都包括在此。"

次月二十二日,吴景超发表《读〈冬夜〉〈草儿〉评论》,说:"《〈冬夜〉〈草儿〉评论》的功用就在能指示给大众什么是诗,什么不是诗。现在诗坛中的坏现象,虽不能归咎于康、俞二君,但他们在诗坛中留下恶影响,是显然的事实。闻、梁二君于诗集中,独先评《草儿》、《冬夜》,便是'擒贼先擒王'的手段。他们把首领的劣点,一一宣布出来,然后那些随在后面的,自然知道换路了。我不必特来褒奖此书,看过此书的人,都知道他那廓清新诗坛中积弊的力量,是不小的。这本书多得一个读者,诗坛中的光明,便越近一步。"(《清华周刊》第264期所附文艺增刊第2期)

郭沫若当时在日本看到该书后,极力称赞,曾写信给梁实秋,说:"如在沉黑的夜里得见两颗明星,如在蒸热的炎天得饮两杯清水……在海外得读两君评论,如逃荒者得闻人足音之跫然。"(转引自《致闻家骚闻家骊转父母亲信》,1922.12.27)

十一月六日 致闻家骚转父母亲信。收《闻一多书信选集》。说:是日美国同学卡普其来接自己去他家,"他的母亲待我好极了。伊说伊的儿子出门时曾遇着一位太太待他好极了。伊要还债。所以今日见我,要用那位太太待他儿子的方法待我,使我远在万里之外,如在家中一样。这时我向伊说了一句很漂亮的话,我说,我的母亲不久也要还债了。今天伊办了很好的中饭给我吃。下午又留我过夜,我因道远了要早回寓。伊又办了很多的点心迫着我吃。我从未遇着一个外国人待我这样亲热的。这便使我想起我自己的母亲了,想起我自己的家了"。但又说"讲来讲去我不喜欢美国。美国的学生没有中国北京、上海、杭州、南京等处的学生底善于思想,勤于思想。他们在我眼里都是年轻的老腐败。美国的工人没有中国工人勤苦,他们得钱多,做事少。别人以为美国好极了,其实美国好本好,坏处也不少"。

是月上旬 约在这时,有致清华文学社社友信。收《闻一多书信选集》。对清华文学社拟办之月刊,先生建议用"文坛"两字作刊名。又说:"除梁君治华处所有拙作多首,任编辑员择登外,现有《女神》评论一篇,不日脱稿即当寄上。"此文即《女神之地方色彩》。后,月刊计划打消,先生又欲作一篇专讲《女神》之优点的评论,一起投《创造》。

是月中旬 拜访了芝加哥大学法文副教授温特(Mr. Winter)。六日家信中说:"下礼拜我又要拜访一位教员,这位先生要知道中国东西,清华同学张君景钺便介绍我与他谈话","我在这里,人家都认为我是有中国学问的人,所以若有外国人要知道中国古时的东西,他们就介绍我去了"。二十六日致梁实秋信中谈到拜访的情况:

> 我近来认识了一位 Mr. Winter,是芝加哥大学的法文副教授。这人真有趣极了。他是一个有"中国热"的美国人。只讲一个故事,就足以看出他的性格了。他有一个中国的大铁磬。他讲常常睡不着觉,便抱它到床边,打着它听它的音乐。他是独身者,他见了女人要钟情于他的,他便从此不理伊了。我想他定是少年时失恋以至如此;因为我问他要诗看,他说他少年时很浪漫的,有一天他将作品都毁了,从此以后,再不作诗了。但他是最喜欢诗的。他所译的Baudelaire 现在都在我这里。我同他过从甚密。他叫我跟他合同翻译我的作品。他又有意邀我翻译中国旧诗。我每次去访他,我们谈到夜深一两点钟,我告辞了,我走到隔壁一间房里去拿外套,我们在那间房里又谈开了,我们到门口来了,我们又谈开了,我们开着门了,我们在门限上又谈开了,我走到楼梯边了,我们又谈开了;我没有法子,讲了"我实在要回去睡觉了!"我们才道了"good night",分散了。最要紧的,他讲他在美国呆不住了,要到中国来。……还有一件有趣的事,他没有学过画,他却画了一幅老子的像。我初次访他,他拿着灯,引我看这幅油画,叫我猜这是谁。我毫不犹疑地说:"是老子?""果然是老子!"他回道。他又 copy 了几幅丈长的印度的佛像画,这些都挂在他的房子里。他房子里除几件家伙外,都是中国、印度或日本的东西。他焚着有各种的香,中国香,印度香,日本香。

这以后几天,先生同张景钺联名给清华校长曹云祥写信,推荐温特到清华教法文。次年,温特到南京东南大学任教,一九二五年接到清华聘书。先生与温特教授一直保持着友谊。温特回忆当年在美国,"闻一多给我讲中国诗,我给他介绍英国诗的格律","我们讨论过中国诗的特点以及他如何译成外文,这方面谈的话非常多。"那时,两人还常常一起去美术馆,认为中国的画"能画出人的精神"。(*刘烜访问温特教授记录,1979.4,转引自《闻一多评传》,第 63 至 64 页*)先生牺牲后,一部分骨灰带回北京,当高孝贞和孩子们去解放区时,这骨灰几次辗转便存放在温特家里。北京解放时,温特教授把骨灰送还家属。

是月中下旬 约这期间,有致梁实秋信,仅存前半函。收《闻一多书信选集》。谈对梁诗《幸而》的修改细节。

十二月一日 致梁实秋信。收《闻一多书信选集》。说:"佛来琪唤醒了我的色彩的感觉。我现在正作一首长诗,名《秋林》——一篇色彩的研究。"《秋林》收入《红烛》时,干脆改名为《色彩》。色彩触动了先生的灵感,后来构思《园内》,各节都有主要的代表色。

晚,会见美国著名女诗人海德夫人(Eunice Tietjens)。次日家信:

> 昨晚会着一位美国有名女诗人海德夫人。我将我的诗译了几首给她看,她颇称赞。她劝我多译几首给她送到这里一个著名杂志(《诗》)请他们登载。我的朋友们笑我还没有上中国诗台,倒先上了美国诗台。我不知国内的人将怎样承受我的将要出版的《红烛》,或者他们还不能鉴赏他。但我那儿管得了这些事呢?海德夫人到过中国,当过《诗》底编辑,著了两本诗集,在此邦文学界颇有声望。她的丈夫海德先生是一个戏曲家、医学家,我也会见了。他们当然在学问界是最上流的人物。在美国只有这些人我还不讨厌。

四日致吴景超信也谈到这事:

> 前晚遇见这里一位女诗人 Eunice Tietjens,伊要看我的诗,我译了好几首去,其中伊最赏识的也就是你赏识的《玄思》。伊教我再多译几首,同伊斟酌了字句,伊当送给 Harriet Monroe,请伊选登《Poetry》。钱宗堡笑我没有上中国诗坛,先上外国诗坛了。Eunice Tietjens 曾作过《诗》底编辑,现在是顾问编辑了。伊到过中国,游中国时所作的诗《Profiles from China》(清华图书馆有的)颇著名。伊的丈夫是个戏曲家,我也会见了。

十二月二日 致闻家骡、闻家驷转父母亲信,收《闻一多书信选集》。请继续寄《小说月报》及《诗》,"因现方从事于文学批评,须时时参阅"。又请托闻亦有打听上海亚东或泰东图书局印行新诗办法。

十二月四日 晚,《女神之时代精神与地方色彩》付邮。后分为《女神之时代精神》与《女神之地方色彩》发表。

《女神之时代精神》发表于一九二三年六月三日《创造周报》第四号。收《闻一多全集》。这是对郭沫若诗集《女神》的赞扬。文章开首写到:"若讲新诗,郭沫若君的诗才配称新呢,不独艺术上他的作品与旧诗词相去最远,最要紧的是他的精神完全是时代的精神——二十世纪底时代的精神。有人讲文艺作品是时代底产儿。《女神》真不愧为时代底一个肖子。"文章从五个方面评述了《女神》的时代特点,并且特别强调指出"革新者"的责任：

> 别处的青年虽一样地富有眼泪，污浊，情炎，羞辱，恐怕他们自己觉得并不
> 十分真切。只有现在的中国青年——"五四"后之中国青年，他们的烦恼悲哀
> 真像火一样烧着，潮一样涌着，他们觉得这"冷酷如铁"，"黑暗如漆"，"腥秽如
> 血"的宇宙真一秒钟也羁留不得了。他们厌这世界，也厌他们自己。于是急躁
> 者归于自杀，忍耐者力图革新。革新者又觉得意志总敌不住冲动，则抖擞起
> 来，又跌倒下去了。但是他们太溺爱生活了，爱他的甜处，也爱他的辣处。他
> 们决不肯脱逃，也不肯降服。他们的心里只塞满了叫不出的苦，喊不尽的哀。
> 他们的心快塞破了，忽地一个人用海涛底音调，雷霆底声响替他们全盘唱出来
> 了。这个人便是郭沫若，他所唱的就是《女神》。

《女神之地方色彩》发表于一九二三年六月十日《创造周报》第五号。收《闻一
多全集》。这篇文章是对《女神》的批评，认为它"不独形式十分欧化，而且精神也十
分欧化的了"，并分析说这与"作者是在一个盲从欧化的日本"的环境里写作有关。
该文不仅是对郭沫若的批评，而是对新诗界存在的某种倾向的指责。篇首即指出：
"现在的一般新诗人——新是作时髦解的新——似乎有一种欧化的狂癖，他们的创
造中国新诗底鹄的，原来就是要把新诗作成完全的西文诗。"文中有些评论十分精
辟，尤其是表现出可贵的爱国思想，至今仍被人们重视。如：

> 我总以为新诗径直是"新"的，不但新于中国固有的诗，而且新于西方固有
> 的诗，换言之，它不要作纯粹的本地诗，但还要保存本地的色彩，它不要做纯粹
> 的外洋诗，但又尽量的吸收外洋诗的长处，他要做中西艺术结婚后产生的宁馨
> 儿。我以为诗同一切的艺术应是时代的经线，同地方纬线所编织成的一匹锦。

又如：

> 现在的新诗中有的是"德谟克拉西"，有的是泰果尔、亚坡罗，有的是"心
> 弦""洗礼"等洋名词。但是，我们的中国在那里？我们四千年的华胄在那里？
> 那里是我们的大江、黄河、昆仑、泰山、洞庭、西子？又那里是我们的《三百篇》、
> 《楚骚》、李、杜、苏、陆？……我要时时刻刻想着我是个中国人，我要做新诗，但
> 是中国的新诗，我并不要做个西洋人说中国话，也不要人们误会我的作品是翻
> 译的西文诗。

又如：

> 《女神》底作者对于中国，只看见他的坏处，看不见他的好处。他并不是不
> 爱中国，而他确是不爱中国的文化。我个人同《女神》底作者底态度不同之处
> 是在：我爱中国固因他是我的祖国，而尤因他是有他那种可敬爱的文化的国

家;《女神》之作者爱中国,只因他是他的祖国,因为是他的祖国,便有那种不能引他敬爱的文化,他还是爱他。爱祖国是情绪底事,爱文化是理智底事。一般所提倡的爱国专有情绪的爱就够了;所以没有理智的爱并不足以诟病一个爱国之士。但是我们现在讨论的另是一个问题,是理智上爱国之文化底问题。

同日 致吴景超信。收《闻一多书信选集》。信中谈到生死问题,说自己"是个生命之肯定者","还是有宗教的人":

来信谈及生死问题,这正是我近来思想之域里一阵大风云。我近觉身体日衰,发落不止,饮食不消化,一夜失眠,次日即不能支持。我时时觉死神伸出削瘦的手爪在我的喉咙上比画,不知那一天就要卡死我了。我又不会宣节我的工作与休息,我完全是我的冲动的奴隶。我不知道疲惫时就当休息。景超,这种畏死的滋味你们都没有尝过罢?啊!死有何足畏呢?不过我同你一样是个生命之肯定者。我要享乐,我要创造。创造将要开始,享乐还没有尝到滋味就要我抛弃了生命到那不可知的死乡去,我怎甘心呢?昨日同黄钰生、张景钺、钱宗堡也谈到生命问题。黄是个 cynic,张、钱是 skeptics,我不知我到底是个什么?你们看到我给文炳的信吗?我失了基督教的信仰,但我还是个生命之肯定者,我的神秘性 mysticism 还存在,所以我还是有宗教的人。

十二月二十日 芝加哥美术学院放寒假。先生"情思大变",始作《红豆》,五昼夜作五十首。

十二月二十五日 致梁实秋信。收《闻一多书信选集》。说《红烛》寄出,请梁"作第二次的序"。又说:

连于五昼夜作《红豆》五十首。现经删削,并旧作一首,共存四十二首为《红豆之什》。此与《孤雁之什》为去国后之作品。以量言,成绩不能谓为不佳。《忆菊》,《秋色》,《剑匣》具有最浓缛的作风,义山、济慈的影响都在这里,但替我闯祸的,恐怕也便是他们。这边已经有人诅之为堆砌了。

又说到《红烛》的装帧与设计:

因为经济的关系,所以我从前想加插画的奢望,也成泡影了。封面上我也打算不用图画。这却不全因经济的关系。我画《红烛》的封面,更改得不计其次了,到如今还没有一张满意的。一样颜色的图案又要简单又要好看,这真不是容易的事(这可奇怪了,我正式学了画,反觉得画画难了——但这也没有什么可怪的)。我觉得假若封面的纸张结实,字样排得均匀,比一张不中不西的画,印得模模糊糊的,美观多了。……还有一层理由:我画出的图案定免不了是西洋式;我正不愿我的书带了太厚的洋味儿。……书内纸张照《雪朝》《未来之花园》的样子。封面的纸张也应厚如《雪朝》的;颜色不论,只要深不要浅,要暗不要鲜就行了。书内排印格式另详附样。

又谈到国内新诗的评价:

承你寄来的各种诗集杂志都收到了。《创造》里除郭、田两人外无人才。《未来之花园》在其种类中要算佳品。它或可与《繁星》并肩。我并不看轻它。《记忆》《海鸥》《杂诗》(五三页)《故乡》是上等的作品,《夜声》《踏梦》是超等的作品。"杀杀杀……时代吃着生命的声响"同叶圣陶所赏的"这一个树叶拍着那一个的声响"可谓两个声响的绝唱!只冰心才有这种句子。实秋!我们不应忽视不与我们同调的作品。只要是个艺术家,以思想为骨髓也可,以情感为骨髓亦无不可;以冲淡为风格也可,以浓丽为风格亦无不可。徐玉诺是个诗人。《蕙底风》只可以挂在"一师校第二厕所"的墙上给没带草纸的人救急。实秋!便是我也要骂他诲淫。与其作有情感的这样的诗,不如作没情感的《未来之花园》。但我并不是骂他诲淫,我骂他只诲淫而无诗。淫不是不可诲的,淫不是必待诲而后有的。作诗是作诗,没有诗而只淫,自然是批评家所不许的。

十二月二十六日　　致梁实秋信。收《闻一多书信选集》。因看到梁来信中所说郭沫若对《〈冬夜〉〈草儿〉评论》的赞语,非常高兴:

我们所料得的反对同我们所料得的同情都实现了。我们应该满意了。郭沫若来函之消息使我喜若发狂。我们素日赞扬此人不遗余力,于今竟证实了他确是与我们同调者。《密勒氏评论》不是征选中国现代十二大人物吗?昨见田汉曾得一票,使我惊喜,中国人还没有忘记文学。我立即剪下了一张票格替郭君投了一票,本想付邮,后查出信到中国时选举该截止了,所以没有寄去。本来我们文学界的人不必同军阀、政客、财主去比长较短,因为这是没有比较的。但那一个动作足以见我对于此人的敬佩了。

次日家信亦云:

今早得梁实秋信称郭沫若君曾自日本来函与我们的《冬夜草儿评论》表同情。来函有云:"……如在沉黑的夜里得见两颗明星,如在蒸热的炎天得饮两杯清水……在海外得读两君评论,如逃荒者得闻人足音之跫然"。你们记得我在国时每每称道郭君为现代第一诗人。如今果然证明他是与我们同调者。我得此消息后惊喜欲狂。又有东南大学底一位胡梦华君也有来函表示同情。但北京胡适之主持的《努力周刊》同上海《时事新报》附张《文学旬刊》

上都有反对的言论。这我并不奇怪,因这正是我们所攻击的一派人,我如何能望他们来赞成我们呢?总之假如全国人都反对我,只要郭沫若赞成我,我就心满意足了。

十二月二十七日　致闻家骥、闻家駟转父母亲信。收《闻一多书信选集》。报告成绩:"除美术史一科外并无大考,只以平日成绩定等级耳。我上月成绩又进,七门功课已得六超等矣。"又对弟弟闻家駟说到治学:

> 駟弟成绩甚佳,殊可喜。课外有眼当多阅杂志,以得普通知识。阅杂志原不是做学问之目的,亦非做学问之本身,但駟弟目下所需者是一普通知识之根柢。根柢既成,思想通澈,然后谈得到做专门的学问。此非文科独然,实科亦莫不然。我嘱駟弟多写信来质疑问难。我虽远隔重洋,书信往来,节序已迁,但研究学问,真理不改,时间不足以囿之也。

十二月三十一日　致吴景超信。未发表。信中云:

> 久盼不到的《文艺增刊》,今天从姚崧龄处看到了。景超你自己觉着这本创刊号怎样,满意吗还是不满意?我老实讲,我想你们应该弄得出一本更好的玩意儿来。至少第一期不应就这样"鳖脚"。但我回头想想这就是清华底 limit 了,也便是文学社底 limit 了。文学社取消了出版计划,倒也好。从前听说我们想出一本短篇小说底汇刊,进行了没有?我看这倒也办得。我很希望早早看见这本书出版。我现在对于小说底兴趣日渐增加。我想在最近将来定有出品送来给你们看。

> 景超!(昨日写毕至此今日已易一年矣)又是一年过去了。我自从到美以后,做了些什么事?我的事做的不能说少。但是你知道这边的人是怎样看我么?他们眼里的一多是个大大堕落的,江河日下的一多。我何必定要他们知道我。不错,我的宗教观念改了,但是我的理想没有改。但是批评我的人自己比我更不配讲宗教。他们批评我为的是另一件事。我现在不必告诉你,候我的小说作完了你便知道了(Nothing romantic, mind you)。

> 《红烛》收到没有?请你同实秋斟酌为我删削。《李白之死》后之注请统统删去。我现在觉得把那些东西都注出来似乎小气得很。

是月　长女闻立瑛生。因为是女孩,家里很久才把消息告诉先生。先生对这种做法很不满,次年二月十日家信说:

> 孝贞分娩,家中也无信来,只到上回,父亲才在信纸角上缀了几个小字说我女名某,这就完了。大约要是生了一个男孩,便是打电报来也值得罢?我老实讲,我得一女,正如我愿,我很得意。我将来要将我的女儿教育出来给大家

做个榜样。我从前要雇乳母以免分孝贞读书之时,现在不以为然。孝贞当尽心鞠育她,同时也要用心读书。我的希望与快乐将来就在此女身上。

先生认为女子并不比男子弱,是月二日家信中还对两个妹妹和妻子说:"女人并不是不能造大学问、大本事。我们美术学院底教员多半是女人。女人并不弱似男人。外国女人是这样,中国女人何尝不是这样呢?"

一九二三年　二十五岁

二月七日，京汉铁路工人大罢工。

二月，张君劢在清华学校发表题为"人生观"的讲演，丁文江遂在《努力》周报发表《玄学与科学——评君劢的〈人生观〉》，科玄论争由此开始。

十月，曹锟贿选，当选大总统。

十一月二十五日，孙中山发表《中国国民党改组宣言》。

一月五日　致闻亦有信。收《闻一多书信选集》。中云："寄来美金三十元拟作《红烛》印费。《红烛》底稿已寄与北京梁君实秋请代经理付印（在上海），候交涉办妥后，梁君当有信到兄处，并告书局向兄处取此款。余数已请梁君与书局说妥出版后再付。但下月弟或仍有二十元寄兄处。"又云："此美术学校最满我意处，乃日间上课，课毕即无事，故晚间返寓，犹得研究文学也。"

同日　又有致闻家骤信。收《闻一多书信选集》。说《红烛》印费所缺之数请设法付清。

一月十四日　致闻家骤、闻家驷转父母亲信。收《闻一多书信选集》。再次陈述了欲早日归国的念头，尤对在美受到之种族歧视感到无比愤慨：

此间学校，每季为一学期，故一年得四学期，除暑假，则三学期。三学期乃正式期限，但有愿于暑假中继续修业者亦可能也。故若能连续三暑假，则可减省一年之光阴也。美院本三年毕业，我想连读两暑假，则两年之间已读完两年又两学期之功课。再读一学期，即两年又三个月，而三年之功课均毕矣。由此计算，后年年底（民国十三年）我当能归国。日前闻一教员云，在此校肄业两年，根底工夫已足矣，此后自己作功夫可也。故我若欲早归，后年秋天亦可归来。但特来美一次，住个两年半，亦不算久，我当有此忍耐性以支持到底也。想家中得知我留美期限又由三年减至二年半，亦足惊喜矣。然而局外人或因别人求学四五或六年而我两年半即归，遂责我向学之心不切。噫！此岂可为俗人道哉！我未曾专门攻文学，而吾之文学成绩殊不多后人也。今在此学美术，吾之把握亦同。吾敢信我真有美术之天才，学与不学无大关系也，且学岂必在课堂乎？且美利加非我能久留之地也。一个有思想之中国青年留居美国之滋味，非笔墨所能形容。俟后年年底我归家度岁时当与家人围炉絮谈，痛哭流涕，以泄余之积愤。我乃有国之民，我有五千年之历史与文化，我有何不若彼美人者？将谓吾人不能制杀人之枪炮遂不若彼之光明磊落乎？总之，彼之贱视吾国人者一言难尽。我归国后，吾宁提倡中日之亲善以抗彼美人，不言中美亲善以御日也。

又说《红烛》出版，"于文学方面可以告一小段落"，打算"本学期时间，将必多用于美术上"。

一月二十一日　　致梁实秋信。收《闻一多书信选集》。说因为看完郭沫若的《未央》，觉得"说出了我局部的悲哀，没有说出我全部的悲哀。我读毕了那篇小说，起立徘徊于室中，复又站在书架前呆视了半晌。我有无限的苦痛、无穷的悲哀没处发泄，我只好写信给你了。"先生所说的悲哀指家庭包办的婚姻。又说："情的生活已经完了，不用提了。以后我只想在智底方面求补足。我说我以后要在艺术中消磨我的生活。""我的唯一的光明的希望是退居到唐宋时代，同你结邻而居，西窗剪烛，杯酒论文——我们将想象自身为李杜，为韩孟，为元白，为皮陆，为苏黄，皆无不可。只有这样，或者我可以勉强撑住过了这一生。"

二月二日　　致梁实秋信。收《闻一多书信选集》。说："现在要赶完《莪默伽亚谟之绝句》，一篇批评郭译（见《创造》第三期）及研究莪默的论文。"又说要"用一个别号曰'屠龙居士'"，"我以后一切著作——创作与批评——拟都署此别号"。还说为梁实秋诗集《荷花池畔》所作的《序》已寄上，"我在此文中未提到你的艺术之优点，一为避嫌疑，二为在西方一种诗集初出版，从未有如中国人这样小气，带上一篇喝彩式的文以教训读众，我想西方人这一点很好"。

二月三日　　《莪默伽亚谟之绝句》写定。发表于是年五月《创造季刊》第二卷第一期。收《闻一多全集》。这是一篇评论郭沫若译诗的文章。一九二二年十一月《创造季刊》第一卷第三期刊登郭沫若的《波斯诗人莪默伽亚谟》，内容包括传略、作品读后感及译诗一〇一首。郭不解波斯文，译文是据斐芝吉乐的英文译本再译的。先生"读到郭译的莪默，如闻空谷之足音，故乐于与译者进而为更缜密的研究"。全文共三章，一郭译订误，二郭译总评，三怎样读莪默。

二月十日　　致父母亲信。收《闻一多书信选集》。说到学业及回国欲从事文学教学的志向：

人体写生从来只得上等，这回得了超等了。所以现在的分数是青一色的超了。我来此半年多，所学的实在不少，但是越学得多，越觉得那些东西不值得一学。我很惭愧我不能画我们本国的画，反而乞怜于不如己的邻人。我知道西洋画在中国一定可以值钱,但是论道理我不应拿新奇的东西冒了美术的名字来骗国人的钱。因此我将来回国当文学教员之志乃益坚。

同日 致闻家騄信。收《闻一多书信选集》。说"诗在各种艺术中所占位置很高","在中国几乎无处没有诗"。又说:"我现在着实怀疑我为什么要学西洋画,西洋画实没有中国画高。我整天思维不能解决。那一天解决了我定马上回家。"

二月十四日 有致清华文学社信。今佚。次日致梁实秋信:"昨致文学社一函由朱湘君转交。"

二月十五日 致梁实秋信。收《闻一多书信选集》。说近收到"沫若寄来一本《创造》,上有附语,言正当毕业试验,所以没有工夫写长信"。又说希望作一个艺术的宣道者:

> 我想再在美住一年就回家。我日渐觉得我不应当作一个西方的画家,无论我有多少的天才!我现在学西方的绘画是为将来作一个美术批评家。我若有所创作,定不在纯粹的西画里。但是我最希望的是作一个艺术的宣道者,不是艺术的创作者。实秋!你不是打算在美国只住二三年吗?我希望你也早早回国帮我作点实在的事业。跑到这半球来,除了为中国多加一名留学生,我们实在得不着什么好处,中国也得不着什么好处。

同日 晚,应浦西太太之邀,去芝加哥美术馆与美国著名女诗人爱米·罗艾尔(Amy Lowell)共进晚餐。罗艾尔在席上还朗诵了新创作的诗。罗艾尔生于一八七四年,是美国意象派诗人的领袖,先生称其为"在此邦是首屈一指的女诗人"。她曾写过两卷本《济慈传》,她的诗中有种活力、热忱和有意识的技巧感,这对先生的诗风极有影响。罗艾尔还酷爱中国古典文学,曾与阿斯秋琪合译过一本中国诗,题作《松花笺》,这也是先生敬重她的原因之一。罗艾尔逝于一九二五年,先生曾写了《美国著名女诗人罗艾尔逝世》。

同日 梁实秋在《清华周刊》第二六九期发表《评一多的诗六首》。这是第一篇专论先生新诗研究的文章,所评介的《太阳吟》、《寄怀实秋》、《玄思》、《忆菊》、《火柴》、《晴朗》,都是经梁实秋之手发表于《清华周刊》。该文称先生"不愧是我们东方诗人的本色",认为先生的新诗取材"广博雅",有浓重的"'旧诗'的气味",和丰富奇特的想象。说到先生新诗的"韵脚"与"诗意"的和谐统一时,说:"《太阳吟》共十二节,每节首尾两行都有韵脚,声调非常和谐,并不觉得呆板堆砌。这种成功的作品,并不足为以韵脚有无定诗之高下的评论家做张本,而实在可以证明韵脚可以供成熟的作家的调度,且丝毫不妨害诗意的自然。《忆菊》共五十八行,字句的灿烂冲雅恐怕是新诗中罕见之作哩。"

二月十八日　作诗《长城下之哀歌》。后发表于一九二五年七月十五日《大江季刊》第一卷第一期。

同日　致梁实秋信。收《闻一多书信选集》。说："上星期又缺了两天半的课（为的是作诗），要在这几天内补起来。我所作的诗名《长城下之哀歌》。这是我悲恸已逝的东方文化的热泪之结晶。诗长数千言，乃系一诗人碰死于长城之前的歌词。结果我并不满意，候下星期修改后，再寄上乞正。"

信中还谈到《红烛》出版，云："我的几个哥哥都写信来催我将《红烛》出版，他们都叫我不要管经济，他们可以负责。这样我才决意寄回了。我同时又已寄美金五十元回了，所以印费一层可以不必累你了。"又催梁实秋快把《荷花池畔》寄到上海，款项不够，先生可想办法。"《荷花池畔》底序我早寄回了，现在想已收到"。

三月六日　致梁实秋信。收《闻一多书信选集》。说："感谢你的劝勉抚慰的信。感谢毅夫（翟桓）同一切的新知故好底宠爱。我将为劝勉我者，抚慰我者，宠爱我者，重视我者，惋惜我者……努力作个不堕落的诗人。若果生活是黑暗，黑暗中还有些'……我者'存在，那末生活中还是有光明的，生活还是值得努力的。"

又说到长诗《园内》：

景超嘱作描写清华生活的诗。我开始作了一首《园内》，旷了两天课；诗还没有作完，课可不能再旷了。《园内》的大纲我写在下面：

第一章　园内之昨日

第二章　园内之今日

　　一、晨曦

　　二、夕阳

　　三、凉夜

　　四、深更

第三章　园内之明日

这是一个 gigantic attempt。两个多月没有作诗，两个多月的力气都卖出来了，恐怕还预支了两个月底力气。我先通知你，请你向总编辑先生疏通疏通，把《增刊》底最前的十页纸留给我，如何？我还要印大字，十页也许不够呢！现在不过约略地讲罢了。换言之，这首诗可作这期增刊的题辞。此刻作完《夕阳》了，已写了七页白纸。我先将每章之序曲合并抄来，给你看看。

三月八日　致闻家骙、闻家驷转合家信。收《闻一多书信选集》。时，湖北地区军阀混战，溃兵四处抢掠，先生信中云："凶年兵燹，频乘洊臻，乡民将何以为生啊！不知人心是怨天呢，还是怨人？天灾诚无法可救，至于人祸，若在欧美，这辈封狐长蛇,早被砍作百块了! 美国底革命如此,法国底革命如此,俄国底革命亦如此。"又说:"我近来人事甚好,功课也作得有兴,但是诗兴总比画兴浓些。"

三月十六日　长诗《园内》写定。后发表于四月二十八日《清华生活》(清华校建十二周年纪念号)。收《闻一多诗集》。这首诗是先生所作最长的诗,共 314 行,曾自认为"恐怕是新诗中第一首长诗"。(《致闻家骊》,1923.5.25)诗发表后,先生收到不少朋友来信赞扬,先生五月二十九日致梁实秋信中谈到写这首诗时的心情,说"作《园内》时的我,只有悲哀,绝望,孤寂,无聊,所以《园内》表面上虽似堂皇,其中正含有无限的冷泪"。这恐怕是朋友们没想到的。

三月十七日　致吴景超、梁实秋信。收《闻一多书信选集》。说《园内》的创作激情与构思意图:

> 《园内》的大功告成了。然而为成为败,我自己实在毫无把握。这是我初次作这类"清庙明堂"式的玩艺儿。两年前我同浦薛凤等办十周年纪念增刊,我已拟作这样一首诗,竟没有作成。不料这回离了清华,倒作成了。两年前要写写不出的情绪如今都吐尽了,痛快极了! 痛快极了! 这首诗的局势你们可以看出是一首律诗的放大。第三四节晨曦夕阳为一联,第五六节凉夜深更为一联;再加上前后的四节共为八节,正合律诗的八句。中间四节实是园内生活之正体。晨曦的背景是荷花池,夕阳的是体育馆,凉夜的是大礼堂,深更的是高等科大楼。每景有一主要的颜色,晨曦是黄,夕阳是赤,凉夜是蓝,深更是黑。我觉得布局 design 是文艺之要素,而在长诗中尤为必需。因为若是拿许多不相关属的短诗堆积起来,便算长诗,那长诗真没存在的价值。有了布局,长篇便成一个多部分之总体 a composite whole,也可视为一个单位。宇宙底一切的美,——事理的美,情绪的美,艺术的美,都在其各部分间和睦之关系,而不单在其每一部分底充实。诗中之布局正为求此和睦之关系而设也。
>
> 至于诗中的故典同喻词中,也可看出我的复古的倾向日甚一日了。末章的 appeal 恐怕同学们读了,要瞠目咋舌,退避三舍罢? 但是这种论调他们便在美国也是终久要听到的。倒不如早早地听惯了的好,省得后来大惊小怪,不知所措。

先生也很喜爱《园内》,二十二日致梁实秋信说:"这里的朋友们若昭瀛、逖生(浦薛凤)、隆基、泽霖及同居的两位都极力称赞。说句陈俗的俏皮话,我真拨动了他们的心弦了吗?"

三月二十日　致闻家骦、闻家骊转合家信。收《闻一多书信选集》。说:"今接实秋来函称诗稿将寄与泰东承印,版权归他们,可以得到一点稿费,也到底不知多少。成仿吾(《创造》底编辑)并允代为帮忙。"又说:"《冬夜草儿评论》除了结识了郭沫若及创造社一般人才外,可说是个失败。我埋伏了许久,从来在校外的杂志上姓名没有见过一回,忽然就要独立的印出单行本来,这实在是有点离奇,也太大胆一点。但是幸而我的把握当真拿稳了,书印出来,虽不受普通一般人底欢迎,然而鉴赏我们的人倒真是我们眼里的人。"这里所说的人,自然是创造社的郭沫若、成仿吾、郁达夫了。时,郁达夫还曾到清华园拜访过梁实秋。

三月二十二日　　致梁实秋信。收《闻一多书信选集》。批评梁实秋与吴景超负气辞《清华周刊》文艺编辑事,说:"我们是以诗友始,但是还要以心友终的啊!"但又认为梁、吴此举是"直觉的情操的,不是功利的"。信中谈到自己的艺术观:"'文学'二字在我的观念里是个信仰,是个 vision,是个理想——非仅仅发泄我的情绪的一个工具。The Muse 是有生机,有意识,有感觉的活神。……我的基督教的信仰已失,那基督教的精神还在我的心里烧着,我要替人们 consciously 尽点力。我的诗若能有所补益于人类,那是我的无心的动作(因为我主张的是纯艺术的艺术),但是相信了纯艺术主义不是叫我们作个 egoist(这是纯艺术主义引人误会而生厌避之根由),你前次不是讲到介绍薛雷①吗? 那我们就学薛雷增高我们的 human sympathy 罢!"信里还要梁实秋告诉自己杨世恩、胡毅、朱湘等文学社社友近来的文学活动。

三月二十五日　　致闻家驷信。收《闻一多书信选集》。亦说到艺术与人生的关系:

> 你信中提到沫若所讲关于艺术与人生之关系的话,很有见地。但我们主张纯艺术主义者的论点原与他这句话也不发生冲突。但是说他已将这纠葛的问题解决了,我又不信。我还是拘守我的老主张。你又问精神肉体互相关属,是何理由。其实这很明白,肉体是方法,精神是目的。达到一种目的必须一种方法,但方法的价值是在其能用以达到目的的。若无目的,还要方法何用呢?若没有字,笔也没有价值存在了。字写完了,笔可以抛掉。字到底比笔要紧些。精神是字,肉体是写字的笔。

又谈到对国内几位新诗人及其作品的看法:

> 《蕙的风》实秋曾寄我一本。这本诗不是诗。描写恋爱是合法的,只看艺术手腕如何。有了实秋的艺术,才有《创造》第四期中载的那样令人沉醉的情诗。汪静之本不配作诗,他偏要妄动手,所以弄出那样粗劣的玩艺儿来了。胡梦华的批评我也看见了,讲得有道理。文学研究会的徐玉诺出了一本《未来的花园》,见过否? 实秋不喜他,我却说他颇有些佳点。徐君是个有个性的作家,

---

① 今译雪莱。

我说他是文学研究会里的第一个诗人。

还说近来只作了两首诗,即《园内》《长城下之哀歌》,"风格有些变更",说"将乘此多作些爱国思乡的诗",认为此类诗"价值甚高":

> 自圣诞节后我只作了两首诗,一是《园内》,你可在今年的《清华周刊》底纪念号见到,还有一首名《长城下之哀歌》,现在修改,拟送《创造》发表。这两首都是极长的诗。《园内》恐怕是新诗中第一首长诗。我近来的作风有些变更,从前受实秋的影响,专求秀丽,如《春之首章》《春之末章》等诗便是。现在则渐趋雄浑,沉劲,有些像沫若。你将来读《园内》时,便可见出。其实我的性格是界乎此二人之间。《忆菊》一诗可以作例。前半形容各种菊花,是秀丽,后半赞叹,是沉雄。现在春又来了,我的诗料又来了。我将乘此多作些爱国思乡的诗。这种作品若出于至性至情,价值甚高,恐怕比那些无病呻吟的情诗又高些。

信中还说在美国的同级同学中,组织了一个通信团体,彼此"互相通信,报告消息,讨论问题",成员有吴泽霖、罗隆基、钱宗堡、浦薛凤、沈有乾、何浩若等。

三月三十日 致翟桓、顾毓琇、吴景超、梁实秋信。收《闻一多书信选集》。说"这封信是恭祝四友横渡太平洋之喜,或是预吊四友闯入十八层地狱之哀的"。又说对绘画的"兴趣也在膨胀",但回到寓所"又想继续我那唐代六大诗人底研究或看看哲学书","有时又觉得诗做得无味了,我又要在小说戏剧上跃跃欲试了"。

四月八日 致闻家驷信。收《闻一多书信选集》。说:"我近数年来,不知何来如许愁苦?纵不思乡,岂无他愁?大而宇宙生命之谜、国家社会之忧,小而一己之身世,何莫非日夜啮吾心脏以逼我入于死之门者哉!曩者童稚,不知哭泣,近则动辄'冷泪盈眶',吾亦不知其何自来也。"可见当时心情极其沉重。又说:"近方作《昌黎诗论》,唐代六大诗人之研究一也。义山研究迄未脱稿,已牵延两年之久矣,今决于暑假中成之。"

四月十五日 郭沫若在上海给先生写信,对先生在《莪默伽亚谟之绝句》中批评表示感谢。

此信刊于是年五月一日出版之《创造季刊》第二卷第一期,信云:"一多:你写给我的第二信我早收到了。因为当时试事正忙,所以未即作复。你的这篇文章,我见你信时,早就想读,想早收些教益。我于四月二日返沪时,你这篇文章已交到印刷所去了,直至今晨才送校稿来,我便亲自替你校对。我一面校对,一面对于你的感谢之念便油然而生。你所指摘的错误,处处都是我的弱点,我自己也是不十分相信的地方,有些地方更完全是我错的。你说 Fitzgerald 的英译前后修改了四遍,望我至少当有再译三译。你这恳笃的劝诱我是十分尊重的。我于改译时务要遵循你的意见加以更正。我在此深表诚挚的谢意于你和你的友人钱君①。此次在沪得与实秋相晤,足慰生平。他往南京时,我和仿吾往北站去送行竟至迟了刻,我们只得空空望送了一回。你的《首阳山下的饿人》作成了么? 沫若,四月十五日。"

四月二十二日　致家人信,仅存后半函。收《闻一多书信选集》。中云:"现在则正春温矣,树木将将发芽。春序复回,良时佳节,又是思乡之大好机会。旅人对此,徒唤奈何耳!"

五月一日　诗评《莪默伽亚谟之绝句》发表于《创造季刊》第二卷第一期。收《闻一多全集》。

同时刊登的还有成仿吾于三月五日写的说明,与郭沫若四月十五日给先生信。成仿吾说明云:"实秋把一多这篇文章寄给我时叫我先寄给沫若一看,但是我想沫若此刻正忙,寄去也未必能仔细看,再过些时,他就要回到上海来,用不着寄去。我想此刻就由我在这里写几句话。本来这些译诗是我催他寄了来的。他寄来时,他说很忙,要我给他校对一下,那时候因为《创造》第三期已经迟了不少的日子,要快点拿去排印,我只把译稿与原诗对看了一次。并且从头看起来,大抵不错,所以以后我只把英文念一遍,再把译诗念一遍,只就这两遍批评,好就继读下,不好便给他加以修改。这些译诗是这样弄出来的。一多指出这许多误译出来,倒使我惶愧无地了。本来诗是最容易误解的东西,稍不注意,就会差到与原诗相反。何况又是重译。沫若既不解波斯文,所靠的又只有一种皮装小本(沫若是最喜考据的人,这回并不是他畏难,实是他案头没有参考本),这样匆促弄出,就希望他完全,实是不可能的事。侥倖据一多所说,只是解释原义的疏误,我想沫若听了,也还要引为荣幸的。不过关于一多所举的各条,我也有点感想,不妨在此地说说……"

诗《李白之死》亦发表于《创造季刊》第二卷第一期。收《红烛》。朱湘说:"《李白之死》离《失彼乐土》等史诗虽然还很远,但在国内也不能不算是空前的'破题儿第一遭'了。"(《寄孙大雨》,1923.8.21,《朱湘书信集》,第 205 页,天津人生与文学社 1936 年 3 月出版)

《莪默伽亚谟之绝句》与《李白之死》受到清华文学社社友的称赞,该社在一年总结中说:"闻君底《玄思》大得美国诗人狄琴丝(E. Tietjieus)底赞赏,翰墨因缘,笔之以志盛。闻君在《创造季刊》上发表的《李白之死》,为国中空前之作,同号中的《莪默伽亚谟之绝句》,批评郭译处也极其中肯。"(《一年来会社经过》,《清华周刊》第 285

---

①　钱君指钱宗堡。先生《莪默伽亚谟之绝句》一文末有附识,云:"我的朋友钱君宗堡替我搜罗了许多参考书,又供给了一些意见,照规矩(虽然钱君自己大起反对)还是应该申明致谢的。"

期所附文艺增刊第 9 期,1923.6)

五月四日 《清华周刊》刊登罗隆基来信,信中说到美国中部中国留美同学会将利用暑假在麦城召开年会,清华同学出力甚多,先生已表示出席并协助筹备。罗隆基信中说:"本年中部中国留美学生年会将在麦城举行。该会之董事已经举出,九人中清华同学占去五人。此外,年会主席为陈克恢、中部学生会会长为赵学海君,均系清华同学。又本年该年会会序,已推定罗隆基君负责分派及管理。罗君拟邀集中部方面之清华同学若干人,先事尽力预备。而允许一定赴会并愿原力赞助者,已有闻一多、时昭沄(即时昭瀛)、钱宗堡、刘聪强、陈石孚、浦薛凤诸君。此外,罗君函约者尚有多人。预料将来年会清华同学之到会者必多,且对该会必有一种贡献也。"(《留美同学新闻》,《清华周刊》第 280 期,1923.5.4)

五月六日 晚,在芝加哥的中国留学生召开国耻纪念会。先生到会,"处处看到些留学生们总看不进眼,他们的思想实浅陋得可笑"。(《致闻家骃》,1923.5.7)

五月七日 致闻家骃转合家信。收《闻一多书信选集》。说:"前不久此地有个山东的学生,姓孙的,因功课作不好,丧气投湖自尽。遗书即谓明知自杀之非,但自观脑经[筋]薄弱,学无所成,将来定无益于社会,不若死之为愈也。此事闻之者孰不酸心! 然我诚希望在此中国学生多有如孙君若是之血性者,中国庶有望也。"

孙君之死,引起先生感慨。十五日致梁实秋信中又说:"前不久此地有位孙君因学不得志,投湖自尽。这位烈士知生之无益,有死之决心,而果然死了。要死就死,我佩服,我佩服,我佩服,我要讲无数千万个'佩服'。实秋,你也该讲佩服。"

五月十三日 致母亲信。收《闻一多书信选集》。是日为美国之母亲节(每年五月的第二个星期日),"子女皆有礼物奉赠母亲,且各于衣襟攒上一鲜花,以示孝思。母在者花色红,母亡者花色白"。房东主妇笑容可掬,请先生看其三个女儿送来的红花与贺帖。先生看后"寸心怦动",不禁思念亲人,特用红笔在粉纸上写了此信,并"爱录孟东野《游子吟》以表孺怀",祝母亲"万福金安"、"寿比南山"。

五月十五日 致梁实秋信。收《闻一多书信选集》。前半部为一周前所写,因一月未收到梁的来信,说"异国的羁人可真有些受不了"。又说:"近来诗被画征服了,诗神屡次振作思图中兴,然而毫无效力。"后半部为收到梁信后所写。对《清华周刊·文艺增刊》停刊感到失望,说:"前天晚上我还想着邀集已来美及将来美的文学社社员捐一笔款,作为母校文学奖金,奖赠一年中最佳之一篇诗、小说与戏剧之作者(作品限定在《周刊》上发表的)。如今这个噩耗传来,我的感觉仿佛是世界底末日到了似的。"又说:"这一星期中思想颇有变更,然而目下还在酝酿之中,不久有了结果,当另函报告。上书之'思想'就是人生观底意思,所谓'变更'者,也可以讲得清楚一点,便是新希望之发见。"这可能与不久后在暑假中成立的"大江学会"有关。时,先生正在修改《长城下之哀歌》,说:"此为～elegy,与 Lycidas, Adonais 同调。我对于此作的野心与希望极大,拟于暑假更以全付精力完成之。"

时,迁入新居。地址为:芝加哥布莱克斯通街 5601 号。

五月二十九日　收到清华文学社社友四封信,不由"狂喜"。来信皆赞《园内》。

同日　致梁实秋信。收《闻一多书信选集》。认为梁欲办的刊物取名《文艺汇刊》"太 prosaic,不能引人注意"。对该刊的内容,认为"选择还可以严一点"。说到梁的近作《尾生之死》,称其"恰到好处,但汐流上潮底景况,正是利用 description 的机会,若是我,我定大大描写一番,像《李白之死》中描写月光一样"。

时,先生不想久居芝加哥,本想到波士顿,接到梁实秋信,又打算陪他上科罗拉多(梁是年赴美,拟入科罗拉多大学)"住个一年半载",因为"这一年生活苦极了,除了同一位同班的洋姑娘偶尔谈谈初浅的文学知识以外,竟没有人共谈了"。

梁实秋曾为《红烛》作序,阐发了先生等人对文艺的看法,先生在此信中说:"在《红烛》序里宣布我们的信条,我看现在可以不必。恐怕开衅以后,地势悬隔,不利行军,反以示弱。若是可能,请劳驾收回序稿,或修改或取消均可。千万,千万!"后来《红烛》出版,未收梁序。

是月　钱宗堡因肺病住院,先生一人独居四层楼上小房,窗外是林立的烟囱和过往的火车、电车、汽车,十分嘈杂。

六月一日　饶孟侃在《清华周刊》第二八四期发表《评一多的〈园内〉》,这是继梁实秋《评一多的诗六首》后的又一篇评论先生新诗创作的专文。该文认为《园内》是清华园的"第一篇成功的长诗",是对清华生活的一个诗的总结。文中说:"诺大一个山青[清]水秀、木长枝茂的清华园,应是产生艺术的泽园,应是培养精神生活的从薮。荷花池畔,独木桥边,虽不少诗人的吟咏,然都不过是断片的、记载的小品,谁都没有胆量把这一座花园锦簇、雄丽幽雅的清华园和盘托出,作一个艺术的传播。我读了一多的《园内》以后,敢大胆的说是十二年来园内缕缕的诗丝的大成了。它们不是暴发的蒲柳,倏忽便青翠浓葱,尽情放叶,倏忽便枯槁憔悴,风鸣悲秋;它们是空谷的幽兰,未及时犹如野花闲卉,一放则幽香满谷"。文中还说:"一多曾经说过,'文艺有如一座金矿;旧有的文艺是已采出的矿质,只因不善锻炼,致令金质减色;采新文艺的同志固当努力采取新矿质,然旧有的矿金却不能一概抛弃。我们为什么不改良锻炼的方法,驾轻车而就熟路呢?'他本着这层意旨,所以就试将格律的模型,用作《园内》的布局。换过来说:'《园内》是一首变形、放大的律诗。'"

六月九日　芝加哥美术学院注册干事致函华盛顿特区中国教育代表团赵团

长,报告先生的学习情况。信上说:"我很高兴地寄上闻多先生的成绩副本,他自一九二二年九月二十七日至一九二三年六月一日就读于芝加哥艺术学院的艺术院","闻多先生是一年级学生,如他攻读完毕三年的绘画课程,将可于一九二五年六月毕业。他是班上的优秀成员之一,在这一年中他成绩一向优良。"信中开列成绩单,有生物速写、静物素描、雕刻字、艺术概况、透视画法、设计、构图、研究等,得二十二个优,五个良十。(据英文原件,闻名译)

先生在芝加哥美术学院的教师有雷塞小姐、博纳德小姐、菲浦先生、莫尔斯先生等。

六月十四日　致闻家骃信。收《闻一多书信选集》。说:"美校今日毕课,本年成绩已开展览会,其中我颇有作品。"七月二十日家信中亦说:"本年在美术学院因各门成绩均佳,遂得最优等名誉奖。"在芝加哥美术学院,先生主要画素描。梁实秋说:"他后来带了两大卷炭画素描给我看,都是大幅的人体写生,石膏像做模特儿的。在线条上,在浓淡阴影上,我觉得表现都很不错,至少我觉得有活力。"(《谈闻一多》,第26页)

给闻家骃的信中还谈到治学方法,是对弟弟的诱导,也是先生自己的体会:

札记以后当停作。因以此时间读书,获益更多也。札记之用乃在:(一)养成批评精神,(二)练成作文。据我看来,你近来写信及札记中,文词畅达,间亦有美丽之词句。如此,则作文之练习并非你的亟务。至于所谓批评精神者,无非就是"学而不思则罔"的"思"之意耳。据我又看来,你已经会"思"了。于今你的缺点乃差近于"思而不学则殆"。读书甚少,仅就管窥蠡测之智识"思来思去",则纵能洋洋大篇,议论批导,恐终于万言不值一杯水耳。例如本次札记所谈老子哲学,固见思力,但此种问题,我尚望之却步,况吾弟之初学,岂能必其言之成理乎?此种见解存之脑中可也,笔之于书则不值得。故目下为弟之计当保存现有之批评精神以多读书史,所谓"学"与"思"并进也。至于"述而不作",孔圣犹然,吾辈则第当"思"而不"述"耳。

前函又言读书甚慢,此非好习惯,当求打破。凡读文学书,如小说、诗词等,不妨细读,反复吟咏,再四抽绎,以深领其文词之美。若读哲史或科学,则当速读,但观大意,不求甚解,即把捉其想思而不斤斤于字句之穿凿也。此办法本并行不悖,但弟所切需者速读耳。

同日　吴泽霖、罗隆基自威斯康辛到芝加哥,先生与其见面畅谈。旋,与两人及刘聪强、何浩若、浦薛风等乘火车到附近市镇疗养院探望病中的钱宗堡,并在市镇旅馆过夜。

六月十五日　先生获得芝加哥学术学院特殊表扬。（据芝加哥学术学院注册干事致科罗拉多大学艺术学院副院长苏珊·F·利明斯的信，1923.9.18，闻名译）

是月底　暑假。遂入暑期学校。假期中有信致朱湘，原件无存。朱湘八月二十一日致孙大雨信中说："他在暑假中寄我一信，内附写了他的《长城下之哀歌》的三分之一，这里面优美的片断不少。……他现在正作着一首咏伯夷叔齐的史诗，定名为《首阳山下之饿莩》。他并已定了作一首歌咏长卿与文君事的史诗。"（《朱湘书信集》，第205至206页）

七月二十日　致家人信。收《闻一多书信选集》。信中开列对《园内》的多处修改，请闻家驷誊录后寄创造社。

美国学校有咨派优秀学生到巴黎、罗马学习的规定。先生获得美术学院最优等名誉奖，原以为可以咨送赴欧，这时才知此例仅限于美国人。先生受此歧视，倍觉屈辱，更加剧了内心的愤慨和反感，信中说："今此等名誉奖乃不值钱的臭东西，送给我我还不要呢！然于此更见美人排外观念之深，寄居是邦者，真何以堪此？"

是月　芝加哥清华同学会成立"改良清华委员会"，（据《清华周刊》第292期，1923.11.2）先生是积极参加者之一。

八月十七日　清华学校癸亥级毕业生放洋，中有方重、孔繁祁、全增嘏、吴文藻、吴景超、梁实秋、梁思成、翟桓、谢文炳、顾毓琇等，皆先生之友。梁实秋登船时，创造社几位友人到浦东码头送行，并言郭沫若、成仿吾、郁达夫都准备离开上海，欲将《创造》编辑事托与先生与梁二人代办。梁未允，但同意加入创造社。梁到美，将此事告诉先生，先生亦以为然。九月二十四日致闻家驷信中说："我意此时我辈不宜加入何派以自示褊狭也。沫若等天才与精神固多可佩服，然其攻击文学研究会至于体无完肤，殊蹈文人相轻之恶习，此我所最不满意于彼辈者也。"

八月二十一日　芝加哥清华同学开重聚会，（据《清华周刊》第294期，1923.11.16）先生参加。会上讨论了清华改良诸事。

八月二十五日　诗《别后》发表于大连《盛京时报》。收《红烛》。

是月下旬　闻亦传自波士顿抵芝加哥，将入芝加哥大学，暂与先生同居一处。

九月一日　致闻家驷信。收《闻一多书信选集》。对留学生中盲目崇拜西方甚为不满。信中说："我自来美后，见我国留学生不谙国学，盲从欧西，致有怨造物与父母不生之为欧美人者，至其求学，每止于学校教育，离校则不能进步咫尽，以此虽赚得留学生头衔而实为废人。我家兄弟在家塾时辄皆留心中文，今后相袭，遂成家风，此实最可宝贵。吾等前受父兄之赐，今后对于子侄亦当负同等责任，使此风永继不灭焉。"

九月三日　与浦薛凤同行赴美国中西部的麦迪逊市。麦迪逊市是威斯康星州的首府,简称"麦城",威斯康星大学系统的旗帜性学校威斯康星大学麦迪逊分校就设在这里,清华学校一九二一级的罗隆基、何浩若、吴泽霖、蔡承新、王际真,一九二二级的高崇熙、周振声、沈铭书、张锡禄、刘行骥,一九二三级的萨本铁、黄子卿、谢奋程、安绍瀛、谭广德、孙成屿、王世富、李迪俊等,都在这所成立于一八四八年的学校留学。(据李迪俊《威斯康辛大学消息》,《清华周刊》第296期,1923.11.30)

同日,梁实秋抵科罗拉多。旋,给先生一信。先生原欲去波士顿继续求学,遂决定转入科罗拉多大学。

九月四日 每年一度的美国中部中国留美同学会年会(亦称留美中国学生夏令营)在麦迪逊市召开,十一日闭会。参加这次年会的有一百七十余人,清华同学占了大半,其中有罗隆基、吴泽霖、闻亦传、吴景超、时昭瀛、梅贻宝、孔繁祁等。吴景超是这年抵美后,从西雅图直接来这里的,到达时年会已开了三天。他说:"序不外名人演讲、讨论、报告、演说辩论比赛、运动泅水比赛、俱乐跳舞、宴会等等。此会的最大好处,便是能聚多数中国学生于一堂。"关于年会情况,他说:"此次年会主席,是赵君学海,年会讨论的主要题目,是学生对于改造中国所负的责任,结果通过议案四十余条,详细情形,将来当见诸报端"。(吴景超《西雅图—麦城—明城》,《清华周刊》第290期,1923年10月19日)

李迪俊在致清华同学的信中,也说到了这次年会。其云:"留美中国学生联合会本夏假威斯康辛大学开第十四次年会。主其事者,十之九属清华学生,与会者百七十余人,清华学生居泰半,上自一九一五级,下至一九二三级,无不有人参加。数年阔别,一堂重聚,把手话旧,乐也何如!"(李迪俊《威斯康辛大学消息》,《清华周刊》第296期,1923.11.30)

九月六日 诗《艺术的忠臣》发表于《盛京时报》。收《红烛》。

九月九日 乘中部中国同学会年会之机,美国中部清华同学亦召开重聚会。下午一时开会,主席孟继懋,先生为书记。参加这次会的有清华同学七十余人,讨论议案多件,时间长达五小时。讨论议案多由芝加哥同学提出,主要内容关于学校部分有:对董事会改组、鼓吹组织清华基金调查委员会、改革专科生考试制度、取消清华招收自费生办法、校中中美职员教员应同薪同待遇、教材应选择关于中国的材料、《清华一览》的改良等;关于清华同学会部分者有:组织及选举、对年报的意见、对清华驻美监督处意见、《清华周刊》改革问题。此外,还有修改同学会章程、奖学金、建筑同学院等问题。(据《清华大改革案之本文》,《清华周刊》第292期,1923.11.2;第293期,1923.11.9)后,罗隆基将各种意见归纳,写成《清华大改革案》。

晚七时,清华同学举行俱乐会。"会序第二部分为年宴,于晚间七时半举行于曼迪生著名之爬克旅馆。到会男女几及百人。会前,依各级级色所制之纸帽,至是一律戴上。有作椎形者,有做棱形者,有作古冠者,有作喽啰式者……红红绿绿,形形色色,令人目眩。"(李迪俊《威斯康辛大学消息》,《清华周刊》第296期,1923.11.30)

在麦迪逊城期间,先生与部分志同道合的清华同学成立了性质接近于政治的"大江学会"。次年二月二十四日,在麦迪逊城的罗隆基复信致清华学校施滉同学,信中简要介绍了该会的组织及主张:

"大江"的宗旨为"本自强不息的精神,持诚恳忠实的态度,取积极协作的方法,以谋国家的改造"。宗旨下"自强不息的精神"、"诚恳忠实的态度"、"积极协作的方法",这就表明我们对内的性质了。"谋国家的改造",这就表明我们对外的性质了。

要是上面的答复太空,我更提出两个反面的条件,以解释"大江"的性质。

A. "大江"非社交式的盟社"Fraternity"。社交式的盟社是不讲主张的,我们是崇奉一定的主张的。社交式的盟社是要升平日互相提携的,我们是要改造中一同奋斗的。简言之,前者主共安乐,后者主共患难。社交式的盟社的得失姑不论,若大江学会有以"互相提携"、"彼此引援"为目的者,天厌之! 天厌之!

B. "大江"非政党。我们不反对政党,并且承认政党为政治生活上应有的活动。但政党有政党的范围,政党有政党的手段。政党的范围,是限于政治,"大江"决不限于政治的活动。政党改造的手段是要争立法院的多数,掌行政部的全权,我们的手段,决不限于此。今日的"大江"必非政党的性质。

九月十二日　　致闻家驷信。收《闻一多书信选集》。说:"现拟往科泉与实秋同居。科泉离此城一日之旅行。……科泉有美术学校或不及芝校,然与实秋同居讨论文学,酬喝之乐,当远胜于拘守芝城也。"

九月十八日　　芝加哥美术学院注册干事致函科罗拉多大学艺术学院副院长苏珊·F·利明斯小姐,介绍先生在校学习情况。信中说:"闻多先生让我写信给您,介绍他去年在艺术学院就读的情况。闻先生自一九二二年九月二十五日入校至一九二三年六月十五日这一学年中每日参加学习。以下是他学习的课程表及成绩的记录的副本:生物速写,良十;静物素描,优,表扬;设计,优;雕刻字,良十;研究,优;透视画法,优;艺术史,优,表扬。您不难看出闻多先生在一切课程均获优秀成绩。在六月十五日,他还获得特殊的校方表扬,以奖励他的全面优秀成绩。他令人信服地完成了三年基础艺术课程的头一年课程。我很高兴地向您推荐他,他是一名具有才干的勤奋学生。"(据英文原件,闻名译)

是月中旬　　转学到科罗拉多大学。该校建于一八六一年,地址在温泉,故其地简称"珂泉"。"科罗拉多"为西班牙语"红色的"之意,因土壤呈红色而得名。其为美国独立一百周年时建州,所以又有"百年州"之称。

先生来此经过,梁实秋《谈闻一多》记述到:"十二年九月三日我到了美国科罗拉多温泉(简称珂泉),这里有一个大学,规模很小,只有几百个学生,但是属于哈佛大学所承认的西部七个小大学之一。最引人入胜的是此地的风景。地当落矶山脉派克斯峰之麓,气候凉爽,景特宜人。我找好了住处之后立刻寄了一封信给一多,内附十二张珂泉风景片,我在上面写了一句话:'你看看这个地方,比芝加哥如何?'我的原意只是想逗逗他,因为我知道他在芝加哥极不痛快,我拿珂泉的风景炫耀一下。万万想不到,他接到我的信后,也不复信,也不和任何人商量,一声不响的提着一个小皮箱子,悄悄的乘火车到珂泉来了! 他就是这样冲动的一个人。"(第 28 页)

初,先生与梁实秋住在斯普林斯瓦萨奇街北 720 号。房东米契尔是报馆的夜班排字工人,夫妇很厚道,有三个女儿。同住的还有两位女房客,每天大家一起用餐。先生住一小间,梁实秋住一大间。

住妥后,两人去学校注册。梁实秋入英语系四年级,先生因临时请求入学,只作为艺术系的特别生。

关于珂泉的民风,梁实秋在十一月十日的信中说:"珂泉民风敦厚质朴,对待中国学生备极欢迎。居民类皆和蔼可亲,虽不相识而道旁巷口常举手为礼,据从东部移来同学谓此乃鲜有之事。"信中还写到住宿离开学校较远:"学校及住家区域离城市颇远,故无尘嚣之乱耳,对于矿夫最为适宜。"(梁治华《珂乐拉度大学情形》,《清华周刊》第 299 期,1923.12.21)

是月 先生的第一部诗集《红烛》经郭沫若介绍,由上海泰东书局出版。诗集由《序诗》(一首)、《李白篇》(三首)、《雨夜篇》(二十一首)、《青春篇》(十七首)、《孤雁篇》(十九首)、《红豆篇》(四十二首)组成,共一百零三首。前四篇为国内作成,后二篇是到美国后创作的,发表时有所改动。《红烛》封面为白底红字,用蓝条框边。《红烛》排印错误较多,先生曾抱怨说:"排印错误之多,自有新诗以来莫如此甚,如此印书,不如不印。初出头之作家宜不在书贾眼里,人间乃势利如此,夫复何言!"(《致闻家驷转闻家骅及合家信》,1923.11)

《清华周刊》在介绍诗集时说:"《红烛》,闻一多君创作集,泰东书局出版,价四角。闻君的新诗在中国新文坛上所占的地位,已早有定评。此集出版后,外间销行甚畅,清华同学不可不人物一编。"(《清华著作介绍》,《清华周刊》第 293 期,1923.11.9)实际上,《红烛》问世时很少有人注意,直到一年后才引起文坛评论。

最早进行评论的是朱湘,一九二四年十月二十日,他以"天用"笔名在《时事新报·文学》第一一四期上发表《桌话四·〈红烛〉》、《桌话五·〈小溪〉》。这两篇短文,从四个方面谈了对《红烛》总的印象:其一,认为"《红烛》最惹人注目的是它的色彩的运用","诗中有画",不过尚未取得"全整的成功",希望先生向"画家而兼诗人"的王国维学习,写出"如画的,而又神韵悠然"的诗篇来。其二,批评先生关于"想象"与"音节"的理论,认为先生说"想象丰富了,音乐自然会跟着来"的"念头"是错误的,《红烛》"自身缺乏音韵",便是这一"念头"错误的"确证"。其三,认为先生"受了拜伦的影响很大",而他并不喜欢拜伦,他"想象中的对象是英国浪漫复活期的大诗人柯拉斯特、雪莱、济慈"。其四,认为《红烛》中艺术成就最高的是《李白之死》,尽管在音韵上比郭沫若的《密桑索罗之夜歌》略输一筹,但艺术成就"不下似国内任何新诗人"。

十一月二十七至二十九日,为法在《时事新报·学灯》连载的九千余字《评〈红烛〉》论文,是当时评论《红烛》诗集最长、最全面的诗评。文章从"词采"、"音节"、"想象"、"情感"等方面入手,评析了《红烛》与传统诗歌的关系,突出了先生对于现实生活中"富有时代性的词句"的采撷,以及对于"外洋诗"的吸收和借鉴,并首次提出先生新诗创作走的是"中西艺术"相结合的道路,突破了"丑的字句"(富有时代性的词句)不能入诗的偏见,以及先生是"东方诗人"的研究框架。这两位评论者,当时分别属于文学研究会和创造社两个最大的文学流派。

九月二十四日　致闻家驷信。收《闻一多书信选集》。说到对珂泉的印象和来这里后的心情:

> 我现已在珂泉,离芝城远如北京至长沙,车行首日早十时起,次日午后二时至。珂泉为此邦名胜之区,有曼图山、裴客峰、神仙园等胜景。夏日为避暑之地,气候全年皆如春日。地势既高,空气绝佳,故又为养疴之所,盖如我国北之香山,南之庐山也。

> 珂泉有大学,美术学院附属焉。此美术学院规模极小,逊芝院远矣。我之来此,固因不奈于芝城生活。在此休养一年,拟再行东往波斯顿。清华同学在此者,实秋而外,有盛斯民、王国华、赵敏恒、陈肇彰四君。我现与实秋同居,每月房饭费五十元,房饭较芝城佳甚矣。在芝城时系在饭馆用膳,此处不作兴如此,乃与房东共食也。房东老夫妇甚惠谨,待遇我辈颇厚。

> 总之此来,于美术所获或较歉,然于文学之创作,能与实秋相砥砺、相酬唱,成绩必佳也。且此处胜地佳景,得与自然相亲,其所启发者亦必多。又在芝城镇日呼吸煤烟,涕唾皆黑,在此庶得呼吸空气,澡浴阳光,其于摄生裨益亦不浅。

是年秋　胞弟闻家驷入上海震旦大学预科学习法语。闻家驷选择学习法语,是听从了先生的建议。闻家骃在《忆一多兄》中说:"我上中学,开始学的是英语,为什么后来又改学法语呢? 这也是因为他的一句话决定的:'我们家里大家都学英语,你就学法语好了。'于是我就改学法语了。至于我学法语而又选定法国文学这门专业,那更是和他本人爱好文学的倾向分不开的。"(《闻一多纪念文集》,第 374 页)

十月二日 致闻家骃信。收《闻一多书信选集》说:"来珂泉将两星期矣。此间若论习画殊不及芝加哥,故拟于此年多读书——西洋美术史及美术之原理。"又云"如今习画越久,兴趣越深,而野心亦越大。我欲在美术上大努其力了。"又云:"《红烛》计已出版,稿费已取来否? 家中疑实秋,殊是笑话。前次印《冬夜草儿评论》,实秋曾用洋百元,其后出售书费亦未收到手。对于此事,我未费一钱,自思颇有些不好意思。好在印行彼书,并非我的主张,全属实秋之意也。我之印行《红烛》岂在金钱? 家中竟从中生事,我甚不满意。设或被实秋知破,岂不大失面子? 总之应得之金钱,我并不贱视,家中之不能不汲汲于金钱,我亦能谅解。惟目下我辈藉文字作生涯者,有比金钱更重要者在,不能不留也。"①

十月三日 诗《孤雁》发表于《盛京时报》,四日续完。收《红烛》。

十月四日 诗《秋深了》发表于《盛京时报》。收《红烛》。

十月六日 诗《色彩》发表于《盛京时报》。收《红烛》。

十月九日 诗《晴朝》发表于《盛京时报》。收《红烛》。

十月十日 先生与清华同学聚会庆祝民国国庆日。梁实秋说"国庆日同人等举行聚餐典礼,虽无牌楼火把之盛,而一块面包,一杯咖啡,亦足以畅叙乡情。"(梁治华《珂乐拉度大学情形》,《清华周刊》第 299 期,1923.12.21)

十一月五日 致闻家骃信。收《闻一多书信选集》。说与梁实秋等"暇时谈论文学,谈毕辄得一种新计划,然后即着手进行,时相督责,以'自强不息'②相儆。"又说:"明年二月为英诗人拜伦百年祭辰,我等已函邀郭沫若,使《创造》为拜伦出一纪念号。我与实秋正从事翻译,忙甚。"郭沫若收到信,于是月十六日复信梁实秋,云:"拜伦专号准出(在二卷三号或四号),我在外还可约些朋友,稿齐请即寄来。我现在异常忙碌,年谱手中无书,恐难编出,请你们供给我些材料吧。达夫已北上,在北大法大两校任课,仿吾不日返湘,沪上只能留我一人了,周报事太忙了,望你们救我。"(转引自梁实秋《看云集》,台湾皇冠出版社 1984 年 8 月出版)

十一月十日 科罗拉多大学清华同学会成立。时,有成员九人,除先生外,梁

---

① 《闻一多书信选集》未录此句,今据原件补充。
② "自强不息"为清华学校校训。

实秋、陈肇彰、王国华、谢奋程、麦健曾、盛斯民、赵敏恒都是当年入校的,另外还有一位曾在清华肄业的曹与平(曹权君)。同学会干事为陈肇彰,书记为梁实秋。大家决定每月举行一次俱乐会,以资联络,并每月与《清华周刊》通讯一次,作为笔谈。(据梁治华《珂乐拉度大学情形》,《清华周刊》第 299 期,1923.12.21) 当时,该校还有两位中国留学生,他们一起成立了中国同学会。其后,因清华文学社社友陆续赴美,遂成立了清华文学社美国支部,由先生担任干事。(据《新闻·各会社》,《清华周刊》第 303 期,1924.3.1)

在科罗拉多大学,他们每天上午十时要穿着长袍顶方冠,到学校教堂做礼拜。(梁实秋《悼王国华先生》,台湾《传记文学》第 23 卷第 1 期)

十一月三十日　致闻家骥信。收《闻一多书信选集》。说:"今年由芝加哥迁珂泉,得于学理方面加以较精细之研究。明夏拟往纽约,专事实习。"又嘱立忠、立勋两侄勿放松算术,说自己"因不曾习三角与立体几何","故不能得学位,攻美术者固不在乎学位,然我若于数学稍有根柢,取一学士头衔,易易如拾草芥耳。盖以弟目下之成绩,其他学科皆绰绰有余裕,独于数学则绝不敢问津,此亦憾事也。以前清资格论之,我将终身为一童生而已"。

先生不谙数学,却于文学方面获益匪浅。梁实秋《谈闻一多》:"对于英诗,尤其近代诗,他获得了系统的概念及入门的知识,因为他除了上艺术系的课之外还分出一半时间和我一同选修'丁尼生与伯朗宁'及'现代英美诗'两门课。教这两门课的是一位 Daeler 副教授,这位先生无藉藉名,亦非能说善道之辈,但是他懂得诗,他喜爱诗,我们从他学到不少有关诗的基本常识。我们一同上课,一同准备,一同研讨。这对于一多在求学上是一大转捩点,因为从此他对于文学的兴趣愈益加浓,对于图画则益发冷淡了。……在英诗班上,一多得到很多启示。例如丁尼孙的细腻写法 the ornate method 和伯朗宁之偏重丑陋 the grotesque 的手法,以及现代诗人霍斯曼之简练整洁的形式,吉伯林之雄壮铿锵的节奏,都对他的诗作发生很大的影响。"(第 29 至 33 页)

是月　致闻家驷转闻家骐及合家信。收《闻一多书信选集》。几月未接家书,负气说:"留学苦非过来人孰知之?作中国人之苦非留学者孰知之?留学累月不得家书之苦惟我知之!"又请家人注意收集国内对《红烛》的评论。

十二月三日　《泰果尔批评》发表于《时事新报》文学副刊《学灯》。收《闻一多全集》。泰戈尔是印度作家、诗人和社会活动家,以诗集《偈檀迦利》获诺贝尔文学奖金,在国际文坛声誉很高,国内胡适、徐志摩等也对他推崇备至。但是,先生这篇文章却对泰戈尔提出批评,认为他的"诗之所以伟大是因为他的哲学","而哲理本不宜入诗",哲理诗也"难于成为上等的文艺"。同时,还指出"泰果尔底文艺底最大的缺憾是没有把捉到现实",而且"因为受了西方文化底陶染,他的思想已经不是标类[准?]的印度思想了"。文中,还提出了诗的形式问题:

> 在艺术方面泰果尔更不足引人入胜。他是个诗人,而不是个艺术家。他的诗是没有形式的。我讲这一句话恐怕又要触犯许多人底忌讳。但是我不能相信没有形式的东西怎能存在,我更不能明了若没有形式,艺术怎能存在! 固定的形式不当存在;但是那和形式的本身有什么关系呢? 我们要打破一个固定的形式,目的是要得到许多变异的形式罢了。泰果尔的诗不但没有形式,而且可说是没有廓线。因为这样,所以单调成了它的特性。我们试读他的全部的诗集,从头到尾,都仿佛不成形体,没有色彩的 amoeba 式的东西。我们还要记好这是些抒情的诗。别种的诗若是可以离形体而独立,抒情诗是万万不能的。

十二月十日 致闻家驷、闻家骥转合家信。收《闻一多书信选集》。说已搬入科罗拉多大学海格门宿舍 31 号。

海格门宿舍是一所用红石建成的楼房,破败不堪,像一座旧堡垒。不过房租便宜,每月七元。因为宿舍没有伙食,只得与梁实秋一起起火做饭。买了只电气炉子,自己炒鸡蛋、炒白菜、炒肉丝,"虽不能完全成味,然猪油酱油调配起来,离家乡味亦不甚远"。"初次试验成功,竟拍案大叫'在异国得每日食此,真南面王不易也!'"

梁实秋《谈闻一多》亦云:"一多在珂泉的生活是愉快的,只是穷苦一些。每月公费八十元,足敷生活所需,其是他的开销较大,除了买颜料帆布之外还喜购买诗集,而且还经常有一项意外开销,便是遗失。有时所谓遗失只是忘了放在什么地方。因此不免有时捉襟见肘。他虽住在外国,但仍不能忘怀中国生活的情趣,在宿舍里用火酒炉煮水沏茶是常事。不喝茶还能成为中国人? 有时候乘兴煮鸡蛋数枚,范围逐渐扩大,有一回竟煮起水饺。这引起了管理人的不满,但是水饺煮熟之后送给他一碗尝尝,他吃得眉开眼笑,什么也没再说。一多曾经打翻过一只火酒炉,慌张中烧焦了他的一绺头发。"(第 41 页)

是年冬 朱湘因旷课逾章,被清华学校开除。此事详情,朱湘写信告诉先生。不久,朱湘在致顾毓琇信中说到此事。信中说:"我离校的详情曾有一信告诉了一多,望你向他函索,恕我不另函了。我离校的原故简单说一句,是向失望宣战。这种失望是各方面的。失望时所作的事在回忆炉中更成了以后失望的燃料。这种精神上的失望越陷越深。回头幸有离校这事降临,使我生活上起了一种变化。不然,我一定要疯了。"(《朱湘遗书》,《清华周刊》第 41 卷第 3、4 期合刊,1934.4.16)

一九二四年 二十六岁

一月,中国国民党第一次全国代表大会在广州召开,决定联俄、联共、扶助农工三大政策,国共两党第一次合作实现。

六月十六日,黄埔军校正式开学,蒋介石任校长。

九月,第二次直奉大战爆发。十月,直军冯玉祥倒戈,推翻曹锟贿选政府。

十一月四日,冯玉祥修正对清室优待条件,永远废除皇帝的专号。当天,溥仪迁出故宫。

一月八日 致闻家驷信。收《闻一多书信选集》。谈到:"来此半年,精神上较在芝加哥实为平妥。然可怪者则虽与实秋同居而文学之创作反甚少。在功课上成绩颇佳,甚为教员重视。"

学校的两位美术教师,都很欣赏先生,梁实秋《闻一多在珂泉》:"珂罗拉多大学有美术系,一多是这系里唯一的中国人。系主任利明斯女士,姊妹两个都是老处女,一个教画,一个教理论。……一多的天才和性格都使他立刻得到了利明斯女士的赏识。我记得利明斯有一次对我说:'密斯脱闻,真是少有的艺术家,他的作品先不论,他这个人就是一件艺术品,你看他脸上的纹路,嘴角上的笑,有极完美的节奏!'……一多在这里开始画,不再画素描,却画油彩了。"(天津《益世报·星期小品》第9期,1947.9.14)

梁实秋《谈闻一多》亦有类似的描述,并说先生也认为白种人的脸像原板初刻。"艺术系是由 Leamings 姊妹二人主持的,妹妹教画,姊姊教美术史。我也旁听美术史一课,和一多一同上课,课本用的是《阿坡罗》。两位老小姐(均在六十岁左右)对于一多极为赏识,认为是她们的生徒中从未曾有的最有希望者之一。她们特别欣赏一多的嘴,认为那是她们从未见过的'Sensuous mouth'——'引起美感的嘴'。说起人的相貌,一多对我讲过一段有趣的话,他说他虽然热爱祖国,但不能不承认白种人的脸像是原板初刻,脸上的五官清清楚楚,条理分明,我们黄种人的脸像是翻版的次数太多,失之于漫漶。如今美国的美术教授也欣赏起我们的版本!"

(第30页)

先生与这两位美术教师有友好的往来。梁实秋《谈闻一多》："有一天两位老小姐请我们到她们家里吃饭，显然的是她们不善烹调，满屋子油烟弥漫，忙作一团，可是没有看到丰盛的菜肴，不过她们的殷勤盛意实在太可感了。我和一多在赴宴之前商量送点小小的礼物，我从箱子里找出一块前清官服袍褂上的'黻子'，配上一个金色斑烂的框子，有海波浪，有白鸟，有旭日，居然像一幅美丽的刺绣画！她们本来是爱慕中国的，看见这东西高兴极了，不知挂在什么地方好。又有一次她们开着一辆彼时女人专用的那种不用驾驶盘而用两根柄杆操纵的汽车带我们去游仙园（The Garden of Gods），那是我们第一次看到的奇景，平地突起一个个红岩石的奇峰，诡怪不可名状，我国桂林有类似景象不过规模小得多了。"（第30至31页）

三月二十八日　英文诗《另一个支那人的回答》发表于科罗拉多大学的学生报纸《珂罗拉多大学之虎》。同期还发表了梁实秋的《一个支那人的回答》。

这两首诗，都是对一些挑衅者的回击。梁实秋《谈闻一多》："学校里有学生主办的周报一种，有一次上面刊出了一首诗，不知是何人的手笔，显然的是一个美国学生，题目是 The Sphinx。内容是说中国人的面孔活像人首狮身谜一般的怪物，整天板着脸，面部无表情，不知心里想的是一些什么事。在外国人眼里，中国人显着神秘，这是实情。可能大多数美国学生都有这样的看法。这首诗写得并不怎么好，可是没有侮辱的意味，顶多是挑衅。一多和我都觉得义不容辞应该接受此一挑衅，于是我们分别各作一诗答之。一多写的一首分量比较重，他历数我们中国足以睥昵一世的历代宝藏，我们祖宗的丰功伟绩。……两首诗同时在下一期刊物上发表了，引起全校师生的注意，尤其是一多那首功力雄厚词藻丰赡，不能不使美国小子们叹服。"（第40至41页）

先生的英文原诗后刊于梁实秋的《闻一多在珂泉》。（天津《益世报·星期小品》第9期，1947.9.14）其译文如下：

> 另一个"支那人"的回答
> 我脸如狮身人面像，
> 你说，它使你困惑，
> 你希望我唇齿清楚，
> 你要我回答。
>
> 不过，要是我的话对你是个谜，又怎么办呢？
> 你不愿坐下来，
> 同我干一杯茶，

缓慢地、斯文地、不断地啜饮；
你不愿在平静清洁、满满的茶杯的颤动的水汽上
任你神思飘逸，
你如此忙碌急躁
不愿发现我的旨意。

甚至我的话对你也是个谜，
因此我宁可保持沉默。

但你向我招呼，
我喜欢你孩子般的声音，
天真而羞答答地。
我们做朋友吧，
但我仍愿保持沉默。

我将沉默地送你
最好的礼物，
送你一只玉制的茶杯
透明而稀薄，
碧绿如竹林中的朦胧光线，
我将送你一件锦袍，
绣满奇异豪华的彩图，
菱形的彩色块，
蝙蝠和彩蝶，
有金色长须、道貌岸然的龙，
用梦幻般闪亮丝线织成；
我将赠你花束，
有桃花、梅花、梨花；
我将赠你绸面精装，
充斥着奇怪方块字的典籍。

沉默地，敬畏地，

我将赠你最好的礼物。

以我的礼物为伴，

你将了解我，

你将了解狡狯，

恶行，

或仅仅智慧。

但我的话可能对你是个谜，

因此我宁可保持沉默。①

是年春　梁实秋等三位中国留学生驾车去丹佛南京楼吃广东菜，归途在拐弯处与另一辆美国人驾驶的汽车相撞。警察局歧视黄种人，不由分说将驾车的中国留学生收监，后梁实秋交付了一百七十美元，才将人放出。

先生得知此事后，十分气愤。梁实秋的纪实小说《公理》："回到珂泉，鲁和②觉得心里闷得难过，便走到他的朋友 W 君的寓所。W 君正在画一幅油画，穿着一件涂满油污的布袍，桌上一尊珐琅的宝鼎里面正焚着浓馥的檀香。鲁和把在丹佛的经过告诉了他，他听完了的时候，将手里握着的长杆画笔用力向桌上一敲，笔杆折了两截。'是可忍孰不可忍！……'鲁和将断了的笔杆从地上拾了起来，说：'我去了，你好好的画罢，只消我们不忘我们的使命……'W 君目送着鲁和缓缓的出了房门，一声也不响。"（《大江季刊》第 1 卷第 1 期，1925.7.15）

是年春　约在这前后，利明斯教授告诉先生，说纽约就要举行一年一度的画展，选择很严格，劝先生参加。先生与梁实秋商量，梁极力怂恿。于是，先生埋头一个月，锁起房门，吃饭也是一个人抽空溜出去，如中疯魔一般拼命的画。大致画完了，才让人去品评，有一幅人物，画的是一个美国的侦探，非常有神。还少一张风景画，梁实秋建议开汽车送先生到山上去写生，不料却险些丧命。

梁实秋《闻一多在珂泉》："一清早，我赁到一辆车，带着画具食品，兴高采烈的上山了。这是我学会开车后的第三天，第一次上山，结果如何是可以想见的。先到了仙园，高大的红石笋矗立着，那风景不是秀丽，也不是雄伟，是诡怪。我们向着曼尼图公园驶去，越走越高，忽然走错了路，走进了一条死路，尽头处是巉岩的绝崖，路是土路，有很深的辙，只好向后退。两旁是幽深的山涧，我退车的时候手有些发

---

①　这首诗是袁可嘉先生专为本书译的。许芥昱在《新诗的开路人——闻一多》一书中，也有节译，因不完整，故未收入。

②　鲁和，即小说中主人公，似"怒火"谐音。

抖。訇的一声,车出了辙,斜叉着往山涧里溜下去了,只听得耳边风忽忽的响,我已经无法控制,一多大叫。忽然咯喳一声车停了,原来是车被两棵松树给夹住了。我们往下看,乱石飞泉,令人心悸。车无法脱险,因为坡太陡。于是我们爬上山,老远看见一缕炊烟,跑过去一看果然有人,但是他说西班牙语,戴着宽边大帽。腰上挂一圈绳。勉强作手势达意之后,这西班牙人随着我们去查看,他笑了。他解下腰间的绳子一端系在车上,一端系在山上一棵大树上。我上车开足马力,向上走一尺,他和一多就掣着绳子拉一尺,一尺一尺的车子上了大路。西班牙人和我们点点头就走了。但是我再不敢放胆开车,一多的画兴也没有了,我们无精打彩的回去了。"这次没有画成风景画,只好在附近画了。学校附近有座教堂,就以它为背景。"正值雪后,一多就临窗画了一幅雪景,他新学了印象派的画法,用碎点,用各种颜色代替阴影。这一幅画很精彩"。后来共画十几幅,都配了框,装箱,寄往纽约。在这时候,先生给梁实秋画了一张像,他立意要画出他的个性,也要表示自己手底腕力,"他不用传统的画法,他用粗壮的笔调大勾大抹,嘴角撇得像个瓢的,表示愤世嫉俗的意味,头发是葱绿色,像公鸡尾巴似的竖立着,这不知是表示什么。这幅像使他很快意"。不久,"纽约的回信来了,只有美国侦探那幅画像得了一颗银星,算是'荣誉的提名',其他均未入选"。"这打击对于一多是很严重的,以我所知,一多本不想作画家,但抛弃绘画的决心是自此始"。(《益世报·星期小品》第9期,1947.9.14)

《闻一多先生的书桌》大约就是这前后写的。后编入《死水》。朱自清在《诗与幽默》中称它是"新诗里纯粹的幽默的例子"。该诗创作背景。梁实秋在《谈闻一多》中记述到:"一多的房间经常是乱糟糟的,床铺从来没有清理过,那件作画时穿着的披衣除了油彩斑烂之外还有各种各样的渍痕。最令人谅讶的是他的书桌,有一次我讥笑他的书桌的凌乱,他当时也没说什么,第二天他给我一首诗看。"这首诗写到:

> 忽然一切的静物都讲话了,
> 忽然间书桌上怨声腾沸:
> 墨盒吟呻道:"我渴得要死!"
> 字典喊雨水渍湿了他的背;
>
> 信笺忙叫道弯痛了他的腰;
> 钢笔说烟灰闭塞了他的嘴,
> 毛笔讲火柴烧秃了他的须,
> 铅笔抱怨牙刷压了他的腿;

香炉咕喽着"这些野蛮的书

早晚定规要把你挤倒了!"

大钢表叹息快睡锈了骨头;

"风来了! 风来了!"稿纸都叫了;

笔洗说他分明是盛水的,

怎么吃得惯臭辣的雪茄灰;

桌子怨一年洗不上两回澡,

墨水壶说"我两天给你洗一回"。

"什么主人? 谁是我们的主人?"

一切的静物都同声骂道,

"生活若果是这般的狼狈,

倒还不如没有生活的好!"

主人咬着烟斗迷迷的笑,

"一切的众生应该各安其位。

我何曾有意的糟蹋你们,

秩序不在我的能力之内"。

梁实秋说:"这首诗很有谐趣,他写此诗的动机不仅是为他的邋遢解嘲,诗的末行还吐露一切事自己做不得主宰只好任其自然之意。我不知道他写此诗时是否想起了波斯诗人欧谟的《鲁拜集》中之那些会说话的酒罐子,因为他非常喜欢这个古波斯诗人的那种潇洒神秘的享乐主义。"(《谈闻一多》,第41至44页)

五月 科罗拉多大学举办学生成绩展览,先生作品颇得称赞。次月十四日家信:"前月举行成绩展览会,以我之作品为最佳,颇得此地报纸之赞美,题意可译为'中国青年的美术家占展览会中重要部分云云'。"

六月上旬 先生毕业于科罗拉多大学,但未得学位。十四日家信:"学校大考已毕。此校今年中国人得学士学位者六人。我亦得毕业证书,习美术者不以学位论也。"

毕业典礼上,先生受到刺激。梁实秋《谈闻一多》:"珂泉大学行毕业礼时,照例是毕业生一男一女的排成一双一双的纵队走向讲台领取毕业文凭,这一年我们中国学生毕业的有六个,美国女生没有一个愿意和我们成双作对的排在一起,结果是学校当局苦心安排让我们六个黑发黑眼黄脸的中国人自行排成三对走在行列的前端。我们心里的滋味当然不好受，但是暗中愤慨的是一多。虽然他不在毕业之列①，但是他看到了这个难堪的场面，他的受了伤的心又加上一处创伤。诗人的感受是特别灵敏的，他受不得一点委屈。零星的刺激终有一天会使他爆发起来。"（第48页）

这样的事情已有过数次。清华毕业的陈长桐，曾在科罗拉多大学银行系读书，"他有一次到理发馆理发，老板歧视黄种人，竟不肯为他理发。R.C（陈长桐）一气之下，延请律师，告了理发馆一状，结果法院判决理发馆败诉，从此再也不敢藉故刁难了。那次所付律师费竟达美金八十元之多，超过留学生一月的官费"。（王慎名《一九一九级R.C校友的琐事》，台湾新竹《清华校友通讯》新80期）梁实秋也听过先生讲述这件事，《谈闻一多》："一多到了珂泉之后就和我谈起过有关陈长桐在珂泉遭遇过的故事，说的时候还脸红脖子粗的悲愤激动。陈长桐到珂泉的一家理发馆去理发，坐在椅子上半天没有人理，最后一个理发匠踱了过来告诉他：'我们不伺候中国人。'陈长桐到法院告了一状，结果是官司赢了，那理发匠于道歉之余很诚恳的说：'下回你要理发请通知一声，我带了工具到你府上来，千万请别再到我店里来！'因为黄人进入店中理发，许多白人就裹足不前了。像这样的小事，随时到处都有。"（第47至48页）

二十年后，先生还是不能忘掉这些耻辱，他对人说："现在美国变得怎样了，我不清楚，那时候就是这样！我，总算知趣，闭门读书画画，轻易不出去，宁可吃点冷面包，宁可头发留得长一点，少受点冤枉气也好呵！"（王康《闻一多传》，第68页）

在科罗拉多大学，曾有传闻说孙中山先生病逝，先生听了很激动，立即发电询问。梁实秋《谈闻一多》："一多对于孙中山先生极为敬仰。我们在珂泉时就有一天看见报载孙中山先生逝世的消息，语焉不详，一多大为激动，红头涨脸的反复说：'这个人如何可以死！这个人如何可以死！'他钦佩他怀有救国大志，不屈不挠，而为人清廉。我们发电纽约查询，结果知道原来是误传。"（第60页）此后不久，先生特意写了长诗《南海之神》，即孙中山先生颂，诗中充满了对这位伟人的推崇。

六月十四日　致闻家骐转合家信，收《闻一多书信选集》。说到近来深感个人对家庭、社会、国家有不可推卸之责任，将尽自己所能，为国家政治之改良作些努力。这是先生早期思想中的一大重要变化。信中说：

为侄辈之教育起见，我亦当早日回国，惟观目下情形，恐难如愿。美术之为

---

① 此处梁实秋记忆有误，闻一多在家信中曾说于该校毕业。

学,其功难就而无穷,惟有宽以岁月以俟效耳。我辈定一身计划,能为个人利益设想之机会不多,家庭问题也、国家问题也,皆不可脱卸之责任。若徒为家庭谋利益,即日归国谋得一饭碗,月得一二百金之入款,且得督率子侄为学做人,亦责任中事。惟国家糜巨万以造就人才,冀其能有所供献也。今粗得学问之毛,即中途而废,问之良心,殊不安也。近者且屡思研究美术,诚足提高一国之文化,为功至大,然此实事之远而久者。当今中国有急需焉,则政治之改良也。故吾近来亦颇注意于世界政治经济之组织及变迁。我无干才,然理论之研究、主义之鼓吹,笔之于文,则吾所能者也。客岁同人尝组织大江学会,其性质已近于政治的,今又有人提议正式改组为政党,其进行之第一步骤则鼓吹国家主义以为革命之基础。今夏同人将在芝加哥、波士顿两处开年会,即为讨论此事也。

又嘱弟侄应关心国事,端正品行:

　　我辈得良好机会受高深教育者当益有责任心。我辈对于家庭、社会、国家当多担一分责任。诸侄暑假归家时,驸弟当教其读报纸,且将社会种种不平等情形,政治现状如何腐败,用浅近语言告之。在品行方面,家长犹当严责。如说谎、自私等恶习当严禁其滋长。

七月二十三日　　是日,中国农历大暑节气。特作诗《大暑》。后发表于一九二五年四月一日《京报副刊》第一○六期。收《闻一多诗集》。诗中表现了对故乡的怀念。

是年暑假　　决定去纽约,与梁实秋互有赠别。梁实秋《谈闻一多》:"珂泉一年很快的结束了,我到哈佛大学去继续念书,一多要到纽约,临别不胜依依。一多送了我他所最心爱的霍斯曼诗集两册及叶芝诗集一册,我送给他一具珐琅香炉,是北平老杨天利精制的,上面的狮子黄铜纽特别细致,附带着一大包檀香木和檀香屑。一多最喜欢'焚香默坐'的境界,认为那是东方人特有的一种妙趣,所以特别欣赏陆放翁的两句诗:'欲知白日飞升法,尽在焚香听雨中。'他自己也有一只黄铜小香炉,大概是东安市场买的,他也有檀香木,但是他没有檀木屑。焚香一定要有檀木屑,否则烟不浓而易熄。一多就携带着我这只香炉到纽约'白日飞升'去了。"(第45至46页)

　　先生与梁实秋先同行到芝加哥,参加清华留学生的夏令会。罗隆基、何浩若、时昭瀛、吴景超等人均齐集此地。

　　会中酝酿成立"鼓吹国家主义为革命之基础"的团体"大江会"。梁实秋《谈闻一多》:"我和一多离开珂泉东去,是搭伴同行的,途经芝加哥,停留了约两星期,这是一个有计划的行动,……清华毕业留美的学生,一九二一级二二级二三级这三级因为饱受了五四运动的震荡,同时在清华园相处的时间也比较长,所以感情特别融洽,交往也比较频繁一些。一多和我在珂泉一年,对于散处美国各地的同学们经常保持接触,例如在威斯康辛的罗隆基、何浩若,明尼苏塔的时昭瀛、吴景超,经常鱼雁往还,除了私人问讯之外也讨论世界国家大势,大家意气相投,觉得有见面详细研讨甚而至于组织起来的必要,所以约定在暑假中有芝加哥之会。芝加哥大学附近有一条街叫 Drexel Street,在街的尽头有一家小旅馆 Drexel Hotel,房子很陈旧,设备很简陋,规模很狭小,但是租金很便宜。我们从各处来的朋友约十余人就下榻在这个地方。因为根本没有别的房客,所以好像是由我们包下来的一样。连日大家交换意见,归纳下来有几项共同的看法:第一,鉴于当时国家的危急的处境,不愿侈谈世界大同或国际主义的崇高理想,而宜积极提倡国家主义(nationalism)。第二,鉴于国内军阀之专横恣肆,应厉行自由民主之体制,拥护人权。第三,鉴于国内经济落后人民贫困,主张由国家倡导从农业社会进而为工业社会,反对以阶级斗争为出发点的共产主义。一多不是研究政治经济的人,他是一个重情感的人,在国内面对着那种腐败痛苦的情形他看不下去,到了国外又亲身尝到那种被人轻蔑的待遇他受不了,所以他对于这一集会感到极大的兴趣。会谈有了结论之后,就进一步讨论到组织问题。首先要解决的是名称,你一言我一语喧嚷了好几天,最后勉强同意使用'大江'二字,定名为'大江会',也没有什么特殊意义,不过是利用中国现成专名象征中国之伟大悠久。大江会的成立典礼就在这家旅馆的客厅举行。我从国内带来一幅定制的绸质的大国旗,长有一丈,当然是红黄蓝白黑五色旗,这一回可派上了用场,悬在正中央,壮观无比。典礼的一个项目是宣誓,誓词是:'余以至诚宣誓,信仰大江的国家主义,遵守大江会章,服从多数,如有违反愿受最严厉之处分。''大江的国家主义',所以表示异于普通的狭隘的军国主义。哲学家罗素那一年正好在美国讲学,道出威斯康辛,我们的几个朋友就去访问他,他是主张泯除国界的大同主义者,反对激烈的爱国主义,但是他听取了我们的陈述和观点之后,沉吟一阵,终于承认在中国的现况之下只能有推行国家主义之一途,否则无以自存。罗素的论断给了我们很大的鼓励。从此,我们就是宣过誓的国家主义者了。大江会不是政党,更不是革命党,亦不是利害结合的帮会集团,所以并没有坚固组织,亦没有活动纲领,会员增加到三五十人,《大江季刊》(上海泰东图书公司出版)出了两期,等到大部分人回国之后各自谋生去也,团体也就涣散了。但是一多是这一组织的中坚分子,他的热诚维持得也最长久。"(第 47 至 51 页)

潘光旦《谈留美生活》中也谈到大江会,说它的成立是为了与清华学校一九二〇级邱椿、刘师舜组织的"大神州社"唱对台戏。"他们也讲国家主义,我们看不惯,就成立一个大江学会。大江学会这些人对国民党无好感,对共产主义则怕,政治立场是改良主义的,也提国家主义,想搞一点势力"。"大江学会是清华人,出版《大江季刊》(梁实秋写的封面),大江宣言也搞了一大堆,文章是罗隆基的手笔。回国后,我们看到国民党刚兴起,还有点朝气,觉得何必多此一举"。(《文史资料选辑》第 71辑,第 197 页)

先生赞成"大江的国家主义",其出发点是爱国精神。二十年后,他在五四纪念会上谈到这段经历,说:

> 五四时代我受到的思想影响是爱国的,民主的,觉得我们中国人应该如何团结起来救国。五四以后不久,我出洋,还是关心国事,提倡 Nationalism,不过那是感情上的,我并不懂得政治,也不懂得三民主义,孙中山先生翻译 Nationalism 为民族主义,我以为这是反动的。……其实现在看起来,那是相同的。……我在外国所学的本来不是文学,但因为这种 Nationalism 的思想而注意中文,忽略了功课,为的是使中国好,并且我父亲是一个秀才,从小我就受诗云子曰的影响。(《五四历史座谈》,《闻一多全集》第 3 册,第 536 页)

也许就是在这次会上,先生对已经改学优生学的潘光旦说:"你研究优生学的结果,假使证明中华民族应当淘汰灭亡,我便只有先用手枪打死你。"(转引自顾一樵《怀念故友闻一多先生》,《文艺复兴》第 3 卷第 5 期)

离开芝加哥,先生赴纽约,梁实秋则由科罗拉多大学某教授推荐进入哈佛大学研究院。

九月初 转学进入纽约艺术学院。时,住在瑞弗赛德路国际学舍。这是所专为各国留学生提供食宿的公寓,故又称"万国公寓",房屋与设备皆为煤油大王洛克菲勒捐助。寓内有饭馆、洗衣店、理发店、裁缝店、杂货店等,俨如一小社会。此建筑刚刚落成,一切器具都崭新,房租每星期六元,这在纽约算很便宜了。

先生住在九层楼上,生活有些改变。梁实秋《谈闻一多》:"一多到了纽约之后,生活方式大变。他住在江滨大道的国际学舍里,那是在离哥伦比亚大学不远的一座十几层的大楼,许多中国男女学生都住在这里,每人一小间房屋,租金低廉,环境还算是清静,除了日夜不停的一阵阵高轨火车呼啸而过震耳欲聋的声音以外。一多在一所纽约艺术学院注册,还是继续学画,但是事实上他这一年没有好好的上课,先是三天打鱼两天晒网,后来索兴不去上学了。从这时候起他蓄了长发,作艺术家状,日久颈后发痒,则约友辈互相用剪刀修整之。常往来的朋友们如张禹九(嘉铸)、赵太侔(赵畸)、熊佛西等都是长发披头,常常都是睡到日上三竿方才起床,入夜则相偕到附近一家广东馆子偷偷的喝五加皮吃馄饨。他们过的是波希米亚的生活。但是他的生活并不闲,他忙的不可开交。"(第 52 页)

九月十六日　朱湘的诗集《夏天》编定,是日作《自序》,中说:"《春》中有几处是照闻君一多的指正改正的。"

九月二十三日　致闻家驷、闻家骒转合家信。收《闻一多书信选集》。说到新交朋友张嘉铸(字禹九):

> 公寓中清华同学亦达十余人,然人多品杂,堪与为伍者亦寥寥耳。新交中有张君嘉铸者,亦曾在清华肄业二年,后由自费来美。张君之文学美术鉴赏力甚高,敦敦好学,思想亦超凡俗,有乃兄张嘉森(君劢)之风。银行家张嘉璈亦系嘉铸之兄,张氏可谓当今之望族也。嘉铸之嗜好在文学、美术,然非专攻文学、美术者。察其意颇欲以搜罗人才、鼓励文化为事业,如梁新会及乃兄君劢先生之行事者。故其于在美之好学之士中交游甚众,而于好文学、美术者,以其性之所尤近,则尤之致意焉。当今为趋势鹜利者之世界,习文学、美术者辄为众所轻视,余能得如张君其人者而友之,宁非幸哉!

这时又认识了清华津贴半费留美的余上沅。余长先生两岁,五四运动中作为武汉学生代表赴上海参加全国学联会议,其后经陈独秀介绍与胡适相识,转入北京大学英文系求学。一九二二年毕业后任清华助教,次年与梁实秋、顾毓琇同船赴美,时在纽约哥伦比亚大学读研究生,专攻西洋戏剧文学和剧场艺术。余又是湖北沙市人,与先生有同乡之谊,故三人相识甚欢。随之,又认识了北京大学毕业生赵太侔,赵亦在美习戏剧。

时,还认识了在哥伦比亚大学研究戏剧的熊佛西,并与熊合编了一个独幕剧。熊早年在燕京大学读书时便参加戏剧活动,一九二一年曾与茅盾、欧阳予倩等组织民众剧社,编辑过《戏剧》杂志。先生对祖国命运的关切给熊留下深刻印象,他记得先生讲过这样的话:"诗人主要的天赋是'爱',爱他的祖国,爱他的人民。"(熊佛西《悼闻一多先生》,《文艺复兴》第2卷第1期,1946.8.1)

先生与诸新友兴趣相投,切磋戏剧艺术,于中秋节后曾排演了洪深所编的《牛郎织女》,接着又筹备编演《杨贵妃》。

十月　致梁实秋信。收《闻一多书信选集》。说"纽约的作业太多,真不能读书"。其实是先生"戏兴很高","自从来此,两次演戏,忙得我头昏脑乱,没有好好的画过一次画"。时,先生与学习戏剧的熊佛西、张嘉铸、余上沅、赵太侔正在准备第三次演出,剧为余上沅编写的《杨贵妃》,由先生等人译成英文,眼下正赶着排练。至于化装布景也是先生分内的事。信中说:

> 近来忙的不可开交。上星期整个没上课,这星期恐怕又要照办。这样忙法但是戏仍旧还无头绪。眼看排演日期马上就到了,五幕戏只练了一幕。化

装布景的图案虽是画得了,但还没有动手制造。三十余件的古装都是要小姐们的玉手亲缝。其奈小姐们的架子大何! Costume plates 本拟请一个姓杨的(在中国英美烟公司画广告的)画,后来他神气起来了,说一笔也不能改。我就比他更神气,要求当局人把他开除了。如今 art department 的事只我一人包揽。办事的辣手,证例还多得多。

排剧期间,作英文诗一首,附于信末,说"前数星期作了一首英文诗,我可以抄给你看看。人非木石,孰能无情!"此诗曾由许芥昱译出,题为《相遇已成过去》:

> 欢悦的双睛,激动的心;
> 相遇已成过去,到了分手的时候,
> 温婉的微笑将变成苦笑,
> 不如在爱刚抽芽时就掐死苗头。
>
> 命运是一把无规律的梭子,
> 趁悲伤还未成章,改变还未晚,
> 让我们永为素然的经纬线;
> 永远皎洁不受俗爱的污染。
>
> 分手吧,我们的相逢已成过去,
> 任心灵忍受多大的饥渴和懊悔。
> 你友情的微笑对我已属梦想的非分,
> 更不敢祈求叫你展示一点爱的春晖
>
> 将来有一天也许我们重逢,
> 你的风姿更丰盈,而我则依然憔悴。
> 我将毫无愧色的爽快陈说,
> "我们的缘很短,但也有过一回。"
> "我们一度相逢,来自西东,
> 我全身的血液,精神,如潮汹涌,
> 但只那一度相逢,旋即分道。"
> 留下我的心永在长夜里怔忡。(许芥昱著、卓以玉译《新诗的开路人——闻一多》,第74至76页,香港波文书局1982年9月初版)

梁实秋《谈闻一多》中说:"本事已不可考,想来是在演戏中有了什么邂逅,他为

人热情如火,但在男女私情方面总是战战兢兢的在萌芽时就毅然掐死它,所以这首诗里有那么多的凄怆。"(第56页)

十二月　约是月,五幕英文古装剧《杨贵妃》(又名《此恨丝绵绵》或《长恨歌》)在纽约国际学舍礼堂公演,国际学舍赞助人约翰·洛克菲勒及家属都前来观看。演出大获成功,先生等倍受鼓舞,决心开展"国剧运动"。

此间情形,余上沅《一个半破的梦——致张嘉铸君书》记述道:"我们得了太侔和一多,又得了佛西。大概也在中秋罢,我们便开始忙着演戏。戏内的'织女',马上又选作'贵妃'。一出《杨贵妃》,几乎占去了我们大半的生活。在台上,在地窖里,没有半天不看见一多、太侔和你我的踪迹。……我们也有时为演戏而吵嘴,直到大家高呼'开窗子'、'天气不错',方才罢休。然而,乐亦在其中矣!《杨贵妃》公演完了,成绩超过了我们的预料。我们发狂了,三更时分,又喝了一个半醉。第二天收拾好舞台,第三天太侔和我变成了辛额,你和一多变成了叶芝,彼此告语,决定回国。'国剧运动!'这是我们回国的口号。禹九,记住,这是我们四个人在我厨房里围着灶烤火时所定的口号。从此以后,我们天天计画,计画书写过几十次。我们有了《傀儡》杂志;有了'北京艺术剧院';有了演员训练学校;有了戏剧图书馆、戏剧博物馆;也有了选送留学戏剧艺术的资助金;有了邀约戈登克雷、来因哈特、盖迪斯们的请柬;有了'宝藏'内的戏目。我们所有的,都是顶好的,……在那时,在纽约,的确是越谈越高兴,越看越有希望,越想越应该。'国剧运动!''回国去发起国剧运动!'这该天天满街跑了。纽约的东边,纽约的西边,犹太人的区域,意大利人的区域,我们都得去。辗转托人介绍去调查各种剧院的内容,去访问他们的办法,去求教他们的经理。上颜料店去,上电器公司去,上玻璃店去,上布店去,上衣庄店去,上五金店去,上照相馆去,上演员聚餐的饭馆去,上胶铺去,上石灰铺去,上假金珠店去,上化装用品店去,上承做布景厂去,上画店去,上书店去,……这样整整跑了两个月,这种跑法,坐车惯了的人必以为苦,可是我也满不在乎。"(《晨报·剧刊》第15号,1926.9.16)

在剧中扮演唐明皇的黄仁霖回忆说:"在国际学舍住宿时期,有一次所有外国团体都应邀表演各该国家代表性的节目,我们决定表演的是《长恨歌》。这是根据中国民间故事所写的一出戏剧,由余上沅编写,后来,他也成为一位著名的戏剧编写家。我们要在这次表演中特别出色,胜过其它各国,所以,预演了好几次,并装置舞台布景,制作了很多服装。这出戏是叙述唐明皇的一个悲剧,由我饰演唐明皇这一角色。他宠爱的王妃,杨贵妃已经死了,他到各处访求方法,以期重温旧梦。即使只能见一面,亦属甘心。有一天,有一位方士求见,他具有神秘的魔术似的力量。

方士告诉他,已经找到他的贵妃,她是月球里的嫦娥。明皇告诉他,他愿意不惜任何代价,都要与贵妃晤面。方士答应帮助他,但每一年内,只有一个晚上,那月宫才能开放,那是八月十五日夜晚。最后,所有准备工作都已完成,并已到了那一个夜晚,明皇靠着方士的超自然力量的帮助,庄严地升到银河,然后进入月宫。在大门口,有贵妃的侍从迎接到月宫里去,就在那里他和他已失去的爱妃,重获团圆。他们有一次简短的聚会,并唱了一会儿歌。突然间,明皇应该回去的时刻到了,方士必须强行把明皇拉回地球,这是悲剧的终局。《长恨歌》受到听众的欢迎,布景壮丽,服装华美(对白用英语)。在表演的那一晚,洛克菲勒家属们,包括老人约翰自己在内,都到场了。表演之后,我们被邀与洛氏家属会见。"黄仁霖说这次"一切的演出,都比乎意料之外的成功","这出戏编写得很好,因为这是少有的几次中的一次,中国社会和中国学生们能够携手合作,为国家争取光荣。"(黄仁霖《我做蒋介石特勤总管 40 年:黄仁霖回忆录》,第 33 页,团结出版社 2006 年 1 月出版)

一九二五年　二十七岁

三月十二日,孙中山在北京逝世。

五月三十日,上海发生五卅惨案,全国掀起反帝爱国运动。

七月一日,中华民国国民政府在广州成立,汪精卫任主席。

十月一日,国民革命军开始第二次东征,统一广东。

十一月,冯玉祥与奉军将领郭松龄联合倒奉。

是年,清华大学成立国学研究院,王国维、梁启超、陈寅恪、赵元任任导师。

一月三日　在纽约的清华学校一九二一级留美级友在中华园饭楼举行新年聚餐会,先生撰文记录此次聚会情形,刊于三月六日出版之《清华周刊》第三三八期。此文刊登时,名为《一九二一级纽约重聚会》。全文云:

　　一九二五年一月三日。中华园在纽约读书有一种好处,便是你若好玩而且会玩,可以玩得你不要读书了。我们一九二一的这几位级友(除了我一人以外)到纽约来,真是可惜了纽约。你看他们一个个都是书虫:张杰民、吴宗如、廖芸皋、张祖荫、黄宪儒、熊祖同、段茂澜、顾德铭、王际真、沈仁培、李运华……都已经在学位上堆学位了。最明显的例是费培杰用功已经用到医院里去了。用功的人也有他们的好处,因为他们无往而不勇敢,无往而不努力,便是宴会的时候,也是这样。如果再加上几位外来的健将,例如王德郅,汪泰经,尤其是那著名的食量大王时昭涵,那这番的宴会,其痛快淋漓,可想而知了。

　　这次聚会,因为与《周刊》读者面熟的滑稽新闻记者李运华先生缺席,没有人作报告,记者便抓着我了。我同 Bob Li 比,"赐也何敢望回?"

一月十日　晚,江滨大道之国际学舍举行聚餐会,由先生主讲美国现代诗。

是月上旬　参与发起"中华戏剧改进社"。成员有余上沅、梁实秋、梁思成、林徽音、顾毓琇、瞿世英、张嘉铸、熊佛西、熊正瑾、赵太侔等。

一月十一日　致梁实秋信。收《闻一多书信选集》。时,大江会正在筹办《大江》杂志,先生说有译拜伦诗《希腊之群岛》,已投《创造》,若能追回,可充《大江》篇幅。又说:"现拟作一个 series of sketches,描写中国人在此邦受气的故事。体裁用自由诗或如 Henley① 的"In Hospital"。这首诗可能就是《洗衣歌》。还提到诗《醒呀》登在一期或二期都没有关系。

《希腊之群岛》后发表于一九二七年十一月十九日《时事新报》副刊《文艺周刊》第十一期。时,先生主张"大江的国家主义",对国内共产党人批评爱国为狭隘的民族主义不以为然。他认为拜伦不仅爱自己的祖国,而且也爱被奴役的希腊,这就是大江会所主张爱国精神,它并不狭隘。全诗如下:

> 希腊之群岛,希腊之群岛!
> 　你们那儿莎浮唱过爱情的歌,
> 那儿萌芽了武术和文教,
> 　突兴了菲巴,还崛起了德罗!
> 如今夏日还给你们镀着金光,
> 　恐怕什么都堕落了,除却太阳?
>
> 那茜欧的彩笔,梯欧的歌喉,
> 　壮士的瑶琴,情人的锦瑟,
> 给你们赢得了光荣,你们不受,
> 　如今你们只是死守着缄默;
> 你们祖宗的英名簸荡在西方,
> 　只你们听不见,你们一声不响。
>
> 高山望着平原,平原望着海!
> 　我在马拉桑的疆场上闲游,
> 我一面在梦想,一面在徘徊,
> 　我梦想着希腊依然享着自由;
> 因为我脚踏着波斯人的白骨,
> 　我不相信我像是一个俘虏。
>
> 巉崖的额上坐着一位君王,
> 　巉崖的额下便是沙拉米;

---

① 英国诗人,剧作家,评论家。

千艘的舳舻,横系在下方,
　　百译的臣民,都是君王的!
破晓的时分,君王点了卯,
　　等到日落,一个也找不着。

那里找他们,又那里去找你,
　　我的祖国呀? 这窦的海边上,
那慷慨的歌声是听不着了的,
　　再也不会鼓荡,那慷慨的胸膛!
但是这神圣的瑶琴,你怎么说,
　　难道就让它在我手里堕落?

这总算是难能可贵的事,
　　在如今这名节凋丧的残冬?
像我唱着悲歌,脸上还潮着羞耻,
　　纵然是株连在奴隶的族中。
因为到这里,教诗人怎么办?
　　不过为希腊流泪,为希人红脸。

什么? 只会为盛时流几行泪?
　　只会红脸? 我们的祖宗流过血!
大地呀! 请从你胸口里退回,
　　退回我们那志士的遗骸!
三百个斯巴达的健儿,还我
　　三个,我能教射马披离复活!

怎么还没有回话? 都不回话?
　　不见得罢? 听那众鬼的答声
仿佛遥远的波涛奔泻:
　　"只要一个活人抬起头来,一个人,
我们就来,马上就来帮忙!"
　　只要活着的人们一声也不响。

罢了！罢了！换一个调子弹弹；
　　快斟上一杯沙蜜的美酒
让突厥的蛮夫夸着血战
　　我们只要葡萄的赤血能流！
听！这不是贝坎罗的鬼舞巫歌，
　　响应的声音偏是那般踊跃！

辟鲁的名舞依然在风行，
　　那辟鲁的名阵上那里去找？
为什么同样两种的遗训，
　　却把那庄严豪侠的忘掉？
请问佉摩赐给你们的文字①，
是赐给一群奴隶的不是？

快斟上一杯沙蜜的美酒！
　　再不要想那些伤心的事！
这酒给安勒滋润过歌喉。
　　安勒曾在波理的朝里服仕，
波理克雷诚然是个暴君，
那暴君却都是我们的族人。

你可知道那絜爽的霸王，
　　是自由的最相絜的朋友！
最忠实又最勇武的保障。
　　米尔泰亚底便是那王侯。
如今再有他那条铁练存在，
定好将希腊再捆锁起来。

快斟上一杯沙蜜的美酒！
　　苏利的山头和巴辩的海岸，

_____

① 此下格式与前不同，似有一误，仅据原样抄录。

如今还散布着一枝遗胄，

多里的苗裔还在那里孳衍；

说不定赫拉可里的遗风，

还埋伏在他们的族中。

不要相信法人能给你自由，

他们那国王是一个奸商：

自己的士卒，自己的刀矛，

才是自强的唯一希望；

可是突厥的武力，拉丁的贿赂，

便再大的盾甲也抵挡不住。

快将沙蜜的美酒斟满一杯！

我们的少女又在绿阴中舞唱，

我望见它们那眼中的秋水，

望见每个娇艳的女郎，我想

那怀里又要哺出一群奴隶，

如是我不禁热泪往脸上洗[淌?]。

放我在苏尼欧的白石岩上，

那边什么都没有，只海涛和我，

让我对着海涛互相哀唱；

让我唱完歌就死，像那天鹅：

这奴隶之邦不是我的家！

把沙蜜的酒杯摔破了它！

这前后，先生还译过拜伦的《希龙的幽囚》，但没有发表。（据梁实秋《谈闻一多》，第 62 页）

一月十八日　余上沅写信给胡适，要求在北京大学开设"戏剧传习所"，以得一地方做戏剧实验，并待时机成熟时，建立"北京艺术剧院"。同时，请胡适等人参加他们新近在美国组织的"中华戏剧改进会"。

这封信从口气上看，是先生、赵太侔、余上沅三人商量过的，由于余上沅在"五四"运动中认识胡适，故由他执笔。此信有助于了解先生在纽约时的一些思想活动,兹摘录之:"在纽约于戏剧艺术具有特别兴趣而又深有研究的有赵畸、闻多二君。赵君系民六北大英文门毕业,来美有年,近年专攻戏剧艺术。闻君系清华民十毕业,来美专习绘画,于文学及戏剧又别有独到之处。我们三个人原来并不十分相熟,因为此地学生会演戏的缘故,才彼此结识。我们演过一次洪深君编的《牛郎织女》,一次我主编的《此恨绵绵》(本《长恨歌》,共五幕)。我们三人分工合作,竭二月之力,竟得成功。我们原来各有计划,想将来回国为戏剧艺术尽力。近来才互相约定,决于今年夏天一同回国,开始筹办'北京艺术剧院'的运动。聚议数次,都因经费无着,垂头丧气而散。这种'徒唤奈何'的情形,大概北京新月社诸先生也不能免。那么,难道大家同声一叹就罢了吗?和一切想做事业的少年们一样,我们也在纸上拟了很完备的计划,但苦于无钱开办,也就变作空文了。我们想去想来,觉得有一件事北大可办、能办而且该办,请先生一面看下去,一面批评。北大有音乐传习所、画法研究会,固然是培养艺术界人才的好办法,但未开设'戏剧传习所'或'研究会',总不免是一件缺欠。戏剧如何重要,如何可以融会贯通原有之音乐及画法两部,不待我说,先生比我知道的还多。从前所以未办的,大概是无人提倡,无人主持,无经费。如今先生及陈通伯、丁燮林、徐志摩、张鑫海诸先生都能提倡、能主持了,——只有一个经费的困难。经费的困难是有限的,不比另设一个独立的系。固然,学校总得先垫一点款子,然而公演时可以卖票补还的。即或补还不上,学校为戏剧事业在预算上加一项小款总可办到的。经过若干训练之后,生徒即可出台公演,公演有了信用,即便仿照此间戏剧协社等团体办法,发售预约券,每期公演在实验时得有成功的剧本。北大从前不出来办戏剧上的事业,以致陈某闹出偌大的笑话,使戏剧二字又受了累,实在是一件可惜的事。如今北大再不出来办,不免有点见义不为了,先生以为然否?世界各国都有剧木,中国似乎独无,这是一件大耻。如今新月社诸先生投袂而起,其精神不可不令人佩服,——然苦无处试验何!我们对戏剧艺术正得了一点门径,想回国随同诸先生做点实验,同建'中国戏剧',也苦无处工作。假使北大能有一个'戏剧传习所',大家都好去埋头做工了。我们最大的希望是北大肯马上开设'戏剧传习所',我们能不能在里面服务都是小事,因为我们自己也想单独办一个小传习所。在我们若干计划之中,有一样便是在北京开一个小传习所,但恐不及北大之能号召程度稍高的学生。我们在北京做点工馃口,如能同时在各学校教点戏剧更好,但无论如何,我们是要积极组织剧团的。近来在美国的戏剧同志,已经组织了一个中华戏剧改进社,社员有林徽音、梁思成、梁实秋、顾一樵、瞿士[世]英、张嘉铸、熊佛西、熊正瑾等十余人,分头用功,希望将来有一些贡献。国内拟邀请新月社诸先生加入,将来彼此合作,积极训练演员,及舞台上各项专门人才。同时向人募款,依次添置各项器具。一到时机成熟,便大募股本,建筑'北京艺术剧院'。此刻正是这个运动开始时期,非求先生格外帮忙不可。先生方面,也许已得着邀请加入戏剧改进社的信了,如今我再顺便请先生加入,先生虽系前辈,但为戏剧,一定肯答应我们的请求的。论到剧本,那是要大家各自埋头去干的,不过在订正以前,我们在化验室内先演习几次。关于布景、服饰、灯光、表演及各项非文学的方面,我们是愿意负责的。如此大家诚心诚意去干,两年后还不能叫'北京艺术剧院'开门,那只好归之于天了。总结上文,我们敬请先生:(一)请北大开设'戏剧传习所';(二)帮我们的忙,使我们可得一个地方做实验;(三)加入我们中华戏剧改进社。我们六月初可到北京,那时再来当面请教。"(胡适档案,中国社会科学院近代史研究所藏)

二月十三日　　余上沅有致宋春舫信,信中诉说自己立志于戏剧实验,并言及与先生等愿献身戏剧事业:"我是立定主义终身以戏剧为业务的,同志还有赵畸君(北大毕业,在美有年)、闻多君等。今夏回国的就有我们三个人,并且都决定住北京。或许因为多得几个帮忙的人之后,先生的戏剧事业也可以如愿以偿。赵、闻两君同我曾在纽约排演过两次戏。第二次的《此恨绵绵》(即《杨贵妃》)是我们自编自排的。两次都有很大的成功。"(《清华周刊·文艺增刊》第10期,1925.5.1)

三月初　　致梁实秋信。收《闻一多书信选集》。说:"中华戏剧改进社事停顿许久,前由纽约同人讨论进行方法,公决由刊行出版物入手。"信中开列同人共拟的前四期目录,请梁实秋在波士顿与大家再慎为斟酌。目录中,有先生拟作之《塞藏赞》、《奈陀夫人的艺术》、《毕痴来》等。信中还对目录做了说明:

> 纽城同人皆同意于中华文化的国家主义(Cultural Nationalism),故于印度则将表彰印度之爱国女诗人奈陀夫人,及恢复印度美术之波士(Nandalal Bose)及太果尔(Abanindranath Tagore)(诗翁之弟)等。于日本则将表彰一恢复旧派日本美术之画家,同时复道及鉴赏日本文化之小泉八云及芬勒楼札,及受过日本美术影响之毕痴来。从一方面看来,我辈不宜恭维日本,然在艺术上恭维日本正所以恭维他的老祖宗——中国。我决意归国后研究中国画,并提倡恢复国画以推尊我国文化。故在第一期内有陈师曾,有拓碑(书法),有旧剧之欣赏,有瓷器,有李义山之精神分析,又有中国绘画在西方之势力。我国前途之危险不独政治、经济有被人征服之虑,且有文化被人征服之祸患。文化之征服甚于他方面之征服千百倍。杜渐防微之责,舍我辈其谁堪任之!第五期或当讨论爱尔兰文艺复兴运动矣。

先生不主张刊物前数期用名人之稿,欲"亲身赤手空拳打出招牌来",以免人误解要借名人的光。又说:"要打出招牌,非挑衅不可。故你的'批评之批评'一文非作不可。用意在将国内文艺批评一笔抹煞而代以正当之观念与标准。上沅又将作五年来之中国新剧,本意亦在示人以下马威也。要一鸣惊人则当挑战,否则包罗各派人物亦足哄动一时。……孰舍孰从,请示知。"

关于刊物的内容及动机,先生好像也写信给朱湘谈过。四月,《清华周刊》第三四三期有消息,云:"据《京报》载本校同学朱湘君通信:在美同学闻一多、梁治华、顾一樵诸君,鉴于目前中国地位之危急,非有真正之国家文学,鼓吹民气,发扬民德不可,已定在本国创办一种文艺刊物专为提倡国家主义之用。并请定在美同学杨廷宝、骆启荣数君担任美术,现代文学巨子落华生、冰心女士等担任撰稿。闻闻君将牺牲学位,于本夏返国办理一切云。海外同学热心国家如此,校内同学闻之不当继起奋兴耶?"

时,有长诗《南海之神》(中山先生颂),信中说"可尽《大江》有优先权"。

三月十日　诗《渔阳曲》发表于《小说月报》第十六卷第三号。收《闻一多诗集》。这是一首运用民歌形式歌颂民间鼓手的诗,全诗十三节,每节十三行,节与节、行与行间既对等匀称,又富有变化,而且构思上很注意戏剧性。是年五月二十九日《清华周刊》第三四九期附《书报介绍副刊》第十七期,发表了署名"天公"的评介,说:"这是我们清华园内大诗人一多君最近发表的一首诗,这诗值得注意的有几点:(一)他的字句和现在的新诗有点不一样,每节的末几句用'丁东、丁东……',听,你可听得懂,在现在的新诗坛上,这样的格调很少见到。(二)这诗的音韵好极了,我们读时,从他的音调上,可以感觉得出这诗情感出来,不像普通新诗那样百谈[读?]而不能上口。(三)字句上很加过一番磨练,如'朱梦','默跪着双双的桐影','鸬鹚杓子泻着美酒如泉','洋洋的笑声漏落在四筵'等,可以知道作者作这诗是经过一番精刻的想像,不是一时发昏信手写出来的。作者在写这首诗上虽用了不少旧的词句,但却一点不露堆砌,一点也不死板,可见作者是一个曾在中国诗词中下过功夫的脚色,现在有了新灵魂,所以把往日死的词句都用活了,从这点我们也可看出现在一般刚读过平民千字课的新诗人之浅薄和贫乏。"

三月十一日　致梁实秋信。收《闻一多书信选集》。谈到《大江》刊头和筹稿问题,说:"封面请[干]脆写两个大字好。此地既没有书家,你就近一挥可也。"后来刊物出版,"大江季刊"刊头即梁实秋之手笔。

三月十二日　孙中山先生在北京病逝。消息传到纽约,先生极为震惊。

是月中旬　致梁实秋信①。收《闻一多书信选集》。言及决定回国："归期大概以上沅的归期为转移,至迟不过六月。栖身之所依然没有把握,这倒是大可忧虑的事。不过回家是定了的。只要回家,便是如郭、郁诸人在上海打流亦可以。君子固贫非病,越穷越浪漫。"又说到新近的诗和文章《南海之神》、《七子之歌》和《新民族的新诗》、《印度女诗人——奈陀夫人》:

> 《南海之神》还没有十分竣功。如今寄来了,请你着实批评一番,然后再继续撰作后数节。昨晚又草成《七子之歌》也是国家主义的呼声。结构具在,只是音节词句上尚欠润色。我现在同学校生活正式脱离关系了。现在的生活,名义上是游手好闲,实际上是仰屋著书。着手撰著的文章有一篇《新民族的新诗》,是从民族主义底观点上论美国的新诗运动。又有一篇《印度女诗人——奈陀夫人》(*Sarajini Naidu*)。奈陀夫人是印度国家主义的健将,在艺术上的成功亦不让太戈尔。Arthur Symons, Edmund Gosse 都称赞过伊。

信中还谈到梁实秋、顾毓琇等组织演出《琵琶记》事。先是,先生等在纽约公演《杨贵妃》后,颇为轰动一时,波士顿的中国留学生受到启发也准备排练一国剧招待美国友人。于是顾毓琇从明代初年高则诚的《琵琶记》中节选出一段,梁实秋译成英文并改编成话剧,梁实秋、谢文秋、谢冰心、顾毓琇、王国秀、徐宗涑、沈宗濂、曾昭抡、高长庚等各为角色。但是布景与服装发生了困难,便向先生求援。先生因筹备孙中山先生追悼会,无法脱身,回信中说:"布景也许用不着我亲身来波城。只要把剧本同舞台底尺寸寄来,我便可以画出一套图案,注明用什么材料,怎样的制造。反正舞台上不宜用平面的绘画,例如一个窗子,最好用木头或厚纸制一个能开能合的窗子,不当在墙上画一个窗子底模样,因为这样会引起错误的幻觉。总之,候我把图案制就了,看他的构造是简单或复杂。如果不能不复杂,一定要我来,我是乐于从命的。"不过,赵太侔、余上沅还是赶到波士顿,协助梁实秋等制作布景,并把《杨贵妃》剧中用的一些服装带了去。梁实秋《琵琶记的演出》:"杨剧服装大部分是缝制之后由闻一多用水彩画不透明颜料画上图案,在灯光照耀之下华丽无比,其中一部分借给了我们。"赵太侔不是清华同学,先生特致函介绍,梁实秋说:"一多特函介绍他给我们,特别强调一点,太侔这个人是真正的'a man of few words'一个不大讲话的人,千万别起误会,以为他心有所愠。"(《秋室杂忆》,第59至60页,台湾传记文学出版社1978年6月1日出版)

三月二十二日　下午二时,纽约华侨举行追悼孙中山先生大会。这个会是由

---

①　原信无日期,仅署"星期五早"。据信中谈到波士顿演出《琵琶记》事,可推知此信写于中旬,或是13日,或为20日。

中国留学生筹备的,先生也参加了工作,孙中山先生遗像就是先生画的。有消息报道:"此次孙中山先生噩耗传来,留美中国同学之在纽约者,感中山先生人格之伟大,故不论派别,各捐除成见,同致最后之敬仰于此开国元勋。由学界中三十六人组织筹备处赶办追悼事宜,处长为罗隆基君,清华同学之在内办事者,如潘光旦、张嘉铸、熊祖同、陈石孚、闻一多等,颇为出力。三月二十二日,下午二时开追悼大会,会场设于万国学生会所正厅。一切布置,均依国式。桌上置闻一多君所绘中山先生遗像,围以五色国旗,及青天白日满地红旗。遗像之前,焚香点烛,复陈鲜花一把,鲜果三碟。桌之左右,各竖长方大纸碑,上书中山遗嘱之原文与译文。四壁悬各团体及私人所赠联□。各国来宾到会者逾千数,幸会所正厅系照新式戏馆建筑,座分上下二层,不致无立足之地。座满之后,即闭大门开会。主席程经远君致开会辞,南浔姚昌复先生主祭,助祭者为余上沅与孙本文二先生。祭礼即毕,遂由中华市政协会总干事桂崇基君报告行状,罗隆基君以国语演说,印度国民党领袖达斯、杜威教授、上海美国律师林百克,亦相继以英语演说。最后则由中国评论社梅其驹君道谢各国来宾而散。"(《清华周刊》第345期,1925.5.1)

清华同学是此次追悼会的主要筹备者,潘光旦《谈留美生活》:"有一次纪念孙中山先生,留学生中有国民党员,有些事情本来应该他们做,但他们笔头不行,就由我们来做了。比如会上要谈总理遗嘱,还有国民党的第一次全国代表大会宣言,这些都是我翻成英文的。"(《文史资料选辑》第71辑,第196页) 先生作的孙中山先生遗像,是幅炭笔画,先生很喜爱这幅画,后来还送了一张此画的照片给梁实秋。

三月二十五日 《大鼓师》发表于《晨报·文学旬刊》第六十五期。收《死水》。

这时期,先生再次兴起著作热。熊佛西《悼闻一多先生——诗人·学者·民主的鼓手》:"你终于觉得干戏不是你的本行,不久你仍回到研究诗的岗位上。自此你写下了许多动人的诗篇。你往往从半夜写到天明。为了努力于诗的创作,你时常废寝忘餐。我因为当时和你同住在一起,有首先读你的诗篇的光荣。"(《闻一多纪念文集》,第72页)

三月二十七日 诗《你看(春日寄慰在美的友人)》、《薤露词(为一个苦命的夭折少女而作)》发表于《清华周刊》文艺增刊第九期。后者在是年七月二日重新发表于《京报副刊》时,改为《也许(葬歌)》。二诗均收入《死水》。

三月二十九日 晚,波士顿的中国留学生在美术剧院正式演出《琵琶记》,观众千人左右,有大学教授、文化界人士、中国留学生和华侨。演出十分成功,轰动波士顿。演出前,先生特意从纽约赶来助兴。顾毓琇《怀故友闻一多先生》:"一多同太侔特别从纽约赶来帮忙。布景、服装、化妆,都由一多负责;舞台设计、灯光,则由太侔负责。我穿的一件龙袍,便是一多用油画画出来的,在灯光下照起来十分漂亮。一个大屏风,有碧海,有红日,有白鹤,亦是一多的大手笔。"(《文艺复兴》第3卷第5期)后来,顾毓琇在《百龄自述》中亦说:"三月二十九日,在波士顿美术剧院公演《琵琶记》(Fine Arts Thealer),由我任编导,实秋译成英文。王倩鸿女士致开会词,沈宗濂致欢迎词,郭秉文先生演说。音乐节目后,即开演《琵琶记》,计分四幕及尾声。实秋饰蔡中郎,谢文秋女士饰赵五娘,冰心女士饰宰相之女,余饰宰相,徐宗涑饰邻人张老先生,沈宗濂饰疯子。本剧演出,由闻一多、赵太侔从纽约来相助。一多负责布景,其所绘屏风一大幅,碧海红日,白鹤飞翔,鲜艳夺目。我所穿蟒袍,亦系油彩所绘,在灯光下十分美观。太侔负责灯光,注意新式投射,亦为别开生面。波士顿向为音乐戏剧中心,今得此表演,各报均多好评。我国有国剧运动,此时实在纽约、波士顿开始。"(第24至25页,江苏文艺出版社2000年4月出版)冰心在《追念闻一多先生》中说:"波士顿的留学生演古典剧《琵琶记》,一多先生从纽约来波士顿过春假,因为他是学美术的,大家便请他替演员化妆。"①(《闻一多纪念文集》,第208页)

三月三十日　与诸友去看望冰心。冰心《追念闻一多先生》:"剧后的第二天,一多先生又同几位同学来看我。那天人多话杂,也忘了都说些什么了。"(《闻一多纪念文集》,第208页)

是月　致梁实秋、顾毓琇信。收《闻一多书信选集》。此时,先生政治热情甚高,尤其热衷于大江会,云:"大江前途之发展,有赖于本年中之活动者甚多。本年东部年会中之活动不但可以宣传国家主义,而且可以宣传大江会。大概添加会员,在年会前,很有限。年会中大江政策若能实现,定有同志的愿来参加我们的阵列。然后会员增加了,声势浩大了,大江的根基便算稳固了。"又说到对吸收冰心为大江会员事,说"等年会后再讲,上次我同她谈话,我猜她的意思,颇表示对于大江事业的同情。请一樵有机会多和她谈谈大江"。时,清华学校一九二〇级毕业生邱椿(大年)、刘师舜(琴五)等亦组织有提倡国家主义的"大神州社",大江会中有人谈起与其合并问题,先生认为"恐不能成事实,因彼等政策太消极,且至如今国家主义的定义还未决定。不过同他们合作总是有益无损的"。

四月二日　朱湘得知先生将要回国很是兴奋,说:"一多是英诗的嫡系,英诗是诗神的嫡系;一方面我们虽极盼他所提倡的'文化的国家主义'成功,而与'爱尔兰的文艺'东西辉映,但一方面我也希望他的诗提起国人对于英诗的兴趣,而令荒漠

---

①　梁实秋《谈闻一多》、《秋室杂忆》均说闻一多未曾到波士顿协助演出。但冰心1986年3月3日给编者复信中云:"一多先生在二五年春到波士顿来帮忙《琵琶记》演出的事,我记得很清楚,不会有误,是他给我们演员脸上化的装。"又顾毓琇1988年5月14日与编者的谈话中,亦说他清楚地记得闻一多到波士顿协助演出之事。

的中国多出了一个漠中草原来。"(朱湘《〈泪雨〉附识》,《京报副刊》第 107 号,1925.4.2)

四月上旬 致梁实秋信。收《闻一多书信选集》。说:"能早归国,实为上策。"

长诗《南海之神(孙中山先生颂)》脱稿。后发表于十一月十五日《大江季刊》第一卷第二期。收《闻一多诗集》。全诗三章:神之降生、纪元之创造、祈祷。诗中将孙中山誉为"赤县神州"的"圣人",与列宁、甘地、华盛顿"并驾齐驱"。又比作"烘炉中的一条火龙","创造了一个新纪元","转斡了四万万生灵的命运"。诗中还向孙中山表示忏悔,唱出发自内心的赞歌。

先生崇敬孙中山,并不等于完全赞同国民党的政策。在给梁实秋信中说,该诗"刊入《大江》不谦其为国民党捧场?我党原欲独树一帜,不因人热,亦不甘为人作嫁衣裳。然取决之权在足下,我固无成见"。

信中还录四首近作古体诗:《废旧诗六年矣。复理铅椠,纪以绝句》、《释疑》、《天涯》、《实秋饰蔡中郎演〈琵琶记〉,戏作柬之》。

四月二十一日 熊佛西在向国内报告中华戏剧改进社消息中说:"闻一多——我找不出较'多才多艺'更好的名词来形容闻先生。因为他的兴趣是广而浓,不但能诗(曾著有《红烛》集,上海泰东出版),而且能画画(他到美国本来是研究画的)。近来不知道他为什么又对于戏剧发生了特别的兴趣。我的朋友中兴趣广的很多,但像闻先生这样好的成绩可寥寥无几!"(熊佛西、王剑三《中华戏剧改进社的新消息》,《晨报附刊》第 88 号,1925.4.21)

四月二十四日 致梁实秋信。收《闻一多书信选集》。说:"我们定五月四日离纽约,十四号上船。回去后计划详情,菊农谅已报到了。"又说:"此次回国并没有什么差事在那里等着我们,只是跟着一个梦走罢了。我们定规坐三等船,每人省出一百美元,作为到北京后三个月底粮饷。"

梁实秋曾欲寻找国内新诗集,先生遂把身旁的集子都寄了去。

是月 离美前,有致朱湘信,说欲回国开展国剧运动。朱湘遂复信表示赞成,并介绍了国内情况。朱湘信文如下:

一多兄:来书批评拙作,语语中肯,读毕,直欲五体投地。"胆汁色"三字极妙。三诗遵命保留。大作两章已经代投《京副》,就中《大雨》极佳,《渔阳曲》音节美妙,"东"韵之运用可见匠心,此诗无疑的为一音节上的成功。《河图》商务虽允承印,但最好仍是自办,兄意不知以为如何,尚望告知。《河图丛书》想只在计划中:我可以附骥一种,Synge 的戏剧。

艺术杂志既有,人才充足时,艺术大学亦一刻不容缓之事业;目前之中国,其它之艺术不论已,即最普通之绘画,亦复凋萎之至,盖如今较可成立之美术学校仅有京宁沪三地之四校,而京校今已停办,尚未恢复,宁校窄隘,此地刘海粟校颇有商业性质,周剑尘校生徒极少,吾兄闻此,得勿疾首蹙额耶?所望者,吾兄与一班游美之青年艺术家联袂返来之时,能在景物清幽之地,或宁或吴,创立一广义的艺术大学,则我国当今就木之艺术尚有一 Rebai 之希望焉。此大学开办后,戏剧自亦在内,届时之盛况可想而知。

兄今夏返国,固弟所亟愿而渴望者,然为兄之精神慰安计,为我国之艺术计,则弟敢言当今国内之学术界中除创造即将复活外。其它恐皆不能使兄满足,与其徒为独木,反不如先偕实秋兄同作一旧大陆之畅游之为愈也。尔时两兄如来,同归者必有数艺术者,如此则大学可成,一鸣惊人矣。管见不识当否,尚望兄等加以仔细之考虑。如其可行,自今起即当募集基金。弟悬想将来有梁思成君建筑校舍,有骆启荣君担任雕刻,有吾兄及杨廷宝君濡写壁画,有余上沅君、赵畸君开办剧院,又有园亭池沼药卉草木以培养实秋兄、沫若兄之诗思,以逗林徽音女史之清歌,而达夫兄,年来之悲苦亦得藉此以稍释,不亦人生之大快乎,弟馨香默祷,能身逢其盛,永在书城中为一蠹鱼,愿亦足矣。《朱湘遗书三通:与闻一多》,《清华周刊》第 578、579 期合刊,1934.4.16)

五月四日　　与余上沅、赵太侔结伴离开纽约西去。十四日在美国西岸登船归国。先生在美留学共三年,按清华规定,清华毕业生可在美留学五年,中断一年内,亦可复学,攻读博士学位者还可延长。另,一九二四年四月十五日,外交部为鼓励清华留学生开阔眼界,批准清华留美监督处所拟之《全费生赴欧考察及研究章程》。章程规定:凡清华全费学生,在美国学校毕业,成绩优良,而留美年限不满四个月以上,回国时有志赴欧,可按美国月费给予一个月津贴,并给照例回国川资。对于在美获得博士学位及有六个月以上实习经验的工科学生,只要有大学教授证明认为赴欧留学有益者,还可津贴赴欧洲留学一年。(《欧游佳音》,《清华周刊》第 311 期,1924.4.25)先生提前回国,毅然放弃了这些优厚待遇。

提前回国,也等于放弃学业。日后,有人在闲谈中问他为什么放弃绘画呢,他回答说:"在美国,最初学画的头两年,教授们只准画些几何形体,石膏模型,枯燥而烦琐,但我心里却有很多意见想藉画笔表示出来。有一次,我想了很好的一个主题,画好了,高兴得很,便找一位教授看看。没有想到,他把我骂了一顿,说这里的比例不对,那里的透视错了。我失望极了,而我心里却又有那么多的意见,别人不许我在画布上述说,那我只好写诗了。"(赵沨《闻一多先生底回忆》,香港《光明报》新 4 号,1946.10.18)

六月一日　　在上海登岸。上岸后身边所剩东西不多,先生把褂子当了,余上沅也将皮大衣送到当铺,几个人才有钱下了一回饭馆。(据访问陈衡粹记录,1989.3.4)王康《闻一多传》亦说:"当轮船刚驶进吴淞口,他立即把三年来束缚着他的洋装扔到海里,以至到了上海不得不到他哥哥家里去借外衣穿。自是以后,就一直穿着长袍布履,有时还套上马褂,冬天则把棉裤脚扎起,穿上一双棉靴,往往令人难以认出,这是位从外国回来,曾经以浪漫情调知名的新诗人。"(第90页) 携带行李中,不少是现代的英文诗集,如"哈第的《沉郁》、郝斯曼的《简洁》"。(朱湘《闻一多与〈死水〉》,《文艺复兴》第3卷第5期,1947.7.1)

先生满腔热忱回到祖国,但一下船见到的却是五卅惨案后的景象。余上沅《一个半破的梦——致张嘉铸君书》:"我同太侔、一多刚刚跨入国门,便碰上五卅的惨案。六月一日那天,我们亲眼看见地上的碧血。一个个哭丧着脸,恹恹地失去了生气,倒在床上,三个人没有说一句话。在纽约的雄心,此刻已经受过一番挫折。"(《晨报·剧刊》第15号,1926.9.23)

在上海,受到洪深、欧阳予倩的热情款待,他们劝先生等留在上海共事,但先生认为北京是人文荟萃的地方,多少可以做国剧运动的中心,所以婉言谢绝了他们的好意。

是月上旬　回到故乡浠水。离别三年,一切都格外亲切。诗《回来了》、《故乡》即描写这时的心情。前者发表于八月十三日《晨报·副刊》第一二四九号,后者发表于八月二十九日同刊第一二六〇号,均收入《闻一多诗集》。

在故乡的生活很愉快,尤其见到满地跑的女儿立瑛,欢喜得不得了。

不久,闻家驷因参加抗议五卅惨案罢课,从上海返归。他拒绝回震旦大学预科读书,得到先生支持。其后,闻家驷自费赴法国巴黎大学留学一年,其间的一半费用也是由先生资助的。

是月中旬　到北京,与余上沅、陈石孚在西单二龙坑梯子胡同一号租赁了屋子,几个单身人住一个院子,景况相当凄凉。

六月二十七日　诗《醒呀!》发表于北京《现代评论》第二卷第二十九期。收《闻一多诗集》。

这首诗作于美国,是先生回国后发表的第一首诗,它表现了激烈的爱国情绪。诗后有跋,云:

这些是历年旅外因受尽帝国主义的闲气而喊出的不平的呼声;本已交给留美同人所办一种鼓吹国家主义的杂志名叫《大江》的了。但目下正值帝国主义在沪汉演成这种惨剧,而《大江》出版又还有些日子,我把这些诗找一条捷径发表了,是希望他们可以在同胞中激起一些敌忾,把激昂的民气变得更加激昂。我想《大江》的编辑必能原谅这番苦衷。

《醒呀!》以汉、满、蒙、回、藏五大民族和"众"的口吻,发出呼喊觉醒的吼声,不仅感情激烈,并且有戏剧效果。全诗如下:

（众）天鸡怒号，东方已经白了，
　　庆云是希望开成五色的花。
　　醒呀！神勇的大王，醒呀！
　　你的鼾声真和缓得可怕。

他们说长夜闭熄了你的灵魂，
　　长夜的风霜是致命的刀。
　　熟睡的神狮呀，你还不醒来？
　　醒呀！我们都等候得心焦了！

（汉）我叫五岳的山禽奏乐，
　　我叫三江的鱼龙舞蹈。
　　醒呀！神明的元首，醒呀！

（满）我献给你长白的驯鹿，
　　我献给你黑龙的活水。
　　醒呀！勇武的单于，醒呀！

（蒙）我有大漠供你的驰骤，
　　我有西套作你的庖厨。
　　醒呀！伟大的可汗，醒呀！

（回）我给你筑碧玉的洞宫，
　　我请你在葱岭上巡狩。
　　醒呀！神圣的苏丹，醒呀！

（藏）我吩咐喇嘛日夜祷求，
　　我焚起麝香来欢迎你。
　　醒呀！庄严的活佛，醒呀！

（众）让这些祷词攻破睡乡的城，
　　让我们把眼泪来浇醒你。

威严的大王呀,你可怜我们!

我们的灵魂儿如此的战栗!

醒呀! 请扯破了梦魔的网罗。

神州给虎豹豺狼糟蹋了。

醒了罢! 醒了罢! 威武的神狮!

听我们在五色旗下哀号。

由于《醒呀!》的发表,先生结识了编辑《现代评论》文艺稿件的杨振声。杨振声,字金甫,山东蓬莱人,在北京大学读书期间参加新潮社,五四运动时因参加火烧赵家楼被北京政府军警关押。一九一九年年底,杨振声与冯友兰同船赴美留学,在美期间担任《新潮》旅美通讯记者。一九二三年,杨振声毕业于哥伦比亚大学,遂转入哈佛大学,一九二四年获教育学博士学位后回国。十二月十三日,《现代评论》创刊,文艺编辑自第三卷起由杨振声主持。

七月一日 《美国著名女诗人罗艾尔逝世》发表于《京报·副刊》第一九五号。文中说:罗艾尔女士是映象派①的首领,是诗人、批评家、著作家、翻译家,她与人"合作翻译了一本中国诗,名曰《松花笺》(*Fir Flower Tablets*),其中以李太白的作品为最多。罗艾尔女士对于中国诗有极大的敬仰,她的创作往往模仿中国诗,具有特异的风味","她的死是美国文学界的大损失。她死了,中国的文学与文化失了一个最有力的同情者"。

七月四日 《七子之歌》发表于《现代评论》第二卷第三十期。收《闻一多诗集》。这首诗作于是年三月,先生称它"也是国家主义的呼声"。诗前有序,述该诗创作之动机:

邶有七子之母不安其室。七子自怨自艾,冀以回其母心。诗人作《凯风》以愍之。吾国自尼布楚条约迄旅大之租让,先后丧失之土地,失养于祖国,受虐于异类,臆其悲哀之情,盖有甚于《凯风》之七子,因择其与中华关系最亲切者七地,为作歌各一章,以抒其孤苦亡告,眷怀祖国之哀忱,亦以励国人之奋兴云尔。国疆崩丧,积日既久,国人视之漠然。不见夫法兰西之 Alsase-Lorraine②耶?"精诚所至,金石能开"。诚如斯,中华"七子"之归来其在旦夕乎?

《七子之歌》将被帝国主义列强强占去的澳门、香港、台湾、威海卫、广州湾、九

---

① 今一般称之"意象派",此"映象派"为原文。

② 即阿尔萨斯、洛林,曾被德国侵占割去。

龙、旅顺大连七地,比作离开了母亲怀抱的七个儿子,哭诉着被强盗欺侮蹂躏的痛苦,要求回到母亲的身旁。该诗发表后,引起不少人的共鸣。刘湛恩(中华基督教青年会全国协会教育总干事)将此诗收入他编的《公民诗歌》,一位署名"吴嚷"的青年读后,十分激动,将此诗转载于《清华周刊》第三十卷第十一、十二期合刊,并写了附识,说:"读《出师表》不感动者,不忠;读《陈情表》不下泪者,不孝;古人言之屡矣。余读《七子之歌》,信口悲鸣一阕复一阕,不知清泪之盈眶,读《出师》、《陈情》时,固未有如是之感动者也。今录出之聊使读者一沥同情之泪,毋忘七子之哀呼而已。"

《七子之歌》全诗如下:

澳　　门

你可知"妈港"不是我的真名姓?……
我离开你的襁褓太久了,母亲!
但是他们掳去的是我的肉体,
你依然保管着我内心的灵魂。
三百年来梦寐不忘的生母啊!
请叫儿的乳名,叫我一声"澳门"!
　　母亲! 我要回来,母亲!

香　　港

我好比凤阁阶前守夜的黄豹,
母①亲呀,我身分虽微,地位险要。
如今狞恶的海狮扑在我身上,
啖着我的骨肉,咽着我的脂膏;
母亲呀,我哭泣号啕,呼你不应。
母亲呀,快让我躲入你的怀抱!
　　母亲! 我要回来,母亲!

台　　湾

我们是东海捧出的珍②珠一串,
琉球是我的群弟我就是台湾。
我胸中还氤氲着郑氏的英魂,
精忠的赤血点染了我的家传。

---

①　原诗"母"字排作"如"。
②　原诗"珍"字排作"真"。

母亲,酷炎的夏日要晒死我了;
赐我个号令,我还能背城一战。
　　母亲! 我要回来,母亲!

威　海　卫

再让我看守着中华最古的海,
这边岸上原有圣人的丘陵在。
　母亲,莫忘了我是防海的健将,
我有一座刘公岛作我的盾牌。
快救我回来呀,时期已经到了。
我背后葬的尽是圣人的遗骸!
　　母亲! 我要回来,母亲!

广　州　湾

东海和硇州是我的一双管钥,
我是神州后门上的一把铁锁。
你为什么把我借给一个盗贼?
母亲呀,你千万不该抛弃了我!
母亲,让我快回到你的膝前来,
我要紧紧的拥抱①着你的脚髁。
　　母亲! 我要回来,母亲!

九　　龙

我的胞兄香港在诉他的苦痛,
母亲呀,可记得你的幼女九龙?
白从我下嫁给那镇海的魔工,
我何曾有一天不在泪涛汹涌!
　母亲,我天天数着归宁的吉日,
我只怕希望要变作一场空梦。
　　母亲! 我要回来,母亲!

旅顺,大连

我们是旅顺,大连,孪生的兄弟。
我们的命运应该如何的比拟? ——

① 原诗"抱"字排作"把"。

> 两个强邻将我们来回的蹂躏,
>
> 我们是暴徒脚下的两团烂泥。
>
> 母亲,归期到了,快领我们回来。
>
> 你不知道儿们如何的想念你!
>
> 母亲! 我们要回来,母亲!

七月十一日　诗《爱国的心》、《洗衣曲》发表于《现代评论》第二卷第三十一期。前者收《闻一多诗集》,后者收《死水》时有修改。

《爱国的心》表达爱国情绪,全诗八行,形式整齐。诗云:

> 我胸中有一幅旌旆,
>
> 没有风时自然摇摆。
>
> 我这幅抖颤的心旌,
>
> 上面有五样的色彩。
>
>
> 这心脏底海棠叶形,
>
> 是中华版图底缩本;
>
> 谁能偷去伊的版图?
>
> 谁能偷得去我的心?

《洗衣曲》也是首爱国诗的代表作。诗有序:"美国华侨十之八九以洗衣为生,外人至有疑支那乃举国洗衣匠者。国人旅外之受人轻视,言之心痛。爱假洗衣匠口吻作曲以鸣不平。"该诗收入《死水》时,序及全文均有改动,序改为:"洗衣是美国华侨最普遍的职业,因此留学生常常被人问道'你的爸爸是洗衣裳的吗?'许多人忍受不了这侮辱。然而洗衣的职业确乎含着一点神秘的意义,至少我曾经这样的想过。作洗衣歌。"下面是初次发表的《洗衣曲》:

> (一件,两件,三件)
>
> 洗衣要洗干净!
>
> (四件,五件,六件)
>
> 熨衣要熨得平
>
> 铜是那样臭,血是这样腥——
>
> 脏了的东西你不能不洗,
>
> 洗了的东西又不能不脏。
>
> 有耐性的人们理他不理?
>
> 替他们洗! 替他们洗!

我洗得净悲哀底湿手帕，

我洗得白罪恶底黑汗衣，

贪心底油腻和欲火的灰，……

你们家里一切的脏东西，

　　交给我洗！交给我洗！

你说洗衣的买卖太下贱，

干这种买卖惟独有唐人。

你们的牧师他告诉我说：

耶稣的爸爸做木匠出身，

　　你信不信？你信不信？

洗衣定规是一件容易事。

洗衣那里比得上造兵船？

洗衣匠们真个是没出息，

流了一身苦汗赚不了钱。

　　你们肯干？你们肯干？

年年洗衣三百有六十日，

看不见了家乡又上不了坟。

你们还要笑我是洗衣匠，

你们还要骂我是支那人。

　　好狠的心！好狠的心！

（一件，两件，三件）

　　洗衣要洗干净，

（四件，五件，六件）

　　熨衣要熨得平！

先生回国初期发表的这几首诗，引起了国内一些人的注意。一位化名"民治"者写了《三首爱国诗》，评论了《醒呀！》、《七子之歌》、《洗衣曲》。文中说："新诗的含容大概不外：一、吻香的恋情诗；二、形而上的哲理诗；三、手枪炸弹的革命诗。我们现在所需求的是那一种诗，恋情的？哲理的？革命的？我们种种都要，我敢说，不过新诗坛以往的成绩,有几多值得我们一读,读起来足以挑动读者内心的情感,有几多值得我们赞好,好来是读者心中所想登而潜隐未能发的呼声。自然,我不敢且不能抹杀有几位我所佩服的诗人与他们一些可诵的作品,然而在这最深刺激的一月里,我读了几首既不是恋情的,亦不是哲理的,亦不是革命的爱国诗之后,我相信新诗坛的生命更新了,新诗坛的前途另辟了,新诗坛发向它祖国的希望之光益强了。文学作品所表现的是时代精神,而时代也就是文学作品的背景。闻一多君这三首诗表现了中华民族争自由求独立的迫切呼号的精神,但是也要有帝国主义者高压之下的中国,才会产生这样的作品。至于诗人呢,他是得天独厚,能首先感着痛苦,首先热起情绪,首先擒得诗意,……把它们高唱出来。这三首诗是我个人所最爱读的。我更深切的愿我们大家——全中国的爱中国的中国人——都来把这几首诗畅读一回,深深印入记忆之膜里。"(《长虹月刊》,第2期)

七月十五日　大江会会刊《大江季刊》创刊,上海泰东图书局印行。发行人赵南公。"大江季刊"四字为梁实秋题写。先生在这期上发表了在美国写下的四首诗:《长城下之哀歌》、《我是中国人》、《爱国的心》、《洗衣曲》(目录上无《爱国的心》,又《洗衣曲》作《浣衣曲》)。

这一期还刊登了大江会会员宣传国家主义的作品,有何浩若的《中国之歧途与末路》、浦薛风的《理性的国家主义》、沈有乾的《国家心理略说》、梁实秋的《诗人与国家主义》、《公理》(小说)、《文学里的爱国精神》(译文,英国德林克瓦特著)、陈石孚的《土耳其复兴史》、翟桓的《爱尔兰新芬运动与国家主义》、顾毓琇的《荆轲》(剧本)。

本期还登载有《发刊词》,阐明大江的国家主义及创刊之目的,对了解先生思想或有所助,兹录以参考:

大江会同人谨于发行本刊之始,正告国人:

我们是一个绝对信仰国家主义的一个结合,发行本刊的宗旨即在图谋国家主义在我中国之宣传与实施。

我们所认定要宣传与实施的国家主义乃:"中华人民谋中华政治的自由发展,中华人民谋中华经济的自由抉择,中华人民谋中华文化的自由演进。"(我们的详细的意见具见本会宣言,兹不赘述。)

根据这个定义,我们将一面尽力反对一切的国家主义的障碍,例如侵略的帝国主义以及时髦的和平主义等;一面研究国家主义之实施的计划,例如恢复主权问题,巩固经济独立问题,发挥文化上的国民性问题等。

但我们所最要提倡的一件事,便是气节。我们所谓的气节即是为主义而死,为国家而死,为正义而死的那种精神。我们认定,中国近来各方面之腐败,皆由于人民气节之不振。凡是热心爱国的人都该在言行上竭力提倡气节。本刊即是特别的注意此点。

我们发行这本杂志不是为少数人的言论机关,不是为营业的性质,我们本着我们的信仰将我们的一得之见贡献于国人之前。我们的信仰一日不移,我们的努力一日不断,我们的这本杂志的寿命便一日不断。

这是我们的宣传的第一声,这也是我们与读者相见的第一日。邦人君子,幸督教之。

七月二十五日 诗《我是中国人》发表于《现代评论》第二卷第三十三期。收《闻一多诗集》。

是月 与赵太侔、余上沅、孙伏园共同草拟成《北京艺术剧院计划大纲》。后发表于一九二六年九月十六日、二十三日的《晨报·剧刊》第十四、十五号。

大纲体现了先生等人关于建立艺术剧院的初步设想,它与普通的临时筹备的团体不同,与旧式的科班更有极大的差别,它是学习与演出兼顾、学校与剧院结合的一种新型的正规的组织形式,其目的在于振兴中国的戏剧文化事业,推动中华文化的发展。大纲分五个部分,全文如下:

一 组织概略

(一)董事会

(二)院长 本院设院长一人总理本院事务,对外为本院代表。

(三)剧务部,本部设导演主任、艺术主任、文学主任、乐舞主任各一人,互选一人为本部主席。各主任职权如下:

甲 导演主任 派定演员,指导演习,并训练演员;

乙 艺术主任 规画图案,指导人员制造及安设布景,制造服饰,配置光影;

丙 文学主任 整理图书,介绍剧本,编制实录整理故实,并编辑刊物;

丁 乐舞主任 编辑乐谱,教练乐歌,并指挥舞蹈。

(四)事务部,本部设营业主任一人,推行营业计划,并指挥人员,处理营业上各项事务。

(五)评议会 本会由院长及剧务事务两部各主任组织之,其职权为:商决全院设施、聘用各项人员、选定公演剧本、规划营业方针,并编制预算决算。

(六)长期雇员

甲 事务部设文书、庶务、会计各一人;

乙 事务部又设司帐、司票、广告各一人,直隶于营业主任;

丙 剧务部设舞台管理员一人,及电师、储藏、布景各一人;

丁 剧务部又设制景、制装、制具各一人,直隶于艺术主任。

(七)剧团团员 演员及其他剧团团员,暂以六十人为额数,其权利及义务,另行厘定之。

附组织概略图表(从略)

二 剧场建筑

(一)经费的支配

甲 地基一万元;

乙 建筑十万元;

丙 设备四万元;

丁 准备金五万元。

(二)经费的筹集

甲 商股;

乙 政府补助(地基或经费)。

附注:建筑上以发挥本国的建筑艺术,兼采用西方机械的便利为主旨。座位以一千二百为额。舞台及其他场所,均依最新之办法而加以改良,各处布景及器具,均以保存本国之美术为主。

三 营业方法

于新剧外,暂时加办电影等项,以裕收入。

预算(按一年计算):

(一)预备期内支出项下

1 演习所开办费(详见附表一) 二八〇〇元;

2 剧场租金 一五〇〇〇;

3 舞台临时设备(电器等) 八〇〇〇;

4 电影机 三〇〇〇;

5 影片租费 一〇〇〇〇;

6 音乐队 五〇〇〇;

7 演剧材料 四五〇〇;

8 印刷院报广告及剧券 四〇〇〇;

9 演习所房租(按每月八十元计算) 九六〇元;

10 演习所水电杂费 二〇四〇;

11　剧场电费　三六○○；

12　剧场杂费及夫役工资　四○○○；

13　短期雇工　二五○○；

14　职员薪金（详见附表二）　一三○八○；

15　演员津贴　六○○○；

16　招待费　八○○。

共计　八五二八○元。

（二）预备期内收入项下

1　演剧一百次（以七成收入计算）　四六五○○元；

2　演电影二百五十次（五成计算）　四七五○○元。

共计　九四○○○元。

收支相抵赢［盈］余　八七二○元。

附注：随时加演旧剧等项之赢［盈］余不计。

附表一　演习所开办费支出表

1　房租（以八十元一月先付三份计算）　二四○元；

2　修理　五○○；

3　装置电灯电话自来水　三○○；

4　家具及零件　一○○○；

5　演剧材料　五○○；

6　杂费　二○○；

7　招待费　一○○；

8　印刷费　一六○。

共计　二八○○元。

附表二　暂定职员薪金表（按月计算）

1　院长一人　一五○元；

2　主任四人（每人一五○元）　六○○；

3　文书一人　六○；

4　庶务一人　六○；

5　会计一人　六○；

6　舞台管理员一人　六○；

7　电工一人　二○；

8　木工一人　二○；

9　缝工一人　二〇；

10　差役四人(每人一〇元)　四〇。

共计　一〇九〇元。

附注：此系最低人数，于必要时尚须增加。

附表三　剧券价目表

甲　新剧

等　　别	座　　数	券　　价	共　　收
前排四座包厢	二十一厢八四	一　元	八四元
后排四座包厢	同八四	八角	六七元
甲等散座	三〇〇	八　角	二四〇元
乙等散座	三〇〇	六　角	一八〇元
丙等散座	二七〇	三角五	九四元

总共一千〇三十八座，应收券价六百六十五元如按七成计算，应收四百六十五元。

乙　电影

等　　别	座　　数	券　　价	共　　收
甲等厢座	八四	六　角	五〇元
乙等厢座	八四	五　角	四二元
甲等散座	五七〇	四　角	二二八元
乙等散座	三〇〇	二　角	六〇元

总共一千〇三十八座，应收券价三百八十元，如按五成计算，应收一百九十元。

附注：座数以香厂新明剧场为标准。

四　练习生功课(第一年)

(一)图案科

1　背景及服饰　六；

2　绘画　五；

3　用器画　二；

4 美术概论 一；

5 手工 五；

6 戏剧概论 一；

7 体育 二；

8 选练 四；

9 公演 十。

共计 三十六单位

（二）表演科

1 声音表情 三；

2 姿态表情 三；

3 化装术 一；

4 表演 十；

5 舞蹈 二；

6 拳术 二；

7 乐歌 二；

8 戏剧概论 一；

9 选课 四；

10 公演 十。

共计 三十八单位

附注：选课分国文、英文、历史、戏剧文学四项，每项二单位。此外有关于思想学术之各种定期演讲，不计单位，但练习生须按期到场。

五 进行步骤

（一）创办时期

甲 期间 艺员演习所成立以前。

乙 事务 开始募款。至收得一万元时，即设立艺员演习所，开始租用新明剧场演电影。

（二）预备时期

甲 期间 演习所成立以后，至剧场建筑完全成之日止，定为一年。

乙 事务 向政府交涉补助。募集商股。继续开办电影。演习所艺员开始在租定剧场内公演。

（三）成立时期

甲 期间 剧场建筑完成，正式营业开始之后。

乙　事务　正式公演,并筹设外埠分院。

八月九日　参加新月社茶话会。十一日致闻家骊信云:"我等已正式加入新月社,前日茶叙时遇见社员多人,中有汤尔和、林长民、丁在君(话间谈及舒天)①等人。此外则北大及北大外诸名教授大多皆社员也。"

新月社成立于一九二三年,徐志摩说它最初是一个聚餐会,从聚餐会中产生新月社,大家想集合起力量,自编戏自演剧,主要成员有徐志摩、胡适、黄子美、蹇季常、张君劢、丁文江、林长民等。他们于一九二四年五月八日,为庆祝泰戈尔六十四岁生日,演出过泰戈尔的戏剧《契玦腊》,主演林徽音、张歆海、徐志摩。后来,徐志摩搬到松树胡同七号,聚会的地点也改在这里。先生回国时,便想得到新月社同人的支持。七月里,徐志摩从欧洲回到北京,即与先生相见,搭桥人似为徐的妻弟张嘉铸。

八月十一日　致闻家骊信。收入《闻一多书信选集》。言及赴新月社午餐,并讨论建立艺术剧院等事:

> 徐志摩约今日午餐,并约有胡适之、陈通伯(即《现代评论》上署名西滢者)、张歆海、张仲述、丁西林、萧友梅、蒲伯英等在座,讨论剧院事。近得消息谓萧友梅(音乐家)与某法国人募得四十万资本,将在北京建筑剧园。故志摩招此会议,商议合作办法也。……新月社已正式通过援助我辈剧院之活动。徐志摩顷自欧洲归来,相见如故,且于戏剧深有兴趣,将来之大帮手也。

时,闻家骊欲来京投考北京大学旁听生,先生支持他不回震旦大学,希望他马上启程来京。

同日　致闻家骢信。收《闻一多书信选集》。该信为从新月社返回后所写,谈到会上情形,及可能参加《晨报·副刊》工作,颇为兴奋,云:

> 顷自新月社归来,关于筹划剧院事已有结果。书此报告,以释悬念。□昨日到会者有徐志摩、胡适、张歆海、蒲伯英、邓以蛰、丁燮林、陈通伯以及萧友梅。萧君已筹得可靠款项二十万元,拟办一国民剧场。萧之专门为音乐,正缺艺术人员,故以得遇弟等为至幸。弟等所拟计划与彼等之计划大同小异,故今日双方皆愿合作。照此看来,剧场事业可庆成功矣。……北京《晨报》为国内学术界中最有势力之新闻纸,而《晨报》之《副镌》尤能转移一时之思想。《副

---

①　丁在君,即丁文江,闻亦齐(舒天)出国前曾协助他做过地质地理学史方面的工作,并为他写《徐霞客年谱》收集过资料。

镌》编辑事本由正张编辑刘勉已兼任。现该报拟另觅人专管《副镌》①,已与徐志摩接洽数次。徐已担任北大钟点,徐之友人不愿彼承办《晨副》,故徐有意将《晨副》事让弟办理,据徐云薪水总在二三百之间,大约至少总在百元以上。今日徐问弟"谋到饭碗否?"弟答"没有。可否替我想想法子?"后谈及《晨副》事,又向弟讲:"一多,你来办罢!"弟因徐意当时还在犹夷,不便直接应诺。容稍迟请上沅或太侔向徐再提一提,想不致绝无希望也。刘勉已与弟已有来往,昨日来函约为特约投稿员,稿费每千字在二元以上。刘初次遇弟时,甚表敬意。刘亦属新月社。大约弟担任《副镌》,刘之方面亦不致有异议。

八月十四日   诗《狼狈》发表于《晨报·副刊》第一二五〇号。收《死水》。从格律上及编入《死水》的顺序看,这首诗似写于美国。

八月十七日   译诗《沙漠里的星光》(劳伦斯·霍普 Laurence Hope 作)发表于《晨报·副刊》第一二五二号。收《闻一多诗集》。这首诗作于美国。

九月一日   年初因发生学潮而停办的北京美术专门学校决定筹备恢复,筹备委员会主任为教育部专门司司长刘百昭。新月社同人中有人参与其事,先生八月十一日致闻家骢信曾云:"今日席间又谈及北京美专事,同人皆谓极宜恢复,并由本社同人主持其事。故已议定上书章行严②,由林长民任疏通之责。"

由于这个缘故,先生被聘为美专筹备委员。《晨报》消息《美专筹备员将发表》中云:"刘百昭日来正筹备恢复美专,所有筹备委员业经聘定,明后日即可发表。其名单如次:严智开、张仲述、闻一多、余上沅、赵太侔、彭沛民、邓竟存、萧屋泉。筹备主任由刘百昭兼任。"(《晨报》,1925.9.2)

先生出任此职,是徐志摩热心推荐促成。梁实秋《谈闻一多》:"当时的艺专校长是刘百昭,刘是章士钊的部下,初接校篆,急需一批新人帮忙,所以经志摩介绍,一拍即合。戏剧系主任本拟聘余上沅,后又因为安置赵太侔,上沅改任教授。他们加入艺专也是不得已,初回国门,难为择木之鸟。"(第 64 至 65 页)

美专前身为北京美术学校,成立于一九一八年四月十五日,为我国第一所国立美术学校,设中画、西画、图案三系。一九二二年六月改为美术专门学校。一九二五年一月末因学生反对临时政府教育部委派新校长到校,被强行解散。

九月七日   是日出版之《晨报》副刊《星期画报》第一号《闻一多写的徐志摩》中,刊登先生所作的徐志摩素描。该画右侧书有"徐志摩"三字,左下角署名

----

① 《晨报·副镌》原为孙伏园编辑,时孙伏园辞职,任北京《京报·副刊》编辑,故《晨报·副镌》正觅新人接办。

② 即章士钊,时任北京政府司法总长兼教育总长。

"多"字。

九月十日　经教育部批准,美术专门学校更名为艺术学院。(据《美专改为艺术学院》,《晨报》1925.9.12) 先生与严智开、彭沛民、萧友梅、邓以蛰、萧悬、冯臼、余上沅、谢阳、萧俊贤十人被函聘为筹备委员;另有六筹备委员为教育部部派,他们是社会司司长高步瀛、参事秦汾、专门司司长刘百昭、签事徐协贞、视学钱稻孙、签事刘元骥。(据《美专筹备委员共十六人》,《晨报》,1925.9.10)

九月十三日　教育部批准北京艺术学院增设剧曲、音乐二科。《艺术学院之预算》:"教育此次改美专为艺术学院,原意只设图案、中国画、外国画三科。嗣以剧曲为陶冶德性之药石,关系风化至巨,音乐与剧曲有密切关系,亦当同时并设,遂决定增此二科。至该院经费,仍照以前美专预算,月支九千元。"(《晨报》,1925.9.14)

增设剧曲、音乐二科,是先生与余上沅多方奔走努力的结果。余上沅十一月十九日给欧阳予倩、洪深、汪仲贤信上说他们商量、筹划、接洽、辩论,结果总算不差,"乘恢复美专的机会,商量教育部添设了音乐、戏剧两系"。(《余上沅戏剧论文集》,第136页,长江文艺出版社1986年11月出版) 剧曲科的增设,在中国现代戏剧事业发展史上有着极为重要的意义,洪深在《中国新文学大系·戏剧集·导言》中说:"这是我国视为卑鄙不堪之戏剧,与国家教育机关发生关系的第一朝。"

九月十四日　上午十时,赴前京畿道原美专学校,出席北京艺术学院第一次筹备委员会议。会上讨论了学校名称、组织大纲、学科设置、处理旧生方法诸事。先生赞成改校名为"艺术专门学校"。同人推先生与刘百昭、余上沅、严智开、彭沛民、萧友梅、萧俊贤共七人为组织大纲起草员。(据《艺术专门学校之筹备》,《晨报》,1925.9.15)

九月十五日　上午九时,参加艺专筹备委员会议,讨论组织大纲及编定预算。(据《艺专第二次筹备会》,《晨报》1925.9.16)

九月十六日　上午十时,先生等艺术专门学校筹备委员再次开会讨论组织大纲。情形见《艺专第三次筹备会》:"刘百昭主席,各筹备员比将所拟之大纲草稿提出,均逐条通过。兹志其概略如下:第一章,名称,'国立北京艺术专门学校'。第二章,宗旨,'研究高深学术养成专门人才'。第三章,学制,'五系'。第四章,行政组织,'校长、教务长、事务长、各系主任、教授、讲师、助教、事务员'。第五章,评议会。第六章,校务会议。第七章,教务会议。第八章,事务会议。第九章,委员会。第十章,附则。以上共十章,三十条。通过后,刘百昭即嘱各筹备员切实开列预算,编订课程,以便提出大会讨论。"(《晨报》,1925.9.17)

九月十七日　上午九时,出席北京艺术专门学校第四次筹备委员会议。到会者十四人,一致通过先生等昨日草拟的组织大纲。又,众人复提出节省开支、教员

上课规则、处置旧生办法等问题。(据《艺专第四次筹备会》,《晨报》,1925.9.18)

九月十九日　诗《闻一多先生的书桌》发表于《现代评论》第二卷第四十一期,收《死水》。《叫卖歌》发表于北京《晨报·副刊》第一二七五号。收《闻一多诗集》。

同日　上午九时,出席北京艺术专门学校第五次筹备委员会会议。决定对组织大纲第四条之"本校各系收受四年制之中学毕业生或具有同等学力者,录取学生,以其入学试验之成绩定之",修改为"本校各系收受中等学校毕业生,录取学生时,以入学试验定之"。关于预算问题,为节省开支,决定本校专任教授限三十一二人,每人担任十二钟点,每月支二百二十元,所有校中重要职务均由教授兼任,不另支薪。校长薪金由三百元减为二百六十元。事务员以二十人为限。通习各科,均合班教授。全年预算总计十六万余元。关于处理旧生办法,凡持有教育部所发给的前美专修业证书者,可免受入学试验,但须受编级试验。(据《艺专昨开五次筹备会》,《晨报》,1925.9.20)

九月二十二日　诗《末日》发表于《晨报·副刊》第一二七七号。收《死水》。

九月二十四日　上午九时,出席北京艺术专门学校第六次筹备委员会会议。关于预算问题,刘百昭说教育总长章士钊并未提交阁议,意为教职员薪金仍按部章办理,无须削减;又说章士钊主张音乐、戏剧两系徐图进行。筹备委员对此意见不一,邓以蛰力主五科并设,表决时多数赞同。次议校长问题,刘百昭谓教育部派自己兼任校长,而本人非艺术出身,又兼部职,加之预算狭隘,有辞退之意,经徐协贞、萧友梅力劝,旋决定一致函请教育部迅发命令,派刘百昭为校长。(据《艺专第六次筹备会》,《晨报》,1925.9.25)

九月二十八日　北京政府正式任命刘百昭为北京艺术专门美校校长。刘遂约先生等讨论开办经费及人事安排,决定减用助手事务员,十月份教职员薪金扣五折,作为开办费用。(据《艺专校长今日就职》,《晨报》,1925.9.29)

九月二十九日　出席刘百昭就职仪式。刘拟聘先生为教务主任。(据《刘百昭昨就艺专校长》,《晨报》,1925.9.30)

十月一日　徐志摩正式接办《晨报·副刊》,除约赵元任、梁启超、张奚若、金岳霖、傅斯年、罗家伦等帮忙外,还"特请姚茫父、余樾园先生谈中国美术,刘海粟、钱稻孙、邓以蛰诸先生谈西洋艺术,余上沅、赵太侔先生谈戏剧,闻一多先生谈文学,翁文灏、任叔永诸先生专撰科学的论文,萧友梅、赵元任先生谈西洋音乐"。(徐志摩《我为什么来办我想怎么办》,《晨报·副刊》第1期,1925.10.1)

十月五日　北京艺术专门学校校名拟去"北京"二字,改称"国立艺术专门学校",以便今后在上海、武汉设立分校。刘百昭正式聘先生为教务长,并约定为考试委员会委员。其余职员为事务长程振基、中国画系主任萧俊贤、剧曲系主任余上沅

（后改赵太侔）、音乐系主任萧友梅、西洋画系主任彭沛民。（据《艺专各项职员聘定》、《晨报》，1925.10.5）

时，图案画系主任空缺，刘百昭约先生至严智开宅，力劝同舟共济。（据《艺专约严智开充任主任》，《晨报》，1925.10.6）

同日　《纳履歌》发表于《晨报·副刊》第一二八四号。收《闻一多诗集》。

十月六日　早，与刘百昭、程振基再至严智开家，严遂允就任图案画系主任。又彭沛民辞西洋画系主任，刘百昭专电上海，聘徐悲鸿充任，"在徐未到校以前，所有西洋画系主任职务，由教务长闻一多兼代"。（《艺专校务之进行》，《晨报》，1925.10.7）

十月七日　为美专旧生开辟教室，以便先行温课。又拟招考戏剧系学生说明书。《艺专收容旧生》：美专旧生已缴学费者，"均要求先行在校温习，以免在外浪费时光。刘百昭、闻一多、程振基会商结果，遂予应允，当即腾出两教室，以便该生等温习功课。……闻一多拟有招考戏剧系说明书及概略，颇属详明，昨已提出"。（《晨报》，1925.10.8）

十月八日　与刘百昭、程振基开会商议聘定教员规程和学生入学规则。《艺专各项规程已拟定》："艺术专校，昨日报名学生约有六十余人，三日统计，共约三百余人。昨日下午二时，该校校长刘百昭，及事务长程振基、教务长闻一多，特开会议，讨论聘定教员规程，及入学规则。闻聘定教员规程内容，分教授、讲师、助教三种，聘请时应由校长斟酌科目，并审查其社会上之声望。普通科目（英文汉文），每钟三元至四元。教授每周授课十二时至十八时，月薪二百二十元。教员满三年退职，加送薪水两月；满五年中途退职，加送薪水三月。至学则内容，分为九章：一，入学；二，学历；三，必修科与选修科；四，毕业修业年限；五，考试与成绩；六，修学及退学；七，学费及其他各费；八，奖励；九，附则。以上均系草案，闻一二日内即可议定呈部，核准公布。"（《晨报》，1925.10.9）

十月九日　《大江会宣言》开始发表于《清华周刊》第二十四卷第五号，分四期载完。这是先生等人发起之大江会的重要纲领性文件，主要起草者为罗隆基、何浩若，先生亦参加了意见。

宣言定稿于六月一日，共分四章：一即本篇；二中国目前变乱之原因；三大江的国家主义；四大江的宗旨。第一章述帝国主义与国家主义之区别，第二章分析中国被列强奴役的诸种因素，第三章阐明大江会信奉的国家主义之真谛，第四章指出大江会的奋斗目标。《清华周刊》刊载时加有编者按，中云："大江会乃清华留美同学罗隆基、吴景超、闻一多诸人所组织。其目的在本国家主义，对内实行改造运动，对外反对列强侵略，并反对外国化及教会教育，颇与清华近来校风之趋势相符。兹接到吴景超君寄来该会宣言共四章,……其所言,颇足以唤醒国人,并指示青年救国运动之方向,爰亟为转载,以饷读者。"

宣言认为"近代国际史,乃帝国侵略主义与国家主义互相冲突之历史,而近三百年来,此项冲突更已达最剧烈最惨酷之程度"。"任何国家,其国家观念不发达者,必被帝国侵略主义所歼灭","任何国家,不托命于国家主义之下者,必为帝国侵略主义所淘汰"。"中国今日则以缺乏国家思想之故已陷于日暮逾穷之境"。宣言论述中国在政治、经济、外交、教育诸方面受封建主义、帝国主义的摧残,讲到文化方面时,云:"文化乃国家之精神团结力也,文化摧残则国家灭亡矣,故求文化之保存及发扬,即国家生命之保存及发扬也。"

十月十一日 前美专旧生请求转入戏剧系者甚多,先生"允俟经过教务会议再行答复"。(《美专旧生多改习戏剧》,《晨报》,1925.10.12)

十月十五日 上午十时,出席艺术专门学校考试委员会会议,决定先生与彭沛民负责西洋画系招考工作。(据《艺专昨开考试委员会》,《晨报》,1925.10.16)该系招生考试于二十三日进行,考试内容为六个"不行"的表情。十二月十一日,又续考戏剧系新生。

是月 此时或稍前,被北京民国大学校长聘为教授。(《附录本校十四年度现任教员一览表》,《北京民国大学十周年纪念册》,第10页,1925年11月出版)先生项下"教授功课"栏缺空,"京寓"栏下为"辟才胡同内梯子胡同一号"。同时被聘请到该校的还有赵太侔。时,邓以蛰(叔存)、周炳琳(枚荪)、林和民(以德)、周作仁(濯生)、龚德柏、戴修瓒(君亮)、邱椿(大年)等,均在该校任教。北京民国大学校长雷殷,原名恺泽,号惠南,广西人,由黄兴介绍加入同盟会,辛亥革命爆发后参与促进广西独立,为广西临时参议会参议员。袁世凯复辟帝制时,雷殷参与讨袁被通缉,遂改名雷殷,避难日本,入东京法政大学。一九二二年出席国会,被选为宪法起草委员,并应民国大学校长江天铎之邀,任该校教务长,后任校长。

十一月二日 国立艺术专门学校举行开学典礼。教育总长章士钊到会并致词。刘百昭、傅增湘、陈宝泉、马君武、严智开、查良钊、陈延龄等代表各方演说。会后来宾与全校师生合影。(据《艺专昨日举行开学典礼》,《晨报》,1925.11.3)

先生到艺专任职,是一生服务于教育的开始。在艺专,先生教授过美术史。安娥《哭忆闻一多师》:"那天上美术史课的时候,一位年轻的教授穿着长褂子,挟着几本书来了。他一声没有响,坐下来就讲他的书。似乎不是所想象的唯美诗人闻一多,他健康,浓眉,密发,锐亮的眼睛,高鼻子,微黑带赤的面色,讲书的时候,不管学生,声音低而沉静。"(《月刊》第2卷第2期,1946.9.20)

十一月五日　参与发起成立"关税自主促成会"。自帝国主义列强强迫中国政府与其订立协议税则后,中国关税便操于列强之手,受其盘剥极重。为修改税则,段祺瑞执政府派员与英、美、法、日、意、比、瑞典、葡、荷、丹、挪威、西班牙等国代表,于上月二十六日在北京举行关税特别会议。北京及全国民众,纷纷反对关税会议,要求取消一切不平等条约,力争关税自主,制定国税,彻底摆脱帝国主义的束缚。先生力持此主张,与北京各大学教授马君武、胡敦复、蒋梦麟、朱我农、张贻惠、曹云祥、雷殷、张歆海、查良钊、雷国能、童庄、马寅初、陈翰笙、严智开、顾淑型、周炳琳、顾孟余、高仁山、梁龙、叶企孙、汪懋祖、袁嗣庄、冯农、钱端升、陶孟和、王桐龄、袁同礼、周鲠生、林和民、向哲濬、张杰民、屠孝实、胡仁源、江庸、卫挺生、保君健、张耀翔、马洗凡、陶昌善、董成襄、林玉堂、赵迺抟、杨肇燫、杜作梁、谭熙鸿、杨肇熜、瞿国眷、萧纯锦、徐辅德、朱友渔、马名海,共五十二人,联名发起"关税自主促成会"。(据《关税自主促成会今日开会》,《晨报》,1925.11.6)是日下午三时,关税自主促成会在欧美同学会开会,讨论宣言及进行办法。

同日　主持艺专教务与事务联合会议,讨论学分、开课诸问题。时,"因校外要求投考戏剧系者纷至沓来",决定九日上午补考一次。(据《艺专经费照旧预算》,《晨报》,1925.11.6)

十一月十五日　《大江季刊》第一卷第二期出版。发表先生在美国所作的《七子之歌》、《南海之神》两首诗。均收入《闻一多诗集》。

《南海之神》副标题为《中山先生颂》,是对孙中山先生的赞歌,但大江会对孙中山的某些做法曾持有异议,所以《大江季刊》"编辑余谈"中特作说明:"孙中山先生之死是我国近来一件最不幸的事。中山先生的主张与政策有很多地方都是我们所同意的,他的事业之成败,他的手段之优劣,容或有商量之余地,但他的人格之伟大,其革命精神之可佩,则无论何人皆无异辞者也。中山先生噩耗传来,我们在海外旅居,倍觉震惊,我们以为在现今中国没有第二个人可以继续中山先生的位置,虽然人人都该立志努力完成中山先生的事业。本期季刊特登闻一多君之《南海之神》长诗一首,该诗除有其自身之价值外,盖亦足略示我们对中山先生之态度。"

这期《大江季刊》除发表有《大江会宣言》,还刊登了潘光旦的《近代种族主义史略》、胡毅的《北美排华略史》、何浩若的《只要此心不死我们终有一日》、顾毓琇的《项羽》(剧本)、瞿世英的《近来美国哲学之趋势》(通信)、梁实秋的《文学里的爱国主义》(译著,续)、吴文藻的《一个初试的国民性研究之分类目录》等。又有《大江会章程》、《大江会细则》和《大江会会员一览表》。章程规定大江会宗旨为:"本大江的国家主义,对内实行改造运动,对外反对列强侵略。"对"大江的国家主义"定义释作:"乃中华人民谋中华政治的自由发展,中华经济的自由抉择,及中华文化的自由演进。"细则第二十条规定入会誓词为:"我誓以我的名誉为誓,愿绝对实践大江的国家主义,遵守章程、细则,服从多数,为中华民国牺牲一切。此誓。"

据《大江会会员一览表》,时有会员二十九人,除先生外,还有王化成、孔繁祁、何浩若、吴文藻、沈有乾、沈宗濂、吴景超、吴泽霖、沈镇南、胡毅、胡竟铭、徐宗涑、时昭瀛、梁实秋、浦薛凤、陈钦仁、陈华寅、张继忠、黄荫普、翟桓、熊祖同、蔡公椿、潘光旦、刘聪强、薛祖康、魏毓贤、罗隆基、顾毓琇,均为清华学校一九二一级至一九二四级赴美留学生。

十一月十七日　午后,主持国立艺术专门学校第一次教务会议。"到会者有各系主任,当经议决选科学生章程。按此项章程,系遵照组织而定,与他校旁听学生章程同",即"凡本校各系如遇有空额时,可收选科生,但须试验其听讲能力。至其征收方法,则分二项:一,理论功课,每年每一小时纳费二元;二,实习功课,每年每小时纳费三元。惟此项学生不得称为本校正科学生,并不得请领津贴且无住寄宿舍之权利"。(《艺专昨开教务会议》,《晨报》,1925.11.18)

十一月十九日　余上沅写信给上海的欧阳予倩、洪深、汪仲贤,信中说到"北京艺术剧院"进行艰难:"我和太侔、一多,撞了无数的木钟,结果依然是有心的无力,有力的无心,……实现之期,也不知在哪一年了!"又说艺专所增添的音乐、戏剧两系,"限于经费,目下仍是一筹莫展。……社会的帮助难有希望,政府的帮助更难有希望,我们真要作楚囚之对泣了!"(《余上沅戏剧论文集》,第136页)

是月中旬　罗隆基作为美国华侨商学代表回国报告美民间瀑州会议详情,住在先生家。

十二月一日　诗《秦始皇帝》、《抱怨》发表于《晨报十周年纪念增刊》。收《闻一多诗集》。

十二月七日　当选为艺专评议员。(据《艺术旬刊将出版》,《晨报》,1925.12.8)

十二月十三日　晚,与罗隆基代表大江会参加发起筹备北京国家主义团体联合会。

时,留学生组织之国家主义团体逐渐增多,如留欧者有醒狮社,留美者有大江会、大神州会等,"皆各自研究,各自宣传,尚乏一联合机关。近由欧美陆续回国现在北京者,有醒狮社之李璜、大江会之罗隆基、闻一多,大神州会之邱椿、李光忠、张杰民、钟相青、余上沅等"。是晚,三团体开会"讨论联合办法,当即邀齐国魂社及少年自强社两团体,合组'北京国家主义团体联合会'",会商结果,决定"二十日下午

一时在北大第三院开成立大会"。(《国家主义团体联合会将成立》,《晨报》,1925.12.15)

李璜在《学钝室回忆录》中记述先生参加北京国家主义团体联合会的情形:"我于民十四之秋到北京后,一多时在国立艺专任教职,他是看见《醒狮周报》登出国家主义各团体联合会的发起广告,而同着余上沅找上我的门来的。他一见我,说明代表美国同学主张国家主义者所成立的大江会,特来参加联合会后,而慷慨激昂的说:'内除国贼,外抗强权的宗旨不错,但得要真正的干一番,你怎样干法?'我答:'先行团结爱国分子,大家商量着干罢。'他说:'好!'停一下,他又说:'现在北京的共产党就闹得不成话,非与他们先干一下,唱唱花脸不可! 我看老兄是个白面书生,恐不是唱花脸的罢!'我笑道:'花脸就让你来唱罢! 如何?'"(第134页,台湾传记文学出版社1978年6月1日出版)

这天开会的情况,施真在《纪念闻一多先生》一文中也有所记述:"那天晚上的会面,是同在一起开国家主义团体联合会筹备会,所有到会的分子,有教授、有学生,约四五十人之多,都是各个国家主义团体的代表,如李璜先生是代表中国国家主义青年团的,常燕生先生是代表醒狮社的,闻一多先生及邱大年、余上沅、罗隆基诸先生是代表大江社和大神州社的,靳宗岳先生是代表新国家杂志的,笔者和姜蕴刚、林德懿诸先生,则是代表国魂社和救国团的。在这一次的筹备会里,就决定在北京成立国家主义团体联合会之一切步骤和办法,于一个礼拜之后,即在北京大学第一院开正式成立大会。"[①]《青年生活》第3期,1946.8.1)

此后,先生与李璜常有往来。李璜《学钝室回忆录》云:"我同邱大年时时去访他,但是他总是在写白话诗或画西画,一见我们进去,赶快遮盖起来。后来,往还熟了,大年爱与他说笑话,见着他把画遮盖上,便大叫道:'又在画春宫呀!'一多并不常来闲谈,但我每次通知开会,他必如时到来,并喜发表他的意见,且对他所编的《大江季刊》推销甚力。我嘱青年党大学生同志们为之宣传并代销多份,他大为高兴。"(第134页)

先生热衷国家主义,有人不理解,他曾对彭基相说:我"是因在国外受了极大刺激",所以才鼓吹"中国魂"。(彭基相《巴黎通信》,《时事新报》1927.9.7)

十二月二十日　下午一时,北京国家主义团体联合会在北京大学第三院大礼堂,召开成立大会。先生与千余人到会。会场及三院门口搭有五彩牌坊,并出售关于国家主义的各种出版物。主席谢循初宣告开会,清华学校学生铜乐队奏国乐,向国旗行三鞠躬礼。谢循初、李璜、罗隆基、燕树棠等讲演。

---

①　该文所记时间为1926年2月,误。

先生这时对"大江的国家主义"寄以很大希望。施真在《纪念闻一多先生》中说:"闻先生对于这一个运动是很诚挚而热情的,因为给与笔者和当时我们一般从事国家主义运动之学生同志的印象极好极深,一致敬佩他是一个平易近人的导师,是一个热忱的国家主义者。"(《青年生活》第 3 期,1946.8.1)

附:《北京国家主义团体联合会缘起》

三百年来国际间争斗之历史,已讲明"适者生存"为确切不移之公例。美洲红人已有灭种之势,非洲黑人永陷奴隶之域,而亚洲之中华民族又将随安南缅甸而沉沦于万劫不复之境。

红人黑人曷由败亡,安南缅甸何以复灭,盖彼数民族者,惟具一同种之信念,或竟此信念亦无之。既缺国家思想,又乏团结能力,自相残杀,以招外侮,故终以速败亡覆灭之祸。反之,能御侮图存者,不惟洞察民族之生存,有至当不可移易之理由,亦且深知"国家的人格",有神圣不可侵犯之意义。本此原则,团结全民,以与帝国侵略主义相抵抗,于是有十九世纪欧洲弱国对强国之奋争,如德意志、意大利中兴之往事,其特著者也。准此,吾人遂得一公例:"任何民族,其国家观念不发达者,必为强者所歼灭。换言之,任何国家不托命于国家主义之下者,必为帝国侵略主义所淘汰。国家主义非他,即一国人民本过去共生共荣之历史,怀永久自存自救之决心,一国主权不容外人侵占,一国之经济不容外人夺取,一国之文化不容外人干犯,有侵占之、夺取之、干犯之者,必团结全国人民,出死力以抵抗。"吾辈今日之国家主义,即本此原则,对于以武力、政治、经济、文化侵略中国者,为不断的奋斗,以谋我中华领土之完全,恢复中华政治之自由发展,中华经济之自由抉择,中华文化之自由演进。八十年来彼帝国主义之侵略我国,已使我河山破碎,脂膏涸竭,乃举目国中,民气消沉如故,是非淆混如故,无舆论,无信守,私利是图,私愤是逞,甚或助卖国求荣之官僚,拥兵殃民之军阀,以为泥中之战斗,举国之人民谁复以中华前途为念者。言念及此,乃益信今日中国国家主义之提倡与实践,刻不容缓矣。我辈国家主义之志愿,在先求促进中国人民之国家观念,而知尊重国民人格,视媚外为奇耻,目卖国为极恶。我辈之志愿,尤在养成中华人民为牺牲气节,咸知国家的利害为利害,国家的荣辱为荣辱。对于拥兵夺地,卖国殃民之军阀官僚,群起而扑灭之,对于以政治、经济、文化侵略吾人之强邻,群起而抗拒之,以图建设中华民国真正全民福利的政治。故吾辈国家主义者之口号,为:"内除国贼,外抗强权;内不妥协,外不亲善;全民革命,全民政治。"虽然国内外之恶势力,方且日滋月长,欲图廓清,以为吾中华民国建设独立自由之基础,实现全民福利之政治,势非我辈绝对信仰国家主义者,同心协力一致奋斗不为功。因此我辈欧美留学界之国家主义各团体,与国内国家主义各团体,特推诚布公,互相联合,本不屈不挠之意志,为群策群力之合作,以冀成艰难之业。爱国同志,曷兴乎来!(《国家主义团体联合会成立》,《晨报》,1925.12.20)

十二月二十七日　报载北京国家主义团体联合会办公处设于先生与余上沅之住所,并拟在这里附设"国家主义研究会"及小图书馆。《国家主义团体联合会筹设图书馆》:"北京国家主义团体联合会,自本月二十日正式成立以来,积极进行,不遗余力。现内部组织已大体就绪,其办公处暂设于西城二龙坑梯子胡同一号,并附设'国家主义研究会'。又闻该会分子以醒狮社现已向巴黎先声社索取法德文之各种国家主义书籍,大江会大神州社决向美国方面搜集英美之各种国家主义书籍外,并搜集国内外之各种出版物,陈列该会办公处,以便研究国家主义者之参考,拟于最短期内,促成一国家主义之小图书馆。"(《晨报》,1925.12.27)

是年　在徐志摩寓所松树胡同七号为梁启超画像。时,刘海粟为《晨报副镌》撰稿人,在徐志摩寓所松树胡同七号居住过一段时间,在那里见到先生和梁启超、王梦白、姚茫父、胡适等。刘海粟在《忆梁启超先生》中说:一次聚会后,见先生为梁启超画像:"这种聚会,次数很多,有一次我看到当时的青年诗人闻一多在给梁先生画速写像,他的画线条很厚实,奔放中有法度,后来才知道他会刻印,所以下笔不俗。这张像画得很成功,眼睛很传神,圆阔的前额显示出智慧。"(吴其昌《梁启超传·附录》,第170页,百花文艺出版社2004年7月出版)

一九二六年　二十八岁

年初,张作霖、吴佩孚联合攻打冯玉祥。

三月十八日,三一八惨案发生。

四月,冯玉祥战败,退往西北,直系、奉系军阀再度夺取北京政权。张作霖下令逮捕《京报》创办人邵飘萍,二十六日,邵飘萍遭杀害。

六月五日,广州国民政府任命蒋介石为国民革命军总司令。

七月一日,广州国民政府发布《北伐宣言》。

十月十日,革命军攻克武昌,十一月,攻占九江、南昌。

是年,顾颉刚编辑出版《古史辨》第一册,"古史辨派"由此得名。

是年初　迁居西京畿道三十四号。这里距艺专只隔半条街,西与北闹市口相接。房东是旗人,姓惠。这是所四合院,门上刻有一幅字体很大的楷书对联"忠厚传家久,诗书继世长"。先生住在三间宽敞的北房,一间当会客室,一间为卧室,中间是堂屋。(据蹇先艾给编者的信,1988.6.23)时,把妻子和小女都接来,家庭生活差强人意。先生有首诗《瑛儿》(今佚),大约就是这时写女儿的。

搬到这里,先生精心布置装饰了一间别具特色的书房,四壁贴满了黑纸。朱湘《闻一多与〈死水〉》:"在北京住房一觅妥了,头一件事,当然,是布置。书斋与客厅,他说,要敷粘上无光的黑纸在四壁。壁楣上,他说,要用汉代的石壁浮雕之内的车马,制成一种图案,绘在金纸上,连骈的敷粘起来。探问了多少的南纸铺,合宜的纸张算是找到了。至于绘制图案,我当场看见的,他提起笔来便成功了。"(《文艺复兴》第 3 卷第 5 期,1947.7.1)蹇先艾《忆闻一多同志》亦云:"他的那间书房,凡是到过的人都记得很清楚,完全用黑纸裱糊,诗人仿武梁祠画像,细笔勾勒了一些人物、车马的图形,在高悬的电灯照耀之下,显得格外神秘、阴森;当然也别具一种艺术风格。"(《闻一多纪念文集》,第 228 页)

徐志摩在《晨报·诗镌》第一期的《诗刊弁言》中,也特别介绍了这间屋子的装饰:"一多那三间画室,布置的意味先就怪。他把墙壁涂成一体墨黑,狭狭的给镶上金边,像一个裸体的非洲女子手臂上脚踝上套着细金圈似的情调。有一间屋子朝外壁上挖出一个方形的神龛,供着的,不消说,当然是米鲁薇纳丝一类的雕像。他的那个也够尺外高,石色黄澄澄的像蒸熟的糯米,衬着一体黑的背景,别饶一种澹远的梦趣,看了叫人想起一片倦阳中的荒芜的草原,有几条牛尾几个羊头在草丛中掉动。这是他的客室。那边一间是他做工的屋子,基角上支着画架,壁上挂着几幅油色不曾干的画。屋子极小,但你在屋里觉不出你的身子大;带金圈上的黑公主有些杀伐气,但她不至于吓瘪你的灵性;裸体的女神(她屈着一支腿挽着往下沉的褒衣),免不了几分引诱性,但她决不容许你逾分的妄想。白天有太阳进来,黑壁上也沾着光;晚快黑影进来,屋子里仿佛有梅斐士滔佛利士的踪迹;夜间黑影与灯光交斗,幻出种种不成形的怪象。这是一多手造的阿房,确是一个别有气象的所在,不比我们单知道买花样纸糊墙,买花席子铺地,买洋式木器填屋子的乡蠢。有意识的安排,不论是一间屋,一身衣服,一瓶花,就有一种激发想象的暗示,就有一种特具的引力。难怪一多家里见天有那些诗人去团聚——我羡慕他!"

先生的家是一般青年诗人聚会的场所。沈从文《谈朗诵诗》中说:"在客厅里读诗供多数人听,这种试验在新月社已有过,成绩如何我不知道。较后的试验,是在晨报社举行的。……晨报社要办个诗刊,当时北京诗人有徐志摩、闻一多、朱湘、刘梦苇、孙大雨、饶孟侃、杨子惠、朱大枬诸先生。为办诗刊,大家齐集在闻先生那间小黑房子里,高高兴兴的读诗。或读他人的,或读自己的,不但很高兴,而且很认真。结果所得经验是,凡看过的诗,可以从本人诵读中多得到一点妙处,明白用字措词的轻重得失。凡不曾看过的诗,读起来字句就不大容易明白,更难望明白它的坏处。闻先生的《死水》、《卖樱桃老头儿》、《闻一多[先生]的书桌》,朱湘的《采莲曲》,刘梦苇的《轨道行》,以及徐志摩的许多诗篇,就是在那种能看能读的试验中写成的[①]。这个试验既成就了一个原则,因此当时的作品,比较起前一时所谓五四运动时代的作品,稍稍不同,修正了前期的'自由',那种毫无拘束的自由,给形式和词藻都留下一点地位。对文学革命言,似显得稍稍有点走回头路。"(《沈从文文集》第11卷,第249页,花城出版社1984年7月出版)

刘梦苇在《中国诗底昨今明》中也说:"新诗经了这几年的摸索,渐渐地到了光明的路上来了。……凡留心诗坛的人,大概都读到了徐志摩、闻一多、于赓虞、蹇先艾、朱湘诸先生底近作罢。他们彼此或者认识或者还是陌生,但他们无形中走上了很近似的路。他们之中,有的我还没有见面,但见过的如闻一多、朱湘诸先生,有一次我们在适存中学教课,大家谈到对于新诗的许多意见,不期而同的地方很多,

---

① 据梁实秋《谈闻一多》,《闻一多先生的书桌》一诗写于美国珂泉,不在此时。

闻一多先生说中国诗似乎已经上了正轨,与我有同样的感觉。"(《晨报附刊》第1409号,1925.12.12)

在这里,先生也没有忘记作画。朱湘在《闻一多与〈死水〉》中说:"当时,他又预备由屈原、杜甫、陆游的诗歌内,拣选出三个作意来,制成三幅图画。陆游的一幅是绘成了。"(《文艺复兴》第3卷第5期,1947.7.1)

一月四日　余上沅致欧阳予倩信中说到与先生等为艺专戏剧系筹购教学用具等事,云:"艺专经费支绌,半年快过去了,设备几乎是一点没有。学生呢,现在只剩下二十名,而其中又有几个没有多大的希望。长此以往,前途真不堪设想。我同一多、太侔商议过好几次:第一,我们非要学校先拿一笔款购买舞台用灯不可;第二,我们须于春季始业招考插班生(我们尤其要收女生,目下只有女生三人,不够得很)。"(《余上沅戏剧论文集》,第137页)

是月中上旬　出席艺专评议会会议。会上,校长刘百昭表示辞职。(据《艺专之校长问题》,《晨报》1926.1.17)时,政局发生变动,上年十二月三十一日,国务院改组,免章士钊教育总长职,以易培基继之(未就)。是年一月十二日,免刘百昭教育部专门教育司司长职,以陈延龄继之。由此,艺专校长亦有发生连带问题之势。

一月十六日　北京国立九校教职员大举索薪。此前政府曾阁议教育经费一百五十万元,但只发五十万元,各校欠薪严重,自去年十月以来,便多次出现索薪活动。在这时期的索薪活动中,先生也曾代表艺专赴教育部,在那里见到鲁迅一面。

晚七时半,艺专同乐会举行第一次例会,会上有器乐合奏、独唱、皮黄、灯谜等,先生表演游戏笔墨。(据《艺专之校长问题》,《晨报》1926.1.17)

一月十八日　出席艺专教职员会议,到者四十余人。刘百昭报告开会宗旨四项,议决与国立各校为欠薪事一致停课等三项。刘百昭因经费竭蹶,再次辞职,杨祖锡、萧俊贤(厔泉)等教授主张挽留。(据《艺专之教职员会议》,《晨报》1926.1.20)

一月二十日　教育部拟聘林风眠为艺专校长,次日又拟派萧俊贤或陈延龄在林风眠未到任前兼代校长。此事引起先生及艺专一些同人异议,认为陈延龄身为教育部专门司司长,有部员干涉教育之嫌。

一月二十一日　晚,出席艺专教职员会议,讨论新校长问题。会上推先生等四人赴教育部质询。(据《艺专代表质问教育当局》,《晨报》1926.1.23)

一月二十二日　下午四时,先生与萧友梅、程振基、赵太侔四人赴教育部询问艺专校长问题,由教育部次长陈任中接见。先生等问林风眠接任校长是否属实?

又认为："艺专秩序甚佳，殊无部员代为维持之必要。且教部之不能维持学校秩序，早成事实，此次若有部员到校，更足以引起纠纷。"并云："万一刘校长辞职，则同人认为继任人选，总以资望较高，对于艺术深有兴味，且与前美专风潮无关系者为宜。"（《艺专代表质问教育当局》，《晨报》1926.1.23）先生等又旋即询问教育部专门司司长陈延龄。

　　一月二十三日　致梁实秋信。收《闻一多书信选集》。信中说："回国后仅仅作了两首诗，到艺专来后，文艺整个放在脑袋后边去了。"又说："时相过从的朋友以'四子'①为最密，次之则邓以蛰、赵太侔、杨振声等。"谈到艺专校长问题，说："我近来懊丧极了。当教务长不是我的事业，现在骑虎难下真叫我为难。现在为校长问题学校不免有风潮。刘百昭的一派私人主张挽留他，我与太侔及萧友梅等主张欢迎蔡孑民先生，学校教职员已分为两派。如果蔡来可成事实，我认为他是可以合作的。此外无论何人来，我定要引退的。今于报载我要当校长，这更是笑话。'富贵于我如浮云！'我只好这样叹一声。"

　　信中又说到"大江"的事，说"国家主义的同志中有一般人也常到我家里开会"。时，先生对共产党及共产主义有极大之误解，以为唯国家主义方能救国，而把共产主义视为国家主义之主要障碍与对手，称两者"将在最近时期内有剧烈的战斗"，因此，"切望同志快回来共同奋斗"。信中云：

　　　　大江命我做的事我虽自揣能力不够，但仍是不敢辞让。我只望在美同人多帮一点忙，不要使我一人蹈于呼吁无门的境地，那便是《季刊》②的幸事。

　　　　国内赤祸猖獗，我辈国家主义者际此责任尤其重大，进行益加困难。国家主义与共产主义势将在最近时期内有剧烈的战斗。我不但希望你赶快回来，并且希望多数同志赶快回来。我辈已与醒狮诸团体携手组织了一个北京国家主义团体联合会，声势一天浩大一天。若没有大批生力军回来作实际的活动，恐怕要使民众失望。醒狮社的人如李璜乃一书生，只能鼓吹主义，恐怕国家主义的实践还待大江。此点李璜等亦颇承认，故努生在京时，彼等极为敬视。在努生未归之先，我希望浩若要快回来。我包管他回来了有极有兴味的事可做。

　　先生称李璜"乃一书生"，但梁实秋《谈闻一多》则说先生"实则对他颇为敬重，曾对我说起李璜，誉为光风霁月国士无双"。（第68页）

―――――――――

　　①　"四子"，即朱湘、饶孟侃、杨世恩、刘梦苇，他们与余上沅、陈石孚仍住在梯子胡同，距先生家极近。又，清华当时亦有"四子"之称，为朱湘(子沅)、饶孟侃(子离)、杨世恩(子惠)、孙大雨(子潜)。

　　②　指《大江季刊》。

同日　北京国家主义团体联合会开会讨论日俄出兵东三省问题,并决定发表宣言,表示反对。时,国民军与奉军战起,郭松龄倒戈,与冯玉祥联合反对张作霖。日本暗中支持张作霖,苏联则断绝中东铁路,以阻止张作霖援军南下。日本乘机散布苏联准备调动军队的消息。消息传开,北京掀起反对日俄出兵东三省浪潮,先生亦持这种主张,并积极参与活动。李璜《学钝室回忆录》:"一多来与我商量召开'反对日俄进兵东三省大会',由国家主义各团体联合发起。我认为反日则共党无所谓,反俄则必来捣乱,应事前秘密妥为筹备。但一多不耐妥慎办法,而便自行在北大第三院与艺专学生会的牌告上,去贴出'国家主义各团体联合会发起反日俄进兵东三省大会筹备会'等字样。"(第126页)

附:北京国家主义团体联合会《反对日俄出兵宣言》

欧战停了,饿虎似的列强,都掉转眼光,同时要来取偿于地大物博的我国。我国不但早便藩篱尽撤,而且卖国的军阀官僚为争私利,不惜假借外力,引狼入室。自从列强勾结上了这一般国贼,十年来我国的内乱便愈来愈不可收拾了!列强与军阀在背后愈结愈深,则军阀便与军阀愈争愈烈。最近国奉的战争,帝国主义的日俄——可怕的东邻西邻——公然亲自出马加入战争。一个明白的派兵几旅,帮助□□①的军阀,把他在危亡中救了出来,一个秘密的调兵,帮助□□②的军阀,极力阻害前者的前进。看看暗斗,成为明争,内争加上外争,转瞬间便要见东三省及其西边的地方,随着外蒙南满,显然的非中国所有了。这是具有多么重大的意义!这几年来,帝国主义的列强,虽说随时在收买军阀,煽动内争,但总是秘密着帮助些金钱与炮火罢了,不像这回日俄两国如此明张旗鼓,目无我国家,目无我国人。一月以来,东三省的警报,雪片似的飞来,不说是日兵如何的活动,便是说俄人如何的凶横。日本既以重兵干涉内争,俄人既以强力侵我路权,已经令人忍无可忍。而这两个赤裸裸的强盗国家,还□次恶言怒语警告北京政府,——前日俄使的照会竟用宣战的口调——这是口口声声言两国亲善,言平等待遇所应当具有的态度吗?爱国同胞们,我们国家的体面何存,我们的国权扫地尽了!但祸还不只此,帝国主义的日俄还在极力煽动,极力各助一方军阀,因此连日中海关的风云又紧急起来,我们人民的生命财产,又岌岌不可保了。

日俄的野心,不暂时收拾起来,这回北方以至全国的乱祸,不知道要蔓延到几时!我们如果要根本的制止这回的战祸,我们该当表示民意,使日俄有一个戒心,因此我们慎重的提议三点:

---

①②　原文如此。此处当一指奉系军阀,一指冯玉祥之国民军。

一、国民全体起来，要日使芳泽俄使加拉罕电告他的本国政府，速戢野心，不得干涉中国内乱，不得恣意威吓我们，如再不改悔，我们国民不能再忍，便要请强盗的使臣立刻出境。

二、国民全体起来，向亲日俄的军阀官僚，以至为虎作伥的中国共产党人，加以警告，如果还是只知私利，一味丧心，倒行逆施的这样长远做下去，而无悔过的意思，我们国民誓以非常手段来对付。

三、用全体国民的名义通告世界各国，将这回日俄干涉我内争，侵犯我主权的事实详细的说明，使世界各国了然日俄的野心，不要被他口头亲善、口头平等者一手掩尽了天下人耳目。

亲爱的同胞们，这回日俄举动的意义，不是比五卅英人举动的意义轻，这是侵略我者第一次明张旗鼓加入我国的内争，这个旗鼓鲜明，更将引起境内的国际战争。我们同胞将要到这样的情景之下，不愿作走狗，便是成池鱼，不愿作卖国权，也是当亡国民！

爱国同胞们，请注意日俄举动的意义，请速起警告大小诸国贼与东西两强邻。

（《国家主义团体联合会之反对日俄出兵宣言》，《晨报》，1926.1.24）

一月二十七日　艺专学生会举行投票选举校长，选出得票较多者林风眠、蔡元培、萧俊贤、彭沛民和李石曾五人，呈请教育部，请于其中一人委以校长。先生得票二十，不及总数五分之一。

这次艺专风潮，在于政局变动后，"教部去刘（百昭）之意早决，一因章士钊关系，一因现任某司长亦思重长艺专"，"学生累次宣言继任校长须与前美专风潮无关者，即专对某司长而发"，"教职员中颇有主张蔡元培继任校长者"，"谓蔡氏在名流中，为惟一提倡艺术者，以其声望，决可增高艺专之地位，并谋更大之发展"。"此说初甚得全校之赞同，然教部不能容纳"，"故急提出所谓林风眠者，惟林氏不独在国内不知名，据即由欧返国者所言，亦不知有此伟大之艺术家，故均怀疑，且多以林氏如果有艺术深造，则不妨充教授，却不必当校长"。某司长"其计又不得售，愤懑之余，遂再散布谣言，谓前日赴教部者，系假借学生名义，为挽留刘百昭而来，以挑动学生之反感。学生不察，果竟有赴教务长处质问者，并一面对教职员提出警告书，勿复过问校长事，一面商议选举校长。但选举时，多数学生并不参加，只由极少数人包办，有一人至写数十票者，结果中画系三年级学生以选举舞弊，提出抗议，于是又将票焚毁，作为无效"。（《艺专校长更迭之内幕》中引艺专学生某君来函，《晨报》，1926.1.31）

一月二十八日　北京国家主义团体联合会发出通启，发起反日俄出兵东省大

会,定次日晚七时半,在北京大学第二院宴会厅开会,讨论进行办法。(据《国人之反日俄运动》,《晨报》,1926.1.29)

一月二十九日 北京国家主义团体联合会在北大二院召开反日俄出兵东省大会筹备会议。先生代表大江社前往参加。到会者有北京国家主义团体联合会、中国国民党同志俱乐部、反共党刊物同志会、北京国家主义青年团、国魂社、铁血救国会、台湾救国同志会、救国杂志社、京津竞学会、夏声社、蜀光社、奋斗社、中国少年自强会北京支部、政治讨论会、醒狮社、工大救国同志会、民国公报社、正声日报社、大神州会、朔风社、秋枫社、信社、少年行健会、全民学会、中原通信社、中华妇女协会、群益社、北京工界维持会、起舞社、临江学会、国民党各团体联合办事处、旅京川南政学联欢社、旅京四川什邡县同乡公会、崇庆旅外联合会、广东开平旅京学会、国是协进会、甲子社、少年爱国社、四川联县青年互助学会、青年改进社等团体。晚八时,王施真主席主持开会,谓"此次国家主义团体联合会发起反对日俄进兵东省大会,惟一目的,在反对赤白帝国之侵略行为,唤起国人之自觉"。张作霖"借日本之力,自固地盘,引其进兵南满","苏俄亦狡焉思逞,乘东路运兵问题,小题大作,借护路为名,出兵北满","吾人为谋国家之生存,对于侵略我国之日本苏俄一致反对"。诸团体代表发言后,由中国国民党同志俱乐部江伟藩、北京国家主义团体联合会姜华先后提出三项方案:"一,通电全国,以宣布日俄侵略行为,而唤醒国人;二,警告日俄大使芳泽加拉罕张作霖等军阀;三,发反对日俄出兵东省宣言。"表决时有人反对。方案通过后,遂宣告散会,反对者"复麋集大吵不止","大起争端,结果受伤四人"。(据《昨日各团体之反赤白帝国主义出兵大会》,《晨报》,1926.1.30)

会中出现的混乱,先生称为"小打",给梁实秋、熊佛西信:

> 前者国家主义团体联合会发起反日俄进兵东省大会,开会时有多数赤魔阑入,大肆其捣乱之伎俩,提议案件竟一无成立者。结果国家主义者与伪共产主义者隔案相骂,如两军之对垒然。骂至夜深,遂椅凳交加,短兵相接。有女同志者①排众高呼,痛口大骂,有如项王之叱咤一声而万众皆喑。于是兵荒马乱之际,一椅飞来,运斤成风,仅斲鼻端而已。女士尝于五卅游行时,揭旗冲锋,直捣东郊民巷,故京中传为 Chinese Jeanne'd Arc 焉。

附:北京国家主义团体联合会《反日俄出兵大会之通电》

> 全国同胞公鉴:东三省自中日役之后,久成为日俄两国之角逐场,三十年

---

① 即北京大学学生谭慕愚。

来日俄两国,各施其侵略伎俩,略我国土,侵我主权,我国民愤于外侮之日迫,群起为维护主权之运动。十余年来,我国民对于收回东三省主权之事业,苦心积虑,从事运动,已为人所共见。不幸国内甘心媚外之军阀棍徒,不弟不能与国民合作,且每有丧心病狂,勾结敌人,日本则有奉系军阀为之道地,俄国则有共产党徒为之内应,使外人对我国民之努力愈加轻视,愈逞其侵略之野心。自去岁军阀混战开始之后,张作霖因其部下倒戈结果,势力完全失坠,乃不惜倒行逆施,将东三省全部权利,拱手让诸日人,与日人订立亡国亡省之密约,……复罹战尘,此实日人野心侵及军阀甘心媚外之所致,凡属爱国人民,不能不一致反对。至如向以援助弱小民族自命之苏俄,则其野心之大,较之日本亦未少逊,数年以来,对于外蒙新疆迭施侵略,其阴谋已为人所共见,而对于北满固有之权利,尤丝毫不肯放松,把持中东铁路,用以为经济侵略及宣传主义之根据地。最近见奉系势力恢复,其斥援助之军阀已归失败,乃藉口运兵小故突以重兵压我国境,同时其大使加拉罕复以国际上最无礼之言辞向我提出警告,以为恫吓,而我国媚外之党人,复丧心病狂,为苏俄百方辩护,助长其侵略之声势,麻痹我国民之神经。我国民对此无礼举动,尤不能不一致反对。同人等对此双方侵略,激于爱国热诚,义无反顾,用特联合纯洁正大之团体,共同筹议,决将日俄两国侵略我国之事实,及我国甘心卖国之军阀棍徒之罪状,宣布始末,迎先国人。深望国人一致惊觉,共起图善后之策,使日俄野心不得施于我领土之内,则国家幸甚,东省幸甚。反对日俄出兵东省大会。陷电。(《反日俄出兵大会之通电》,《晨报》,1926.2.1)

二月三日　上午十时,先生参与发起的反日俄出兵东省大会复召开筹备会议,决议通过"电告东省民众,主张国民对外"、"电告全国民众,声明东三省问题,非东省民众单独的责任,实为全国民众共同之责任"等四项案件。(据《反日俄出兵东省会昨日决议》,《晨报》,1926.2.4)

二月九日　反日俄出兵东省大会复在北大三院开会,讨论进行办法,"决议于二日内将所印之六万张口号,由宣传股实行贴于东西南北各处。又筹备市民大会,进行事宜,并预备派选代表,分别赴各省宣传日俄之侵略详细情形,俾使举行全国大示威运动"。(《反日俄运动之急进》,《晨报》,1926.2.10)

二月二十四日　与北京艺专事务长共同召集教职员谈话会,"议决为挽救学生学业计,各教职员得于不妨害与九校一致争经费之运动范围内,自动的到校指导学生,并由各班教职员各约各班学生","研究补习办法"。(《艺专补救罢课办法》,《晨报》,1926.2.26)

是月　致梁实秋、熊佛西信①。收《闻一多书信选集》。

信中云:"一入国内,俗事丛身,九月之久,仅成诗两首。"又云:"近与京中诗人颇有接洽,将或有聚餐会之组织。有人起议发行纯文艺的刊物。惟自忖其奈胆怯何!甚望实秋速返国予我一臂之助。"还说:"《大江》在京行销甚畅。拙作亦竟有人转载,按语谓远胜《红烛》时代之闻一多。"《大江宣言》发表后亦大有影响,友人亲见北大校役抄写,问之则曰'好极!好极!'。又有人粘贴壁间奉为科臬者。民国大学学生课艺中竟有全段剽袭者。凡此消息,幸望实秋遍告同志,俾得闻之额手相庆"。

三月三日　前日,艺专新校长林风眠到校就职。是日午前,先生"具函向林辞职"。(《艺专职员大更动》,《晨报》,1926.3.4)

三月六日　下午一时,出席艺专全体教职员茶话会。会上"教务长闻一多自请辞职,意甚坚决,林氏现拟由自兼"。(《艺专明日非正式开课》,《晨报》,1926.3.7)

同日　晚,先生与李璜、余上沅、邱椿等在华侨俱乐部开会,"讨论反抗苏俄及援助旅俄被虐华侨办法"。与会者还有王会卿、杨国梁、杨若金、林有壬、黄有渊、王施真、谭慕愚、何培植、林德懿、戴庆云、彭昭贤等。会议议决召开"反抗苏俄帝国主义援助旅俄被虐侨胞大会",会后发表了"通启"。(据《京各界反对苏俄虐待侨胞》,《晨报》,1926.3.8)

上月二十二日,《晨报》刊载《旅俄华侨总会会长金石声回国途中遇害》消息,云:金石声"在伊尔库次克国防局一夜即无踪,同解者或愤发成疾,或因刑成残人,华侨代表彭昭贤通电求援"。三月一日,《晨报·副刊》又登出《旅俄华侨归国代表彭昭贤先生来信》。先生愤然不平,曾与李璜等商议声援办法。李璜《学钝室回忆录》:"一天,有彭昭贤君忽来我之亮果厂寓所拜访,他大概与金石声有亲戚关系,很悲痛的为我诉说俄共虐待我侨胞事,历历如绘,并称:'苏俄为讨好日本帝国主义,凭空捏造,硬说在莫斯科的中国留学生和华侨多人,组织一个暗杀团,要谋刺日本驻俄的田中公使,逮捕五十余人,备受毒刑,惨不忍言'云云。彭更告我,他去好多家报馆向记者们陈诉,各报都未登载,真是中国人太无同胞之爱与国家观念,所以他来访我,请我主持公道。……于是第三日即在我寓所的张真如客厅中先开高级一点的座谈会,参加者有袁守和、张真如、邱大年、余上沅、常燕生、闻一多、罗隆基(努生)等多数教授以及国家主义青年团与国魂社主持人夏涛声、林德懿、李朴、谭慕愚等北大学生。座谈中,在彭报告后,守和、一多均发言至为愤慨,于是随即召开

①　此信未有日期,《闻一多书信选集》注文云"约写于3、4月间"。编者据信中其他内容考订,当写于2月间。

反俄援侨大会筹备会于北大第三院,决定公开与共产党大干一下。当时定期于三月十日二时在北大第三院大礼堂开会,并推定李璜、闻一多、常燕生、邱大年、罗隆基为主席团,李璜任主席团主席,请彭昭贤讲演俄共虐待旅俄侨胞之经过。并用白布书一横额'反俄援侨大会'悬于礼堂门前;且于九日即用国家主义团体联合会名义在《晨报》上登出开会时间地点的广告。"（第126至127页）

三月十日　北京国家主义团体联合会、北京国家主义青年团、大江会、大神州会、国魂社、中国少年自强会、醒狮社、反日俄出兵东省大会、旅俄华侨商会联合会、苏俄残害金石声案旅京华侨后援会、华侨公会、三门湾开埠促成会、救国团、民主社、铁血救国团、朔风社、北京工人救国团、工大救国同志会等团体共同发起反俄援侨大会,于是日下午二时,在北京大学第三院举行讲演大会。先生事前为主要筹备者之一,会上又为主席团成员。

施真在《纪念闻一多先生》中回忆说,"反俄援侨大会"的名称还是先生修正确定的,并于会前绘制出一些讽刺画。文云:"国家主义团体联合会一经彭、杨(若金,旅俄华侨后援会会长)诸先生来接洽之后,即发起'反抗苏俄帝国主义,援助旅俄被难同胞大会',简称为'反俄援侨大会'。这个大会的名称,是经过国家主义团体联合会之开会决定,还是由闻先生汇集各个大同小异的名称加以修正而获得全场一致之通过的。闻先生并且亲自绘出各种'反俄援侨'的讽刺画,交给我们拿去翻印,印好之后到处张贴。其最大的一幅,系画一个恶魔在阴霾四布的天候里拿着粗长的鞭子毒打裸体跪在地面上求饶的人众,以象征苏俄之毒辣侨胞之惨状。由闻先生所绘的讽刺画所发生的影响,似乎比用文字所发布的标语和传单还要广大而深刻。"(《青年生活》第3期,1946.8.1) 十日《晨报》在《今日反俄援侨大会》消息中,也提到这些宣传画,谓:"曾准备关于苏俄虐待华侨之写真画图多种,当场张贴。所绘事实,均系旅俄华侨或留俄学生所亲见,经长于写真者和盘托出,惨不忍睹。"

出席是日"反俄援侨大会"有三四百人。首由大会主席、醒狮社北京社长、北大教授李璜报告开会理由,谓此次大会"一为侨胞在俄受俄人虐待,藉以报告真象,俾国人起而为同情之援助;二为揭破苏俄侵略我国之阴谋,俾国人起而谋自卫之道"。旋由旅俄华侨代表王会卿报告华侨在苏联所处境遇,后由彭昭贤讲演苏联国内之情形及对中国之态度。此时,台下人声嘈杂,国家主义派与共产主义派发生争执,并出现了混战。《国家主义者与共产派昨日空前之大血战》报道当时情形:"当开会前国家主义团体与共产派双方,均已有用武之觉悟,国家主义团体率有同志八十余人,多为各校教授及青年学生,临时工人志愿参加人有十余人;共产派方面约有六十人,除学生外工人为多。国家主义团体开会前,雇有拳术家五人,充当前锋;共产派则持三角木棍,并有携凶器者。闻国家主义同志亦有数十人持木棍者。当主席李璜宣告散会时,呼打之声齐起,有类似工人某持小刀向李背后直冲,国家主义同志用桌椅作武器与之对抗,李因得免。旅俄回国学生彭昭贤及旅俄华侨后援会会长杨若金二人,当时亦在国家主义战线之内,后情急突出,被共产派殴伤。杨已入协和医院,伤势甚重,一说已垂危。彭昭贤则迄昨夜一时止,行踪不明。国家主义同志昨夜已用大会名义,向警厅请求寻觅,不达目的不止。共产派方面负重伤者亦有二人,中一人亦有生命之危,闻系被国家主义拳术所攻者。计双方负伤人数共约十人。共产派皆手缠红纱,有俄人二名在场指挥云。当双方血战时,警吏亦赶到,但已不及,当场并未拘捕行凶之人。"(《晨报》,1926.3.11) 混战之时,先生在主席台上,被人引入后门走出,未被伤及。

附:《反俄援侨大会宣言》

数十年来,惨遭欧美日本各列强百般侵害的国家,如像我们中国这样,一旦醒觉,正在极力抵抗的时候,忽然有一邻国向我们表示好感,口称援助,如像苏俄那样,我们中国当然是欢迎极了!所以在前年北京政府承认苏俄的时候,我们国民简直一致赞成,并且再三催迫政府。

那知事与愿违,大失所望,苏俄之亲善,只是口头亲善;苏俄不但不援助水深火热的中国,而反在我国内实行侵略我领土,在彼国内极力蹂躏我侨胞。这一年来,苏俄给我们国家及国民的苦痛,如外蒙之侵占、侨胞之被拘、以纸卢布遗害我商民、以枪械助长我内乱,我们已经受够了!我们已经忍不住了!而最近东省事件,苏俄竟明目张胆将他屡次宣称交还的中东路权完全强占了去!我们正在不胜愤恨的时候,而旅俄百般被虐的侨胞,如喻森,如桂丹华诸人,或在俄久居黑狱已成残废,或历受俄人酷刑已成疯迷,万里颠连,已匍匐行抵国门。我们目击心伤实在忍无可忍!我们对彼门言援助行尽侵略,口言人道行实强盗,口言打倒帝国主义而行实帝国主义的苏维埃联邦共和国实在不能不再加以严重的反抗了!况且我们的侨胞在俄境内尚有三百万之多,而苦苛税受拘禁,财产既被没收,出境不发护照,求生不得,欲去不能的侨胞,我们对之,安能不极尽能力加以援助!我们如果去坐视他们——如金石声之失踪,如喻森、桂丹华之受刑,我们未免太无心肝了!

因此我们各团体本良心之驱策,团结起来发起这个大会,我们这个大会的目的是:

一、宣布苏俄阴谋及虐待旅俄侨胞罪状,使国人了然彼之行为实与英日帝国一点没有差别,免得再相信苏俄那种口头亲善,口头援助!

二、团结国民起来一致反抗这种骗子,如严厉催促北京政府抗议,警告俄公使及俄政府,使彼骗子知道中国人不是可以老远欺骗的,而知所恐惧。

三、实力援助旅俄被虐侨胞,总要使他们能够脱离苦海的便早早脱离;不能的,也可以暂时安全的在俄生活着。

我们对此三项,尽力去做! 我们不怕阻碍! 我们不畏强暴! 我们要生,誓与这般旅俄被虐侨胞安全以生! 我们要死,誓与这般旅俄被虐侨胞同难而死!

我们的宣言如此!(《今日反俄援侨大会》,《晨报》,1926.3.10)

三月十一日　反俄援侨大会因与共产派矛盾,复开会讨论进行办法,议决"通电全国宣布俄人率领党徒捣乱大会之真象"、"警告加拉罕"、"赴外部催办金石声案"等具体事项多种。(《血战后之反俄援侨大会》,《晨报》,1926.3.12)

三月十六日　先生准备参加十八日在天安门前举行的"反对八国最后通牒国民大会",但由于李璜劝阻作罢。

本月十二日,日本军舰驶入大沽口,掩护奉军进攻驻守天津的冯玉祥之国民军部,为国民军击退。十四日,国民军公布大沽口事件真相,并提出此事件应由日本负责之四点理由。天津七十余团体联合通电谴责日本,北京各界民众三十余万人亦在故宫太和殿前举行"国民反日侵略直隶大会"。十五日,天津四万市民紧急集会,要求段祺瑞政府对日发出严重抗议,广东国民政府也发表《对时局宣言》。十六日,日、英、美等八国向北京政府发出最后通牒,提出撤除大沽口国防工事等无理要求,激起全国民众极大愤慨。

先生对帝国主义列强的此种侵略行径亦无比愤怒,准备参加二日后之天安门群众集会,但这时却接到李璜的劝阻通知,遂去询问。李璜《学钝室回忆录》:"惨案(即三一八惨案)发生的前二日,我得同志报告,言国民党的左派调动天津及长辛店的工人来京甚多,将发动首都革命。我忽然警觉到,反俄援侨大会刚与共产党大打一场,共产党必指目于国家主义派的领导人物。如果在大混乱中加以暗害,死了还报不出帐来。因此我立命同志学生前往通知一多、大年、燕生及彭昭贤,日内有左派发动大示威游行,我等日前开大会在主席台上的人不要前往。一多得着通知,立即到亮果厂来向我质问,说:'才打了一回架,我们并未打败,你就怕在群众运动中露面了吗! 我要去参加,以免学生们说我们怕事。'我见一多来势汹汹,其勇气可佳;我便从容的向他解释到:'一多,你知道共党已调动京外工人数百来京,要发动首都革命么? 他们有组织的革命运动,又曾来约我们去参加共同领导否? 你要去,这不是唱花脸,而是为共产党跑龙套,如果在乱军之中受了伤,送了命,报不出帐,我对朋友,是应有道义的责任的啊!'一多想了一下,立即释然,说道:'遵命遵命! 但我们也应该发动一次大示威,以张国家主义派的声势。'"(第134至135页)

三月十七日 晚,先生代表大江会,与国魂社、国家主义青年团、大神州社、少年自强会、朔风社等三十余团体,召开紧急会议,讨论反对八国通牒事项,并决定次日上午九时在北大第三院操场集合国家主义派人员,向政府示威,以监视政府不得承认八国通牒。(据《昨日各团体集会反对八国最后通牒》,《晨报》,1926.3.18)

三月十八日 "三一八"惨案发生。是日,北京国家主义团体联合会、中国国民党北京市党部、孙文主义学会等五十余团体二百余人赴外交部、国务院陈述意见。当他们离开国务院不及两小时,在天安门前参加完国民大会的民众亦来到国务院门前。这时军警开枪镇压,刘和珍、李家珍、杨德群、郭杰红、江禹烈等惨遭杀害。艺专学生姚宗贤亦身亡,谭祖尧等受伤。先生愤恨不已,后写下《唁词——纪念三月十八日的惨剧》(诗)和《文艺与爱国——纪念三月十八》。

三月二十一日 为抗议"三一八"惨案,北京各团体暂时捐除成见,举行联席会议。发起者有国家主义团体联合会、中国国民党北京市特别党部、北京学生总会、北京国民反辛丑条约国侵略大会等不同派别的团体。

次日下午三时,上述团体与国民党两北京市党部①、爱国运动大同盟、雪耻大会、北京孙文主义学会、旅法华侨总工会、民治主义同志会、外交学会等,共二百余团体及六十余校代表三百余人,在北大第三院第一教室召开联席会议。会上大家对"三一八"惨案的发生一致表示愤怒,但在成立组织讨论执行委员人数及分股问题时,又发生了争执与分裂。旋,国家主义团体联合会与孙文主义学会、国民党右派的南花园市党部另行开会。

三月二十二日 熊佛西用三年功夫写成的剧本《长城之神》,从美国(纽约)寄回,发表在《晨报·副刊》第一三六七号上。短序云:"太侔、上沅、一多:你们亲切的鼓励与剧艺的努力,成就了这篇《长城之神》。现在我恭敬的将她献给你们。"

先生对这剧本的写作多次表示过关心和鼓励,是年一月二十三日给梁实秋信中曾说:"熊佛西之《长城之神》脱稿后愿得先睹为快。"四月十五日又在给梁实秋、熊佛西信中说:"佛西之作自有进步,但太注意于舞台机巧,行文尚欠沉著intensity。吾虽不敢苟同于实秋,以戏剧为文学之附庸,然不以文学之手段与精神写戏剧,未见其能感人深心也。佛西如不罪我卤直,则请为进一言曰:'佛西之病在轻浮,轻浮故有情操而无真情 sentiment 与 emotion 之分也。'情操而流为感伤或假情,sentimentality 则不可救药矣。佛西乎,岌岌乎殆哉!至于剧本中修词用典之谬误尚其次者,然亦轻浮之结果也。"这是先生对朋友作品的坦率批评。

---

① 当时国民党左派和右派均在北京设立了党部,一在翠花胡同,一在南花园。

三月二十五日　诗《唁词——纪念三月十八日的惨剧》发表于《国魂周刊》第十期。收《闻一多诗集》。诗中赞扬"三一八"勇士的无畏精神。

三月二十七日　诗《天安门》发表于《晨报·副刊》第一三七〇号。

这首诗借用一位洋车夫的口吻,控诉"三一八"惨案,写法与过去有很大不同,用了不少方言土语,在当时的诗创作中还属少见。饶孟侃在《新诗话:(一)土白入诗》中极力赞扬,认为:该诗"是土白诗又更进一层做到了音节完善的境界","除了倒数第二句稍为弱一点,通体上差不多是一气呵成的,而且用北京土白来写北京洋车夫的口吻,尤其是恰当这首诗的身份。这首诗的音节,在节拍上虽没有绝对的方式可寻,但是大致可以说是由四个拍子(或音尺)组合成的;在韵脚上也很仔细,凡是一句的末了要是用'的''了''儿'等等虚字押韵的,它上面的一个字也必定同时协着韵。……这种韵在外国诗里也有名,叫 Feminine Rhyme 复韵。"(《晨报·诗镌》第八号,1926.5.20)

同日　徐志摩第一次到先生家。他在《诗刊弁言》中说:"我在早三两天前才知道闻一多的家是一群新诗人的乐窝,他们常常会面,彼此互相批评作品,讨论学理。上星期六我也去了。"①徐志摩这次来,是为了商量《晨报》出版诗刊的事。起初,先生与几位诗友都有创办一个纯文艺刊物的想法,大家推先生与蹇先艾去同徐志摩商量,打算借用他主编的《晨报·副刊》一角。徐志摩十分爽快地答应了。

此事经过,蹇先艾在《〈晨报诗刊〉的始终》中谈到:"有一次在他②的屋里,又遇到了闻一多、朱湘和饶孟侃。这几位诗人常常来梦苇的小屋聚会,互相传阅和朗诵他们的新作,间或也讨论一些新诗上的问题,他们正在探寻新诗的形式与格律的道路。……有一天晚上,我去看他,常去的那几位诗人也在座,正在翻阅梦苇手抄的他近两年的作品《孤鸿集》,还有两位新客人——于赓虞和朱大枬。梦苇虽然有病,谈诗的情绪仍然很高,他用沙哑的声音对我们说:'一九二二年,朱自清、刘延陵、叶绍钧几位办过一个《诗刊》,可惜到第二年就夭折了!真可惜。我们这几个朋友凑拢来办一个《诗刊》好不好?'大家不约而同地点头赞成。只是有两个问题难于解决:一个是印刷费无着;一个是北洋军阀段祺瑞当权,办刊物要'呈报'备案。段祺瑞一向视新文学运动为'洪水猛兽',报上去,肯定会石沉大海。因此,大家又皱起眉头来。记不清楚是哪一位提出的:'我看,不如借哪家报纸副刊的篇幅出一个周刊,这个比较简单,只要副刊的编辑同意就行了。'当时,徐志摩和孙伏园分别主编

①　徐志摩《诗刊弁言》写于3月30日,据推算,"上星期六"当是27日。
②　指刘梦苇。

北京《晨报》和《京报》的副刊;但是《京报》出的周刊相当多,看来是插不进去了。商量的结果决定找徐志摩想办法,徐也是诗人,周刊就由他来编,我们大家供给诗稿。当场公推闻一多和我去同徐志摩联系。一多与徐一向很熟;我的叔父和徐的父亲是朋友,徐到北京《晨报》社以前,住在石虎胡同松坡图书馆,我就认识了他;我又是一个经常向《晨报副刊》投稿的人。我们去联系,徐志摩没有作任何考虑,很爽快地答应了。"(《新文学史料》1979 年第 3 辑)

四月一日 《晨报·诗镌》创刊。这是先生与朋友们共同办起的一个专门研究新诗的周刊,由于经济等条件限制,便借用了《晨报》的副刊。副刊主编徐志摩也参加了主要编辑工作。《诗镌》是我国现代文学史上第二个专门发表诗与诗评的专刊。

《诗镌》"刊头图案即是一多的手笔",(梁实秋《谈闻一多》,第 68 页) 画的是一匹双翼飞马,前蹄跃起,后蹄蹬在初升的圆月上。

《诗镌》的主要撰稿人除先生外,有徐志摩、朱湘、饶孟侃、杨世恩、杨振声、刘梦苇、蹇先艾、于赓虞、孙大雨等。编辑则是大家轮流负责。

《诗镌》的创刊,表明先生等人要发起一场改良新诗的运动。徐志摩在创刊词《诗镌弁言》中说:"我们几个人都共同着一点信心⋯⋯我们信我们这民族这时期的精神解放或精神革命没有一部象样的诗式的表观现是不完全的,我们信我们自身灵里以及周遭空气里多的是要求投胎的思想的灵魂,我们的责任是替他们构造适当的躯壳,这就是诗文与各种美术的新格式与新音节的发观见,我们信完美的形体是完美的精神唯一的表现。"

先生在《诗镌》创刊号上发表了《文艺与爱国——纪念三月十八》。收《闻一多全集》。他认为爱国运动与新文学运动之间有着密切的关系:

> 爱国运动能够和文学复兴互为因果⋯⋯我们的爱国运动和新文学运动何尝不是同时发轫的? 他们原来是一种精神的两种表现。在表现上,两种运动一向是分道扬镳的。我们也可以说正因为他们没有携手,所以爱国运动的收效既不大,新文学运动的成绩也就有限了。⋯⋯这两种运动合起来便能互收效益,分开来定要两败俱伤。所以《诗刊》的诞生刚刚在铁狮子胡同大流血之后,本是碰巧的,我却希望大家要当他不是碰巧的。我希望爱自由、爱正义、爱理想的热血要流在天安门,流在铁狮子胡同,但是也要流在笔尖,流在纸上。

文中还特别提倡为爱国而死的献身精神:

> 同情心发达到极点,刺激来得强,反动也来得强,也许有时仅仅一点文字上的表现还不够,那便非现身说法不可了。所以陆游一个七十衰翁要"泪洒龙

床请北征"，拜伦要战死在疆场上了。所以拜伦最完美、最伟大的一首诗，也便是这一死。所以我们觉得诸志士们三月十八日的死难不仅是爱国，而且是伟大的诗。我们若得着死难者的热情的一部分，便可以在文艺上大成功；若得着死难者的热情的全部，便可以追他们的踪迹，杀身成仁了。

　　因此我们就将《诗刊》开幕的一日最虔诚的献给这次死难的志士们了！

　　《晨报·诗镌》创刊号上，先生还发表了诗《欺负着了》。收《闻一多诗集》。诗中用北京土话，通过一位在"三一八"惨案中失去两个儿子的母亲之口，控诉了惨案的社会元凶。

　　创刊号为"三一八"专号，还刊有徐志摩的《诗刊弁言》、《梅雪争春》，饶孟侃的《天安门》，杨世恩的《回来啦》，蹇先艾的《回去》，于赓虞的《不要闪开你明媚的双眼》，刘梦苇的《寄语死者》、《写给玛丽亚》，朱湘的《新诗评：〈尝试集〉》。

　　四月八日　　《〈诗与历史〉附识》、诗《比较》发表于《晨报·诗镌》第二号。

　　《〈诗与历史〉附识》收《闻一多全集》时改作《邓以蛰〈诗与历史〉题记》。《诗与历史》是邓以蛰在病中花了三个通夜写成的一篇新诗评论，先生称它"刊心刻骨"、"诘屈聱牙"。邓以蛰本不想发表，但先生"几次恳求的结果"，"文章终于发表在《诗刊》上了"。先生称"既替《诗刊》拉了这篇稿子，就有替《诗刊》的读者介绍这篇稿子的义务"。《附识》说：

　　　　作者这篇文有两层主要的意思：（一）怀疑学术界以科学方法整理国故、研究历史的时论。（二）诊断文艺界的卖弄风骚、专尚情操、言之无物的险症。他的结论是历史与诗应该携手；历史身上要注射些感情的血液进去，否则历史家便是发墓的偷儿，历史便是出土的僵尸；至于诗这东西，不当专门以油头粉面、娇声媚态去逢迎人，她也应该有点骨格，这骨格便是人类生活的经验，便是作者所谓"境遇"。

　　诗《比较》收《闻一多诗集》。诗中将两种不同的家庭生活进行了比较，表现出先生对自己想象中理想家庭生活的向往。

　　四月九日　　应徐志摩、杨振声、赵太侔、邓叔存邀宴，先生与林风眠夫妇、陈源、俞平伯、余上沅、张歆海、陶孟和、冯友兰、凌叔华、张奚若、丁巽甫、陆小曼、王代之等，日本学者小畑薰良亦参加。（《顾颉刚日记》第 1 卷，第 734 页，台北联经出版事业公司 2007 年 5 月出版）

　　四月十五日　　诗《死水》、《黄昏》发表于《晨报·诗镌》第三号。均收诗集《死水》。

　　《死水》为先生代表作，下面是初次发表者：

这是一沟绝望的死水，
清风吹不起半点漪沦！
不如多扔些破铜烂铁，
爽性泼你的剩菜残羹。

也许铜的要绿成翡翠，
铁罐上锈出几瓣桃花；
再让油腻织一层罗绮，
霉菌给他蒸出些云霞：

让死水酵成一沟绿酒，
漂满了珍珠似的白沫；
小珠笑一声变成大珠，
又被偷酒的花蚊咬破。

那么一沟绝望的死水，
也就夸得上几分鲜明。
如果青蛙耐不住寂寞，
又算死水叫出了歌声。

这是一沟绝望的死水，
这里断不是美的所在，
不如让给丑恶来开垦，
看他造出个什么世界。

《死水》一诗排在本期首位。它的格式极为整齐，每行均为九字，每段韵脚不同，诗句用两个字或三个字构成音尺，收尾处均为双音词，读起来十分和谐，被诗坛公认为先生所提倡的格律诗的代表作。赛先艾《〈晨报诗刊〉的始终》中说：先生"亲自向我们朗诵过《死水》,的确悦耳动听,富有音乐气息。对外界有无影响,我不知道,不过《晨报诗刊》同人却偏爱这首诗"。(《新文学史料》1979 年第 3 辑)

《死水》除了格律诗的艺术风格外，更体现了先生心中的"火"。他后来在给臧克家信中说："我只觉得自己是座没有爆发的火山,火烧得我痛,却始终没有能力(就是技巧)炸开那禁锢我的地壳,放射出光和热来。只有少数跟我很久的朋友(如梦家)才知道我有火,并且就在《死水》里感觉出我的火来。"(《致臧克家》,1943.11.25,《闻一多书信选集》,第316页)

《死水》在文坛引起一定反响,苏雪林在《论闻一多的诗》中评论《死水》时说:"这首诗假如真咏死水,还有什么意义,顶好我们借徐志摩在上海暨南大学演讲稿一段话来解释。徐氏于痛论中国现代病症之后,又说了个譬喻道:'这情形就比是本来是一个海湾和大海是相通的,但后来因为沙地的涨起,这一湾水渐渐的隔离它所从来的海,而变成了湖。这湖原先也承受得着几股山水的来源,但后来又经过陵谷的变迁,这部分的来源也断绝了,结果这湖又干成一只小潭,乃至一小潭的止水,长满了青苔与萍梗,钝迟迟的眼看得见就可以完全干涸了去的一个东西。这是我们受教育的士民阶级的相仿情形。现在所谓知识阶级亦无非是这潭死水里比较泥草松动些风来还多少吹得绉的一洼臭水,别瞧它矜矜自喜,可怜它能有多少前程? 还能有多少生命?'又说:'水因为不流所以滋生了水草,这水草的涨性又帮助浸干这有限的水。同样的,我们的活力因为断绝了来源,所以发生了种种本原性的病症,这些病又回过来侵蚀本原,帮助消尽这点仅存的活力。'但徐氏将死水比作中国的知识阶级,闻氏则以死水象征现代腐败颓废的全中国。"(《现代》第4卷第3期,1934.1.1)

《死水》的写作时间,一说在国外,一说是回国以后。不过先生当时所居的西京畿道原名沟头,有长沟,沟内常积有死水。张嘉铸看了《死水》,建议把末段删掉,但先生不肯,认为这么一来这诗就真的成唯美的了。(据访问闻家驷记录,1986.10.7)

同日　致梁实秋、熊佛西信。收《闻一多书信选集》。谈到《晨报·诗镌》,云:

> 《诗刊》谅已见到。北京之为诗者多矣! 而余独有取此数子者,皆以其注意形式,渐纳诗于艺术之轨。余之所谓形式者,form 也,而形式之最要部分为音节。《诗刊》同人之音节已渐上轨道,实独异于凡子,此不可讳言者也。余预料《诗刊》之刊行已为新诗辟一第二纪元,其重要当与《新青年》、《新潮》并视,实秋得毋谓我夸乎?

四月二十二日　《晨报·诗镌》第四号出刊。首篇饶孟侃的《新诗与音节》,为《诗镌》首次登载的关于新诗理论的文章。文中特别介绍了先生的创作特点,尤其强调说《大鼓师》、《渔阳曲》、《死水》中都有拍子。

同期有《朱湘启事》,说他有一本《新诗评》,收有《闻君一多所作诗的攻错》。时,朱湘与先生发生矛盾,原因据说是《诗镌》第三号将朱湘最为得意的《采莲曲》排在第三篇,位于饶孟侃《捣衣曲》之后,引起朱湘不满。又有人说是由于两人对徐志摩看法不一而引起的。

四月二十七日　致梁实秋信。未入集,仅见于梁实秋的《谈闻一多》。信中谈

及与朱湘关系的恶化,云:

> 朱湘目下和我们大翻脸,说瞧志摩那张尖嘴,就不像是作诗的人,说闻一多妒嫉他,作了七千言的大文章痛击我,声言偏要打倒饶、杨等人的上帝。这位先生的确有神经病,我们都视为同疯狗一般,就算他是 Spenser(因为 Shakespeare 是他不屑于做的,他所服膺的是斯宾塞),社会上也不应容留他。他的诗,在他未和我宣战的时候,我就讲了,在本质上是 sweet sentimentality,在技术上是 dull acrobatics,充其量也不过做到 Tennyson,甚至 Longfellow 一流的 kitchen poet,因为这类的作品只有 housewives 才能鉴赏。这个人只有猖狂的兽性,没有热烈的感情。至于他的为人,一言难尽!

徐霞村在《我所认识的朱湘》一文中也提到朱湘与《诗镌》脱离关系的原因:"《诗镌》刚出几期,朱湘便退出编委,告诉我他已经写了一封信给徐志摩,声明自己与《诗镌》脱离关系。我一问原由,才知道是因为朱湘不满于徐志摩的不严肃的编辑态度,不容忍于徐志摩利用编选权力,搞文人间的互相标榜吹捧的油滑的市侩作风。"(《新文学史料》1986 年第 1 期)

四月二十九日　诗《春光》发表于《晨报·诗镌》第五号。收《死水》。先生很偏爱这首短诗,四十年代选编《现代诗钞》时,选入自己九首诗,《春光》即为其一。

五月六日　诗《鸟语——送友人南归》发表于《晨报·诗镌》第六号。收《闻一多诗集》。

同期还刊登了鹤西(程侃声)的处女作《城上》,先生很欣赏。赛先艾《秋日怀鹤西》:"诗的内容是他登上了永定门西的城楼,俯视北京的原野,从而遥想起故乡的景物,一别三年,不胜感慨,最后写到了他对母亲的想念。……这首诗的表现手法清新、自然,可以朗诵,闻一多和徐志摩都很欣赏。"(《新文学史料》1985 年第 2 期)

五月十日　朱湘在《小说月报》第十七卷第五号上发表《评闻君一多的诗》,似即上月二十二日《晨报·诗镌》中《朱湘启事》所提到的《闻君一多所作诗的攻错》。文中就他所看到的先生《屠龙集》、《红烛》删节修改本以及后来做的一些诗,进行了批评。说:"闻君是被视为老大哥的。然而老大哥是老大哥,诗是诗,完全不能彼此发生影响。而且在这种情形之下,我们更得要小心,因为一不在意,便易流入标榜的毛病。所以我在没有批评闻君的诗以前,先为自己立下一个标准,就是:宁可失之酷,不可失之过誉。"朱湘批评先生的"第一种短处是用韵不讲究",即"不对"、"不妥"、"不顺","不对便是说韵用错了,不妥便是说韵用得寒伧,不顺便是说韵用得牵强"。又说"作者用字的时候也有四个毛病",即"太文"、"太累"、"太晦"、"太怪","这是他的第二种短处"。同时,朱湘亦承认先生的诗也有长处,但说:"他自有一条独创的路走着,虽然他的路是一条小径而且并不长。”

该文中提到的某些诗及诗句,后来未见发表,先生遗稿中亦未有保存,如《谢罪以后》存“只切莫让刀子在石头上磨。……有个代价么?”之句。《瑛儿》中存“趁婴儿还离不开襁褓,——趁乳燕儿的翅膀未强”。《闺中》中存“墙头还洒着淅沥的余滴,夕阳浸在泥洼中的积潦里”和“瘖哑的自鸣钟负墙而立”。其中《伯夷》存句较多,除有一句为“像极了妈妈临终的那一夜,父亲说我们弟兄里你最像妈妈”,还有一大段:

兄弟啊,你该记得那林子里厢,
除了叶缝里闪着星星的绿光,
别的东西几乎都辨不大分明,
只是一股烂树腐肉的霉气熏人,
还同鼾兽吟虫织成的一片虚响;
我们却认得一条花蛇缠在树上,
缠得像颗彩结,缠在那里睡觉,
剥了皮的死柏树十丈来高,
槎枒上挂着一面团团的蛛网,
蟭螟,蚊蚋,蛱蝶,蜻蜓黏死在上,
一只蜘蛛王守在中央,螃蟹般大。

五月十三日　《诗的格律》发表于《晨报·诗镌》第七号。收《闻一多全集》。

这是先生酝酿已久的新诗理论的探讨文章,反映了先生对新诗创作应遵循一定格律的思想。这种理论对当时以及后来的诗创作产生过影响。文章说:

假定“游戏本能说”能够充分的解释艺术的起源,我们尽可以拿下棋来比作诗;棋不能废除规矩,诗也就不能废除格律。(格律在这里是 form 的意思。“格律”两个字最近含着了一点坏的意思,但是直译 form 为形体或格式也不妥当。并且我们若是想起 form 和节奏是一种东西,便觉得 form 译作格律是没有什么不妥的了)假如你拿起棋子来乱摆布一气,完全不依据下棋的规矩进行,看你能不能得到什么趣味?游戏的趣味是要在一种规定的格律之内出奇致胜。做诗的趣味也是一样的。假如诗可以不要格律,做诗岂不比下棋、打球、打麻将还容易些吗?难怪这年头儿的新诗“比雨后的春笋还多些”。我知道这些话准有人不愿意听。但是 Bliss Perry 教授的话来得更古板。他说“差不多没有诗人承认他们真正给格律缚束住了。他们乐意戴着脚镣跳舞,并且要戴别个诗人的脚镣”。

这一段话传出来,我又断定许多人会跳起来,喊着"就算它是诗,我不做了行不行?"老实说,我个人的意思以为这种人就不作诗也可以,反正他不打算来戴脚镣,他的诗也就做不到怎样高明的地方去。杜工部有一句经验语很值得我们揣摩的,"老去渐于诗律细"。

诗国里的革命家喊道"皈返自然"!他们以为有了这四个字,便师出有名了①。其实他们要知道自然界的格律,虽然有些像蛛丝马迹,但是依然可以找得出来。不过自然界的格律不圆满的时候多,所以必须艺术来补充它。这样讲来,绝对的写实主义便是艺术的破产。"自然的终点便是艺术的起点",王尔德说得很对。自然并不尽是美的。自然中有美的时候,是自然类似艺术的时候。最好拿造型艺术来证明这一点。我们常常称赞美的山水,讲它可以入画。的确中国人认为美的山水,是以像不像中国的山水画做标准的。欧洲文艺复兴以前所认为女性的美,从当时的绘画里可以证明,同现代女性美的观念完全不合;但是现代的观念又②同希腊的雕像所表现的女性美相符了。这是因为希腊雕像的出土,促成了文艺复兴,文艺复兴以来,艺术家描写美人,都拿希腊的雕像做蓝本,因此便改造了欧洲人的女性美的观念。我在赵瓯北的一首诗里发现了同类的见解。

"绝似盆池聚碧屏,嵌空石笋满江湾。

化工也爱翻新样,反把真山学假山。"

这径直是讲自然在模仿艺术了。自然界当然不是绝对没有美的。自然界里面也可以发现出美来,不过那是偶然的事。偶然在言语里发现一点类似诗的节奏,便说言语就是诗,便要打破诗的音节,要它变得和言语一样——这真是诗的自杀政策了。(注意,我并不反对用土白作诗,我并且相信土白是我们新诗的领域里一块非常肥沃的土壤,理由等将来再仔细的讨论。我们现在要注意的只是土白可以"做"诗;这"做"字便说明了土白须要一番锻炼选择的工作,然后才能成诗)诗的所以能激发情感,完全在它的节奏;节奏便是格律。莎士比亚的诗剧里往往遇见情绪紧张到万分的时候,便用韵语来描写。歌德作《浮士德》也曾采用同类的手段,在他致席勒的信里并且提到了这一层。韩昌黎"得窄韵则不复傍出,而因难见巧,愈险愈奇……",这样看来,恐怕越有魄力的作家,越是要戴着脚镣跳舞才跳得痛快,跳得好。只有不会跳舞的才怪脚镣碍

---

① 此句《闻一多全集》未录,兹据《晨报·诗镌》原文补。

② "又"字在《闻一多全集》中作"不",似误,今改。

事。只有不会做诗的才感觉得格律的缚束。对于不会作诗的,格律是表现的障碍物;对于一个作家,格律便成了表现的利器。

又有一种打着浪漫主义的旗帜来向格律下攻击令的人。对于这种人,我只要告诉他们一件事实。如果他们要像现在这样的讲什么浪漫主义,就等于承认他们没有创造文艺的诚意。因为,照他们的成绩看来,他们压根儿就没有注意到文艺的本身,他们的目的只在披露他们自己的原形。顾影自怜的青年们一个个都以为自身的人格是再美没有的,只要把这个赤裸裸的和盘托出,便是艺术的大成功了。你没有听见他们天天唱道"自我的表现"吗?他们确乎只认识了文艺的原料,没有认识那将原料变成文艺所必需的工具。他们用了文字作表现的工具,不过是偶然的事,他们最称心的工作是把所谓"自我"披露出来,是让世界知道"我"也是一个多才多艺,善病工愁的少年;并且在文艺的镜子里照见自己那倜傥的风姿,还带着几滴多情的眼泪,啊! 啊! 那是多么有趣的事! 多么浪漫! 不错,他们所谓浪漫主义,正浪漫在这点上,和文艺的派别绝不发生关系。这种人的目的既不在文艺,当然要他们遵从诗的格律来做诗,是绝对办不到的;因为有了格律的范围,他们的诗就根本写不出来了,那岂不失了他们那"风流自赏"的本旨吗? 所以严格一点讲起来,这一种伪浪漫派的作品,当它作把戏看可以,当它作西洋镜看也可以,但是万不能当它作诗看。格律不格律,因此就谈不上了。让他们来反对格律,也就没有辩驳的价值了。

上面已经讲了格律就是 form。试问取消了 form,还有没有艺术? 上面又讲到格律就是节奏。讲到这一层更可以明了格律的重要;因为世上只有节奏比较简单的散文,决不能有没有节奏的诗。本来诗一向就没有脱离过格律或节奏。这是没有人怀疑过的天经地义。如今却什么天经地义也得有证明,能成立? 是不是? 但是为什么闹到这种地步呢——人人都相信诗可以废除格律? 也许是"安拉基"精神,也许是好时髦的心理,也许是偷懒的心理,也许是藏拙的心理,也许是……那我可不知道了。

接着,先生提出新诗应具有音乐的美、绘画的美、建筑的美:

前面已经稍稍讲了诗为什么不当废除格律。现在可以将格律的原质分析一下了。从表面上看来,格律可以从两方面讲:(一)属于视觉方面的,(二)属于听觉方面的。这两类其实又当分开来讲,因为它们是息息相关的。譬如属于视觉方面的格律有节的匀称,有句的均齐。属于听觉方面的有格式,有音尺,有平仄,有韵脚;但是没有格式,也就没有节的匀称,没有音尺,也就没有句的均齐。

关于格式、音尺、平仄、韵脚等问题,本刊上已经有饶孟侃先生论新诗的音节的两篇文章讨论得很精细了。不过他所讨论的是从听觉方面着眼的。至于视觉方面的两个问题，他却没有提到。当然视觉方面的问题比较占次要的位置。但是在我们中国的文学里，尤其不当忽略视觉一层，因为我们的文字是象形的，我们中国人鉴赏文艺的时候，至少有一半的印象是要靠眼睛来传达的。原来文学本是占时间又占空间的一种艺术。既然占了空间，却又不能在视觉上引起一种具体的印象——这本是欧洲文字的一个缺憾。我们的文字有了引起这种印象的可能，如果我们不去利用它，真是可惜了。所以新诗采用了西文诗分行写的办法，的确是很有关系的一件事。姑无论开端的人是有意的还是无心的，我们都应该感谢他。因为这一来，我们才觉悟了诗的实力不独包括音乐的美（音节），绘画的美（词藻），并且还有建筑的美（节的匀称和句的均齐）。这一来，诗的实力上又添了一支生力军，诗的声势更加浩大了。所以如果有人要问新诗的特点是什么，我们应该回答他：增加了一种建筑美的可能性是新诗的特点之一。

近来似乎有不少的人对于节的匀称和句的均齐表示怀疑，以为这是复古的象征。做古人的真倒霉，尤其做中华民国的古人！你想这事怪不怪？做孔子的如今不但"圣人"、"夫子"的徽号闹掉了，连他自己的名号也都给褫夺了，如今只有人叫他作"老二"；但是耶稣依然是耶稣基督，苏格拉提依然是苏格拉提。你做诗摹仿十四行体是可以的，但是你得十二分的小心，不要把它做得像律诗了。我真不知道律诗为什么这样可恶，这样卑贱！何况用语体文写诗写到同律诗一样，是不是可能的？并且现在把节做到匀称了，句做到均齐了，这就算是律诗吗？

诚然，律诗也是具有建筑美的一种格式；但是同新诗里的建筑美的可能性比起来，可差得多了。律诗永远只有一个格式，但是新诗的格式是层出不穷的。这是律诗与新诗不同的第一点。做律诗，无论你的题材是什么？意境是什么？你非得把它挤进这一种规定的格式里去不可，仿佛不拘是男人、女人、大人、小孩，非得穿一种样式的衣服不可。但是新诗的格式是相体裁衣。例如《采莲曲》的格式决不能用来写《昭君出塞》，《铁道行》的格式决不能用来写《最后的坚决》，《三月十八日》的格式决不能用来写《寻找》。在这几首诗里面，谁能指出一首内容与格式，或精神与形体不调和的诗来，我倒愿意听听他的理由。试问这种精神与形体调和的美，在那印板式的律诗里找得出来吗？在那乱杂无章、参差不齐、信手拈来的自由诗里找得出来吗？

律诗的格律与内容不发生关系，新诗的格式是根据内容的精神制造成的，这是它们不同的第二点。律诗的格式是别人替我们定的,新诗的格式可以由我们自己的意匠来随时构造。这是它们不同的第三点。有了这三个不同之点,我们应该知道新诗的这种格式是复古还是创新,是进化还是退化。

现在有一种格式:四行成一节,每句的字数都是一样多。这种格式似乎用得很普遍。尤其是那字数整齐的句子,看起来好像刀子切的一般,在看惯了参差不齐的自由诗的人,特别觉得有点稀奇。他们觉得把句子切得那样整齐,该是多么麻烦的工作。他们又想到做诗要是那样的麻烦,诗人的灵感不完全毁坏了吗?灵感毁了,还那里去找诗呢?不错,灵感毁了,诗也毁了。但是字句锻炼的整齐,实在不是一件难事;灵感决不致因为这个就会受了损失。我曾经问过现在常用整齐的句法的几个作者,他们都这样讲;他们都承认若是他们的那一首诗没有做好,只应该归罪于他们还没有把这种格式用熟;这种格式的本身不负丝毫的责任。我们最好举两个例来对照着看一看,一个例是句法不整齐的,一个是整齐的,看整齐与凌乱的句法和音节的美丑有关系没有——

> "我愿透着寂静的朦胧,薄淡的浮纱,
> 细听着淅淅的细雨寂寂的在簷上,激打
> 遥对着远远吹来的空虚中的嘘叹的声音,
> 意识着一片一片的坠下的轻轻的白色的落花。"

> "说到这儿,门外忽然风响,
> 老人的脸上也改了模样;
> 孩子们惊望着他的脸色,
> 他也惊望着炭火的红光。"

到底那一个音节好些——是句法整齐的,还是不整齐?更彻底的讲来,句法整齐不但于音节没有妨碍,而且可以促成音节的调和。这话讲出来,又有人不肯承认了。我们就拿前面的证例分析一遍,看整齐的句法同调和的音节是不是一件事。

孩子们|惊望着|他的|脸色
他也|惊望着|炭火的|红光

这里每行都可以分成四个音尺,每行有两个"三字尺"(三个字构成的音尺之简称,以后仿此)和两个"二字尺",音尺排列的次序是不规则的,但是每行必须还他两个"三字尺"两个"二字尺"的总数。这样写来,音节一定铿锵,同时字数也就整齐了。所以整齐的字句是调和的音节必然产生出来的现象。绝对的调和音节,字句必定整齐。(但是反过来讲,字数整齐了,音节不一定就会调和,那是因为只有字数的整齐,没有顾到音尺的整齐——这种的整齐是死气板脸的硬嵌上去的一个整齐的框子,不是充实的内容产生出来的天然的整齐的轮廓)

这样讲来,字数整齐的关系可大了,因为从这一点表面上的形式,可以证明诗的内在的精神——节奏的存在与否。如果读者还以为前面的证例不够,可以用同样的方法分析我的《死水》。

这首诗从第一行

这是|一沟|绝望的|死水

起,以后每一行都是用三个"二字尺"和一个"三字尺"构成的,所以每行的字数也是一样多。结果,我觉得这首诗是我第一次在音节上最满意的试验。因为近来有许多朋友怀疑到《死水》这一类麻将牌式的格式,所以我今天就顺便把它说明一下。我希望读者注意,新诗的音节,从前面所分析的看来,确乎已经有了一种具体的方式可寻。这种音节的方式发现以后,我断言新诗不久定要走进一个新的建设的时期了。无论如何,我们应该承认这在新诗的历史里是一个轩然大波。这一个大波的荡动是进步还是退化,不久也就自然有了定论。

五月二十日 《诗镌》提倡的讲求新诗格律,引起文学界的注意。是日出版的《诗镌》第八号上,刊登天心给徐志摩的一封信,信中说"近来诗风,显然是大大的变了。从前长短不齐的句子,高低不平的格式渐渐不见了。渐渐代以整齐的句子,划一的格式了。从前认为无需有的韵脚,现在又渐渐地恢复了。许多人说,这是新诗入了正轨后必然的现象。"不过,信中也说到了一些担心:"这种现象之所以发生,恐怕还有一个很不良的背景吧。你只看近来的诗,有许多形式是比较完满了,音节比较和谐了,可是内容呢,空了,精神呢,呆了! 从前的新鲜,活泼,天真,都完了,春冰似的溶消了! 这个病源若不速行医治,我敢说,新诗的死期将至了!"(天心《随便谈谈译诗与做诗》)

五月二十七日 《诗人的横蛮》发表于《晨报·诗镌》第九号。收《闻一多全集》。

这是对朱湘近来态度的批评,话讲得很不客气,却流露出先生与朱湘关系恶化的原因:

依孔子的见解,诗的灵魂是要"温柔敦厚"的。但是在这年头儿,这四个字千万说不得,说出了,便证明你是个弱者。……我们的诗人早起听见鸟儿叫几声,或是上万牲园逛了一逛,或是接到一封情书了……你知道——或许他也知道这都不是什么了不得的事件,够不上为它们就得把安居乐业的人类都给惊动了。但是他一时兴会来了,会把这消息用长短不齐的句子分行写了出来,硬要编辑先生们给它看过几遍,然后又耗费了手民的筋力给它排印了,然后又占据了上千上万的读者的光阴给它读完了,最末还要叫世界,不管三七二十一,承认他是一个天才。你看这是不是横蛮?并且他凭空加了世界这些担负,要是那一方面——编辑,手民或读者——对他大意了一点,他便又要大发雷庭〔霆〕,骂这世界盲目,冷酷,残忍,蹂躏天才,……这种行为不是横蛮是什么?再如果你好心好意对他这作品下一点批评,说他好,那固然算你没有瞎眼睛,你要敢是说了他半个坏字,那你可触动了太岁,他能咒到你全家都死尽了。试问这不是横蛮是什么?

是月　次女闻立燕生。一九二八年夏天折。

六月三日　《英译的李太白》发表于《晨报·诗镌》第十号。收《闻一多全集》时被编者改作《英译李太白诗》。

小畑薰良是位日本学者,约一九二五年十月到北京。他生长在日本乡下一下旧式门风家庭,父亲极喜汉学,故自幼喜爱中国文化,上小学前就读了《三字经》,以后还在家里或跟村里的和尚学过《孝经》、《忠经》及《东周列国志》、《三国志》、《汉楚军谈》、《吴越军谈》等。小畑薰良曾赴美国留学,在威士康辛大学、芝加哥大学、哥伦比亚大学结识了不少中国留学生。一九二二年,他将日本版的李白诗集译成英文,一九二三年由伦敦·多伦多 Dent & Sons 出版。当时,小畑薰良是日本第一份具有学术价值刊物《改造》杂志的主笔,他到北京的目的是收集中国新文学代表作,然后译成日文,为《改造》出版一期中国专号。此举被认为是中日新文学的第一次合作,所以格外引人注意。小畑薰良在美国时结识了杨振声,给凌叔华带来不小国际名声的小说《酒后》,就是通过杨振声向凌叔华索得交给小畑薰良的。(据郑丽园《如梦如歌——英伦八访文坛耆宿凌叔华》,台湾《联合报》,1987.5.6—7) 先生乘小畑薰良此次来华之机,对他翻译的英文《李白诗集》做以评论。

在《英译的李太白》中,先生称小畑薰良"是第四个人用自由体译中国诗"者,他的成就比西方几位先行者都高,"而且我们应注意译者是从第一种外国文字译到第二种外国文字,打了这几个折扣,再通盘计算起来,我们实在不能不佩服小畑薰良先生的毅力和手腕"。同时,先生对小畑薰良的翻译也做了坦率的批评,认为译诗"最要注重鉴别真伪,因为集中有不少'赝鼎'","至少好坏要分一分",要有一种选诗的标准。译诗时,要注意"诗意的美,完全是靠'句法'表现出来",因为有些诗"岂只不能用英文译,你就用中国的语体文来试试",也会"把原诗闹得一团糟"。先生觉得小畑薰良的毛病"恐怕根本就在太用心写英文了,死气板脸的把英文写得和英美人写的一样,到头读者也只看见英文,看不见别的了"。

先生的评论在引用史实上有商榷之处,朱自清读后写下《关于李太白》一文,予以讨论(刊于六月二十三日《晨报·副刊》第一四〇八号),这大约是朱自清与先生最早的文字之交。

小畑薰良也记录过他与先生的一面之交,他《北京闲话》中写到:"我有一次在北京大学刊行的周刊杂志《现代评论》看见在哥伦比亚大学交往最亲密,两年前还巴黎碰见过的 Y 君(即杨振声)的名字,赶紧向该社寄了一封信,过几天 Y 君就在北京饭店的我的屋子里,现出他的伟硕的身躯了。据说是昨天才从武昌来到北京的。他又说还有一位哥伦比亚时代的友人 T 君(即先生)现在艺术专门学校,亦赶紧替我请他来了。不过多久,昔时老伙计中的一位河南中州大学的 F 君亦上京都来了。由他们的介绍,我在北京在学界操觚界里找到了不少的新旧朋友。"(《现代评论》第 4 卷第 86 期,1926.7.31) 小畑薰良的这篇文章,发表于日本《改造》杂志"中国特号",经彭浩徐译成中文,取名《北京闲话》。

六月十日 《晨报·诗镌》第十一号出刊。这是《诗镌》最后一号,原拟暑假中将版面借给另一副刊《剧刊》,但《剧刊》结束后,《诗镌》并未继续出刊。

《诗镌》一共只出了十一期,前后七十天,但在新诗的长远繁荣与发展上看,起了积极的作用。朱自清在《唱新诗等等》中说:"至于现在的新诗,初期大部分出于词曲,《尝试集》是最显著的例子,以后的作者,则似乎受西洋影响的多。所谓西洋影响,内容方面是新的人生观和宇宙观,形式方面是自由诗体。这新的人生观和宇宙观,不幸不久就已用完,重新换上风花雪月、伤春悲秋那些老调,只剩自由诗体存留着。直到去年,闻一多、徐志摩诸先生刊行《诗镌》,才正式反对这自由诗体,而代之以格律体。"(《语丝》第 154 期,1927.11.1) 后来,朱自清又在《中国新文学大系·诗集·导言》中把十年来的诗坛分作三派,即自由诗派、格律诗派、象征诗派。而格律诗派的代表便是以《诗镌》为标志的。朱自清说:"北京《晨报·诗镌》出世,这是以闻一多、徐志摩、朱湘、饶孟侃、刘梦苇、于赓虞诸氏主办的。他们要'创格',要发见'新格式与新音节'。闻一多氏的理论最为详明,他主张'节的匀称','句的均齐',主张'音尺',重音,韵脚。他说诗应该具有音乐的美,绘画的美,建筑的美;音乐的美指音节,绘画的美指词藻,建筑的美指章句。他们真研究,真实验;每周有诗会,或讨论,或诵读。梁实秋氏说,'这是第一次一伙人聚集起来诚心诚意的试验作新诗'。虽然只出了十一号,留下的影响却很大——那时大家都做格律诗;有些从前极不顾形式的,也上起规矩来了。'方块诗''豆腐干块'等等名字,可看出这时期的风气。"

在《诗镌》同人中,先生的影响最显著。朱自清在一九三六年写成的《新诗的进步》中,认为格律诗派里"徐志摩、闻一多两位先生是代表"。(朱乔森编《朱自清全集》第 2 卷,第 320 页,江苏教育出版社 1988 年 8 月出版) 而苏雪林则于一九三四年便在《论闻一多的诗》中称:"徐志摩与闻一多为《诗刊》派的一双柱石。徐名高于闻,但实际上徐受闻之影响不少。……徐天才较高,气魄较大,而疵病亦较多,如长江大河挟泥沙而并下,闻则如逼阳之城,虽小而坚不可破。他们都是好朋友,作品之进步得于切磋者至大,我们若戏谓徐为韩愈,闻便是孟郊了。"(《现代》第 4 卷第 3 期) 徐志摩本人也承认他受先生影响至深,他在《猛虎集·自序》中说:"我的第一集诗——《志摩的诗》——是我十一年回国后两年内写的;在这集子里初期的汹涌性虽已消减,但大部分还是情感的无关阑的泛滥,什么诗的艺术或技巧都谈不到。这问题一直要到民国十五年我和一多、今甫一群朋友在《晨报·副镌》刊行《诗刊》时,方才开始讨论到。一多不仅是诗人,他也是最有兴味探讨诗的理论和艺术的一个人。我想这五六年来我们几个写诗的朋友,多少都受到《死水》的作者的影响。我的笔本来是最不受羁勒的一匹野马,看到了一多的谨严的作品我方才憬悟到我自己的野性。"(《徐志摩选集》,第 301 至 302 页,人民文学出版社 1983 年 9 月出版) 正因如此,朱自清在《中国新文学大系·诗集·导言》中还说:"《诗镌》里闻一多氏影响最大。徐志摩氏虽在努力于'体制的输入与试验',却只顾了自家,没有想到用理论来领导别人。闻氏才是'最有兴味探讨诗的理论和艺术的';徐(志摩)氏说他们几个写诗的朋友多少都受到《死水》作者的影响。《死水》前还有《红烛》,讲究用比喻,又喜欢用别的新诗人用不到的中国典故,最为繁丽,真教人有艺术至上之感。《死水》转向幽玄,更为严谨;他作诗有点像李贺的雕锼而出,是靠理智的控制比情感的驱遣多些。但他的诗不失其为情诗。另一面他又是个爱国诗人,而且几乎可以说是唯一的爱国诗人。"

《诗镌》的终刊,有多种原因,其中有人对格律诗运动持观望态度,也有人认为诗的"音韵"和"形式"是无所谓的。朱自清在《新诗(上)》中说:"《诗镌》确是一枝突起的异军,给我们诗坛不少的颜色,可惜只出了十一期便中止。它的影响可并不大,虽然现在还存留在一小部分人之中;这或因主张本难普遍,或因时日太短。总之,事实上,暂时的热闹决不曾振起那一般的中衰之势。我想《诗镌》同人在这一点上必也感着寂寞的。有些悲观的人或者将以为这是新诗的回光返照,新诗的末日大概不久就会到临了。我还不能这样想,我所以极愿意试探一探新诗的运命,在这危疑震撼的时候。"(《一般》第 2 卷 2 月号,1927.2.5)

六月十七日 《晨报·剧刊》创刊。该刊由张嘉铸提议办起,主要编辑为余上沅,先生与赵太侔曾参与组稿。创办《剧刊》本是想为建立小剧院做准备,这正是先生回国的初衷。徐志摩《剧刊始业》交代了这一点:"我们有几个朋友,对于戏剧的技术(不说艺术),多少可以说是在行。……我们想合起来做一点事。这回不光是'写'两个剧本,或是'做'一两次戏就算完事;我们的意思是要在最短的期内办起一个'小剧院'——记住,一个剧院。这是第一部工作;然后再从小剧院作起点,我们想集合我们大部分可能的精力与能耐从事戏剧的艺术。"办剧刊的主旨在于"宣传"、"讨论"、"批评与介绍"、"研究"。在该刊上撰稿的人除先生外,有余上沅、赵太侔、张嘉铸、陈西滢、邓以蛰、杨振声、梁实秋、冯友兰、熊佛西、叶公超、杨声初、俞宗杰、顾颉刚、恒诗峰、马楷等。

六月二十四日 《戏剧的歧途》发表于《晨报·剧刊》第二号,署名"夕夕"。收《闻一多全集》。

文章认为西方的易卜生、萧伯纳、王尔德、哈夫曼、高斯俄绥等人的戏剧传入中国,都是注重于介绍思想,而不是介绍艺术。所以"近代戏剧在中国,是一位不速之客,戏剧是沾了思想的光,侥幸混进中国来的"。但是戏剧"除了改造社会,也还有一种更纯洁的——艺术的价值",然而"戏剧家提起笔来,一不小心,就有许多不相干的成分粘在他笔尖上了——什么道德问题,哲学问题,社会问题……都要粘上来了。问题粘的愈多,纯形的艺术愈少"。先生说"我们该反对的不是戏里含着什么问题","我们要的是戏,不拘是那一种戏","因为注重思想,便只看得见能够包藏思想的戏剧文学,而看不见戏剧的其余的部分。结果,到于今,不三不四的剧本,还数得上几个,至于表演同布景的成绩,便几等于零了。这样做下去,戏剧能够发达吗?"

六月二十八日 徐志摩为散文集《落叶》写定《自序》,文中云:"末了我谢谢我的朋友一多,因为他在百忙中替我制了这书面的图案。"(《晨报·副刊》,1926.7.3)

七月二日 小畑薰良作《答闻一多先生》,经徐志摩翻译,发表于八月七日《晨报·副刊》第一四二七号。下面为《答闻一多先生》一文的节录:

闻一多先生新近在《晨报副刊》上发表了一篇批评我的《李太白》英译本的文章。在我所见到的几十篇书评之中,这是独一的,因为写的人不仅是个中国人,并且他自己是一个诗人,也是我相当熟的朋友。再说,这篇文章提出很多中肯的问题及确切的指正,除了中国人是看不到的。我写这篇答复第一是为闻君写了这篇有学识的,周到的,优容的文章,我应分表示深挚的感谢。第二因为闻君文中指出有好几点是一般翻译家都应得注意的问题,尤其是我们少数人尝试译中国诗的曾经感受的难处。

现行所谓李太白全集是王琦在一七五九年编定的，共收有一千首诗。我的选本只有一百二十四首。评书的人当然要问为什么我刚正选定那几首诗。我在我原书的序文里说过，这选数的大部分是我在涉猎中国文学时期内随时随兴译成积起来的。我唯一的领导是我当时的意兴，我也跟着它走，有时歇了下来就为逢着了文字上的阻难。这样一个选法当然不免漏掉很多好诗以及重要的诗，为什么呢，就为我当时没有翻，或是不能翻。

话虽这样说，在这书付印的时候，我也确曾尽我的力量使这本子在体裁上与形式上足以尽量的代表太白的诗。我也想法子拿他自己的作品来反映他的生平以及他所经历的时代。为此，有几首诗，例如寄内诸作，不问诗的本身价值如何，也给选上了。因为在那几首诗我们可以看出他生平人情方面的一斑；还有那首像悼他的日本朋友的选入也为要表示诗人自己以及他那时代吴越一家的气概。另外有几首是李白同时代人做了送他的，也为同一理由我给选入了。

关于某几首诗真伪性的考订，闻君文中有详细的讨论，这问题在研究汉学的人固然有趣而且重要，但就我出书的旨趣说，并没有多大关系，因为我那书的意思是介绍一个在中国最有名的古诗人给欧西的文坛，选译的诗也是在中国一般人认为是他的作品的，因此我在诗人的小传中也收集了好些传话的逸事。

谁都没有我自己觉得我的译文的不到家与种种缺憾的地方。关于这一层，我十分感谢闻君好意的优容的态度，我尤其佩服他的细心，他在我那集子里最长的一首译诗（也是李白集中是最长的一首）的两行遗漏都给我找出来了。

闻君说李白有知名的诗谁都没法子翻成恰到好处的英文。这话是对的。本来从一种文字翻成另一种文字，其间的困难就不知有多少。那还是就两种文字是相近的说。至于文字的差别远如中文与英文。那时翻译的难处简直是没法想的了。单说通常名词与词句就够困难。因为彼此没有确切相符的句格或思想格式。严格的说，英文的 Woman，德文的 tran，法文的 femme，都还不是永远可以对换的，因为每个名词的背后都含着独有的国民性的或是民族性的特性，这一家有的，那一家不一定有。在英文里面就没有恰当的字可以替代中文里妻或是妾，侠客或是丈夫。我们竟可以说 home 译家字，hat 译冠字，shoe 译袜字，都是不对的。尤其是一逢到成语的表情，直译简直是不可能。

......

翻译人还有一个困难，就是中国文的文法不清楚，时间与数量的辨别既是没有，人身代名词又用得绝少。结果往往同是一节书，而有几种不同的解法。再说呢，他所能做的也不过是将某一段书在他心中所引起的心影转译成另一种语言，他看到那儿就是那儿。关于这点我得承认在译"赠汪伦"那首诗我是太随便了，我在译文里平白地给添上"your friends"，这在原诗意思里许隐含着，但在字面上绝无根据，因为在我的想象中李白走的那天送别的决不止汪伦一人，我可以想见一个乡村中的先生同着一群朋友在河岸上"踏歌"着来送诗人的行。

......

综起来说，就是重复我原书序里的话，我在译文中尽有地方作添补字句的意译。我也有地方略去不重要（甚至重要）的字句。很多专门名词我丢开不译，或从意择。这种情形在崇拜李白的人看来很是大不敬的亵渎了他的艺术。我并不来在这类翻译方法上替自己作辩护。我只要对好叫闻君以及别人感着兴味的说明我的原委，给他们再下批评时一点子参考就是。

闻一多君说翻译是煞风景的事业是不错的。我听说甜昧的橘过了江就会变种成苦的枳。我也明知道中国诗是一种娇柔的鲜花，一经移杆，便不免变性。但变不一定是变坏，莎士比亚说的"海变"，这变的结果是变成某一种"富丽而奇异的东西"。翻译在文学上有时是一种有效果的异种播植。再说，且不论译文全身艺术上的价值，单就使某种民族对另一种民族的文化发生兴趣这点子实在的功用，也是不该忽视的。

近年来欧美注意中国文学的事实是一个使人乐观的现象：韦雷君以罗威尔女士的译本极受欢迎不说，就我这部书印得比他们的迟，也已经到了第二版的印行。西方人对于中国的兴味终究不仅集中在他的商场与土地上。他们也何尝不急急想发现中国文学的宝藏，这到现在为止他们还没法接近。翻评这事业，不论怎样细小或不准确，总还是他们寻得一个灵性的中华的起点，这里的财富许比他们老祖宗们所梦想的藏金地方更来得神奇呢。我恳切的希望我的中国朋友们，有学问的乃至爱文学的，都会注意到这部分的工作，这事业的成功不仅是中国，也是全世界的利益。

《晨报·副刊》在刊登小畑薰良这封信前，译者徐志摩做有《附记》。其文云：

在本副刊的某期刊上，闻一多先生曾经印过他的小畑薰良先生英译李太白的评文。小畑先生看了说有应得答复的地方，我就请他写，但他为公事忙直

延至七月初才写起,碰巧我又回南了;他的大文在我的尘封的书案上竟酣睡了
这一个整月。我现在把这翻了出来,对不起小畑先生,我没有用心翻他这篇翻
译极有启示的文章。我们都得感谢小畑先生,不为别的,就为他爱中国文学的
一点真心。说也惭愧,我们自家的诗人还得劳邻居先生和手笔来翻译给别家
看! 我们得感谢小畑先生.因为他这次在北京住了几个月,虽则他有他的外交
性质的公干,他大部份光阴是化在结交中国朋友上面的。他是一个"好朋友";
他会喝酒,会闹,会笑,我们接近他的都觉不出他是一个日本人或是外国人;他
是我们中间的一个,一点也没有分别。这也许是他浸润于中国文学工夫够深
了的缘故,要不然他那能这样的随便,这样的好兴趣,这样的"落拓"。有了他
我们觉得中国与日本可亲的程度加深了一层,不幸的外交上与政治上的障碍
似乎至少退远了一步。他是懂得我们的;我们从不曾见他穿上黑光光的大礼
服,戴上黑光光的大礼帽,那是我们最怕见的。现在听说小畑先生快回国了,
这消息很使我们感着惆怅,但我们没法留住他;我们只盼望这穷极无聊的北京
社会的实际,不曾些微减谈他从文学上对中国民族的敬意与爱心。小畑先生
应得知道,假如他这半年来吃着我们的满汉全席以及四五十年的阵[闻案:疑
是陈]花雕,这不是我们礼貌不周,我们实在是——没法想! 我们盼望他再有
机会回来。他的中国朋友永远会记着他的。

七月十五日　邓以蛰为《戏剧与道德的进化》一文致先生与赵太侔、余上沅的
信刊于《晨报·剧刊》第五号,中云:"你们给我拟的题——《杨小楼》——我都搁
下了。"

是月下旬　携眷返浠水。梁实秋《谈闻一多》:"我在七月里回到北京的时候,
一多已经忍不住北京八校欠薪以及艺专风潮迭起的压迫而携眷返里了。"(第72页)
其实还有一原因,即时冯玉祥国民军已退出北京,奉系军阀控制局势,北京文人少
有言论自由,纷纷南下。不久,赵太侔、徐志摩、丁西林、叶公超、饶孟侃等亦先后到
了上海。

在浠水老家,作诗《夜歌》。收《死水》。闻家驷说这首写坟里鬼影的诗,有重大
的社会背景,因为农村落后,生下孩子常养不活,坟地常有哭声,人说是产妇的阴
魂,《夜歌》实际上是写农村的文化落后。(据访问闻家驷记录,1986.10.7)

八月十四日　与杨振声、余上沅、丁西林、陈西滢及刚刚回国的梁实秋等,至北
海参加徐志摩、陆小曼订婚宴。杨振声在这次宴会上首次与梁实秋见面。(季培刚
《杨振声编年事辑初稿》,第43至44页,黄河出版社2007年8月出版)

八月　在浠水住了些天,便只身到上海,住在潘光旦家中。时,潘方于美国哥

伦比亚大学获硕士学位后归国,任吴淞国立政治大学教授。

九月十六日 与赵太侔、余上沅、孙伏园于上年七月共同草拟的《北京艺术剧院计划大纲》始刊于《晨报·剧刊》第十四号,十五号续完。文前有余上沅所作引语《一件古董》,叙述几位朋友关于建筑一座小剧院的梦想:"去年我和太侔、一多回国之后,便邀着伏园,共同订了一个《北京艺术剧院计划大纲》。当时我们的希望很大,剧场建筑和设备,就开了二十万元,以致见了的人个个咋舌。我们正在设法缩小数目的时候,艺专已经成立,我们的精力遂集中于戏剧系了。可是,在建筑剧院的努力上,我们还是没有懈怠。一年以来的时局,是大家知道的,所以虽经奔走,也没有满意的结果。然而我们总没有失望,因为,假使演员方面有了相当的成绩,建筑剧院并不是十分的难事,那怕这个剧院不能像我们从前所希望的那么大。'建筑一座小剧院',是我们和许多朋友们惟一的甜梦。去实现这个甜梦,那要靠中国戏剧社等团体以及一般热心戏剧的人努力了。只要大家能够百折不回,谁说建筑一座小剧院永远是个梦呢?"

九月二十三日 余上沅《一个半破的梦——致张嘉铸君书》刊登于《晨报·剧刊》第十五号(最后一号)。文中诉说了他与先生以及赵太侔、张嘉铸的结识,在美国的戏剧活动,回国后发起国剧运动的经历和坎坷,并且承认面对社会现实这一努力是失败了。文中说:"社会,像喜马拉雅山一样屹立不动的社会,它何曾给我们半点同情?《剧刊》的本身我承认并未失败,可是我们第一个希望,社会的觉醒,这是失败了的。社会既不要戏剧,你如何去强勉它?社会要戏剧,目下的情形不容它要,你更如何去强勉它?我们应该有一个觉悟,我们应该承认从前走的路不是最好的一条路。"这种感受,先生也是有的。同样的信,余上沅给先生、徐志摩、赵太侔、熊佛西各有一封。

是月 受聘为吴淞国立政治大学教授兼训导长。该校原为国立自治学院,一九二五年十月四日改政治大学,校长张嘉森(君劢)为先生好友张嘉铸的哥哥,也是国家主义有力鼓吹者。校中教授有瞿世英、陈石孚、吴国桢、潘光旦等,均系先生清华时同学。

十一月十六日 诗《往常》发表于国立政治大学学生刊物《政治家》半月刊第一卷第十三号。这是武汉大学文学院陈建军发现的一首佚诗,并认为是"为长女闻立瑛而写"。全诗如下:

> 往常听见咳嗽的声音,
>
> 听见那里打了一个喷嚏,
>
> 我知道谁是你的仇人,

我知道风霜又欺服了你。

往常我日夜受着虚惊！

我灵魂边上设满了烽堠；

只要你远远的哭一声，

我可以马上加鞭来营救。

往常你偶尔也笑一声，

像残灯里吐出一丝红焰。

你笑一回我便吃一回惊！

知道这笑还支持得几天？

往常你突然叹息一声。……

四岁的孩子为什么叹息？

我当时抽了一个寒噤，

再不敢问那一叹的意义。

　　是年冬　长女闻立瑛夭折，时不满五岁。这年离开北京时，她就生着病，路上颠沛，医药无着。先生到家又忙着寻找工作，离开浠水后，孩子病情加重，常喊"爸爸、爸爸"。先生刚有工作，不便请假，只好寄张照片回来，孩子看着照片又哭起来。立瑛很聪明，"人手刀足"识字课本都能念完，只是身体弱些。先生非常喜爱立瑛，回家先要抱她一会儿。每当先生拿下礼帽时，她便知道爸爸要出门了，就喊起来，先生总是悄悄把礼帽先拿出屋，再慢慢溜出去。孩子早夭了，妻子大病一场，先生的父母怕先生分心，没告诉他，还是妻子写信讲了情况。先生得信，十分悲痛，立即赶回浠水，没进家门就先打听立瑛的墓地。后来看到她用过的东西和读过的书本，还很小心地把它包起来，在上面写上："这是立瑛的。"不久，又写了诗《忘掉她》。

（据刘烜《闻一多评传》，第131至132页，北京大学出版社1983年7月出版）

一九二七年　二十九岁

一月一日,国民政府定都武汉。

二月十九日,英国交还汉口、九江租界。

三月二十四日,国民革命军占领南京。

四月十二日,蒋介石发动"四一二"反革命政变。

四月十八日,南京国民政府成立。

五月二十一日,许克祥在长沙发动"马日事变"。

七月十五日,武汉国民政府宣布"分共",国共合作失败。

八月一日,中国共产党发动南昌起义。

八月十九日,"宁汉合流",武汉国民政府并入南京国民政府。

一月　在浠水老家。有致饶孟侃信,收《闻一多书信选集》。中云:

大札到时,时局不靖,政大内部亦起恐慌,遂迟作答。归家后,家人忙于办年,亦未免习俗移人,终日碌碌。今夜为内子授诗,课毕稍暇,因拂笺急书数语奉上,以释悬念。迟迟,谅不我罪也。政大当局下年或有更动。万一大局不变,君劢仍在彼方,弟自亦无问题。否则恐须另谋生路。这年头儿我辈真当效参军痛哭也。别后诗思淤塞,倍于昔时。数月来仅得诗一首,且不佳。惟于中国文学史,则颇有述作。意者将来遂由创作者变为研究者乎?

二月　春节后,离浠水到武昌,加入国民革命军北伐军总政治部,任艺术股股长,并兼总政治部英文秘书。章伯钧《哀悼闻一多先生》:"民国十六年中国大革命时代,闻先生曾因朋友的介绍,由北京到武汉,应邓演达先生之邀约,参加总政治部工作,约在是年二三月间(?)。闻先生到部任艺术股股长,并亲自绘制反军阀的壁画一大幅。后来因为闻先生颇不惯于军中政治生活,受任一月即行告退。我与闻先生交游仅此一度。"(《人民英烈》,第196至197页)

这段经历,先生不愿对人提及,连朋友亦知者甚少。不久,仍回上海吴淞政治大学。

四月　北伐军入上海后,下令封闭国家主义派之据点吴淞国立政治大学。先生再度赋闲,栖身潘光旦家中。

时,潘光旦等朋友在《时事新报》任副刊编辑,先生作些诗文,以酬朋友之约。

五月九日　与饶孟侃合译的诗《我要回海上去》(John Mansfield[①] 作)发表于
上海《时事新报·学灯》。全诗如下:

> 我要回海上去,再回到荒凉的天涯海角,
> 我要求的是一只楼船,一颗星儿作她的向导,
> 还有龙骨破着浪,风声唱着歌,白帆在风里摇,
> 海面上一阵灰色的雾,一个灰色的破晓。
>
> 我要回海上去,因为那一阵潮水的呼声,
> 是狂暴的呼声,嘹亮的呼声,你没有法子否认,
> 我要求的是一个刮风的天儿,还飞着些白云,
> 再加上海水翻着浪花儿,海鸥也在叫您。
>
> 我要回海上去,再过那飘泊的生涯才好!
> 走上海鸥的道,鲸鱼的道,那里的风像把快刀;
> 我要的是做完了活,大伙儿谈着天儿说着笑,
> 临了,来一场甜蜜的梦,一宿安稳的觉。

五月二十日　诗《心跳》发表于《时事新报·学灯》。收《死水》时有个别字改
动。抗战期间先生在昆明选诗时,将诗题改作《静夜》。该诗表现了先生对现实强
烈不满的情绪,修改前的诗中有这样的句子:

> 这神秘的静夜,这浑圆的和平,
> 我喉咙里颤动着感谢的歌声。
> 但是歌声马上又变成了诅咒,
> 静夜! 我不能,不能受你的贿赂。
> 谁希罕你这墙内尺方的和平;
> 我的世界还有更辽阔的边境。
> 这四墙既隔不断战争的喧嚣,
> 你有什么方法禁止我的心跳?
> 最好让这口里塞满了沙泥,

---

① 曼斯菲尔德,英国诗人。

如其它只会唱着个人的休戚！
最好是让这头颅给田鼠掘洞，
让这一团血肉也去喂着尸虫，
如果只是为了一杯酒，一本诗，
静夜里一片钟摆摇来的闲适，
就听不见了你们四邻的呻吟，
看不见寡妇孤儿抖颤的身影，
战壕里的痉挛，疯人咬着病榻，
各种的惨剧在生活的磨子下。
幸福！我如今不能受你的私贿，
我的世界不在这尺方的墙内。
听！又是一阵炮声，死神在咆哮，
静夜！你如何能禁止我的心跳？

五月二十一日　诗《贡献》发表于《时事新报·学灯》。全诗如下：

红灯下我陪你们醉酒，
沙发上我敬给你们两支香烟，
我陪着你们坐车子，走路，吃饭，
仿佛一天天我也有我的贡献。

给你们让着路，点着头，
你们打扮好了，我替你们惊羡，
你们跟来了，我抛下一只铜板——
不要误会了这就是我的贡献。

有时悲哀抓着了我的心，
我能为人类的苦痛捏一把汗，
我能哭得像婴孩，在一刹那间——
这刹那间才是我最伟大的贡献！

五月三十日　诗《荒村》发表于《时事新报·学灯》。收《死水》。

这是有感于五月十九日《新闻报》上一条消息而写下的，诗前摘录该消息中的一段话作引言："……临淮关梁园镇间一百八十里之距离，已完全断绝人烟。汽车道两旁之村庄，所有居民，逃避一空。农民之家具木器，均以绳相连，沉于附近水塘稻田中,以避火焚。门窗俱无,中以棺材或石堵塞。一至夜间,则灯火全无。鸡犬豕等觅食野间,亦无人看守。而间有玫瑰芍药犹墙隅自开。新出稻秧,翠蔼宜人。草木无知,其斯之谓欤?"五月十九日,正值直鲁联军张宗昌部集中于蚌埠、临淮,欲与南京国民革命军北伐军李宗仁部大战之前夕,《荒村》即写了战前乡村荒颓的场面,语中暗伏谴责军阀混战。

是月　痰中出血丝,遂接受朋友劝说,与潘光旦游杭州以宽心。在杭州购有扇、杖、石。其情形见署名"慎"所作之《纪诗人西湖养病》:

有一位诗人,姑隐其姓氏,当今文坛知名之士也。前几天,饭后咳嗽,居然呕出一口痰来,而痰里隐隐约约的有类似血丝的附带的东西,并且这种东西竟有七八条之多,诗人大恐,马上做出一首诗来:"这景象是多么古怪多么惨①! 这到底,到底是怎么一回事!"

吟声未罢,打了一个寒战,揽镜自照,脸色发白,于是一则以喜,一则以惧,友朋闻说,争来问询,议论纷纷,莫衷一是,"曷不食鱼肝油乎?""曷妨试试自来血乎?"有某君者,爱才心切,力劝赴杭一游,以为消遣,谆谆劝驾,声泪俱下,诗人不得已,遂成行焉。

诗人到杭,寓湖滨旅馆,诗兴大发,饮食俱进。不数日,病有起色,吐痰渐成清一色,不复有红色之点缀。然病体犹虚,每餐只能啖饭五六碗[口?]耳。

有一天,天气清和,诗人摇摆而出,曰:"咦! 我要到湖边走走。"诗人蓬其首,垢其面,宽衣博带,行动生风。俯仰之间,口占一首:"啊! 水这样的绿,山这样的青! 这样的一个诗人生这样的病!"似乎短一点,然而诗人倦了,额际有一股热气冉冉上升,两颗汗珠徐徐下流。诗人长太息曰:"我要买一把扇子。"

行行重行行,到了一家扇庄,柜台上聚着许多大腹贾,选购纨扇,叫嚣不已。诗人曰:"此俗人也,不可与同群。"不顾而去。又到了一家,有赤背者一,立于肆首,诗人疾驰而过,愤甚。

最后,到了一家小扇庄,肆主乃一妙龄女郎也,诗人莞尔而笑曰:"得其所哉! 得其所哉!"游目四视,乐不可支。忙里偷闲,选购扇子一把,价绝昂,较普通之价加倍,而诗人购扇,固不在扇,更不在扇之价也。

翌日,挈友游湖,至龙井,见有售司提克②者,诗人曰:"此物甚雅,可入诗。"遂购一柄。又有售顽石者,诗人曰:"此物甚雅,可入诗。"遂购一块。于是一杖一石一

---

①　此即《荒村》中之句。
②　即手杖。

诗人,日暮而返。

以手探囊,羞涩殊甚。急搭四等车返沪,囊中尚余大洋一角,铜币十余枚。诗人病已霍然愈矣。(《时事新报》,1927.6.10)

时,正值蒋介石发动"四一二政变"后不久,先生心情沉重,与潘光旦交换看法。王康在《闻一多传》中记述有潘光旦后来的回忆,大意说:按照生物学物竞天择、适者生存的原则,当是优胜劣败,可社会学反映的却往往不是这样,那些优秀的先进的勇敢的健壮的人,按优生学观点应得到鼓励与繁殖,却常在社会变革中遭到不幸。潘光旦认为眼前大批仁人志士被屠杀,就是"反淘汰"。先生则认为"反淘汰"的认识是错误和危险的,反问道:难道说人人都谨小慎微、明哲保身,才合乎"适者生存"的原则吗?先生还说潘光旦"总是跳不出那优生学的圈套,你想保护你所谓的优秀者,究其实是宽容了世故庸人和胆小鬼!"(第117至118页,湖北人民出版社1979年5月出版)

返沪后,同人起议筹办新月书店,先生虽为其中一员,但并不积极。时,梁实秋、余上沅、张嘉铸、潘光旦、饶孟侃、刘英士等友人都在一起,他们对先生的印象是"总是栖栖皇皇不可终日"。(梁实秋《谈闻一多》,第78页)

时,闲居无事,操刀为友人治印,曾为梁实秋刻闲章,文曰"谈言微中"。又为潘光旦刻藏书章,为阴文"抱残守阙斋藏"。还为余上沅、刘英士等人治印。

六月十八日 诗《罪过》发表于《时事新报·学灯》。收《死水》。这首诗用白话写成,与《天安门》、《飞毛腿》排在一起,大约写于"三一八"惨案前。

六月二十三日 诗《一个观念》发表于《时事新报·学灯》。收《死水》。先生偏爱这首诗,抗战时期选编《现代诗钞》,收入自己的九首旧作,其中将《一个观念》与《发现》合列作《诗二首》。

这是一首爱国主题十分显明的诗,朱自清在一九四三年写成的诗论《爱国诗》中,特别介绍了这首诗,说:"我们愿意特别举出闻一多先生,抗战以前,他差不多是唯一有意大声歌咏爱国的诗人。他歌咏爱国的诗有十首左右,《死水》里收了四首。且先看他的《一个观念》:……这里国家的观念或者意念是近代的;他爱的是一个理想的完整的中国,也是一个理想的完美的中国。这个国家意念是抽象的,作者将它形象化了。第一将它化作'你',成了一个对面听话的。'五千多年的记忆',这是中国的历史。'抱得紧你'就是'爱你'。怎样爱中国呢?中国'那样美丽','美丽'得象'谎'似的。它是'亲密的',又是'神秘的',怎样去爱呢?它'倔强的质问'为什么不爱它,又'缥缈的'呼喊人去爱它。我们该爱它,浪花是该爱海的;难爱也得爱,节奏是'不该抱怨歌'的。它'绚缦'得可爱,却又'横暴'得可怕;爱它,怕它,只得降了它。降了它为的爱,爱就得抱紧它。但是怎样'抱得紧'呢?作者徬徨自问;我们也都该徬徨自问的。陆放翁的《示儿》诗以'九州同'和'王师北定中原'两项具体的事件或理想为骨干。所谓'同',指社稷,也指民族。'九州'便是二者的形象化。顾亭林说'匹夫',也够具体的。但'一个观念'超越了社稷和民族,也统括了社稷和民族,是一个完整的意念,完整的理想;而且不但'提示'了,简直'代表'着,一个理想的完整的国家。这种抽象的国家意念,不必讳言是外来的,有了这种国家意念才有近代的国家。诗里形象化的手法也是外来的,却象征着表现着一个理想的完美的中国。可是理想上虽然完美,事实上不免破烂;所以作者徬徨自问,怎样爱它呢?"

(朱乔森编《朱自清全集》第 2 卷,第 357 至 358 页)

六月二十五日　诗《发现》发表于《时事新报·学灯》,署名"屠龙"。收《死水》。

这也是一首爱国情绪十分热烈的诗作,一九四四年先生将它与《一个观念》合题作《诗二首》编入自选的《现代诗钞》。诗云:

> 我来了,我喊一声,迸着血泪,
> "这不是我的中华,不对,不对!"
> 我来了,因为我听见你叫我;
> 鞭着时间的罡风,擎一把火,
> 我来了,不知道是一场空喜,
> 我会见的是噩梦,那里是你,
> 那是恐怖,是噩梦挂着悬崖,
> 那不是你,那不是我的心爱!
> 我追问青天,逼迫八面的风,
> 我问拳头擂着大地的赤胸,
> 我总问不出消息;我哭着叫你,
> 呕出一颗心来,你在我心里!①

七月一日　新月书店在上海华龙路正式开张,总发行所初在望平街,次年迁至四马路中市九十五号,编辑所设在麦赛尔蒂罗路一五九号。董事长为五月底自美国刚刚回国的胡适,经理兼编辑主任为余上沅,先生与徐志摩、梁实秋、张嘉铸、潘光旦、饶孟侃、丁西林、叶公超、刘英士、胡适、余上沅等十一人为董事(罗隆基于一九二八年夏回国后加入,邵洵美于一九三一年五月亦加入)。书店股本约两千元,为了节制资本,大股百元,小股五十元,先生亦认了一大股。

---

①　此句在《现代诗钞》中改"你"为破折号。

新月书店实际上是个同人合办的书店,它最早出版的一批书,多数为一般朋友们著译的。

开张之前,先生特为开幕纪念册绘制封面,"画着一个女人骑在新月上看书,虽然只是弯弯曲曲的几笔线条,而诗趣横生"。(严家迈《新月书店参观记》,《时事新报》1927.7.2)

七月十四日 《诗经的性欲观》开始发表于《时事新报·学灯》署名"一多"。至二十一续完。

这是先生最早运用文化人类学方法撰写的学术论文,力图还原《诗经》的本来面目。其中主要观点与传统的经学家大不相同,所以当时并未引起人们重视,以致《全集》中亦未收入该文。但是先生研究古代文化,其认识与本文有相当联系。

文中认为《齐诗·东方未明》中的"折柳樊圃"与性欲有关,《谷风》中所讲到捕鱼的"笱",也是隐喻女阴,许是与"媾"、"覯"有联系。又说《诗经》中常出现"风"和"雨",也是性欲的冲动,后来引申为"风流"、"风骚"之风,也含有性的意味。《野有死麕》、《桑中》、《载驱》等,都暗示着性交。《小星》、《大车》、《葛生》也都是情诗,类似的例子文中举出许多。先生说:"前人总喜欢用史事来解《诗经》,往往牵强附会,不值一笑"。其实"象征性交的诗","是出于诗人的潜意识"。"我的主意是要证明《诗经》的时代虽然出了几个圣人(?),却还不是什么黄金时代","《诗经》时代的生活,还没有脱尽原始的蜕壳,现在我还要肯定的说一句,真正《诗经》时代的人只知道杀、淫"。又说"不管十五国风里那大多数的诗,是淫诗,还是刺淫的诗,即便退一百步来讲,承认都是刺淫的诗,也得有淫,然后才可刺"。所以认清了"《诗经》是一部淫诗,我们才能看到春秋时代的真面目。可是等看到了真面目的时候,你也不必怕,不必大惊小怪。原始时代本来就是那一回事"。

七月十五日 诗《收回》发表于《时事新报·学灯》署名"屠龙"。收《死水》。诗的第一段云:

> 那一天只要命运肯放我们走!
>
> 不要怕;虽然得走过一个黑洞,
>
> 你大胆的走;让我搀着你的手;
>
> 也不用问那里来的一阵阴风。

七月二十日 上午十时,南京市土地局在市政府礼堂举行成立典礼,局长桂崇基宣誓就职。桂崇基与先生相识于美国纽约,曾一起参加过纽约华侨联合举办的孙中山先生追悼会。桂初任局长,聘先生来南京任职。梁实秋《谈闻一多》:"暑中经友人介绍,到南京土地局任职,所任究系何职,他从来没对我讲起过,无论如何那总是人地不宜的一个职务。所幸他供职的期间很短。"（第 78 页）

七月二十六日　诗《什么梦》（修正稿）发表于《时事新报·学灯》。收《死水》。

八月初　约这时,与南京东南大学接洽,希望到该校任教。经与该校商谈,初定以外国文学系教授兼主任聘请先生。

时,该校文学院院长是第三届庚子赔款留美生梅光迪,说起来也是清华校友,但他在美国哈佛任教未归,先生接洽的是曾在新文化运动中主编《时事新报·学灯》、时为该校哲学系教授的宗白华,并很自负地说要做西洋文学系的主任。（据访问冯友兰记录,1988.6.16）

是月中旬　南京国民政府教育行政委员会决定将东南大学、河海工科大学、上海商科大学、江苏法政大学、江苏医科大学及江苏境内四所公立专门学校合并成立第四中山大学,以东南大学为校址,先生亦一同被聘入该校。

第四中山大学为国民政府所建立的最高学府,为严格教员资历,所属十个学院均规定只暂聘副教授,教授则有待在世界学术界取得声望者方得聘任。时外国文学系已聘定的副教授有先生、张欣海、张士一、陈源、蒯淑平、陈登恪、汤用彤,该系课程设置"分拉丁英法德意及其他各门,意在对于西方文化作整个之研究,打破偏重英美之旧习,以为融会中西文化之先导。此外又加梵藏蒙回日各门,俾得研究东亚诸国与中国历史文化之关系,为东亚各民族结合之准备。各系教务人材,极一时之选"。（《第四中大两学院之教务人员》,《申报》1927.8.22）先生所任为文学院外文系副教授。该校所聘副教授还有姜立夫、熊庆来、叶企孙、吴有训、桂质廷、严济慈、张景钺、竺可桢、李四光、雷海宗、宗白华、钱端升等,文学院聘请的专任教员除先生外,还有楼光来、崔萍村、姚仲实、王晓明、王伯沆、陆志鸿、何王桂馨、赵伯颜、陈登恪。

（《第四中山大学校务会议当然委员及专任教员名单》,东南大学档案馆藏）

八月二十五日　致饶孟侃信。收《闻一多书信选集》。信中对离开南京土地局,说:"老桂（桂崇基）撤差,我的官运当然也告一段落了。"又说:"第四中大虽然接洽好了,可是开学没有希望。"时,杨振声任广州中山大学中文系教授,先生又想去广州,信中云:"昨天写信给杨金甫想上广东,实秋讲我到处云游,索性游远一点,不知能如愿否。"又讲到篆刻:"说来真是笑话。绘画本是我的元配夫人,海外归来,逡巡两载,发妻背世,诗升正室。最近又置了一个妙龄的姬人——篆刻是也。似玉精神,如花面貌,亮能宠擅专房,遂使诗夫人顿兴弃扇之悲。……近来摹印,稍有进步,应酬也渐渐麻烦起来了。"

时,先生心情不佳,治印聊以自慰,信中附印模五方,其一刻着"壮不如人",旁书:"转瞬而立之年,画则一败涂地,诗亦不成家数,静言思之,此生休矣! 因作此印以志恨。"

是月 徐志摩的散文集《巴黎的鳞爪》由新月书店出版。先生为其绘制封面,以浓重的夜色为底,零乱散布着凝目、侧耳、正鼻及纤细的手指、长腿、懒足等,以启示本书是从各个角度反映光怪陆离的巴黎都市生活。

是月 徐志摩、沈性仁合译的爱尔兰作家詹姆士·司蒂芬的小说《玛丽·玛丽》由新月书店出版。封面为先生绘制。

是月 致饶孟侃信。收《闻一多书信选集》①。前次托饶孟侃将自己放在上海的一些东西,转刘英士带来南京,然而带来的却是不急用的东西,先生不高兴,因为他正急要几本英文诗,所以信中拜托饶孟侃把自己的所有东西都转赵叔愚带来。信中还说:"朋友是一种权利也是一种义务。做人也是如此,有享权利的时候,也有尽义务的时候。"时,先生刚刚两次病后,身体极坏,又在失业中,花不起来往的十几块钱,所以不能亲往上海。

九月一日 南京第四中山大学开学。二十七日上课。先生受聘为文学院外国文学系主任,教授英美诗、戏剧、散文。至此,方有一比较稳定的栖身之处,并在学校附近的单牌楼三号(过家花园)里租了房子,准备将家眷接来。单牌楼为第四中山大学西侧面临四牌楼街的一个小巷,与学校仅隔一南苍巷,距鼓楼甚近。单牌楼西为进香河,有船可通鸡鸣寺。

旋,介绍大夏大学教授方重来校任教。(据访问方重记录,1986.8.27)

九月十日 诗《口供》发表于《时事新报·文艺周刊》第一期。收《死水》,列为第一首,似可作为序或自白。诗云:

> 我不骗你,我不是什么诗人,
> 纵然我爱的是白石的坚贞,
> 青松和大海,鸦背驮着夕阳,
> 黄昏里织满了蝙蝠的翅膀。
> 你知道我爱英雄,还爱高山,
> 我爱一幅国旗在风中招展,
> 自从鹅黄到古铜色的菊花。
> 记着我的粮食是一壶苦茶!

---

① 该信未具日期,《闻一多书信选集》称写于秋季,然信中有"失业"等语,似在9月之前。这里暂系8月。

可是还有一个我,你怕不怕?——

苍蝇似的思想,垃圾桶里爬。

九月十七日　　诗《你莫怨我》发表于《时事新报·文艺周刊》第二期。收《死水》。

九月二十一日　　长子闻立鹤生于浠水。

是月　　致饶孟侃信。收《闻一多书信选集》。信中说"关于诗选要同小叶商量许多问题"。小叶,即叶公超,名崇智,时任上海暨南大学教授兼外文系主任。时,先生与他合作选编翻译注释《近代英美诗选》。叶公超的中学、大学均在国外就读,所以中文不如西文,先生曾戏称他为"二毛子"。梁实秋《悼叶公超先生》:"本来他不擅中文,而且对于中国文化的认识也不够深。闻一多先生曾戏谑的呼他为'二毛子',意思是指他的精通洋文而不懂国故。公超虽不以为忤,但是我冷眼观察,他却受了刺激,于英国文学之外对于中国文学艺术猛力进修,不久即翻然变了一副面目,成为十足的中国文人。"(转引自秦贤次编《叶公超其人其文其事》,第74页,台北传记文学出版社1983年6月出版)

是月　　徐志摩的第二本诗集《翡冷翠的一夜》由新月书店出版。先生对其诗提出过若干修改建议,徐志摩在该书《自序》中说:"我也感激闻一多先生,他给过我不少的帮助。"徐又在《猛虎集·自序》中说:"我的第二集诗——《翡冷翠的一夜》——可以说是我的生活上的又一个较大的波折的留痕,我把诗稿送给一多看,他回信说'这比《志摩的诗》确乎是进步了——一个绝大的进步'。"

是月　　余上沅选编的戏剧论文集《国剧运动》由新月书店出版,序中说:"这本书的编成,承徐志摩、闻一多、张禹九三先生的帮助。"时,余上沅的太太陈衡粹也为新月出版的图书作封面绘画,先生曾给她热情指导。(据访问陈衡粹记录,1989.3.4)

是月　　潘光旦探讨女性心理变态的论著《小青之分析》①出版,扉页插图为先生绘制。该书《叙言》中云"篇首插图为闻一多先生手笔",即先生所作的插图《对镜》;一九二九年八月再版时未收,《再版附言》:"闻一多先生代作之对镜一图,以印刷模糊,传真不易,兹割爱舍去。"这幅插图原稿,后辗转到先生的学生孙作云处,孙珍藏多年又转赠画家潘洁兹先生,得以保存至今。

十月八日　　译诗《樱花》(译郝斯曼诗)发表于《时事新报·文艺周刊》第五期。全诗三段十二行,仍用格律:

———————————

①　　后来再版时改名为《冯小青——一件影恋之研究》。

最可爱的如今是樱花，

鲜花沿着枝桠上悬挂，

它站在林野的大路上，

给复活节穿着白衣裳。

算来我的七十个春秋，

二十个已经不得回头，

七十个春减去二十个，

可不只剩下五十给我？

既然看看开花的世界，

五十个春说不上多来，

我得到林子里去望望，

那白雪悬在樱花树上。

十月十九日　译诗《希腊之群岛》(译拜伦诗),发表于《时事新报·文艺周刊》第十一期。

十月二十九日　译诗《像拜风的麦浪》(译 Sara Teasdale 诗),发表于《时事新报·文艺周刊》第八期。

十月三十一日　出席第四中山大学筹备会议第四十次会议,主席胡刚复。会上,胡刚复提议特别生退费及中三院公债偿还问题、组织校徽校色校章校歌委员会两案。其中校徽校色校章委员会,议决推定先生与周子竞、李毅士、吕凤子、刘福泰为委员,由周子竞召集。(《第四中山大学筹备会议第四十次会议记录》,东南大学档案馆藏)

是月　原北京艺术专科学校学生刘开渠到南京觅职,住在先生家里。刘开渠《雕塑艺术生活漫忆》:十月"我到了南京,去找闻一多先生,他正在南京大学①教学。他听了我的叙述后,很同情,不仅留我住下,而且介绍我到文学院当助教,但未成功"。(《刘开渠美术论文集》,第265页,山东美术出版社1984年8月出版)刘开渠觉得不能老吃住在先生家,便去找张奚若先生,经张介绍到大学院油印组做些刻蜡板之类的工作。刘开渠曾在北京艺专西洋画系从先生学油画,参加过"三一八"运动。是年三月,李大钊被奉系军阀逮捕,次月被害,同时被害的还有北京艺专学生谭祖尧,谭的尸体即是刘开渠、李琬玉、丁月秋等艺专同学所掩埋。这年夏天,刘毕业到上

---

①　误,当为南京第四中山大学,1928年2月一度改称国立江苏大学,5月改为国立中央大学。

海,未找到工作遂来南京。

是月　秋郎(梁实秋)的小品文集《骂人的艺术》出版,先生为该书绘制了封面。

十一月五日　译诗《礼拜四》(Edna st–Vincent millay[①]作)发表于上海《时事新报·文艺周刊》第九期。全诗如下:

> 即使我礼拜三爱你,
>
> 　你管它做什么?
>
> 礼拜四我并不爱你,
>
> 　却一点也不错。
>
> 我真不懂,你何为还
>
> 　找着我来纠缠。
>
> 礼拜三我爱你——对——
>
> 　可是那与我又何干?

是月上旬　父亲与家眷来南京。季镇淮《闻一多先生年谱》:"夫人携长公子立鹤——生四十日——来到南京","先生尊翁此时也来南京同住。"(《闻朱年谱》,第24页)母亲也来了,不过两位老人因过不惯城市生活,没多久就返回故里了。

家眷搬来后不久,先生见到刚自美国学成回国的浦薛凤。浦薛凤《忆清华级友闻一多》:"嗣即游览南京,无意中在中央大学附近,途遇一多,相见甚欢,蒙坚邀至其家中午饭长谈。甫行数步,有其友走过当即介绍,知是罗志希(家伦)君。是午,承闻大嫂(高孝贞女士)亲自烹饪,菜肴丰富。"(台湾《传记文学》第39卷第1期,1981.7)

十一月十六日　第四中山大学发布第十八号布告,内容为选举校务委员会出席代表名单,文学院投票选举先生为代表。(《第四中山大学选举校务委员会出席代表名单》,东南大学档案馆藏)

是月　南京第四中山大学举行教授会议选举教授代表,以参加本校最高立法机关校务会议,体现教授治校的精神。结果先生与汤用彤、蔡无忌、竺可桢、吴有训、沈履、张景钺、宗白华等三十六人当选。(据《四中大校务会议委员选举结果》,《时事新报》,1927.12.5)

十二月三日　诗《"你指着太阳起誓"》发表于《时事新报·文艺周刊》第十二期。收《死水》。后先生在抗战中编选《现代诗钞》,收入自己的九首诗中,这首排在

---

① 埃德娜·圣—文森特·米蕾,美国诗人,二三十年代被认为是美国现代女诗人中最杰出者。

最前面。该诗为十四行诗体例。

十二月四日 致饶孟侃信发表于上海《时事新报·书报春秋》第二十九期。仅一句话:"李金发君交来一文,请转交《文艺周刊》编辑发表。拜托拜托!"

时,李金发诗集《为幸福而歌》出版,谢曼有书评刊于十一月六日《书报春秋》第二十六期。旋,王帷唯作《看谢曼评〈为幸福而歌〉之后》进行反批评。李金发将王帷唯文转与先生,并致信云:"一多仁兄先生:虽说您在本京,但我因地方不熟,莫由拜望;何时有暇,请至敝处闲谈。兹有学生王君做小文一篇,欲在你的《文艺周刊》上登载,因为还觉得有趣,特代介绍一下。天寒风厉,诗兴何如? 即请。弟李金发。"先生对李金发并无成见,便将其信与王帷唯文一齐转寄饶孟侃。但《书报春秋》编辑因王、谢各执一端,故未即刊登。直到谢曼再作《再说〈为幸福而歌〉》时,两篇文章才同时发表,并附上李金发致先生的信,及先生致饶孟侃的信。

十二月三十一日 译诗《春斋兰》(译郝斯曼诗)发表于《时事新报·文艺周刊》第十六期。全诗如下:

> 春来了,走出来逛逛,
> 　　绕着那丛芜的陂陀,
> 你瞧,那洼地的近旁,
> 　　荆榛底下,一朵一朵,
> 　　不是莲馨花是什么?

> 还有那迎风花,你看,
> 　　和阵阵的春风游戏,
> 再有就是那春斋兰,
> 　　他是没有几天待的,
> 　　许要死在复活节里。

> 既然在游春的时候,
> 　　莲馨你还看得见他,
> 你看得见迎风依旧,
> 　　和春风自在的玩耍,
> 　　看不见的只水仙花。

> 那么把筐子带着罢,

> 快冲进春光的世界,
>
> 从山上采,采到山下,
>
> 把水仙花都带回来——
>
> 水仙花死得那样快!

原诗有尾注:"春斋兰(Lent Lily)便是 Daffodil,或译作水仙花。"

是月　"世界室主人"(张君劢)的《苏俄评论》出版。封面为先生设计绘制。(据《新月》创刊号广告)

《苏俄评论》要目有:《俄国革命前之思想变迁》、《十一月革命》、《红军》、《俄宪之虚伪》、《无产专政中之专政》、《新生计政策之前因后果》、《苏俄之财政币制》、《俄国之东方政策》、《托劳孳几口中之吾国革命》、《俄共产党之内讧》、《俄共产党处置新反对派之经过》、《俄政治前途之危机》。

是年冬　南京第四中山大学学生陈梦家拜访先生。陈梦家,原名漫哉,是南京第四中山大学的新生。他对新诗和戏剧都有浓厚兴趣,故听了先生的"英美诗"课后,就到单牌楼附近的先生寓所来求教。陈梦家在《艺术家的闻一多先生》中说:"大约是一九二七年①的冬天,我在南京单牌楼他的寓所里第一次会到他,他的身材宽阔而不很高,穿着深色的长袍,扎了裤脚,穿着一双北京的黑缎老头乐棉鞋。那时他还不到三十岁,厚厚的口唇,衬着一副玳瑁边的眼镜。他给人的印象是浓重而又和蔼的。"(《文汇报》,1956.11.17)　先生看了陈梦家的习作,觉得此人有些才华,有意加以提携。

与陈梦家同时考入第四中山大学的方玮德,也于此时暗下跟先生学习写诗和评诗,以至数年后先生才偶然知道他还是自己的学生。方玮德是安徽桐城人,先生曾说他有"中国本位文化"的风度,这在"大家正为着摹仿某国或某派的作风而忙得不可开交"的时候,尤为可贵。(《悼玮德》)

先生这时器重的另一个学生费鉴照,是随东南大学并入第四中山大学的二年级学生。费鉴照不仅跟先生学作诗,还学新诗评论。他评论过不少英美诗人,几乎没有一篇不请先生指教过。

是年　为梁实秋的论文集《浪漫的与古典的》绘制封面。该书收入梁在哈佛大学研究院所写成的九篇论文,反映了他的古典主义文学观。先生根据这种倾向,把封面设计成布满整齐排列并占满全页的印章,印章上刻出阴文朱文的"浪漫"与"古典",以使其适应并突出了书中的内容。

---

①　原文作 1928 年,似误。

一九二八年　三十岁

一月六日，外交部长王正廷颁布《关于重订新条约之宣言》，废除不平等条约运动由此开始。

二月，国民党中央机关报《中央日报》在上海创刊。五月，迁南京。

六月四日，日本关东军制造皇姑屯事件，张作霖被炸身亡。

六月九日，"中华民国最高学术研究机关"中央研究院在上海成立，蔡元培任第一任院长。

十二月二十九日，张学良通电宣布东北"遵守三民主义，服从国民政府，改旗易帜"。

一月　第二部诗集《死水》由上海新月书店印行。收《红烛》以后所作诗二十八首，为：《口供》、《收回》、《"你指着太阳起誓"》、《什么梦?》、《大鼓师》、《狼狈》、《你莫怨我》、《你看》、《也许》、《忘掉她》、《泪雨》、《末日》、《死水》、《春光》、《黄昏》、《我要回来》、《夜歌》、《心跳》、《一个观念》、《发现》、《祈祷》、《一句话》、《荒村》、《罪过》、《天安门》、《飞毛腿》、《洗衣歌》、《闻一多先生的书桌》。

新月书店在为《死水》所做的广告介绍中说："王尔德说：艺术是一位善妒的太太，你得用全副精神去服侍她。召集国内最能用全副精神来服侍这位太太的要算闻一多先生了，《死水》如果和一般的作品不同，我们敢在胆的讲一句，只因为这是艺术。闻先生的诗是认真做的，他的诗也应该认真去读，非这样读，不能发现《死水》里的宝藏。研究新诗的人不要忘了这里有一个最好的范本。"（《新月》创刊号，1928.3.10）

《死水》与《红烛》相比，进步是明显的。苏雪林在《论闻一多的诗》中说："这五年的短时期技艺显着了惊人的进步：譬如说《红烛》注重色彩，《死水》则极其淡远；《红烛》尚有锤炼的痕迹，《死水》则到了炉火纯青之候；《红烛》大部分为自由诗，《死水》则都是严密结构的体制；《红烛》十九可以懂，《死水》则几乎全部难懂了。"她认为《死水》的淡并不是淡而无味的淡，《红烛》的色现在表面，《死水》却收敛到里面去了"，并用苏东坡评韩柳诗"外枯而中膏，似淡而实美"的评语来比喻《死水》。同时，她还说："《死水》字句都极矜炼，然而不教你看出他的用力处，这是艺术不易企及的最高的境界"，所以《死水》是"一部标准的诗歌"。（《现代》第4卷第3期，1934.1.1）

在现代文学史上，《死水》产生过很大的影响，也占有比较重要的位置。李广田在《闻一多选集·序》中说："诗集《死水》的出版，在当时的文艺界发生了很大的影响。一方面是由于作者对现实的态度，这种抗议的态度使他的诗有了新的内容。另一方面则由于他的诗的形式。自'五四'以来中国的新诗已经有了将近十年的历史，十年之内，新诗由萌芽而壮大，脱离了旧形式的束缚，自然要求新形式的建立，而到了闻先生，可以说已经是一个相当成熟的时期。"

《死水》最突出的还在于它的思想与形式的结合，它比《红烛》更接近生活，更接近现实，爱国主义的思想感情亦更鲜明、强烈。

《死水》装帧是先生亲自设计的。封面和封底都用了无光的黑纸，只在封页右上方做了一个长方形的金框，内中横排着"死水"两个铅印的字，框外下方是作者姓名。整个封面只用了金黄与浓黑两色，显得宁静、庄重和高贵。衬页则用线描画出在飞矢中顽强前进的成排骑士，手持长矛盾牌，战马亦身着铠甲。这种封面与环衬的强烈的动与静对比，表现了诗集的基调。

二月中旬　担任南京第四中山大学文哲学院本科生指导员。该院指导员还有汪旭初、王伯沆、何兆清、陈登恪、宗白华。（据《任定各院指导员》，上海《民国日报》，1928.2.19）

是月　致左明信。后发表于《萍》第一卷第二期，题作《关于做诗》。收《闻一多全集》。信中谈到作诗问题云：

承询各问题条答如左：

一，韵脚不易安好，乃因少读少做耳。

二，词不达意，乃因少读书的原故。

三，标点不成问题，有的作家甚至废弃标点，故不必为此操心。

四，太明显，确乎是大毛病。根本原因是态度太主观。譬如划船姑娘固然可以引起你的爱怜，但是也未始不可引起一般人的爱怜。你若把你和她两人的关系说得太琐碎，太写实了，读者便觉得那是你们两人的私事，与第三者无关。你要引起读者的同情，必须注意文学的普遍性，然后读者便觉得那种经验在他自身也有发生的可能，他便不但表同情于姑娘，并且同情于你。然后读者与作者契合为一，——那便是文学的大成功了。我自己做诗，往往不成于初得某种感触之时，而成于感触已过，历时数日，甚或数月之后，到这时琐碎的枝节往往已经遗忘了，记得的只是最根本最主要的情绪的轮廓。然后再用想象来装成那模糊影响的轮廓，表现在文字上，其结果虽往往失之空疏，然而刻露的毛病决不会有了。空疏的作品读者看了不发生印象，刻露的作品，往往叫读者发生坏印象。所以与其刻露，不如空疏。英诗人华茨渥司作诗，也用这种方法。

三月十日 《新月》月刊在上海创刊，编辑署名为：徐志摩、闻一多、饶孟侃。实际上，先生住在南京，不可能过问很多编辑事务，但由于朋友们的信任，先生的编辑名义一直延续到第二卷第一号。

《新月》与《晨报·诗镌》相仿，也是一个同人刊物，参加者有胡适、余上沅、刘英士、梁实秋、潘光旦等，后来又陆续增加了些人。

《新月》版型为方的，蓝面贴黄签，签上书古宋体刊名，面上浮贴一张白纸条，上印要目，很是别致。方的版型是仿英国十九世纪末著名文艺季刊 Yellow Book 的形式，先生很喜欢这种版式。译诗《白朗宁夫人的情诗》（一）发表于《新月》第一卷第一号。共十首。收《闻一多全集》）。

这时期，先生译了不少外国诗，也是一种格律的试验。朱自清在《译诗》一文中说："新文学大部分是外国的影响，新诗自然也如此。这时代翻译的作用便很大。……北平《晨报·诗刊》出现以后，一般创作转向格律诗。所谓格律，指的是新的格律，而创造这种新的格律，得从参考并试验外国诗的格律下手。译诗正是试验外国格律的一条大路，于是就努力的尽量的保存原作的格律甚至韵脚。这里得特别提出闻一多先生翻译的白朗宁夫人的商籁二三十首。他尽量保存原诗的格律，有时不免牺牲了意义的明白。但这个试验是值得的；现在商籁体（即十四行）可算是成立了，闻先生是有他的贡献的。"（朱乔森编《朱自清全集》第 2 卷，第 372 至 373 页）在《诗的形式》一文中，朱自清还说：闻一多"也试验种种外国诗体，成绩也很好。后来又翻译白朗宁夫人十四行诗几十首，发表在《新月》杂志上；他给这种形式以'商籁体'的新译名。他是第一个使人注意'商籁'的人。"（朱乔森编《朱自清全集》第 2 卷第 397 页）

是月 与叶公超合译的《近代英美诗选》完成。《新月》月刊第一卷第六号刊有广告，云该书分英美两册。文中还介绍云："中国的新诗是从那里演化出来的？一般诗人的背景都受过些甚么影响？能答复这个问题的人，自然知道现在中国的新诗和英美诗——尤其是和近代英美诗的密切关系。这两本诗选的目的，是在介绍近代英美诗中最能引起我们的兴趣的作品，一百多家诗人不同的个性都包括在里面，还附有各诗人的传略和精当的短评。凡是有字典不能解释的字和成语都附有详尽的注释,这选本不但是专门研究文学的一个人唯一的向导,而且是大学近代文学课程里一部必不可少的教科书。闻一多先生在新诗坛里的地位早已经为一般人所公认。叶公超先生又是中国唯一能写英文诗的诗人。他们两位把这精选拿出来贡献给大家,不是文艺界的幸福是什么?"

四月十日　诗《答辩》、译诗《幽舍的麋鹿》(哈代作)、译诗《白朗宁夫人的情诗》(第十一至二十一首)发表于《新月》第一卷第二号。前两首收《闻一多诗集》。其诗如下:

十一

既然爱是宝贵的,我就沾爱的光。

这样苍白的双腮足膝这样的抖颤,

仿佛是当不起那颗心儿的重担,——

这吹箫乞食的身世,束上了行装,

打算翻山越岭,如今却几乎吹不上

一只凄凉的歌儿来响应那啼鹃——

爱呀,这身世虽则是一筹莫展,

你为什么要躲避它? 你何必懊丧?

不用讲,我本是配不上你的身分,

爱,我太不值,我不是你的俦匹!

可也不尽然,正因我爱你,我的痴情

便救了我,许还活着爱你到底,⋯⋯

可又不成,——真教我闹不清,我分明

要给你祝福,却又当面拒绝了你。

十二

老实说,我所自夸的这一般爱,

从我胸中升到额上,就仿佛是,

给我戴上了一颗绯红的宝石,

人人都瞧得见,认识它的珍环——

老实说这爱不是我自己的私财。

我那会晓得爱是怎么一回事,

除非你给我立个榜样,给我指示,

像头回我们的目光交互的飞来,

马上爱就唤醒了爱,分明得很,

这爱是不好算作我自己家当；
因为你的灵魂带住了我的灵魂，
便往你那尊前的宝座上一放，
从此我爱，完全是叨着你恩，
完全因为你，你唯一的情郎！

十三

你定要我把我赠你的这段爱，
制成语言，寻出相当的字句，
给端出来，像在狂风里擎着火炬，
让它往我们的脸上射着光彩？
我把它往你脚下一摔。我不能差
我的手把我这心灵那样端出去，
离我自己那样远；我不能用言语
给你证明我这深藏的爱。你明白：
我是不动心的，凭你怎样央求，
我还把生命的衣裳狠心撕破，
生怕这心给碰一下，泄露了隐忧——
你既白了这种真相，你就让我，
让我用我们那女儿们的不开口
来证实我这女儿的爱，可不可？

十四

既然要爱我，别的就都不要管，
你就专为爱我而爱我。不要讲；
"我爱她，是为着那一笑——那一望——
那谈吐里的一种温存——那一段
玲珑的思想，恰合我的脾胃，还
在某一天博得了我满心的欢畅。"
不要这样！讲，因为，爱呀，这些花样，
作与改变，或者从你眼光里看，
忽然变了。爱是怎样的成功，
便怎样失败——也不要为你那慈悲
擦干了我这泪颊而爱我，懂不懂？

一个人，只要长久得到你的抚慰，

就许忘记哭了，因此又失你的爱宠。

可是为爱而爱我，你便能爱我万岁！

十五

不要骂我对你挂起沉沉的脸；

我们是各奔着各人的路程，

一种的日光照不上，我们的眉鬓。

我好似晶珠里锁着的蜜蜂一般，

不能你为我起什么惊猜的眷念；

因为悲哀既把锁进恋爱的神圣，

叫我张开翅膀往外飞，那怎么成？

从使我多方的挣扎，也还是枉然。

你知道望着你，望着你，望到

恋爱和恋爱的结局，仿佛一个人

踞坐在高处，俯瞰着江河的滔滔，

江河以外，又浮着大海的阴沉——

我望你时，我听见记忆外层的寂寥，

也明白记忆温柔，和泯灭的寒凛。

十六

但是，正因你能那样的征服我，

正因你那般豪迈，好似一位帝王，

你便能把你的绣裳不顾我的恐惶，

一甩，给裹在我身上，叫我的心和

你的心贴得更紧，从此遇着离索，

我的心便永不会忪忡。征服是一桩

高尚而彻底的事爱，无论是向上

的感化，或往下的摧残与压迫！

像一个负创的败卒，辗转在地下，

被敌人扶起，便把手里的宝剑

移交给他，——我毕竟也和你这冤家

讲了和爱，你再请我走上你跟前，

你一句话，就恢复了我的身价。

爱,扩大你的爱来抬高我的体面!

十七

上帝排在那往古来今里的徽弦,
我的诗人,你都能弹;你一挥手,
便奏出夐绝的乐曲,在尘嚣上飘浮,
在尘嚣外飘浮。好比药石一般,
你的音乐吐了出去,能给人寰
攻砭的毒秽,解除着苦痛和烦忧。
爱呀,上帝派给了你这种职守,
派我给你伺候。你打算打算
最好是用什么方法来使用我? ——
一点点希望来给你欢唱也许
一段缠绵的记忆,给参进你的歌?
一树浓荫,给遮你唱——是棕榈,
还是松楸? 要不就是座坟墓,
给你唱完睡下? 听凭你选去。

十八

爱呀,我没有拿头发奉送过谁,
除了这回,默默的把这一卷卷
左手里牵得顶长的,叫你来拿。
我知道青春去了,我的发再不会
跟着脚步跳踉又不好好女儿辈,
再向那番榴树底,或蔷薇花下,
去种新发。你瞧,这松的一把,
早在悲哀里学会了一种憨态,——
头那么一歪,垂了下来;我只好
让它垂,垂在脸上,把泪痕遮起。
这东西我想逃不脱死神的剪刀,
其实是归爱得的。爱现在我给你,……
这儿有我母亲临终的一吻,你瞧,
除则隔了多年却依然是纯洁的。

十九

灵魂的市廛也自有它的货物；
我在那市上拿头发换着头发。
这一卷，从我诗人的头上摘下，
收进我心里，这些麝戴的舳舻
还要宝贵；即便是诗品大当初
悬拟，的九神，额前都斜拖着一把
黝紫的卷发，也不过是这样罢！
爱，想我，你那桂冠的影子还停驻
在这发上，我轻轻的吻上一嘴，
让一缕呼吸那影子给缠牢，
（我把礼物往没有障碍的地方堆）
然后这发在我心上你可记好，
也和在你头上一样，永远总会
热烘烘的除非人死了，心冷掉。

二十

爱呀，我的爱，我回想一年以前，
那时人间早有你，我独坐在
这雪地里，却听不见你的大咳
冲破寂寞，你的脚印我也没瞧见，
我只一节节的数着生命的连环，
那料得到还有你那一拳要打来，
把连环给打掉？我想起那时，爱
我便尝到了生命的奇妙！你看，
真是奇妙居然觉不出你的举动，
你的言谈会来震动我的朝夕，——
也不曾从你看着长成的那一本
白花里拈出一瓣关于你的消息。
那些人们，和我一样，也够愚蠢，
猜不透他们自己看不见的上帝。

二十一

请你再讲一回，还要再讲一回，

讲你爱我。虽则那重叠的空音

正如你说明,好似杜鹃的歌声;

可是记取全盛的青春从不会

来到山上,郊中,林间或谷里,除非

杜鹃的音乐也随着春来临。

爱,我在那黑暗里曾经倾听,

听到一种迟疑的缥缈的呼听,

于是在迟疑的苦闷里,我喊道,

"既爱我,就再讲一遍!"怕什么

四季的花太闹? 天上的星太多

说,你爱我,你爱我,你爱我,说——

重椀的说,像急着撞银钟;只记好

还要用那灵魂默默的爱我。

《新月》刊登此诗的同时,还刊登出徐志摩的一篇《白朗宁夫人的情诗》,说:"白夫人留给我们那四十四首十四行诗。在这四十四首情诗里白夫人的天才凝成了最透明的纯晶,这文学史上是第一次一个好彻透的供承她对一个男子的爱情。""这四十四首情诗现在已经闻一多先生用语体文译出,这是一件可纪念的工作。因为'商籁体'(一多译)那诗格是抒情诗体例中最美最庄严,最严密亦最有弹性的一格"。"一多这次试验也不是轻率的,他那耐心先就不易,至少有好几首是朗然可诵的。当初槐哀德与石垒伯爵既然能把这原种从意大利移植到英国,后来果然开结成异样的花果,我们现在,在解放与建设我们文字的大运动中,为什么就没有希望再把它从英国移植到我们这边来? 开端都是至微细的,什么事都得人们一半凭纯粹的耐心去做。为娶一来宣传白大人的情诗,二来引起我们文学界对于新诗体的注意,我自告奋勇在一多已经锻炼的译作的后面加上这一篇多少不免蛇足的散文"。

是月 约这前后,有致饶孟侃信①。收《闻一多书信选集》。说到译诗:"昨天又试了两首商籁体,是一个题目,两种写法。我也不知道那一种妥当,故此请你代为批评。这东西确乎不容易。正因为不容易,我才高兴做它。"此信用的是"国民政府军事委员会政治训练部用笺"。

五月十日 诗《回来》发表于《新月》第一卷第三号。收《闻一多诗集》。这是一

---

① 此信未署日期,《闻一多书信选集》注:"此信写于三四月间。"信中有"《新月》第三期如何应付?",故知写于第2号出版前后,暂系于此。

首商籁体十四行诗,写回到家中不见妻子时的"凄惶",叹息到这是"孤臣孽子的绝望"。

五月二十五日　　致饶孟侃信。收《闻一多书信选集》。向《新月》推荐陈梦家的三幕剧本《金丝笼》及独幕剧本《药》。(该两剧本分别刊于《新月》第 1 卷第 5 号和第 6 号)又说方重、梁鋆立已允撰稿。并主张"下次还得有篇把诗才好,久没有好诗,恐怕失了《新月》的特色"。先生的意思,《新月》应办成一种文艺性质的刊物。

信中还谈到自己作杜甫传记的进行情况:"现在再讲我的一万字为什么交不上。原来心太起大了,题目选坏了,收集的材料不够,因此写不下。这题目讲起来你许记得——就是你看过的杜甫的传。现在已完的有六七千字,还不够全篇十分之一。一次登不完,不成问题,但只就这六七千字里,还有许多不妥的地方。因此我要求赦我一次,从容点写,等六期再交卷。"

五月二十六日　　《先拉飞主义》写定。后发表于六月十日《新月》第一卷第四号。收《闻一多全集》。

"先拉飞"是英国罗瑟蒂、韩德、米雷等七人于一八四〇年发起成立的一个兄弟会,他们中间有的是画家,有的是雕刻家,有的是诗人,是一个艺术家的小团体。他们出版刊物《胚胎》,人称"先拉飞派"。"先拉飞"这一名词,原是侨居意大利的一群法国画家最早使用的,其目的为的是要在绘画中恢复中世纪的"拉飞儿"以前的朴质作风。"先拉飞派"则主张扫除拉飞儿以后的种种秀丽、纤弱的习气,恢复早期作家的简洁、真诚和笃实,并且要矫正当时那物质的潮流和怀疑的思想,他们要在绘画里表现出中世纪的"惊异、虔诚和懔栗"等宗教情调。他们掀起的先拉飞运动的寿命并不长,这团体不久也渐渐松散瓦解了,各人走各人的蹊径。但先拉飞运动在英国艺术上,却印了一个深深的戳记,尤其是在装饰艺术上有较深的影响。先生在《先拉飞主义》中介绍了这一运动的过程,介绍了其重要人物罗瑟蒂等人的活动,特别叙述了先拉飞派画与先拉飞派诗之间的关系。文中说先拉飞主义之所以引起自己的注意,是因为"美术和文学,从来没有在同一个时期里,发生过那样密切的关系","那样有意的用文学来作画,用颜料来吟诗"。先生站在绘画的角度分析了先拉飞派的画与诗关系的七种因素,说:"总结一句,先拉飞派的诗和画,的确是有它们的特点,'先拉飞主义',无论在诗或画方面,似乎是一条新路。问题只是艺术的园地里到底有开辟新畦畛的必要与可能没有? 勉强造成的花样,对于艺术的根本价值,是有益还是有损?"末了,认为先拉飞派的诗中有画,画中有诗"是张冠李戴,是末流的滥觞;猛然看去,是新奇,是变化,仔细想想,实在是艺术的自杀政策"。

是月　　梁实秋的《文学的纪律》出版,封面为先生设计。

六月十日 译诗《情愿》(郝斯曼作)发表于《新月》第一卷第四号。收《闻一多诗集》。全诗两段八行：

> 是酒,是爱,是战争,只
> 　　要能永远使人沉醉,
> 我情愿天亮就醒来,
> 　　我情愿到天黑就睡。
>
> 无奈人又有时清醒,
> 　　一阵阵的胡思乱想,
> 每逢他思想的时候,
> 　　便把双手锁在心上。

七月 武汉大学筹备成立,湖北省教育厅厅长刘树杞代理校长职务。是月,刘树杞来南京国立中央大学隔壁过家花园先生家,恳请先生就任文学院院长,并拜托先生约请留美回国同学来校任教。先生起初有些犹豫,不愿离开较为安定的环境,但终被桑梓之情所动。

八月十日 《杜甫》(传记)发表于《新月》第一卷第六号。收《闻一多全集》。这是一篇只完成了一半的传记散文,试图给杜甫做一画像,它是先生研究中国古代文学的尝试之一,但此后没有接着写下去,而是着手去做杜甫的年谱会笺。

是月上旬 只身从南京到武昌,就任武汉大学教授兼文学院院长。武汉大学的前身为一八九三年清朝湖广总督张之洞创办的自强学堂,一九〇二年改名方言学堂。一九一三年北京国民政府教育部成立后,在方言学堂基础上建立武昌高等师范学校,其后相继改名国立武昌师范大学、国立武昌大学。一九二七年七月四日国民政府公布《大学院组织法》后,武昌中山大学、国立武昌商科大学、省立医科大学、省立法科大学、省立文科大学、私立武昌中华大学等校,合并为国立第二中山大学,成为当时中国五大中央级国立中山大学之一。国立第二中山大学设有文、法、理、工四个学院,校址在原方言学堂的武昌东厂口。一九二八年十月二十三日,国民政府改大学院为教育部,大学区制先后取消,一九二九年七月教育部明令停止试验。先生到武昌时,大学区制即将取消,人们已称第二中山大学为国立武汉大学。

在武昌,起先住磨石街,后搬至黄土上坡三十一号锦园,是一所漂亮的外国传教士的花园。

八月十八日 致顾颉刚电,邀其担任国文系教授,月薪至少三百元。时,顾颉刚在广州中山大学,接电后认为"势不可允"。(《顾颉刚日记》第2卷,第196页,台北联

经出版事业公司 2007 年 5 月出版)

九月十日　译诗《"从十二方的风穴里"》(译郝斯曼诗)发表于《新月》第一卷第七号。收《闻一多诗集》。

同日　下午一时,先生与梁明致、胡其炳、方博泉等十一人组成的武汉大学学生入学审查委员会,开始评阅上海考生的试卷。(据《武汉大学在沪招考之新生揭晓》,《汉口中山日报》,1928.9.12)

九月十三日　出席武汉大学第一次临时校务会议,与刘树杞、皮宗石、王星拱、梁明致共商增设本科、举行编级试验、聘请教授、编制预算、筹备开学诸事项。(据《武汉大学昨开校务会议》,《汉口中山日报》,1928.9.14)

九月十七日　次子闻立雕生于南京。

九月二十一日　《汉口中山日报》在《武汉大学新聘各委员及教授》消息中,报道昨日武汉大学正式聘请教授二十八人,除先生外,还有杨树达、燕树棠、谢文炳、邓以蛰、陈登恪等。先生就任文学院院长。文学院设中国文学、外国文学二系,因均只有一年级学生一班,故未设系主任。

九月二十六日　出席武汉大学第三次临时校务会议,讨论合并各校的毕业生诸问题。(据《武大对前中大生请求随班毕业案之议决》,《汉口中山日报》,1928.9.27)

九月三十日　武汉大学举行预科生甄别考试,国文、英文两科试题为先生负责拟定。(据《武汉大学定期举行编级试验》,《汉口中山日报》,1928.9.16;《武汉大学甄别试验展期》,《汉口中山日报》,1928.9.19)

是月　致饶孟侃信①。收《闻一多书信选集》。向新月书店推荐武汉大学讲师李儒勉(江西人,曾是少年中国学会会员)夫人周慧专女士著述数种。

十月二日　武汉大学依大学组织大纲,举行第一次正式校务会议。先生为文学院院长,是规定的校务会议成员。其他成员还有代理校长刘树杞、社会科学院院长皮宗石、理工学院院长王星拱和梁明致、陈鼎铭、张镜澄、胡其炳、胡庆生。会议报告四项,议决三项。次日,武汉大学印信正式启用。(据《武汉大学启用印信》,《汉口中山日报》,1928.10.4)

十月十日　《新月》第一卷第八号预告下期将刊登先生的短篇小说《履历片》。《编辑余话》云:"闻一多先生一篇短篇小说《履历片》——闻先生的处女作——及好几篇别的稿件,都因为寄来的太晚,要等下期才能发表。"这是迄今所知先生所作的唯一的一篇小说,但不知何故,后来并未刊出,亦未见在他处发表。

---

　①　此信未署日期,《闻一多书信选集》系于 10 月。但文中有收到《新月》第 1 卷第 7 号等语,该号出版于 9 月 10 日。故暂系此信于 9 月。

十月十九日　湖北省教育厅艺术教育委员会召开第九次会议,决定举办全省第一届美术展览会,"聘请艺术大家为审查及评判委员,决议聘请闻一多为审查及评判委员长,许太谷、唐粹庵、曾一橹、张肇铭、管雪忱、胡荫之、马振鹏、蒋兰圃为委员"。(《湖北第一届美术展览会推定主任》,《汉口中山日报》,1928.10.20)

十月三十一日　出席武汉大学第六次校务会议,决议成立图书委员会,以皮宗石为委员长,先生与王星拱、梁明致、胡庆生、周铁山、陈源、燕树棠、曾昭安为委员。(据《武汉大学组织图书委员会》,《汉口中山日报》,1928.11.1)

同日　武汉大学正式开始授课。先生这学年讲授文学院共同选修课"西洋美术史"、外文系选修课"现代英美诗"。(据《本科一年级课程表》,《武汉大学周刊》创刊号,1928.12.3)

十一月二日　出席湖北省第一届美术展览会审查兼评判会议,讨论审查评判标准及办法等。(据《美术展览会明日开审查兼评判会议》,《汉口中山日报》,1928.11.1)

十一月十四日　出席武汉大学第八次校务会议,讨论组织群育委员会等案,推定先生为该委员会主席,胡庆生等八人为委员。(据《武汉大学组织群育出版两委员会》,《汉口中山日报》,1928.11.15)

十一月十五日　湖北省第一届美术展览会在武昌水陆街私立武昌艺术专科学校开幕,先生出席。出席者还有省政府主席张知本、武汉政治分会秘书长翁敬棠及各方面负责人但焘、胡宗铎、陶钧、田桐、程汝怀、李石樵、石幼平、聂光等。武汉政治分会主席李宗仁亦写来贺信,并赠款购买奖品。这次展览会是湖北历史上规模空前的美术作品检阅,展出作品以中小学校及美专学生作品为主,也有名家绘画参展。举办这次美展的目的,"在提倡艺术教育和纯粹艺术,以期社会艺术化"。(《全省美展第一届评判会之批评》,《汉口中山日报》,1928.12.2)

十一月二十日　出席武汉大学第九次校务会议,决定补行开学典礼仪式(武汉大学因校舍未能腾出,所以先行上课,未举行开学典礼),推定先生与曾昭安等人主持筹备。(据《武汉大学补行开学典礼日期已定》,《汉口中山日报》,1928.11.22)

同日　国民党中央政治会议武汉分会召开常委会,讨论武汉大学勘定新校址问题,批准划武昌城东门外洪山至落驾山一带为武大新校址。

落驾山,又称罗家山,先生建议改为谐音的"珞珈山",使地名染上了一种诗样的意境。方重《回忆武大》:"讲到'珞珈山'这个名称,……若要追溯此名之由来,在我的回忆之中则首先要提到诗人闻一多。原来就是他,……忽而灵机一动把原有的不登大雅的旧时代祖传地名代之以富有风味的'珞珈'二字。当初他题这个名称曾和我以及其他几位旧友谈论过。我们都一致赞同,认为这也是诗人的灵感之一。

因而珞珈山之名就此沿用至今。"(《武汉大学校友通讯》创刊号,1983 年 10 月)

　　武汉大学校徽亦为先生设计,现在仍被采用为该校的印章徽记。

　　十二月二十四日　《武汉大学周刊》第四期刊登本校各委员会委员名单,先生除任群育委员会主席和入学审查委员会主席外,还担任图书、出版、训育各委员会委员。

　　十二月三十一日　《武汉大学周刊》第五期刊登《本大学评议会评议员题名录》,先生以文学院院长出任评议员。评议会成员还有代理校长刘树杞、教育部代表周览(鲠生)、武汉政治分会代表翁敬棠以及各学院院长和教授代表皮宗石、王星拱、陈登恪、燕树棠、曾昭安。

一九二九年 三十一岁

    三月,中国国民党第三次全国代表大会在南京召开,宣布"军政时期"结束,"训政时期"开始。六月,国民党三届二中全会规定训政期限为六年。

    三月二十六日,国民政府下达讨桂令,蒋桂战争爆发。

    一月五日   武汉大学补行开学典礼。刘树杞致开会词,提出武大应具备五个特点:特别注重党义,注重质而不注重量,学术向深邃处研究,追求更伟大的建筑更新鲜的外表,课程及造出来的人才是实用的。会上武大筹备委员曾昭安、武汉政治分会代表翁敬棠、教育部代表王世杰、湖北省政府主席张知本、湖北省党务指导委员会代表张难先等亦有发言。(据《国立武汉大学昨举行开学典礼》,《汉口中山日报》,1929.1.6)

    一月十三日   出席武汉大学第十五次校务会议,讨论并入武大的师范生毕业考试等问题,决定组织考试委员会,先生为委员之一。(据《武汉大学明日举行师范班毕业考试》,《汉口中山日报》,1929.1.14)

    一月十九日   梁启超先生在北平病逝。其子梁思成与先生过从甚密,在清华时曾共同组织过社团。梁启超亦在清华学校有多次讲演,还亲临先生发起的"美司斯"成立大会。故徐志摩欲以《新月》第二卷第一号为纪念梁启超专号时,特向先生征稿。徐二十三日致胡适信中云:"一多处亦已去函征文。"(《胡适来往书信选》上册,第507页)

    一月二十一日   武汉大学全体教职员发表《对汉口水案通电》。是月十七日,日本军队的炮车在汉口碾死车夫水杏林,激起武汉三镇民众愤怒,各界纷纷发表抗议。先生对"水案"亦持激烈态度。

    二月二十六日   出席武汉大学第二十三次校务会议,决定组织课程委员会,推定先生为委员长,皮宗石、王星拱等为委员。(据《武汉大学第23次校务会议记事录》,《武汉大学周刊》第11期,1929.3.4)

    三月四日   出席武汉大学第一次评议会议。讨论增设学院学系、经费、预算、修正组织大纲、修正教员聘任规则、教职员待遇规则等案。(据《武汉大学第1次评议会议事录》,《武汉大学周刊》第12期,1929.3.11)

    三月七日   先生请彭基相给在美国留学的朱湘去信,约他来武汉大学任教。

朱湘于一九二六年赴美,在异国遇到不愉快的对待,心情抑郁,欲提前回国,又怕一时找不到合适的工作。先生知道,即请彭基相去信。四月十五日,朱湘复彭基相信,说:"刚才接到三月七日信。天下最难的是朋友,不管下半年你同一多怎样,我决定回国。与其受异种人的闲气,倒不如受本种人的。得到友谊作后盾,在国内就是受点闲气,也吞得下去。先寄一封信给了一多,以后再寄与子离。"(《朱湘书信集》,第18页)四月十七日,朱湘给妻子信中也说:"我如今告诉你一个好消息,彭先生刚巧有一封信也是这天到,说闻先生要我去武昌武汉大学作教授,每月三百块以上的薪水。……要是闻先生下半年还在武昌,我这下年暑假,早则阳历六月底,晚则八月初,一定回家。"(《朱湘书信二集》,第137至138页,安徽文艺出版社1987年3月出版)二十九日朱湘在给妻子信中又说:"从前我多次想回国倒底不曾回成,是因为仇人太多,怕谋不了生。如今[与]闻先生他们感情又好了。多朋友帮忙,想必不会找不到事。这次闻先生还在武汉大学是顶好,万一不在,他们也总能够替我设法。将来他运气再好,我仍旧能当大学教授。"(《朱湘书信二集》,第141页)先生前因《晨报·诗镌》事与朱湘一度交恶,此刻芥蒂消除,但朱湘与徐志摩关系仍很紧张。五月二日朱湘给罗念生信中说:"我将来看着时机到了,一定要怂恿一多与徐志摩脱离关系。我自己更是一直反对徐志摩到底。"(《朱湘书信二集》,第277页)

三月十三日 出席武汉大学第二十五次校务会议,讨论事项中有"本校学生徐朝元等呈请增设音乐课程案","决议请闻一多先生酌办"。(《武汉大学第25次校务会议记事录》,《武汉大学周刊》第13期,1929.3.18)

三月二十六日 出席武汉大学第二十七次校务会议,讨论事项中有"总理奉安委员会总干事孔祥熙函转总理奉安赗赠物品及纪念树木办法请查照案","议决请闻一多先生筹划"。(《武汉大学第27次校务会议记事录》,《武汉大学周刊》第16期,1929.4.8)

四月十日 《新月》第二卷第二号出版,扉页刊登潘光旦著《中国之家庭问题》再版广告,书名下特别注明"闻一多作封面"。

四月三十日 出席武汉大学第三十二次校务会议。讨论事项中有关于孙中山奉安典礼应办数事,又议决请先生与胡庆生两人办理石碑之事。(据《武大校务会议》,《武汉中山日报》,1929.5.4)

五月二十二日 武汉大学新校长王世杰到校,全校开会欢迎。王世杰曾任南京第四中山大学副教授,一度与先生同事。

五月二十八日 出席武汉大学第三十六次校务会议,讨论"武汉奉安委员会为奉安典礼各界届时应各备祭文一份并推主祭一人案"时,"议决祭文请闻院长拟

就"。(据《国立武汉大学第36次校务会议记事录》,《武汉大学周刊》第24期,1929.6.3)

六月一日 武汉各界纪念孙中山奉安典礼在武昌首义公园隆重举行。时,南京中山陵落成,孙中山灵榇自北平西山碧云寺迁至中山陵安葬,全国各地同时举行奉安典礼。武汉大学的祭文为先生撰写,刊于十日《武汉大学周刊》第二十五期。全文如下:

> 乌乎! 神州陆沉,受制异族,民权不伸,民生弥蹙,厝火积薪,危机潜伏,众人熙熙,酣梦方熟。繄维总理,先觉先知,四十年前,独抱忧危,结纳同志,密展宏规,光复故物,金瓯不亏。国体共和,首崇让德,成功不居,退然拱默,咄哉叛夫,大盗移国,爱构厉阶,祸延南北。公谋建设,主义昭宣,建国方略,宪法五权,亿兆服膺,全体动员,催公北上,奢定坤乾。胡天不仁,沉疴遽染,扁鹊华佗,莫救斯险,壮志甫伸,荣光俄俙,戴德垓埏,铭勋琬琰。煌煌遗教,奉作宝书,和平统一,实践非虚,迁都金陵,力行其余,国民会议,苛约废除。遏密八音,倏焉三载,奉安钟山,兆域爽垲,坎对孝陵,徽扬寰海,举哀陈词,上诉真宰。滔滔江汉,载缵武功,辛亥首义,退尔夷同,学府既建,樛朴芃芃,敢献乐章,被之丝桐。尚飨。

(《国立武汉大学纪念总理奉安典礼之联语及祭文》,《武汉大学周刊》第25期,1929.6.10)

七月五日 顾颉刚草复先生信。顾颉刚在是日日记中写到"写闻一多信,未毕"。(《顾颉刚日记》第2卷,第300页) 是年二月中旬,顾颉刚离广州赴北平,五月接受燕京大学聘书,先生闻知后再邀其来武汉大学。顾未接受邀请,遂有此信。此信未写完,故未寄出,现存底稿云:

> 一多先生:回苏后晤吴维清兄,悉先生们极盼我到武昌,盛意胜感刻。兹敬将我不能来的苦衷及对于武大的希望具述于下:我是一个只能研究史学的人,在这个范围以内我有无穷的前程,我当仁不让;在这个范围以外,我一无才干,又无一野心,这也不是故意谦虚。不幸为了'饥驱'到了厦门,又到了广州,三年中给别人一天一天的抬高,终日为教书办事忙碌,使得三年前预定的计划一点也不能照做。牛岁一天比一天长大,学业一天比一天退步,这是何等的悲愤呵! 所以立下决心,春间逃出广州,到了北平。因为燕京大学的生活较为安定,既可不办事,教书也只有三小时,所以便受了他们的聘。从下半年起,我在燕大服务了。但是,有一件事长顿在我的心头,使得我甚踌躇的。便是中山大学中的语言历史研究所将因我的不去而倒闭了。本来这个研究所是傅孟真兄办的,后来他办了中央研究院的历史语言研究所,这个机关就递嬗到我的身上。我本无办事的才干,但以责任心太强,既当了主任就得用了全力干去,所以一年以来居然有些成绩。《研究所周刊》已出至八十册,《民俗周刊》已出至七十期,丛书已出至三十种,档案已搜……(《顾颉刚全集》

第 40 册,第 363 至 364 页,中华书局 2010 年 12 月出版)

八月　游国恩被聘为武汉大学中国文学系讲师,教授楚辞研究。游国恩到校后,曾建议先生也进行楚辞研究。

九月十六日　武汉大学开学。二十三日举行开学典礼,二十四日上课。这学年先生讲授"英诗初步"。(据《武汉大学一览》,1930 年度)

约在这前后,先生请这年四月来校任教的朱东润开设文学批评史课程。朱东润《自传》:"那时武汉大学的文学院长是闻一多教授,他看到中文系的教师实在复杂,总想来一些变动。……'东润先生',闻一多说:'是不是可以到中文系开中国文学批评史这一课?'……我是读过森斯伯里的英国文学批评史的,但是那时中国只出过陈中凡教授的中国文学批评史,虽然筚路蓝缕,陈先生已经做出了最大的贡献,但是究竟只尽了启蒙的责任,无法应用到大学的讲坛。因此我和一多说:'能不能给我一年的时间作一些准备工作?''可以可以',一多说:'好在今年下半年还不开课,可以推到明年的秋天。'这就是我的那本《中国文学批评史大纲》的由来。"(《中国当代社会科学家》第 1 辑,第 49 至 50 页,书目文献出版社 1985 年 5 月出版)

九月二十日　出席武汉大学第四次临时校务会议,决定聘朱湘为文学院教授。(据《武汉大学第四次临时校务会议记录》,《武汉大学周刊》第 28 期,1929.9.23)聘朱湘为教授,是先生提议的,并为朱湘安排了作文、修辞、英国文学史略等课程。但朱湘没有来武大,被安徽大学邀任外文系主任。次年九月二十七日朱湘给罗皑岚信中说:"安大学生把我拉了回来,还要我办外国语文学系,不让我去武汉,虽然×××同××①来向我重申前议。"(《朱湘书信集》,第 144 页)

这时任武汉市市长的吴国桢,也曾以清华学校同窗身份,请先生推荐他在武汉大学兼做教授,被先生拒绝。闻立勋回忆:"一叔是武大文学院长时,吴国桢是武汉市长。吴当市长,只是官僚,很想兼一个教授的职务,找一叔帮忙。……按说吴是老同学,又是武汉市长,两人搞好关系,多少有点好处,而一叔毫不通融。一九二一年因闹学潮,妥协的同学中有一个就是吴国桢。我看过一叔的《辛酉日记》,写了一首宝塔诗,记了当时的经过,里面还讽刺吴,称吴为小老头(吴的别号)。当时闹学潮时,他就是对立面。"(闻立勋回忆一多叔录音,1980.2,张同霞整理)

是年秋　私立武昌艺术专科学校遵照大学院令,重订本校董事会简章,改委员制为校长制,先生被聘为校董。(据《私立武昌艺术专科学校一览》,1934 年度)时,该校

---

①　当一是先生,一是陈源(西滢)。据台湾学者秦贤次先生考证,武汉大学外国文学系教授名单仅有陈源、方重两人,但方重一九三一年二月才到校,故推测可能是陈源。

主席校董为蒋兰圃,校长为唐义精。

十月四日 出席武汉大学第四十八次校务会议。讨论国庆纪念仪式、刊行定期刊物及武大丛书等十一项议案,推定先生与陈源两人规划文学院季刊。(据《武汉大学第48次校务会议记录》,《武汉大学周刊》第30期,1929.10.7)

十月十一日 出席武汉大学第四十九次校务会议,讨论关于军事训练实施办法等案。(据《武汉大学第49次校务会议记录》,《武汉大学周刊》第31期,1929.10.14) 自汉口"水案"事件后,武汉民众反日情绪高涨,加之此前一九二八年五月三日之"济南惨案"、六月四日张作霖在皇姑屯被炸身亡,日本帝国主义侵华日急。为应付局势,武汉大学决定增加军事训练,先生积极赞成。

十月二十五日 出席武汉大学第五十一次校务会议,讨论图书委员会内设置中文图书审查委员会等案,议决先生担任中文图书审查委员会委员长,李笠、任凯南、谭戒甫、周贞亮为委员。(据《武汉大学第51次校务会议记录》,《武汉大学周刊》第33期,1929.10.28)

是月 三子闻立鸿生,次年夏天。

十一月十日 论文《庄子》、译诗《山花》(郝斯曼作,与饶孟侃合译)发表于《新月》第二卷第九号。前者收入《闻一多全集》,后者收入《闻一多诗集》。

《庄子》全文分作五章,叙述庄子行踪和文学成就,称:"《庄子》的文学价值还不只在文辞上,实在连他的哲学都不像寻常那一种矜严的、峻刻的、料峭的一味皱眉头,绞脑子的东西;他的思想的本身便是一首绝妙的诗。"又说:"文学是要和哲学不分彼此,才庄严,才伟大。哲学的起点便是文学的核心。只有浅薄的、庸琐的、渺小的文学,才专门注意花叶的美茂,而忘掉了那最原始、最宝贵的类似哲学的仁子。无论《庄子》的花叶已经够美茂的了;即令他没有发展到花叶,只是他那简单的几颗仁子,给投在文学的园地上,便是莫大的贡献,无量的功德。"郭沫若在《闻一多全集·序》中评论到:"一多先生不仅在《庄子》的校释上做了刻苦的工夫,他另外有一篇题名就叫《庄子》的论文,直可以说是对于庄子的最高的礼赞。他实在是在那儿诚心诚意地赞美庄子,不仅陶醉于庄子的汪洋恣肆的文章,而且还同情于他的思想。……这和《死水》中所表现的思想有一脉相通的地方。你看他那陶醉于庄子的'乐不可支'的神情!他在迷恋着'超人',迷恋着'高古'、'神圣'、'古铜古玉'、'以丑为美'(《死水》的主要倾向便在刻意于此),甚至于迷恋于庄子的'道','认识道的存在','信仰道的实有'的是'有大智慧的'人,意在言外地憧憬着要'像庄子那样热忱地爱慕它'。"

译诗《山花》,诗前有一段附言,云:"郝士曼写完他的第一部诗集时,准备告一段落(他的第二部——即最末一部集子是二十六年以后才出世的)。因此在诗集后,缀上这一首跋尾式的诗,表明他对于自己的作品的估价。他这谦虚的态度适足以显着他的伟大。原诗没有题目,这里用的,是译者擅自加上的。"这首译诗,似乎可以看出先生自己的影子,故录如下:

> 我割下了几束山花,
> 我把它带进了市场,
> 悄悄的又给带回家;
> 论颜色本不算漂亮。
>
> 因此我就到处种播,
> 让同调的人去寻求,
> 当那花下埋着的我
> 是一具无名的尸首。
>
> 有的种子喂了野鸟,
> 有的让风霜给摧残,
> 但总有几朵会碰巧
> 开起来像稀星一般。
>
> 年年野外总有得开,
> 春来了,不幸的人们
> 也不愁没有得花戴,
> 虽则我早已是古人。

十一月二十八日　出席武汉大学第五十六次校务会议,讨论审查文哲季刊规则等案。(据《武汉大学第56次校务会议常会记录》,《武汉大学周刊》第38期,1929.12.1)《文哲季刊》即武汉大学文学院主办的学术刊物,先生参与筹备,编辑主任为陈源。

　　是年　为武汉大学教授陈登恪转圜。林斯德回忆:"一九二九年武大教授陈登恪适逢失恋痛苦时,遭到盗窃。被盗衣箱中有一份参加国家主义派组织的文件,本来是张废纸,破案后被政府发现,顿成'反动派'的证据,事态极为严重。先生一面设法向省政府解说,一面关心陈愤恨轻生,特派费鉴照助教陪他渡江受审。不久问题得到解决,总算免除了不幸事故发生。"(林斯德给编者的信,1986.7.14)陈登恪,早年曾加入过少年中国学会,并加入中国青年党。

一九三〇年 三十二岁

五月,蒋介石与阎锡山、冯玉祥等爆发"中原大战"。

九月九日,阎锡山、冯玉祥、李宗仁、汪精卫等人于北平组建国民政府。

十一月四日,阎锡山、冯玉祥宣布下野,北平国民政府垮台。

四月十日 沈从文在《新月》第三卷第二号发表《论闻一多的〈死水〉》,认为先生的诗集《死水》"以一个'老成懂事'的风度,为人所注意"。文中说《死水》"在文字和组织上所达到的纯粹处,那摆脱《草莽集》(朱湘的诗集)为词所支配的气息,而另外重新为中国建立一种新诗完整风格的成就处,实较之国内任何诗人皆多。《死水》不是'热闹'的诗,那是当然的,过去不能使读者的心动摇,未来也将这样存在。然而这是近年来一本标准诗歌!在体裁方面,在文字方面,《死水》的影响,不是读者,当是作者。由于《死水》风格所暗示,现代国内作者向那风格努力的,已经很多了。在将来,某一时节,诗歌的兴味,有所转向,使读者,以诗为'人生与自然的另一解释'文字,使诗效率在'给读者学成安详的领会人生',使诗的真价在'由于诗所启示于人的智慧与性灵',则《死水》当成为一本更不能使人忘记的诗!"先生很重视这篇批评,十二月十日致朱湘、饶孟侃信中说:"那篇批评给了我不少的奋兴","他所说的我的短处都说中了,所以我相信他所提到的长处,也不是胡说。"(《闻一多书信选集》,第224页)

是月 《杜少陵年谱会笺》发表于武汉大学《文哲季刊》第一卷第一期,至第四期载完。收《闻一多全集》时题作《少陵先生年谱会笺》。

关于杜甫研究,手稿中有《说杜丛钞》,引历代学者论述杜甫之段落,以期做系统研究的准备。《说杜丛钞》引书有顾炎武《日知录》、王士禛《带经堂诗话》、程大中《旧事考遗》、曾廷枚《香墅漫钞》、钱大昕《十驾斋养新录》、薛雪《一瓢诗话》、吴雪发《说诗管蒯》、吴骞《拜经楼诗话》、孙志祖《读书脞录》、梁玉绳《瞥记》《庭立记闻》、赵翼《瓯北诗话》、李调元《唾余新拾》《续拾》《补拾》、洪颐煊《读书丛录》、宋翔凤《过庭录》、蒋超伯《过斋诗话》、陈衍《石遗室诗话》、朱亦栋《群书札记》、胡鸣玉《订伪杂录》、尚秉和《历代社会状况史》等。

六月上旬　辞武汉大学文学院院长职。季镇淮《闻一多先生年谱》:"武大起了学潮,攻击先生。先生就贴了一张布告,说对于自己的职位,如'鹓雏之视腐鼠',并声明辞职离校。后来学校挽留,到底没有留住。"(《闻朱年谱》,第26页)

据当时担任武汉大学中文系讲师的谭戒甫回忆,说这年春天学校筹办《文哲季刊》,中文系教授刘华瑞写了篇有关江汉文化的文章,内容却只写太极拳一类东西,先生看后不赞成刊登,于是引起刘的不满。刘遂怂恿从他习武功的学生张贴标语,攻击先生。先生愤极,立即写信辞职。事情发生后,学校议论纷纷。文学院教授陈源出面,在昙华林袁昌英教授家开会,主张挽留先生,开除为首学生,但内则并不是这么回事,唯陈登恪教授敢于直言,话中颇含揭穿黑幕的意思。校长王世杰亦曾出面挽留,但先生去志已坚。(据《武大最初两事回忆录》,未刊,武汉大学档案室藏)

先生之侄闻立勋回忆,说学生主要是反对谭戒甫教"庄子",实际上有人想当文学院院长,搞了些卑鄙手段。先生一气之下写信辞职,说自己本不打算回来,是学校极力邀约下才走马上任,回来原准备干一年,学校又要自己长期干下去,等等,信写得很刺激。总之,先生是成了派系斗争的牺牲品。(闻立勋回忆一多叔录音,1980.2,张同霞整理)

王世杰校长在事后的一次报告中,专门谈到此次风潮及先生辞职的影响。报告说:"关于文学院风潮的事,前几天文学院同学组织了一个文学院课程改进会,那个会成立之后,即向学校提出书面,要求学校辞退闻院长;同时,并对闻院长本人提出书面要他辞职。不但如此,课程改进会并在本校揭示处出了一二次揭帖,主张闻先生离职。本来,按照中央的规定,学生的任何团体是要避免干涉学校行政的。就令文学院同学觉得这种规定不能遵守,也应认清这种直接的行动,是不利于文学院前途或全校前途的行动。尤其是在这个学年将告终结的时候,因为许多在校的教员,下学期愿意留校与否,正在这个时候决定,许多本校拟聘而未聘的教员,下学年究竟愿来与否,也正在这个时候决定。这种直接行动,可使在校的全体教员感觉着教员的身份没有保障,不免愤慨或灰心;可使本校拟聘而未聘定的教员,感觉本校学风的恶劣,不愿接受本校聘约,至于对闻先生,在道理上讲,你们当然不应有此侮辱。所以这几天,教务长,各院院长及我个人均感到一种前此未有的困难。今天特在此处报告,希望文学院同学及其他同学了解这回事影响的严重,并都觉悟到爱护学校不是教职员一方面的努力所能生效的,而是教职员和学生共同的责任。"(原载《上周纪念周王校长报告》,《国立武汉大学周刊》第62期,1930年6月8日,转引自唐达晖《闻一多在武汉大学事迹的几点考辨》,中国闻一多研究会、闻一多基金会编《闻一多研究丛刊》第2集,第360至361页,武汉出版社1998年12月出版)六月十六日武汉大学校务会议,在讨论《文学院学生通函揭帖排斥文学院院长案》时,亦议决给这次风潮的两个为首学生严厉处分。会议通过的决议为:"查此事关涉本校纪律至巨,曾经议决查明真相再行处置。兹根据本会议查察结果,应将鼓动滋事学生冯名元、汪守宗两生按照本校学则第十七条开除学籍,并令其即日离校。"(《第八十一次校务会议常会记录》,《国立武汉大学周刊》第 63 期,1930.6.17,转引同前,第 361 页)

先生辞职还有着深层原因,即传统国学与新文学两种学派的矛盾。由于历史原因,传统国学在武汉大学文科占有极大优势,尚在一九二五年武昌师范大学改为武昌大学时,校长石瑛新聘的郁达夫就因对某些旧派不满,到校九个月便提出辞职。而石瑛欲聘请郭沫若为文科学长,亦遭到旧派的抵制,以致其任校长仅一年也辞职离去。武汉大学成立后,情况虽有变化,但重古轻今的习惯势力仍然存在。先生离开武汉大学后,陈源接任文学院长,音韵、训诂学家刘赜不久担任中文系主任,这可视作派系关系的调整和平衡。(参见唐达晖《闻一多在武汉大学事迹的几点考辨》,中国闻一多研究会、闻一多基金会编《闻一多研究丛刊》第 2 集,第 363 至 365 页)

辞职后,武昌艺术专科学校校长唐义精(字粹庵)欲聘先生在该校任教,先生婉言谢绝,但校董的名义至少保持至一九三四年。

在上海,遇清华大学文学院院长杨振声,格外欢欣。

时,"教育部对于全国国立大学计画,陆续进行。山东原有山东大学,筹备设立,日久未成事实。青岛亦有一青岛大学,办理未见发达,教部计画青岛地方,宜设立一国立大学,故曾于行政院第二十六次会议,提出设立一国立青岛大学,将山东大学取消,青岛大学所有校产,移交国立青岛大学应用,业经议决照办。"为此,教育部已"聘请何思源、王近信、赵畸(赵太侔)、彭百川、杜光埙、傅斯年、杨振声、袁家谱、蔡元培为国立青岛大学筹备委员,已分函聘请,并咨山东省政府查照。"(《青岛大学筹备员发表》,《安徽教育行政周刊》第 2 卷第 20 期,1929.6.24)杨振声就是在这种情况下受南京政府教育部指派,负责筹备国立青岛大学,并内定为校长。六月中旬,杨到青岛,旋赴上海延揽教员。杨振声一见先生,便请先生去青岛大学主持中文系工作,并请编辑《新月》并在吴淞中国公学、真如暨南大学兼课的梁实秋去主持外文系。初,先生有些犹豫,杨力言青岛胜地,景物宜人,恰梁实秋正准备回北平省亲。于是,先生与梁相偕乘船去青岛,一觇究竟。

在青岛的情形,梁实秋《谈闻一多》记述到:"船到青岛,住在中国旅行社招待所,信步街道,整洁宽敞,尚有若干市招全是日本气味。我们到了一家吴服店,各自选购一件和服,宽袍大袖,饶有古意,一多还买了一件浑身花蝴蝶的,归遗细君。我们雇了两部马车,观光全市,看了海滨公园、汇泉浴场、炮台湾、湛山、第一公园、总督府,到处都是红瓦的楼房点缀在葱茏的绿树中间,而且三面临海,形势天成。我们不禁感叹,我们中国的大好河山真是令人赏玩不尽,德国人在此地的建设也实在是坚实可观,中间虽然经过日本人的窃踞,规模犹存,以后我们纵然要糟蹋,怕一时也糟蹋不完。这一行给我们印象最深的是那两个车夫,山东大汉,彬彬有礼,……车在坡头行走,山上居民接水的橡皮管横亘路上,四顾无人,马车压过去是没有问题的,但是车夫停车,下车,把水管高高举起,把马车赶过去,再把水管放下来,一路上如是折腾者有三数次,车夫不以为烦。……青岛的天气冬暖夏凉,风光旖旎,而人情尤为淳厚,我们立刻就认定这地方在天时、地利、人和三方面都够标准,宜于定居。所以我们访金甫之后,就一言而决,决定在青岛大学任教。"(第81至82页)

游青岛之后,杨振声设宴款待先生与梁实秋。先生就是在宴席上答应接受青岛大学聘书的。

七月二日　中华教育文化基金董事会第六次年会在南京召开,秘书长为胡适。会议决定改科学教育顾问委员会为编译委员会,聘胡适为委员长、张准为副委员长。胡适遂提出编译委员会委员名单十三人,先生为其一。

七月十四日　清华大学校务委员会会议议决提请聘任委员会聘请先生为中国文学系专任教授,月薪拟定为三百二十元。(据《清华大学校务委员会会议记录》,清华大学档案室藏)次月十八日《清华大学校刊》第一九六号之《新聘教师初志》中报道此事。但北平局势在阎锡山控制中,属南京系统的清华大学校长罗家伦难有作为,已于五月辞职。先生大约考虑到清华校局不稳,同时梁实秋也决定就任青岛大学教职,故放弃回清华执教的机会。

八月初　携眷至青岛。《国立青岛大学一览·职教员录》先生名下云"十九年八月到校"。九月,《山东教育行政周报》载:"国立青岛大学校长杨振声,自到任以来,积极筹备开学事宜,修理房舍、招考新生、聘请教授、购置图书仪器。刻各寄宿舍大礼堂、教室饭厅、沐浴室已修理完竣,今年补习班升入正科者,及新招学生共一百五十人,多已到校,二次在青、济两处续招新生,投考者约百余人,尚未榜示,新聘各科教授,多系国内名流,闻教务长为中委张道藩氏,总务长陈启超,中国文学系主任闻一多,外国语文系主任梁实秋,教育系主任沈履,数学系主任黄任初,化学系主任汤汉鼎,物理系主任胡敦复,生物系主任潘光旦,暨讲师、助教二十余位,多已到校。新购西文书籍,价值四万余元,中文书籍一万余元,中外杂志报章,多至百余种,理化仪器,新自沪购到者,价值一万元。刻校内布告,定于本月二十日行开学典礼。闻杨校长已函请监察院长、本校筹备委员蔡元培氏来校致词,届时必有一番盛况。"(《国立青岛大学开学有期》,《山东教育行政周报》第99期,1930.9.20)

初到青岛,住学校对门大学路一幢小楼。梁实秋说他住在光线很暗的一层,但先生的学生王先进说:"闻先生刚到青大时,住在龙江路七号的一座小楼上。那时,他在中文系楼上上课,经常从大学路的校门走进来,穿着长衫,提着皮包,目不斜视,大有正人君子之风度","有时,晚上出去看电影回来,路过龙江路七号时,看到闻先生的二楼房间还亮着灯"。(刘桓、金辉《闻一多在青岛史实考略》,季镇淮主编《闻一多研究四十年》,第 391 页,清华大学出版社 1988 年 8 月出版) 臧克家也说:"当时,我经常拿着诗作,到闻先生的楼上去请教。闻先生当时不是住在楼下。他的书房里,四壁都是书,有特色的,只是那把椅子,它是用一棵大树的树根雕刻而成,别有一种古色古香的风味。"(同前)

时青岛大学在青岛、济南、北平三处招考一年级新生,先生参加阅卷工作。

不久,迁至汇泉浴场不远的面临文登路的一栋小房,出门即是沙滩,涨潮时海水离门口不到二丈。夜听潮水一进一退,常不能寐,心潮起伏,不禁想起英国诗人安诺德的《多汶海滩》一诗。梁实秋这时住在鱼山路,先生到学校必经其处,常约其同行。青岛多山路,出门时常携带一根手杖,家中又备了好几根,梁实秋说先生"很欣赏策杖而行的那种悠然的态度"。(《谈闻一多》,第 84 页)

八月八日 中午,胡适乘船至青岛,宿福山路新一号宋春舫宅。因饮食泻肚,诊断可能是盲肠炎,医生不准起床见客。胡适日记云:"以后实秋、一多、金甫、太侔君来,皆不能起来见了。"(曹伯言整理《胡适日记全编》第 5 册,第 757 页,安徽教育出版社 2001 年 10 月出版) 胡适此次抵青岛,是为参加中华文化基金会科学教育顾问委员会会议,并与先生、梁实秋商量编译委员会事。

八月十三日 与梁实秋、赵太侔探望病中的胡适。胡适日记:"实秋、一多、太侔来。我请他们先拟一个欧洲名著一百种的目,略用'哈佛丛书'为标准。"(曹伯言整理《胡适日记全编》第 5 册,第 757 页)

八月十五日 胡适与任鸿隽、张子高商谈编译委员会人选,决定请先生和梁实秋参加。胡适日记:"晚上(任)叔永与(张)子高来,细谈编译委员会的事,把人选大致决定了。拟分二组:甲组丁在君、赵元任、陈寅恪、傅孟真、陈通伯、闻一多、梁实秋;乙组王季梁、胡经甫、胡步曾、竺藕舫、丁西林、姜立夫。"(曹伯言整理《胡适日记全编》第 5 册,第 759 页)

八月十六日 胡适访青岛大学,与先生等人相见。胡适日记:"上午到青岛大学,看杨金甫、蔡先生,见着太侔、实秋、杨允中、胡刚复、一多等。"(曹伯言整理《胡适日记全编》第 5 册,第 760 页) 中午,胡适乘船赴上海。

九月十日 中华教育文化基金董事会召开第二十九次执行、财政委员会联席会,根据胡适、张子高提名,议决聘任丁文江、赵元任、傅斯年、陈寅恪、梁实秋、陈源、闻一多、丁西林、姜立夫、胡先骕、王琎、胡经甫、竺可桢为编译委员会委员。(《中华教育文化基金董事会第六次报告》第 2 页,1931 年 12 月刊行) 编译委员会工作分历史部、世界名著部、科学教本部三部。先生参加世界名著部工作,其职责为"选择在世界文化史上曾发生重大影响之科学、哲学、文学等名著,聘请能手次第翻译出版"及"审查收受之书稿"。(《中华教育文化基金董事会设立编译委员会简章》,《中华教育文化基金董事会第五次报告》第 51 页,1930 年 12 月刊行)

九月二十一日　国立青岛大学正式成立并开学。校长杨振声宣誓就职。先生被正式聘为该校教授,兼文学院院长、中国文学系主任。时文学院设中国文学系、外国文学系、教育学系三系,聘请教授有梁实秋(兼图书馆馆长、外文系主任)、赵太侔、杜光埙、谭葆慎,讲师有黄粹泊、王士瑚等。(据《青岛大学一览·职教员录》,1931 年度)

青岛大学位于万年山麓,以原德国的万年兵营为校址,只有五六座构造坚固的楼房作校舍,其中一幢青岛市政府保安队占用。

青岛大学名为"国立",但由于它接收了原省立山东大学和私立青岛大学的校产,而且实际上南京政府的势力亦未能全部控制山东境内,所以办学经费仍由省里负担一部分。这便为青岛大学日后的动荡不安,埋下了引线。

这学年,先生在中文系讲授"中国文学史"、"唐诗"、"名著选读"。中国文学史课程"内容注重各时代之社会背景及作家生活,以期阐明我国历代文艺思潮及其艺术所以形成演变之因"。唐诗课则"依时次为先后,取唐代之主要诗作,参以时代背景及作家生活,详加疏解,以期说明唐诗之特标的风格,并其间所呈现之唐代文化"。(《青岛大学一览·文学院学程纲要》,1931 年度) 名著选读是一年级学生的必修课,先生在讲义里选有阮大铖的一首诗,诗中有"始知夜来身,宿此千峰上"的句子。又给学生讲龚自珍的"惟恐刘郎英气尽,卷帘梳洗望黄河"。(据臧克家《海——回忆一多先生》,《怀人集》第 114 页,上海文艺出版社 1980 年 8 月出版)

同时,又给外文系学生开设英诗课。

这时,臧克家考入青岛大学外文系,经先生同意,转入中文系。臧克家《悲愤满怀苦吟诗》:"一九三○年暑假,重新考入这所大学,成为正式学生[①]。这场考试,数学得了零分。国文,出了两道题目,一个是《你为什么投考青岛大学?》,另一个是《杂感》,任作一题,我两题都作了。当我到注册科报到的时候,清华大学毕业的一

---

① 臧克家此前是该校预科学生。

位姓庄的职员,看到我的名字,笑着瞪了我一眼,报喜似的对我说:你的国文卷子得了九十八分,头一名!闻一多先生看卷子极严格,五分十分的很多,得个六十分就不容易了。听了这话,我解决了数学吃'鸭蛋'还被录取的疑问。同时我想,一定是我那三句'杂感'打动了闻先生的心!'人生永远追逐着幻光,但谁把幻光看作幻光,谁便沉入了无底的苦海。'……我原入的梁实秋先生作主任的英文系,因为记忆力差,吃不消,想转中文系,主任是闻一多先生。我一进他的办公室,不少和我抱同样目的前去的同学,全被拒绝了,我有点胆怯的立在他身旁,当他听到我自报姓名时,他仰起脸向我注视了一眼,用高兴的声调把三个字送入我的耳中:'你来吧!'从此,我成为闻一多先生手下的一名中文系的弟子。从此,我成为闻一多先生门下的一名诗的学徒。"(《新文学史料》1980 年第 3 期)

九月二十四日 徐志摩在上海筹办《诗刊》,写信给梁实秋,云:"《诗刊》广告①,想已瞥及,一[多]兄与秋郎②不可不挥毫以长声势,不拘短长,定期出席。"(蒋复璁、梁实秋编《徐志摩全集》第 1 辑,第 90 页,台湾传记文学出版社 1980 年 8 月出版)

十月十九日 胡适邀请中华教育文化基金会编译委员会全体委员在欧美同学会聚会,先生与梁实秋出席之。会上,胡适出示关于世界名著翻译计划和历史教材拟译书目,决定分组进行。

会议期间,先生与梁实秋曾去燕京大学看望一年前结婚的吴文藻、冰心。冰心《追念闻一多先生》:"他们一进门来,挥着扇子,满口嚷热。我赶紧给他们倒上两玻璃杯的凉水。他们没有坐下,先在每间屋子里看了一遍,又在客室中间站了一会,一多先生忽然笑说:'我们出去一会就来。'我以为他们是到附近看别的朋友去了,也没有在意。可是不多一会,他们就回来了。一多先生拿出一包烟来,往茶几上一扔,笑说:'你们新居什么都好,就是没有茶烟待客,以后可记着点!'说得我又笑又窘!那时我们还不惯于喝茶,家里更没有准备待客的烟。一多先生给我们这个新成立的小家庭,建立了一条茶烟待客'风俗'。"(《闻一多纪念文集》,第 208 至 209 页)

十月二十七日 与杨振声、赵太侔晤来访之山东省立图书馆馆长王献唐。(张书学、李勇慧《王献唐先生年谱长编》未刊稿) 王献唐为著名考古学家、图书馆学家和版本目录学家,一九二九年出任山东省图书馆馆长,倾心山东地方文化遗产的整理和保护,时为收集图书事往青岛大学。

十一月七日 致饶孟侃信。收《闻一多书信选集》。信中谈到朱湘,说:"子沅

---

① 《诗刊》广告登于《新月》第 3 卷第 2 期。
② 秋郎即梁实秋,以其 1925 年春在美国纽约演出英文古装剧《琵琶记》时饰蔡中郎而得名。

故态复萌,令人担忧。这人将来要闹到如何结局?至于他对你的行为,你当然可以原谅。这人实在可怜,朋友既没有办法,只希望上帝援救他。但是,子离,你在他身边一天,还是你的责任。他需要精神的调息,抚慰。你不当拒绝他这一点,虽则是他曾经那样的恼过你。"谈到学术研究时,说:"故纸堆终竟是把那点灵火闷熄了……关于乘舆和服饰,我正想整理一番。"

是月底　徐志摩为《诗刊》组稿事,写信给梁实秋,请其代为催促先生帮忙。信云:"一多非得帮忙,近年新诗,多公影响最著,且尽有佳者,多公不当过于韬晦,《诗刊》始业,焉可无多?即四行一首,亦在必得。乞为转白:多诗不到,刊即不发,多公奈何以一人而失众望?兄在左右,并希持鞭以策之,况本非驽,特懒惰耳,稍一振蹶,行见长空万里也。"（蒋复璁、梁实秋编《徐志摩全集》第1辑,第95至96页）先生的诗《奇迹》,便是在这种催促下写成的。

是月　青岛大学爆发全校性罢课。原因是开学后,学校发现有些学生用假文凭报考,便宣布褫夺这些学生的学籍。这引起许多人不满,认为既然能考取,就证明够得上入学资格,不必用文凭来卡学生。先生则站在学校当局的立场上。

十二月四日　出席青岛大学第一次校务会议。议决:一、全体同学即行上课,在未恢复上课之前,任何要求不予置议;二、宣布学生自治会不合法,其议决案无效。

十二月五日　青岛大学当局组织护校团,由赞成昨日校务会议的学生组成。护校团在教学楼下为上课事与罢课纠察队发生争执,教务长张道藩打电话调来警察保安队包围校舍。（据梁实秋《悼张道藩先生》,台湾《传记文学》第13卷第1期,1968.7）学校当局布告开除学生六十多名（第一期全校学生共一二六名）,罢课遂失败。在这次事件中,先生虽站在学校当局的立场上,但导致罢课失败的主要因素,是教务长张道藩的那个电话,然而一年后张却将责任全数推在先生身上。

十二月十日　致朱湘、饶孟侃信。收《闻一多书信选集》。提到近来诗坛又热闹起来的事,很是兴奋,说:

足二三年,未曾写出一个字来,今天算破了例。这消息自然得先报告你们。听我先谈谈,不忙看诗,因为那勉强算得一首长诗。《新月》三卷二号中沈从文的评《死水》,看见没有?那篇批评给了我不少的奋兴。陈梦家、方玮德的近作,也使我欣欢鼓舞。梦家是我的发现,不成问题。玮德原来也是我的学生,最近才知道。这两人不足使我自豪吗?便拿《新月》最近发表的几篇讲,我的门徒恐怕已经成了我的劲敌,我的畏友。我捏着一把汗自夸。还问什么新诗的前途?这两人不是极明显的具体的证据吗?这一欢喜,这一急,可了不得！花了四天工夫，旷了两堂课，结果是这一首玩意儿。本意是一首商籁，却闹成这样松懈的一件东西。也算不得"无韵诗"，那更是谈何容易。毕竟我是高兴、得意，因为我已证明了这点灵机虽荒了许久没有运用，但还没有生锈。写完了这首，不用说，还想写。说不定第二个"叫春"的时期快到了。你们该为我庆贺。……

仿佛又热闹起来了。梦家、玮德合著的《悔与回》已由诗刊社出版了。大约等我这篇寄到，正式的诗刊就可以付印。从文写过评《死水》后，又写完一篇评《草莽集》，马上就要见于《新月》。上海的刘宇准备编一本《一九三〇年诗选》，你们大概已经知道。自从老《诗刊》歇业后，三四年来，几曾见过本年十二月这样热闹的一个月份？子离的诗集何妨也乘此赶快送去印？爽兴把这当儿凑成一个新诗的纪念月，好不好？我们可以让书店限期一月中一准印出来，好在那集子分量不甚多。可是子离这样懒，真叫人急坏了。赶快罢！赶快罢！告诉我你要一个什么样的封面，我爽兴再破一回戒给你画一张。这时机太好了，我真喜得手忙脚乱，不知怎么办！

俗语说"时运来了，城墙挡不住"。今年新年，是该新诗坛过一个丰富的年。此地有位方令孺女士[①]，方玮德的姑母，能做诗，有东西，有东西，只嫌手腕粗糙点，可是我有办法，我可以指给她一个门径。做诗的，一天天的多起来了，是不可否认的事实。

先生所说的"破了例"的"长诗"，即"花了四天工夫，旷了两堂课"写成的《奇迹》。该诗后发表于次年一月二十日上海《诗刊》创刊号，收《闻一多诗集》。徐志摩知道这首诗，也非常兴奋，是月十九日给梁实秋信中说："十多日来，无日不盼青岛来的青鸟，今早从南京归来，居然盼到了。喜悦之至，非立即写信道谢不可。《诗刊》印得成了！一多竟然也出了《奇迹》，这　半是我的神通之效，因为我白发心要印《诗刊》以来，常常自己想，一多尤其非得挤他点出来，近来睡梦中常常捻紧拳头，大约是在帮着挤多公的《奇迹》！但《奇迹》何以尚未到来？明天再不到，我急得想发电去叫你们'电汇'的了！……一多《奇迹》既演一次，必有源源而来者，我们联合起来祝贺他，你尤其负责任督著他，千万别让那精灵小鬼——灵感——给胡跑溜了！"（蒋复璁、梁实秋编《徐志摩全集》第1辑，第100至101页）

梁实秋与徐志摩认识不同，他认为先生的《奇迹》事出有因。《谈闻一多》中说："志摩误会了，以为这首诗是他挤出来的，……实际是一多在这个时候在情感上吹

---

① 方令孺，安徽桐城人，1923年赴美留学，曾就读于华盛顿州立大学、威斯康辛大学。

起了一点涟漪,情形并不太严重,因为在情感刚刚生出一个蓓蕾的时候就把它掐死了,但是在内心里当然是有一番折腾,写出诗来仍然是那样的回肠荡气。这不仅是他三年来的唯一的诗作,也可说是他最后的一篇。"(第87页)所谓"情感上吹起了一点涟漪",大概是先生与中文系讲师方令孺之间的关系。

在青岛大学,先生仅写过这一首诗。虽不再写诗,却还朗诵诗。梁实秋《谈闻一多》:"在青岛大学有一次他在礼堂朗诵他的新诗。他捧着那一本《死水》,选了六七首诗,我记得其中有两首最受欢迎,《罪过》与《天安门》。他先说明诗的写作经过,随后以他那不十分纯熟的国语用沉着的低音诵读。诗人朗诵自己的诗都是出之以流畅自然,不应该张牙舞爪的喊得力竭声嘶。一多的诵诗是很好的一次示范。他试想以几个字组成为一音步,每一行含着固定数目的音步,希望能建立一种有规律的诗的节奏与形式。……两首诗都是以北平土话写成的,至少是一多所能吸收的北平土话,读起来颇有抑扬顿挫之致,而且诗又是写实的,都是出之于穷苦人的口吻,非常亲切。我记得平素不能欣赏白话诗的朋友,那天听了他的诗歌朗诵都一致表示极感兴味。"(第91至96页)

除了诗,先生还注意到散文。好像是为了给学生做示范,先生写了一篇《青岛》,被收入一九三六年上海大众书局出版的《古今名文八百篇》第一集。《闻一多全集》未收。这是迄今所知先生唯一的抒情散文,这散文也像诗的境界一样,同时还表现着先生的某些生活情怀:

> 海船快到胶州湾时,远远望见一点青,在万顷的巨涛中浮沉;在右边崂山无数柱奇挺的怪峰,会使你忽然想起多少神仙的故事。进湾,先看见小青岛,就是先前浮沉在巨浪中的青点,离它几里远就是山东半岛最东的半岛——青岛。簇新的、整齐的楼屋,一座一座立在小小山坡上,笔直的柏油路伸展在两行梧桐树的中间,起伏在山冈上如一条蛇。谁信这个现成的海市蜃楼,一百年前还是个荒岛?

> 当春天,街市上和山野间密集的树叶,遮蔽着岛上所有的住屋,向着大海碧绿的波浪,岛上起伏的青梢也是一片海浪,浪下有似海底下神人所住的仙宫。但是在榆树丛荫,还埋着十多年前德国人坚伟的炮台,深长的甬道里你还可以看见那些地下室,那些被毁的大炮机,和墙壁上血涂的手迹。——欧战时这儿剩有五百德国兵丁和日本争夺我们的小岛,德国人败了,日本的太阳旗曾经一时招展全市,但不久又归还了我们。在青岛,有的是一片绿林下的仙宫和海水泱泱的高歌,不许人想到地下还藏着十多间可怕的暗窟,如今全毁了。

　　堤岸上种植无数株梧桐,那儿可以坐憩,在晚上凭栏望见海湾里千万只帆船的桅杆,远近一盏盏明灭的红绿灯飘在浮标上,那是海上的星辰。沿海岸处有许多伸长的山角,黄昏时潮水一卷一卷来,在沙滩上飞转,溅起白浪花,又退回去,不厌倦的呼啸。天空中海鸥逐向渔舟飞,有时间在海水中的大岩石上,听那巨浪撞击着岩石激起一两丈高的水花。那儿再有伸出海面的站桥,去站着望天上的云,海天的云彩永远是清澄无比的,夕阳快下山,西边浮起几道鲜丽耀眼的光,在别处你永远看不见的。

　　过清明节以后,从长期的海雾中带回了春色,公园里先是迎春花和连翘,成篱的雪柳,还有好像白亮灯的玉兰,软风一吹来就憩了。四月中旬,奇丽的日本樱花开得像天河,十里长的两行樱花,蜿蜒在山道上,你在树下走,一举首只见樱花绣成的云天。樱花落了,地下铺好一条花蹊。接着海棠花又点亮了,还有踯躅在山坡下的“山踯躅”、丁香、红端木,天天在染织这一大张地毯;往山后深林里走去,每天你会寻见一条新路,每一条小路中不知是谁创制的天地。

　　到夏季来,青岛几乎是天堂了。双驾马车载人到汇泉浴场去,男的女的中国人和十方的异客,戴了阔边大帽,海边沙滩上,人像小鱼一般,曝露在日光下,怀抱中是薰人的咸风。沙滩边许多小小的木屋,屋外搭着伞篷,人全仰天躺在沙上,有的下海去游泳,踩水浪,孩子们光着身在海滨拾贝壳。街路上满是烂醉的外国水手,一路上胡唱。

　　但是等秋风吹起,满岛又回复了它的沉默,少有行人走,只在雾天里听见一种怪木牛的叫声,人说木牛躲在海角下,谁都不知道在那儿。

　　先生很重感情,学生作业中只要有“情”,总可以得到好分数。臧克家《悲愤满怀苦吟诗》:“有一次作文,题目是《海》。翟鹤仙同学得了八十分,引起了大家的注意,争着抢着要他作文薄看。他写一个穷孩子,爸爸因为谋生,几年前出海到外地去了。孩子思念爸爸,时常到海边去看归来的船。”(《新文学史料》1980年第3期) 先生显然被这“情”打动了。

　　十二月二十九日　　致陈梦家信。后以《论〈悔与回〉》为题,发表于上海《新月》第三卷第五、六号合刊①。收《闻一多全集》。

　　《悔与回》是陈梦家、方玮德合著的一本诗集,先生在信中说它的出版“自然是本年诗坛最可纪念的一件事。我曾经给志摩写信说:我在捏着把汗夸奖你们——

---

　　① 《新月》月刊创刊不久,即出现脱期。第3卷第5、6号合刊出版日期写明为1930年7、8月,实际上出版日期为1931年2月,所以此文写作时间与发表日期出现倒置。凡此类情况,不再逐一说明。

我的两个学生；因为我知道自己决写不出那样惊心动魄的诗来，即使有了你们那哀艳凄馨的材料。"接下，先生也提出了自己的几点看法：

> 有几处小地方，却有商酌的余地。（一）不用标点，不敢赞同。诗不能没有节奏。标点的用处，不但界划句读，并且能标明节奏（在中国文字里尤其如此），要标点的理由如此，不要它的理由，我却想不出。（二）"生殖器的暴动"一类的句子，不是表现怨毒、愤嫉时必需的字句。你可以换上一套字样，而表现力能比这增加十倍。不信，拿志摩的《罪与罚》再读读看。玮德的文字比梦家来得更明彻，是他的长处，但明彻则可，赤裸却要不得。这理由又极明显。赤裸了便无暗示之可言，而诗的文字都能丢掉暗示性呢？我并非绅士派，"苍蝇似的思想垃圾桶里爬"，我也有顾不到体面的时候，但碰到"梅毒""生殖器"一类的字句，我却不敢下手。（三）长篇的"无韵体"式的诗，每行字数似应多点，才称得住。（四）句子似应稍整齐点，不必呆板的限定字数，但各行相差也不应太远，因为那样才显得有分量些。以上两点是我个人的见解，或许是偏见。我是受过绘画的训练的，诗的外表的形式，我总忘不记。既是直觉的意见，所以说不出什么具体的理由来，也没有人能驳倒我。（五）我认为长篇的结构，应拿玮德他们府上那一派的古文①来做模范。谋篇布局应该合乎一种法度，转折处尤其要紧——索性腐败一气——要有悬崖勒马的神气与力量。再翻开《古文辞类纂》来体帖一回，你定可以发现其间艺术的精妙。照你们这两首看来，再往下写三十行五十行，未尝不可，或少写十行二十行，恐怕也无大关系。艺术的 finality 在那里？

先生看到《悔与回》时的心情，是很兴奋的。经方令孺的提醒，想起在南京第四中山大学与方玮德的往来，于是立即从方令孺处要了一张方玮德的照片，与陈梦家的照片一起置于案头。

是年　为日本人无理殴打一中国学生而愤怒。梅亭《我所见的闻教授》："闻教授是一个正义不屈的人，我曾记得我那位大哥给我讲过一个这样的故事：这是在闻教授才去青岛大学执教的那一年，有一个学生，在海滩上玩耍，不知什么原因和傲慢的日本小孩发生了冲突，结果被日本人打得半死还被送到了警察局。那名义上是中国人实际上专门媚外的警察局长，在向日本人笑着道了歉以后，不顾社会人士的愤怒与要求，竟把那个学生押了起来，然后又用电话警告了校长'对学生放纵'。这件事被正在上西洋文学史的闻教授知道了，愤怒使他的脸色马上变得怕

---

①　方玮德是安徽桐城人，该地在清代出过古文学派，世称桐城派，其领袖人物方苞即方玮德的祖上。

人,抛下了书本,他大声的说:'中国,中国,难到[道]你已亡了国吗?!'他主张积极的去交涉,可是学校里有一位主张所谓'国家至上'的教授来劝他不必为这小事而伤了友邦与当局的和气。闻教授以厌恶的不屑理会的态度回答了他。本来学生们已经沉不住气了,闻教授的这种行动鼓励了他们,于是学校沸腾起来了,当局一看形势不好,就把那个学生放了。"(延安《解放日报》,1946.7.25)

一九三一年 三十三岁

九月十八日,九一八事变爆发。

十一月,中国共产党在瑞金成立中华苏维埃共和国临时中央政府。

是年,梅贻琦就任清华大学校长。

一月五日 胡适在北平写信给梁实秋,说徐志摩昨日来北平,赞成翻译莎士比亚著作。又说"可以来青岛一游,约在一月十七八日,定期后当电告"。信末祝先生和梁实秋、杨振声、赵太侔、宋春舫①"诸友新年大吉"。(梁实秋《关于莎士比亚的翻译》,转引自胡颂平《胡适之先生年谱长编初稿》第 3 册,第 950 页,台北联经出版事业公司 1984 年 5 月出版)

一月十五日 王献唐在济南接先生函。上年十月二十七日,杨振声托王献唐为学校购书,先生该函即寻问请其代定翰文斋书籍价目。十七日,王献唐快函复先生,告之翰文斋书价。二十六日,王献唐复接先生函,二十八日亦复之。(张书学、李勇慧《王献唐先生年谱长编》未刊稿)

一月二十日 徐志摩主编的《诗刊》创刊号在上海出版。这是我国现代文学史上继朱自清等创办《诗》、先生等创办《晨报·诗镌》以后的第三个专门发表诗作的刊物。《诗刊》的撰稿人,多为先生的同仁、朋友。

诗《奇迹》发表于上海《诗刊》创刊号,收《闻一多诗集》。徐志摩在《诗刊·序》中说"我们要说的奇迹是一多'三年不鸣,一鸣惊人'的奇迹",指的即此诗。

胡适是在二十四日自上海至青岛的船上看到《诗刊》第一期的,他在当天的日记中写到:"读《陈梦家的诗集》,这里面有许多好诗,小诗有很好的,长诗如《都市的颂歌》也算是很成功之作。""读昨日新出的《诗刊》第一号,其中也有绝可喜的诗。一多有一首《奇迹》,很用气力,成绩也很好。志摩有一篇四百行的长诗——《爱的灵感》——是近年的第一长诗,也是他的一篇杰作。""新诗到此时可算是成立了。

---

① 宋春舫于国立青岛大学筹备时期,出任图书馆馆长。学校正式成立后,其离开学校,主持万国疗养院。

我读了这几位新作者的诗,心里十分高兴,祝福他们的成功无限！他们此时的成绩已超过我十四年前的最大期望了。我辟此荒地,自己不能努力种植,自己很惭愧。这几年来,一班新诗人努力种植,遂成灿烂的园地,我这个当年垦荒者来这里徘徊玩赏,看他们的收获就如同我自己收获丰盈一样,心里直高兴出来。"（曹伯言整理《胡适日记全编》第6册,第42页）

　　《奇迹》发表后,先生又以笔名"沙蕾"写下新诗《凭藉》,但未发表,交梁实秋保存。多年后,梁实秋公开此诗时特做说明:"我再在这里发表一首一多从未刊布的诗。这首情诗写得并不好,有些英国形而上的味道,只是有一个平凡的Conceit(意为比喻)而已。但是这首诗是他在青岛时一阵情感激动下写出来的。他不肯署真名,要我转寄给《诗刊》发表。我告诉他笔迹是瞒不了人的。他于是也不坚持发表,原稿留在我处。"（梁实秋《看云集》,台北皇冠出版社1984年8月初版）该诗全文为:

　　　　"你凭藉什么来和我相爱？"

　　　　假使一旦你这样提出质问来,

　　　　我将答得很从容——我是不慌张的,

　　　　"凭着妒忌,至大无伦的妒忌！"

　　　　真的,你喝茶时,我会仇视那杯子,

　　　　每次你说到那片云彩多美,每次,

　　　　你不知道我的心便在那里恶骂:

　　　　"怎么？难道我还不如它？"

　　一月二十五日　中午十二时,胡适抵青岛,先生与杨振声、梁实秋、杜光埙、唐家珍(医生)到码头迎接,送至万国疗养院下榻后,即至顺兴楼午餐。晚,先生与杨振声、梁实秋及邓仲纯、秦素美、方令孺、陈季超、周钟麒、蒋右沧、谭声传等,复在顺兴楼举行欢迎胡适晚餐。胡适说:"我同一多从不曾深谈过,今天是第一次和他深谈,深爱其人。"（曹伯言整理《胡适日记全编》第6册,第43页）胡适来青岛,除与先生、梁实秋商议翻译莎士比亚著作事,并应邀在青岛大学做山东在中国文化里的地位讲演。

　　一月二十六日　下午,先生与梁实秋访胡适。他们谈到《莎士比亚全集》翻译事时,胡适说"他们都很热心",商谈结果"大致是决定用散文,但不妨用韵文试译几种,如'Tempesi'(《暴风雨》)之类。我提议邀几个人试译几百首英国诗,他们也赞成。"（曹伯言整理《胡适日记全编》第6册,第43至44页）

　　一月二十七日　中午,先生等请胡适在顺兴楼吃饭。时,先生酒兴正浓,拉胡适入座豁拳,吓得他直挂免战牌。梁实秋《谈闻一多》中回忆到:"此地虽无文化,无妨饮食征逐。杨金甫、赵太侔、陈季超、刘康甫、邓仲存、方令孺,加上一多和我,戏称'酒中八仙',三日一小饮,五日一大宴,不是顺兴楼,就是厚德福,三十斤一坛的花雕搬到席前,罄之而后已,薄暮入席,深夜始散。金甫、季超最善拇战,我们曾自谓'酒压胶济一带,拳打南北二京'。有一次胡适之先生路过青岛,看到我们的豁拳豪饮,吓得把刻有'戒酒'二字的戒指戴上,要求免战。一多笑呵呵的说:'不要忘记,山东本是出拳匪的地方!'"(第97页) 胡适这天在日记里所说"我的戒酒戒指到了青岛才有大用处,居然可以一点不喝",指的就是这件事。"酒中八仙",原只有七人,是杨振声倡议周末聚饮,"闻一多提议邀请方令孺加入,凑成酒中八仙之数。于是猜拳行令、觥筹交错,乐此而不疲者凡两年。其实方令孺不善饮,微醺辄面红耳赤,知不胜酒,我们亦不勉强她。"(梁实秋《方令孺其人》,《梁实秋怀人丛录》,第226页,中国广播电视出版社1991年2月出版)

下午四时,胡适在青岛大学演讲,题目为"文化史上的山东",内容为"齐文化"与"鲁文化"的区别,强调"齐学"的重要性。听者六百余人,挤满了礼堂。

晚餐前,胡适与先生及杨振声、梁实秋谈,欲请他们到北京大学任教。胡适日记:"晚上先在金甫家,与实秋、一多、金甫谈。金甫肯回北京大学,并约闻、梁二君同去。所踌躇者,青岛大学不易丢手。我明天到济南,当与何思源兄一商。"(曹伯言整理《胡适日记全编》第6册,第45页)

当晚,胡适离青岛赴济南,先生与杨振声、梁实秋、周钟麒、杜光埙、方令孺、秦素美、蒋右沧等至火车站送行。

二月十三日　先生与梁实秋写信给胡适。原信已佚。信中附有梁实秋草拟的翻译莎士比亚著作之计划,这当是先生与梁实秋共同商定的。

二月十九日　夜,致陈梦家信。后以《谈商籁体》为题,发表于上海《新月》第三卷第五、六号合刊。收《闻一多全集》。时,陈梦家作了一首商籁体(即十四行诗)的《太湖之夜》,先生读后说"印象不大深,恐怕这初次的尝试,还不能算成功",因为"这体裁是不容易做"的。先生谈到这种体裁的创作要点时说:

> 十四行与韵脚的布置,是必需的,但非最重要的条件。关于商籁体裁早想写篇文章谈谈,老是忙,身边又没有这类的书,所以没法动手。大略的讲,有一个基本的原则非遵守不可,那便是在第八行的末尾,定规要一个停顿。最严格的商籁体,应以前八行为一段,后六行为一段;八行中又以每四行为一小段,六行中或以每三行为一小段,或以前四行为一小段,末二行为一小段。总计全篇的四小段,(我讲的依然是商籁体,不是八股!)第一段起,第二承,第三转,第四合。讲到这里,你自然明白为什么第八行尾上的标点应是"。"或与它相类的标点。"承"是连着"起"来的,但"转"却不能连着"承"走,否则转不过来了。大概

"起""承"容易办,"转""合"最难,一篇的精神往往得靠一转一合。总之,一首理想的商籁体,应该是个三百六十度的圆形,最忌的是一条直线。……音节和格律的问题,始终没有人好好的讨论过。我又想提起这用字的问题来,又怕还是一场自讨没趣。总之这些话,深的人嫌它太浅,浅的人又嫌它太深,叫人不晓得如何开口。

二月二十五日 作《现代英国诗人序》。《现代英国诗人》是费鉴照撰写的一本论文集。三年前,先生在南京第四中山大学讲授"现代英美诗"时,费鉴照便选修了这门课,并萌发了写《现代英国诗人》一书的念头。先生也极力怂恿费鉴照,鼓励他陆续撰写论文。该书中九篇论文,每篇脱稿后,先生都认真看过。先生说:"其间的见解,有与我符合的,有使我惊喜而惭愧,因为是我没有悟到的。总之,全是我所赞同的。""对于英国文学的兴趣早被线装书劫去了,哈代是什么一套腔调,梅奈尔是一种什么丰姿,几乎没留下一些印象","因为要作序,这才从朋友处找到一两种现代诗的选本,涉猎了几晚,(那几晚的享受不用提了!)结果是恢复了谈现代诗的兴趣"。在《序》中,先生用评论哈代、白理基斯、郝思曼、梅奈尔、夏芝、梅士斐、白鲁克、德拉迈尔、奈陀夫人等诗人的方法,介绍了《现代英国诗人》一书,这也表现了先生对这几位在文学史上站稳了位置的诗人的看法。文中说:

我们这时代是一个事事以翻脸不认古人为标准的时代。这样我们便叫作适应时代精神。墙头的一层砖和墙脚的一层,论质料,不见得有什么区别,然而碰巧砌在顶上的便有了资格瞧不起那垫底的。何等的无耻! 如果再说正因垫底的砖是平平稳稳的砌着的,我们便偏不那样,要竖着,要侧着,甚至要歪着砌,那自然是更可笑了。所谓艺术的宫殿现在确乎是有一种怪现象:竖着,侧着,歪着的砖处处都是。这建筑物的前途,你去揣想罢!

认清了这一点,我觉到现代的英国诗人才值得一谈,而作者拣出本书所包括的这几家来讨论,更足见不是没有标准的。这里所论到的八家:哈代、白理基斯、郝思曼、梅奈尔、夏芝、梅士斐、白鲁克、德拉迈尔,没有一个不是跟着传统的步伐走的。梅士斐的态度,在八人中,可说最合乎现代的意义,不料他用来表现这态度的工具,却回到了十四世纪的乔塞。讲守旧,不能比这更守旧了。然而除了莎翁,英国诗人中能像 Dauber Widow of the Bye Street 的作者那样训释人生的,数得上几个?

不但梅士斐如此,只要你撇开偏见,自然看得出这八家与传统的英国诗差异的地方都不如相同的地方多;那差异实在不比八人间相互的差异大,也不比前人中例如华茨渥斯与柯立基间的差异大。大概诗人与诗人之间不拘现代与古代,只有个性与个性的差别,而个性的差别又是有限度的,所以除了这有限的差别以外,古代与现代的作品之间,不会还有!——也实在没有过分的悬殊。

差异当然比从同打眼些。抓到打眼的一方面,恣意的发挥,仿佛其余一面完全不存在似的,这是谈断代文学的通病。这样谈文学,谈任何时代都不行,而在目前时代谈现代文学,这样谈法,尤其不妥。所以虽知道现代英国诗与古代不同的地方不少,我仍不愿在那一方多讲话。如果矫枉过正也是在讨论文学上有时不可免的一种方法,那么,我今天用这方法来介绍本书,想来必是鉴照所容许的。

若是人还不明白,还要问到底为什么要扼重那袒护传统的从同性? 不断的改革,不断的求新,岂不更可贵? 那么我就只好说这道理非英国问人不可。在诗上,正如许多事业上都能出人头地的英国人,许是天赋给了他们一种特殊的智慧,对那暴躁、轻佻,或因丧心病狂而失掉智慧的人们谈这一套,从那里谈起!

关于正在那里为祖国争独立自由的奈陀夫人,我们应该体贴并尊重她自己的意见,把她请到附录里去。为的是好和英国诗人分开,使她不致有被诬为英伦的臣仆的嫌疑,虽则她所用的是她的敌人的文字。夏芝又当别论,爱尔兰与印度的情形,究竟不同。

同日 胡适复先生、梁实秋信。主要谈及翻译莎士比亚著作的计划。全信云:

一多、实秋两兄:

二月十三日的信收到之后,公超来这里,读了此信,他大体都赞成。我因为志摩就要来了,故等他来了再复你们的信,志摩昨天到了①,也看了我根据你们的计划略略修改的计划,他也赞成。

现在寄上我修改的计划,大致与实秋所拟全同,止有(六)是我改的,(九)、(十)二条是我拟加的。

(六)条似较原拟办法容易一点。

(九)条是实秋在青岛的提议。

(十)条是预备收受外来的好稿。

以上诸条,请你们审查决定见告。

通伯来信,说他不敢任翻译,只能替你们任校对。我现在把这计划抄送给

---

① 徐志摩是应胡适邀请,从上海来北平,任北京大学英文系教授,后来又兼任北京女子大学教授。

他，看他回信如何。

信后又云：

关于今年暑假开年会的问题，我们都主张在北京，不甚主张青岛。

拟翻译莎翁全集办法。

（一）拟请闻一多、梁实秋、陈通伯、叶公超、徐志摩五君组织翻译莎翁全集委员会，并拟请闻一多为主任。

（二）暂定五年全部完成。（约计每人每半年，可译成一剧。校阅需时略相等。）

（三）译稿须完全由委员会负责。本剧译成之后，即将译稿交其他四人详加校阅，纠正内容之错误，并润色其文字。每人校阅一剧，不得过三月。

（四）于每年暑假期内择地开会一次，交换意见，并讨论一切翻译上之问题。

（五）关于翻译之文体，不便详加规定，但大体宜采用有节奏之散文。所注意者则翻译不可为 Para Phrase，文中难译之处，须有详细注释。

（六）为统一译名计，每人译书时，宜将书中地名人名之译音，依原文字母分抄译名表，以便汇交一人负责整理统一。

（七）关于经费一项，拟定总数为〇〇元，用途有三项：

1. 稿费　暂定每剧报酬〇〇元，包括一人的翻译，四人校阅之报酬。合计共〇〇元。

2. 书籍　约〇〇元。

3. 杂费　包括稿纸、年会旅费、委员会费用等项，约〇〇元。

（八）预支稿费，每月每人不得过〇〇元。如半年内不能译完一剧，以后即不能恹支。

（九）译书之时，译者可随时用原本作详细中文注释，将来即可另出一部详注的莎翁戏剧读本。此项读本之报酬与出版办法另定之。

（十）委员会以外，若有人翻译莎翁戏剧，愿交与委员会审查者，委员会得接受审查。如有良好译本可由委员会收受校阅出版，并酌定报酬办法。

（附记）全集应如何分配，可于第一次年会决定。现为进行便利计，先每人认定一种，立即试译。现假定每人认译一种如下：

徐志摩　Romeo and Juliet

叶公超　Merchant of Venice

陈通伯　As You Like It

　　闻一多　Hamlet

　　梁实秋　Macbeth

（梁实秋《关于莎士比亚的翻译》，转引自胡颂平《胡适之先生年谱长编初稿》第 3 册，第 963 至 965 页，台北联经出版事业公司 1984 年出版）

三月二十五日　下午三时，出席青岛大学图书委员会第一次会议。出席者还有梁实秋、赵太侔、汤腾汉、皮品高等。讨论内容有本学年购买图书经费及分配方法，决定购买图书需由本委员会审查决定后，方能进行。（据青岛大学《图书馆增刊》第 2 号，1931.5.11）

三月三十日　致曹葆华信发表于《清华大学校刊》第二七八号。曹葆华，四川乐山人，时在清华大学外文系读书。一九三〇年，他出版了诗集《寄诗魂》，遂赠先生。先生信中即对其诗提出看法。信云：

葆华兄：

　　承不弃，以诗集见寄，并辱重下问，惶赧无地，然不取不以实告，诚以流俗阿谀，甚无谓也。大抵尊作规抚西诗处少，像沫若处多。十四行诗，沫若所无，故皆圆重凝浑，皆可爱。鄙见尊集中以此体为最佳，高明以为然否？子沅所论各点，多大致赞同，其论足下思想处，尤中肯，兹不备论。然子沅有一缺点，即词句太典雅，最易流为 Mannerism，此不可不知。闲尝论作新诗，须肯说俗话，敢说俗话，从俗处入手，始能"清新"也。足下于英诗人中，不知爱读何人？鄙意 Browning 最足医滑熟之病。现代作者 Hardy 亦有好处。而美国 Robest Frost 最足当清新二字，为我辈造 diction 最良之模范。妄肆瞽说，尚乞宥之！

　　　　　　　　　　　　　　　　　　　　一多敬白

四月八日　费鉴照在武汉大学写定《现代英国诗人·自序》，文中介绍撰写过程中受到先生的鼓励和帮助。他说："我在中央大学十七年度学期结束的时候写了论德拉迈尔一篇论文交给一多师，他看了我批评德拉迈尔的一首诗 SILVER 以后，他说我的意见正与他的相同，他要我拿它写成中文送给《新月》，并且嘱我替《新月》再写几篇现代英国诗人。他愿意拿他的书籍借给我，倘使我遇到困难的时候，他愿意帮助我。我受了他的鼓励与帮助，在暑假里鼓着勇气写成四篇，先后送给《新月》发表。暑假后我离开了南京到武昌任事，差不多一年没有写。后来我趁着兴致来的时候，又写成五篇。先后共成十篇，其中两篇——郝思曼与哈代——没有发表过。这十篇里除了台维斯一篇以外，其余的九篇都收集在这本小册子里。……我写这九篇的时候，我的老师们，闻一多先生替我修改文字和给我许多提示，时昭瀛先生替我改过文字和给我关于写法的提示，梁实秋先生也替我改正几处。一多师差不多每篇都看过,他为了我破戒写序,他对我的尽力最多。在付印的时候,又承凌叔华先生替我写封面。我在这里向他们表示诚恳的谢意!《现代英国诗人》是年由上海新月书店印行,扉页印着:"献给我的老师闻一多先生"。

四月十四日 下午四时,出席青岛大学图书委员会第三次会议。出席者还有杨振声、梁实秋、黄际遇(任初)、汤腾汉、赵太侔、皮品高。决议"审查检出旧存无价值之书籍免于陈列"。(青岛大学《图书馆增刊》第2号,1931.5.11)

四月二十二日 罗隆基给胡适信中谈到彭基相在《新月》第三卷第五、六号合刊上发表的《文化精神》(意大利现代哲学家真提耳(Giavanni Gentile)所著《教育改造》中一节)受到先生等人的反对。信上说:"彭基相稿是志摩所介绍的。彭基相为何如人,我素昧生平。月刊出版后,一多、实秋及先生都同声反对,我始知此人一点底细。原稿,志摩说已经看过,且力言可登,从前《新月》又曾屡次发表过彭的文章,于是我就将原稿发刊。编辑人不看过稿子,将文章发表,自是荒谬。这里,志摩亦连累人了!"(《胡适来往书信选》中册,第61页,中华书局1979年5月出版)

四月二十七日 邵冠华写定《评闻一多的〈死水〉》,刊于次月十日《现代文学评论》第一卷第二期。文章认为先生的"诗是认真做的,他的第二部诗集《死水》显然地比较他的《红烛》进步得多,深沉的表现渐渐的使他走上圆熟的道路"。但也批评到:"闻一多的诗的缺点也有,简括地说,可分二类: A. 呆旧的字太多。B. 诗行太整齐。""第一个缺点的形成大概由于闻先生读了中国的古的诗词太多,太仔细;因之,在无形中闻先生把它们装在他自己的新篇里,而阻碍读者得着新的感想","第二个缺点的形成是由于闻先生过分的重视'音韵'。闻先生是'有韵诗'的提创者之一人,所以特别注意'音韵'。为了特别注意'音韵'的关系,文字上,无形中整齐些,渐渐的趋于'太整齐'的缺点。至于闻先生的'太整齐'的诗行,读过《死水》的人总知道的了。我的意见是诗行的整齐并个会给诗的本身一种坏的影响。整齐也罢,不整齐也罢,只要能自然的写成就好。这一点,似乎闻先生自己也讲过,可惜他已无形的踏上呆的脚铐!"在论述先生的诗歌与外国诗的联系时,邵冠华认为《末日》中的诗句里,"有郝士曼的音节的和谐,同时含着哈代的灰色的情调和深刻的意境"。

四月二十八日 下午四时,出席青岛大学图书委员会第四次会议,审查各系欲购图书书目。(据青岛大学《图书馆增刊》第2号,1931.5.11)

五月十四日 出席青岛大学第十七次校务会议,决议先生与黄际遇、梁实秋负责起草出版委员会组织案。(据《青岛大学周刊》第3期,1931.5.18)

五月十九日 晚,杨振声在顺兴楼宴请到访之顾颉刚。先生与梁实秋、赵太俅、黄际遇、黄淬泊、邓仲纯、方令孺等十一人作陪。晚九时席散后,先生与方令孺往顾颉刚下榻处略谈。(《顾颉刚日记》第2卷,第529页)

五月二十日　罗隆基给胡适信,抱怨先生不给《新月》投稿。信中说:"月刊内容,的确不是我一个人的力量可以改进的。一班旧朋友,除先生的文章照样寄来外,都不肯代《新月》做稿。志摩、实秋、一多、英士、公超、上沅、子离、西滢、叔华、从文这一般人都没有稿来。一多、实秋前次来上海,都答应马上寄稿来,如今又毫无音信。编辑人有什么办法?旧人对《新月》内容不甚满意,这责任的确应大家负担,先生意如何?"(《胡适来往书信选》中册,第68页)

同日,罗隆基在给徐志摩信中,亦云:"月刊内容非大家负责不可。半年来,一多、实秋、英士、子离、上沅、公超、西滢、叔华等先生都没有稿来,你的稿亦可说太少。《新月》内容的退步,大家都要负责任的。"(《胡适来往书信选》中册,第70页)

先生对《新月》投稿渐少,是因为对它有些看法,认为它文学艺术的成分少了,政治讨论的成分多了。臧克家在《我的先生闻一多》中写到:"谈到《新月》创刊的情形和他个人的主张,他说,《新月》到后来的一些倾向,是和他的初衷距离很远的。"(《人民英烈》,第139页)《新月》创刊以来颇为坎坷,因连续刊登维护人权的文章,受到国民党当局多次指责。随着胡适、梁实秋、徐志摩先后离沪,光华大学教授罗隆基接手编辑工作,继续刊登有关人权与约法的文章,批评现状,当局曾查禁《新月》,并逮捕罗隆基,使该刊更为艰难。

五月二十一日　出席青岛大学第十八次校务会议。推定先生和黄淬泊、丁伯弢共同起草组织古物采集委员会案。(据《青岛大学周刊》第4期,1931.5.25)他们起草的《古物征集委员会规则》于二十八日经第十九次校务会议通过,六月一日公布于《青岛大学周刊》第六期。

六月二十一日　胡适给梁实秋信,说到翻译莎士比亚著作事,询及先生是否动手了。信云:"昨天与公超谈,他说你告诉他转问翻译莎翁的事,并问何时聚会商量。我本想邀各位早点开会,但我知道志摩为母丧奔走,公超为结婚事忙,都没有动手译书。公超说你也没有动手。一多怎样?如大家都没有试译,似不如等大家暑假中有点成绩时再定期开会。你们以为如何?请一问一多兄。"(引自梁实秋《关于莎士比亚的翻译》,转引自胡颂平编《胡适之先生年谱长编初稿》第3册,第978页)

实际上,当时先生等都没按照原计划进行,陈通伯不肯参加,徐志摩年底身亡,先生与叶公超志不在此,只有梁实秋历时多年,一人独自译成莎士比亚著作三十七种。

六月二十六日　中华教育文化基金董事会召开第七次年会,"决定翻译莎士比亚全集,聘定闻一多、徐志摩等五君为委员,担任翻译及审查。现拟先行实地试译,

以期决定体裁问题。预计五年至十年，可以全部完工。"（《中华教育文化基金董事会第六次报告》，第 24 页）

六月三十日　徐志摩致赵家璧信中说曾约先生与杨振声、梁实秋到北京大学任教，但先生等未去。信云："此来后北大方面又起恐慌，因为原定杨今甫来长文学院，青岛梁、闻诸先生都可以同来，那这边自不愁人手缺少。不想结果青岛一个人都不能来……"（转引自陈从周《徐志摩年谱》，第 89 页，上海书店 1981 年 11 月影印本）

七月中旬　与梁实秋同赴济南参加山东省留学生考试委员会会议。

会后游大明湖、历下亭。在青岛，也曾游过崂山。梁实秋《谈闻一多》："青岛附近的名胜只有崂山，可是崂山好像没有什么古迹，尽管群峰削屻乱石穿空，却没有什么古人留下的流风遗韵的痕迹。我和一多、金甫、太侔曾数度往游，在靛缸湾的瀑布前面流连忘返，一多说风景虽美，不能令人发思古之幽情，可见他浪迹于山水之间尚不能忘情于人事。我指点山上的岩石，像斧劈皴一般，卓荦峥嵘，我说那就是千千万万年前大自然亲手创造的作品，还算不得是'古迹'么？一多不以为然。后来我们到济南参加山东省留学生考试委员会，事毕游大明湖，一多在历下亭看到'海内此亭古，济南名士多'一联，依稀想见杜少陵李北海的游踪，这才欣然色喜，虽然其实济南风景当推佛峪为较胜。"（第 97 至 98 页）

除游览风景外，先生还很喜欢交友，常到赵孝陆先生家做客。赵先生名录绩，以字行，山东安邱人，清末进士。他爱收藏字画，家中有不少古籍，很受先生敬仰。一九四〇年五月二十六日，先生在给赵先生的侄儿赵俪生信中，还说："八年前旅居青岛时，曾得谒见令伯父孝翁先生，追陪履杖，古貌高风，暖然似春，私心仰慕不已，顷闻遽归道山，曷胜震悼。"（《闻一多书信选集》，第 313 页）

先生为着研究学术，也常与书贾打交道，却也上过当。梁实秋《谈闻一多》中云："青岛虽然是一个摩登都市，究竟是个海陬小邑，这里没有南京的夫子庙，更没有北平的琉璃厂，一多形容之为'没有文化'。有一书贾来兜售旧书，颇多善本，宋刊监本麻沙无不具备，自言出于长沙王氏，一多问他莫非是'复壁藏书'以身殉书之王某，彼连声称诺，一多大喜，相与盘桓数日。后来听人说起，其中多是赝品。一多闻之嗒然。"（第 97 页）

是年暑假　因高孝贞即将分娩，送家眷回武昌①。归来后，因文登路住所紧靠海水浴场，晚上涛声过大，影响睡眠，遂搬至学校宿舍。梁实秋说那是"孤零零的一

---

①　梁实秋《谈闻一多》云："十九年一多送眷回乡"，但文前又说先生在这里"住了不到一年，便趁暑假的时候送眷回到湖北"。据后文，先生当是 1931 年暑假送家眷归里。

座楼,在学校的东北方,面对着一座小小的坟山,夏夜草长,有鬼火出没。楼上有一个套房,内外两间,由一多住,楼下的套房由黄际遇(任初)住。"(梁实秋《谈闻一多》,第84至85页) 这是一幢红瓦黄墙、古朴典雅的独立二层小楼,建筑面积为三六五平方米,占地面积一八二平方米,砖石混合结构,有木制的挑檐,勒角和门窗的券顶镶嵌有花岗石,是德国侵占青岛期间所修建的俾斯麦兵营的辅助用房。(杨洪勋《闻一多故居》,青岛市政协文史资料委员会编《青岛文史资料》第16辑,第296至297页,青岛出版社2006年5月第2版)

与先生同居在这幢楼的黄际遇是潮州人,数学教授,由河南省教育厅长卸任后来此任理学院院长。黄虽长先生十几岁,两人却可以谈得来。

八月　徐志摩的诗集《猛虎集》出版,先生为其绘制了封面。封面很简练,在黄底上横画出粗墨痕,极似一张平铺的虎皮。

九月七日　青岛大学开学。这学年,先生讲授"中国文学史"、"唐诗"、"英诗入门"。

由于家眷送走了,没有了家累,先生得以全副精力进行中国文学的研究。首先进行的还是唐诗研究。梁实秋《谈闻一多》:"一多在武汉时既已对杜诗下了一番功夫,到青岛以后便开始扩大研究的计划,他说要理解杜诗需要理解整个的唐诗,要理解唐诗需先了然于唐代诗人的生平,于是他开始草写唐代诗人列传,积稿不少,但未完成。他的主旨是想借对于作者群之生活状态去揣摩作品的涵意。"(第85页)

梁实秋所说的先生"开始草写唐代诗人列传",估计即现存手稿中的《全唐诗人小传》。该稿共九册约六十余万字,收集有唐代四〇六位诗人的材料,其中部分已编成传记,其余多为分门别类摘录的原始资料。

先生做《全唐诗人小传》,本是为了深入研究杜甫而做的必要准备。这方面的工作铺开后,涉及面极广,研究对象也变成整个唐诗了。唐诗研究除《闻一多全集》所收七篇外,现存大量手稿,如疏证方面的有《唐诗笺证》、《唐诗校读法举例》、《全唐诗辩证》、《全唐诗校勘记》等;表谱方面的有《唐文学年表》、《唐诗人生卒考》(附进士登第年龄考)、《新旧唐书人名引得》、《初唐四杰合谱》等;史料收集方面的有《唐诗大系》、《全唐诗补传》、《全唐诗续补》、《全唐诗汇补》;札记方面的有《唐风楼擁录》、《璞堂杂记》、《唐诗要略》、《诗的唐朝》等。

在手稿中保存有一份草拟的《拟思唐宝聚著目录》,它反映了先生研究唐诗的计划和步骤。兹将目录抄出参考:《唐代文学年表》、《唐两京城坊考续补》、《唐代遗书目录标注》、《唐人九种名著叙论》、《全唐诗人补传》、《全唐诗校刊记》、《少陵先生年谱会笺》、《少陵先生交游考略》、《说杜从抄》、《全唐诗续补》、《全唐诗人生卒年考》、《岑嘉州系年考证》、《岑嘉州交游事辑》、《唐文别裁集》。

以上诸项工作,进展情况不一,有些仅仅在青岛开了个头。臧克家在《我的先生闻一多》中回忆到:"这时候,他正在致力于唐诗,长方大本子一个又一个,每一个上,写得密密行行,看了叫人吃惊。关于杜甫的一大本,连他的朋友也持笔划列成了目录,题名《杜甫交游录》。还有一个抄本,是唐诗摘句,至今还记得上面的一个句子:'蝇鼻落灯花。'"(《人民英烈》,第137页)

《诗经》研究,也在这时铺开了。梁实秋《谈闻一多》:"他开始研究《诗经》。有一天他到图书馆找我,我当时兼任图书馆长,他和我商量研究《诗经》的方法,并且索阅莎士比亚的版本以为参考,我就把刚买到的佛奈斯新集注本二十册给他看,他浩然长叹,认为我们中国文学虽然内容丰美,但是研究的方法实在是落后了。他决心要把《诗经》这一部最古的文学作品彻底整理一下,他从此埋头苦干,真到了忘寝废食的地步,我有时到他宿舍去看他,他的书房中参考图书不能用'琳琅满目'四字来形容,也不能说是'獭祭鱼',因为那凌乱的情形使人有如入废墟之感。他屋里最好的一把椅子,是一把老树根雕刻成的太师椅,我去了之后,他要把这椅上的书搬开,我才能有一个位子。他的研究的初步成绩便是后来发表的《匡斋尺牍》。在《诗经》研究上,这是一个划时代的作品,他用现代的科学方法解释《诗经》。他自己从来没有夸述过他对《诗经》研究的贡献,但是作品俱在,其价值是大家公认的。清儒解诗,王引之的贡献很大,他是得力于他的音韵训诂的知识之渊博,但是一多则更进一步,于音韵训诂之外再运用西洋近代社会科学的方法。例如《匡斋尺牍》所解释的《芣苢》和《狼跋》两首,确有新的发明,指示出一个崭新的研究方向。有人不满于他的大量使用佛洛伊德的分析方法,以为他过于重视性的象征,平心而论,他相当重视佛洛伊德的学说,但未使用这一个学说来解释所有的诗篇。"(第85至86页)

讲授英诗入门的情形,臧克家在《闻一多先生诗创作的艺术特色》中回忆到:"记得他在讲雪莱的《云雀》歌时,将云雀越飞越高,歌声也越强,诗句所用的音节也越来越长的情况,用充满诗情的腔调吟诵了出来。他喜欢勃朗宁、柯普林。他也给我们讲过盖不勒尔·绿斯蒂的《Sister hell》(题目记不太准了)。一节四行,第五行在括号内。"(《诗刊》,1979年4月号)在《我的先生闻一多》中,臧克家也说:"记得有一次在英诗的课堂上,他说:'如果我们大家坐在一片草地上谈诗,而不是在这样一间大房子里,我讲你们听:坐在草地上,无妨吸着烟,喝着茶,也无妨同样吸一口鸦片……'他诗人的气质很浓厚,两腮瘦削,头发凌乱,戴一副黑边眼镜,讲起书来,时常间顿地拖着'哦哦'的声音。"(《人民英烈》,第137页)当时,先生正在讲英国六大浪漫诗人之一柯律治的《忽必烈汗》,据说这首名作是在夜间的梦中作出来的。

这学年,青岛大学文学院新聘讲师有赵少侯、游国恩、杨筠如、梁启勋、沈从文、费鉴照,兼任讲师有孙承谟、苏保志、孙方锡、张金梁、刘崇玑,教员有谭纫就。(据《青岛大学一览·职教员录》,1931 年度)

又,先生的姑表亲戚林斯德自武昌文华图书专科学校毕业,亦由先生介绍来青岛大学图书馆工作。林斯德的父亲为先生启蒙老师之一,一九二八年林斯德失学,先生曾介绍他到武汉大学图书馆工作,并鼓励他投考文华图书专科学校。林斯德来青岛大学后,先生建议他编纂《全唐诗文引得今编》,林斯德遂着手这一工作。

九月十四日　王献唐赴青岛大学访先生与杨振声,均未遇。(张书学、李勇慧《王献唐先生年谱长编》未刊稿)

是月　陈梦家选编的《新月诗选》由上海新月书店出版。该书共选先生与徐志摩、饶孟侃、孙大雨、朱湘、邵洵美、方令孺、林徽音、陈梦家、方玮德、梁镇、卞之琳、俞大纲、沈祖牟、沈从文、杨世恩、朱大枬、刘梦苇十八人的诗作八十首。其中选入先生的诗为:《死水》、《"你指着太阳起誓"》、《夜歌》、《也许》、《一个观念》、《奇迹》,共六首,数量在全书中居第二位。次序排在徐志摩之后,陈梦家在《新月诗选·序言》中评介先生时说:"影响于近时新诗形式的,当推闻一多和饶孟侃他们的贡献最多。中国文字是以单音组成的单字,但单字的音调可以别为平仄(或抑扬),所以字句的长度和排列常常是一首诗的节奏的基础。主张以字音节的谐和,句的均齐,和节的匀称,为诗的节奏所必须注意而与内容同样不容轻忽的。使听觉与视觉全能感应艺术的美(音乐的美,绘画的美,建筑的美),使意义音节(Rhythm)色调(Tone)成为美完的谐和的表现,而为对于建设新诗格律(Form)唯一的贡献,是他们最不容抹杀的努力。"又说:"苦炼是闻一多写诗的精神,他的诗是不断的锻炼不断的雕琢后成就的结晶。《死水》一首代表他的作风。《也许》、《夜歌》同是技巧内容溶成一体的完美。《"你指着太阳起誓"》是他最好一首诗,有如一团熔金的烈火。"当时,《中国新书月报》在介绍这部诗选时,也认为先生的《死水》和《奇迹》,"不论在风格方面,艺术方面都可以说是达到了成熟的地步了"。(莲时《读〈新月诗选〉》,《中国新书月报》第 1 卷 12 期,1931.12)

十月一日　青岛大学学生成立反日救国会。"九一八"事变后,青岛《民报》因刊载事变消息,遭日本浪人纵火烧毁,连国民党青岛市党部亦未能幸免。这更加激起青岛民众的愤慨,纷纷自发组织起来反抗日本暴行。先生对学生成立反日救国会,是积极支持的。

十月五日　四子闻立鹏生于武昌。

十月七日 出席青岛大学第三十一次校务会议。决议酌量增加军事训练时间、组织青岛大学青年义勇军、从学生学宿费中拨款作为援助义勇军的费用。(据《青岛大学周刊》第 24 期,1931.10.12)

十月十七日 出席青岛大学中国文学系同学会组织的欢迎新同学会。(据《青岛大学周刊》第 26 期,1931.10.26)

十月二十六日 青岛大学中文系第四班班会成立,聘先生与杨振声等为指导员。(据《青岛大学周刊》第 29 期,1931.11.16)

十一月十六日 青岛大学学生要求南下请愿,学校当局发布布告,劝阻南下。时,全国各主要城市的学生纷纷要求国民党政府抗日,为敦促政府表态,发动赴南京请愿活动。先生这时不赞成学生此举。

青岛政治环境十分复杂。一八九七年,德国以"巨野教案"为借口派兵强占青岛,日本又利用一九一四年第一次世界大战之机取代德国,侵占青岛。五四运动的直接起因便是"收回青岛"。一九二二年年底,北洋政府收回青岛。国民革命军第二次北伐时期,日本以保护侨民为名,派兵进驻济南、青岛及胶济铁路沿线。一九二八年五月一日国民革命军克复济南,五月三日,日军派兵侵入中国政府所设的山东交涉署,枪杀交涉署全部职员,制造了"五三惨案"。一九二九年四月十五日,南京国民政府接管青岛,但日本势力仍处处可见。

先生到青岛的那年,有人参考青岛后说:国民革命后,青岛"以前各种事业,大概可以继续进行,惟当时曾与日人签立协定,颇受牵制。以言海运,商轮皆系日船。以言陆运,公共汽车亦日人所有。以言金融,吾国有银行七家,德国一家,日本虽仅正金、朝鲜二家,而金融之权,操于彼,所发钞票,颇为流行。至与市民经济有关系者,则为青岛之当典,二十家之中,国人仅有一家,余皆日人所有也。以言商业,青市有商店三千余家,日店占四百,而百货均来自日本,大商铺亦多属日本所经营。目下日人以组合之力,收买蔬菜鱼虾,垄断市场,致市民皆受菜贵之影响。以言工业,青市有工厂七十余,外人居半数,而日人独占三十二。工厂之工商界人士较大者为纱厂,而七厂之中,日占其六,以言警权,日本有警察驻青,日人犯罪,须引渡日警审判。以言研究,则如化验室、检验所、观象台等,尚有日人潜居其内,一则为继续研究,一则含监督之意。其他日人所研究机构,正复多多。是故青岛收归国有,名目而已,实则主权仍操诸日人之手,收回云乎哉。"(包伯度《青岛参观小记》,《社会月刊》第 2 卷第 5 期,1930.11)

不啻如此,"九一八"事变前一个月,在青岛的日本还和中国人发生了激烈冲突。报载:八月"十八日晚,青岛市辽宁路日本鱼店门前,有华人孟吉瑞与该店庖役华人刘某正在闲谈之际,该店经理日人志磨证彰突出而驱逐,激起口角,该日人脱下木屐,猛扑孟吉瑞面部。街上行人围观殊怀不平。志磨乘机电约青岛日本浪人所组织之国粹会打手数十名,各携凶器,赶来殴击华人。一时混乱,几酿大变。幸我官厅立时弹压,民众早知奸计,卒得排解而散。兹事起端虽微,而日人蓄谋则甚久。故日本全国报纸一致夸大反宣传,竟谓为华人预定之计划。"(《青岛日人暴行事件》,原载《北平晨报》1931 年 8 月 25 日,转引自《新闻周报》第 8 卷第 34 期,1931.8.31)　而八月二十日,大阪《每日新闻》刊登的《三千中国群众袭击青岛邦人》中则声称:"十八夜九时顷,青岛市之大日本国粹会青岛本部被三千中国人袭击,大冲突后,竟呈流血惨状。日本人家屋被破坏者六七十户,受伤者六十人,其中重伤者二十五名,生命危笃者二名。国粹会与中国人间,两三日前,即有不稳定之形势,故因琐事,便生冲突。是夜中国人数次包围辽宁路之国粹会本部,群众高喊,惊震天地,致惹起青岛空前之大惨事。"同日出版的大阪《朝日新闻》亦在《中国暴民袭击青岛国粹会本部》消息中凭空臆测说:"此次事件发生经过,以数名中国人与日本人口角为暗号,立有数百名携帮凶器之暴徒,包围攻击国粹会本部。群众之暴行,有相当统制,既未掠夺,亦未惨杀。解散后,亦未遗留任何证据物件,同时中国官厅又禁止拍发新闻电。就此类事实观之,则此次暴动可认为与官厅有充分联络之计划的动作。"但是,事实已判明,"当夜观众是否有三千人之多,及群众是否有意图袭击日本人之事,及日本人家屋曾否被捣,日人负伤者是否有六十人之多,事料具在。""当时,青岛市政府为了免于被责袒护,请德国名医卫士英检验双方伤者。"据卫大夫诊验结果,则华人受伤共十人,重者七人,轻者三人。伤状均为利刃所砍,且在背部,可知华人受伤,皆因躲避不及所致。又据其诊验日人伤痕,则皆为皮肤受伤,极为轻微。可见日人为携带凶器之故,猛力砍人,致擦伤皮肤。"于是,青岛市政府向日本总领事提出抗议,而日本亦提出反抗议。谁都看得到,"自今夏日本军部决定对华采取扰乱及强硬政策以来,先之以万宝山之霸占,继之以朝鲜之虐杀。万宝山事件动机,日本决非为数百鲜人生度,而妄动军警。乃欲乘此机会,搅挑动华鲜恶感,使华农愤而杀害鲜人,日本便可借题大做,以贯彻其鲸吞满蒙之宿望。"(《青岛日人暴行事件》,原载《北平晨报》1931 年 8 月 25 日,转引自《新闻周报》第 8 卷第 34 期,1931.8.31)

上述复杂形势,是先生主张持重的原因之一。

十一月十九日　徐志摩乘飞机自南京飞北平,在济南白马山附近飞机触山,机毁人亡。先生等闻讯,即请沈从文去济南打探究竟。沈从文给赵家璧信云:"记得徐先生在山东遇难,得北京电告时,我正在杨金甫(振声)先生家中,和闻一多、梁实秋、赵太侔诸先生谈天,电文中只说'志摩乘飞机于济南时遭遇难,(张)奚若、(张)

慰慈、龙荪(金岳霖)、(梁)思成等,拟乘×车于×日早可到济南,于齐鲁大学朱经农先生处会齐',使大家都十分惊愕,对电文措词不易理解。我当时表示拟乘晚车去济南看看,必可明白事情经过。大家同意,当晚八点左右上胶济路车,次日一早即到达。"(转引自陈从周《记徐志摩》,《书带集》,第140页,花城出版社1982年10月出版)

对徐志摩的突然逝去,先生是十分震惊的。但日后追悼徐志摩时,未见先生写一篇哀文,许多人对此感到不解。臧克家曾问先生:"你是公认的他的好友,为什么没有一点表示呢?"先生说:"志摩一生,全是浪漫的故事,这文章怎么个做法呢。"(臧克家《我的先生闻一多》,《人民英烈》,第139页)

其实,事情也并不完全这样。先生胞弟闻家驷说:"徐志摩罹机祸逝后,闻一多很痛苦。痛苦到了极点,是无法用语言来表达的。不能说闻一多未写文章悼念,就是对徐志摩的早逝无动于衷。闻一多很钦佩徐志摩,每当做事没有办法时,常说'志摩来了就有办法了'。但彼此的气质,风格不一样。徐志摩达到的,闻一多则达不到,闻一多达到的,徐志摩则达不到,这决不是隔膜。徐志摩与陆小曼结婚后并不美满,闻一多为徐志摩惋惜,但没有冷漠他。在那个时代,出现这类的婚恋并不稀奇。闻一多很欣赏徐志摩的诗,为徐志摩的诗集《志摩的诗》设计封面,题写书名。书名'志摩的诗'四个字写得特别认真。闻一多曾多次谈到徐志摩的《盖上几张油纸》,说这首诗反映下层人民的生活,写得很好。"(商金林1988年2月13日访问闻家驷记录,转引自商金林《闻一多研究述评》,第92至93页,天津教育出版社1990年10月出版)

十一月二十五日　出席青岛大学第三十四次校务会议,批准李云东、华方等十三名东北籍同学离校投军的请求,并保留他们的学籍。(据《青岛大学周刊》第31期,1931.11.30)

十一月三十日　青岛大学反日救国会召开大会。会上校长杨振声认为青岛环境特殊,同学们的爱国活动不应超出学校范围。梁实秋也认为公理终究会战胜强权,中国应听候国联的调查和仲裁。同学们群起反驳,决议南下请愿。次日,一百七十九名同学登上火车赴济南,于次月四日抵南京。

先生反对学生南下,主张开除为首的同学。梁实秋《谈闻一多》记述此段情形时写道:"民国二十年九月十八日日本军队占领沈阳,公开侵略,我军节节后退,全国愤怒,学界当然更为激昂。我们这一代人在五四时代都多多少少参加过爱国运动,年轻人的想法我们当然是明瞭的。但是当前的形势和五四时代不同,所以平津学生纷纷罢课结队南下赴京请愿,秩序纷乱,我们就期期以为不可。这一浪潮终于蔓延到了青岛,学生们强占火车,强迫开往南京,政府当局无法制止,造成乱糟糟的局势。北方学生一批一批涌向南京,在南京也造成了纷乱的气氛,我们冷静观察认为是不必要的,但是我们无法说服学生不这样做。学生团体中显然有所谓左倾分子在把持操纵,同时学校里新添了几个学系,其中教员也颇有几位思想不很平正的人物在从中煽惑。在校务会议中,我们决议开除为首的学生若干名,一多慷慨陈词,认为这是'挥泪斩马谡',不得不尔。"(第98至99页)

十二月二十日　　陈梦家给胡适信,中云:"今日在静安寺公祭志摩,吊客尚不少。"又云:"《诗刊》决由一多先生主编,弟若在青岛,当为襄助。"(胡适档案,中国社会科学院近代史研究所藏) 是年九月初,徐志摩编完《诗刊》第三期,即将编辑工作移交陈梦家、邵洵美负责。徐志摩失事后,《诗刊》无人主编,陈梦家欲以先生主持此刊,但先生后来并未接手。

十二月三十一日　　下午三时,出席青岛大学第三十九次校务会议。决议考试日期及监考人选,定明年一月十四日考唐诗,十五日考名著选读,十六日考英诗入门,监考人均为先生。(据《青岛大学周刊》第36期,1932.1.4)

一九三二年　三十四岁

一月二十八日,日军进攻上海,一·二八抗战爆发。

三月九日,日本关东军策划的伪满洲国建立,以溥仪为执政。国民政府立即宣言否认东北伪政府。

五月五日,《淞沪停战协定》签订。

二月二十一日　王献唐赴青岛大学访先生与赵太侔、黄淬泊,遂同至顺兴楼午餐。饭后诸人及赵孝陆至青岛港政局检看代购之古剑一柄、铜佛一座、镜子三面、古泉四串等古物。事毕,同至赵孝陆宅,赵出视其所藏书籍字画,欢谈至五时半。(张书学、李勇慧《王献唐先生年谱长编》未刊稿)

二月二十二日　青岛大学教育学院讲师刘天予自上海归来,向学校报告"一·二八"十九路军抗击日军的战况。是年一月二十三日,日本派大批军舰集结上海,二十八日,日本海军陆战队占领上海天通庵车站,并向北站、江湾、吴淞等地进攻。驻淞沪的国民党十九路军奋起抗战。二十九日,日军舰炮击南京下关,国民党政府仓惶迁往洛阳。时,全国民众抗战热情激昂,先生听罢刘天予的介绍,很是振奋。会后师生捐款慰劳前线将士,先生捐款二十元。(据《青岛大学周刊》第46期,1932.3.14)

二月二十四日　青岛市市长沈鸿烈来青岛大学视察,先生陪同谈话、参观。(据《青岛大学周刊》第44期,1932.2.29)

三月三十日　出席青岛大学第四十三次校务会议,被推定为招生考试委员会委员。(据《青岛大学周刊》第49期,1932.4.4)

是月底　陈梦家参加过上海抗战后,来到青岛大学做先生的助教。次月二十五日陈梦家给胡适信中说:"我于二月末到南翔投军,三月底回南京即转来青岛,现在青岛大学文学院做些小事。""关于《诗刊》的事现在没有决定续编还是暂停,孙大雨先生颇主暂停,一多先生现在努力开掘唐代文化,未有意见。"(胡适档案,中国社会科学院近代史研究所藏)

先生对陈梦家十分器重,梁实秋《谈闻一多》中说:"他的从前的学生陈梦家也是他所器重的。陈梦家是很有才气而不修边幅的一个青年诗人，一多约他到国文系做助教，两人颇为相得。有一天他们踱到第一公园去看樱花，走累了到一个偏僻的地方去休息，陈梦家无意中正好坐在路旁一个'招募新兵'的旗子底下，他蓬首垢面，敞着胸怀，这时节就有一个不相识的老者走了过来缓缓的说：'年轻人，你什么事不可干，要来干这个！'一多讲起这个故事的时候，他认为陈梦家是过于名士派了。有一次一多写了一短简给他，称之为'梦家吾弟'，梦家回称他为'一多吾兄'，一多大怒，把他大训了一顿，在这种礼节方面，一多是不肯稍予假借的。"（第96页）

对青岛大学的学生，先生最喜爱的是臧克家。臧克家的诗《洋车夫》、《失眠》，就是先生拿去发表的，成为臧克家正式发表诗作的开头。《老哥哥》、《贩鱼郎》、《象粒砂》等诗，先生也都认真看过。（据臧克家《海——回忆一多先生》，《怀人集》，第114页）一九三一年暑假，臧克家从故乡把《神女》寄给先生，先生看后寄回去，在一些句子上划了红的双圈。（据臧克家《我的先生闻一多》，《人民英烈》，第139页）

臧克家回忆追随先生创作新诗的往事时还说："闻先生给我们讲名著选读、文学史、唐诗、英诗。他治学十分严谨，诗人气质很浓。我是认识了闻先生后才读他的诗的。一读就入了迷。他的《死水》，我几乎全能背诵，我用它滋养了自己，也用它折服了许多顽固的心。从这本诗里，我认识了它的作者——一个热爱祖国，热爱土地，热爱自然的诗人和隔着大洋对未来的中华寄予无穷热望的一颗心。"又说："我常常捧着自己值得一看的诗去向闻先生求教。从他的办公室渐渐地走到他家里，而且越走越勤了。他告诉我这篇诗的好处、缺点，哪个想象很聪明，哪个字下得太嫩等。他会在好的句子上划个双圈。他手高眼也高，要他划个圈实在不容易呵。在和闻先生交谈时，有时他的助手陈梦家也在坐。我永远忘不了梦家对我的帮助，和他谈诗的结果，我更知道了怎样去展开想象的翅膀。我和他对人生的看法虽相反，但他耀眼的才华，美丽的诗句，也着实打动了我的心。人称我们为'闻门二家'。闻先生对我写诗用劲鼓励。把我写的《难民》等拿到《新月》月刊上发表，可以说是我的诗作在有名的文学刊物上发表的开始。"（臧克家《祖国万岁母校千秋》，《光明日报》，2001.9.28）

先生对青年人是不遗余力提携的。曹未风在《辜勒律己与闻一多》中写到："闻氏在青岛的书斋里，桌子上放了两张像片，他时常对客人说：'我左有梦家，右有克家'，言下不胜得意之至。……闻氏后来回到清华任教时，他还是不懈的注意提拔新诗里的后辈人材。曹葆华同孙毓棠都是他的经常的座上客。卞之琳、李广田诸人也跟着他时常在一起。所以徐志摩死后，……《新月》、《诗刊》所主张的那一种新

诗运动,却实在仍然由闻氏继续了下去。"(《文汇报》,1947.4.10)

是年春 夫人携诸子来青岛。时,方令孺讲授《昭明文选》,遇到问题经常向先生请教,先生也教她一些写诗的方法,于是引起某些好事者的流言。先生得知,便与林斯德商量,认为把妻子接来,流言便可不辟自灭。(据林斯德给编者的信,1986.7.14)

家眷到青岛后,先生搬至大学路一座红楼内。先生住楼上,房租七十元;游国恩住楼下,房租六十元,两人得以"早晚谈论《楚辞》、《诗经》"。(季镇淮《闻一多先生年谱》,《闻朱年谱》,第 27 页)

四月八日 出席青岛大学出版委员会会议,通过图书馆提出之林斯德编纂的《全唐诗文引得今编》付印案。该书编纂过程中,得到先生的多次指导与帮助。

五月五日 青岛大学校长杨振声在南京教育部请领教育经费,未得,是日"以中央批准之预算迄今一文未发,虽地方协款按时拨给,但开支颇巨,杯水车薪,实难维持",电呈国民政府教育部辞职,遂至北平。(据《青大校长杨振声辞职》,《山东民国日报》,1932.5.7)先生甚为此事焦急。

五月七日 青岛大学举行全校体育运动会,先生担任运动会副会长,并赠银盾一只作为奖品,后授与四百米接力赛第一名数学系。(据《青岛大学周刊》第 52 至 54 期,1932.5.2—9)

五月十一日 上午,出席青岛大学校务联席会议,讨论杨振声辞职问题,一致议决:一、分别致电教育部及杨振声,恳切慰留;二、推理学院院长黄际遇为临时主席,负责暂代校务;三、派先生与杜光埙为代表赴北平劝驾。会后,先生即乘胶济路火车赴济南,十二日晚转乘平浦路二〇二次火车赴北平。(据《青大代表赴平挽留杨校长》,《山东民国日报》,1932.5.13)抵北平后,先生遂往米粮库一号力劝杨振声返青岛维持校务。

同日 与丁淮汾等至山东省立图书馆晤王献唐。(张书学、李勇慧《王献唐先生年谱长编》未刊稿)

五月二十六日 国民政府教育部电谓青岛大学教务经费已与财政部接洽中。同日,先生等由北平发电,云"杨校长因校费有着,有打消辞意,定日内由平赴济,与何厅长(山东省政府教育厅长何思源)商洽一切,即返校主持校务"。(《青大校长杨振声打消辞意》,《青岛民报》,1932.5.27)

六月四日 先生与杨振声回到青岛。旋即参加校务会议,杨振声报告赴南京请领经费及辞职经过,表示在中央经费未解决前,辞意仍未打消。(据《青大校长杨振声仍未打消辞意》,《青岛民报》,1932.6.11)

六月九日　　致吴伯箫信，收《闻一多书信选集》。中云："我们这青岛，凡属于自然的都好，属于人事的种种趣味，缺憾太多。谈话是最低限度的要求，然而这一点便不容易满足，关于这一点，我也未尝没有同感。"

六月十六日　　致饶孟侃信，收《闻一多书信选集》。信中流露出对校务的灰心，云：

> 前次信来，正值我上北平挽留校长去了，等我回来，校中反对我的空气紧张起来，他们造谣言说我上北平是逃走的。现在办学校的事，提起来真令人寒心。我现在只求能在这里教书混碗饭吃，院长无论如何不干了。金甫现在已回来，我已向他表示，并得同意，候太侔回来再商量。我与实秋都是遭反对的，我们的罪名是"新月派包办青大"。我把陈梦家找来当个小助教，他们便说我滥用私人，闹得梦家几乎不能安身。情形如是，一言难尽。你在他处若有办法最好。青岛千万来不得，正因你是不折不扣的新月派。我们现在最要紧是蓄积几个钱，据说四川可以省钱，你能不带家眷单身去最好。至于信上说功课毕后想出来走一趟，我认为无此必要。大概你是想在浙江、四川之外，选择一个比较适意的地方。这未免太理想了。我们今日恐怕只是有事无事的问题，不是好事坏事的问题。我这次遭这种攻击，未尝不想摆脱青岛到北京，但是北京现无事给我，若有也未必胜似现在。所以我劝你不要想在北平、上海、南京一类大都市谋生，愈大的地方愈不能容我们了。何况你跑一趟又要花钱，太不合算。我以数年来的经验劝告你，除努力学问外，第一件大事是努力攒钱。何尝不想老友聚在一起？在北平时与公超、上沅屡次谈及，大家都是一筹莫展，垂头丧气。实秋尤其关心于你，但是在这里我两人几乎是自顾不暇了。实秋的系主任与图书馆长也非辞不可，没想到新月派之害人一至于此！大家虽都是懒于写信，但仍希望听到你的消息。
>
> 大风潮又来了，正写信时，学生提出五项要求给校长限三日答复。其中一项是图书馆买书应不限任何派别，各种书都买。这又是为新月派而发的，因为从前已有过新月派包办图书馆的烦言。

信中所说的"大风潮"，是指青岛大学学生要求修改学则的事。青岛大学学生自治会于上月二十五日成立，是日致函校长杨振声，提出其议决五条。主要为：请求免收宿费以减轻学生负担；取消学校当局四月四日颁布的《青岛大学学则》中第四十三条，即"学生全年学程有三种不及格或必修学程二种不及格者，令其退学"；图书馆购买书籍应不分派别。（据《青大学生自治会请求学校免收宿费并请求取消新修正学则第四十三条及充实图书馆》，《青岛民报》，1932.6.18）该信还要求"务请于三日内赐复"。杨振声接信后,允本学期内答复,学生不满,提出速开校务会议讨论。杨振声未允,学生又分头敦请先生等,亦未有效。遂开全体学生大会,议决罢课,并组织非常学生自治会,散发通电宣言。(据《青大学生徒起罢课潮》,《青岛民报》,1932.6.23)

六月二十二日 青岛大学学生为反对学分淘汰制,宣布罢课,理由为:一、学校经费问题;二、修改学则;三、反对新月派把持校务。

下午,出席青岛大学校务会议,决议二十三日照常举行考试,如学生不参加考试,则再照校章办理。(据《青大罢课,因考试发生问题》,南京《中央日报》,1932.6.24)

六月二十三日 出席青岛大学校务会议。因昨日学生拒绝考试,会议决议开除钟朗华、曹高龄等九同学,并布告提前放假,补考于九月十二日开学后进行。学生闻讯,于下午召开会议讨论对策,把愤怒泄于先生,谓之"把持教务不良教授",并以非常学生自治会名义通知先生,请"急速离校,以免陷误青大前途于不可收拾"。(《青大学生罢课后校方布告提前放假》,《青岛民报》,1932.6.24)

六月二十四日 晨,青岛大学布告开除九学生,学生召集会议并至杨振声住宅请愿,要求解决学校经费、恢复原学则、辞退先生,并收回开除学生之成命。

下午三时,先生出席校务会议。同时,学生非常自治会亦召开记者招待会,由代表钟朗华报告罢课经过及全体学生之主张,其第四项主张即"校方须容纳撤换文学院长闻一多之要求",并谓此四项要求不达目的不能复课。(据《青大学潮益趋尖锐化》,《青岛民报》,1932.6.25)面对此种形势,先生向校方提出辞职。杨振声亦为罢课事电教育部,再次提出辞职。

六月二十五日 出席青岛大学校务会议。议决修改学则第四十三条为:"学生全年所修学程有二分之一或三种不及格者,令其退学。学生全年所修学程有三分之一或两种不及格者,留级一年,但不得留级两次。半年学程以每两种作一种记。"对开除之九学生改为令其休学一年,同时同意先生辞职。学生方面认为修改之学则仍与前相似、休学之举亦不可取、宿费问题未答复,于是仍坚持罢课。(据《青大学潮尚难解决》,《青岛民报》,1932.6.26)

这次学潮,矛头首先对着先生。反对先生的理由可见青岛大学非常学生自治会印发之《驱闻宣言》。其文云:"我们这次由一简单的改革要求运动,演成扩大的罢课与驱逐恶劣分子的运动。这个运动的对象和事实,已经于养电公告社会,现在为驱逐恶劣首要闻一多这件事,再得向社会宣言。我们此回运动的意义,具体化的说是反抗教育的恶化,这个恶化大部分是属于法西斯蒂化的。闻一多是准法西斯蒂主义者,他以一个不学无术的学痞,很侥幸与很凑合的在中国学术界与教育界窃取了一隅地位,不幸他狼心还不自已,必欲夺取教育的崇高地位,以为扩展实力的根据。他上年在新兴武汉大学潜窃了文学院院长的地位,武汉大学的同学比我们聪明,等他居职不久,就把他赶走了。前年又来夤缘占据了我们学校文学院院长的地盘,狼子用心,欲继续在青大发挥其势力,援引了好多私人(如果私人是有学识的,我们绝不反对)及其徒子徒孙,并连某某左右其手包围杨振声校长;为欲完成其野心,他很机智的采取了法西斯蒂的道路,不信我们举出一些事实来左证:一、前年敝校曾经演过一幕悲剧,就是断送三十余青年学业前途的一回事。这悲剧的背境,那时候一般以为张道藩为中坚,据某君(悲剧中的人物)于昨年在上海晤张氏谈起往事,才知道完全是闻一多的主张。他是暴力的准法西斯蒂主义者,他对于青年毫无同情,用军警数百人把三十几个青年学生赶走了!天乎!痛乎!二、昨年敝校为抗日救国事赴京请愿,他操纵校务会议,百般阻挠我们。我们为爱国热的驱使,硬着劲儿到了南京,他在学校肆力的大倡其暴力主张,在校务会议席上提请开除抗会执委十余人,很大胆的提倡这样压抑爱国运动的主张,幸经某某拼命反对,变为记过了事,第二场悲剧没有展开。呵,天乎!三、他为了要建树法西斯蒂的理想于学校制度,他首先从事变更学则,重要者如新学则第四十三条之残酷规定‘学生全年学程有三种不及格或必修学程二种不及格者勒令其退学’,他的理由是提高学生程度,其实完全是藉该项学则作为刻制异己学生之工具的,文学院好些同学试卷记分不公允就是例证。四、此回事件,他又提议开除非常会工作人员九人,校务会议操纵不了(因为有好些教授渐知他的万恶),公然强迫校长于未经校会通过就宣布施行,经昨天全体同学赴校长家大请愿,该布告又马上收回。第三场悲剧还莫有展开。凡此种种都充分能证明他是个准法西斯蒂主义者,其他如他的不通与不学无术的事实,因篇幅关系,不便详提。现在为了学校前途打算,为整个的教育打算,我们已决心驱逐他走,并渴望我们的神圣教育界,不要再上当!"(胡适档案,中国社会科学院近代史研究所藏)

学潮继续发展,二十六日全体学生大会议决请求恢复旧学制、取消宿费、收回对九学生处分之决定,并谓不达目的就全体请求休学一年。下午,学生代表要求会见杨振声,杨拒绝,学生请秘书长将议决转交校长,限次日午前正式答复。学校亦采取强硬措施,于二十七日中午布告准二〇一名学生休学一年。时,该校正式学生二三〇余人,加已令九人休学,几乎所剩无几。于是,是晚学生再开大会,否认学校一切无理处置,否认杨振声为校长,驱逐教务长赵太侔、图书馆馆长梁实秋。

时,青岛大学校内贴出许多标语,其中有针对先生的。梁实秋《谈闻一多》:风潮益形扩大,演变成为反对校长,终于金甫去职。在整个风潮里,一多也是最受攻击的对象之一。有一个学生日后回忆说:"记得当时偶尔走经青岛大学旁的山石边时,便看见过一条刺目的标语:'驱逐不学无术的闻一多。''不学无术'四个字可以加在一多身上,真是不可思议"。"我和一多从冷静的教室前面走过,无意中看见黑板上有新诗一首:'闻一多,闻一多,/你一个月拿四百多,/一堂课五十分钟,/禁得住你呵几呵?'这是讥一多平素上课说话时之喜欢夹杂'呵呵……'的声音,一多看了也只好苦笑。思想前进的青年们的伎俩尚不止此,在黑板上还画了一个乌龟一个兔子,旁边写着'闻一多与梁实秋',一多很严肃的问我:'哪一个是我?'我告诉他:'任你选择。'"(第99至100页)

当时,学生们还包围了先生的住宅,"青岛市政府派来四名兵士护卫"。(季镇淮《闻一多先生年谱》,《闻朱年谱》,第27页)

六月二十九日 先生与赵太侔、梁实秋及学校诸重要职员同日相继离校。杨振声亦赴南京辞职。青岛大学顿成无政府状态,一切事宜无形停顿。(据《青岛学潮解决无期》,《青岛民报》,1932.6.30)

同日,青岛大学非常学生会印发《青岛大学全体学生否认杨振声校长并驱逐赵畸梁实秋宣言》。文中云杨振声"滥用私人(如闻一多之子弟费鉴照等学识浅薄,讲解错误,独复高据坛席,屡黜不去)","不顾数百同学之苦衷,惟信闻一多、梁实秋、赵畸等之潜计","遽以闻、梁少数人之意见,非法开除学生九人","遽令全体同学一致休学,开全国大学之创例,陷青大前途于绝境,置数百青年于死地"。(同前)

七月中旬 闲居无聊,与陈梦家同赴泰山游览。陈梦家《艺术家的闻一多先生》:"不知道为了什么,青岛大学闹风潮赶他。我们遂乘火车去作泰山之游,因雨留住灵岩寺三日①,谈笑终日而不及学校之事。在泰安车站分手,我回南边,他手托在泰安庙前买到的一盆花回去青岛。"(《文汇报》,1956.11.17)

七月十九日 青岛大学甄别委员会聘先生为委员。但先生辞职之志已决,未应聘。是月二日,国民政府教育部电令解散青岛大学,旋改为国立山东大学。不久,只身赴北平。时,各地大学风潮不断,北平北京大学、南京中央大学均有学潮。旋,杨振声亦离开青岛至北平,受教育部委托主编《高小实验国语教科书》、《中学国文教科书》,其校长职务由赵太侔充任。梁实秋则于一九三四年离开青岛,任北京大学外文系主任。

八月 应聘为国立清华大学中国文学系教授。学校本拟聘先生任系主任,但先生经过武汉大学、青岛大学两次经验,不肯应允。他在给臧克家信中说:"学校要我做国文系主任,我不就,以后决不再做这一类的事了。"(转引自臧克家《我的先生闻

---

① 泰安18日有大雨,据此知先生游泰山于此月中旬。

一多》,《人民英烈》,第139页)

这年度清华中文系教员共十三人,教授有朱自清(兼系主任)、俞平伯、陈寅恪(与历史系合聘)、杨树达、刘文典,讲师有黄节,专任讲师有王力、浦江清、刘盼遂,教员有许维遹,助教有安文倬、余冠英。

刚到清华,由于缺少住宅,住在达园,和也是这时回清华任工学院院长的挚友顾毓琇相邻,面对一池碧水荷花。达园原是袁世凯时期北京卫戍司令王怀庆的私人花园,风景甚是优美。

九月七日 清华大学开学,十四日正式上课。

这学期,先生担任四年级"文学专家研究"课程,讲授"王维及其同派诗人",每周两小时,"在讲授王维诗外,并取孟浩然、綦毋潜、王昌龄、崔国辅、储光羲、裴迪、祖咏、常建等十数家代表作品比较研究之,以期说明盛唐时期一般的作风"。

又讲授"先秦汉魏六朝诗",每周三小时,主要内容为"诗经及楚辞中之《九歌》"。

同时,还与刘文典、俞平伯、刘盼遂、许维遹、浦江清共同讲授"大一国文",每周三小时,"欲使学者窥见各时代模范作品之大要,并时时督之练习作文,以启发其思想,磨炼其技术"。(以上均据《清华大学一览·学程》,1932年度)

九月八日 在城里见到朱自清。时,朱自清刚自欧洲休假观光回国,九月三日抵北平。朱自清日记云:"入城访客,遇闻一多君。"这是先生与朱自清同事论学的开始,朱自清打算次日访先生。(朱乔森编《朱自清全集》第9卷,第161页,江苏教育出版社1997年9月出版)一九三〇年七月,清华大学校务会议议决朱自清担任代理中文系主任,但朱一直推辞未就。在欧洲和回到北平后,朱自清数次提出辞职,未被接受。二十日,朱正式就任代理中文系主任之职。

十月十四日 清华大学中国文学会召开迎新会。会上朱自清讲在伦敦所见之读诗会,俞平伯讲歌诗与诵诗的区别,中国文学系四年级学生"周孝若谓闻一多言诗与乐无多关系"。(朱乔森编《朱自清全集》第9卷,第166页)

时,王力刚自法国回国,对先生的最初印象是性格刚直。王力在《我所知道闻一多先生的几件事》中说:"闻先生的性格和朱先生的性格大不相同:朱先生温和,闻先生刚直。朱先生是散文家,闻先生是诗人。到了清华以后,闻先生开始进行学术研究。他反对当时清华大学所谓的'通材教育'(文科学生低年级要读理科课程),主张培养学术研究的人才。他告诉我们,要在教授会上力争,把中文系办成学系研究中心。"(《闻一多纪念文集》,第171页)

十一月二日 昨日,两位一年级学生向朱自清建议为中文系一年生十人专开一班国文,朱自清觉得"此事有理而不易办",遂表示只能下学期再办。是日上午,朱自清与文学院长冯友兰商议一年级分班事,未得一定办法。朱自清日记云:"一多来谈谓愿教小班,此事待商。"(朱乔森编《朱自清全集》第 9 卷,第 171 页)

十二日三日　朱自清日记云:"上午一多将课程修正案签注交来,甚有佳见。"(朱乔森编《朱自清全集》第 9 卷,第 171 页)

十二月十四日　三女闻名生于北京。

十二月二十三日　讲新诗问题。《朱自清日记》:"昨一多讲新诗问题,大旨如次。1. 诗的倡优起源说。作者以娱悦其上,读者乃灵魂的纵淫,注重音乐此其要因,所谓歌也,音乐虽为诗所需,但不需太多。古诗中有思挣扎出倡优境界者,如所谓'劝百讽一'是也。至三百篇全然言志,不能以倡优论,杜甫、孟郊亦能言志,且有教训与人。2. 新诗仍不脱倡优行径,注重肉感,惟今已无帝王,亦无士夫,无所用之,应注重理智(Intellect),诗须有严肃的目的。文本载道,以能言志为佳;诗本言志,以能载道为佳也。理智与理不同,亦高级情感(High Emotion),须含蓄。如做不到,宁有教训,不可放纵。又谓吟唱诗要不得。又主张诗有功用,重乐观。3. 诗异于散文者,在语的音节。诗当如话剧,须以模印理论(Typographical Theory)解之。此节闻君未详。4. 诵之诗价值在歌之诗上。"(朱乔森编《朱自清全集》第 9 卷,第 178 页)

十二月二十六日　与朱自清谈诗的模印理论。《朱自清日记》:"忆日前一多来谈,所谓模印理论者利用纸上空间(Space),由作者规定诗之读法,如剧之由导演主持也。后公超①来谈,谓此说近已过去,因作者不易为人解,近年来诗家惟重隐喻(Metaphor)。……公超又谓与一多谈及模印理论彼甚保守(Conservative),但其讲演时已用此说,可谓勇于求新者矣。"(朱乔森编《朱自清全集》第 9 卷,第 178 至 179 页)

---

①　叶公超,时任清华大学外国文学系教授兼主任。

一九三三年 三十五岁

一月一日,日本进犯山海关,中国守军奋起抵抗,长城抗战开始。

二月二十三日,日军进攻热河,三月进犯长城一线。五月下旬,二十九军被迫放弃长城各口。

五月三十一日,中日双方签订《塘沽协定》,规定日军撤归长城一线,中国军队撤至长城以南地区,划冀东为非武装区,由中国警察维持治安。华北门户自此洞开。

九月,国民党对中国共产党中央根据地发动第五次"围剿"。

十一月二十二日,第十九路军发动"福建事变",建立中华共和国人民革命政府,旋失败。

一月五日 出席清华大学教授会议,讨论日军前天攻陷山海关后,华北出现的严重局势,并策划学校安全诸问题。

一月二十五日 下午,朱自清来访。朱自清日记云:"下午访一多,商借与渠房事;渠欲来清华,但须商郭遐周。"(朱乔森编《朱自清全集》第9卷,第188页)借房究为何因,未详。

是月 顾毓琇自印传记文学集《我的父亲》,先生为该书绘制了封面。一九四三年十二月商务印书馆重印时,因不易传真改为素面。

二月十三日 寒假结束。新学期先生在"文学家研究"中讲"杜甫",每周两小时,主要"讲授杜甫作品并随时说明其生活及时代之背景"。

又在"先秦汉魏六朝诗"中"讲授自汉至隋之主要诗篇,以期说明我国唐代以前诗风递变之大势",每周三小时。(据《清华大学一览·学程》,1932年度)

三月九日 下午四时,出席清华大学在后工字厅召开之教授会临时会议。

上月二十一日,日军与汉奸张景惠、张海鹏组成日伪联军进攻热河。三月三日,热河省主席汤玉麟率部逃至滦东,至使承德沦陷,华北局势危急。清华大学燕树棠、萧蘧、萨本栋、叶企荪、冯友兰五教授联名致函教授会书记吴景超,要求召开教授会临时会议,认为对"热河失守事件有对政府表示意见之必要"。

先生向来不多参加教授会,这次却早早的到了①。会上,发言者十分踊跃,先生极力主张蒋介石"自责"。《朱自清日记》:"下午开教授会,讨论热河事,有激烈、和平两派。所谓激烈者,指责备蒋中正而言。燕树棠则主张自责,闻一多和之;余殊觉可以不必。今日会场热空气甚多,为从来所仅见,解纷者为张奚若。"(朱乔森编《朱自清全集》第9卷,第204页)

会上,一致推举张奚若、冯友兰、燕树棠、萧蘧、浦薛凤组成致国民政府电文起草委员会。是日深夜一时许,电文撰毕,立即发出,费用由各教授薪金中扣出一元开销。先生对此电文是积极赞成的。

附:《国立清华大学教授会致国民政府电》

南京国民政府钧鉴:热河失守,薄海震惊,考其致败之由,尤为痛心。昔沈阳之失,尚可诿为猝不及备,锦州之退,或可藉口大计未决。今热河必守,早为定计,行政院宋代院长、军事委员会北平分会张代委员长,且曾躬往誓师,何以全省天险俱未设防,前敌指挥并不统一,后方运输一无筹划,统兵长官弃城先遁,以致敌兵长驱,境若无人。外交有利之局不复可用,前敌忠勇之士空作牺牲,人民输将之物,委以资敌。今前热河省政府主席汤玉麟,虽已明令查办,军事委员会北平分会张代委员长虽已由监察院弹劾,但此次失败关系重大,中央地方均应负责,决非惩办一二人员即可敷衍了事。查军事委员会蒋委员长负全国军事之责,如此大事,疏忽至此;行政院宋代院长亲往视察,不及早补救,似应予以严重警戒,以整纲纪,而明责任。钧府诸公总揽全局,亦应深自引咎,亟图挽回,否则人心一去,前途有更不堪设想者。书生愚直,罔识忌讳,心所谓危,不敢不言。伏乞鉴察。国立清华大学教授会叩。青。(《教授会会议记录》,清华大学档案室藏)

三月十日 《败》写定。发表于是年《清华大学年刊》。

本届清华大学毕业生毕业前夕,照例编辑纪念刊物,编辑吴组缃向先生约稿,先生写了该文作为赠言。文中说:

毕业后十二年,又回到母校,碰到第五级同学将毕业,印行年刊,要我几句话作纪念。这话应该有的是可说说的。真的,话太多,不知从何处说起,所以屡次抵赖,想索性不说了,正因这缘故。

要当兵,先去报名入伍,检验合格,及格了,才算一名入伍兵。(因为体格不合,以及其他的关系,求当兵而当不上的多着呢!)三个五个月不定,大早上

---

① 据这次会议签到名单,先生为第二位。

操，下半天上讲堂，以后是野外实习，实弹射击。兵丁入伍以后，营盘里住下一年半载，晓得步法阵势射击等等，但是还算不得一个兵。要离开营盘，守壕冲锋，把死人踩在脚下，自己容许也挂了采，这人才渐渐像一个兵了。什么时候才真正完成当兵的意义？打了败仗，带着遍体的鳞伤回来，剩下一丝气息，甚至连最后的这一点也没有，那也许更好。一个兵最大的出息，最光明的前途，是败，败得精光。

朋友们，现在我欢送你们这支生力军去应战。三年五年，十年八年后，再遇到你们，要看见你们为着争一个理想的赢来的那遍体的鳞伤。去了！我祝福你们——败！

可讲的话虽多，但精义已包括在这里了。恭维的话，吉利的话，是臭绅士的虚伪，我鄙弃，想你们也厌恶。

时，正是中国军队在长城一带艰苦抗战之时。

三月十七日　　下午二时，清华大学研究院文科研究所中国文学部，在图书馆楼下一四六室举行萧涤非毕业初试。先生与朱自清、陈寅恪、杨树达、刘文典、俞平伯、吴宓、叶石孙、叶公超为考试委员。（据《清华大学研究院举行毕业初试、论文考试呈报教育部组织考试委员会的来往文书》，清华大学档案室藏）朱自清日记云："下午研究院考试，委员均到，萧答案至令人失望，结局殊纠纷，久之始定为中等。众意一、萧知识大抵转贩而来，二、其答案多模棱闪避之辞，记诵亦太劣，三、无想像力，不能持论。一多谓对此间中国文学系学生治学方法极不满，杨遇夫亦以为然。余甚愧恶，因余见亦尔也。"（朱乔森编《朱自清全集》第 9 卷，第 207 页）六月十二日萧涤非论文考试时，先生不知为何拒绝参加。

三月二十一日　　朱自清访陈寅恪，谈到先生。朱自清日记云："访陈寅恪，寅恪畅论前日开会事，谓二叶及闻主张与主任教授相反，其逻辑推论（Logical Conse-quences）有二：1. 主任教员学问易满足，2. 主任教员与学生勾结。又谓彼颇疑二叶及闻有野心，来耍手段（Play Politcs），因举韩湘文毁公超之说及闻一多青岛事为证。"（朱乔森编《朱自清全集》第 9 卷，第 208 页）

三月三十日　　出席清华大学中国文学系教授会议，商定一年级国文办法及新课程案。决议将先生讲授的杜诗课列入国学要籍课程。（据《清华大学校刊》第 496 号，1933.4.3）

是月　　《岑嘉州系年考证》三易稿竟。后发表于六月《清华学报》第七卷第二期。收《闻一多全集》。文中有"附识"，述本文撰写原因与过程：

嘉州诗见存者三百六十首，其中可确指为某年或某数年间作者，依余所考,殆十有七八。兹篇初稿,本已分年隶属,釐订粗备。旋以每定一诗,疏通篇恉,参验时事,引绪既繁,卷帙大涨,虑其庞糅,不便省览,乃仅留其时地有证,可据诗以证事者,余悉汰之。盖兹篇意在研究作者之生活,当以事为经,以诗为纬,亦即不得不详于事而略于诗也。读者慎勿以为嘉州篇咏之有年可稽者,胥盖于是。至于编年诗谱,不容偏废,谁曰不然?别造专篇,傥在来日。

嘉州旧无年谱。撰此考垂成,或告以《岭南学报》第一卷第二期有《岑参年谱》,取而读之,则近时赖君义辉之所作也。以校拙撰,同者不及一二,异者何啻八九。诚以余为此考,年经月纬,枝叶扶疏,亦既自病其事甚寡而词甚费矣,故今也于其所以异于赖君者,雅不欲一一申辩,以重滋其芜蔓。其或赖君洞瞩未周,而事有关系甚巨,又非剖析不足以明真相者,则于附注中稍稍指陈之,但求有当于征实,不务抑彼以张我也。虽然,吾得读赖君此作,如入空谷,而足音跫然,忽在我前,斯亦可喜也矣。若夫荜路蓝缕,先我著鞭,伟哉赖君,吾有愧色焉。民国二十二年三月,三易稿竟,一多谨识,时距嘉州没后实一千一百六十三载也。

是年春 约这时,搬至新建成的清华大学西院教职员宿舍四十六号。住在这里的还有余瑞璜、雷海宗、陈寅恪、赵忠尧、蔡方荫、周先庚、陶葆楷、周培源、庄前鼎、顾毓琇、吴有训等人。西院是当时清华园内最好的教授住房,除宽敞的正房外,还有后院、行李房,屋顶均采用了防雨、防热的有效措施,房租三十九元。

四月九日 校警班长关春山病故,先生捐款二元慰问其家属。(据《清华大学校刊》第500号,1933.5.1)

四月十日 晚,朱自清来访。朱自清日记云:"晚访一多,与商功课事,谈甚畅。"(朱乔森编《朱自清全集》第9卷,第212页)

四月十四日 朱自清一早来访。朱自清日记云:"早访一多,为有两学生常在先秦汉魏六朝诗班缺课事。"(朱乔森编《朱自清全集》第9卷,第212页)

四月二十四日 晚,观孙毓棠、万家宝(曹禺)排演之话剧《高尔斯华绥之罪》。演出后与观看者交流感想,朱自清日记云:"闻一多评戏有眼光,余不能赞一词,愧愧。"(朱乔森编《朱自清全集》第9卷,第213页)

五月八日 《岑嘉州交游事辑》发表于《清华周刊》第三十九卷第八期(文史专号)。摘录文献中与岑参有关者王崟、王绒等六十六人史料,以姓氏笔画排列。有按语,多为考证性质。

五月十六日 下午参加清华中文系系会,商定命题及选文分配办法。

五月二十二日 下午七时半,清华大学在后工字厅召开教授会临时会议,先生出席。朱自清日记云:"晚开教授会,议决本年度不与考之毕业生办法,并选举毕业生成绩审查委员会及评议员;又试投票,本校应迁至长沙、洛阳、苏州、南通四处中之何处,未开票。"(朱乔森编《朱自清全集》第9卷,第226页) 会上,还选举了下年度教授会书记,先生与刘崇鋐、浦薛凤、钱端升四人被提名。首轮先生以十票,与刘崇鋐同获候补当选者。最后投票,刘崇鋐当选。(据《教授会会议记录》,清华大学档案室藏)

迁校之事,是因九一八后北平时局不稳,热河事件后形势更加动荡同。是年四月,学校评议会曾决议,学校如迁徙,首取长沙,次取苏州,末取洛阳。此时,又增加了南通。

五月二十三日　清华大学设立各种常设委员会,先生被聘为出版委员会委员。(据《清华大学校刊》第521号,1933.9.25) 这是先生回到清华大学后最初担任的社会工作。

六月四日　致舒新城信,今藏中华书局,未入集。信中回答散文《青岛》中的两个问题,并纠正出版时的一处失误。全信如下:

新城先生左右:

大札敬悉,承询两节,敬答复下:

一,"软风一吹来就憩了",憩乃熄字之误。

二,"怪木牛"是德国人在海上所置一种警笛,有雾时便叫,声如牛鸣,土人把它神秘化了,呼为木牛。

专此敬颂

撰安

弟　闻一多

六月四日

六月十五日　与朱自清谈初唐文学。《朱自清日记》:"一多下午来谈其对于初唐文学见解:(1) 时辑类书(如艺文、北堂等)之风甚盛(一多疑欧阳询及虞世南辑此两种类书,乃建成、元吉与太宗两派之竞争),而注家亦盛,如李善、章怀太子、颜师古等,故学术实盛于文学,而注家影响,实较类书为大。(2)《初学记》有事对,较初期类书更进步,对后人颇有所助。(3) 声律仍沿南朝之旧,似无新贡献。(4) 宫体仍盛。(5) 太宗之提倡文学,影响未必即佳,或受虞世南影响。(虞长四十岁,太宗书法亦从之——欧阳询则习碑与虞不同。)如无太宗,陈、张华或早出。又陈蜀人,张岭南人,皆文化不多及处,乃能脱藩篱也。所论均极有见。"(朱乔森编《朱自清全集》第9卷,第233页)

六月二十八日　管理教职员浴室的校工王德厚十六日逝世,校工金玉等请求募捐。是日先生捐款二元慰问其家属。(据《清华大学校刊》第512号,1933.7.17) 此次募捐,共集资一百六十九元四角整。

是年夏 朱湘来访。先生和顾毓琇招待朱湘住在达园。顾毓琇回忆:"一九三二年,我与一多同时回到清华大学。当时学校正在扩建,没有房子,不让接家眷,我们两人都住在清华西门外的达园,是隔壁的两间。后来我们又一起搬到西院,但达园的房子还保留下来作我们的客房。朱湘来后,我与一多商量,觉得让他和我们家人吃饭不方便,就请他住在达园我的房子,饭钱由我来付。一次,我去看朱湘,他拿着一篇文章和我一起走到一多家。一多看了朱湘的文章,却不许他发表,说除非自己死了,因为那文章写的太好了,说了一多作学问的许多事。一多向来不愿听恭维话,自然不同意朱湘发表它。朱湘本来不爱讲话,文章要还给他,他非撕了不可。我出来圆场,说由我来保存这篇文章。抗战时,我征调到武昌教育部,教育部被炸,我从一堆书中翻出这篇文章,随身带到重庆。一多死后,我才拿出来让人发表。"

(访问顾毓琇记录,1988.5.11)

朱湘的这篇文章,即《闻一多与〈死水〉》。文中说到先生此时进行的学术研究情况,中云:

> 杜甫,在唐代的文学中,是他的兴趣的中心点。不过,这六年以来,由杜甫而推广到全个唐代的诗,全个唐代的文,唐代文化的整体。唐代文学的来源,去脉,就我在谈话中所听到的,他在这一方面也有许多精辟的议论。

> 关于杜诗,他有三部著作:《少陵先生年谱会笺》、《少陵先生交游考略》、《杜学考》。

> 差不多杜甫的每一首诗,他都给考定了著作的年月。这个,对于杜诗的新认识,是如何的重要,不用说了。

> 《送郑十八虔贬台州司户》一诗之下,他有这么一段案语:"案:前此十余年间,七律极尟,唯'张氏隐居'、'城西陂泛舟'、'赠田九判官梁丘',寥寥三数篇耳。自今而后,此体忽多。综计,至德二载春,逮乾元元年夏居'谏省',所作,七律几居其半。盖是时,岑参、贾至、王维,并为二省僚友,诸公皆长此体,同人唱和,播为风尚;杜公因亦受其影响耳。"读古人书,要这么来读,才能说是读书。

> 在作着的又有《王右丞年谱》、《岑嘉州系年考证》、《岑嘉州集笺疏》。

> 将近告成,或是正在作着的,有:《唐代文学年表》、《初唐大事表》(分政治、四裔、宗教、学术、文学、艺术六栏)、《唐语》、《全唐诗人补传》、《唐诗人生卒年考》、《全唐诗校勘记》、《全唐诗拾遗》、《唐诗统笺》、《全唐诗选》、《见存唐人著述目录》、《唐代遗书撰人考》、《唐两京城坊考续补》、《长安风俗志》、《唐器物著录

考》、《唐代研究用书举要》、《全唐文选》、《唐人小说疏证》等等。至于汉、魏、六朝方面,也在进行着。

《唐语》一书,我摘举两条:"窀。案:《说文》:'窀,从地中卒出',此非其义。《说文》有莝字,触也;《一切经音义》(五)引《字书》,'挼,揩也';窀盖莝或挼之通假字。《文选·长笛赋》注引《苍颉篇》,'挐:捽也,引也。'"

"校。唐人谓病小愈曰校——见王焘《外台秘要》。张籍:'三患眼','三年患眼今年校'(此据任渊《后山诗注》引;《全唐诗》,与下免字误倒)。"

《全唐诗选》里抄录有许多被前人所忽略了的佳作。

枚乘:《七发》内描写海潮的"纯驰浩蜺,前后络绎"两句,他校勘为"纯蚍,浩蜺,前后络绎"。

《诗经》内《秦风·蒹葭》一诗的"道阻且右"一句,下面是他的案语:"案:右,古文作又,与久字形近;疑久之讹。'道阻且久',犹首章'道阻且长'也。"同诗内"宛在水中央"的"宛"字,他,在案语中,由九部古书之内,征引了十三个字例,证明是"藏"字的意思。

他说他已经是乐而忘返了——这么的乐而忘返,当然是值得;不过,我总替新诗十分的可惜。希望他不要忘记了自诺之言,将来要创作一篇兼用韵文与散文的唐代史诗!《《文艺复兴》,第 3 卷第 5 期,1947.7.1)

是年夏　为清华大学中文系四年级学生林庚的诗集《夜》绘制封面。林庚回忆说:"一九三三年夏日,一多先生为我的诗集《夜》画了这个封面。原画比这个约大一倍,'夜'字的底子是绿色,其余为黑白二色。我一直把它珍藏着,可惜抗日战争期间不幸遗失。一多先生到了三三年虽然已不再写新诗,但对于新诗的热情依然还在,这幅画便是当时的明证。"(林庚为《夜》封面所写的说明,1983.1,载古平、刘烜主编《闻一多画传》,北京大学画刊社 1986 年 6 月出版)

七月二日　致游国恩信。收《闻一多书信选集》。中云:"弟下年讲授楚辞,故近来颇致力于此书。间有弋获,而疑难处尤多。屡欲修书奉质,苦于无着手处。今得悉大驾即将北来,曷胜欣忭!惟盼将大著中有关《楚辞》之手稿尽量携带,藉便拜诵,他无所需也。兄来平后,当然下榻敝处,有种种方便,亦不待言。何日命驾,计当何日抵平,乞一一详示,弟当进城奉迎也。"又云:"丁晏《易林释文》一册(南菁书院丛书之一种)遍寻未获,不审是否遗在兄处?便中希一检寻。"

七月二十六日　致游国恩信。收《闻一多书信选集》。中云:"久候不来,亦无消息,望眼欲穿矣。……比来日读骚经数行,咀嚼揣摩,务使字字得解而后止,忽有所悟。自喜发千古以来未发之覆。恨不得行家如吾兄者,相与拍案叫绝也。"

是月 卞之琳受臧克家之委托,到先生家,催促先生为臧克家第一本诗集《烙印》作序。卞之琳始与先生谈论新诗。

卞之琳回忆:"我于北京大学毕业前的五月初,印了一本自己的诗集《三秋草》,在青岛大学的臧克家见了就托我在北平照样印他的第一本诗集《烙印》,说闻先生已经答应写一篇序言。我和李广田(可能还有邓广铭)就为他奔走,买了纸交北京大学印刷所付印。我亲自为他仿《死水》初版设计封面,同样用黑底,只是换了《死水》的金纸书名签,改用红纸书名签。我亲自就近跑印刷监印监钉。为了催索闻先生序文,我多次跑清华西院找闻先生。我的印象中这是我和闻先生相识的开始,也是我聆听他谈诗艺最多的时际。"(卞之琳给编者的信,1986.4.26)

卞之琳在《完成与开端——纪念诗人闻一多八十生辰》中,回忆他与先生的交谈:"话,我都记不清了,只感到对我大有教益。尽管他出语有时显得偏激,胸襟却是十分宽博。例如,他早年写过不少爱情诗,却也面夸过我在年轻人中间就不写这类诗。又如,就外来影响说,他自己写诗,主要受过英国十九世纪诗、特别是浪漫派诗的一些影响,但是他也能欣赏我受过法国象征派诗一些影响的一部分不同的格调。又如,他自己讲究格律,但是他也完全不排斥我同时试写过的自由体。他自己治学谨严,写诗到《死水》阶段,用画法作比,可以说笔力遒劲,线条硬朗,但是,又举例说,他会就我一首日后自己废弃的松散的自由诗,不自觉的加了括弧里的一短行,为我指出好像晕色法的添一层意味的道理。"(《闻一多纪念文集》,第213页)先生所加的括弧里的一短行,即对卞之琳《三秋草》中一诗的修改,原句为"听浅湖的芦苇/告诉你旧事",先生用括弧分别在两行的后边加了"也白头了"、"近事吧"。

是月 为臧克家的第一本诗集《烙印》作序。收《闻一多全集》。序中说到做诗的态度:

拿《生活》一诗讲,据许多朋友说,并不算克家的好诗,但我却始终极重视它,而克家自己也是这样的。……我现在不妨明说,《生活》确乎不是这集中最精彩的作品,但却有令人不敢亵视的价值,而这价值也便是这全部诗集的价值。克家在《生活》里说:"这可不是混着好玩,这是生活。"这不啻给他的全集下了一道案语,因为克家的诗正是这样——不是"混着好玩",而是"生活",其实只要你带着笑脸,存点好玩的意思来写诗,不愁没有人给你叫好。所以作一首寻常所谓好诗,不是最难的事。但是,做一首有意义的,在生活上有意义的诗,却大不同。克家的诗,没有一首不具有一种极顶真的生活的意义。没有克家的经验,便不知道生活的严重。

在序中,先生还以臧克家比作孟郊,并阐发关于什么是"好诗"问题:

> 我再从历史中举一个例。如作"新乐府"的白居易,虽嚷嚷得很响,但究竟还是那位香山居士的闲情逸致的冗力(surplus energy)的一种舒泄,所以他的嚷嚷实际只等于猫儿哭耗子。孟郊并没有作过成套的"新乐府",他如果哭,还是为他自身的穷愁而哭的次数多,然而他的态度,沉着而有锋棱,却最合于一个伟大的理想的条件。除了时代背景所产生的必然的差别不算,我拿孟郊来比克家,再适当不过了。

> 谈到孟郊,我于是想起所谓好诗的问题。(这一层是我要对另一种人讲的!)孟郊的诗,自从苏轼以来,是不曾被人真诚的认为上品好诗的。站在苏轼的立场上看孟郊,当然不顺眼,所以苏轼诋毁孟郊的诗。我并不怪他,我只怪他为什么不索性野蛮一点,硬派孟郊所作的不是诗,他自己的才是。因为这样,问题倒简单了。既然他们是站在对立而且不两立的地位,那么苏轼可以拿他的标准抹煞孟郊,我们何尝不可以拿孟郊的标准否认苏轼呢? 即令苏轼和苏轼的传统有优先权占用"诗"字,好了,让苏轼去他的,带着他的诗去! 我们不要诗了。我们只要生活,生活磨出来的力,像孟郊所给我们的,是"空螯"也好,是"蜇吻涩齿"或"如嚼木瓜,齿缺舌敝,不知味之所在"也好,我们还是要吃,因为那才可以磨炼我们的力。

八月二十一日　致游国恩信。收《闻一多书信选集》。云:"病中再读大著,渊博精审,突过古人,是诚不愧为后来居上矣。近偶读朱一栋《群书札记》,中有论楚辞十余条,精当处似欲与朱丰芑、俞荫甫辈方驾。朱氏《十三经札记》刻在《续经解》中。其人必非俭腹者比,故所论咸有可观。大著似未采及此书,不知贵校有此书否? 如一时不易觅得,弟可代为录出寄上也。"信末附录了朱一栋书论《楚辞》各条目录,供游国恩检索。

时,游国恩自青岛赴北平,途中路梗折回,先生甚为惋惜,以为失去一次讨论学术的机会。

九月四日　致饶孟侃信。收《闻一多书信选集》。中云:"因懒回信而得罪了的朋友,不止你一人,计有实秋、(刘)英士,此外还有你不甚熟的三四人。这事叫我非常难过。但心里的难过仍不能改变手的懒,这怎么办?"

先生回到清华大学,心境一直不大好。尽管校中有许多旧日的同学、朋友,但先生除与少数人外,不愿有较多的来往。学生们也感到先生的脾气很大,却不知什么原因。

吴组缃也回忆说:"闻先生的文人气质很浓,他是新诗人,却讲古代文学,所以总觉得同学不满意。那时,清华同学与老师年龄相差不太多,有的已在刊物上发表过文章,因此认为自己不比老师差。再说当时文学史上占统治地位的是古代文学,朱自清讲中国新文学研究,有很多人反对。同学们中间确实有人存有闻先生是新月派,教不了古代文学的想法。一次课上先生讲训诂,认为'振'、'娠'互通,赖天缵同学认为先生讲的没有根据,先生很生气,发了脾气,说:'你说该怎么讲?'我在一边笑了,先生说:'你笑什么?'我说:'你说不同的意见可以讲,人家讲了你又发脾气。'课上不下去,闻先生也一周没来上课。后来,先生到教室,见没有人,又去宿舍让我们上课去。"(访问吴组缃记录,1986.12.31)

九月七日　致游国恩信。收《闻一多书信选集》。谈到《天问》中"南北顺椭"一句之训诂后,云:"近读《诗》、《骚》,好标新义,然自惟学识肤浅,时时惧其说之邻于妄,不敢自信,质之高明,倘有以教我乎。"

九月十三日　清华大学开学。这学期,先生除继续担任一年级国文课程外,又开设了"诗经"、"楚辞"、"杜诗"三门课。

先生研究杜甫,是借助了西方的治学方法。熊佛西《悼闻一多先生——诗人、学者、民主的鼓手》中说:"你以西洋治学的科学方法来研究杜甫和李白,兼及唐宋两代的文化,当时朋友们都引以为异:为什么像你这样一位才情纵横奔放的诗人不写诗而来研究中国的死文学?我当时也有同样的感应,于是,在一个秋夜我便跑到清华园一间四壁满堆着古书的屋子里和你聊天,问你为什么不写诗,你莞尔笑曰:'我已发现我在创作方面无天才。诗,只好留给那些有天才的人们去写。过去,我觉得我搞的玩艺儿太多,太杂,结果毫无成就,今后我愿意集中精力来研究中国文学。''你为什么先从杜甫李白入手呢?——是否你对于他们特别喜爱?'我又问。你毫不犹豫地回答说:'也许是的,不过主要的原因还不在此。中国的文学浩如烟海,要在研究上有点成绩,必须学西洋人治学的方法,先挑选·两个作家来研究,或选定一个时代来研究。'"(《文艺复兴》第2卷第1期,1946.8.1)

楚辞课当时只有孙作云、王文婉两人选修,教室是在嵌有"清华学堂"四字匾额的旧大楼一〇五号,室大而人少,师生相对仅三人。但先生讲得十分认真,半年只讲了一篇《天问》。孙作云《忆一多师》中说:"闻先生在这一年是颇有点负气的,所以他在这一年里拼命地预备功课,全心全意地为我们讲解。因为教室人少,讲书如同座谈,所以我们几乎每一句解释必问出处,闻先生总是聚精会神地给我们讲,有时干脆就把他的笔记交给我们抄。闻先生向来就未把学问当作自己的私产,他把自己的心得告诉学生,把未发表的笔记或讲义借给学生们抄,那是司空见惯的事,从这些点滴的小事中,足以表现闻先生的伟大! 就这样,半年的功夫读完了一篇

《天问》。"(《闻一多纪念文集》,第 115 页)

先生研究《诗经》,有著述多种。他曾称自己"是以文学史家自居的"。(《致臧克家》,1943.11.25,《闻一多书信选集》,第 317 页)《诗经》研究即带有这种"文学史家"的特色。《闻一多全集》中收有一篇写作年代不详的《风诗类钞》,其《序例提纲》如下:

关于编次

三种旧的读法

1　经学的

2　历史的

3　文学的

三种读法的批评

本书的读法——社会学的

略依社会组织的纲目将《国风》重新编次

三大类目　1. 婚姻,2. 家庭,3. 社会。小类目另见详表

可当社会史料文化史料读

对于文学的欣赏只有帮助无损害

原书依照国别的编次甚有用,今亦尽量保存

各诗题下注明国别及全书总号码,如《关雎》(周一)、《竹竿》(卫五九),另附《国风》通检

关于写定

今本毛诗错误不少

有可据三家诗订正者

有可据旧本订正者

有可据叶韵订正者

有可据上下文义订正者

今悉加改正、夹注,今本原文于下另附校勘记,详论改正的理由及依据

经文用假借字者则注正字于下

三家异文之胜于毛者,以三家为正字,毛为借字

关于笺注(目的、经济与效果)

三种诗体读法各异

1　歌体　数章词名复叠只换韵字,则用横贯读法取各章所换之字,合并解释

2　诗体　用直贯读法,自上而下,依次解释,以一章为一段落

3　综合体

缩短时间距离——用语体文将《诗经》移至读者的时代，

用下列方法带读者到《诗经》的时代

考古学　关于名物尽量用图画代解说

民俗学

语言学

声韵　摹声字标者以声见义（声训），训正字不理借字

文字　肖[象?]形字举出古体，以形见义（形训）

意义　直探本源

注意古歌诗体特有的技巧

象征廋语　symbolism

谐声廋语　puns

其他

以串讲通全篇大义

同日　季羡林在日记中写到："晚饭后，同曹葆华在校内闲遛，忽然谈到我想写篇文章，骂闻一多，他便鼓励我多写这种文章，他在他办的《诗与批评》上特辟一栏给我，把近代诗人都开一下刀。"（季羡林《清华园日记》，第 157 页，辽宁美术出版社 2002 年 8 月出版）

九月二十一日　出席清华大学中文系会议，与刘文典、杨树达、朱自清、许维遹等共同商议"国学要籍"及一年级国文的授课办法。（据《清华大学校刊》第 522 号，1933.9.28）

九月二十八日　清华大学中国文学会改选。推举先生负责出版、朱自清负责学术，其余职员均为学生担任，总务许世瑛、文书张效良、会计工文婉、庶务陈昌年、体育董同龢。（据《中国文学会启事》，《清华大学校刊》第 523 号，1933.10.2）

九月二十九日　致饶孟侃信。收《闻一多书信选集》。这是一封十分重要的信，先生说到自己内心的痛苦，以及被逼得"向内发展"（指学术研究）。信中说：

近来最怕写信，尤其怕给老朋友写信。一个人在苦痛中最好让他独自冈着。一看见亲人，他不免就伤痛起来流着泪。我之不愿给你写信，一面是怕钩引起数年来痛苦的记忆，一面又觉得不应将可厌的感伤的话在朋友面前唠叨，致引起朋友的不快。总括的讲，我近来最痛苦的是发现了自己的缺陷，一种最根本的缺憾——不能适应环境。因为这样，向外发展的路既走不通，我就不能不转向内走。在这向内走的路上，我却得着一个大安慰，因为我实证了自己在

这向内的路上,很有发展的希望。因为不能向外走而逼得我把向内的路走通了,这也可说是塞翁失马,是福而非祸。

信中还说到"向内发展的工作",即:

一、《毛诗字典》　将《诗经》拆散,编成一部字典,注明每字的古音古义古形体,说明其造字的来由,在某句中作何解,及其 parts of speech(古形体便是甲骨文,钟鼎文,小篆等形体)(这项工作已进行了一年,全部完成的期限当在五年以上)。

二、《楚辞校议》　希望成为最翔实的《楚辞》注,已成三分之二。二年后可完工。

三、《全唐诗校勘记》　校正原书的误字。

四、《全唐诗补编》　收罗《全唐诗》所未收的唐诗。现已得诗一百余首,残句不计其数。

五、《全唐诗人小传订补》　《全唐诗作家小传》最潦草。拟订其讹误,补其缺略。

六、《全唐诗人生卒年考》附《考证》。

七、《杜诗新注》。

八、《杜甫》(传记)。

这些工作,先生说:"三至八进行迄今已三年。至于何时完工,却说不定。近来身体极坏。一个人在失眠与胃痛夹攻之中,实在说不定还能活多久。以上的工作规模那样大,也许永无成功的希望。"

同日　朱湘来访,但未讲一句话,吃了一顿饭,未等先生下课回来就走了。不久,朱湘离开北平,到天津南开大学,仍未找到合适职业,只得南下去杭州。

是月　是年度,先生开始在北京大学兼课。

十月十三日　应顾毓琇夫妇邀宴,同席有顾颉刚、吴宓、郑振铎、梁宗岱、朱自清夫妇、郭绍虞等。(《顾颉刚日记》第3卷,第97页,台北联经出版事业公司2007年5月出版)

十月十六日　致饶孟侃信。收《闻一多书信选集》。谈到朱湘的生活态度,颇有看法,说:

前天接到一张明信片,署"杭州里西湖惠中旅馆朱寄",反面只有一句话"我来了杭州——靠作文支持这几个月的唯一的地方"。他在北平时,屡次到我这里,言谈及态度的失常,已经够明显的了。现在似乎连文章都写不通了,看上面这一句话便知道。我想他靠作文支持生活,恐怕也不能长久罢! 前途不堪设想。坏的是并非我们不想救不能救，而是他不受救。所谓救并非借几十元钱的问题。若是如此，问题便简单了。譬如你若替他出点主意，教他如何如何生活，教他完全相信你，他若能依从，或许生活能渐渐上轨道。但你一跟他谈这一套，他不是一声不响，便是胡扯，骗你一顿。这有什么办法！你若有更好的办法，还是不必借钱给他。他二嫂似乎在杭州，所以他真需要的不是钱。

时，饶孟侃到河南开封，在河南大学任教，并开始注意金石。所以先生信中又说：

你现在注意金石，这诚然是一件正经事。但我劝你注重研究，勿但鉴赏而已。研究的方法，可先买一部《金石萃编》看看（有影印本比原本好）。河南有新出土的唐碑务必请觅一张拓片寄给我。这类东西一到北京就贵了，所以我在这一方面没有下手工作。但我信如果能得到这类的材料，我必能利用，充分的利用他。

同日 《清华大学校刊》刊登校内师生诸次捐款明细表，先生为救济东北难民捐款一〇八元八角，为慰劳本校附近驻军捐款二元，为慰劳热河战事受伤将士捐款五元。

十月二十六日 《清华大学校刊》刊登一九三二年度本校教职员捐助成府小学经费明细表，先生捐款十元。

十一月二日 致游国恩信。收《闻一多书信选集》。拜托游国恩在青岛大学购买林斯德所编的《全唐诗文引得合编》，又言及诸书中有关《楚辞》之史料。

是月 致游国恩信。收《闻一多书信选集》。谈到《楚辞》史料，说："清代大师札记宜多涉猎，以其披沙拣金，往往见宝也。"又云："近读易实父《经义莛撞》，内论《毛诗》数条，精悍绝伦，虽王氏父子未可多读。信乎才人能事，无施不可。"

十二月 出任《清华学报》编辑。这是先生回清华任教后，首次担任该刊编辑工作，此后至殉难，一直身任斯职。此时该刊编辑部共二十七人，主任为吴景超。

是年 臧克家第一部诗集《烙印》出版。这部书是自费出版的，先生资助了二十元。臧克家回忆说："一九三三年我自费出版第一本诗集《烙印》时，闻先生不仅资助了二十块大洋，还为诗集写序。"（臧克家《祖国万岁母校千秋》，《光明日报》，2001.9.28）

一九三四年　三十六岁

二月,蒋介石在南昌发起新生活运动,亲任会长,陈立夫等任总干事。

三月一日,溥仪在长春称帝,改"满洲国"为"满洲帝国",年号"康德"。

十月十日,中共中央和红军总部从瑞金出发开始长征。

一月十一日　致饶孟侃信。收《闻一多书信选集》。信中对朱湘之死,深为不安。朱湘在北平时,先生曾与河南大学饶孟侃联系,欲为朱湘觅一教职,但未成功。十月初,朱湘离开北平,六日到天津看望南开大学的柳无忌,时南开大学已开学,教职已满,无法安插。朱湘郁郁南下,暂宿杭州。旋去上海。十二月五日,朱湘乘吉和轮自上海去南京,在大通附近跳水而亡。先生得知,动了感情。后赵家璧为悼念朱湘,写信请先生撰文,先生复信中有一句说:"子沅的末路实在太惨,谁知道他若继续活着不比死去更要痛苦呢?"(转引自上海《青年界》第5卷第2号卷首扉页压题题字)许多年后,闻一多到了昆明,其时朱湘之子小沅"到处流浪,一多曾叫他到昆明投考西南联大,可是小沅到达时,一多已被刺"。(罗念生《忆诗人朱湘》,《新文学史料》1982年第4期)

由于朱湘之死,先生立刻想到要救救唐亮。唐亮,字仲明,清华学校一九二六年毕业生,曾赴法国学习美术,回国后亦无生活着落。先生在给饶孟侃的这封信中说:

> 子沅死的消息当然早知道了罢? 前回你问我要不要寄钱给他,我劝你不要寄。当然寄了给他,不见就救了他的命,但我总觉得不安,仿佛我给你建的那议应负点责任似的。理智的说法,诚然这不是事实。但朋友死了,而且死的那样惨,总不免令人动感情。子沅已经死了,不必谈了。现在又有一个朋友待救,虽然情形不像子沅那样严重,但已经够可怜的了——这人便是唐亮。去年暑假中他有封信来,告诉我他归国了,并托我找事,我一因找事无办法,二因近来懒于写信的恶习,竟没有回信给他。事已隔了半年,满以为现在他已有了办法。谁知今天李效沁(来了一位客人只说是姓李,记不起他的名字,是同学而且是唐亮的好友是无疑的。翻翻同学录,大概是李效沁)来谈起,才知道仍是

失业而且穷到连从家到上海的费都没有。北平现在又在筹备艺专(从前的艺专,改为艺术学院,停办了,现在又改专再开办),严智开当筹备主任,大概就是将来的校长。此人是我从前在艺专时的同事。我同李效泌商量,叫唐亮马上带作品来平,先开一个展览会,然后我再设法介绍给严智开谋个教书的位置(这人笨到连展览会都不知如何开,回国后在上海没有一点举动)。但李效泌目下大概也很穷,无法替他筹这笔路费。……我自己虽困难,守着这三百四十元的事挨下去,总算是一条生路。失业的朋友连生路还没找到,看着可是不能不救。由吴江到北平,至少得四十元的旅费,我已经向李效泌答应下了筹这笔款,但实在这款并无着落。因唐亮为谋事起见,不能不火速北来,所以我先将这月的生活费抽出来,寄了四十元给他,同时我想向你通挪四五十元,以度过这一个月。等两个月后我的经济缓过气来再还你。如果你能力来得及,由你自己的名义再补助一二十元,以备他来平后的零用,那便更好。他来后可住在我家,食宿是无问题了,但零用费也是不能缺少的。在北平的朋友都窘,根本我也没有几个通有无的朋友,没有办法,不得不求救于你!朋友们死的死,穷的穷,我自己这几年也够倒霉了。几时你来北平,我要和你抱头痛哭一场。

时,先生虽月薪三百四十元,但家庭开销较大,而且每月需给岳母家寄三十元,给自己父亲寄四十元。这年,在法国格勒诺布尔大学(一译格林罗布大学)研究院学习法国文学的闻家驷学成回国,先生又寄去二百元作路费,所以开支紧张。尽管这样,先生还是寄了四十元给唐亮,让他速来北平。

二月初 由先生与叶公超、林徽音等十人联名发起,由清华大学与欧美同学会联合主办的"唐亮西洋画展",在市内南河沿欧美同学会揭幕。朱自清于二日参观时说"今日来名人甚多",其中有饶孟侃、章晓初、李健吾、余姗等。(参见朱乔森编《朱自清全集》第9卷,第279页)

先生特为画展写了说明书,题作《论形体——介绍唐仲明先生的画》。后刊于一九五六年十一月十七日《文汇报》。此文介绍了唐亮绘画的成功所在并强调它的意义。文云:

仲明先生在绘画上的成功是多方面的,内中最基本的一点,是形体的表现。要明白这一点的意义的重大,得远远的从头说来。

绘画,严格的讲来,是一种荒唐的企图,一个矛盾的理想。无论在中国,或西洋,绘画最初的目标是创造形体——有体积的形。然而它的工具却是绝对限于平面的。在平面上求立体,本是一条死路。浮雕的运用,在古代比近代来得多,那大概是画家在打不开难关时,用来餍足他对于形体的欲望的一种方法。在中国,"画"字的意义本是"刻画",而古代的画见于刻石者又那么多,这显然告诉我们,中国人当初在那抓不住形体的烦闷中,也是借浮雕来解嘲。这现象是与西方没有分别的。常常有人说中国画发源于书法,与西洋画发源于雕刻的性质根本不同。其实何尝有那样一回事。画的目标,无分中西,最初都是追求立体的形,与雕刻同一动机。中国画与书法发生因缘,是较晚的一种畸形的发展。大概等到画家不甘心在浮雕中追偿他的缺欠,而非寻出他自家独立的工具不可的时候,绘画这才进入完全自觉的时期。在绘画上东方人与西方人分手,也正是这时的事。西方人认为目的既在创造有体积的形,画便不能也不应摆脱它与雕刻的关系(他的理由很干脆),于是他用种种手段在画布上"塑"他的形。中国人说,不管你如何努力,你所得到的永远不过是形的幻觉。你既不能想像一个没有轮廓的形体,而轮廓的观念是必须寄于线条的,那么,你不如老老实实利用线条来影射形体的存在。他说,你那形的幻觉无论怎样奇妙,离着真实的形,毕竟远得很。但我这影射的形,不受拘牵,不受污损,不牵就,才是真实的形。他甚至于承认线条本不存在于形体中,而只是人们观察形体时的一种错觉,但是他说,将错就错也许能达到真正不错的目的。这样一来,玄学家的中国人便不知不觉把他们的画和他们的书法归尽一种型类内去了。

这两种追求形体的手段,前者可以说是正面的,后者是侧面的。换言之,西方人对于问题是取接受的态度,中国人是取回避的态度。接受是勇气,回避是智慧。但是回避的最大的流弊是"数典忘祖"。当初本为着一个完整的真实的形体而回避那不能不受亏损的幻觉的形体,这样悬的诚是高不可攀。但悬的愈高,危险便愈大。一不小心,把形体忘记了,绘画便成为一种平面的线条的驰骋。线条本身诚然具有伟大的表现力,中国画在这上面的成绩也委实令人惊奇。但是以绘画论,未免离题太远了! 谁知道中国画的成功不也便是它的失败呢?

认清了西洋画最主要的特性,也是绘画自身最基本的意义,而同时这一点又恰好足以弥补中国画在原则上最令人怀疑的一个罅隙——认清了这一点,我们便知道仲明先生的作品的价值。仲明先生的成就不仅在形体上,正如西洋画的内容也不限于形体的表现一端,但形体是绘画中的第一义,而且再没有比它更重要的了,那么,要谈仲明先生的成功,自当从这一点谈起,可惜的只是这一次的篇幅,不许我们继续谈到其余的种种方面罢了。

唐亮曾为先生画过一幅《闻一多先生的书桌》。顾毓琇在《怀故友闻一多先生》

中说:"仲明住在我家,但作画常在一多那里。他对西洋画造诣很高,我还记得他的《园丁》。《闻一多先生的书桌》是一张最难得的杰作,我希望文艺界的朋友会永远珍视这友谊的结合。"(上海《文艺复兴》第3卷第5期,1947.7.1)

先生还有一篇谈画的文章,题作《匡斋谈艺》。"匡斋",是先生住在清华大学西院的书斋之名,语出《汉书·匡衡传》中"无说诗,匡鼎来,匡语诗,解人颐"之句。以此为室名,用意就在扩大研究对象的联系面,能够收到引人入胜、触类旁通的效果,像匡衡的说诗能使人解颐一样。《匡斋谈艺》作于是年十一月之前。该文后发表于一九四八年九月北平《文学杂志》第三卷第四期,文末有朱自清作的附记,云:"本篇最近才在遗稿里找出来,来不及加入《全集》,只好将来编作补遗罢。"《匡斋谈艺》共三章,第二章即《论形体》的主体部分,第三章引宋迪论山水画之言,比之达·芬奇作画前看大理石以求构图。值得重视的是该文第一章,谈到画与雕刻的关系:

> 彝器铭文画字从"周"声,周与昼声近,所以就字音说,画本也可读如"昼",就字义说,"画",也就是古"雕"字。这现象告诉我们:画字的本义是刻画,那便是说,在古人观念中,画与雕刻恐怕没有多大区别。就工具说,刀发明应比笔早,因此产生雕刻的机会也应比产生绘画的机会较先来到。当然刀也可以仅仅用来在一个面积上刻画一些线条,藉以模拟一个对象的形状,因此刀的作用也就等于笔。但是我们可以想象,当那形成某种对象的轮廓的线条已经完成之后,原始艺术家未尝不想进一步,削削挖挖,使它成为浮雕,或更进一步,使它成为圆雕。他之所以没有那样做,只是受了材料、时间,或别种限制而已。在这种情形下,画实际是未完成的雕刻。未完成的状态久而久之成为定型,画的形式这才完成。然而画的意义仍旧是一种变质的雕刻,因为那由线条构成的形的轮廓,本身依然没有意义,它是作为实物的立体形的象征而存在的。

二月七日 为创办《学文》杂志,与叶公超访朱自清。朱自清日记云:"晚,一多、公超来,约加入办杂志事,应之。"(朱乔森编《朱自清全集》第9卷,第280页)

二月十三日 中午,赴余上沅招宴,商量创办《学文》月刊。谈到刊名时,先生提议《畸零》。胡适日记:"午饭在欧美同学会,有两局:一面是孟和、孟真为袁守和饯行,一面是余上沅约梁实秋吃饭,并有今甫、一多、吴世昌、陈梦家、公超、林伯遵诸人,商量办一个月刊,为《新月》的继承者。杂志的名字,讨论甚久,公超提议《环中》,吴世昌提议《寻常》,闻一多提议《畸零》,我也提了几个,最后决定《学文》月刊。"(曹伯言整理《胡适日记全编》第6册,第324页)

二月二十五日 午,至丰泽园,赴《大公报》"文艺副刊"宴约,到者有杨振声、周作人、沈从文、俞平伯、郑振铎、叶公超、陈登科、卞之琳、巴金等人。(据张菊香编《周

作人年谱》第 317 页,南开大学出版社 1985 年 9 月出版)

　　三月一日　　致饶孟侃信。收《闻一多书信选集》。信中谈到正与叶公超筹备的刊物已定名为《学文》,取"行有余力则以学文"之意,而且"态度上较谦虚"。又称饶孟侃的近作诗《懒》"好得厉害,公超、梦家均大为赞服,鄙见亦同"。

　　三月三日　　唐亮画展在清华大学举行,先生亲自出面接洽诸方购买唐亮的画。此后,唐亮在清华园接连作讲演,十三日讲《艺术欣赏》,十九日讲《意大利文艺复兴时代的艺术》,二十日讲《十九世纪的法兰西艺术》。画展和演讲都很成功,这与先生的努力是分不开的。

　　唐亮在清华园,住在顾毓琇家,但却常在先生家里作画。他画过一幅《园丁》,还画了一幅《闻一多先生的书桌》。(据顾毓琇《怀故友闻一多先生》,《文艺复兴》第 3 卷第 5 期,1947.7.1)《闻一多画传》中收有一幅唐亮的油画《闻一多的书斋》,也是这时作的。

　　三月四日　　与叶公超一起为《学文》创办事联名请客。胡适亦应邀参加。(据曹伯言整理《胡适日记全编》第 6 册,第 338 页)

　　三月十七日　　应大公报社之请,去丰泽园赴宴,见郑振铎、周作人、杨振声、沈从文、巴金、余上沅、叶公超等。(据陈福康编《郑振铎年谱》第 204 页,书目文献出版社 1988 年 3 月出版)

　　三月二十四日　　《类书与诗——唐诗杂论之一》发表于天津《大公报》"图书评论"副刊。一九四五年又经修改,发表于八月出版的《国文月刊》第三十七期。收《闻一多全集》。

　　这篇不长的评论,指出唐初五十年的诗实际是六朝文学的尾。文中对当时编纂的类书做以分析后,认为唐王朝在百忙中调房玄龄、魏征、岑文本、许敬宗等第一流人才编纂类书,专在词藻的量上逞能,使文学被学术化了。但是,唐太宗对于好诗的认识力很差,结果,虞世南、李百药等唐初人的诗,离诗的真谛是这样的远。先生认为唐太宗是重实际的事业的人,他对诗的了解,毕竟是个实际的人的了解,他追求的只是文藻,是浮华,这若说不是一种文辞上的浮肿,也是文学的一种皮肤病。到了上官仪的"六对"、"八对",便严重到极点,几乎有危害到诗的生命的可能。于是,唐初四杰便不得不大声疾呼,抢上来施以针砭了。

　　四月十六日　　朱湘致先生信。载《清华周刊》第十一卷第三、四期合刊。全信云:

　　一多兄:来书批评拙作,语语中肯,读毕,直欲五体投地。"胆汁色"三字极妙。三诗遵命保留。大作两章已经代投《京副》,就中《大雨》极佳,《渔阳曲》音节美妙,

"东"韵之运用可见匠心,此诗无疑的为一音节上的成功。《河图》商务虽允承印,但最好仍是自办,兄意不知以为如何,尚望告知。《河图丛书》想只在计划中:我可以附骥一种,Synge 的戏剧。艺术杂志既有,人才充足时,艺术大学亦一刻不容缓之事业;目前之中国,其他之艺术不论已,即最普通之绘画,亦复凋萎之至,盖如今较可成立之美术学校仅有京宁沪三地之四校,而京校今已停办,尚未恢复,宁校窄隘,此地刘海粟校颇有商业性质,周剑尘校生徒极少,吾兄闻此,得勿疾首蹙额耶? 所望者,吾兄与一班游美之青年艺术家联袂返来之时,能在景物清幽之地,或宁或吴,创立一广义的艺术大学,则我国当今就木之艺术尚有一 Rebai 之希望焉。此大学开办后,戏剧自亦在内,届时之盛况可想而知。兄今夏返国,固弟所亟愿而渴望者,然为兄之精神慰安计,为我国之艺术计,则弟敢言当今国内之学术界中除创造即将复活外。其他恐皆不能使兄满足,与其徒为独木,反不如先偕实秋兄同作一旧大陆之畅游之为愈也。尔时两兄如来,同归者必有数艺术者,如此则大学可成,一鸣惊人矣。管见不识当否,尚望兄等加以仔细之考量。如其可行,自今起即当募集基金。弟悬想将来有梁思成君建筑校舍,有骆启荣君担任雕刻,有吾兄及杨廷宝君濡写壁画,有余上沅君赵畸君开办剧院,又有园亭池沼药卉草木以培养实秋兄沫若兄之诗思,以逗林徽音女史之清歌,而达夫兄,年来之悲苦亦得藉此以稍释,不亦人生之大快乎,弟馨香默祷,能身逢其盛,永在书城中为一蠹鱼,愿亦足矣。

四月二十四日 致饶孟侃信。收《闻一多书信选集》。谈到《学文》编辑情况,云:

> 《学文》毕竟付印了,原拟五月一日出版,现恐须稍迟数日。诗栏一部分寄上一阅,想你必等得发急了。本期我辈朋友中,唯你我两人有稿。实秋因正式文章来不及写,寄来短短一篇翻译,上沅一文洋洋数千言,废话居多,皆不曾登载,公超则因文虽做完,自觉不满意,故亦未出台。结果我自己非卖力气不可。写了一篇关于《诗经》的文章,不满意也得拿出手。我预想公超放洋后,不寒而栗矣!

五月一日 《学文》月刊第一卷第一期出版。编辑署名叶公超,而实际上是叶公超与先生两人合编。该刊撰稿人多数为旧日故友,也有些是朋友介绍来的,计有:饶孟侃的诗《懒》、孙洵侯的诗《太湖》、林徽音的诗《你是人间的四月天》和小说《九十九度中》、孙毓棠的诗《野狗》、陈梦家的诗《往日》、杨振声的小说《一封信》、季羡林的散文《年》、李健吾的译文《萨郎空与种族》、卞之琳的译文《传统与个人的才能》。

关于《学文》的创办,叶公超回忆到:"当初一起办《新月》的一伙朋友,如胡适、徐志摩、饶孟侃、闻一多等人,由于《新月》杂志和新月书店因种种的原因已各停办,彼此都觉得非常可惜。一九三三年底，大伙在胡适家聚会聊天，谈到在《新月》时期合作无间的朋友，为什么不能继续同心协力创办一份新杂志的问题。有的说，我们已经没有这个能力了。所谓能力，主要是指财力而言。不过，大家对办杂志这事的兴趣仍然很浓，并不因为缺乏财力而气馁。讨论到最后，达成一个协议，由大家凑钱，视将来凑到的钱多少作决定，能出多少期就出多少期。当时一起办《新月》的一群朋友，都还很年轻，写作和办杂志，谈不上有任何政治作用。但是，《学文》的创刊，可以说是继《新月》之后，代表了我们对文艺的主张和希望。”(叶公超《我与〈学文〉》，台湾《联合报·副刊》，1977.10.16)

先生在《学文》创刊号上发表了《匡斋尺牍》。收《闻一多全集》。该篇讲《诗经》中《芣苡》一诗。

“芣苡”即车前草，草本植物，多籽，可入药，每到秋季，道边处处可见，具有顽强的生命力。先生从训诂入手，认为“芣苡”的本意是“胚胎”，因有“宜子的功用”，而成为“性本能的演出”。“结子的欲望，在原始女性，是强烈得非常，强到恐怕不是我们能想像的程度”。“这篇《芣苡》不尤其是母性本能的最赤裸最响亮的呼声吗？正如它的表现方法是在原始状态中，《芣苡》诗中所表现的意识也是极原始的，不，或许是生理上的盲目的冲动”。文中还借用社会学观点，认为“一个女人是在为种族传递并蕃衍生机的功能上而存在着的，如果她不能证实这功能，就得被她的侪类贱视，被她的男人诅咒以致驱逐，而尤其令人胆颤的是据说还得遭神——祖宗的谴责”，所以“采芣苡的风俗所含的意义是何等严重与神圣”。先生强调说：“知道了芣苡是种什么植物，知道它有过什么功用，那功用又是怎样来的，还知道由那功用所反映的一种如何真实的、严肃的意义——有了这种种知识，你这才算真懂了《芣苡》，你现在也有了充分的资格读这首诗了。”

先生在文中描绘出诗一样的画面：“请你再把诗读一遍，抓紧那节奏，然后合上眼睛，揣摩那是一个夏天，芣苡都结子了，满山谷是采芣苡的妇女，满山谷响着歌声。这边人群中有一个新嫁的少妇，正撚那希望的玑珠出神，羞涩忽然潮上她的靥辅，一个巧笑，急忙的把它揣在怀里了，然后她的手只是机械似的替她摘，替她往怀里装，她的喉咙只随着大家的歌声啭着歌声——一片不知名的欣慰，没遮拦的狂欢。不过，那边山坳里，你瞧，还有一个伛偻的背影。她许是一个中年的硗确的女性。她在寻求一粒真实的新生的种子，一个祯祥，她在给她的命运寻求救星，因为她急于要取得母的资格以稳固她的妻的地位。在那每一掇一捋之间，她用尽了全副的腕力和精诚，她的歌声也便在那‘掇’、‘捋’两字上，用力的响应着两个顿挫，仿佛这样便可以帮助她摘来一颗真正的灵验的种子。但是疑虑马上又警告她那都是枉然的。她不是又记起了已往连年失望的经验了吗？悲哀和恐怖又回来了——失望的悲哀和失依的恐怖。动作，声音，一齐都凝住了。泪珠在她的眼里。'采采芣苢，薄言采之！采采芣苢，薄言有之！'她听见山前那群少妇的歌声，像那回在梦中听到的天乐一般，美丽而辽远。"这些描写，很自然地展现了初民的生活和感情，也还原了《诗经》的本来面目。

《芣苢》是《诗经》中的普通一首，全诗三段十二句，除重复的字句外，只变化有六个字，先生说："一首诗全篇都明白，只剩一个字，仅仅一个字没有看懂，也许那一个字就是篇中最紧要的字，诗的好坏，关键全在它。所以，每读一首诗，必须把那里每个字的意义都追问透彻，不许存下丝毫的疑惑——这态度在原则上总是不错的。"这正是先生治学之道的一个重要经验。

先生这类学术观点，多在课堂上讲过。许多同学都记得先生讲课时的那种声调和姿态，感到一种如醉如痴的意境。

五月十日　致饶孟侃信。收《闻一多书信选集》。收到饶孟侃为《学文》寄来的诗稿《和谐》，十分高兴，说："如果你能担保三期准有稿来，这回定将两首一并登出（还是登在开篇，请你领袖群伦）。老友中只你不叫我们失望，不但按期有稿，而且篇篇精彩。今天正当出门上课，接到你的诗，边走边看，一个人笑得嘴不能合缝。"

五月十四日　《清华大学校刊》第五七六号刊登《清华戏曲研究社为赈济黄灾公演收支帐目表》，载先生捐特座票二张，计四元，经戚长诚、赵泽同之手送交华洋义赈会，专作赈济黄灾之用。

五月十六日　下午二时，清华大学研究院文科研究所历史学部，在图书馆楼下一六二室举行姚薇元毕业初试。考试范围为"晋南北朝隋唐史等门"。先生与蒋廷黻、刘崇鋐、陈寅恪、钱稻孙、孔云卿、噶邦福、雷海宗、杨树达、萧公权为考试委员。（据《清华大学研究院举行毕业初试、论文考试呈报教育部组织考试委员会的来往文书》，清华大学档案室藏）

五月十九日　中文系学生大会，要求先生改变功课。朱自清日记云："早董同和、刘述真、许世瑛、陶光来谈，系中同学开大会，要求三事：1. 坚决挽留刘盼遂，2. 闻、浦须换功课，3. '西洋文学概要'及'英文文字学入门'取消。定商于蒋再说。此事殊为难。"（朱乔森编《朱自清全集》第9卷，第292页）

五月二十五日　下午二时，清华大学研究院文科研究所中国文学部，在图书馆楼下一六二室举行霍世休毕业初试。考试范围为中古思想史（汉至唐）、小说、唐诗、元曲等。先生与朱自清、吴宓、雷海宗、张申府、陈寅恪、杨树达、刘文典、俞平伯为考试委员。（据《清华大学研究院举行毕业初试、论文考试呈报教育部组织考试委员会的来

往文书》,清华大学档案室藏)

五月三十一日   下午,朱自清来访,商定下年课程。(参见朱乔森编《朱自清全集》第 9 卷,第 295 页)

六月一日   《学文》月刊第一卷第二期出版。刊有:饶孟侃的诗《和谐》、何其芳的诗《初夏》、孙毓棠的诗《我回来了》、林徽音的诗《忆》、陈梦家的诗《往日》、废名的小说《桥》、白萍的小说《哨子河的夜》、莲生的小品《断思》、徐芳的独幕剧《李莉莉》、吴世昌的论文《魏晋风流与私家园林》、梁实秋的译作《莎士比亚论金钱》、叶公超的论文《从印象到评价》等。

六月九日   朱自清访郑振铎,郑振铎"谓一多论《诗经》为伪书",朱自清云"于一多文,实未寓目也"。(朱乔森编《朱自清全集》第 9 卷,第 298 页)

六月十八日   朱自清来访,谈到《学文》杂志事。朱自清日记云:"上午赴一多年,适公超亦在,谈学文事,觉得他们有见地。饭于一多处,烙饼甚好。"(朱乔森编《朱自清全集》第 9 卷,第 299 至 300 页)

六月二十一日   上午十时,出席清华大学在后工字厅召开的教授会临时会议。会上主要审查毕业生成绩,批准研究院费孝通等人毕业。(据《教授会会议记录》,清华大学档案室藏)

时,李嘉言自清华大学国文系毕业。李嘉言 1930 年考入清华,是清华文学会主要成员。李嘉言之子李之禹说:李嘉言在校期间"跟着闻先生学会了'考据'之学,学会了查类书的研究方法,学会了运用音转这个法宝考证文字。这对他一生长于考据,进行学术研究帮助甚巨。他的毕业论文《韩愈复古运动的新探索》就是用的这些方法而且是在闻先生亲自指导下完成的,并由闻先生推荐到郑振铎先生主办的《文学》杂志二卷六期上发表的。"(李之禹《李嘉言与闻一多先生》,未刊稿)

六月二十九日   与朱自清、俞平伯商一年级国文课计划。朱自清日记云:"下午与一多、平伯商一年级国文事,意与余同。"(朱乔森编《朱自清全集》第 9 卷,第 303 页)

七月一日   《学文》月刊第一卷第三期出版。刊有:方令孺的诗《月夜在鸡鸣寺》、臧克家的诗《元宵》、陈江帆的诗《枱钟》、包乾天的诗《春》、陈梦家的诗《往日》(续)、胡适的小说《西游记的第八十一难》、君蔷的独幕剧《鬼哭》、中书君的论文《论不隔》、闻家驷的论文《波德莱尔——几种颜色不同的爱》、曹葆华的译文《诗的法典》。

先生在该期《学文》上发表了《匡斋尺牍》续。收《闻一多全集》。该篇讲《诗经》中《狼跋》一诗。

先生的《匡斋尺牍》未发表完,此前刊载的仅是一至十段。而第十一至十四段为讲《兔罝》,手稿保存在梁实秋手中,后载入其著之《谈闻一多》书后附录。

是月 钱穆在《清华学报》第九卷第三期发表了《楚辞地名考》。先生读后有眉批数处,如在其文第十章《屈原卒在怀王入秦以前说》中"今既谓屈原放居在汉北,《楚辞》所歌洞庭、沅、沣诸名,皆在江北,则顷襄王迁之江南一节,事绝无根"一句旁,批书"史不言放江南"六字。(据北京大学图书馆所藏的本刊,库存号 73920—部 3)先生有些意见,后来撰入《高唐神女传说之分析》,有些则提供给孙作云,助其作《九歌山鬼考》。

八月一日 《学文》月刊第一卷第四期出版。时,叶公超即将出国,这期《学文》由先生、余上沅、吴世昌三人编辑。本期刊有胡适的《一篇新体的墓碑》、卢寿楠的诗《早》《秋风》《杨柳结》、余坤珊的诗《秋叶》、刘振典的诗《假使》、陈梦家的译诗《白雷克诗一章》、殷炎的小说《墙》、沈从文的散文《湘行散记》、陈铨的译剧《父亲的誓言》、唐兰的论文《老子时代新考》、李健吾的论文《布法与白居谢》、闻家驷的论文《波特莱尔与女人》、赵萝蕤的译文《诗的名称与性质》、余上沅的论文《高菐德》。《学文》出版此期后,便停刊了。

《学文》停刊的原因,叶公超回忆说:"《学文》出刊到第三期的时候,大家凑的钱已经用光了,所以后来勉强办完第四期,就再也无力继续出刊了。"(叶公超《我与〈学文〉》,台湾《联合报·副刊》,1977.10.16)

叶公超离开北平时,曾将一份到准备在英国讲演的题目草稿交给先生,请先生转给胡适。(据《叶公超致胡适》,中国社会科学院近代史研究所中华民国史组编《胡适来往书信选》下册,第 496 页,中华书局 1979 年 5 月出版)

《一篇新体的墓碑》是胡适撰文、钱玄同书丹的《中华民国华北军第七军团第五十九军抗日战死将士公墓碑》碑文,用白话文写成。碑文述傅作义将军率领其部,在怀柔与日军顽强作战、坚守阵地的英雄事迹。这是去年塘沽协定商议期间的一场恶战,敌第八师团的铃木旅团、川原旅团遭到我五十九军阻击,始终无法前进。此役我亡官兵三百六十七人,曾就地掩埋。后又寻得遗骸二百零三具,公葬于绥远城北大青山下。胡适之碑文即为大青山公墓所撰写。《学文》不仅全文刊载,并排于首位,还附有碑文照片。

对于《学文》的评论,叶公超说:"有人说《新月》最大的成就是诗",其实"《学文》对诗的重视也不亚于《新月》。诗的篇幅多不说,每期将诗排在最前面,诗之后再有理论、小说、戏剧和散文,已成为《学文》特色之一"。(叶公超《我与〈学文〉》,台湾《联合报·副刊》,1977.10.16)

九月十五日 朱自清、金群善来访。朱自清日记云:"金群善下午来访,他很健谈,后同去拜访闻一多,就有关讲话艺术进行了讨论,我们全感到中国人的讲话艺术中语音单调。但闻认为过去的官话中已经形成了一种讲话风格,这种风格不同于西方人,而且也不自然。"(朱乔森编《朱自清全集》第9卷,第318至319页)

九月十七日　清华大学开学。这年度,先生增设了"唐诗"与"乐府研究"两门课。唐诗课"分唐诗为两大时期,取其间主要诗作,参以时代背景及作家生活,依次讲授,以期说明唐诗之特标的风格,并其间所浮映之唐代文化"。乐府研究课则讲授"汉魏乐府,晋时犹被之管弦,与六朝以五言诗为乐府者不同。顾汉魏乐府有本事、有声音,晋宋时合乐,往往改易字句以就管弦,故本事有因而失解,声音有因而舛乱者。本学程在钩求史事,证据古音,以资研究。"

同时,与俞平伯、刘文典共授"国学要籍","本学程列国学要籍九种,学者得任选其三。其中论孟庄荀,儒行道德,乃华夏文化之根柢。韩非名法刻深,实融会儒道而见于行者。《史记》综述古代文物,成一家之言,学者当资以知人论世。凡此诸书,或以立意为宗,或以记事为职,而其辞华考实,亦复沾溉无穷。至《诗经》、《楚辞》、《文选》、《杜诗》,固皆篇之准,翰墨之林也。本学程重在使学者诵习之,俾得涵咏其恉趣焉"。(以上均据《清华大学一览·学程》,1934年度)

先生授课,给同学留下深刻的印象。这年暑假,有位同学写了篇《教授印象记》,介绍先生时写到:"闻先生上课时,随身带有一对儿法宝——那就是一个二尺长、一尺多宽的大簿子,那里面装满了闻先生几年来的心血——《诗经》与《楚辞》的notes。……闻先生讲《诗经》、《楚辞》是决和那些腐儒不一样的。《诗经》虽老,一经闻先生讲说,就会肥白粉嫩地跳舞了;《楚辞》虽旧,一经闻先生解过,就会五色斑烂地鲜明了。哈哈!用新眼光去看旧东西,结果真是'倍儿棒'哪。二千多年前的东西不是? 且别听了就会脑袋痛,闻先生会告诉你那里是 metaphor,那里是 similes,怎么新鲜的名词,一用就用上了么,你说妙不妙? 不至于再奇怪了吧? 还有一句更要紧的话得切实告诉你:闻先生的新见解都是由最可靠的训诂学推求得来的,证据极端充足,并不是和现在新曲解派一样的一味的胡猜。讲了半天闻先生的学问,你不认识他的面貌不也是白说。喂,我再给你说罢:中等身材,削瘦的面儿,两道浓黑的剑眉,一双在眼镜里闪烁的炯炯有光的眼睛——唉,不要忘了,还有一头整年不梳的长发——那么,就是表示胸襟沉沉的闻先生的尊容了。"(《清华暑期周刊》,1934年第8、9期合刊)

诗经课上,曾布置过这样一种别开生面的作业。这年秋天入学的王瑶在《念闻一多先生》中回忆到:"我上诗经课的时候,他讲需要编一部《诗经字典》,并要求班上的学生各在《诗经》中选一个字,然后把所有各篇中有这个字的句子都集中起来,按照句法结构把它分为几类,然后再从声和形的两方面来求义,并注意古代廋辞的用法和含义。他强调开始最好只看正文,不看旧注;如无法着手,也可先看看马瑞辰的《毛诗传笺通释》和陈奂的《诗毛氏传疏》。这是他布置的必须完成的作业。可以看出,他是在训练学生运用训诂学的基本功。"(《闻一多研究四十年》,第135页)

但是,先生此时仍有些负气。赵俪生回忆:"我常请先生参加一个什么座谈会,他总问:'还有谁?'某次我答:'还有陈铨先生。'他立即厉声说:'我不去!'……课上在缴论文以前,先交材料,大都是卡片,几十张的,几百张的。郑季翘交上三张卡片,先生愣住了,问:'Mr.郑,你哪里抄来的?'郑如实答:'《中国古代神话 ABC》。'先生立刻大怒,掷片于地,曰:'我告诉你,我的课是 X、Y、Z!'"(赵俪生给编者的信,1986.11.13)赵俪生,山东安丘人,1934 年入清华大学外语系,但早在青岛读中学时,就在伯父家见过先生。赵俪生在《混着血丝的记忆》中说:"我初次得瞻仰他的丰采,则是在读了《死水》之后的两年,在我族伯的客厅里。我的族伯是清末的一名进士,也是乡中最大的地主。民国以后,便以收藏家的令名蜚声于岛上了。那时同他老人家往还的,差不多都是名流学者,我每次去给他请安的时候,都会遇到几位的。""有一天,我又邂逅了一位厚发清癯,鼻上架有银丝眼镜的中年人,我的族伯事后介绍说,那是青岛大学的教授浠水闻一多先生。那次我并没有能够同他交谈,因为一个十几岁的孩子在大庭广众之中,只有'怡然敬父执'的份儿,而没有'问客来何方'的份儿的。"(上海《文艺复兴》第2卷第4期,1946.11.1)

暑假后 是年度,继续在北京大学兼课,担任二、三、四年级文学组课程,讲授《诗经》,每周两学时。《课程纲要》云:"拟综合古来之校勘、训诂、序说,参以近人新解,在可能范围内略加论断。"(《国立北京大学廿三年度各系课程指导书》,商金林提供)

在北大兼课期间,曾鼓励一同学翻译惠特曼的《草叶集》。荒芜《惠特曼与闻一多》:"算来那是二十二年前的事了。那时闻先生在北大讲授《诗经》。有一次,下课之后,去问他一个问题。他解答完了,随手翻开我带在手边的一本《草叶集》。看着看着,他笑了起来。'写得多好啊!'他赞叹着说,'应该把它译出来'。他说的是《夜里,在海滩上》这一首。惠特曼的一些长诗,老实说,我不大喜欢,原因是我不太懂。但是闻先生指出的这首短诗,以及其他的一些短诗,我是喜欢的,所以随读就随译了一些。原来是想送给闻先生润色的,但放在箱子里,一放就是两年。"(《文汇报》,1956.12.12)

到北京大学兼课,是胡适、梁实秋邀约的。每次进城,午饭和休息都在余上沅、陈衡粹夫妇家。时,余上沅任中华教育文化基金董事会秘书,也在北京大学兼课,其家在北海大石作陟山门街六号,距北大很近,且是独院,很方便。

九月二十二日　中午,去丰泽园,赴《大公报》"文艺副刊"之宴请,见郑振铎、周作人、杨振声、俞平伯、朱自清、梁实秋、余上沅、沈从文等。(据陈福康编《郑振铎年谱》,第 219 页)

九月二十五日　清华大学校长梅贻琦致函先生,继续聘请先生为出版委员会委员。该委员会还有吴景超(主席)、袁复礼、冯友兰、顾毓琇、萧公权、浦薛凤、萨本栋、李继侗。(据《清华大学聘请各常设委员会的聘函和复函》,清华大学档案室藏)

是月　《天问·释天》发表于《清华学报》第九卷第四期。收《闻一多全集》。有序,谈撰述原因:

> 昔王逸作《天问后序》,自诩其注此篇"稽之旧章,合之《经》《传》,以相发明,为之符验,章决句断,事事可晓,俾后学者,永无疑焉。"然今试执逸注以读《天问》,虽谓为无一事可晓,不过也。踵逸而起,注者相望。彼此逸注,补苴误正,亦既多矣,然而不可晓者犹十有四五焉。呜乎!注书之难,有若是哉?余窃不自揣,欲斟酌众长,兼附己意,作一总结帐之企图。兹先取篇中问天事者四十四句释之,颜之曰《天问·释天》。疏略之讥,自知不免,并世方家,幸垂正焉。

> 《天问》文例,泰半合四句为一问,或增至八句,或十二句,要皆以四进;其二句各问一事者,必二事同类,亦以四句为一单元也。王逸不察,割裂全篇,概以二句为一段落。(所谓"章决句断"者乃如此,宜其事事不可晓也。)既以每二句为一段落,散注文于其间,则读者披卷之顷,目光所触,第一印象,已受错误之暗示。成见一入,永为锢蔽,故虽有特识之士,心知逸说之非而欲别树新解,亦但知于二句以内求之,其视上下注文,夹行细字,则一若天堑之不可飞越者焉。此其于问意终不能通,不亦宜哉?大都王逸以后诸家之说有违于事实,滞于义理者,咸坐此弊。爰揭出之,以谂学者。此惑既祛,乃可与读《天问》。

《天问·释天》共释《天问》中十一行四十四句。文中多有新义,郭沫若在《闻一多全集·序》中曾特别指出该篇,倍加赞赏,云:"再举《天问·释天》里面解释'顾菟'的一条吧。'夜光何德,死则又育?厥利维何,而顾菟在腹?'这是问的月亮的情形。向来的人都把顾和菟分开来,认为顾是顾望,而菟就是兔子。到了清代的毛奇龄,认为顾菟不能分开,是月中的兔名,算是进了一步。直到闻一多先生,才又举出了十一项证据来,证明顾菟就是蟾蜍的别名。蟾蜍一名居蠩,与顾菟实一音之转。同一转语则为科斗为活东,与蟾蜍实为一体。《汉少室神道阙》刻月中蟾蜍四足一尾,宛如科斗后期之形,故知顾菟亦即科斗。闻先生举了十一例以证成其说,虽然他还在浩叹'既无术以起屈子于九泉之下以为吾质,则吾虽辩,其终不免徒劳呼?

噫!'但我敢于相信,他的发现实在是确凿不易的,并不是'徒劳'。"

先生研究中国古典文学,多有所得。冯友兰在《回念朱佩弦先生与闻一多先生》中说:闻一多"到清华以后,先七八年,拿定主意,专心致力研究工作。他的学问也就在这个时期,达到成熟阶段。在战前,有一次叶公超先生与我谈起当代文人,我们都同意,由学西洋文学而转入中国文学,一多是当时的唯一底成功者。"(北平《文学杂志》第 3 卷第 5 期,1948.10)

是月　是年度,先生开始在燕京大学兼课。

是年秋　胞弟闻家驷经梁实秋介绍任北京大学讲师。后来,先生又通过国立艺术专门学校校长赵太侔,推荐闻家驷到该校兼任讲师。

十月十七日　章晓初访朱自清,对先生给一同学奖学金考试试卷十四分不满。朱自清日记云:"章晓初来访,谈及奖学金考试事宜。他认为,学生试卷交给不同的老师很不公平。譬如,罗奉朝只得十四分,这个学生从本校毕业后,已当两年助教,他自己也不相信他的中文只有这点水平。我很同情他,他的试卷是闻一多看的。"(朱乔森编《朱自清全集》第 9 卷,第 324 页)

十月二十日　赴丰泽园,应《大公报》"文艺副刊"召宴,见沈从文、杨振声、李健吾、余上沅、梁实秋等。(据张菊香编《周作人年谱》,第 328 页)

十月二十二日　清华大学校长梅贻琦致函先生,聘请先生担任本年度新生指导委员会委员。该委员会委员还有郑之蕃、朱自清、吴宓、陈福田、冯友兰、吴景超、萨本栋、张子高、熊庆来、顾毓琇等教授。(据《清华大学聘请各常设委员会的聘函和复函》,清华大学档案室藏)

十月二十六日　叶公超致胡适信,信中说"我离开北平的时候曾托一多转给你一张讲演题目的草稿"。(《胡适来往书信选》下册,第 496 页）时,叶公超在清华工作满五年,按规定有一年的带薪休期,于是决定到欧美访问,并计划在英国发表讲演。叶草拟了几个讲演题目,请先生交给胡适,再转给驻英公使郭其泰。

十一月一日　《清华大学校刊》第六〇九号刊登《本校教职员捐助成府小学经费明细表》,上载先生捐款十二元。

十一月五日　《清华副刊》刊登《新同学指导委员会正式成立》,内云先生担任新同学指导委员会指导员。

十一月十九日　《清华大学校刊》刊登《二十三年度常设委员会一览》,内云先生担任出版委员会委员。又,担任《清华学报》编辑。

是月　由西院迁入新南院七十二号。新南院是清华大学专为教授建造的一片高标准西式宿舍,共有三十套,预算经费二十万元,六家工厂参加投标。五月四日开标,决定由著名建筑师沈理源开办的天津华信工程司设计,亦由沈理源监理工程的天津协顺木厂施工。十月二十九日清华正式接收,是月一日租户开始迁入。(《清华大学校刊》,第 608 号,1934.10.23)住在这里的有潘光旦、陈岱孙、孔繁霱、俞平伯、王力、吴有训、周培源、赵忠尧、张印堂、洪绂、萧公权、施嘉炀等。

七十二号是新南院三套最大的住宅之一,有卧房、书房、客厅、餐厅、储藏室、仆役卧室、厨房、卫生间等大大小小十四间。电灯、电话、电铃、冷热水等设备一应俱全。房前甬道两侧有绿茵草坪,周围是冬青矮柏围墙,草坪中央置一大鱼缸。先生的书房宽敞明亮,四壁镶以上顶天花板的书橱,窗下是书桌。这里是先生一生中所住的最佳环境,许多研究在这里进行,疲劳时到门前大阳台散步,或到草坪上拔草,观赏一下金鱼。

孩子们对新南院七十二号的生活印象也很深刻。闻立雕回忆说:"记得当年在北平的时候,有一个冬季里的一天,空中飘起了鹅毛大雪,一夜之间房顶上、树枝上,四周的矮柏围墙上,草坪上,到处都像是厚厚地铺了一层洁白色的鹅毛绒毯,非常漂亮。父亲被这神奇的美景感染得雅兴大发,忽然想起要堆雪人,把我们呼唤出来和他一起干。当时我和哥哥只有八九岁,一听说要堆雪人,非常高兴,但我们从来没有堆过雪人,不知道怎么个做法,只是跟在父亲后头瞎忙活。记得先是滚雪球,当雪球越滚越大,大到比我们略高时,就用手或其他工具把它拍实,接下去父亲就开始起他那极富想象力的艺术创作了。父亲是这样的人,任何事不做则已,要做就特别认真、一丝不苟。堆雪人虽然只不过是领着我们在雪地里玩,可他也非常投入、全神贯注、精益求精。他是个专门学过美术的艺术家,因而堆雪人在他手上也就像雕刻家雕制塑像一样,是在创作一件艺术品,这里拍拍,那里打打,反复精雕细琢,修了又修,改了又改。大约半天的工夫,一个憨态可掬的白雪王子就显现在我们面前了。这时,虽然我们的鞋和手套都湿了,脸蛋冻得通红,可是看着父亲的这个得意作品都高兴得手舞足蹈,又喊又叫。这一天,草坪上格外热闹,连妈妈和弟弟妹妹也不时出来参观、助兴!以后几天,我们一起床就伸直脑袋隔着玻璃窗看这个白雪王子,有时还要溜出去和它亲热亲热。"(闻立雕《红烛:我的父亲闻一多》,第 91 至92 页,新华出版社 2009 年 9 月出版)

当时,先生长子立鹤、次子立雕都在清华园内的成志小学读书。立鹤性格内向、好学,立雕则生性活泼、爱动,喜欢体育,放学后总是与邻居的同龄孩子四处玩耍。这个邻居家后院挖了一个沙坑,栽了一个跳高架,看见邻居家的孩子天天在沙坑上练习跳远、跳高,还练撑竿跳,十分羡慕,便忍不住向母亲提出要求也挖个沙坑,栽个跳高架。这件事并不简单,要占地,要请劳力来挖,还要从别处运来沙子,请木工师傅做跳高架。但几经恳求后,居然如愿以偿。清华园工字厅背后有个荷花池,冬天结冰后是理想的天然冰场,课余或休息日常有大人、孩子滑冰。闻立雕说:"这种场合我自然不甘局外,非常渴望也能有一双冰鞋。不久父母亲就满足了我们的要求,为我和哥哥一人定做了一双溜冰鞋,我们俩也能愉快地滑行于冰场人群之中了。"闻立雕还说:"有一天我在那位同龄同学家,看见他的家长和一个鞋匠商谈给他订做足球鞋的事,那位鞋匠正在忙着给他画鞋样。我看了非常眼馋,心里一阵一阵发痒,最后鼓起勇气,把那位鞋匠领回我家,要母亲给我也做一双。父母亲对我先斩后奏的做法很不高兴,批评我不该事先不经大人同意就擅自把师傅请来。不过,批评之后还是给我和哥哥一人做了一双。"(同前,第93至95页)

新南院离成志小学有十几分钟的路程,这段路对孩子来说不算远也不算近。先生便为立鹤、立雕买了自行车。"那时候我和哥哥个子都还很小,大人的车骑不了。当时商店里有一种适合少年骑的车,不太高,后面有两个小保险轮,学车的人骑上去不会倒,以后,时间久了,学会掌握重心了,把两个小轮子拆掉就能自如地骑着走了。父亲就给我们买了这种车,结果我和哥哥没摔一跤就学会骑车了。"这在当年的清华园,他们是头一份。当他们骑着既是交通工具又是体育器械的自行车"风驰电掣般在清华园里来回穿梭,惬意之余真是从心里感谢父亲啊!"(同前,第95页)

十二月十九日 向朱自清推荐《去扎纳多之路》。朱自清日记云:"访闻和俞,闻向我介绍《去扎纳多之路》一书。此书追本溯源,探查科尔里奇'卡布拉汉'一诗的线索,颇有我研究陶潜的那股劲头。"(朱乔森编《朱自清全集》第9卷,第334页)

是年冬 建议清华大学中文系研究生张清常用两周金文写《诗经》。

张清常回忆说:"一九三四年冬,我刚进入清华大学做中文系研究生,到新南院拜见闻·多老师。闻一多先生听我说打算研究古代汉语,便启发我说:哈佛燕京即将出版《诗经引得》,这对你很有帮助。另外,有个问题可供你们搞语言的人考虑。今日所见《诗经》的本子,汉熹平石经、唐开成石经是刻在石头上的,齐鲁韩毛四家各本是后代抄本转木刻本,文字都已去古甚远,不是《诗经》时代的面貌。如果你利用古文字学的知识,把《诗经》用两周金文写下来,换句话说,也就是使《诗经》恢复西周东周当时的文字面貌,这对于你研究《诗经》,研究上古汉语,会有很大帮助的。"(张清常给编者的信,1988.8.10)

一九三五年　三十七岁

一月,十教授发表《中国本位的文化建设宣言》,由此引起"中国本位文化"与"全盘西化"大论战。

七月六日,国民政府军事委员会华北军分会代理委员长何应钦复函日本华北驻屯军司令官梅津美治郎,承认其提出之取消国民党在河北和平津的党部,撤退驻河北的东北军、中央军和宪兵,撤换河北省主席于学忠和平津两市市长,取缔反日团体和反日协定。世称何、梅二人往来的备忘录和复函为"何梅协定"。

同月,电影《风云儿女》在上海放映,影片中的《义勇军进行曲》受到极大欢迎,被到处传唱。

九月,日本策划包括河北、山东、山西、察哈尔、绥远的华北"五省自治运动"。

十月十九日,中国工农红军第一方面军到达陕北吴起镇,完成长征。

十一月四日,国民党政府实施"币制改革",统一全国币制。

十二月九日,一二·九运动爆发。

一月十九日　《清华大学校刊》第六三一号刊登《函送捐助烈性毒品戒除》,先生捐款一元。

是月　《清华学报》编辑部人员变动,编辑增加至 35 人,先生仍任编辑。

二月二十七日　应赵紫宸与其女赵萝蕤邀宴,东大地赵宅晚餐。至同席有顾颉刚、吴宓、叶公超、陈梦家、张东荪、吴世昌、容庚等。(《顾颉刚日记》第 3 卷,第 164 页)

二月二十八日　下午三时,清华大学研究院文科研究所中国文学部,在图书馆楼下一六二室举行霍世休毕业论文考试。论文题目为《唐代传奇文与印度故事》,先生与陈寅恪、冯友兰、雷海宗、朱自清、俞平伯、胡适、郭绍虞为考试委员。(据《清华大学研究院举行毕业初试、论文考试呈报教育部组织考试委员会的来往文书》,清华大学档案室藏)

是月　林语堂等编辑之上海《人间世》自是月第二十二期发起"征求五十年来百部佳作"评选活动,将从十六类图书中评选出五十部著作。这十六类为:① 辞书、类书、参考书；② 哲学、思想；③ 国学、经解；④ 文字学、语言学、文法；⑤ 历史、地理；⑥ 社会科学；⑦ 自然科学；⑧ 教育心理；⑨ 文学史、文评、诗话、词话；⑩ 散文、随笔、日记；⑪ 诗词；⑫ 小说；⑬ 戏剧；⑭ 传记；⑮ 儿童文学；⑯ 总集、别集。十月，评论告一阶段，根据各方推荐，共提出候选书目二一九种。诗词类共提出九种，前六种郑珍的《巢经巢诗集》、金和的《秋蟪吟馆诗草》、廉南湖的《南湖集》、陈三立的《散原精舍集》、黄遵宪的《人境庐诗抄》、朱祖谋的《彊邨语业》均为古诗词，新诗仅三种，首位为徐志摩的《猛虎集》，先生的《死水》次之，再次为郭沫若《沫若诗集》。（《五十年来百部佳作特辑》，《人间世》第 38 期，1935.10.20）后，该刊停刊，评选未有最后结果。

三月十九日　下午四时，出席清华大学在科学馆三楼召开的教授会临时会议。会上一致决定对秘书长沈履为学生所误会表示同情，并推举吴有训、朱自清等五人慰问沈履。（据《教授会会议记录》，清华大学档案室藏）时，清华学生十人被军警逮捕，十四日学生集会，有人谓此事件为学校当局告发所至，又谓冯友兰年前被北平当局传讯亦为沈履报告引起。十五日沈履辞职，并要求校长组织调查。教授会临时会议即为此事召开。

四月三日　《读骚杂记》发表于梁实秋编辑的天津《益世报》"文学副刊"第五期。该文阐述了先生对屈原之死的某些看法，认为《史记》系屈原死于顷襄王时期的记载欠确，觉得"王懋竑说屈原死在怀王入秦以前似乎可信"。文中指出，单纯订正史实的错误，其意义并不大，但"因这件史实的修正，而我们对于屈原的人格的认识也得加以修正，才是关系重大。怀王丧身辱国，屈原既没有见着，则其自杀的基因确是个人的遭遇不幸所酿成的，说他是受了宗社倾危的刺激而沉江的，便毫无根据了。"文章又进一步说：

　　历来解释屈原自杀的动机者，可分三说。班固《离骚·序》曰："忿怼不容，沉江而死"，这可称为泄忿说。《渔父》的作者曰"宁赴常沅而葬江鱼腹中耳，又安能以皓皓之白而蒙世之温蠖乎"，这可称为洁身说。东汉以来，一般的意见渐渐注重屈原的忠的方面，直到近人王树楠提出尸谏二字，可算这派意见的极峰了。这可称为忧国说。三说之中，泄忿最合事实，洁身也不悖情理，忧国则最不可信。然而偏是忧国说流传最久，势力最大。

　　一个历史人物的偶像化的程度，往往是与时间成正比例的，时间愈久，偶像化的程度愈深，而去事实也愈远。在今天，我们习闻的屈原，已经变得和《离骚》的作者不能并立了。你若认定《离骚》是这位屈原作的，你便永远读不懂《离骚》。你若能平心静气的把《离骚》读懂了，又感觉《离骚》不像是这位屈原作的。你是被你自己的偶像崇拜的热诚欺骗了。

四月二十九日　晚,先生导演的话剧《隧道》在清华大学演出。时,清华大学举办二十四周年校庆纪念,所演出的话剧有《南归》、《第五号病室》、《隧道》,其中以《隧道》最优,"尽量地处处迫着演员去表情"。(王了一《谈本校二十四周年纪念游艺会的话剧》,《清华副刊》第 43 卷第 1 期,1935.5.15)这是先生回清华园后首次导演的话剧,由清华文艺社演出。

五月十一日　为方玮德送丧。北平晨报承印部编印之《玮德纪念专刊》记载到:"五月十日入殓,十一日下午二时用马车载灵到法源寺暂厝,是日风雨如晦,状至凄惨。送丧者孙大雨、吴宓、闻一多、巫宝三、孙毓棠、章靳以、孙洵侯、卢寿丹、潘家麟、郝昭宓、林庚、曹葆华、瞿冰森、琦德、珂德、宪初、六姑(即方玮德的姑姑方令孺)、佛同、梦家(陈梦家)等二十余人。"(龚明德《方玮德史实补订二则·闻一多参加送丧仪式》,《人民日报》海外版,2001.10.8)

方玮德,一九○八年生,安徽桐城人,一九二八年就读南京第四中山大学(后改名中央大学)外国文学系,追随先生学习新诗创作,为"新月诗派"后起之秀。一九三三年任教于厦门集美学校,一九三四年返回南京,时因肺病逝世于北平,年仅二十七岁,著有《玮德诗集》、《玮德诗文集》等。先生很器重方玮德的诗才,对其逝世十分痛心。

五月十五日　访朱自清。朱自清日记:"闻一多来访,他推荐林庚,谢绝之。我们谈及《楚辞》,他有些新的见解。他认为最初的对于美人的追求,可能属于宗教性质,或多或少是与宋玉的诗有关。闻引屈原著名的故事,认为可与屈原的情况相比较。"(朱乔森编《朱自清全集》第 9 卷,第 361 页)

五月二十一日　出席清华文艺社聚会。在会上先生谈孟郊。《清华文艺社末次会记事》:"席间邀来闻一多先生谈话,又因闻先生前为文艺社导演《隧道》,大为成功,借此机会申谢。闻先生在清华时为清华文学社之主要社员,今又身临此文艺社,乃大谈感慨。后又谈论孟郊,认为孟郊之诗,其思想、方法皆为最'现代的',为孟郊大作义务宣传。"(《清华副刊》第 43 卷第 3 期,1935.6.5)

六月十一日　《悼玮德》发表于《北平晨报》"学园"副刊第八二一号("玮德纪念专刊")。文章称方玮德有"中国本位文化"的风度,说:

玮德死了,我今天不以私交的情谊来哀悼他,在某种较广大的意义上,他的死更是我们的损失,更令我痛惜而深思。

国家的躯体残毁到这样,国家的灵魂又在悠久的文化的末路中喘息着。

一个孱弱如玮德的文人恐怕是担不起执干戈以卫社稷的责任的,而这责任也不见得是从事文化的人们最适宜的任务。但是为绵续那残喘中的灵魂的工作设想，玮德无疑的是合格的一员。我初次见玮德的时候，便想起唐人的两句诗："几度见诗诗尽好，及观标格过于诗。"玮德的标格，我无以名之，最好借用一个时髦的话语来称它为"中国本位文化"的风度。时贤所提出的"本位文化"这名词，我不知道能否用到物质建设上，但谈到文学艺术，则无论新到什么程度，总不能没有一个民族的本位精神存在于其中。可惜在目前这西化的狂热中，大家正为着摹仿某国或某派的作风而忙得不可开交，文艺作家似乎还没有对这问题深切的注意过。即令注意到了，恐怕因为素养的限制一时也无从解决它。因为我所指的不是掇拾一两个旧诗词的语句来妆点门面便可了事的。事情没有那样简单。我甚至于可以说这事与诗词一类的东西无大关系。要的是对本国历史与文化的普遍而深刻的认识，与由这种认识而生的一种热烈的追怀，拿前人的语句来说，便是"发思古之幽情"。一个作家非有这种情怀，决不足为他的文化的代言者，而一个人除非是他的文化的代言者，又不足称为一个作家。我们既不能老持着 Pearl Buck 在小说里写我们的农村生活，或一二准 Pearl Buck 在戏剧里写我们的学校生活，那么，这比小说戏剧还要主观，还要严重的诗，更不能不要道地的本国人，并且彻底的了解，真诚的爱慕"本位文化"的人来写它。技术无妨西化，甚至可以尽量西化，但本质和精神却要自己的。我这主张也许有人要说便是"中学为体，西学为用"。对了，我承认我对新诗的主张是旧到和张之洞一般。惟其如此，我才能爱玮德的标格，才极其重视他的前途。我并不是说玮德这样的年青人，在所谓"中学"者上有了如何精深的造诣，但他对这方面的态度是正确的，而向这方面努力的意向决是一天天在加强。

文中还提到方玮德所进行的明史研究，说与他一起作诗的几位朋友，如徐大纲、孙毓棠、陈梦家都不约而同的走上了研究"中国本位文化"的方向，"我期待着早晚新诗定要展开一个新局面，玮德和他这几位朋友便是这局面的开拓者"。

同日 朱自清宴请陈铨、赵家璧，并请先生与张荫麟、顾毓琇作陪。（参见朱乔森编《朱自清全集》第9卷，第365页）

六月十三日 上午九时，清华大学研究院文科研究所外国语文学部，在图书馆外语系办公室举行田德望论文考试。考试题目为《Thesis：A Comparative Study of the Metaphors of Militon and Dante》。先生与温德、邓以蛰、王力山、毕莲、陈福田、吴可读、吴宓、钱稻孙、石坦安、华兰德、杨宗翰、莫千里为考试委员。（据《清华大学研究院举行毕业初试、论文考试呈报教育部组织考试委员会的来往文书》，清华大学档案

室藏）

下午二时,先生又参加了该部在原地举行的赵萝蕤毕业初试,考试委员还有王力山、陈寅恪、毕莲、陈福田、吴可读、吴宓、温德、钱稻孙、石坦安、华兰德、杨宗翰、莫千里。(同前)

六月二十日　下午三时,清华大学研究院文科研究所中国文学部,在图书馆楼下一六二室举行崔殿魁毕业论文考试。先生与刘文典、冯友兰、孔云卿、朱自清、陈寅恪、杨树达、俞平伯、浦江清、罗庸、郭绍虞为考试委员。(据《清华大学研究院举行毕业初试、论文考试呈报教育部组织考试委员会的来往文书》,清华大学档案室藏)

七月十八日　刘撷英约先生、梅贻琦、冯友兰、朱自清等午餐。(据《梅贻琦日记》原件,清华大学校史组藏)

是月　朱自清着手编选《中国新文学大系》中的《诗集》,要找新月版《志摩的诗》,还是先生从自己书房中找了一本给他。

是月　《〈诗·新台〉"鸿"字说》发表于《清华学报》第十卷第三期。收《闻一多全集》。这篇训诂方面的考据文章,受到许多学者的推崇,郭沫若在《闻一多全集·序》中说:"他有一篇《诗新台'鸿'字说》,解释《诗经·邶风·新台》篇里面'鱼网之设,鸿则离之'的那个'鸿'字。两千多年来读这诗的谁都马虎过去了,以为是鸿鹄的鸿,但经一多先生从正面反面侧面来证明,才知道这儿的'鸿'是指蟾蜍即虾蟆。古人曾叫虾蟆或蟾蜍为'苦蠪'(见《广雅·释鱼》和《名医别录》),苦蠪就是鸿的切音了,苦蠪为鸿亦犹窟窿为孔,喉咙为亢。而更巧妙的是有一种草名叫屈龙的,别名也叫着鸿。《淮南子·坠形篇》'海间生屈龙',高诱注云:'屈龙,游龙,鸿也。'这确是很重要的发现。要把这'鸿'解成虾蟆,然后全诗的意义才能畅通。全诗是说本来是求年青的爱侣却得到一个弓腰驼背的老头子,也就如本来是想打鱼却打到了虾蟆的那样。假如是鸿鹄的鸿,那是很美好的鸟,向来不含恶义,而且也不会落在鱼网子里,那实在是讲不通的。然而两千多年来,差不多谁都以这不通为通而忽略过去了。"

八月十一日　朱自清写定《中国新文学大系·诗集·导言》,将十年来的诗坛分作自由、格律、象征三派,认为先生、徐志摩是格律派代表,其阵地即《晨报·诗镌》。十三日,朱自清编成《中国新文学大系·诗集》,选五十九家诗,其中先生的有三十首①,数量仅次于何植(三十二首),但何植的诗多为短诗和"杂句",故实列名第一者应该是先生。

九月九日　在一次宴会上指责周作仁虚伪。朱自清日记:"赴杨之宴会。闻一

---

①　朱自清在先生名下注明选入二十九首,实少计算一首。

多指责周作人之虚伪态度。他认为周急于出名,却又假装对社会漠不关心。闻称之为'京派流氓'"。(朱乔森编《朱自清全集》第9卷,第380至381页)

九月十五日 《卷耳》发表于天津《大公报》"文艺"副刊第九期。

文章说,《卷耳》所写的是一件事,即"某南国夫人途中即事之作。夫人一行翻过一座山头,人马都乏了,照例要停下车去歇歇","夫人下车来,看见道旁遍地的卷耳,顺时采了一点,终于因为心绪不佳,把筐子扔在一旁,就地坐下了"。这诗就是"如此平实"。可是毛、郑解释的一团糟,朱子则称是怀远子。到了杨慎竟说其原旨是"后妃思文王之行役"。由此,先生感叹道:"《诗经》里果然有如杨慎所觉察的那样多是唐诗,对于《诗经》的读者诚然是个福音,但是对于文学史家,你细想想,不是一个大难题吗?"先生还说自己"读《诗经》的动机也未尝不是要在那里边多懂点诗",但"我一壁想多多恢复《诗经》中的诗,使它名实相副,一壁又常常担心把诗经解得太像我们的诗了。一个人会不会有时让自己过度的热心,将《诗经》以外,《诗经》以后的诗给我私运进《诗经》里去了,连自己还不知道呢?"先生在这里实际上提出了一个怎样读《诗经》的问题,而这问题的提出,正是"从读卷耳开始的"。

九月十八日 清华大学开学。时中文系教授有先生和朱自清(兼系主任)、陈寅恪(与历史系合聘)、俞平伯、杨树达、刘文典、王力,专任讲师有浦江清,讲师有赵万里、唐兰,教员有许维遹、余冠英,助教有李嘉言,助理有张健夫。

这学期,先生继续担任清华大学出版委员会委员。该委员会主席为冯友兰,委员还有吴景超、朱自清、浦薛凤、陈桢、袁复礼、顾毓琇、萧公权、吴有训。

这学期,先生讲授唐诗,"本学程分唐诗为两大时期,取其间主要诗作,参以时代背景及作家生活,依次讲授,以期说明唐诗之特标的风格,并其间所浮映之唐代文化。"又,与杨树达合授"国学要籍"课中的"诗经"、"楚辞";此外,还指导文科研究所研究生的中国古代神话研究,"目的在研究我国古代神话之起源及其演变"。(《清华大学一览·研究院学程部》,1935年度)

先生讲《诗经》,不像封建道德的卫道士那样专意附会许多政治含意,而是尽力还原《诗经》反映的初民生活与感情,所以学生们听来毫无枯燥之感。王瑶《念闻一多先生》:"他的许多用低沉的声音娓娓道来的解说,过了半个世纪仍然记忆犹新。譬如他讲《诗经》中的风诗是爱情诗,就从'風'字的古义讲起,说'風'字从虫,'虫'就是《书经·仲虺之诰》中的'虺'字的原字,即蛇;然后又叙述《论衡》和《新序》中记载的孙叔敖见两头蛇的故事,习俗认为不祥,见之者死,其实就是蛇在交尾,这是'虺'字的原义。《颜氏家训·勉学篇》引《庄子》佚文就说'蜲(虺)二首',它本来就是指异性相接,所以《左传》上说'风马牛不相及',意思是说马牛不同类,故不能

'风';后世训'风'为'远',实误。由此发展下来的词汇,如风流、风韵、风情、风月、风骚等,皆与异性相慕之情有关。他援引了许多的史实以及后来的演变,妙语迭出,十分生动。"(《闻一多研究四十年》,第132页)

　　这学期的楚辞课,先生经过多次交涉,终于征得学校同意,把课安排在傍晚进行,别有一种情趣。冯夷(赵俪生)在《混着血丝的记忆》中回忆到:"记得是初夏的黄昏,马樱花正在盛开,那桃花色绒线穗儿似的小花朵,正在放出轻淡的香味。七点钟,电灯已经来了,闻先生高梳着他那浓厚的黑发,架着银边的眼镜,穿着黑色的长衫,抱着他那数年来钻研所得的大叠大叠的手抄稿本,像一位道士样地昂然走进教室里来。当同学们乱七八糟地起立致敬又复坐下之后,他也坐下了;但并不立即开讲,却慢条斯理地掏出自己的纸烟匣,打开来,对着学生露出他那洁白的牙齿作蔼然地一笑,问道:'哪位吸?'同学们笑了,自然并没有谁坦直地接受这 gentleman(即"绅士")风味的礼让。于是,闻先生自己擦火吸了一支,使一阵烟雾在电灯光下更浓重了他道士般神秘的面容。于是,像念'坐场诗'一样,他搭着极其迂缓的腔调,念道:'痛——饮——酒——,熟读——离——骚——,方得为真——名——士!'①这样地,他便开讲起来。显然,他像中国的许多旧名士一样,在夜间比在上午讲得精彩,这也就是他为什么不惮烦向注册课交涉把上午的课移到黄昏以后的理由。有时,讲到兴致盎然时,他会把时间延长下去,直到'月出皎兮'的时候,这才在'凉露霏霏沾衣'中回到他的新南院住宅。"(上海《文艺复兴》第2卷第4期,1946.11.1)

　　在中国古代神话研究班上,先生布置的作业也很特别,实际上是治学方法的传授与训练。王瑶《念闻一多先生》:"在'中国古代神话研究'班上,他要求学生各选定一个古代神话故事的题目,从类书中先把有关材料摘录出来,再复查原书,将材料按时代先后排序,分析其繁简情况及有无矛盾现象,然后再考察它的来源和流变过程,写出一个报告。有时学生在作业中过于草率或犯了常识性的错误,他的批评是很严厉的。"(《闻一多研究四十年》,第135至136页)

　　外语系的赵俪生同学也选修了中国古代神话课。他回忆当年的治学经历时说:"我的第二个文化(文献)老师,就要算闻一多先生了。""我对清华当时开的那些课都不感兴趣,只对闻先生课愿意的。当时他开四门课(《诗经》、《楚辞》、《唐诗》、《中国古代神话》),作为外系学生,即使到二三年级,也没有资格全部选修,只挑了《神话》一课选修,其余旁听。旁听不缴作业,不计分数。选修就要缴作业了,记得

_____

　　① 此语出自刘义庆《世说新语·任诞第二十三》:"王孝伯言:'名士不必须奇才。但使常得无事,痛饮酒,熟读《离骚》,便可称名士。'"

闻先生给的题目是《远古帝王感生传说的分析》，就是指那些'履巨人迹'、'见北斗枢星'、'有黑龙卧其上'等等。我平生第一次学会查类书、翻丛书，就是围绕着做这篇 paper 开始的，这就正式踏上文献学的边沿了。对《北堂书钞》、《艺文类聚》、《太平御览》、《永乐大典》、《古今图书集成》以及《玉函山房辑佚书》等，开始翻查也感到过烦躁，久之尝出滋味，即根据一根线头可以找到很多花花绿绿的线头，心里很喜欢干这个事。对一件事的底蕴，像破案一样，追踪寻访，从类书中找到线索，还要缘着这条线索深入到一部部原书中去，总不能查完本题就一扔不管了吧，一般习惯是借查甲案的机会，不知不觉地牵连到乙案、丙案上来，当时年轻，精力充沛，对有兴趣的问题难舍难分，手里攒着一大把问题——'一锅下吧'。这一'下'就三个月、半年过去了。我开始感觉到这比翻译一篇或一部小说，更饶兴味，份量更重一些。"（《赵俪生文集》第 5 卷，第 22 页，兰州大学出版社 2002 年 4 月出版）

赵俪生在《篱槿堂自叙》还说：先生"本是新月派诗人，在美国又是学舞台设计的，现在又教起《诗经》、《楚辞》来，自不免有功力不到的地方，所以他一回到清华就拼命下功夫，许多蝇头细字的读书笔记都是在新南院写出来的。他也搞考据、搞训诂，但他比所有的训诂家都高明之处，是他在沉潜之余还有见解、有议论，这些议论对我们学生来说，启发很大。于是，我们就一下子把闻先生爱上了，大家争着选修或者旁听他的课，闻先生一下子在清华园内走了红。但他是有脾气的，同学们也都小心翼翼着"。"当时，闻先生对人类社会发展、社会经济形态的一些问题还注意不多，单纯从神话搞神话，使用训诂武器，特别是音转这个法宝，搞出许多串联来，如说尧是'鳌'、象就是大鼻子的象之类。而我们学生主要是要从他的讲课中窥察他的治学方法。他喜欢查类书，我们也跟着查类书；他讲神话，不免多涉及两汉的谶纬之书，我们也跟着熟悉一些谶纬。闻当时动用'经解'不很多，所以我们学生在《十二经》上受影响不大。"（同前，第 112 页）

赵俪生曾用笔名"冯夷"发表过一些文章，先生不知道这个情况，以至某次讲到对"冯夷"的考据时引出一段笑话。赵俪生在《混着血丝的记忆》写到：有一天，先生在"神话"班上讲："我今天要讲讲冯夷。冯夷是什么呢？人们只知道他是一位水神的名字，其实这说法还不彻底。冯夷就是'羿射封豕长蛇'的'封豕'，一作'封豨'——也就是：一条大猪！一条大猪！"当时，"同学们轰堂大笑，有几位跟我特别熟的还拿铅笔头儿描住我，笑得腰都直不起来。这颇使闻先生为之不解，他几乎要怀疑同学们在'起他的哄'了，直到事后有位向他一语道破，他才一笑置之。"赵俪生写这件事，是想说明先生在考据方面的功夫。他接着写到：虽然先生"有时考据得不免有几分大胆的地方，我们也还是热切地听他底讲，记录他的笔记，因为他到底能够从荒谬的传统见解中剔罗出许多较之牵强处为数更多的确切的新见。例如他从古代神话中找出许多有关古代礼俗的宝贵的材料(如关于社、郊祀、高禖、祓除不祥等等),是颇能使我们折服的。"赵俪生还写到:"我们尤其爱戴这位老师的,倒是他的全人格。只要你跟他上过一堂,你便会看出他多么热情,多么坦直。"(上海《文艺复兴》第2卷第4期,1946.11.1)

在课上,先生曾表示应该请逃亡在日本的郭沫若回来讲学。张春风《闻一多先生二三事》中回忆:"平时讲书时,他总好称道郭沫若先生,在他研究毛诗、楚辞及古代神话中,他多次引用郭先生研究金文的所得,他佩服郭先生的卓识有胆量,能创造。当时郭先生正在日本作逃遁,但闻先生就曾多次表示'为了学术研究,清华大学应礼聘郭先生来讲学!'"(《宇宙风》第147、148期合刊,1947.3.1)

这学年,除仍在北京大学兼课外,又在燕京大学兼课,因得与陆侃如"时时晤及,惟仓促间未尝深谈"。(《致游国恩》,《闻一多书信选集》第245页)先生对陆侃如早已注意,一九二三年九月,知陆有《屈原评传》出版,即让弟弟寄一册到美国。

九月二十二日　午,应《大公报》"文艺副刊"招宴,至丰泽园聚会,到者有杨振声、俞平伯、朱自清、梁实秋、余上沅、郑振铎、沈从文、周作人等。(据张菊香《周作人年谱》,第327页)

九月二十六日　是日《清华大学校刊》公布《二十四年度常设委员会一览》,先生继续担任出版委员会委员、《清华学报》编辑。

是年秋　与余上沅夫妇、吴景超夫妇、梁实秋、顾毓琇、庄前鼎、蔡方荫、杨宗翰等同游大同,参观了云冈石窟。此行为顾毓琇安排,平绥路局局长沈昌特拨出专车迎送。(据梁实秋《谈闻一多》,第103页)时,平绥路通车不久,北平至包头成为旅游热线。

十月二日　朱自清在日记中写到:"读一多佳作。"(朱乔森编《朱自清全集》第9卷,第384页)时,朱自清编辑之《中国新文学大系·诗集》即将由上海良友图书出版公司出版,"佳作"可能指的就是先生的新诗。

十月十四日　向朱自清表示书评应具有某些优点。朱自清日记云:"访一多和平伯。一多不同意在日志中作简短提示,他认为文学应较社会科学学术性更强。依一多之见,书评必须具有某些优点。"(朱乔森编《朱自清全集》第9卷,第386页)此事因何而生,不详。

十月二十日　赴《大公报》"文艺副刊"宴约,到者有沈从文、杨振声、周作人、李健吾、余上沅、梁实秋等。(据张菊香《周作人年谱》,第328页)

是月　《高唐神女传说之分析》发表于《清华学报》第十卷第四期。收《闻一多全集》。文章共九章:一、候人诗释义;二、候人诗与高唐赋;三、释陪;四、虹与美人;五、曹卫与楚;六、高唐与高阳;七、高唐神女与涂山氏;八、云梦与桑林;九、结论。该文引起日本汉学研究权威杂志的重视,称:"闻一多的《高唐神女传说之分析》,是一篇采用近代方法对《诗经》中的《曹风·候人》与《高唐赋》进行巧妙分析的论文,假若要分析古代典籍的话,那么注疏就应当是科学的解释,而闻氏之文正是作为'新的注疏'的方向而受到学术界的重视。"(武田《今年度的中国文化》,日本《中国文学月报》第 10 号,1935.12.31)

是月 朱自清在《清华学报》第十卷第四期发表《李贺年谱》,文中在唐贞元二十二年条下引《新唐书·李益传》一条史料,以证李益与李贺齐名。先生读罢甚疑,当即指出。朱自清立刻重新考证,并于次年一月《清华学报》第十一卷第一期发表《李贺年谱补记》,对先生所指表示感谢,云:"嗣承闻一多先生见示,益与贺齐名之说可疑。……益以代宗大历四年进士擢第,年二十二;至贞元二十年五十七岁,成名已久。时贺年才十五;《益传》乃称益名与贺埒,似非信史云云。按闻先生所考益生卒甚确,……此条多蒙闻先生指教,谨致谢。"

这时,先生于唐诗研究已倾注了许多功力,朱自清说:"他最初在唐诗上多用力量,那时已见出他是个考据家,并已见出他的考据本领。""他注重诗人的年代和诗的年代,关于唐诗的许多错误的解释与错误的批评,都由于错误的年代。他曾将唐代一部分诗人生卒年可考者制成一幅图表,谁看了都会一目了然。"(《中国学术界的大损失——悼闻一多先生》,《朱自清全集》第 3 卷,第 122 页,江苏教育出版社 1998 年 8 月出版)

十二月二日 朱自清日记:"闻等联名写信给我,敦促将尚未搬走之图书在近日内搬走。彼意斯可便利余等在新地点之工作。俞(平伯)和陈(寅恪)表示反对。经与闻磋商,他取消该建议。"(朱乔森编《朱自清全集》第 9 卷,第 392 页)

十二月九日 "一二·九"运动爆发。日本继占领我东三省后,又侵占热河及察北、冀北大片土地,并觊觎华北。上月,日本策动汉奸成立"冀东防共自治政府",强迫国民政府承认"华北政权特殊化"。改地方政府为"冀察政务委员会"。在国家民族危亡日益紧迫之际,蒋介石仍坚持"攘外必先安内"政策。在这种形势下,北平各校学生举行大规模请愿示威游行,抗议华北伪自治运动,却遭到军警的镇压。清华学生入城时,城门已紧闭,只得在朔风中站立一天。

次日,清华大学各院院长及教务长叶企荪、冯友兰、吴景超、陈岱孙、顾毓琇五教授联名发布告同学书,称"我们处于师长的地位,不忍见诸位同学作无代价的牺牲","国事至此,国人无不痛心,但今日如想解除国难,须培养力量,并非发泄情感所能奏效","罢课是消极的,对于解除国难毫无补益,反与人以藉口干涉的机会","我们现在愿以诚恳的态度,请诸位同学在此时期内加倍努力于事业。至于被捕诸学生,各校当局自应负责保障,诸同学可勿挂念"等。这是清华多数教授的态度,先生亦持此主张。

十二月十六日　北平各大学中学学生再次举行示威游行。当局派出大批军警镇压,学生被捕数十人,受伤者二百余人。先生对日本帝国主义侵占我领土十分愤慨,对同学们的爱国热情非常理解。但是,他对蒋介石和国民政府还抱有幻想,所以不赞成罢课。黄秋耘在《闻师与屈原》中说:先生"偶而也谈论到当时正在轰轰烈烈、风起云涌的学生抗日救亡运动。闻师对'一二·九'学生运动是深表同情的,不过,我们的认识也不尽相同。闻师认为,同学们的爱国热情是十分可贵的,但是采取示威游行这种方式的行动却未必有什么效果。我当时少年气盛,不免跟他辩论几句,他也并不因此而怪责我。他是极力主张抗战的,但有时又不免带点忧心忡忡的情绪"。(《闻一多纪念文集》,第 282 页)

先生在清华读书的侄儿闻立恕、外甥陈文鉴及在辅仁大学读书的侄儿闻立勋都参加了这次爱国学生运动。当先生得知游行示威同学遭军警殴打、逮捕时,十分着急,四处打电话询问他们的情况,事后批评指责他们不该参加这样的活动。先生的侄子闻立志(后改名黎智)说,先生一气之下,还曾"把我大哥狠狠地打了一耳光"。(《在中国电视剧制作中心〈闻一多〉电视连续剧创作座谈会上的谈话》,《黎智纪念集》,第513 页,武汉出版社 2004 年 9 月出版)

十二月三十一日　清华大学学生自治会抗日救国会募集救亡捐款,共得一百四十二元,先生捐助十元,是认捐者中款额最多者之一。(据《清华大学校刊》第 712 号,1936.1.16)救国会是"九一八"事变次日,清华学生自发组成的抗日爱国团体,在"一二九"运动中起着领导清华学生运动的作用。

是 年　《楚辞斠补》发表于武汉大学《文哲季刊》第五卷第一号。文前云:"兹篇目的端在校正今本(即毛刊洪氏《补注》本)《楚辞》及王逸《章句》之舛误夺乱。惟在先秦两汉之书,所谓误字者皆形之误。其或字义扞隔,骤视之莫得其解,而实可以声音通假之法解决之者,此则似误而实非误,故不属本篇范围。凡已经前人及时贤举正者,苟遇有新证,可资补充,则具载其说而以己意附焉。不则慨弗征引。"

一九三六年　三十八岁

五月五日,国民政府公布《中华民国宪法草案》("五五宪草")。

五月三十一日,全国各界救国联合会在上海召开成立大会。

十月,中国工农红军第一、二、四方面军在甘肃会宁会师,长征结束。

十一月二十三日,国民政府下令逮捕救国会领导人沈钧儒、章乃器、邹韬奋、李公朴、王造时、沙千里、史良,史称"七君子事件"。

十二月十二日,张学良、杨虎城发动"西安事变"。

一月十五日　下午入城,参加一茶会,到者有朱自清、凌叔华、梁宗岱、朱孟实、常风缘,还有一位外籍的贝尔(Bell)先生。(朱乔森编《朱自清全集》第9卷,第399页)

一月二十九日　四女闻翮生于北平。

是月　《离骚解诂》、《高唐神女传说之分析补记》发表于《清华学报》第十一卷第一期。收《闻一多全集》。

《离骚解诂》共释二十条。一九八五年十二月上海古籍出版社出版同名之《离骚解诂》一书是依手稿整理而成,书后有季镇淮所作《后记》,云:"诠释《离骚》词义,一九三六年曾有《离骚解诂》之作,共二十条考证,未及全篇。今存手稿有扉页篆书《离骚麠义》一稿,前半二句一行,后半四句一行,逐行加注,删改增补较多,似为注释《离骚》全篇初稿。据此作二稿,分句作注,有删改,亦有增补。手稿只有前八段,后五段乃《麠义》清稿,非手写,四句一行,注亦联写。据此又有增补。今统一前八段与后五段格式,全以四句为一行,共九十三行。注文按句分段移写,以便阅读。……"全书征引王逸《楚辞章句》、王远《楚辞评注》、如湻《汉书注》、吴景旭《历代诗话》、张铣《六臣注文选》、戴震《屈原赋注》、陆善径《唐写本文选集注残卷引》、姚鼐《古文辞类纂》、洪兴祖《楚辞补注》、王念孙《读书杂志余篇》等四十六家。

上海古籍版《离骚解诂》,录入先生对《离骚》某些段的理解,如:

一、"恐美人之迟暮"后,先生云:"以上一段总冒,首叙身世之贵,次述品貌之美,末陈搴芳求女之愿,为全篇主脉提纲。"

二、"伤灵脩之数化"后,先生云:"以上一段以行旅为喻,点出忠而见疑之意,摄起下文。"

三、"长顑颔亦何伤"后,先生云:"以上一段言饮食异于众人。"

四、"虽九死其犹未悔"后,先生云:"以上一段言服饰异于众人。"

五、"固前圣之所厚"后,先生云:"以上一段言虽见嫉于群邪,而能清白自守。"

六、"夫何茕独而不余听"后,先生云:"以上一段言将游四荒,女婴劝阻。"

七、"溘埃风余上征"后,先生云:"以上一段言陈词重华,果得中正,遂决然乘风上征,离世远举。"

二月十九日　下午四时,出席清华大学在科学馆召开的教授会临时会议。会上教务长潘光旦报告学生救国会向学校要求延期及免去本学年度第一学期学期考试经过,并报告系主任会议决定,请教授会做以讨论。张子高提议考试如期举行,全体通过。这时,学生涌进会场,会议中断。学生离去后,冯友兰提议,多人附议,提出"同人等向学校辞去教授职务并自即日起停止授课",全体通过。同时,推举冯友兰、俞平伯、朱自清、萧公权、萧蘧、潘光旦、张奚若七教授组成辞职宣言委员会。(据《教授会会议记录》,清华大学档案室藏) 清华大学除个别教授外,绝大部分教授均在辞职宣言上签名,先生亦在签名之列。《清华大学教授昨晚提出总辞职》述其经过云:"清华大学学生救国会,前曾请该校免除本届学期考试,该校曾开系主任会议,决定复课三星期后,于二月二十四日起再行补考,并取消春假,缩短暑期,以顾全学生学业。兹因考期将届,救国会复以全体学生名义,请求免考。本星期一该校复开系主任会议,决定将此问题提出教授会。昨日下午四时教授会在该校科学馆三楼开会,有学生多人,在楼下呼喊口号,要求免考,并推代表请见教务长潘光旦。潘氏即劝学生退去,学生不听。是时教授会正在讨论,学生代表等屡次要求入会场,均经潘氏劝止。教授会旋议决,本届学期考试,如期举行,并请潘氏以此议案通知学生代表。学生等当即蜂拥上楼,旋有数人闯入会场,经教授会临时主席张奚若氏,令其退出,但学生等仍时出时入。各教授见此情形,深愧德望未孚,决定全体引咎辞职。"(《北平晨报》,1936.2.20)

先生签名的辞职宣言全文云:"同人等于本日下午开教授会,讨论补行上学期考试问题时,有学生多人,声称代表全体学生在外高呼口号,要求免考,继复包围会场,并有代表数人,屡次冲入。同人等在此情形下,既感行使职权之不可能,又愧平日教导之无力,惟有引咎辞职,以谢国人,除向校长辞职外,谨此宣言。"(《清华大学校刊》第721号,1936.2.20)

学生此举,原是由于参加一二·九爱国运动,误课太多。但为了避免师生间的对立,学生开会决定参加二十九日举行的补考。

二月二十五日 下午五时,出席清华大学在后工字厅召开的教授会临时会议。时,清华教授总辞职后,报载有某教授从中鼓动风潮。孙国华、史久荣、陈之迈、叶企荪、张奚若五教授提议开教授会,并请校长组织调查委员会调查真相。会上众人认为大可不必,遂由张奚若等撤回提议。(据《教授会会议记录》,清华大学档案室藏)

二月二十九日 清华大学举行补考日。清晨,四百多军警闯入学校,将学生宿舍包围,并从晚七时开始搜捕进步同学。同学分散到各教授家中躲避。蒋南翔《我在清华大学参加"一二·九"运动的回忆》:"记得黄诚和姚依林等躲到冯友兰教授家,韦毓梅、韦君宜、王作民等女同学,躲到朱自清教授家,还有些同学躲到闻一多教授家。"(《清华校友通讯》复员后 12 期,1985.10) 先生不同意同学们的斗争方法,但当同学们的安全受到威胁时,仍毅然起来极力保护。

三月十七日 致游国恩信。收《闻一多书信选集》。喜告见敦煌旧钞《楚辞音》:

> 敦煌旧抄骞公《楚辞音》残卷,内有郭景纯《楚辞注》数则,并洪氏未引之释文一则,诚希世宝笈也。近托人从巴黎觅得之影片已寄到,拟为写一较详尽之跋文。属草方始,奋兴至极。本拟跋成后,寄呈尊览,不意手札亦到,欣慰何似!弟与《楚辞》结不解缘矣,亦与兄结不解缘矣。

又云对《九歌·山鬼》有新解,大意已告孙作云,"令广搜证佐,制为专文,将由《清华学报》刊布"。

三月十八日 作《敦煌旧抄〈楚辞音〉残卷跋》(附校勘记)。发表于是月北平图书馆编辑之《图书季刊》第三卷第一、二期合刊及四月二日《大公报·图书副刊》。收《闻一多全集》。文首叙述《楚辞音》残卷发现的经过与学术价值,云:

> 敦煌旧抄《楚辞音》残卷,不避隋唐讳,存者八十四行,起"驷玉虬以乘鹥兮",迄"杂瑶象以为车",凡释《离骚》经文一百八十八,注文九十六,希世瑰宝也。卷藏巴黎图书馆。王重民先生近校书巴黎,始发之丛残中,并据卷中"兹"字下"骞案"云云,定为隋释道骞撰《楚辞音》,又以"理"下云"郭本止作程",谓即郭璞《楚辞注》之孑遗,其说皆灼然有据,无可易者。夫自汉王逸以下逮宋之洪朱,约及千载,为《楚辞》学者,代有名家,而郭注骞音之名,尤赫然在人耳目。顾其书自唐中叶以还,似已荡然靡存,而史志所胪,空有其目,譬如丰碑载途,徒足令人歆歟凭吊耳。孰谓骞音残卷,一旦发现,而郭注鳞爪,复在其中,是非旦暮之遇乎?自殷虚之役以来,数十年间,惊人之事多矣。即以重民先生近所

剔发于巴黎者言,此尺幅断轴,亦毫末之于马体而已。然而于《楚辞》之学已不啻启一新纪元。重民先生之功为不朽矣!比因友人叶公超先生邮书巴黎,代请副本。重民先生乃虑移写失真,饷以影片。欢庆感激,夫复何言?既拜领嘉贶,寻绎终朝,惊喜稍定,乃记其一得之见如次。尚幸重民先生有以教之。……至于所注音读二百八十余事,自为讨治隋唐古音之正确资料。事涉专门,力有未逮,故缺而弗论。

三月二十四日　参加清华同学在生物馆一三三号教室举行的"北平各大学南迁问题"辩论会。

时,华北局势十分危急,日军步步紧逼,政府毫无坚决抵抗之意,平津时刻有陷入敌手的可能,两地许多学校纷纷酝酿南迁,清华大学拟在长沙原湘雅大学校址设立分校,但同学们大多认为南迁即逃跑,主张在北方坚持抗日。辩论会正面主辩人持南迁主张,其理由是:第一,南迁是为了保存民族的文化,到安全地区去,培养我们的实力;第二,当此中日两国外交协调之际,学校留在北平,不断发生学生运动,非常有碍外交进行;第三,华北已经为日本所控制,与其将来为日本所接收,不如早日自动南迁;第四,学生运动不能担负救亡责任,如果北平一旦被占,无数青年反被敌人所用;第五,现在中日两国军器悬殊,我们无力作战;第六,学生的本分在读书,救国应先充实自己,只有南迁,才能安全地读书。反面主辩人申述了反对南迁的意见,理由是:第一,要保存文化,要培养实力,只有从加强民族解放运动着手才有可能;第二,在敌人疯狂地向我们发动侵略的现在,和它进行外交谈判,简直是与虎谋皮;第三,敌人还没有打来,就忙着南迁,这是无耻的逃亡政策;第四,学生运动有民众做后盾,是救亡运动的重要力量,如果北平万一被占领,一切爱国的青年都可以组织起来从事抵抗敌人侵略的战斗活动,只有逃亡者才甘心被敌人利用;第五,中日两国如果发生战争,胜负不完全决定于军器,而主要在于中国内部是否能团结一致,只要我们四万万同胞团结一致,这种力量是不可战胜的;第六,我们坚决反对学生的本分就是读书的论调,因为救亡绝不能闭门造车,只有从理论与实践双方面进行学习才能得到。而且如果国家将亡,就是迁到南方也是不能安心读书。辩论历经一个半小时,主持人宣布由担任评判员的教授计分,但一些学生们说不要算分数了,由大家表决。结果,大多数同学反对南迁,主持人宣布反面获胜。会后,先生走出会场,对前来担任评判员的潘光旦说:"现在的青年,比我们年轻时候是不大相同啦!"(王康《闻一多传》,第 162 至 165 页)

四月三日　致游国恩信。收《闻一多书信选集》。日前,游国恩寄来《九歌》研究撰稿一份,欲托先生转交《大公报》"文艺副刊"发表。先生复信云:

关于《九歌》诸点，高见甚是，无任钦佩。彭咸水死之说，弟仍怀疑。拙稿中有考辩一通，颇详尽。迟日当录出呈政。清华学生孙君顼撰《九歌山鬼考》一篇，大意谓山鬼即巫山神女，列证甚多，大致可信。尊著已举宋赋证山鬼为人神相悦矣。孙君虽较尊见更进一层，然终不出尊见范围。《大公报》"文副"近时刊登率多创作，尊著性质是否相融，恐成问题，且主编者近已改萧乾（其人在上海），从文亦未必能作主也。近撰《敦煌旧钞楚辞音残卷跋》，载《大公报·图书副刊》，谅已见及。惟其中颇有手民之误，兹经核正，一并邮上，仍乞指正为盼。其原卷六纸，已付抄胥，不日写毕，再行寄上。

五月三日　清华大学中国文学会请先生与朱自清、陈铨（外文系教授）演讲，（据《清华大学校刊》第 743 号）内容未详。

五月十八日　《北平晨报》副刊"红绿"刊登署名"野萍"的文章《〈死水〉的作者闻一多教授》。这是一位同学为先生做的一幅文字画像，说先生不修边幅，"总是乱蓬蓬的头发，文人气质的脸，常是穿着一身深色长衫，蓝大褂或青色大褂，并且全是布衣，薄底布鞋，深色袜子，一见准不敢认为是鼎鼎大名的诗人、学者、闻先生，更不相信是三十七岁的青年年龄"。

在介绍先生的授课情形与内容时，说："闻先生在清华的拿手功课有'诗经'、'楚辞'、'离骚'、'唐诗'等几门功课，这些功课之中，最称为棒的是用新的方法解千古来误解的《诗经》，解来头头是道，处处有证据，条条是理。从来解诗经的都说《诗经》是哀而不怨、乐而不淫的诗章，但是经闻先生解经的证明，《诗经》中不但有伤雅之作，并且有许多简直就是淫诗。最重要的几处，例《周南·汝坟》：'未见君子怒如调饥'句；《陈风·衡门》：'泌之洋洋可以乐饥'句；再有《曹风·候人》：'婉兮娈兮，季女斯饥'句等，何以连称'饥'？'饥'岂食饭之食？读经之传统观念均不敢稍涉淫秽，其实这三处'饥'字，都是指男女交合之意。《陈风·株林》：'朝食于株'，何必于'株'说'朝食'？盖亦指'交合'。古人称'食色性也'，以'食'作淫欲之情解亦极尽情。《汉书·外戚传》：'房与宫对食'，注谓：'宫人自相为夫妇即名对食'，多么凿实的证据！闻先生更举《楚辞》相互参证，更为使人相信。常听见别的自命经学家的卫道先生说：'闻一多讲《诗经》是《水浒传》的讲法，江湖派！'我记得曾有一位老先生如此说。实在说来，那位先生的目光太近视了，终年啃着一本《毛诗传疏》，摒弃理性，这又何说？"

先生讲《诗经》，重视文化人类学的眼光与方法，强调《诗经》中的本来面目，在所谓"正统"学者看来，未免有些离经叛道，却受到学生的欢迎。其中有些观点，先生在《诗经的性欲观》以及不久以后发表的《高唐神女传说之分析》中，多有阐明。

后来又写了《说鱼》,进行深入的讨论。

六月十七日　致王重民信。收《闻一多书信选集》。此前,王重民读了先生寄给他的《敦煌旧抄〈楚辞音〉残卷跋》手稿,认为文中"鶗鴂"一条可以商榷,便写信与先生探讨。先生复信说:"拙撰跋文,妄逞臆识,鶗鴂一条,尤为疏谬。过承奖饰,惶愧无地。副刊所披,颇多手民之误,顷已遵命缮写一通,径寄刘先生矣。补记一则,仍另纸录呈尊览,倘蒙附入,尤为荣幸。敦煌遗物,价值之大,固不待言,更得硕学如先生者整理之,真不朽之盛事也。大著单本,盼能早日出版,俾得先睹为快。"

所说"补记",未入集,仅见王重民所编之《敦煌古籍叙录》。全文云:

比得重民先生来书,称鶗鴂一条当出于江遂《文释》,其书马国翰有辑本,此可补马辑之遗,案重民先生之说最是。余前以"文释"为"释文"之倒,肊测无据,合亟更正。惟《文选·思玄赋》注引服虔曰:鶗鴂一名"鴂",伯劳顺阴阳气而生,贼害之鸟也。王逸以为春鸟,谬矣。与骞公所引《文释》语正同,然则《文释》此条又全袭服虔矣。《选》注"伯劳"上脱"今谓之"三字,"阴"下又衍"阳"字,致文义扞格,可据此以订正之,又"答"字卷作"畲"。余前谓相承以"畲"为古"答"字,"畲"实"畬"之讹,今案《秦诅楚文》"鞘輅栈舆","鞘"字作"畲",是古有"畲"字也,至《诅楚文》之"鞘",以此卷证之,明即"鞈"字,旧释为"鞞",非是。(六月十七日又识)(第282页,中华书局1979年9月新1版)

七月三十日　下午三时,至图书馆楼下一六二号,担任中文系研究生刘恩格毕业初试委员。九月十七日,又任该生毕业论文考试委员,论文题为《曲江集考证》。(据《清华大学研究院举行毕业初试、论文考试呈报教育部组织考试委员会的来往文书》,清华大学档案室藏)

是年暑假　赴河南安阳看甲骨发掘。时,先生研究上古文学,涉及古代文字,对甲骨文产生浓厚兴趣,写了几篇契文疏证。

看罢安阳殷墟,又去洛阳。洛阳是杜甫曾经生活过的地方,先生研究杜甫多年,早就有亲往考察的愿望。一九三三年九月他就说:"很想到河南游游,尤其想看洛阳——杜甫三十岁前后所住的地方。不亲眼看看那些地方,我不知杜甫传如何写。"(《致饶孟侃》,《闻一多书信选集》,第235页)在洛阳,少不了游龙门等古迹。

此时,应在洛阳某航校工作的一位清华毕业生邀请,参观了这所航校。先生的印象是这里的国民党军队还是准备抗战的。昭琛(即王瑶的字)《忆闻一多师》:"他回到北平对学生说:'当然,中国只有抗日才有出路,同学们的运动是无可责备的,但是我这次路经洛阳的时候,才觉得那里政府是有一点准备的,和在北平所见的不同,因此我们不能对政府完全失望。'"(《文汇报》,1946.8.25)

时,陈梦家自燕京大学研究院毕业,常到比邻的清华园看望先生。陈已由诗人一变而为甲骨文研究者,并留在燕大执教。

九月七日 出席中国文学系会议,决定:"1. 本系学程分为二组,自本年度二年级起,学生须分组练习。""2. 本年度三、四年级仍运用旧章,但略有改动。"(《清华大学校刊》第 770 期,1936.9.10)

九月十六日 清华大学开学。这学年先生讲授唐诗,并与俞平伯、杨树达、刘文典合授国学要籍。同时,还指导文学研究所的研究生习诗经、楚辞、唐诗。(据《清华大学一览》,1936 年度)

孙作云考取清华大学文科研究所中国文学部研究生,先生是他的指导教师。

是年度,先生聘书注明月薪为三百八十元。

是时,北平艺术专科学校校长严智开离职,赵太侔接任校长后,特请先生来校兼课。先生离开艺专已整整十年,这次回来主要讲授英文。郭良夫《怀念我的老师》中回忆到:"一九三六年,我在北平艺术专科学校学雕塑。这一年的九月,学校请来了清华大学中国文学系教授闻一多先生给我们讲授英文。闻先生到艺专来兼课,每周两次,上课的时间都在下午,上完课他就回清华去了。闻先生讲授的课文内容,大多是关于造型艺术理论的文章,记得有一篇是罗丹谈论雕塑艺术的。这样,闻先生不仅教给了我英文,而且启发了我对艺术理论和美术史的兴趣。"(《闻一多纪念文集》,第 287 页)

郭良夫在给季镇淮的信中还说:"艺专当局按照学生程度分为甲组英文与乙组英文,统由先生担任。先生嗣以工作繁忙,乃自约赵萝蕤女士代授乙组英文课。先生每周自清华来校一次,为甲组学生讲授两小时。课文内容系先生参酌艺专所分科性质而选录者,多为讲述造型艺术理论的文章。"(季镇淮《闻一多先生年谱》、《闻朱年谱》,第 31 页)

是月 大约在这前后,有次进城,在骑河楼清华同学会等车返校,见到因参加一二·九运动曾被当局逮捕的张申府,对其被清华解聘流露出同情。张申府《呜呼,一多先生》中回忆说:"有一次的情景,更始终使我不能忘怀。民国二十五年我因领导华北救国运动被捕入狱。事解后依然回校讲学。不久暑假,本尚有一年聘约未满,而且照章本应享受出国休假的待遇。然而一纸书来,我被解聘了。在我尚未及搬出学校的时候,一夕在城内回校的汽车站上,遇到一多先生。黯然相对,愀然地对我说,'我感着无话可说'。此情此景,至今历历如在目前。那时他那种'脉脉含情'的情形,我是始终不能忘的。"(《人民英烈》,第 175 页)

一九四五年,张申府任《图书季刊》主编,向先生约稿。先生将《诗经通义》(周南)送去,刊于该刊新第六卷第三、四期合刊。

十月二日　担任中文系研究生张恒寿毕业初试委员,后又任该生毕业论文考试委员。张恒寿毕业论文题目为《庄子之研究》。(据《清华大学研究院举行毕业初试、论文考试呈报教育部组织考试委员会的来往文书》,清华大学档案室藏)

十月四日　顾颉刚应涿州县长杨佩南之邀,约请先生、刘崇鋐、容庚、聂崇岐、侯仁之、张玮瑛、张西堂等及清华学生二十余人,同至涿州旅游。在涿州,上午参观了城内东北隅的辽代建筑云居寺塔、智度寺塔,下午参观了张飞庙、乾隆行宫等后,返回北平。(《顾颉刚日记》第3卷,第426、539页)

十月十日　与顾颉刚、刘崇鋐等赴张家口旅游。晨七时在西直门站上车,车上与顾颉刚谈,下午一时抵张家口。(《顾颉刚日记》第3卷,第541页)张家口是座军事要塞,著名胜迹有上下堡、大境门、朝阳亭、朝阳洞等。次日,顾颉刚游宣化,先生是否同行未知。

十月十三日　日人牟田口率军驻入清华园,先生与清华师生极为愤怒,但美国驻华使馆未加阻拦。

十月十五日　担任中文系研究生许世瑛毕业初试委员。后又任该生毕业论文考试委员,论文题目为《校勘学之研究》。(据《清华大学研究院举行毕业初试、论文考试呈报教育部组织考试委员会的来往文书》,清华大学档案室藏)

十月十九日　清华大学职员章晓初先生四月三十日病逝。是日《清华大学校刊》第七八一号刊载《代收章晓初先生赙金清单》,先生名下记十元。

十月二十四日　鲁迅先生十九日在上海病逝。是日,清华大学文学会开会追悼这位中国新文化运动的主将。先生不避所谓"新月派"之嫌,出席追悼会并发言。朱自清日记云:"闻一多以鲁迅比韩愈,韩氏当时经解被歪曲,故文体改革实属必要。"(朱乔森编《朱自清全集》第9卷,第442页)赵俪生《鲁迅追悼会记》记录着当时的情形:"朱先生说鲁迅先生近几年来的著作看得不多,不便发什么议论,于是就只说了几点印象。最后朱先生提到一点,那就是《狂人日记》中提到的一句话'救救孩子',这句话在鲁迅不是一句空话,而是终生实行着的一句实话。在他的一生中他始终帮忙青年人,所以在死后青年人也特别地哀悼他。闻先生说:鲁迅先生死了,除了满怀的悲痛之外,我们还须以文学史家的眼光来观察他。我们试想一下,在中国文学史上的人物中支配我们最久最深刻,取着一种战斗反抗的态度,使我们一想到他不先想到他的文章而先想到他的人格的,是谁呢?是韩愈。唐朝的韩愈跟现代的鲁迅都是除了文章以外还要顾及到国家民族永久的前途;他们不劝人作好事,而是骂人叫人家不敢作坏事,他们的态度可说是文人的态度而不是诗人的态度,这也就是诗人与文人的不同点。闻先生在讲演中插入了一个故事。他说:我跟鲁迅先生从未会见过,不过记得有一次,是许世英组阁的时候,我们教育界到财政部去索薪,当时我也去了,谈话中间记得林语堂先生说话最多,我是一向不喜欢说话的,所以一句也没有说,可是我注意到另外一个长胡须的人也不说话,不但不说话,并且睡觉。事后问起来,才知道那位就是鲁迅。"(《清华副刊》第 45 卷,第 1 期)

同日 清华大学中国文学会改选,先生仍负责出版,朱自清依旧负责学术,学生中孙作云总务、孔祥瑛文书、高松兆会计。(据《清华大学校刊》第 785 号,1936.10.29)

是月 《楚辞斠补》发表于《清华学报》第十一卷第四期。这是与一九三五年发表在武汉大学《文哲季刊》第五卷第一号上者的名同,文不同的文章,当是前者之续。

这期学报,还发表了孙作云同学《九歌山鬼考》,文中数处征引先生手稿《毛诗词类》、《九歌解诂》中的文字。文末"附白"云:"本文立意乃受闻一多先生《高唐神女传说之分析》之启发。属草时,又屡就正于先生。先生为之组织材料,时赐新意,又蒙以所著关于《诗经》、《楚辞》之手稿数种借用。脱稿后,先生于文字上复多所润色。倘此文有一得之长,皆先生之赐也。谨此致谢。"后来,孙作云又在《忆一多师》中记述到:"民国二十四年的秋天,我在大学第三年级,在我连续地听了两年他的楚辞课以后,特别在我读了他的震撼一时的大著《高唐神女传说之分析》以后,我也不禁有所触发,我于是乎告诉闻先生说:九歌的山鬼也是高唐神女,山就是巫山,鬼就是神女,《九歌·山鬼篇》就是楚国宫廷祭祀其先妣或高禖的乐章。闻先生听了这个意见之后,高兴得什么似地,连忙怂恿我要把这意见写出。这就是我的第一篇学术论文《九歌山鬼考》的由来。……挟着我的'处女作',怀着惊喜交并的心情,到新南院南头七十二号之后,他看了一看,一面点头,一面又叹气,说:'这个意见很好,那个意见也不错,只是文章啊!'若不胜其悲愁似的,语不尽词。他于是乎就动于改,而且还叫赵秀亭先生(当时给闻先生司厨兼做书记)抄[①],后来还蒙闻先生介绍,发表在《清华学报》第十一卷第四期里。"(《闻一多纪念文集》,第 115 至 116 页)

十一月三日 清华大学救国委员会于中午十二时在大礼堂前举行降半旗礼,全校师生齐集,并庄严宣誓:"中华民国二十五年十一月三日,大批日军演习之余入北平市游行示威。此等非法军事行动,辱国丧权,忍无可忍。我清华全体师生,愿以至诚,促成全民族大团结,保卫国土,维护主权。此誓。"(《全校师生宣誓保国》,《清华副刊》第 45 卷第 2 期,1936.11.9)

是日,为平津日本军队举行大演习之第九日,按日军计划是日将有七个以上的

---

① 此处孙作云记忆有误,协助先生誊抄手稿者名戚焕章,赵秀亭系厨师。

军和坦克通过北平市到八宝山集中检阅,这是庚子年以来从未有过的,激起全城民众极大愤慨。

十一月九日　为反对日军与蒙古族德王五日进犯绥远,为支援傅作义部队在绥远抵抗日军,绥远旅居北平同胞绝食一日,集资慰问绥远前线将士。先生亦与清华同学一起绝食,以捐助同学组织的战地服务队。(据王康《闻一多传》,第172页)

赵俪生在《混着血丝的记忆》中亦说:"当时北平的大学生正在两年中连贯地发动了'一二·九'、'一二·一六'、'三·三一'、'六·一三'、'一二·一二'五次请愿示威的游行,此外还有一次到保定高碑店被打回去的'扩大宣传'和到绥东的'战地服务'。闻先生曾几次为这些事情慷慨捐钱,并曾为绥东战士绝食一日,这是我确实知道的。"文中还说:"在赞助文艺活动方面,他曾为当时我们组织的国防文艺社和后来由国防文艺社改组扩大而成的清华文学会帮忙不少,曾出席过鲁迅先生追悼会,而且还登坛致词,后来还替我们介绍了许多文学前辈梁实秋、沈从文、朱光潜诸先生到会讲演。在这方面,闻先生较之那些托辞'我们要唱昆曲'因而'没有时间'参加'你们的会'的教授和最初也'签名',也'发动',也'题字',也'领衔',然而一旦人家对他的半月刊社发给津贴之后,便一切都'婉辞谢绝'的名流,是有着截然的区别的。"(上海《文艺复兴》第2卷第4期,1946.11.1)

十一月二十三日　清华大学教务处第三十三号《通告》,公布中文系二、三、四年级学生导师及受指导之学生名单。先生指导学生七人:孙德宣、陈国良、高景芝、王瑶、王守惠、孔祥瑛、蒋南翔。《通告》要求"各生务于即日分谒本人导师以资请益是要"。(《清华大学校刊》第792号,1936.11.26)

十一月二十五日　与冯友兰、杨树达、朱自清、俞平伯、雷海宗、刘崇鋐、陈达、孔繁霱、邓以蛰、潘光旦、沈有鼎、杨治业等十四教授为修建万斯同祠墓各捐款一元。(据《清华大学校刊》第795号,1936.12.3)万斯同,字季野,人称石园先生,历史学家,由明入清,以布衣身份参加《明史》修纂,拒受清朝册封,著有《历代史表》等。

十一月二十九日　《清华大学校刊》第七九三号刊登《二十四年度清华教职员捐款详数》表,先生名下列出十二元。

十二月十五日　下午四时,至工字厅出席教授会临时会议,讨论西安事变问题。

十二日,张学良、杨虎城两将军在西安联合发动兵谏,扣留蒋介石,迫其抗日。消息传来,清华大学陈福田、萧蘧、陈达、潘光旦、萧公权、刘崇鋐、汪一彪、孔繁霱八教授请求召开教授会议。会上议决四项:"一、以教授会名义致电中央政府;二、以教授会名义发布宣言;三、组织七人委员会,起草电报及宣言,委员会由朱自清、冯芝生、闻一多、张奚若、吴正之、陈岱孙、萧公权七人组织之(当由主席指定朱自清为该委员会召集人);四、教授委员会拟就电报宣言后即由该委员会用教授会名义直接对外发表。"(《教授会会议记录》,清华大学档案室藏)

这时,先生认为大敌当前,内部不宜出现动乱,以免给日军侵略造成可乘之机,故对张、杨持谴责态度。先生参与起草的《清华大学教授会为张学良叛变事宣言》,颇足说明先生当时之认识,兹录以参考:

此次西安变乱,事出意外,薄海震惊。同人等服务学校,对于政治素无党派之见,日夕所期望者,厥为国家之兴盛、民族之康乐,以为苟有能使中国民族达于自由平等之域者,凡我国人皆应拥护。又以为现在对外交斗争经全国一致在政府整个计划之下,同心协力,方所奏功。若分崩离析而侈言抗战,徒为敌人所窃笑。正数月来统一甫成,而国际观感已有改变,外侮防御已著功效,方期国家命运渐可挽回,民族危机渐可避免。乃变乱突起,举国复有陷于混乱之虞,长敌国外患之势,寒前线将士之心,事之可痛,无逾于此。统一之局成之甚难,而毁之甚易,辛亥迄今二十余年,始能有今日之局,此局一坏,恐世界大势断不容我再有统一之机会。同人等认为张学良此次之叛变,假抗日之美名,召亡国之实祸,破坏统一,罪恶昭著,凡我国人应共弃之,除电请国民政府迅予讨伐外,尚望全国人士一致主张,国家幸甚。国立清华大学教授会。(《清华大学校刊》第 799 号,1936.12.16)

在课堂上,先生也发了一些议论。张春风《闻一多先生二三事》:"那正是西安事变的后几天,一向沉默的老诗人却开口了。他上我们的'毛诗'课,他打破了历来讲堂上不胡扯瞎谈的板正态度,而暴怒如雷的走上一院二号教室的讲台。他放下了讲义,便横眉怒目的扫视全堂一遍,接着像大雷雨似的向我们问:'国家是谁的?是你们自己的么?'他扫视过全堂,怒目盲射,一如一个受冤屈者当着损害他的人怒声控诉一样,接着说:'真是胡闹,国家的元首也可以武力劫持! 一个带兵的军人,也可以称兵叛乱! 这还成何国家? 我要严厉责备那些叛徒,你们这样做是害了中国;假使对首领有个好歹,那么就不必再想复兴,中国也要再退到民国二十年前大混乱的局面,你们知道么?'他严厉责问着台下的学生:'谁敢起来告诉我,你们做的对么? 你们这种捣乱,不是害了中国么? 你们可以站起来说!'顿了好久,方才接下去:'今天我可说话了,国家绝不容许你们破坏,领袖绝不许你们妄加伤害! 今天我可说话了!'"(《宇宙风》第 147、148 期合刊,1947.3.1)

刘钢在《略论闻一多先生》中亦云:"甚至一二·九的风暴,也未能在诗人的心上激起应有的波纹,西安事变发生了,严重的局面,逼人而来,闻先生才逼得发声了。可是他不责备张杨,也不责备专心内战、媚敌祸国的集团,他责备北平的学生,说是由于他们的救亡活动,引起了西安事变,以致领袖陷于险境,国家也陷于险境。"(《新华日报》,1946.8.20)

先生和许多人一样,没有料到西安事变后来会和平解决,此事给他的印象极深,多年后提起这一事件,对共产党还赞不绝口。王康《闻一多传》记载先生后来说过的话:"这个事件的结局,实在出乎我的意料,无论从古今中外那一个时代的政治斗争来说,蒋介石'双十二'夜里不死于兵变,也一定要被判死刑。结果竟然是安然无恙回返南京,依然当他的委员长!这种不念旧恶,以德报怨的事情,历史上也绝无仅有。……像这样大敌当前,能捐前嫌,顾大体,这只有共产党才做得到呵!那时尽管我是不问政治的,但我是一个中国人,总不能不关心它的结局呵,这事情给我的印象是太深刻了!"(第174页)

十二月十六日　下午八时半,清华大学在后工字厅召开教授会临时会议,先生早早到会,第一个在签名簿上签名。

由于西安事变发生,清华教授担心影响前线将士军心,由赵访熊、金岳霖、李谟炽、吴有训、彭光钦、任之恭、陈之迈七教授申请召开教授会,讨论致电绥远将士鼓励抗战问题。会上议题围绕"本校教授会对绥远抗战将士应如何表示鼓励",议决:"一、以教授会名义分电太原阎(锡山)主任、绥远傅(作义)主席;二、电稿由昨日本会所举之七人委员会起草,并请陈之迈先生参加起草。"先生参与起草的电文如下:

太原阎主任、绥远傅主席钧鉴,并转前线各军师旅团长暨全体将士公鉴:绥北战事,我军连捷,曷胜庆幸。西安变乱,举国已一致声讨,想不久即可救平,务望本原定御侮计划继续进行,国家幸甚。国立清华大学教授会叩。铣。

十八日,阎锡山自太原复电清华大学教授会,云:"铣电诵悉,西安事变断不至影响绥战,山守土有责,自当督饬前方将士继续御侮,冀纾远系。特复。阎锡山。篠。机。"(以上均据《教授会会议记录》及所存原件,清华大学档案室藏)

一九三七年　三十九岁

七月七日，卢沟桥事变爆发。

七月十六日，庐山谈话会第一期开幕。十七日，蒋介石发表"庐山谈话"。

七月二十八日，北平陷落。八月一日，天津陷落。

八月十三日，日军进攻上海，"淞沪会战"开始。十四日，国民政府发表自卫抗战声明。

八月二十一日，中苏两国在南京签订《中苏互不侵犯条约》。

八月二十二日，中央通讯社发表《中国共产党为公布国共合作宣言》。次日，蒋介石发表谈话，承认共产党合法地位。国共第二次合作建立，抗日民族统一战线形成。

九月二十五日，八路军一一五师在平型关歼灭日军板垣师团第二十一旅团一部，史称"平型关大捷"。

十一月二十日，国民政府发表移驻重庆宣言。次年八月，国民政府驻汉口各行政机关全部迁移重庆。

十二月十三日，南京失守，日军制造"南京大屠杀"。

十二月十四日，日本扶持王克敏等人在北京组建临时政府。

一月三日　到熊佛西、朱君允家吃午饭。在座有胡适、梁实秋、潘光旦、罗隆基、赵太侔、顾毓琇等朋友。时罗隆基受宋哲元之约，主办《北平晨报》。（据《胡适的日记》下册，第520页，中华书局1985年1月出版）

约在这前后，一次梁实秋、罗隆基到清华大学看望先生，先生对罗隆基舞文弄墨很不以为然。梁实秋《谈闻一多》："我是二十三年夏离开青岛到北京大学来教书的。清华远在郊外，彼此都忙，所以见面次数不多。这时候日本侵略华北日急，局势阽危，在北平的人士没有不怵然心伤的，罗努生主编《北平晨报》，我有时亦为撰写社论，于安内攘外之义多所敷陈。一多此际则潜心典籍，绝不旁骛，对于当时政局不稍措意，而且对于实际政治深为厌恶。有一天我和罗努生到清华园看潘光旦，顺便当然也到隔壁看看一多，他对努生不表同情，正颜厉色的对他这位老同学说：

'历来干禄之阶不外二途，一曰正取，一曰逆取。胁肩谄笑，阿世取容，卖身投靠，扶摇直上者谓之正取；危言耸听，哗众取宠，比周谩侮，希图幸进者谓之逆取。足下盖逆取者也。'当时情绪很不愉快。我提起这一件事，是为说明在抗战前夕一多是如何自命清流，如何的与世无争。"（第103至104页）

一月十三日　访朱自清，谈及《语言与文学》发刊的事情。（季镇淮《朱自清先生年谱》，《闻朱年谱》，第145页）

一月二十四日　约朱自清至平安剧院观看话剧《进取》。（朱乔森编《朱自清全集》第9卷，第452页）

是月　《诗经新义》（二南）发表于《清华学报》第十二卷第一期。收《闻一多全集》。释字词：好、覃、诞、汙、夭夭、肃肃、干、翰、游、楚、枚、麟、角、素丝、纰、沱、差池、柂、缝、摽、今、堲、溉、介、谓、抱、命、汜、沚、处、瘣、鼠、唐棣、帷裳、常棣、维常，共二十三节。

同刊同期还发表有王力的《中国文法中的系词》，注中有引先生见解数处，文末"附言"云："本文写成后，承闻一多、朱佩弦两先生为阅一过，各有所是正，谨此志谢。"

同刊同期又有中文系学生彭丽天的《乐府诗集古辞校正》，文中亦引先生释意数处，文末"附言"云："本篇写成，得闻先生指正极多，谨此致谢。"

初，《清华学报》设编辑多人，上年曾增至四十四人。自十二卷起，编辑调整，仅存六人，以朱自清为主任，先生与冯友兰、陈铨、雷海宗、潘光旦、萧公权为编辑。

是月　在艺专课堂上谈到学生从军问题。时，日寇谋我益深，多有倡议学生从军者，先生对艺专同学说："有人倡议学生从军抗日，但是一个学生的价值远高于一个士兵的价值，学生报国应该从事更艰深的工作才对。"（郭良夫《因一多先生而想起的二三事》，中华书局古典文学编辑室编《学林漫录》第11集，第7页，中华书局1985年8月出版）

二月十七日　清华大学注册部第四〇五号《通告》，准先生"所授唐诗一学程自即日起改为星期三晚七时至九时，及星期五第五时仍在原教室上课"。（《清华大学校刊》第814号，1937.2.18）

是月　日人寺内声称决心将清华园改为永久的大兵营。先生与清华师生怒目以视。美国驻华大使馆亦表示抗议，日本驻华使馆诡称不再侵占清华园。

是年春　中文系研究生张清常在联欢会上演奏了他创作的曲子《杨柳春风》，先生听后有两点建议。张清常回忆："闻先生说：我有两点意见。首先，搞文艺创作，民族风格是重要的。这是作者能否成功，作品能否流传的关键之一。其次，你们年轻人在春天里抒写欢乐的情怀是令人高兴的，但不要忘记还有严冬，还有劲松。写一篇《杨柳春风》固然不简单，写一篇《严冬劲松》可就更难了。文艺创作是

如此,做人也是如此。"(张清常给编者的信,1988.8.10)

四月六日　为彭丽天诗集《晨夜诗庋》作跋。该诗集于本月出版,先生为发行人。诗集分上、下两篇,上篇收诗十九首,下篇收一首童话诗《一个旧传的故事》和一篇诗剧《庞琪》。先生《跋》中说"新诗在旁的路线上现在已经走的很远了",又说"这是我对新诗最后一次插嘴的义务"。全文如下:

> 这是一个人六年中的成绩,其间也并未以全副精力费在这上面,但这里有独到的风格,有种种崭新的尝试。新诗在旁的路线上现在已经走的很远了,这里有着的几条蹊径,似乎都未经人涉足。正因旁人不走,道上许太嫌冷落,所以这本书的出世,才需要我来凑凑热闹,说得郑重点,便是作个介绍。然而奇怪为什么作介绍的乃是一个对走任何道都无兴趣的人呢? 说来却是一段因缘。当丽天初碰见我的时候,我对新诗还是热心的,自己热心作,也热心劝别人作。丽天之走上诗的道上来,总算是因为我的鼓励而感着更起劲的。不料把他(还有不少别的人)邀到了那里之后,我自己却抽身逃了。我之变节,虽有我的理由,但想起这些朋友们,总不免感着一种负心的惭愧。现在丽天愿意将已往的收获印出以告一段落,便为替自己赎罪计,我也不能不趁此说几句话。也许这是我对新诗最后一次插嘴的义务罢!

四月十五日　出席清华大学二十六周年纪念会,胡适在会上讲《中国近代考证学的来历》。

五月六日　向清华大学文学院院长冯友兰建议邀请郭沫若来校任教。朱自清日记:"冯告以闻君意见。为商谈聘任郭沫若事,尚未做决定。闻直接向冯提出此请求,令余惊异。然尚不知是否为正式请求。"(朱乔森编《朱自清全集》第9卷,第466页)

五月七日　在清华大学中国文学会报告安阳①之行的观感。报告中,先生对学校不重视中文系表示不满。朱自清日记云:"中国文学会开会,闻一多做安阳旅行印象之发言。他从我系不受重视,经费又少说起。他发言后,我说我系经费较他系还多些,但闻坚持认为我系应该发展,我告诉他其他一些系近年来也无发展。"(朱乔森编《朱自清全集》第9卷,第466页)

五月十三日　《语言与文学》编辑委员会在先生家开会。不知什么原因,谈到一年级课程设置问题。朱自清在日记中写到:"会后,一多表示反对一年级的课程设置,甚至争论说中文系学生不必上外文课。"(朱乔森编《朱自清全集》第9卷,第467页)

五月十六日　孙毓棠在《大公报·文艺》第三三六期"诗歌特刊"上发表《我怎

---

①　原文作南阳,似误。

样写〈宝马〉》，讲述这首长诗的创作过程。内是说到写作动因时说："这首诗写成虽然仅仅用了十几天工夫，然而蓄意远在三年以前。三年前有一天接到闻一多先生的信，叫我偷闲写篇叙事诗试试看。后来见面，一多先生劝我拿走李陵的故事做底，但我总组织不起来，我自己选定了这李广利的故事，……写完后自知依然是失败，虽是幼稚畸形的流产，但我仍该感谢一多先生当年的鼓励。"

五月三十日　先生因即将提出休假申请，故向朱自清提交拟聘研究助理计划。朱自清日记云："了一（王力）与一多提交拟聘研究助理之计划。此一难题也。"（朱乔森编《朱自清全集》第9卷，第469页）

是月　《释朱》发表于燕京大学国文学会编印之《文学年报》第三期。收《闻一多全集》。这是一篇考证文章，共分五节：一、何谓"赤心"；二、汉魏人及许君用"赤心"之义；三、朱有刺义；四、朱为何木；五、朱木与朱色。

六月十四日　上午十时，至工字厅，出席清华大学教授会议，审查毕业生成绩。时研究院应毕业二十七人，但合格者仅四人，主席提请教授会注意。（据《教授会会议记录》，清华大学档案室藏）次日，本届毕业生在工字厅举行毕业典礼。

六月十九日　清华大学第一二八次评议会议议决，批准先生于一九三七年度在国内休假研究一年。（据《清华大学教师休假出国研究计划休假教师名单及来往函件》，清华大学档案室藏）按照清华大学规定，服务时间满五年之教授，可有一年休假，或出国研究考察，或在国内研究。是年休假教授除先生和叶企荪、俞平伯外，均出国研究，先生则决定留在学校着手编纂《诗经字典》的工作，并已与朱自清商定，聘请中文系本年毕业生毕铎担任此项工作的助理。（据朱自清致梅贻琦、冯友兰信，1937.6.22，清华大学档案室藏）

六月二十八日　朱自清访先生，遇梁宗岱，先生劝梁宗岱停止人身攻击。（朱乔森编《朱自清全集》第9卷，第472页）

是月底　臧克家自青岛来北平，到清华园探望先生。先生对他谈到自己的工作和陈梦家的学术研究。臧克家在《我的老师闻一多》中记述到："六月底的一天，我到清华园去看闻先生。他住着一方楼①，一个小庭院，四边草色青青，一片生趣。还是那样的桌子，还是那样的秃笔，还是那样的四壁图书。'唔！'他把笔一扔，站了起来，有点惊喜的样子。他把一支烟送给我，还是红锡包。'你看我现在又在搞这一套了。'还是那样的大本子，大本子抄的不再是唐诗、杜甫交游录，而是'神话'一类的东西了。'我在弄诗经、楚辞、史前史，牵连到的一些神话，我也很有兴趣'。

---

①　此处记忆有误，先生住的是平房，不是楼房。

'写过诗吗?''完全成了门外汉,朋友们的东西,你们,[卞]之琳,还常读一读'。'想看梦家吗? 他离这儿不远',说着就要去抓电话机。'不,闻先生,有病人在医院里,再一天来,还想约闻先生一同到街去摄一张影。''好的,那么你随便什么时候来吧。''你知道梦家成了重要的考古学家了吗?'忽然,他大有意味的笑着说,'各地发掘的古董,多半邀请他去鉴别呢'。'他很有才气,一转向,就可以得到成功'。'他也是受了我的一点影响。我觉得一个能写得出好诗来的人,可以考古,也可以做别的,因为心被磨得又尖锐又精炼了。'"(《人民英烈:李公朴闻一多先生遇刺纪实》,第140页)

先生对陈梦家钻研考古很是赞赏,曾在梁实秋面前称赞他。梁实秋《谈闻一多》:"他的学生陈梦家已由诗人一变而为甲骨文研究者,而且颇有发明,在燕京大学执教,一多甚为激赏,曾屡次对我说一个有天分的人而肯用功者陈梦家要算一个成功的例子。我想他们师生二人彼此之间相互影响必定甚大。"(第103页)

是月 由先生主编、清华大学中国文学会出版的《语言与文学》创刊。

《释省狝(契文疏证之一)》发表于《语言与文学》创刊号。收《闻一多全集》。文章谓:诸家对卜辞中"省"、"狝"二字之义训,"虽皆导源于省视,然亦有去本义略远者,诸家未之深究,故其说此字,多未得其环中。"先生则"就诸辞中出省狝二字而文义复稍完具者五十余例,比类观之,定其义训,证诸彝器经传,有确信而无可疑者三事焉,述之如次",即"一曰省,巡视也","二曰省,田猎也","三曰狝,征伐也"。并进一步论述说:

> 一字含有三义,正为古者三事总为一事之证。上世地旷人稀,林菁邃密,封豕长蛇,出没无常,故民罕远行,行必结徒侣,备器械,且行且猎,既以自卫,兼利其皮肉角齿之属,以为衣食日用之资也。后世人君出游,省视四方,谓之巡狩,明行不空行,有行必有狩矣。游猎所届,或侵入邻境,猎弋之事,即同于劫掠(山林所有,皆民生所资,故不容异族捕取),于是争端即肇,战事生焉。故游田与战争,亦不分二事。典籍所载,司马之职,掌兵事,亦掌田事,祃祷之祭,为田祭,亦为兵祭,并其明验。后世儒者,不明其故,辄曲为之说,惟《易・明夷》"明夷于南狩",王注曰"狩者征伐之类",斯为一语破的。

在《语言与文学》创刊号上还有孙作云的《九歌非民歌说》。孙文在征引《九歌》之文时,排序首列《东皇太一》,次为《东君》,《河伯》置于第六。对此,孙注云:"今本《九歌》次第《东君》在《河伯》前,从闻师一多改订,移置于此。"孙作云文不赞成东汉王逸在《九歌序》中称《九歌》出于民歌和有思君忧国之意的解释,也不赞成胡适、陆侃如、游国恩、容肇祖强调《九歌》是民歌的见解,而"以为《九歌》是楚国国家祭祀的乐章,与平民无关"。孙的这一学术意见,曾与先生做过商榷。

是月　《释为释豕》发表于《考古》第六期。收《闻一多全集》。这也是卜辞研究的成果之一。

是年暑假　开始为编纂诗经字典做准备。

胞弟闻家驷在北平辅仁大学觅得正式教职，利用假期回武昌接眷属。先生的夫人高孝贞也带着立鹤、立雕与闻家驷同行回武昌探亲。

七月七日　日军借口一士兵失踪，炮轰我宛平城，卢沟桥事变爆发，抗日战争开始。

先生听到枪声，起初以为是军事演习。他和许多人一样，认为这不过是中日间的局部冲突，不久就会经过调解而平息。

约在这之前，有信致林斯德。信中有"清华教书五年有一年休假，不想出国讲学，拟回湖北老家读书。届时道经上海，我们可以见面了"，"局势莫测，许多藏书无法处置，将来只好不了了之"等语。(据林斯德给编者的信，1986.7.14)

七月八日　《文学月刊》助理常风从城里来，向先生约稿。先生答应第六期(十月号)一定给文章，题目是《唐朝的宫体诗》。(常风《一个知识阶级的心理演变》，天津《大公报》，1945.12.16)《文学月刊》是年五月创刊，因卢沟桥事变停刊。

七月十四日　出席清华大学秘书长沈履、教务长潘光旦在工字厅召集之教授谈话会。会上，沈履报告连日来谒见北平市市长秦德纯等所取消息，大致日军决意吞并华北，大战即在目前，二十九军决志牺牲。

七月十五日　致妻子信。收《闻一多书信选集》。述及应付紧张局势的措施，又说准备动身南下和一周来不平静的生活：

> 现在计划是有了，要走，三天内一定动身，再过四五天就可到家。……写到此处，又有人来电话报告，消息确乎和缓了，为"家"设想，倒也罢，虽然为"国"设想，恐非幸事。……反正时局在一个月内必见分晓，如果太平，一个月内我们必回来，否则发生大战，大家和天倒，一切都谈不到了。……这一星期内，可真难为了我！在家里做老爷，又做太太，做父亲，还要做母亲。小弟闭口不言，只时来我身边亲亲，大妹就毫不客气，心直口快，小小妹到夜里就发脾气，你知道她心里有事，只口不会说罢了！家里既然如此，再加上耳边时来一阵炮声、飞机声，提醒你多少你不敢想的事，令你做文章没有心思，看书也没有心思，拔草也没有心思，只好满处找人打听消息，结果你一嘴，我一嘴，好消息和坏消息抵消了，等于没有打听。够了，我的牢骚发完了，只盼望平汉一通车，你们就上车，叫我好早些卸下做母亲的责任。你不晓得男人做起母亲来，比女人的心还要软。

同日,彭丽天、孙作云相继来访,谈的都是关于离开北平的事。

是日,为应不测,清华大学提前发薪。

七月十六日 致妻子信。收《闻一多书信选集》。说到妻子离去后的孤独感:"我不晓得我是这样无用的人,你一去了,我就如同落了魂一样。我什么也不能做。前回我骂一个学生为恋爱问题读书不努力,今天才知道我自己也一样。这几天忧国忧家,然而最不快的,是你不在我身边。"

七月十九日 带着立鹏、闻名、闻翾和女佣赵妈(厨师赵秀亭的妻子),一起由津浦铁路南下(时京汉路已不通车了),经南京再抵武汉。

这些天,时局极为紧张。十一日,日本首相近卫文麿召开内阁紧急会议,决定立即增兵华北,并宣布香月清司为日本华北驻屯军司令。十五日,日本政府增调陆军十五万人来华。十六日,日本五相会议决定动员四十万军队,扩大侵华战争,致使北平人心惶惶,一片混乱。十八日深夜二时许,突然枪声大作,令人惊恐。于是先生匆匆决定离平返鄂,却未想到竟是永别古都。行时仓促,家中细软包括妻子陪嫁首饰全扔在清华园,仅带了两部书:《三代吉金文存》和《殷虚书契前编》。

在正阳门火车站,碰见送姐姐回东北的张春风同学,先生说:"昨天我都没有走的意思,今天我才突然有个必须走的念头。"(张春风《闻一多先生二三事》,《宇宙风》第147、148 期合刊,1947.3.1)又见到了臧克家。臧克家《我的先生闻一多》回忆到:"七月十九号我离开了北平,在车站上碰到了一多先生,他带着家眷和一点随身的东西。'闻先生那些书籍呢?''只带了一点重要稿件。国家的土地一大片一大片的丢掉,几本破书算了什么?'他很感慨,我很难过。在天津换车,人向车上挤,像沉在水里争着一个把手。我从窗子里爬了进去。闻先生凭了一个红帽子的帮忙,全家安然登车,他一下给了那个人五元一张的钞票。"(《人民英烈:李公朴闻一多先生遇刺纪实》,第 141 页)

在天津火车站,先生买了份报纸,上面刊登着蒋介石在庐山邀请著名教授和社会名人商讨国事的谈话情况。先生感到这些谈话离现实距离太远,但仍受到些安慰,相信会出现全国抗战的局面。时,潘光旦、罗隆基、梁实秋、浦薛凤等先生的朋友,都出席了庐山会议。

是月 《释袤》发表于《清华学报》第十二卷第三期。收《闻一多全集》。这是一篇考释古文字的文章。该字是古铜器上的铭识之字,宋代有人释作"子孙",近人罗振玉释为"子甩",郭沫若释为"天黾",孙海波释为"大黾"。先生引弟龟鼎、鼃父丙鼎、甩父辛卣、豙父甲胃、夆鼎、秦沂阳刻石、邨黛钟、临虞高宫镫、秦公殷等彝器刻石文字相较,从文字形状、声韵入手,考证出该字当作奄、窀。结论处云:"虽然,谓覂奄二字通用则可,谓覂即奄字则不可。金文覂字从穴,而义复为函盖,以意逆之,当为庵之别构,经典作奄,则庵之省。《说文》无庵字,许君盖以奄为庵,故训覆,引申为大,为久。至奄字本作奄,从大从电,大即人,乃国族名,省变为奄,又加邑作郓,《说文·邑部》'郓,周公所诛郓国,在鲁'是矣。郭氏知奄为氏族,此其特识突过前人,至读为'天电'二字,则尚无确证。孙氏读为'大电',古国族未见有称大电者,引谷名为证,亦近牵合,故亦不敢苟同。"文末又有补铭文四十九字,因文成不及录入,附记于后。

本文发表后,先生因南迁而暂时中止古文字研究,致使其他文字疏证未能发表。《全集》中所收《释𪊧》、《释余》、《释羔》、《释桑(附释嫘释曝)》、《释𤲟》、《释不𦥑》、《大丰𣪘考释》、《禺邗王壶跋》等,多为编纂者据手稿整理录入。

八月九日　在武汉致赵秀亭信。赵秀亭为先生家司厨,为人忠厚干练,其妻李氏人称赵妈,已随先生南下。时,赵秀亭留在清华园看守房屋,先生信中嘱其将一些季节性衣物寄武汉。十四日,日军进驻清华园之人增至三千,并将校外住宅区强行占去,虽经美国驻华使馆数度交涉,均无效。赵秀亭无奈,只得离开清华园,回燕京大学东门外的喜羊胡同五号自己的家,先生书籍、财物损失殆尽。

是月　相继南下的师生,不断有人到武昌磨石街新二十五号先生家中探望。赵俪生回忆:"八月,我和王逊一同在武昌去见先生,当时先生住在有很窄、很长天井的院里,正面有二层小楼,先生就在小楼上接待我们。后来发了警报,我们匆匆告辞,先生还固执地送下楼,送到门口。"(赵俪生给编者的信,1986.11.13)

曾任清华大学学生会主席的王达仁来看望时,先生关心地问他"民先"队员是否都出来了。王达津回忆:"大概是那年九、十月间吧,我是在武汉大学读书的一个已无家可归的学生。我的哥哥也从北平逃出,他带着我曾在一个晴朗的日子去看望闻先生。他是清华毕业生,一二·九运动时候曾担任过清华学生会主席,所以和闻先生相熟,在逃出来之后特别去探望他。我们一进闻先生住的磨石街的书厅里,就看到先生坐在那里,高兴地让我们坐下。书厅稍为阴暗,但我注意先生,他已经是面庞较清瘦,鬑鬑有须了。我已不记得都谈了些什么,可是我记得先生曾问民先的同学都跑出来了没有?"(《闻一多先生与楚辞》,《社会科学战线》1980年第1期)　就是这次,王达仁对王达津说,先生曾积极支持他们去慰问抗日的吉鸿昌部队。(据访问王达津记录,1986.10.7)

卞之琳也来探望过,说"只见他还是埋在古书堆里"。(卞之琳《完成与开端》,《闻一多纪念文集》,第213页)

是月　国民政府教育部决定由北京大学、清华大学、南开大学三校组成长沙临时大学。三校校长蒋梦麟、梅贻琦、张伯苓及杨振声、胡适、何廉、周炳琳、傅斯年、朱经农、皮宗石、顾毓琇任筹备委员,三校校长任常委,教育部代表杨振声任秘书主任。

九月十日　致孙作云信。收《闻一多书信选集》。中云:

> 舍侄已到家,得悉你的情形。今由中国银行汇来国币三十元,共六十一元五角。请你将我的书籍搬到你寓中暂存,其中一部分请由邮局寄下。校中金甲文书在我处者甚多,万一遗失,殊觉可惜,请你也搬来,开一目录,交朱佩弦先生。此类如钱敷用,亦可尽量寄来。但书目及邮局挂号凭单,邮费帐目等,务须一一交朱先生保存。我前于南归时,只携来《三代吉金文存》及《殷虚书契前编》二种。家居无事,已着手编金文分类目录,获益不少。

信中开列的请寄到武昌的书籍目录为:各种子书、周礼正义、全上古文、全汉三国晋南北朝诗、说文义证、说文通训定声、毛诗传笺通释、王忠悫遗书、古逸丛书、汉书补注、小学汇函、方言笺疏、山海经笺证。

是年秋　在武汉为侄女闻立珠做主婚人。黄秋耘回忆:"在风声鹤唳的警报声中,我参加过一次'奇异的婚礼'。那是一天傍晚,在武昌一家大酒楼上举行的。新郎陈文鉴君是闻一多先生的外甥,新娘闻立珠女士是闻一多先生的侄女,主婚人就是闻一多先生。婚礼刚刚开始,凄厉的空袭警报声就响起来了。电灯熄灭了,参加婚礼的客人正想躲避到防空洞里去,闻一多先生却以主婚人的身份在黑暗中高声宣布:婚礼乃人生的大事,不能因为小日本骚扰一下就中止举行,希望大家保持镇定。他继续致辞,婚礼也继续举行下去。幸而过了不多久就解除了警报。电灯复明,大家依次入席。"(《风雨年华》,第52页,人民文学出版社1983年10月出版)

是年秋　在武汉,与家里人议论形势,认为抗战还得靠蒋介石。先生的侄子黎智(闻立志)回忆说:抗战初期,先生"从北平回到武汉我们家里,那时我们年龄都很小,我祖父、伯父、叔父他们大人常常一起谈话,忧虑国事。我记得有一次,听他对几个伯父、叔父们讲,抗战啦,还得靠蒋委员长,第一蒋委员长势力比较大,第二他是正统。他那时对共产党并没有什么认识……他把抗击日本侵略的希望寄托在蒋介石身上,这也不是他一个人的想法了,当时绝大多数人都是如此。"(《在中国电视剧制作中心〈闻一多〉电视连续剧创作座谈会上的谈话》,《黎智纪念集》,第512至513页,武汉出版社2004年9月出版)

十月二日　晨,朱自清抵汉口当天便渡江到武昌磨石街探望先生。先生请朱自清及王先生至华东饭店晚餐。(朱乔森编《朱自清全集》第9卷,第488页)

十月十三日　朱自清接先生信,信中推荐燕京大学陈梦家来清华大学中文系

任教。(朱乔森编《朱自清全集》第9卷,第490页)

十月十五日　　朱自清写信给清华大学校长梅贻琦,建议请求先生展缓休假。信中云:"闻一多先生原定国内休假,现因教授南下者不多,拟请其展缓休假一年,来临大任课。如蒙同意,请即函知闻先生。……其通信处为:武昌磨石街新二十五号。"又云:"中国文学系助教毕铎,原定帮助闻先生于休假期中进行诗经字典工作。现拟请闻先生延缓休假,拟即去信请其不必南来。"梅贻琦办事慎重,批示中特写明"应函闻先生",似有先征得先生同意之意。朱自清信中还谈及聘请陈梦家事,云:"临时大学尚缺文字学教员一人,拟由清华聘陈梦家先生为教员,薪额一百二十元,担任此类功课。陈君系东南大学卒业,在燕大国学研究院研究二年,并曾在该校任教一年。其所发表关于古文字学及古史之论文,分见于本校及燕大学报,甚为前辈所重。聘请陈君,不独可应临时大学文字学教员之需要,并可为本校培植一研究人才。"此言当亦是先生之意见。(《文学院各学系教师异动的来往文书》,清华大学档案室藏)后,清华大学聘请陈梦家为文学院中国文学系教员,时间从十月一日算起。

十月二十日　　清华大学校长梅贻琦致先生快信,请先生推迟休假一年。信云:"一多先生大鉴:敬启者:本校现在长沙加入临时大学合组授课,已定于十一月一日正式上课。查先生原定本年度国内休假,从事研究,唯现以此间中国文学系教授南来者不多,拟请台从展延休假一年,前来临大任课,以利教务,敬希察允。尊驾何日莅湘,并乞赐示,至为跂盼。专此,敬颂　教祺。"(《教师申请休假出国或在国内研究的来往函件》,清华大学档案室藏)

先生接到信后,立即放弃休假动身赴长沙。

十月二十二日　　晚十一时半,到长沙。朱自清亲到火车站迎接。时,因来长沙教师不多,拟停止开设汉语语音课,先生反对之。朱自清日记云:"一多拍电报给我,要求今晚有人去火车站接他,我亲往迎接。我们谈及课程,尽管向他陈述了困难,他还是不同意不开汉语语音课。"(朱乔森编《朱自清全集》第9卷,第492页)

是夜,住处安顿好,即给妻子写信。信收《闻一多书信选集》,中云"九月份薪金可发七成"。

十月二十四日　　朱自清就清华运出的图书是否在汉口拆包事,征求先生意见,先生表示反对。(朱乔森编《朱自清全集》第9卷,第493页)

十月二十五日　　下午,与朱自清至下麻园岭访冯友兰、陈岱孙。由朱自清作东,在青年会晚餐。(朱乔森编《朱自清全集》第9卷,第493页)

十月二十六日　　致妻子信。收《闻一多书信选集》。说到在长沙的生活和对家人的思念:

出门快一星期了,尚未接家信,这是什么道理? 若不是小小妹病使我担心,有没有信倒无关系。明信片上我已经写好了住址,只要填上几句话就行了。何以忙到这样? 鹤、雕两人就忘记我了吗? 到这里来,并不像你们想的那样享福。早上起来,一毛钱一顿的早饭,是几碗冷稀饭,午饭晚饭都是两毛一顿,名曰两菜一汤,实只水煮盐拌的冰冰冷的白菜萝卜之类,其中加几片肉就算一个荤。加上这样一日三餐是在大食堂里吃的,所以开饭时间一过了,就没有吃的。先来的人们自己组织了一个小厨房,吃得当然好点,但现在人数已满,我来迟了,加入不了。至于茶水更不必提了。公共的地方预备了几瓶开水,一壶粗茶,渴了就对一点灌一杯,但常常不是没有开水就是没有茶。自己未尝不想买一个茶壶和热水瓶,但买来了也没有用,因为并没有人给你送开水来。再过一星期(十一月三日)还到衡山上去。到那里情形或者好一点,因为那边人数少些,一切当然容易弄得有秩序点。但是也难说。我述了这种情形并非诉苦,因为来到这里,饭量并未减少,并且这样度着国难的日子于良心甚安。听说南开大学校长张伯苓先生还自己洗手巾、袜子,我也在照办。讲到袜子,那双旧的,你为什么不给我补补再放进箱子里? 我自己洗袜子是会的,补却不会。

十月二十七日 致妻子信。收《闻一多书信选集》。信中说:"小小妹未取名,可名叫'湘',以纪念我这次离开,特别想念她。"后,小小妹取名单字"翔"。

十月二十八日 结识孙望先生。季镇淮《闻一多先生年谱》:"先生在长沙,由朱自清先生介绍,与孙望先生晤谈研究唐诗问题。时先生正从事《唐诗人登第年代考》和《唐诗人生卒年代考》的著作。"(《闻朱年谱》,第33页)

十月二十九日 为孙望写《张旭年考》一则。未入集。时,日寇肆虐,沪战中攻陷我大场之翌日。

十一月一日 长沙临时大学正式开课,此后西南联合大学以这天为校庆纪念日。因长沙校舍不敷,临大文学院决定设于南岳,所以上课较迟。

同日 致妻子信,收《闻一多书信选集》。中有"薪水本可以领到七成,合得实数二百八十元。但九十两月扣救国公债四十元,所以只能得二百四十元"。

十一月二日 早,有信给立鹤、立雕两儿。收《闻一多书信选集》。问及身体和学习,又说:"昨天这里有过一次警报,但敌机并未来","我明天搬到衡山上去,衡山又名南岳","离长沙一百余里,汽车行三四小时,那边决无空袭的危险"。

同日 下午,致妻子信。收《闻一多书信选集》。问及家中情况如何,说:"家中一切的事,不管大小,或是你们心里想的事,都可以告诉我,愈详细愈好。"先生离家时,幼女正在患病,先生放心不下,特别叮嘱买些补养品如鱼肝油等。

十一月三日　雨中乘车赴南岳,同行者有柳无忌、朱自清、陈梦家、叶公超、罗皑岚、金岳霖、冯友兰、罗廷光、吴俊升、周先庚和英籍教授燕卜荪等。(据柳无忌《南岳日记》,《柳无忌散文选》,第89页)

先生这次在长沙只住了十天。后来在《八年的回忆与感想》(际裁笔录)中回忆这段情况时说:

> 说到联大的历史和演变,我们应追溯到长沙临时大学的一段生活。最初,师生们陆续由北平跑出,到长沙聚齐,住在圣经学校里,大家的情绪只是兴奋而已。记得教授们每天晚上吃完饭,大家聚在一间房子里,一边吃着茶,抽着烟,一边看着报纸,研究着地图,谈论着战事和各种问题。有时一个同事新从北方来到,大家更是兴奋的听他的逃难的故事和沿途的消息。大体上说,那时教授们和一般人一样只有着战事刚爆发时的紧张和愤慨,没有人想到战争是否可以胜利。既然我们被迫得不能不打,只好打了再说。人们对于保卫某据点的时间的久暂,意见有些出入,然而即使是最悲观的也没有考虑到最后战事如何结局的问题。那时我们甚至今天还不大知道明天要做甚么事。因为学校虽然天天在筹备开学,我们自己多数人心里却怀着另外一个幻想。我们脑子里装满了欧美现代国家的观念,以为这样的战争,一发生,全国都应该动员起来,自然我们自己也不是例外。于是我们有的等着政府的指示:或上前方参加工作,或在后方从事战时的生产,至少也可以在士兵或民众教育上尽点力。事实证明这个幻想终于只是幻想,于是我们的心理便渐渐回到自己岗位上的工作,我们依然得准备教书,教我们过去所教的书。(《联大八年》,第3页)

在南岳,长沙临时大学租用了衡山角下属于长沙圣经学校的房子作为文学院校舍。冯友兰在《三松堂自序》中描写到:"这座校舍正在南岳衡山的脚下,背后靠着衡山,大门前边有一条从衡山流下来的小河。大雨之后,小河还会变成一个小瀑布。地方很是清幽。在兵荒马乱之中,有这样一个地方可以读书,师生都很满意。在这里,教师同住在一座楼上。楼在山坡上,每次到饭厅吃饭,要上下爬二三十[百]级台阶。大家都展开了工作。汤用彤先生写他的中国佛教史,闻一多摆开一案子的书,考订《周易》。学术空气非常浓厚。"(第99页,三联书店1984年12月出版)这里风景十分优美,住所高居小山坡上,下望溪谷,仰视丛林密布的群山,仿佛是抗战炮火中的世外桃源。

先生在南岳开始研究《周易》,后来在昆明司家营清华大学文科研究所住的时候,汤用彤也常来和先生一起讨论《周易》里的问题。(据朱自清《闻一多全集·

编后记》)

十一月八日　致妻子信。收《闻一多书信选集》。说到南岳的生活,自然比过去艰苦多了:

> 原来希望到南岳来,饮食可以好点,谁知道比长沙还不如。还是一天喝不到一次真正的开茶。至于饭菜,真是出生以来没有尝过的。饭里满是沙,肉是臭的,蔬菜大半是奇奇怪怪的树根草叶一类的东西。一桌八个人共吃四个荷包蛋,而且不是每天都有的。记得在家时,你常说我到长沙吃好的,你不知道比起我来,你们在家里的人是天天过年!不过还有一线希望。现在是包饭,将来打算换个厨子,由我们自己管账,或者要好点。今天和孙国华(清华同事,住北院)上街,共吃了廿个饺子,一盘炒鸡蛋,一碗豆腐汤,总算开了荤。至于住的地方,是在衡山上的一所洋房子,但这房子是外国人夏天避暑住的,冬天则从无人住过。前晚起风,我通夜未睡着。有的房间,窗子吹掉了,阳台上的栏杆吹歪了。湖南一年四季下雨(所以湖南出雨伞),而这山上的雨尤多。我们到这里快一个星期了,今天才看见太阳。总之,我们这里并不享福。

同日　又给立鹤、立雕、立鹏、闻名四个孩子写信。收《闻一多书信选集》。说到南岳住的房子和该处的景色:

> 我们现在住的房子,曾经蒋委员长住过,但这房子并不好,冬天尤其不好。这窗子外面有两扇窗门,是木板做的,刮起风来,劈劈拍拍打的响声很大,打一下,楼板就震动一下,天花板的泥土随着往下掉一块。假使夜间你们住在这样一间的房子,而且房里是点着煤油灯,你们怕不怕?这就是现在我所住的房子。但是这里风景却好极了。最有趣的是前天下大雨,我们站在阳台上,望着望着一朵云彩在我们对面,越来越近,一会儿从我们身边飘过去,钻进窗子到屋子里去了。中国古时,管五座大山叫五岳,中岳嵩山在河南,东岳泰山在山东,北岳恒山在山西,西岳华山在陕西,南岳衡山在湖南,就是我现在所住的这地方。古人说游山若游遍五岳,便足以自豪。我从前游过泰山,现在又住在衡山上,五岳中总算游了两岳。

十一月九日　与朱自清、吴达元、杨业治游南台寺、福严寺,登临绝顶,在魔囡台远眺。又攀试心石、祝融峰,晚在上林寺休息。次日参观藏经殿,午在福严寺用餐。(朱乔森编《朱自清全集》第9卷,第496页)

十一月十六日　致妻子信。收《闻一多书信选集》。中云:"我这里一切都好,饮食近也改良了。自公超来,天天也有热茶喝,因他有一个洋油炉子。"

十一月十八日　长沙临时大学文学院在南岳正式开课。先生讲授"诗经"、"楚

辞"两门功课,各课均为四学分。(据《西南联合大学历年度各院系必修选修学程表》,清华
大学档案室藏)

第一次上课,先生做的是安定人心的谈话,陈登亿《回忆闻一多师在湘黔滇路
上》:"闻一多师原是清华中文系的教授,这时开'诗经'和'楚辞'两门课程。我原是
北大中文系的学生,这时是第一次听闻先生讲课。那时抗战初起,人心浮动,很多
同学都直接参加抗战去了,有的来了几天又走了,留下来的也很不安心。记得闻一
多师第一堂课就做了一次安定人心的谈话。他说,看来这次抗战,不是短期间可以
获胜的,救国要有分工,直接参加抗战,固然很需要,学习本领,积蓄力量,为将来的
抗战和建国献身也很必要。各人可以根据自己的身体条件和志趣,迅速决定去留。
留下来就要安心学习,不安心学习是不好的。他的话虽简短,但很有说服力,给我
留下了深刻的印象。"(《闻一多纪念文集》,第 275 页)

这时共到教授十九人,柳无忌在日记中有一首古诗,即记这些人,甚有风趣:

> 冯阑雅趣竟如何(冯友兰)
> 闻一由来未见多(闻一多)
> 性缓佩弦犹可急(朱自清)
> 愿公超上莫蹉跎(叶公超)
>
> 鼎沈洛水是耶非(沈有鼎)
> 秉璧犹能完璧归(郑秉璧)
> 养仕三千江上浦(浦江清)
> 无忌何时破赵围(柳无忌)
>
> 从容先着祖生鞭(容肇祖)
> 未达元希扫虏烟(吴达元)
> 晓梦醒来身在楚(孙晓梦)
> 皑岚依旧听鸣泉(罗皑岚)
>
> 久旱苍生望岳霖(金岳霖)
> 谁能济世与寿民(刘寿民)
> 汉家重见王业治(杨业治)
> 堂前燕子亦卜荪(燕卜荪)
>
> 　　　　(上绝冯友兰作)

卜得先甲与先庚(周先庚)

大家有喜报俊升(吴俊升)

功在朝廷光史册(罗廷光)

停云千古留大名(停云楼,我们的宿舍)

(《南岳山中的临大文学院》,《笳吹弦诵情弥切》第55页,

中国文史出版社1988年10月出版)

十一月二十四日 日机轰炸长沙的消息传到南岳,先生与同事都为之不安,暗祷朋友平安,亦盼南岳无恙。

十一月二十七日 致妻子信。收《闻一多书信选集》。说:"国民政府迁重庆,我就想到武昌不是很安全的地方,省寓或要迁回乡去。如果他们都搬,你当然也搬。不过目下我想还不要紧,回乡过年,或是一个办法。我胃病有好久未发,这两天又差一点,恐系坐得太夜的缘故。"时国民政府迁往重庆,武汉局势不稳,先生为家眷的安全担心。

十二月一日 先生到长沙后,曾与冯友兰、朱自清商议出版《清华学报》事。是日,清华大学在下麻园岭本校办公处召开南迁后第七次校务会议,专门讨论此事,结果议决:"冯友兰、朱自清、闻一多三先生提议继续出版《清华学报》一案,应稍缓再行讨论。"(《校务会议记录与部分提案材料》,清华大学档案室藏) 时,战事方起,校务纷繁,除教学外,其余均暂时停顿。

十二月十一日 给长子立鹤写信。收《闻一多书信选集》。信中述及家庭生活情形,可知先生一家在动荡局势下之一斑:

汝母四日及汝三日所写之信,今已收到。我在此间有许久未见报纸,故武汉情形,完全不知。近数日来始稍得消息,闻武汉人心颇恐慌,政府并且劝令人民搬下乡去。似此情形,则汝等自宜早些回乡为妙。伯伯、三伯叫你们回去,必因你们人口甚多,而且都是妇孺,万一时局更紧张起来,定难照顾。至于他们两房不但人少,而且差不多都是大人,所以比较不要紧。十月份薪水条子,昨日才寄到。但我又已经将图章交给叶(公超)先生,托他在长沙去领去了。我曾托叶先生代寄一百元回来,如果他能领得现款,想不久你们定可收到。这次仍旧是寄给三伯代收的,因为我不知道你已经刻了图章。这一百元中应给外祖母二十元,还细叔二十元,算起来所余并不多,汝可告汝母减省点用,因为这次发了薪水,下次不知道又要等到何时才能发下。近来我军战事不利,我们人民真正的难关快要到来,我们都应该准备吃苦才对。你同你母亲都不愿回乡,这是不对的。你们回乡,不但生命可以安全,使我放心,并且可以省些用度。

我看,一等钱寄到,你们便应回去。目前不妨把东西陆续收拾起来。学校定明年一月三十一日起,放寒假一星期,届时我回来看你们,再请假一星期,在家中多住几天。雕儿功课太坏,我很担心。或者回乡去有祖父监督着,还可以多做点功课。总之回乡以后,你们不至有什么不方便,一切的事,你们可向祖父说,祖父自然会有安顿。至于我在这里生活现在很好,饮食及一切都改良了,现在我并不吃苦,你们可以放心。下回发薪水,我就寄到乡下去,外祖母的钱,我直接寄到他们家里去。他们的门牌我忘记了,下次你写信来,务必告诉我。汝母脚痛,至今未愈,我很忧虑,应找医生吃点药,千万不可大意。脚冻了,则最好天天用热水洗一次,棉鞋还要大些厚些,便自然会好。乡下空气较好,房屋较大,易得阳光,你们回乡身体应该好些。这也是我要你们回去的一种理由。你渐渐能懂事了,并能写信,我很快乐。从此你更应用心读书写字,并带领弟妹们用功。如此,你便真是我的好儿子。下次叫雕写信来,看他有进步否。

十二月十三日　南京沦陷。武汉吃紧。日机空袭长沙日见频繁。约在这前后,长沙临时大学当局又计划再次搬迁,地点经数次寻觅,确定为昆明。但许多同学对这种远离抗战前线的搬迁决定,持有异议。中国共产党驻长沙办事处的徐特立同志,特到长沙临时大学讲演,反对西迁,但西迁的大局已定。

十二月十五日　致妻子信。收《闻一多书信选集》。中云:"清华职员张健夫回武昌,托他带回书箱一只,望带回乡下妥为保存,内有金文甲骨文书各一部,均甚贵重,又有一部分手稿,更无价值可言。"

又谈到对孩子的教育:"鹤儿来函云彼等如何念我,读之令我心酸。惟此次之信又较前进步,不但词能达意,且甚有曲折,又使我转悲为喜也。回乡后,务令鹤、雕等严格做功课。雕儿玩心大,且脾气乖张,但决非废材,务当遇事劝导,不可怒骂。对朋儿名女,亦当如此。我不在家,教育儿女之责任便在你身上,千万不可大意也。"

十二月十八日　因南来的教师陆续增多,教授宿舍由两人一室改为四人一室,先生与钱穆、吴宓、沈有鼎共居。钱穆《师友杂忆》:"时诸人皆各择同室,各已定居。有吴雨生、闻一多、沈有鼎三人,平日皆孤僻寡交游,不在诸人择伴中,乃合居一室,而尚留一空床,则以余充之,亦四人合一室。室中一长桌,入夜,一多自燃一灯置其座位前。时一多方勤读《诗经》、《楚辞》,遇新见解,分撰成篇,一人在灯下默坐撰写。"(《八十忆双亲·师友杂忆》第 182 页,岳麓书社 1986 年 7 月出版)新居在山下,为小楼,《吴宓日记》亦有记载:"十二月十八日,星期六。大风雨。是日上午 10 - 12 偕诸教授移居山下之楼上宿舍。原为中央研究院占用,今半移住往广西。四人一室。宓与沈有鼎、钱穆、闻一多同室。四木床,草荐。二长桌,四煤油小灯。叠箱为置物处。私厨暂停,与中央研究院同人在楼下一室,另一所房屋。共食。至此宿舍之楼下,即图书馆及教室。宓以楼下厕所至污秽,故每日或间日。仍冒雨登山,至原宿舍旁,山边小亭内之厕所。今日,原宿舍已有军官居住,布置一切。"(吴宓著、吴学昭整理注释《吴宓日记》第 6 册,第 274 页,三联书店 1998 年 3 月出版)

十二月二十六日 致父母亲信。收《闻一多书信选集》。问妻子孩子是否已返乡到家,并请父母亲对立鹤、立雕两儿功课严格督责。

是月 致妻子信。收《闻一多书信选集》。讲到在南岳授课,云:"这次所开两门功课,听讲的人数甚多,似乎是此间最大的班,我讲得也很起劲。可惜大局不定,学生不能真正安心听受耳。"

时,常有学生来请教。何善周《千古英烈万世师表》:"我选习了闻一多先生讲授的'诗经'和'楚辞'。我因受他的博而精的讲课所吸引、所感动,曾几次攀登到教学楼后面的山坡上,到教授们居住的小楼去向他质疑问难。他的善于引导和启发的谈话,平易近人的民主作风,更使我敬仰和尊重。"(《闻一多纪念文集》,第 253 页)

在南岳,先生曾表示要给家在沦陷区的施忠说同学经济资助。赵仲邑说:施忠说是个有着壮志凌云的青年,"他曾有一首歌颂南岳的七律,有两句云'拟通西使他年路,欲摘南天此夜星',在清华中文系读书成绩优异。不幸他浙江家乡被日本鬼子占领了。他的哥哥写信告诉他说,全家已逃到山中,以后他读书的经济来源断绝了。希望他继续努力学习,'勿悲,勿馁!'有同学把情况向闻先生反映,希望老师们资助。闻先生说:'我一个帮助他就行了'。"施忠说考虑到先生子女多,在这兵荒马乱的年代,家庭经济情况也很紧张,便毅然休学北上,参加八路军打游击去了。
(《闻一多先生轶闻》,《随笔》第 8 集,第 53 页,广东人民出版社 1980 年 6 月出版)

一九三八年 四十岁

一月一日,行政院改组令在汉口发表,陈立夫任教育部长。

一月十一日,《新华日报》在汉口创刊,十月迁重庆。

一月二十五日,《文汇报》由英国商人出资在上海租界创刊。

二月十日,美国记者埃德加·斯诺《西行漫记》中译本在上海出版。

三月二十三日,台儿庄大战开始,四月上旬结束。

三月二十七日,中华全国文艺界抗敌协会在武汉成立。五月四日,文协会报《抗战文艺》创刊。

三月二十九日,国民党临时全国代表大会在武昌开幕。会议通过《中国国民党抗战建国纲领》,七月二日由国民政府公布。

同日,国民政府军事委员会政治部第三厅在武汉成立。

四月二十八日,日本扶持梁鸿志等人于南京组建维新政府。

五月一日,云南文艺工作者抗敌座谈会更名为中华全国文艺界抗敌协会云南分会。

五月十九日,徐州失守。

七月四日,国民政府明令规定每年七月七日为抗战建国纪念日。

七月六日,国民参政会第一次大会在武汉开幕,十五日闭幕。

七月九日,三民主义青年团成立,蒋介石兼任团长,陈诚为书记长。

十月十日,天津《益世报》迁昆出版,总编辑罗隆基。该报于次年十一月迁往重庆。

十月二十一日,广州沦陷。二十七日,武汉三镇失陷,武汉会战结束。

十一月二十日,长沙大火。

十二月一日,梁实秋在《中央日报·平明》副刊发表《编者的话》,在文艺界引起"与抗战无关论"论战。

同日,滇缅公路通车,全长九五八公里。

十二月十九日,汪精卫、周佛海、陈璧君等自昆明飞河内。二十九日,汪精卫在河内发表响应近卫第三次声明的"艳电"。

一月二日 临时大学文学院决定迁回长沙。是日,先生请准假,与同事三人乘蒋梦麟的私人汽车先行到长沙,多数教授则一周后返长沙。

先生这次在南岳的时间很短,却是抗战初期的变动阶段,感受和印象都与往时有很大不同,这些可见于他后来所作的《八年的回忆与感想》谈话:

> 因为长沙圣经学校校舍的限制,我们文学院是指定在南岳上课的。在这里我们住的房子也是属于圣经学校的。这些房子是在山腰上,前面在我们脚下是南岳镇,后面往山里走,便是那探索不完的名胜。

> 在南岳的生活,现在想起来,真有"恍如隔世"之感。那时物价还没有开始跳涨,只是在微微的波动着罢了。记得大前门纸烟涨到两毛钱一包的时候,大家曾考虑到戒烟的办法。南岳是个偏僻地方,报纸要两三天以后才能看到,世界注意不到我们,我们也就渐渐不大注意世界了,于是在有规则性的上课与逛山的日程中,大家的生活又慢慢安定下来。半辈子的生活方式,究竟不容易改掉,暂时的扰动,只能使它表面上起点变化,机会一来,它还是要恢复常态的。

> 讲到同学们,我的印象是常有变动,仿佛随时走掉的并不比新来的少,走掉的自然多半是到前线参加实际战争去的。但留下的对于功课多数还是很专心的。

> 抗战对中国社会的影响,那时还不甚显著,人们对蒋委员长的崇拜与信任,几乎是没有限度的。在没有读到史诺的《西行漫记》一类的书的时候,大家并不知道抗战是怎样起来的,只觉得那真是由于一个英勇刚毅的领导,对于这样一个人,你除了钦佩,还有甚么话可说呢! 有一次,我和一位先生谈到国共问题,大家都以为西安事变虽然业已过去,抗战却并不能把国共双方根本的矛盾彻底解决,只是把它暂时压下去了,这个矛盾将来是可能又现出来的。然则应该如何永久彻底解决这问题呢? 这位先生认为英明神圣的领袖,代表着中国人民的最高智慧,时机来了,他一定会向左靠拢一点,整个国家民族也就会跟着他这样做,那时左右的问题自然就不存在了。现在想想,中国的"真命天子"的观念真是根深蒂固! 可惜我当时没有反问这位先生一句:"如果领袖不向平安的方向靠,而是向黑暗的深渊里冲,整个国家民族是否也就跟着他那样做呢?"

> 但这在当时究竟是辽远的事情,当时大家争执得颇为热烈的倒是应否实施战时教育的问题。同学中一部分觉得应该有一种有别于平时的战时教育,包括打靶,下乡宣传之类。教授大都与政府的看法相同,认为我们应该努力研究,以待将来建国之用,何况学生受了训,不见得比大兵打得更好,因为那时的

中国军队确乎打得不坏。结果是两派人各行其是,愿意参加战争的上了前线,不愿意的依然留在学校里读书。这一来,学校里的教育便变得更单纯的为教育而教育,也就是完全与抗战脱节的教育。在这里我们应该注意:并不是全体学生都主张战时教育,而全体教授都主张平时教育,前面说过,教授们也曾经等待征调,只因征调没有消息,他们才回头来安心教书的。有些人还到南京或武昌去向政府投效过,结果自然都败兴而返。至于在学校里,他们最多的人并不积极反对参加点配合抗战的课程,但一则教育部没有明确的指示,二则学校教育一向与现实生活脱节,要他们炮声一响马上就把教育与现实配合起来,又叫他们如何下手呢?(《联大八年》,第3至4页)

冯友兰《三松堂自序》中,也有一段记述了先生在南岳的生活:"有一次在饭厅吃饭,菜太咸,有人说,太咸也有好处,可以防止人多吃菜。闻一多先生随口用汉儒解经的套子说:'咸者闲也,所以防闲人之多吃也。'他还作了一首诗:'惟有哲学最诡诙,金公眼罩郑公杯,吟诗马二评红袖,占卜冗三用纸枚。'这是为了嘲戏哲学系的人而作的。哲学系的金岳霖眼睛怕光,经常戴一副眼罩。郑昕喜欢喝酒。前二句是指他俩人说的。当时吴宓有一首诗,其中有'相携红袖非春意'之句,我认为不很得体,第三句就是指此而言。第四句是说沈(冗三)有鼎,他正在研究周易占卦的方法,用纸枚代替蓍草。我们住的那座楼旁边有棵腊梅。那时腊梅正开,站在楼上栏杆旁边,恰好与腊梅相齐。有一天闻一多同我又说起吴宓的那一句'红袖'诗,他随口说出了一句诗:'每饭不忘红袖句',我随口应了一句:'凭栏唯见腊梅花'。"(第100至101页)

离开南岳时,与罗皑岚告别。罗皑岚亦为清华学校毕业生,与朱湘同班,时为南开大学教授,因祖籍湖南,未随校迁滇。分手时,先生手书朱湘诗句,赠与这位被朱湘领上文学道路的学友。罗皑岚《忆朱湘》:"记得卢沟桥事变后,长沙临时大学迁滇前夕,与闻一多在南岳分手时,他抄录了《猫诰》中一段诗,赠我作纪念,并深有感慨地说:'朱湘可惜死早了,如今正需要他这样的人来鼓舞我们救亡的勇气呵!'"(《二罗一柳忆朱湘》,第23至24页,三联书店1985年4月出版)

一月三日　致父母亲信。收《闻一多书信选集》。中云:"临大全校现又有迁云南昆明之议,并拟自购汽车十辆以供运输之用。男恐西迁之后路途遥远一时不能回家,故决定立即回家一看","因不知由汉至巴间之交通情形,故何日到家现尚难卜也。"

同日　晚,动身赴武汉。抵武汉后,见到了刚从长沙临时大学征调到汉口国民政府教育部担任次长的老友顾毓琇。顾到武昌磨石街先生寓宅,邀先生出山到正在组建的战时教育问题研究委员会工作,先生拒绝了。顾毓琇回忆:"抗战开始不久,我从长沙临时大学被征调到汉口教育部。那时为了抗战需要,正在筹组战时教育问题研究委员会,作为最高当局的咨询机构。它的工作主要是采纳时贤对战时教育的意见,摘取报章杂志对此问题的主张,加以研究,并将结果交由教育部设法实行。我曾邀一多出来帮忙,他不肯,说今生不愿作官,也不愿离开清华。他说各人志趣不同,却赞成我出来,还说大家都为了抗战,在哪里都一样。"(访问顾毓琇记录,1988.5.11)

当时与先生住在一起的闻立勋回忆:"顾毓琇来找他,他不愿意去。后来,又找他到扬子江饭店,是汉口当时第一流的饭店,请了好多清华老同学吃饭、洗澡,谈了一个晚上。一叔回来说:我被包围了一晚上,还是没答应。"(据闻立勋回忆一多叔录音,1980.2,张同霞整理)

此时,一家官方出版社请先生为某书写篇序言,先寄了一笔款子,先生赶紧退了回去。

是月上旬 到浠水老家,住了十多天。

在老家,因不愿到战时教育委员会任职,与妻子意见不合。妻子觉得就任此职可留在武汉,便于照顾全家。但先生想法不同,离家时心情不快。

是月中下旬 由浠水至武汉。有致妻子信,收《闻一多书信选集》。中云:"此次不就教育部事,恐又与你的意见[不合],我们男人的事业心重,往往如此,你得原谅。"

约此时,与郭沫若初次见面。抗战爆发后,郭沫若设法离开寄居的日本,回国参加抗日斗争。是年一月中旬,郭沫若到武汉,曾住在戈甲营,先生亲去拜访过,是顾毓琇介绍的。(据闻立勋回忆一多叔录音,1980.2;访问顾毓琇记录,1988.5.11)郭沫若《悼闻一多》:"我们相见,平生却只有两回,一回是在抗战初期的汉口,一回是在去年七月我赴苏联时所路过的昆明。"(《人民英烈:李公朴闻一多先生遇刺纪实》,第186页)

一月二十六日 致顾毓琇信。原载顾毓琇《怀故友闻一多先生》。信中述及不能应邀的原因。全信为:

一樵兄:承嘱之事,盛意可感。惟是弟之所知,仅国学中某一部分,兹事体大,万难胜任。且累年所蓄著述之志,恨不得早日实现。近甫得机会,恐稍纵即逝,将使半生勤劳,一无所成,亦可惜也。老友中惟我辈数人,不甘自弃,时以事业相砥砺,弟个人得兄之鼓励尤多,每用自庆。但我辈作事,亦不必聚在一处,苟各自努力,认清方向,迈进不已,要当殊途同归也。平时渴望朋好中人登台,一旦实现,复嫌帮忙人太少,自不免令兄失望。然上述弟于此事力不胜任一层,亦是实话,然则直谓我辈中无人材可耳。思念至此,不胜浩叹。今晚仍决赴湘,以后若有其他适当机会,再图效力。惟学校亦是一地盘,仍望兄时时留意,使之充实,庶得与兄方相呼应乎。书此敬候大安。弟多上,一月廿六日。

一月二十九日　抵长沙,知同人已有数批出发赴滇。

一月三十日　致妻子信。收《闻一多书信选集》。中云:"学生将由公路步行入滇,教职员均取道香港、海防去,校中津贴六十余元,但有多人将此款捐助寒苦学生作津贴,此事系公超发起,我将来恐亦不得不捐出,如此则路费须自己担负矣。"

二月一日　致闻家骕信。收《闻一多书信选集》。中云拟加入步行赴滇旅行团:"此间学生拟徒步入滇,教职员方面有杨金甫、黄子坚(钰生)、曾昭抡等五六人加入,弟亦拟加入,因一则可得经验,二则可以省钱。……校中本拟发给教员路费六十五元,由香港取道安南入滇,步行者则一切费用皆由校备,不知路费是否照发,若仍照发,则此款可以干落矣。"

二月十一日　致父母亲信。收《闻一多书信选集》。说校中迁滇路线有三种,自己本拟步行入滇,又考虑身体状况,拟改乘汽车经桂林至龙州,入安南,再乘火车入云南。"此线用费较多,然除校中津贴六十五元外,自担者想至多不过四五十元耳。借此得一游桂省山水,亦殊不恶也"。

二月十五日　致妻子信。收《闻一多书信选集》。说到这次离家时的情形,心情很不愉快:

此次出门来,本不同平常,你们一切都时时在我挂念之中,因此盼望家信之切,自亦与平常不同。然而除三哥为立恕的事,来过两封信外,离家将近一月,未接家中一字。这是什么缘故?出门以前,曾经跟你说过许多话,你难道还没有了解我的苦衷吗?出这样的远门,谁情愿,尤其在这种时候?一个男人在外边奔走,千辛万苦,不外是名与利。名也许是我个人的事,但名是我已经有了的,并且在家里反正有书可读,所以在家里并不妨害我得名。这回出来唯一目的,当然为的是利。讲到利,却不是我个人的事,而是为你我,和你我的儿女。何况所谓利,也并不是什么分外的利,只是求将来得一温饱,和儿女的教育费而已。这道理很简单,如果你还不了解我,那也太不近人情了!这里清华北大南开三个学校的教职员,不下数百人,谁不抛开妻子跟着学校跑?连以前打算离校,或已经离校了的,现在也回来一齐去了。你或者怪了我没有就汉口的事,但是我一生不愿做官,也实在不是做官的人,你不应勉强一个人做他不能做不愿做的事。我不知道这封信写给你,有用没有。如果你真是不能回心转意,我又有什么办法?儿女们又小,他们不懂,我有苦向谁诉去?那天动身的时候,他们都睡着了,我想如果不叫醒他们,说我走了,恐怕第二天他们起来,不看见我,心里失望,所以我把他们一个个叫醒,跟他说我走了,叫他再睡。但是叫到小弟,话没有说完,喉咙管硬了,说不出来,所以大妹我没有叫,实在是不能叫。本来还想嘱咐赵妈几句,索性也不说了。我到母亲那里去的时候,不记得说了些什么话,我难过极了。出了一生的门,现在更不是小孩子,然而一上轿子,我就哭了。母亲这大年纪,披着衣裳坐在床边,父亲和驷弟半夜三更送我出大门,那时你不知道是在睡觉呢还是生气。现在这样久了,自己没有一封信来,也没有叫鹤、雕随便画几个字来。我也常想到,四十岁的人,何以这样心软。但是出门的人盼望家信,你能说是过分吗?到昆明须四十余日,那么这四十余日中是无法接到你的信的。如果你马上就发信到昆明,那样我一到昆明,就可以看到你的信。不然,你就当我已经死了,以后也永远不必写信来。

二月十六日　致父亲信。收《闻一多书信选集》。说决意步行入滇:"前函云乘汽车经桂林赴滇,今因费用过巨之故,仍改偕学生步行。其路程计由长沙至常德一百九十三公里,乘民船;由常德至芷江三百六十一公里,步行;由芷江至晃县六十五公里,汽车;由晃县至贵阳三百九十公里,汽车;由贵阳至永宁一百九十公里,步行;由永宁至平彝二百三十二公里,汽车;由平彝至昆明二百三十七公里,步行。全程约须四十余日。参加者学生将近三百人,教授有黄子坚、曾昭抡、袁复礼、李继侗及男等五人,助教五人。学生由张主席①派一师长率领,编成若干队,教员则为辅导团,携有医生护士各一人,无线电收音机一架,图书若干箱,伙夫十余人,张主席赠行军用具如水壶、干粮袋、草鞋、裹腿等数百份,猪五只,教厅长朱经农赠猪二只,定十九日启程,此行可称壮举矣。"

二月十九日　有信给次子立雕。收《闻一多书信选集》。中云:"我在家时曾嘱你特别要多写信来,难道我一出门,你们就把我忘记了吗?但我并没有忘记你们,尤其是你们读书的事。你尤其要用心,也不要和小弟大妹吵闹,一切要听爹爹说话。乡里暂时平安,一切我都放心,所不放心的,就是怕你们不用心读书。"

同日　先生与步行入滇的师生,组成湘黔滇旅行团,从韭菜园经中山路至湘江边。道路两旁高悬着国旗,全城充满了抗战气氛。旅行团采取军事组织,学生全穿军服,背雨伞,大致情形如《三千里长征竣事,联大旅行团今午抵省》中所介绍:"该

---

①　张治中,时任湖南省政府主席。

团以军事管理为原则,上设团本部,团长由湖南省张主席指派黄师长师岳①充任,参谋长由该校主任军事教官毛鸿②充任,并设辅导委员会,委员五人:即黄氏(钰生),地质系教授袁复礼,生物系教授李继侗,文学院教授闻一多,及化学系教授曾昭抡。大队长二人,由该校军事教官邹镇华、卓超分任。此外由学生十二人长期在团本部服务,其中负责日记者三人,摄影者三人,无线电者三人,图案管理者三人。每大队下分三中队,每中队分三小队,共十八小队。自中队长以下,皆由学生自任。计每大队有一百四十人,两队共约二百八十人,连教授等在内,全团共三百二十余人。学生中除长川在团本部服务者外,每周又由每大队轮流派遣九人,襄同管理全团伙食,九人负责本队杂务。"(《云南日报》,1938.4.28)

行前,有同学担心先生身体是否经得住长途跋涉,但先生态度很坚决。刘兆吉《由几件小事认识闻一多先生》:"有人问他:'闻先生,你大可照学校的规定坐车、乘船经广州、香港、越南,舒舒服服的到昆明,何必受这个罪呢?再者,你这大年纪,吃得消么?'闻先生面孔很清瘦,额上又刻着几条深长的皱纹,再配上乱蓬蓬的头发,显得很苍老。大家都以为他是五十岁以上的老年人,后来我才知道那年他刚满四十岁。闻先生很严肃的说:'国难期间,走几千里路算不了受罪,再者我在十五岁以前,受着古老家庭的束缚,以后在清华读书,出国留学,回国后一直在各大城市教书,过的是假洋鬼子的生活,和广大的农村隔绝了。虽然是一个中国人,而对于中国社会及人民生活,知道的很少,真是醉生梦死呀!现在应该认识认识祖国了!'话似乎还没说完,摇摇头算了。由他说话的语气和表情,我们知道他内心里是感慨万端的。"(《大公报》,1951.7.16)

二月二十日　　下午六时,随旅行团师生乘五条民船离长沙。

二月二十一日　　中午,船过临祉口,登岸午餐。

二月二十二日　　船经广阔的沙滩而至门板洲,中午抵甘溪港。由于前面有段水太浅无法行船,临时改变路线,驶向东南的益阳。傍晚,经资水抵青水潭。

---

①　黄师岳,字矗霄,安徽桐城人。毕业于东北讲武堂和陆军大学第十二期。曾在东北军任排、连、营、团、旅长。东北易帜后,任第十七旅旅长。旋,第十七旅改为第一一七师,其任师长。后调任军事委员会北平分会处长。1936年1月授衔中将。西安事变后,东北军解体,其调湖南,职务为高级参议。护送西南联大湘黔滇旅行团安抵昆明后,其任第五战区第十三游击纵队司令,在桐(城)怀(宁)以东、长江以南地区打游击,与新四军张云逸部防区相邻。曾以各种方式供给张云逸军需补给,皖南事变后,又派人护送张云逸家属转移至淮南新四军根据地。1948年任东北"剿总"参议,国防部派驻东北"剿总"部员,10月派为第九兵团司令部联络官,11月在沈阳被中国人民解放军俘虏。1950年至华北人民革命大学学习,时任广西省人民委员会主席的张云逸知道后,将调其至广西工作,任省人民委员会参事室参事。1955年10月1日,因"脑溢血"和"高血压"并发症逝世于广西南宁。(据刘国铭主编《中国国民党九千将领》,中华工商联合出版社1993年10月出版,第677至678页;黄师岳之孙黄超给编者的信,2010.6.13)

②　原文作"毛洪",误。

二月二十三日 三更造饭。饭后启程,天落起了雨,江上薄雾升腾。一小时后船抵益阳。有同学自益阳登岸开始步行。

二月二十四日 抵常德。先生等在这里等候自益阳步行的同学。

二月二十六日 致父亲信。收《闻一多书信选集》。报告启程以后的情形,云:

> 十九日上船,实际二十日晚始启椗。二十四日抵常德。现定二十七日实行徒步往沅陵,大约须九天始能达到。截至目下止,只是乘船,途上并不辛苦。此后步行,不知如何。惟男前在南岳游山经验,一日行八十里,尚不觉疲乏。此次行程,初行规定每日五十里,以后每星期递加十里,至八十里止,是不出男能力之限度也。常德为湖南第二大城市(长沙第一),目下因驻兵及难民关系,人口陡增,尤见热闹。同人寓县立中学,校长杨筠如君系男在青岛时同事,故到此颇蒙款待。艺专现设沅陵,到时又可找太侔兄矣。乡间想仍能安堵,惟家中老幼不知清吉否。离家愈远,系念愈切,人情盖皆如此也。

二月二十七日 旅行团注射第二次伤寒预防针,团员多起反应。遂改变计划,次日雇船去桃源。

二月二十八日 上午九时,船在空袭警报中驶离常德,下午一时抵童黄州。马伯煌《徒步三千流亡万里》记述先生在船上开始留胡子:"在常德又雇民船溯沅江而上至辰溪。我和另外几个同学,同曾昭抡、闻一多、许维通及医生等坐在一只船里。大家把行李铺在船板上,上盖芦篷,我们就吃在船上,睡在船上。因为是逆水行舟,水急滩险,只靠风帆无济于事,船老大雇用纤夫拉纤,纤夫腰缠竹索,背缚背板,在崖岸上伏地而行,口唱棹歌。……闻一多先生挨在曾先生的旁边,黑须连腮。我们问他,胡子也该剃剃了,他幽默地笑了笑,原来他从这时起,开始留了长胡须。"(《茄吹弦诵在春城——回忆西南联大》,第33至34页,云南人民出版社、北京大学出版社1986年10月出版)

晚抵桃源县,宿县女子中学。

三月一日 晨,开始步行。天飘下雨滴。行三十里至桃花源,见陶渊明在《桃花源记》中所写之"秦人古洞"。时值初春,尚未有"落英缤纷"景色。途中见面黄肌瘦、衣衫褴褛的村中小孩,又见被捆绑而过的壮丁。

又行三十里,至郑家驿。

三月二日 昨夜大雨,天亮时仍未停。旅行团在雨中出发,如在米南宫的水墨画中,山谷间起雾。行二十五里至杨溪桥,休息后又过将军山,见路旁有台,正演花鼓戏,似无抗战已起的感觉。下午四时抵毛家溪。是日行六十里。

三月三日 仍有雨。过太平铺,渡溪水入沅陵县境。沿途杉林茶山渐盛,所见男女老幼都用布包着头。经上林乡铺、三渡水、黄土铺,宿张山冲。张山冲仅有七八户人家,极荒凉,加上阴雨、地湿、人挤,宿营甚苦。是日行六十里。

三月四日　黎明出发,过官庄,顺湘滇公路傍山而行,至马家坪山谷始展大。又经界亭驿、梅子潭、荔枝溪、马鞍铺、狮子铺、楠木铺、芙蓉关、木马溪、五里山,至黄公坪投宿。此行渐入深山,峰回路转,路旁有煤矿、银矿、铁矿、杉林极多,村女装束古旧,但很美观,不过时见因缺碘而长大脖子的人。是日行八十五里,人皆辛苦疲劳。

过官庄时,听说有土匪,几百条枪已渡过辰水向这边赶来。过马家坪后,与中央军校荷枪实弹戒备森严的一千多名学生相遇。

是夜,传来消息说土匪快迫近了,大家一阵恐惧。向长清《横过湘黔滇的旅行》中云:"顿时山腰间布满了紧张恐怖的空气,灯放射出可怕的黄光,到后来索性吹灭了,变成一片漆黑。最初有人主张放哨,可是赤手空拳的那有什么用。幸而我们的大队长挺身而出来愿独当一切。时间一分一秒地爬去,土匪却没有来。恐惧终久是挡不过疲倦的,大家终于都昏昏入睡了。因此当第二天那破裂的号音在屋角吹响的时候,我们才知道已经平静地度过了一夜。"(《烽火》第20期,1938.10)先生在《八年的回忆与感想》中也说:"我们沿途并没有遇到土匪,如外面所说的,只有一次,走到一个离土匪很近的地方,一夜大家紧张戒备,然而也是一场虚惊而已。"

三月五日　翻山越岭,至马底驿渡溪水,公路成单行道。经文昌坪、牛栏坪,见满地菜花。顺公路上青山,形势凶险。由青山岗曲折而下,至白屋坪,下午四时抵凉水井。是日行六十里。

过文昌坪时人家多闭户,从小路方向传来枪声。在凉水井,正街已为中央军校所占用,旅行团只得宿山边小村。因行李车到得迟,怕惊动土匪,禁用手电,黑路走细田埂三里多,来回扛行李。

三月六日　昨夜狂风暴雨,清晨未止。冒雨出发,风雨中行二十里到沅陵县,宿辰阳驿。

同日　致父母信,收《闻一多书信选集》。报告数日行程:

三月一日自桃源县舍舟步行,至今日凡六日,始达沅陵(旧辰州府)。第一至第三日各行六十里,第四日行八十五里,第五日行六十里,第六日行二十余里,第四日最疲乏,路途亦最远,故颇感辛苦,此后则渐成习惯,不觉其难矣。如此继续步行六日之经验,以男等体力,在平时实不堪想象,然而竟能完成,今而后乃知"事非经过不知易"矣。至途中饮食起居,尤多此生从未尝过之滋味,每日六时起床(实则无床可起),时天未甚亮,草草盥漱,即进早餐,在不能下咽之状况下必须吞干饭两碗,因在晚七时晚餐时间前,终日无饭吃,仅中途约正午前后打尖一次而已。所谓打尖者,行军者在中途作大休息,用干粮、饮水是也。至投宿经验,尤为别致,六日来惟今日至沅陵有旅馆可住,前五日皆在农舍地上铺稻草过宿,往往与鸡鸭犬豕同堂而卧。在沅陵或可休息三日,从此更西往芷江或有汽车可坐,然亦无十分把握。

三月七日 暴风雨后又下起雪来,还夹着冰雹。旅行团受阻滞于沅陵。

时,北平艺专已迁到沅陵对岸老鸦溪,先生渡江访艺专校长、老友赵太侔,并见到昔日的学生郭良夫等。一九四三年,郭良夫至西南联大中文系读书,先生专业时,先生对他说要读懂古书必须从语言文字入手,于是郭良夫选择了语言文字专业。(郭良夫《因一多先生而想起的二三事》,中华书局古典文学编辑室编《学林漫录》第11集,第6页)

时,沈从文也在沅陵,特设宴为先生等洗尘,并安排住在其兄刚盖起来的瓦房里。沈从文回忆说:"一多和旅行团到沅陵,天下起大雪,无法行进。我那时正回家,就设宴款待他们,老友相会在穷乡僻壤,自有一番热闹。我请一多吃狗肉,他高兴的了不得,直呼'好吃!好吃!'一条毯子围住双腿,大家以酒暖身。我哥哥刚刚起了新房,还没油漆,当地人叫它'芸庐',我安排一多他们在芸庐住了五天。"(访问沈从文记录,1986.4.23)

三月十日 旅行途中,爱好作诗的向长清与刘兆吉同学,商量到昆明后成立一个诗社,并拟请先生担任导师。是日,他们与先生长谈。刘兆吉《闻一多朱自清指导的南湖诗社始末》:"由于我承担了在闻一多先生指导下采集民间歌谣的任务,常常与向长清一起写、一起讨论作诗、评论古今诗人的诗。有一天,向长清提出到达昆明后,约些爱写诗的同学组织诗社,出版诗刊,我完全同意。他知道指导我采风的闻一多先生是知名诗人,并早已读过他的诗集《红烛》和《死水》。我俩商量成立诗社要请闻先生当导师。当晚,大概是一九三八年三月十日,沅陵落了雪,天气很冷,我俩在晚饭之后,拜访了闻一多先生。我们坐在铺着稻草的地铺上,闻先生用被子盖着膝盖。当我们说明了来意,向长清提出到达昆明后请他指导我们组织诗社,接着就畅谈起有关诗的问题。闻先生坦率的发表了他的意见,我还能回忆当时谈话的情况。闻先生很谦虚,首先说这些年他'改行'了,教古书(指《诗经》、《楚辞》),不作新诗了。又说明他对新诗并未'绝缘',有时还读读青年人写的诗,比他的旧作《红烛》、《死水》还好。我想闻先生是说的真心话。"(刘兆吉给编者的专文,1988.7.21)

三月十一日 致父母亲信。① 收《闻一多书信选集》。中云:"近因天雪汽车难行,留沅将及一周。现雪已解,定明日乘汽车至晃县,当日可到,过此则恐全须

---

① 原信日期为"十二日",似误。因十二日晨已启程,离沅陵。

步行矣。"

在沅陵,曾乘舟游酉水。

三月十二日　晨五时,趁第二次大雪未降临前,乘公路局汽车匆匆离开沅陵。路上积雪未融,车在雪路上行驶,上坡时常打滑。二小时后抵辰溪,这是一座背山面水的古城,城内还保存有倾颓残废的楼台亭阁。休息片刻渡沅水,自花塘坪至榆树湾二百余里间多有山谷。下午三时抵芷江,傍晚到达晃县,渡潕水(即沅水),一切入黔车辆均须在此登记。

途中有汽车抛锚,又逢大雪,旅行团又阻于晃县。

这时,何善周同学因感冒发起高烧,先生坚持让团里派人护送到贵阳。何善周《千古英烈万世师表》:"三月上旬,旅行团到达湘西阮陵。这里是山区,气温本来比长沙、常德要低,更加几日来阴雨连绵,山风吹来,寒意更峭。我们到达的第二天,细雨竟变成了雪粒,气温骤然下降的更低。我们睡在土地上,只铺着一层薄薄的稻草,阴冷潮湿,我开始感冒发烧。大队在这里停留了三天之后继续西行,我的烧还没有退。于是,我每天只好躺在装满行李的车顶上,让卡车拖着我半睡半醒地前进。及至到了湖南的边境晃县,我的病重了,发烧达到了四十度,已经陷入了昏迷状态。傍晚时候模模糊糊地听见人声嘈杂,我意识到大队已经到了。这时,猝然觉得一只冰冷的手掌放在我的额上,凉气一激,我微微睁开了眼睛,灯影里看见,一双闪着亮光的眼睛正看着我,慈祥中带着焦急的神情,原来是闻先生!他的手抚在我的前额上久久没有拿开。我完全清醒过来,两行眼泪流到了我的耳边。……在闻先生的极力建议下,团里派了内科主任袁医师,买票乘车护送我到贵阳去,经过治疗,半个月后才痊愈。"(《闻一多纪念文集》,第254页)

三月十三日　在晃县,候抛锚的汽车。时县治已毁,新治移至龙溪口。城跨江上,有贵州街为贵州省飞地。城中禹王宫正放映电影《荒江女侠》,内供巫神多尊,还有皇帝万岁的牌位。旅行团有人游旧城风林寺,寺内小学校仍读四书五经。

三月十四日　仍在晃县。

三月十五日　当地"集墟"(赶集)日。龙溪口狭小的街上挤满了人和货摊,街中侗族人甚多。晚七时,旅行团在潕水滩上举行营火晚会,月光下,先生讲述桃花源地名的原始意义。

三月十六日　仍在晃县,旅行团有人参观附近汞矿,也有人入山访侗家村落。

三月十七日　细雨中由当地保安队护送离开晃县,经酒店塘、蒋家湾、大鱼塘至鲇鱼铺。鲇鱼铺为湘、黔两省交界处,过此地即入贵州省境。沿公路经南宁堡、九狮乡、杉木坳,下午四时抵玉屏县。是日行六十八里。

在玉屏县,宿县衙门内,并受到县里人欢迎。联欢会上曾昭抡向小学生演讲。这里盛产石竹,有箫及竹杖,旅行团几乎每人都购了竹杖,先生亦买了一捆箫、笛、手杖等,其中一把拂尘至今尚存。贵州广种鸦片,玉屏市上可见鸦片铺。

玉屏县长刘周彝为迎接旅行团,特发布告。作为史料,兹录以参考:"查临时大学近由长沙迁昆明,各大学生徒步前往,今日(十六日)可抵本县住宿。本县无宽大旅店,兹指定城厢内外商民住宅,统为各大学生住宿之所,民众或商民,际此国难严重,对此复兴民族领导者——各大学生,务须爱护备至,将房屋腾让,打扫清洁,欢迎入内暂住,并予以种种之便利。特此布告,仰望商民一体遵照为要。此布。"(转引自蔡孝敏《湘黔滇旅行团杂忆》,台湾新竹《清华校友通讯》新78期)

三月十八日 沿傍㵲水的公路曲折而行,山坡斜度较大,经岑分乡、分远镇至一碗水,均上坡。下坡经羊坪镇、五里牌,抵青溪县。青溪为贵州八十一县中最小的一个县,在㵲水西岸,为黔东的交通重要孔道。这里连女子也抽大烟,烟害极深。是日行五十里。

三月十九日 青溪去镇远有两路,先生走大道有一百四十里,比小道多五十里。公路盘山而行。夜宿三穗。

三月二十日 天气晴朗,登盘山。盘山跨三穗、镇远之间,为黔东险要,公路盘折甚险。在岭上,先生遇到从小道走来的吴征镒等,仍一起经两路口至镇远县。夜宿府城县立第一女子小学。镇远为军事必争之地,清代咸丰同治年间有苗民起义,一九二四年又有旱灾瘟病,死人无数,人口由七千户降为三百户。

三月二十一日 留镇远一日。有同学访城西南涌溪苗民,参观二十四保大土寨,全寨属青苗,仅十四户。

三月二十二日 晨,别镇远。过文德关由小路盘山而上,经独木坪、白杨坪,山势更高。出镇雄关,公路蜿蜒。路经鹅翅膀,见鹅翅膀工程,居高而望,丁山均在视野中。渡旱桥经刘家庄、甘溪,至施秉县。是日行八十里。

三月二十三日 晨八时离施秉,二十里至干地坪,公路环绕山腰经烂桥下坡,至飞云崖。飞云崖为黔东名胜,有拱桥横跨溪上,桥东石坊上镌有清代雍正年间任云贵总督的鄂尔泰所写"黔南第一胜景"题额。过此拾级而上,即飞云洞,似洞非洞,内甚宽敞,顶上石乳倒垂,形象百态。洞顶有一石碑,上刻:"千载白云飞不去,至今留与洞为名。云飞云住洞常在,洞古洞今云自生。怪石峨峨原有相,清泉冷冷却无更。桃花不近泾流水,恐惹渔人多此行。"崖前有月潭寺、清风亭、观瀑台、清心殿、皇经楼等建筑。过飞云崖,至小东坡,两旁绿阴深密,乌鸣声声。下午四时抵黄平县。

旅行途中,先生为祖国的河山壮丽所激动,沿途作了不少速写①,有人物、风景、建筑等,现仅存三十六幅,前三幅画皆题《飞云崖》。

三月二十四日　经马场街、金凤山,至重安。途经湘黔公路至高点观音山,海拔一千五百多公尺。重安为大镇,面对重安江,江上有铁索桥,宽丈余,上铺木板,为行人骡马的交通要道。这里居住的有青苗、仡兜、西苗、木老、猓㑩、侗等少数民族。

是日速写有:《马场街》、《金凤山》、《重安江练子桥》、《练子桥上水碾》。

三月二十五日　过重安江,四十里至云溪洞(又名大风洞)。此为黔东名胜之一,洞深里许,洞底积水没胫,黑暗崎岖,需持火把匍匐而进,至洞底重见天日,出了一洞又是一洞,迂回曲折,绕山坡而回到原地。又十里到炉山县城。

是日速写有:《大风洞》、《大风洞上韦陀菩萨》、《重安前十里》。

三月二十六日　在炉山休息一日。下午,县政府为旅行团举行汉苗联欢会,仡兜族长等十二人跳舞吹芦笙,同学们唱歌,李继侗、徐行敏(医生)跳了华尔兹,黄钰生舞起手杖,曾昭抡则被灌得大醉。傍晚始散。

是日速写有:《炉山市肆》、《炉山张家客栈窗口》。

三月二十七日　天高气爽。经五里桥、洛邦、兴隆街至羊老镇。镇前的鱼梁河是重安江支流。又经鸡场、甘粑哨新街,为湘黔、黔桂两公路的会合处。下午三时抵马场坪。全日行七十里。

是日速写有:《新街》、《石板冲》。

三月二十八日　昨夜大雨,清晨出发,道路泥泞。经大关、小河口、猫猫营,满山青色,桃花盛开。三十里至黄丝,为较大的乡镇。西行经沙坪到贵定。贵定濒清水江上游,南有云雾山,是苗岭主峰,为乌、沅、盘三江分水脊。是日行七十里。

是日速写有:《小河口》。

三月二十九日　离贵定,西南行二十里,见牟珠洞。牟珠洞居两山之间,亦一大名胜,洞外有观音殿,两旁列十八罗汉,洞内有高二丈径二尺的高大石笋,诚为大观。石笋底部有裂痕,相传吴三桂欲锯下而触怒神灵,天空忽然雷响,方不敢再动手。洞顶有一穴,光可从中射入。洞底颇深,有水如匹练而出。旅行团由该处寺庙小和尚持火把引导参观。出牟珠洞,经瓮城桥、安家牌坊、新文,至沿山堡公路向下折,有青山洞,再西行经龙从堂、麻芝铺,抵龙里。是日行七十五里。

---

①　1938 年 4 月 30 日先生致夫人高孝贞信中说一路上"画了五十几张写生画",1940 年 5 月 26 日致赵俪生信则称"沿途曾作风景写生百余帧",准确数字待考。

是日速写有：《牟珠洞》。

三月三十日 大雾中离龙里，上观音山，经凉水井、倪儿关。倪儿关附近有石油矿，但未开采。下倪儿关，经黄泥哨、龙洞堡、图云关，阴雨中入贵阳城。过城内大什字，宿大西门外三元宫。

三月三十一日 晚，前任清华学校校长，时为贵州省政府建设厅长的周贻春（寄梅），设宴为旅行团诸先生接风洗尘。贵州省政府主席吴鼎昌亦曾设宴款待旅行团全体师生。

旅行团到贵阳，无形中起了种宣传作用。当时，贵阳与抗战前方的气氛不大一样，缺乏战争紧迫感，旅行团的到达，激动了这里民众的爱国热忱。旅行团师生越往西南走，似乎地位越高，人们对大学教授、学生放弃乘车，徒步入滇的举动，深受感动。

四月一日 游贵阳黔灵山、甲秀楼。作速写：《贵阳一角》、《黔灵山脚》、《黔灵山东峰》、《甲秀楼》。

晚，先生在清华学校读书时的老友吴泽霖设宴款待旅行团诸先生。吴泽霖于一九二七年自美回国后，一直在上海任大夏大学社会学教授兼文法学院院长，该校在抗战爆发后从上海迁到贵阳。

四月二日 致父母亲信。收《闻一多书信选集》。中云："十七日自晃县出发，步行三十日抵贵阳。贵州境内遍地皆山，故此半月中较为劳苦，加之天时多雨，地方贫脊，旅行益形困难。本地谚云'天无三日晴，地无三尺平，人无三分银'，盖得其实矣。"又云："据悉昆明校舍不敷，文法二院决设蒙自，以意揣之，昆明新房屋造成后，文法二院恐仍当迁回。蒙自距昆明铁道一日路程，地近安南，此行本如投荒，今则愈投愈远矣。"

四月四日 雨中离贵阳，沿旧有驿道改建成的黔滇公路行进。经香炉桥、头桥、二桥、三桥，在马王庙见乡民多有眼疾。再过狗场、五九乡，抵清镇。一路平坦，溪山交错，风景甚佳。是日行五十六里。

是日速写有：《清镇县东山寺》。

四月五日 晨，离清镇，沿公路向西南。在南郊青龙山下有中山公园，内有纪念塔，上刻"陆军第四军五十九师剿匪阵亡将士纪念塔"，这是国民党中央军追剿红军所受到惩罚的物证。当年，中国工农红军长征时曾自清镇六十里的地方经过，旅行团在贵州境内，见到不少红军留下的布告和标语，先生也听到了不少有关红军的事迹。陈登亿《回忆闻一多师在湘黔滇路上》："我们一路所经，大部地方是当年红军长征经过的地方。红军长征，一九三五年初经过这些地方，离这时不过三年，有些红军的布告、标语,在沿途还清晰可见。沿途的人民,对于我们这些洋学生,感到很新奇,也有戒心。但当看到我们说话和气,买卖公平,特别是吃饭时有些剩菜剩饭,都送与附近穷人吃,也就敢于和我们接近,说真心话了。我们特别爱听他们说红军长征的故事。他们说红军纪律严明,官兵平等,不拉夫,不抓壮丁,秋毫无犯,很多青年自动参军;他们说红军怎样开仓济贫,助民劳动等等。……闻先生和我们一样,也很爱听这些故事,经常看到他在休息时,和老乡谈家常,听老乡诉说红军长征的往事。而且往往他是谈话的主要一方,我们围坐在旁边听。记得有一次,我们在一块地主坟茔的碑亭下休息,他又和农民谈起红军的故事来。那个农民说,他见过毛主席和朱总司令,都穿着和红军战士一样的军装,说话非常和气,一点架子都没有。毛主席还到过他家里呢!那个农民的儿子新近被国民党抓了壮丁,非常气愤,说早知如此,叫儿子参加红军多好呀!闻先生听完农民的谈话后,很有风趣地指着旁边的石碑说,这座碑是为墓中人歌功颂德的,碑上还有'万古流芳'四个字的题额,但这些谀墓文字,我们都看够了,没有人会相信。我们刚才听到的谈话,却是另一种形式的碑,就是所谓'口碑'。"(《闻一多纪念文集》,第279页)

经西成桥,在鸭笼坝午饭,二分钱一碗白米饭,茶和菜均免费,有豌豆苗煮豆腐,农家风味颇浓。过下云关,下午四时至平坝县。时逢场期,异常热闹,街上见青苗、黑苗部族包头有别。有同学遇到几位保甲长,了解到农村经济破产的情形。是日行五十六里。

是日速写有:《西成桥》、《前距平坝六公里》。

四月六日　离平坝西南行,经五里屯、二堡、沙子哨,两旁有许多农妇在田中耕作。到天龙镇,见石屋毗连的百户富庶乡村,西邻石板房已属安顺县境。再经五台山、大水桥、带子街、麟山镇,这一带乡镇栉比,鸡犬相闻。公路右侧有粮仓洞,相传为南蛮王孟获屯粮之所。再西行经娄家庄、凉水井、头关、东关,下午四时抵安顺县。安顺商业繁盛,石板街平坦清洁,是旅行团所经过的地方中仅次于常德的城镇。是日行八十五里。

在安顺,有省立初中、县立女中和私立女中等校。中学生欢迎旅行团时,刘兆吉同学特意向他们介绍了先生,并让他们读读《红烛》、《死水》,后来先生严肃地批评了刘兆吉。刘兆吉《由几件小事认识闻一多先生》:"安顺中学的学生,听说闻一多先生也徒步到达安顺,便成群结队的来瞻仰这位文学家。我随便同他们谈:'你们这样敬仰闻先生,你们读过他的著作么?闻先生是中国有名的诗人,读过他《红烛》、《死水》一类新诗么?没有读过的可以找来读读。'学生们刚走了,闻先生很严肃的对我说:'你多话了,《红烛》、《死水》那样的诗过时了,我自己也不满意,所以这

几年来,没再写诗。国难期间,没有活力,没有革命气息的作品,不要介绍给青年人。'"(《大公报》,1951.7.16)

是日速写有:《三铺》。

四月七日 游华严洞和文庙。华严洞在安顺南门外五里的崇仁里村头,洞前有韦陀殿、关圣殿、魁星楼等,前人题咏、碑刻也不少,洞中供佛像,还有形形色色的石乳、石笋、石钟,古怪离奇。文庙位于城区东北角,始建于明洪武初年,保存尚完好。

是日速写有:《安顺县华严洞小学》、《安顺县文庙》。

四月八日 晨八时半离安顺,城中店铺都未开门。一路平坦,经上头坡、么铺、大山哨而抵镇宁。是日行六十二里。

四月九日 出发前游火牛洞。火牛洞在镇宁东门外二里许,昨日有同学前去参观,归来大加宣传,引起旅行团师生极大兴趣,几乎倾巢去游览。火牛洞深仅六七丈,但钟乳硕大异常,由狭小只能容身的新凿小门入内后,迂回百余步即入大室。室中有高大石柱多根,后边为一大石壁。以烛照之,奇妙无比。绕壁至其后,过一深潭,达另一大厅,作歌时四壁共振,宛若大合唱。先生兴致顿起,唱起《乌万尼他》和《圣塔露西亚》两首英文歌。

离镇宁,经双明洞,洞不太深,两端有出口,光线由前后射入,故称"双明"。出洞由小道上公路,经安庄坡而近黄果树的二里处即闻水声滔滔的一股瀑布奔流而下,高二十多米,宽三十余米,水量巨大不可多见。抵黄果树,村后即著名的大瀑布,巨声如雷,如万马奔腾,高四十米,宽二十米,瀑布倾入水潭,溅起水珠如匹练,上反射出美丽的虹光。西行过大坡顶,可望关索岭,再行即著名的红岩,上有石碑为赭红色,所刻之字古怪离奇,传说是殷高宗伐鬼方纪功之刻。下坡过坝陵桥,夜宿大觉寺。是日行九十里。

是日速写有:《双明洞》。

四月十日 晨,启程。经观音洞抵永宁。行五十里,不见人烟。宿永宁时,看到八日报载台儿庄大捷消息,兴奋异常。

四月十一日 阴,山间多雾。经新铺至盘江,时已中午。因江上铁索桥于上月已断,只能乘小划子渡江。江面宽不过四十米,但中流湍急,航行极险。旅行团所乘的小划子,仅可容五六人,其形头尖尾截,桨长,柄为铲形,前后各有一人划船。乘客蹲坐其中,两手紧紧扶舷,不得起立乱动。小划先慢行沿岸上溯,近桥时猛然一转,船便顺流而下,势如飞鸟。将到岸,又拨转船身上溯。到中流时,最险也最有趣,胆小者多不敢抬头。不知是谁,在划子将离岸时,拍了一张先生低头紧握船舷的照片,成为难得的纪念。

到对岸,行至哈马庄,原计划在这里宿营,但山顶仅二三十户人家,水米无着,临时改变安排,于暮色中又走了十八里到安南县。由于是临时变动,食宿均无法妥善安排,铺盖炊具又滞留盘江东岸,大家只好挤在县政府大堂中坐了一夜。有同学发起牢骚,先生等为了平息怨言,也同样没吃没睡。参加旅行的季镇淮在《闻一多先生年谱》中写到:"到了安南,天已经黑了。安南是个小县,二百多人的食宿问题没法解决,同学们就跑到县政府大堂,跟学校负责人黄子坚先生吵闹,因为晚上县长请旅行团里的先生们吃饭。闻先生这时也在,看见同学们像饥民一样地要'暴动',就在人丛里说:'我今年已是四十岁的人,我跟你们一样,……谁要是有意弄得这样,……谁还要活吗!'学生立刻安静下来,一个喷着说:'文学的……'但是没说下去,底下也就没有谁再开口了。这一夜,先生等都没有吃没有睡,陪着学生们在县府大堂上冷坐。"(《闻朱年谱》,第35至36页)

吴征镒在《长征日记》中也记述了这事:"到了小城街上,卖炒米糖泡开水的小贩被抢购一空,后来的只好枵腹就寝。晚间因铺盖、炊具多耽搁在盘江东岸,同学一大群如逃荒者,饥寒疲惫(本日行九十五里),在县政府大堂上挨坐了一夜。辅导团诸公曾、李、闻诸先生也陪坐了,并替两位黄团长挨了骂。半夜里,有人同黄子坚先生侄公子口头冲突,几乎动武,县太爷披衣起来拉架。"(西南联大除夕社编《联大八年》,第15页,西南联大学生出版社1946年7月出版)

四月十二日　因昨夜未休息好,旅行团决定在安南休息一天。晚上,为庆祝台儿庄胜利,师生们举行了游行大会,把这个小小的县城都惊动了。

是日速写有:《安南县公廨后园》。

四月十三日　仍在安南。

是日速写有:《安南县东门外》、《安南县魁星楼》①。

四月十四日　天色晴朗,离安南西行。约五里,公路蛇行而下,成二十四个"之"字形,即贵州公路的险境之一"二十四拐"。山间草木葱翠,风中带有自然的芬芳。又经沙子岭,见支路南龙路岭上有纪念亭,为建造此路而殉身的二百四十余路工而筑。下坡渡小盘江,再上江西坡,见许多患大肚子病的乡民。又经芭蕉关,翻越大水沟岭,至普安县。是日行一百里。

四月十五日　又休息一天。

是日速写有:《普安县文庙》。

---

①　"安南县魁星楼"速写落款为15日,疑误,暂系于此。

四月十六日 离普安西行。至九峰山,山峦高耸,树木繁茂。经三板桥、鹦鹉山、旧普安,直达盘县。有中小学生来欢迎。盘县人称小安顺,黔滇公路由此通过,商业集中于北门外中山路,街道也还整洁,两边遮阳大伞毗连,别有风趣。这是旅行团在贵州境内的最后一个县城。

四月十七日 仍在盘县。

是日速写有:《盘县近郊》、《盘县女子中学》。

四月十八日 春风中离盘县西行,经刘官屯、大山哨、两头河、大壕铺,见一片绿色草地,旁边水池掩映山色。再经黄狼坡,抵黔滇两省交界的亦资孔。是日行九十六里。亦资孔为盘县西区的大镇,人民生活清苦,多食包谷。在这里,旅行团师生听说云南的平彝县派保安队迎接入境,不由精神为之一振。

四月十九日 天气晴朗,自亦资孔西行,公路平坦,无大山坡。经平彝厅至胜境关,入关后见圣行宫,旁有高大石牌坊,上镌"滇南胜境"四字,算是进入了云南省界。下胜境关,山土皆赤色,一路杜鹃花、山茶花红白相映,气象与贵州迥然不同。下午二时抵平彝县。是日行六十五里。在平彝,见乡人多患大脖子病,概因缺碘所致。县中除汉族人外,还有彝族,彝族有黑、白、刚彝之分。

四月二十日 在平彝休整一日。适逢街期,入滇后知这里不叫赶场,而叫赶街。中午县长古某招待旅行团师生,下午有人游青溪洞。

四月二十一日 六时起身,明月尚悬空中,旅行团悄然离平彝。出西门,经多罗铺、草塘湾、棠梨湾,由小道至公路,抵金泉镇。金泉镇原称白水,两年前始改今名。此程路极平衍,两旁多果树松林。是日行六十五里。

是日速写有:《白水镇灰云楼》。

四月二十二日 天晴。出金泉,过沙冲,两旁平地多,却少有开垦。行四十五里抵沾益。在沾益曾见破庙中有题壁民谣歌颂红军。刘兆吉《由几件小事认识闻一多先生》:"'田里大麦青又青,庄主提枪敲穷人;庄主仰仗蒋司令,穷人只盼老红军。'这是我从云南沾益境内一座破庙的墙壁上抄下来的,闻一多先生看了之后,很兴奋的说:'这才是人民的心声呀!红军受人民的爱戴,由此可知。'关于这类的歌谣,我在沿途也采了十多首,闻先生和我都很珍贵这些材料。"(《大公报》,1951.7.16)

在沾益用饭时,地保敲锣,嘱店家勿哄抬物价。饭后继续行进,经新桥、大坡寺,下午四时抵曲靖县。一路地势开阔,阡陌纵横,麦子已黄,油菜蚕豆将熟,为常德以来所仅见。是日行七十五里。曲靖为滇东重镇,县城周六里,始建于明洪武年间,城墙坚固,楼阁巍巍,城内古迹不少。在曲靖,大家吃到好久没有吃到的牛奶、荷包蛋、炸油条。

四月二十三日　在曲靖休整一日。

是日速写有:《曲靖北门外牌坊》。另幅无题识。

四月二十四日　昨夜大风雨,气温骤降。出曲靖小西门,经张家庄、桂家屯、面甸、大海哨,抵马龙。县城内人们用街道作打谷场,所用连枷、扬掀、杈子、木磙、石磙等与北方农村相同,人说这是明代沐英守云南时流传下来的,亦有人说为吴三桂的北方将士带入。是日行七十里。

旅行团在马龙受县长张嘉谷的热情接待。《云南日报》报道云:"国立临大学生旅行团,于本月二十四日,由曲靖行抵马龙,张县长嘉谷闻讯,即派警教两局先事准备住宿地点,午后一时,该团黄团长北团员三百余人全体到达马龙,当即分组考察地方政治经济社会等事,是晚七时,该团各组代表三十余人到县府晤张县长访问地方各种重要问题,经张县长详明解答,各代表颇为满意。各团员精神均极强健,刻已于二十五日由马起程前赴易隆,计日内当可抵省云。"(《三千里长征竣事,联大旅行团今午抵省,全团三百人由黄师岳领导,已抵省师生准备热烈欢迎》,《云南日报》,1938.4.28)

四月二十五日　离马龙,沿公路行,经何家村、河边抵易隆。易隆镇上有方便客店,四分钱即可投宿一夜。是日行九十二里。

四月二十六日　离易隆,经古城、小新街、果子园、小河口、老猴街、白龙桥、大场哨,沿路麦穗相望,绿阴深幽。过五十八公里路碑,便展现一片大盆地。过杨林时见已快干涸的杨林海,原是大湖,雨季时可成汪洋。过杨林海即为杨林镇。这里市况尚盛,有小昆明之称。是日行七十里。

四月二十七日　出杨林北门,经小哨、长坡,忽然下起大雨。雨住方行,下午三时抵大板桥镇。大板桥为昆明东乡大镇,镇上有一里多长的石板街道。是日行六十里。

此时,先生胡须已长,与李继侗相约抗战不胜利不剃须。吴征镒《长征日记》:"闻、李二老均已胡须留得很长,为共摄一影,二老相约抗战胜利后再剃掉。"(《联大八年》,第16页)

四月二十八日　晨离大板桥,行四十四里至距昆明八里处的私家墓地贤园,有人送来茶点,并云走海路的师生业已先期到达昆明。

午后,旅行团整装出发,这是湘黔滇长途旅行的最后一段路程,所以师生们精神特别饱满。一小时行至昆明城下,由东门入城。在拓东路,清华大学校长梅贻琦、北大校长蒋梦麟和其他负责人来欢迎,几位教授夫人还献了花篮,有人用一首爱尔兰著名民歌的曲调现编上词,向三千里风尘仆仆的师生祝贺。队伍沿着宽阔的石板街道,经滇越铁路车站大门,踏上了槐荫满街的金碧路。过"金马"、"碧鸡"

牌坊,入正义路,过建有护国首义将领唐继尧纪念碑的近日楼公园,春城的市容和景色给大家留下最初的美好印象。旅行团军容整齐地在圆通寺集中,听梅贻琦致欢迎词。时,天下起了小雨。全体旅行团师生合影留念。

这次湘黔滇长途跋涉,全部行程三千三百余里,除乘船乘车外,徒步两千六百余里,经过三省会、二十七县、数百村镇。这六十八天的旅行,是先生在抗战初期所上的生动一课,他在《八年的回忆与感想》谈话中说:

> 武汉情势日渐危急,长沙的轰炸日益加剧,学校决定西迁了。一部分男同学组织了步行团,打算从湖南经贵州走到云南。那一次参加步行团的教授除我之外,还有黄子坚、袁复礼、李继侗、曾昭抡等先生。我们沿途并没有遇到土匪,如外面所传说的,只有一次,走到一个离土匪很近的地方,一夜大家紧张戒备,然而也是一场虚惊而已。

> 那时候,举国上下都在抗日的紧张情绪中,穷乡僻壤的老百姓也都知道要打日本,所以沿途并没有作什么宣传的必要。同人民接近倒是常有的事。但多数人所注意的还是苗区的风俗习惯、服装、语言和名胜古迹等等。

> 在旅途中同学们的情绪很好,仿佛大家都觉得上面有一个英明的领袖,下面有五百万勇敢用命的兵士抗战,反正是没有问题的。我们只希望到昆明后,有一个能给大家安心读书的环境。大家似乎都不大谈,甚至也不大想政治问题。有时跟辅导团团长为了食宿闹点别扭,也都是很小的事,一般说来,都是很融洽的。

辅导团团长黄钰生也曾回忆到:"我们那时候是高高兴兴地唱歌,步行时唱,晚上也唱。我们一路上唱着《游击队员之歌》、《我们都是神枪手》,还唱聂耳的歌。我们吃得很好,睡得不可能好,有时牛舔我们的脖子,就在牛厩的旁边睡了。"(美国学者易社强访问黄钰生录音记录,1980.3.23,云南师范大学党史资料征集组存)

先生在旅行途中指导同学采集民歌,刘兆吉同学采集了两千多首,后来选编成《西南采风录》,先生和黄钰生、朱自清都为这本书写了序。

云南各界,非常重视湘黔滇旅行团的到来。湘黔滇旅行团到达昆明的当天,《云南日报》发表长篇消息《三千里长征竣事,联大旅行团今午抵省,全团三百人由黄师岳领导,已抵省师生准备热烈欢迎》。内云:"联合大学为谋学生实地认识各种社会情状起见,特乘此次迁滇之便,组织一湘黔滇旅行团,由长沙步行来滇,已志本报。顷悉该团已于昨日抵板桥,今午即可到省,三千里长征,圆满达到目的。联大已来师生准备热烈欢迎,届时必有一番盛况。该团辅导委员会主席黄子坚(教育学院教授)已于日前先行来,向校方报告并接洽一切。昨日复转板桥迎迓。记者昨晡黄氏于该校,据谈该旅行团之组织及经过情形如下:该团以军事管理为原则,上设团本部,团长由湖南省张主席指派黄师长师岳充任,参谋长由该校主任军事教官毛洪[鸿]充任,并设辅导委员会,委员五人,即黄氏、地质系教授袁复礼、生物系教授李继桐、文学院教授闻一多,及化学系教授曾昭抡。大队长二人,由该校军事教官邹镇华、卓超分任。此外由学生十二人长期在团本部服务,其中负责日记者三人,摄影者三人,无线电者三人,图案管理者三人。每大队下分三中队,每中队分三小队,共十八小队,自中队长以下,皆由学生自任,计每大队有一百四十人,两队共约二百八十人,连教授等在内,全团共三百二十余人。学生中除长川在团本部服务者外,每周又由每大队轮流派遣九人,襄同管理全团伙食,九人负责本队杂务。该团以养成军队式宿营之习惯及着重学术研究为目的,每晚均由团长或参谋长规定次日行进之路程及宿营地点,复由辅导委员会指示沿途堪注意之事物。晨六时起身,六时半用早膳,七时出发,每日至少行进三十公里,以赶站关系,在黔省境内,有日行五十公里者。该团于二月二十日自长沙出发,每二人合携被褥仅三件,连同伙食器具、无线电收音机等必需品,装成二卡车,随队同行。其余尚有行李二车,交由公路转运。由长沙至益阳,全队均乘船,沿公路西行,益阳至沅陵乘车,在沅陵为天雪所阻,曾勾留一周。自此以后,全程步行,于三月三十日抵筑,四月四日又复登程,沿途除购粮住宿,间感困难外,均备受地方当局照拂,堪称便利。今能平安抵省,殊可庆幸。黄氏继谓,此次步行来滇,用费至国币二万元之多,较之乘车船反不经济,但沿途之收获,则决非车船旅行所能得,如生物、地质系诸同学采积标本颇多,文学、教育等院同学于民谣民俗方面亦有收获。而最难得者,此多数青年,能亲感我国之地大物博,亟待解决之问题极多,有以猛省云。(《云南日报》,1938.4.28)

次日,《云南日报》又发表特写《联大旅行团长征抵省印象记,英勇精神赛军队,热情流露动人心》,报到湘黔滇旅行团进入昆明情况:"三千里的奔波,阳光和风尘,使每一个尊严的教授和高贵的学生都化了装了:他们的脸孔是一样的焦黑,服装是一样的变化,眷属和胡髭都长长了,而且还黏附着一些尘芥。每一个学生的身上,都人斜挂着一柄油纸伞,及水壶、干粮袋之类的家伙,粗布袜的外面套着草鞋,有些甚至是赤足套上草鞋。他们四个一列的前进着,英勇的色彩,坚决的气魄,胜利的笑影,荡漾在他们每一个人的面容上,态度是从容的,步伐是整齐的。充满在他们行伍之间的是战士的情调,是征人的作风!在陌生的人的心目中,很会怀疑他们是远道从戎的兵士,或者新由台儿庄战胜归来的弟兄。他们到了拓东路联大校门了,等候在那里欢迎他们的男女同学和校委教授们,热烈地欢呼,热烈地拍掌,热烈地握手,十分欢欣地献给他们一蓝鲜艳的香花,并且撑起上书'国立西南联合大学慰劳湘黔滇旅行团'的布标,走在他们的前首,十分愉快地进城。由拓东路而金碧路,而正义路,而华山南路和西路,而青云街,而圆通街,一直到爬上圆通山顶。他们吸引了无数观众,他们的英勇,他们的毅力,博得了满城观众的赞歌和夸奖,不由地使联想起'一二·九'以来的北方学生英勇斗争的悲壮场面! 在圆通山的四方亭面前,校委梅贻琦博士恳切地用言语慰劳他们,鼓励他们,嗓子虽则低低的,但态度却是那么的恳挚,一字一句,都使听众感动,开怀。随着梅氏演讲的,是教育厅特派前往慰劳的徐茂先先生。徐先生除表示欢迎他们来滇外,还庆祝他们长征之成功,言词娓娓,八分标准国语,夹带着二分道地的弥渡音。雨虽然落下来了,但全团学生却依然尖耳倾听。徐先生讲完之后,领导学生长征的黄团长也高声大气地讲了一番话,表扬学生的毅力,推却自己的首功,并把《西游记》来比拟他们此次的长征,譬喻恰当,出语诙谐,一阵欢笑声,禁不住由学生行列中腾响起来。话讲完了,雨也歇了,太阳也依旧冲破了乌云的包围而照着大地。这时,一位老教授高兴极了,手之舞之地领导群众大呼'中华民国万岁万岁万万岁!'等到全体师生共摄一影后,队列才宣布解散。在接引殿中,在茶铺里,拥满风尘,仆仆的教授和学生。亲戚跟旧故,爱人和同窗,'久违久违','你好你好',一片异地的欢笑声,交响在风和日暖的氛里。在群众的欢笑中,陌生的记者乘便去会见化学系教授曾昭抡先生。他说起他们曾经游过'桃花洞',也曾经在贵州和苗民开会联欢,又说到沿途的所见所闻,结论是: 所经各省的治安宁靖是出乎他们意料之外。接着记者承梅校委的介绍,和领导全团长征的黄师岳先生会面,黄先生曾经任过某师师长,但由他的态度看起来,除开精神特别饱满外,丝毫没有普通一般大军官的习气,所穿的衣裤草靴全和学生一样。一见记者,便满面春风。首先来一个和蔼可亲的握手礼。接着应记者的要求,发表入滇境的感观。他说:'一路上风餐露宿,辛苦固是难免的,但在这种辛苦中所得的快乐,真是一般养尊处优者所梦想不到的。因为这次深入民间,各地不同的生活情况,尤其是苗民的特殊生活,我们都见到了。一路上有诸般优美的风景,关于这一类情况,我打算过天详细地写出来。我们一入滇黔交界的胜境关,令人最高兴的是气候优良,地形清秀,风景幽美,土地肥沃,就中尤以罂粟烟花业已完全绝迹。这真是最令人高兴的事。后来到达昆明市,又见市街整洁,市面繁荣,和国内各通都大邑不相上下。由此已足证明滇政进步之一斑。'……黄谈到这里,团长饥肠辘辘,极待饱餐,记者遂握别而返。装满着一脑子良好印象的记者,转回报社的途中,心里浮涌着这么的一个愿望! '英勇的一二九运动的发动者;英勇的三千里长征者! 希望你们发扬这种英勇的传统精神,准备打回老家去!'"(《云南日报》,1938.4.29)

四月二十九日　　下午,清华大学在云南大学至公堂举行建校二十七周年校庆,到者千余人。纪念会由基督教云南青年会总干事、清华校友金龙章主持并致词,马约翰教授带领大家唱党歌,云南大学校长、原清华大学算学系系主任熊庆来代表云南同学致辞。清华大学校长梅贻琦报告年来学校之变迁,说北平清华园已成为日军兵马之场,科学馆、化学馆、生物馆均被占去。又说将来的工作,要促进研究事业,如航空工程研究、电讯研究、社会调查研究、农业研究、金属研究等。关于经费,梅贻琦说,北大、南开的经费只发平常的六成,而清华经费仍然按十成发给,每个学校拨出四成归西南联大使用,二成留为己用。最后,由赵元任领导一群男女同学和小女孩唱清华大学校歌。合影后,云南清华同学会以火腿面包、牛肉面包、香蕉糖果招待。(据杨式德《湘黔滇旅行日记》,张寄谦编《中国教育史上的一次创举》,第 492 页,北京大学出版社 1999 年 12 月出版) 会上,先生见到了熊庆来夫人,她还特别问起先生的妻子高孝贞。熊庆来是去年受龙云邀请,来云南大学任校长的。

四月三十日　　致妻子信。收《闻一多书信选集》。信里说到旅行的情况和对家人的惦念,充满了乐观情绪:

> 我们自从二月二十日从长沙出发,四月二十八日到昆明,总共在途中六十八天,除沿途休息及因天气阻滞外,实际步行了四十多天。全团师生及伙夫共三百余人,中途因病或职务关系退出团体,先行搭车到昆明者四十余人,我不在其中。教授五人中有二人中途退出,黄子坚因职务关系先到昆明,途中并时时坐车,袁希渊(复礼)则因走不动,也坐了许多次的车,始终步行者只李继侗、曾昭抡和我三人而已。我们到了昆明后,自然人人惊讶并表示钦佩。杨今甫在长沙时曾对人说,"一多加入旅行团,应该带一具棺材走",这次我到昆明,见到今甫,就对他说"假使这次我真带了棺材,现在就可以送给你了",于是彼此大笑一场。途中许多人因些小毛病常常找医生,吃药,我也一次没有。现在我可以很高兴的告诉你,我的身体实在不坏,经过了这次锻炼以后,自然是更好了。现在是满面红光,能吃能睡,走起路来,举步如飞,更不必说了。途中苦虽苦,但并不像当初所想象的那样苦。第一,沿途东西便宜,每人每天四毛钱的伙食,能吃得很好。打地铺睡觉,走累了之后也一样睡着,臭虫、草[虼]蚤、虱实在不少,但我不很怕。一天走六十里路不算么事,若过了六十里,有时八九十里,有时甚至多到一百里,那就不免叫苦了,但是也居然走到了。至于沿途所看到的风景之美丽奇险,各种的花木鸟兽,各种样式的房屋器具和各种装束的人,真是叫我从何说起! 途中做日记的人甚多,我却一个字还没有写。十几年没画图画,这回却又打动了兴趣,画了五十几张写生画。打算将来做一篇

序,叙述全程的印象,一起印出来作一纪念。画集印出后,我一定先给你们寄回几本。还有一件东西,不久你就会见到,那就是我旅行时的相片。你将来不要笑,因为我已经长了一副极漂亮的胡须。这次临大搬到昆明,搬出好几个胡子,但大家都说只我与冯芝生的最美。

文法两院五月三日开始上课,理工两院或许在两星期后,因为房屋尚未修理好。我在昆明顶多还有三天耽搁。从这里到蒙自,快车一日可到,但不能带行李。我因有行李,须坐慢车,在途中一个地方名碧虱寨住一夜,次日始能达到。所以五日后可以再有信回。

旅行团到的第二天,正碰着清华二十七周年纪念,到会者将近千人,令人忧喜交集。据梅校长报告,清华经费本能十足领到,只因北大、南开只能领到六成,所以我们也不能不按六成开支(薪金按七成发给)。我们在路上两个多月,到这里本应领得二、三、四三个月薪金,共八百余元。但目下全校都只领到二月一个月的薪金。听说三、四两月不成问题,迟早是要补足的。

你这封信里未详说家中种种情形,不知是否在那三封信里已经说过?我最挂念的是鹤、雕二人读书的情形,来信务须详细说明。两儿写信都有进步,我很喜欢。鹤喜作诗,将来能像他父亲,这更叫做父亲的说不出的快乐。小弟、大妹读书如何?小小妹没有病痛吗?雕的耳朵好了否?这些我最关心的事,为何信上都不提?你自己的身体当然我也时时在念。路上做梦总是和你吵嘴,不知道这梦要做到何年何月为止!

昆明很像北京,令人起无限感慨。熊迪之(庆来)去年到这里做云南大学校长,你是知道的。昨天碰见熊太太,她特别问起你。许多清华园里的人,见我便问大妹。鹤、雕两人应记得毛应斗先生,他这回是同我们步行来的。这人极好,我也极喜欢他。

今天报载我们又打了胜仗,收复了郯城。武汉击落敌机廿一架,尤令人奋兴。这样下去,我们回北平的日子或许真不远了。告诉赵妈不要着急,一切都耐烦些。她若写信给大司夫,叫她提一笔说我问过他。

你目下经济情形如何?每月平均要开支多少,手中还剩多少?日子固然不会过得太好,但也不必太苦。我只要你们知道苦楚,但目下尚不必过于刻苦,以致影响到小儿们身体的发育。大舅在何处,他家情况如何,盼告我。

是月底　旅行团全体师生在海棠春聚宴,醉者几乎一半。

五月二日　下午,湘黔滇旅行团全体师生在大观楼唐继尧铜像下举行酬谢黄师岳团长游艺茶话会。先生讲途中趣事。杨式德日记:在大观楼游艺茶点时,"闻一多先生把途中的趣事选了七件作成七绝,其中如倪副官玉体演捉放(凶绝),许骏斋凝视诸葛泪(憨绝),曾叔伟白吃五碗酒,又唱松花江两绝都很有趣。他说路上以曾叔伟(昭抡)先生风流韵事最多,害得曾先生十分不好意思起来。"(杨式德《湘黔滇旅行日记》,张寄谦编《中国教育史上的一次创举》,第494页)

五月三日　乘滇越铁路米轨小火车赴蒙自,晚宿开远。四月二日,国民政府教育部电称,奉国防最高会议通过,改国立长沙临时大学为国立西南联合大学。十九日,西南联大常务委员会在昆明召开首次会议,议决成立"国立西南联合大学蒙自办事处",以文、法两学院校舍不敷暂设于边城蒙自。时,文、法两学院师生已相继赴蒙自。

五月四日　至壁虱寨(今称"碧色寨"),换乘汽车,行半小时抵蒙自县城。蒙自是古老的边疆军事重镇,元代即已设县。

在蒙自,住希腊人已废弃的歌胪士洋行临南湖小楼的二层二号。时浦薛凤住一号、邱椿住四号、郑天挺住五号,住在这里的还有朱自清、王化成、陈寅恪、沈乃正、余肇池、刘文典、樊际昌、陈岱孙、陈序经、李卓敏、丁佶等教授。虽两人合住一间,但毫无怨言。

此时,联大文、法学院已开课。这学期,先生仍开诗经、楚辞两课,每课四学分。
(据《西南联合大学历年度各院系必修选修课程表》,清华大学档案室藏)

五月五日　致妻子信。收《闻一多书信选集》。信中介绍到蒙自的情况:

到此,果有你们的信四封之多,三千余里之辛苦,得此犒赏,于愿足矣！你说以后每星期写一信来,更使我喜出望外。希望你不失信。如果你每星期真有一封信来,我发誓也每星期回你一封。在先总以为蒙自地方甚大,到此大失所望。数十年前,蒙自本是云南省内第一个繁荣的城市。但当法国人修滇越铁路的时候,愚蠢的蒙自人不知为何誓死反对他通过。于是铁路绕道由壁虱寨经过,于是蒙自的商务都被开远与昆明占去,而自己渐渐变为一个死城了。到如今,这里没有一家饭馆,没有澡堂,文具店里没有浆糊与拍纸簿,广货店里没有帐子。这都是我到此后急于需要的东西,而发现他都没有。然而有些现象又非常奇怪。这里有的是大洋楼,例如法国海关、法国医院、歌胪士洋行等等,都是关着门没有人住的高楼大厦,现在都以每年三两元的租金租给联合大学作校舍了。自从蒙自觉悟当初反对铁路通过之失策,于是中国自己筑了一条轻便铁道,从壁虱寨经过蒙自与个旧,以至石屏,名曰壁个石铁路(我们从壁虱寨换车来到蒙自,便是这条铁路)。但是蒙自觉悟太晚了,他的繁荣仍旧无法挽回。直到今天,三百多学生,几十个教职员,因国难关系,逃到这里来讲学,总算给蒙自一阵意外的热闹,可惜这局面是暂时的,而且对于蒙自的补益也有限。总之,蒙自地方很小,生活很简单。因为有些东西本地人用不着,我们却不能不用的,这些东西都是外来的,价钱特别贵,所以我们初到此需要一笔颇大的"开办费"。但这些东西办够了,以后恐怕就有钱无处用了,归根的讲,我们住蒙自还是比住昆明省。

同日 致父母亲信。收《闻一多书信选集》。说到孩子读书事,尤其强调要重视根柢之学:

> 鹤、雕两儿来函云现方从大人读书,甚感兴趣,雕儿写信较前尤有进步,殊可喜也。男意目前既不能学算术,则专心致力中文,亦是一策。惟欲求中文打下切实根底,则非读旧书不可。在平时同事中如孔云卿、刘寿民二君皆令其少君读《四书》,殊有见地。男意鹤、雕亦当仿效。曾见坊间有白话注解本,可购来参考,以助彼等了解。纵使书中义理不能真实领会,但能背诵经文,将来亦可终身受用不已。驷弟方致力国学,经史理宜并治,倘能同时读《四书》,遇有新解时,亦不妨对两儿随时加以指示,如此两儿受益,诚不待言,对驷弟或亦可增加读经之兴趣也。

五月七日 致妻子信。收《闻一多书信选集》。时,武汉危急,鄂省震动,民众纷纷外迁避难,先生父母下之大家族亦有迁往松滋之议。信中先生云:"迁松滋我甚赞成,细叔①主张早走尤其是对的,人多,在松滋当然不便,到了那里,仍然要疏散。"

同日 致闻家驷信。收《闻一多书信选集》。信中述及为其在西南联大谋求教职事:"蒋梦麟近来蒙自小住,公超已将聘弟事详细谈过,现决由联大聘请,将来三校分开时再由北大续聘。资格为教授或副教授尚未定,月薪大约三百四十元。梦麟一星期内回昆明,即将向常务委员会提出,请求通过。此事今番应无问题,俟议案正式通过后,再行函告。"

闻家驷原已受聘于北平辅仁大学,因卢沟桥事变发生,不克北上,闲居于浠水。经西南联大外国文学系主任叶公超推荐,是年十月十一日被聘为该系法文副教授,旋晋升教授,讲授法国文学。抗战胜利复员,闻家驷到北京大学西语系任教授。

同日 致闻家骥、闻家骢信。收《闻一多书信选集》。中云:"时局变化,家中人口众多,急宜疏散","如驷弟事成,我家到松滋后,弟与驷弟两房可由松滋转道重庆贵阳来滇","弟等两房分出后,则家中人口较少,可减少拥挤也。至生活问题,弟与

---

① 即闻家驷。

驷弟一日发薪,即当量力接济一日,不必发愁,望禀明双亲放心,一般观察对抗战前途乐观,故暂时忍此痛苦,不久即可重见天日"。

五月八日　在蒙自的清华大学师生举行建校二十七周年校庆纪念会。校长梅贻琦发言中要求同学们保持清华精神,继续学业。接着由女生献旗,上书"寿与国同"四字,下书:"经兹国难,寄迹滇南;西山苍苍,永怀靡已。"继之浦薛凤教授与王、杨二同学发言。后由涂文先生领众人呼口号。晚七时半,全体师生茶会,有游艺助兴。(据《清华师生在蒙自开会纪念母校新生》,《云南日报》,1938.5.13)

五月十日　西南联大常务委员会议决,"成立本校蒙自部分文、法商两院战区学生救济及寒苦学生贷金委员会。推定樊际昌、赵迺抟、陈序经、陈赟谷、陈总、叶公超、朱自清、姚从吾、闻一多为该会委员。樊际昌为召集人"。(《国立西南联合大学大事记》,《国立西南联合大学校史资料》,第13页,北京大学出版社、云南人民出版社1986年12月出版)

是月上旬　给立鹤、立雕两儿写信。收《闻一多书信选集》。字里行间流露着对孩子的关怀:

> 今天上课回来,看见桌上一封家信,已经喜欢得很。拆开一看,文字比从前更通顺,字迹也整齐,我更高兴。再加上信中带来消息,说北平的书寄来了一部分,尤其令我喜出望外。今天非多吃一碗饭不可! 你们的信稿究竟有人改过没有? 像这样进步下去,如何是好! 你们真应感谢祖父,应当加意服侍祖父和祖母。你们年纪一天大一天,应该能够服侍。写信可以代替作文,以后要每星期来一次信。如果太忙,可以由你们二人和你母亲轮流写。信中少说空话,多报消息。家中或乡间任何琐事,都是写信的资料。这样写法,我每次接到你们一封信,不就等于回家一次吗? 上次写信给祖父,请教你们读《四书》,不知已实行否。在这未上学校的期间,务必把中文底子打好。我自己教中文,我希望我的儿子在中文上总要比一般强一点。

是月下旬　蒙自分校清华政治学会请最近由北平抵蒙自的历史系教授刘崇鋐报告"北平现况",诉说北平人民在敌伪压迫下之生活情形。(《铁蹄下的北平——刘崇鋐先生在临大报告》,《云南日报》,1938.5.26) 七月十日,新从天津抵达蒙自的南开大学教授傅恩龄也报告了日寇在天津的暴行。(蓓君《暴日铁蹄下的平津——傅恩龄昨在联大报告》,《云南日报》,1938.7.11—12)

五月二十六日　致妻子信。收《闻一多书信选集》。催促家人早日来云南,说:

> 这几天战事消息不好,武汉不免受影响。乡里情形如何? 颇令人担心。万一有移动的必要,你们母子一窠实是家中之大累,想至此,只悔当初未能下

决心带你们出来。日来正为此事踌躇,同事们也都劝我接你们来,所苦者只有两事不易解决:一、我自己不能分身,而家中又无人送你们。二、你们全来,盘费太大。今天接到(陈)文鉴来信,其意甚愿来滇复学,万一决定来,你们可以同他一路走,我只须到香港或海防来接你们,既可省点路费,又不多费时间,岂不甚好。至于你们的路费,我计算起来,少则五百元,多则六百,数目实在可观,然而为求安全起见,又有什么办法呢。并且鹤、雕在家不能入学校,长此下去,也不是办法。在家固可学点中文,然而算术究竟是最要紧的,他们多耽搁一年光阴,就给我们多加一年的担负,从远处着想,这事实在非同小可。战事非短时可以结束,学校在昆明已有较长久的打算,筹好了三十万建新校舍,内中并有教员住宅。本来俟校舍完成后(约一年半),我是想接你们来的,现在乘文鉴来滇之便,你们若能早来,实在最好,因为路费早晚是要花的,而鹤、雕的学业又可以少耽误。好在我手头还有四百五十元存款,再从朋友处通挪一点,可以凑足这笔路费。同时四月份薪金不久总可以发下,可作到后生活费之用。学校经费情形并不算坏,已详前函,你们来后,我与你们吃点苦,断炊是不至于的。现在同事们的家眷南来者日多一日(最近新到一批,有朱佩弦、孙晓梦、王化成、冯芝生、袁希渊诸太太),学校决不能让这些人饿死在这里。再者昆明地方生活程度不高,蒙自尤可简省,气候之佳,自不待言。此间雇人不甚容易,所以赵妈同来顶好,许多太太想由北方带用人来而不可得,赵妈能来,倒是我们的幸事。我想你们不必犹疑,只要得到文鉴同意,就可马上准备。办护照是一件麻烦事,应早上省照像,请护照事,可请十哥在外交部托一熟人,或可稍快点。路费我立刻用航空信汇至武昌,款到即可买车[票]南下,恐时局变化,路又不通也。为节省计,我想我就到海防来接,我住天然旅店,你们到后,可来电告我。

信中还列出七项途中注意事项,十分周到。并说:"途中自然相当麻烦,但若拿出我步行三千里路的精神来,也就不算一回事了。"

同信还附有一封给张秉新的信,张去年毕业于清华大学,时在香港华侨中学任教。先生请张在自己家眷途经香港时,给予照应。该信中还说:"蒙自环境不恶,书籍亦可敷用,近方整理《诗经》旧稿,素性积极,对国家前途只抱乐观,前方一时之挫折,不足使我气沮因而坐废其学问上之努力也。"后妻子未经香港,该信未交张秉新。

五月二十七日 致父母亲信。告闻家骃事进展情况,并勉陈文鉴、闻立恕来西南联大复学。全信如下:

时局变化不测，家中殊可顾虑，就人力所能设法者，惟有尽量减少家中人口，庶以后行动较为灵活。关于接眷来滇种种，具见另函，此不赘述。顷公超来谈，校中下年须聘日俄法文教员各一人，法文以驷弟为最适宜，杨今甫主张找梁宗岱回来，宗岱南开旧人，南开处处减省，似不欲积极请其回校，以增加担负（因教授薪金由原校付），而蒋梦麟则对宗岱甚不满，梁与胡适之感情甚恶，梅贻琦无所谓，故就常委意见分析之，驷弟颇有望也。此公超所言，然公超办事热心有余而毅力不足，尚须看最后决定如何也。鉴甥①复学自属正当，恕侄②近况如何，颇以为念。前既未随校前来，今虽欲来，恐路费不易解决也。校中下年拟招新生五百人，一切进行均甚积极，后方空气宁静，故得如此耳。

五月二十八日　致顾毓琇信。信云："汉皋别后，瞬将半载。尚忆当时与兄谈及临大迁移事，曾主张徒步入滇。不谓当时所坐而言者，今竟能立而行之也。此次经验颇为丰富，他日再与故人聚首，定可再作竟夕谈矣。兹有恳者清华国文系同学刘君寿嵩，本年行将毕业。刘君成绩甚优，兼能创作，为人尤谨厚沉着。部中倘有相当位置，务希留意，予以安置（如部中无机会，亦请设法转荐，至祷至祷）。无任感戴之至，便中仍盼示复为幸。"（据该信原件）

　　是月　约在这时，向长清、刘兆吉等同学在湘黔滇旅行途中商筹的诗社成立了，因蒙自有风景优美的南湖，诗社就取名为"南湖诗社"。先生与朱自清欣然应请，担任了诗社的导师。

　　刘兆吉《闻一多朱自清指导的南湖诗社始末》记述到："文法学院迁到蒙自。一天，我和向长清商量如何实现旅途中提出的成立诗社的计划。我们一起拜访了闻一多先生，同时想到朱自清教授也在蒙自分校，因而也请他为指导教师。两位教授欣然同意。我俩立即分头邀请同学加入诗社。因为在南岳时，曾多次出壁报，对于爱好写诗的人，已经心中有数，很快就组织了二十多人的诗社，并同意命名为南湖诗社。因为诗刊没有经费，同学们多来自沦陷区，经济困难，出刊形式只好因陋就简，采用壁报的形式。投稿人把诗写在稿纸上，然后交给向长清或我。也没有明确谁是主编，就由我们两人，有时也请别的同学略加修改编排一下，贴在整张牛皮纸上，有时贴在旧报纸上，然后张贴在校舍的墙上。……诗刊共出四期，形式虽然很简陋，但从内容分析，的确有许多好诗，有些诗篇达到了发表的水平。我们选了一部分给闻、朱两位指导教师过目，他俩也称赞是好诗。每次诗刊贴出都有许多同

---

①　即陈文鉴，时准备回清华复学，路上可护送先生家眷。
②　即闻立恕，后因故未回清华复学。

学、也有老师围观,'诗人'们也受到鼓励,暗暗自喜。为了商量出刊、审稿的小型会,或三五人的碰头会是经常开的。有指导教师参加的诗社全体社员座谈会,只开过两次。在我模糊的印象里,似乎谈及新诗的前途、动向问题,也谈到新旧诗对比问题,对新旧诗问题有过争论。……绝大部分诗社成员的意见,连闻、朱两位指导教师在内,都主张南湖诗社以研究新诗、写新诗为主要方向。可惜,仅开过两次的社员大会的会议内容都淡忘了。发言内容是很丰富的,两位指导教师都作了较长时间的指导性发言。还记得没有邀请而主动来参加会议的知名逻辑学教授沈有鼎先生,也作了很好的发言,引起了同学们极大的兴趣,这也是对诗社的支持。"(刘兆吉给编者的专文,1988.7.21)

南湖诗社是西南联大最早的一个文艺团体,诗社在蒙自开了两次座谈会,有一次先生和朱自清也参加了。赵瑞蕻回忆说,那天先生"随意聊天似的,谈些关于诗歌创作、欣赏和研究的问题,很引起我们的兴趣,受到真正亲挚的教益。闻先生说话风趣得很,几次说自己落伍了,此调久不弹了,但有时还看看新诗,似有点儿瘾,你们比我当年写的'高明'。而朱先生较严肃,说话慢慢的。他说新诗前途是光明的,不过古诗外国诗都用用心学。"(赵瑞蕻《南岳山中,蒙自湖畔——怀念穆旦》,《离乱弦歌忆旧游》第146页,湖北人民出版社2008年2月出版)

南湖诗社存在的虽然很短暂,但不失为一个有意义的文学组织。它的成员有向长清、刘兆吉、查良铮(穆旦)、赵瑞蕻、刘绥松、周定一、刘重德、李敬亭、林振舒(林蒲)、陈三苏、陈士林、高亚伟、周贞一。蒙自分校结束后,文学院搬至昆明,南湖诗社更名为高原文学社。

六月十三日 致父亲信。部分收《闻一多书信选集》。时,合家迁滋事已罢,母亲允先往沙洋,而父亲则因家中人口较众,行动不易,不愿离开故土。先生从闻家騃来信得知,十分忧虑,云:

> 若全家皆走,而大人一人在家,纵托安全,男等心中亦无宁息矣。仍望再作考虑,改变前意,以免男等于罪戾。……鹤等前次未随男来滇,致今日为一大系累,使大人分心,男自认无识,死罪死罪。然事已至此,无可如何,万一彼等无人护送,全家复决定迁移,仍祈在可能范围内附属任何部分,暂避至一较安全地带。一俟男功课结束,即当归来接至云南,决不至久为系累也。男本不敢存此非望,故在另函中未提及此层,然倘蒙大人主张,并诸兄弟念及半世骨肉之情,使男室家免于离散或死亡,则感恩戴德,没齿不忘矣。掬泪陈词,倘有语涉质直,然决无丝毫意气存其间,诸兄弟见此,幸勿误会也。

同日 致妻子信。收《闻一多书信选集》。时松滋不能去,而广州又于六日遭

日机轰炸,粤汉铁路行车危险,家眷原定赴云南之路线无法实现。先生焦急万分,又拟了三种办法。信中还说:

> 这回是我错了,没有带你们出来。我只有惭愧,太对不住你们。……无论如何暑假中我定亲自回来接你们,什么危险也管不着。这边也有朋友们的家眷还在战区内的,如安徽、江苏、山东、河南都有,依然能汇款,能通信,也并无生命危险,所以万一你们暂时走不动,也不要害怕,我一生未做过亏心事,并且说起来还算得一个厚道人,天会保佑你们! 三哥信上说湘滇公路连护送人路费需五百元,现在我再汇三百元来,给你们凑成六百元。这钱你们能来就作路费,不能来就留下过日子。

六月十五日　致闻家骢信。收《闻一多书信选集》。因游国恩将赴昆明,请兄长派人护送妻子孩子到长沙,再与游国恩一同赴滇。又云请内兄高孝慈送妻子至贵阳,自己亲去迎接。

六月二十二日　致妻子信。收《闻一多书信选集》。仍是为家眷来云南的事,说:"目下因黄河决口①关系,武汉形势应稍松点,但鄂东想必仍然紧张。你若未到省,当早些来,若已到,倒不妨在省上住些时,如果等天气稍凉来,也免路上吃苦。……总之我的意思是愿意你们来,但不希望你们即刻就来,一则因为另请人送花盘费,二则天气热恐路上生病,三则等到暑假,我来接,免得耽误功课。我的意见如此,你可与家中斟酌时局情形加以决定。"

六月二十七日　致妻子信。收《闻一多书信选集》。说:"今日校中得到确实消息,军事当局令联大文法学院让出校舍,因柳州航空学校需用此地,这来我们又要搬家。搬到什么地方,现尚未定,大概在昆明附近。……总之蒙自是非离开不可的。"又说到近日的生活:"快一个月了,没有吃茶,只吃白开水,今天到梦家那里去,承他把吃得不要的茶叶送给我,回来在饭后泡了一碗,总算开了荤。本来应该戒烟,但因烟不如茶好戒,所以先从茶戒起。你将来来了,如果要我戒烟,我想,为你的原故,烟也未尝不能戒。"

是月　为清华大学外语系同学金石学家容庚的长女容琬题词:"一条大路通云南,去时容易转时难。去时阳鹊未下蛋,转时阳鹊叫满山。贵州安顺民歌。容琬女史属书。闻一多。廿七年六月。"题词所录的是湘黔滇途中在贵州安顺县采集的一首民歌。(《西南联大师生致容琬诗文册》,西泠印社拍卖有限公司编印《近现代名人手迹暨纪念对日抗战七十五周年专场》,2012 年秋季拍卖会第 2876 号)

---

①　是年 6 月 9 日,国民党新八师在花园口决开黄河河堤,以阻止日寇前进。

七月一日　致妻子信。收《闻一多书信选集》。时,收到妻子上月二十四日来信,说三四日内即可动身到武昌。先生闻知稍稍放心,说:"武汉局势暂时似不要紧,近日敌机仿佛也不大到武汉来,你们暂时在武昌住下再说,万一空袭来得厉害,就往咸宁①去躲一躲,请大舅②在武昌我家暂住,以便照料。""将来走时,仍请大舅送至长沙,到贵阳可找我的同班聂君照料。"

七月五日　朱自清来访,共商大一国文安排,"决定课本由八人轮流教授,作文三班以文言,七班以白话"。十七日下午又开会研究大一国文事,议决四项:"一、新生甄别考试分为两级。二、甄别考试成绩优良之学生将免修大一国文,而代之以历代文选及历代诗选。三、其余学生将分为两组课本及五组习作,教员每人教一组作文,课本由八名教员轮流教授。四、教员经常讨论教学中之问题。"(朱乔森编《朱自清全集》第9卷,第539、541页)

七月七日　出席蒙自分校七七事变一周年纪念大会。分校主任樊际昌主持并致词,冯友兰发表演讲,强调抗战意义与必胜信心。会后,分校师生举行献金,共献金二千三百一十二元一角二分。(北京大学、清华大学、南开大学、云南师范大学编《国立西南联合大学史料》第1卷,第201至202页,云南教育出版社1998年10月出版)

七月八日　致妻子信。收《闻一多书信选集》。因妻子即将上路,怕她钱不够用,汇了五十元给贵阳聂鸿逵,让妻子到贵阳时去取。聂鸿逵,字安陶,清华学校辛酉级级友,与先生同窗,时在贵阳工作。又催闻家骊赶快来昆明,"公超假中要回北平看家,骊弟须在公超动身以前来才好"。

七月十四日　先生向朱自清建议下学期中文系教授每人只开一门课。朱自清觉得这种想法有些"不顾其他各系",遂在日记中写到:"他对系内和校内工作的态度,使我深感不快。"(朱乔森编《朱自清全集》第9卷,第540页)

七月二十三日　西南联合大学文学院课程结束。该院在蒙自仅仅三个月,在时局的动荡中,这里可说是相当的安宁,留下来的学生用功读书,赶到这儿的教师认真教书,为西南边城的文化开发作出了贡献。

先生埋头读书,常足不出户,郑天挺戏赠先生一雅号,云"何妨一下楼主人"。郑天挺给王云信中云:"一九三八年联大迁滇,因昆明校舍不敷,文法两院暂设蒙自东门外原法国银行及原法国领事馆旧址。校舍仍嫌不够,于是又租了歌胪士洋行。歌胪士是希腊人,原开有旅馆和洋行。临街是洋行,这时已歇业,后为旅馆,上下两

---

① 妻子高孝贞的嫂嫂张氏的娘家,在咸宁。
② 即高孝贞的哥哥高孝慈。

层,亦已歇业。联大租旅馆为宿舍。楼上住教师,楼下住男同学。女同学住东门内周家一座三层楼内。当时教师多数住原领事馆内,住歌胪士洋行楼上者有闻一多、陈寅恪、刘叔雅、樊际昌、陈岱孙、邵循正、李卓敏、陈序经、丁佶和我十几个人。两人住一间,我和闻先生是邻屋。闻先生十分用功,除上课外轻易不出门,饭后大家去散步,闻先生总不去,我劝他说何妨一下楼呢,大家笑了起来,于是成了闻先生一个典故,一个雅号——'何妨一下楼主人',犹之古人不窥园一样,是形容他的读书专精。"(1981.3.28,转引自王云《访蒙自随笔二则》,《云南师范大学学报》1984 年第 3 期)

先生的这个雅号,后来被传到了昆明。那是一次由先生主讲的学术讲演会中,罗庸主持致词,介绍了这雅号的来历,一时成为联大的美谈。

其实,先生时刻关心着抗战的局势,并对持败北主义观点的人深为不满。日后先生在《八年的回忆与感想》谈话中回忆说:

> 蒙自又是一个世外桃源。到蒙自后,抗战的成绩渐渐露出马脚,有些被抗战打了强心针的人,现在,兴奋的情绪不能不因为冷酷的事实而渐渐低落了。
>
> 在蒙自,吃饭对于我是一件大苦事。第一我吃菜吃得咸,而云南的盐淡得可怕,叫厨工每餐饭准备一点盐,他每每又忘记,我也懒得多麻烦,于是天天只有忍痛吃淡菜。第二,同桌是一群著名的败北主义者,每到吃饭时必大发其败北主义的理论,指着报纸得意洋洋说:"我说了要败,你看罢! 现在怎么样?"他们人多势众,和他们辩论是无用的。这样,每次吃饭对于我简直是活受罪。
>
> (《联大八年》,第 6 页)

时,先生每日三餐与浦薛凤、陈寅恪、刘文典、周先庚、赵凤喈同桌,终日见面。浦薛凤在《忆清华级友闻一多》一文中,说先生此时便常批评时政,崇尚民主:"在蒙自一学期,一多固埋首研思,但正值抗战,自必谈及时事,总觉其理想太高,不切实际,而且过分崇尚所谓民主自由。予尝告以民主自由不可一蹴而几,而且民主自由,有其得失长短,亦易发生流弊,尤其是遭遇内忧外患,即英、美先进国家亦必集权适应。伊大不以为然,往往批评时政激昂慷慨,一若深恶痛绝。……一多富于情感,容易冲动,天真爽快,直言无隐,有时不免任性使气,喜欢反抗。伊在抗战初期,即曾高谈自由民主,反对独断专政;有时指摘现实,诋訾当局,其措词之愤激粗暴,殊越出一般教授学人之风度。"(台湾《传纪文学》,第 39 卷第 1 期,1981.7)

七月二十五日　西南联大文学院举行大考。这时候,先生已赶往昆明,在陈梦家的帮助下,租到了福寿巷姚宅楼上的几间房子,为迎接家眷来昆明做好准备。

七月二十八日　致妻子信。收《闻一多书信选集》。为妻子脱离险境而稍安:

> 武汉轰炸两次,心里着急,不知你们离开武汉否,接到你们初到长沙的电

报才放心,后来见报长沙也被轰炸,又急了好几天,直到前天二次电报来了,才知道全体动身,更是感天谢地。现在只希望路上不致多耽搁,孩子们不生病。这些时一想到你们,就心惊肉跳,现在总算离开了危险地带,我心里稍安一点。但一想到你们在路上受苦,我就心痛。想来想去,真对不住你,向来没有同你出过远门,这回又给我逃脱了,如何叫你不恨我?过去的事,无法挽救,从今以后,我一定要专心事奉你,做你的奴仆。只要你不气我,我什么事都愿替你做,好不好?昆明的房子又贵又难找,我来了不满一星期,幸亏陈梦家帮忙,把房子找好了,现在只要慢慢布置,包你来了满意,房东答应借家具,所以钱也不会花得很多。照规矩算起来,今天可以到贵阳。如果在贵阳多休息几天,这信你便可以收到。

八月七日 下午一时,云南省教育厅与西南联大合办之云南中学师范教员暑期讲习讨论会举行开幕式,出席者有云南省教育厅长龚自知,西南联大常委梅贻琦、师范学院院长黄钰生,北平研究院院长李云章,中央研究院历史语言研究所所长傅斯年等,及全省各地来昆参加讨论会的一百五六十位教师。先生担任这次暑期讲习会导师,与罗常培、汪懋祖、朱自清、魏建功、闻在宥、罗志英共同负责语文组国文科教材教法讨论。(据《全省中学师范教员暑讲会行开会式,龚主委以次各委员均出席,报到到会员达一百五十六人》,《云南日报》,1938.8.8)

举办中学教师暑期讲习讨论会是教育部为提倡学术研究、促进中学教师进修对各省教育厅提出的要求,云南省于一九三七年暑假曾举办过一次。此时,西南联大迁昆,为暑讲会扩大规模提供了条件。西南联大非常重视这一工作,暑讲会聘定的语文、社会科学、自然科学三组九科五十位讲师中,西南联大派出者便有陈福田、叶公超、吴宓、赵绍熊、刘崇鋐、雷海宗、钱穆、王信忠、张印堂、邱椿、戴修瓒、秦瓒、张佛泉、江泽涵、杨武之、华罗庚、赵访熊、刘晋年、陈省身、郑华炽、吴大猷、赵忠尧、周培源、霍秉权、曾昭抡、杨石先、黄子卿、张景钺等三十五人,其中语文组国文科讲师为先生与罗常培、朱自清、魏建功。(同前)云南省政府也非常重视这次暑讲会,教育厅指令各中等学校必须参加,后有六十九所省立、县立中学、师范学校、主要私立中学及各职业学校派出的一百五十五位学员。

暑讲会于八月八日开讲,先生讲授情况尚缺乏记载,但应该是讲课后方赶往贵阳的,否则不会让高真和孩子们在贵阳等候。

八月中旬 先生由昆明抵贵阳。行前约定夫人携子女随闻家驷一家来贵阳,先生利用暑假前往迎接。夫人等一行约于七月中旬乘火车离武汉,抵长沙后旋改乘长途汽车沿湘黔路赴贵阳。此行正是先生徒步入滇时所走路线。沿途多高山峻岭,车辆又差,皆十分陈旧之木炭车,不仅常抛锚,且爬坡极困难,必须边爬边以三角木在轮下支垫,往往只闻发动机怒吼声如雷贯耳,却不见车行几步。乘此等车在山高沟深之险路上盘旋,令人步步胆战心惊。时,湘西匪患极严重,闻家骊一家所乘之车,途中曾遇地方警察与匪群枪战,亦受惊不小。

夫人一行抵贵阳后,受到清华学校辛酉级级友聂鸿逵的热情照顾,初住龙泉街一六八号聂宅,后迁入旅馆。

是月　这个月,贵州省举办暑假中等学校教员讲习会,教育厅长张志韩为主任委员,大夏大学文学院院长吴泽霖为委员之一。吴写信请先生担任暑期讲习会国文讲师,先生正欲往贵阳接家眷,遂欣然应允。

在贵州省暑期讲习会上,先生讲授《诗经》。林辰在《诗人学者战士——敬悼闻一多先生》中回忆这时的情形:"民国二十七年,那年夏天,在贵州省中学教师暑期讲习会里,闻先生担任我们国文教学组的讲师。乍看到他时,我不免暗暗惊异:这飘着美髯,穿着古铜色长袍和平底布鞋,神态安详潇洒的中年人,就是当年风行一时的《死水》的作者么?我分明地记得,他第一次是给我们讲《诗经》里的《蒹葭》,很有许多新意,可惜现在不记得了。暑讲会不过短短的一月,我只听过他几个钟头的讲课,并没有直接和他谈过一句话。"(重庆《新华日报》,1946.7.24)

在贵阳白沙井二十号吴泽霖宅中,与吴谈到图腾研究,并劝他回清华大学任教。吴泽霖回忆:"在贵阳时,他告诉我,他对图腾很想研究,并愿意同我继续讨论。同时,他告诉我昆明有许多老校友,清华社会学系教师不多,光旦兼联大教务长,陈达兼国情普查研究所所长,工作都很忙。他劝我回清华,在联大教书,他说他回去后同光旦谈,再由光旦同我联系。后来果然光旦来信邀我回清华,并告诉我云南也有少数民族,可以从事调查研究。当时我在大夏要指导研究生,不便离开,所以没有立即答应光旦的邀请。"(吴泽霖给编者的信,1987.2.6)

先生还曾去探望一起办过《晨报·诗镌》的蹇先艾,不巧他回遵义探亲,未能相见,却与蹇的房东(也是位老诗人)谈得非常融洽,还一起游了黔灵山。(据蹇先艾《忆闻一多同志》,《闻一多纪念文集》第230页)

先生这次在贵阳因讲课,特别是长子立鹤患病,住了近一个月方返回昆明。

是月底　携眷和闻家骊全家抵昆明,住小西门内福寿巷三号。该处为昆明名医姚静轩所建,故门首正上方嵌有镶边黑石,上刻"静庐"二字。姚家自清朝乾隆末年以来世代为医,姚静轩还在武庙下街(今武成路)开有"福元堂"药铺。时,姚静轩已逝,静庐由其长子姚志沣居住。姚志沣的亲戚徐嘉瑞与陈梦家相熟,经陈、徐介绍,姚志沣将院内几间房子以极低价格租给先生。(姚仲华《姚府轶事》,山东画报出版社编《老照片》第 51 辑,2007 年 2 月出版) 先生在家信中,也说到姚家借了些家具供他使用。静庐房子相当不错,院子约三十平方米,正南为三间正室,东西各有两间厢房,均为两层木构楼房,宽敞豁亮。院中有一石凿大鱼缸,西侧有很大的一所跨院,跨院北墙尤为别致,用砖砌成了镂花。墙边开有后门,通着一条小巷,门外就是一口水井。先生与闻家驷共租了七间房,月租六十元,相当中下职员一个月的薪水。先生家人口多,除了夫妇和五个孩子,还有保姆赵妈,一共八口人,住楼上三间正房及一间厢房,闻家驷一家住楼上另一厢房。房东姚志沨不时来与先生交谈,两家相处和睦,子女也在同校就学,关系甚好。(韦英《不朽精神育后人》,《人民政协报》,1996.7.25;王康《闻一多传》,第 202 页) 姚志沨的儿子姚余庆,比立鹤小一岁,两人很快成了好朋友。立鹤本来不会下象棋,是姚余庆教会他的。他们常在八仙桌上玩棋,高兴起来就乱跑跳。一次,他们模仿跳降落伞,每人撑开一把油纸伞,爬到高处往下跳,不仅摔得皮破肉青,连伞面都鼓得朝上了,用云南话讲叫"倒鸡棕"。后来,西南联大成立附属小学,闻立鹤和姚余庆都于附小成立当年考入,后又都考入联大附中,两人的友谊延续了终生。(姚曼华《怀念余庆》,《西南联大北京校友会简讯》第 51 期,第 92 页,2012 年 4 月印行)

静庐的生活很是安定,只是房东老太太常虐待丫环荷花,先生在楼上每每听到荷花的惨叫声,忍无可忍,急奔楼下劝阻。回到楼上时,嘴里还连声谴责"太不像话! 太不像话!"闻立雕亦回忆说:"我们住在昆明小西门内一座楼上,楼下一个丫环被房东打得发出一阵阵凄惨的叫声,听得人心如刀绞。父亲实在忍不下去,几步跨下楼去劝阻。回来后仍气呼呼地连饭也吃不下去。"(韦英《不朽精神育后人》,《人民政协报》,1996.7.25)

九月二十一日 昆明首次发出空袭警报。敌机自广西邕宁向西飞来,虽未飞抵昆明上空,但一时人心大为紧张。

九月二十八日 日机首次轰炸昆明,西南联大租用为教职员宿舍的昆华师范学校等处被炸。先生也因在中弹处附近,头部负伤。

是日九时许,敌机侵入昆明市上空。第一次警报响起后,先生立刻让三个孩子躲到一张结实厚重的桌子下面,桌上铺满棉被。此时,最担心的是在西门外实验小学上学的立鹤、立雕,警报发出后,先生让赵妈出城去接他们。不久,紧急警报汽笛响了,赵妈与立鹤均未回来,先生不放心,自己又匆匆出城寻找。行至半路遇见赵妈,知立鹤、立雕已随老师疏散,遂拟返回城内,但城门已关,准出不准进,只好再往郊外疏散。行至一木材场墙下,敌机九架迎面飞来,连续投弹。烟尘过后,赵妈发现先生头部血流如注。此时,救护队已出动并为先生做了临时紧急包扎。先生夫人与闻家驷听到炸弹爆炸声,而先生父子与赵妈均未回来,万分着急,警报一解除立即奔往巷口观望。不久,见先生头缠绷带仰卧在一辆人力车上急速而过,衣襟遍染血渍,赵妈紧随车后,始知先生在空袭中负伤。闻家驷立即随车前往医院。经检查,系墙头落下之砖块所砸伤,伤情不重,缝了几针即回家休养。校方得知先生负伤,即派人前来慰问,陈梦家等友好闻讯后也纷纷前来探望。

对于这次轰炸,《云南日报》报道云:"昨晨八时三十分接情报,敌机九架,有袭滇模样,八时四十分,据报敌机已进入我境东部,当发出空袭警报,嗣据报敌机行进至距昆明市一百五十公里处,立即发出紧急警报。九时十四分,此项敌机九架,窜入市空,在西门外昆华师范学校投弹三枚,毁屋顶部,死伤四人。苗圃投弹三枚,死伤我平民三十余人。潘家湾运动场左近投弹一枚,死伤数人。我高射炮密集射击,我空军跟踪尾追,敌机狼狈向昆明市东南方向逸去。十时三十五分,据报敌机只有六架出境,其余三架,根据我空军通□,一架经击坏螺旋桨,并据呈贡报告,得见该敌机中,有一架机尾出烟,谅以堕落,刻正在搜查中。本部当适时放出解除警报。再据宜良报告,敌机一架,被我击中燃烧堕落,在狗街东南,其余二架,负伤逃逸,正清查中。"又云:"昨日午前八时四十分,敌机九架,侵入市空,炸毁民房等处,经市府警局调查结果,大西门外胜因寺前,被四弹,昆华师校被弹八,校内死亡八人,伤二人,建厅苗圃被八弹,长耳街被二弹,苗圃附近死亡三十三人,伤十一人,潘家湾死亡十一人,负伤三人,风翥街死亡八人,负伤七人,庆丰街机枪扫射负伤三人,其计死亡六十人,负伤二十六人,大西门城墙垛口震两个,拓东路八十二号住户山墙一堵。"(《敌机冒险犯滇,被我铁鹰击落三架》,《云南日报》,1938.9.29)

西南联大在这次轰炸中受到损失,学校租用的昆华师范学校中弹 14 枚,校舍变成废墟,弹坑直径两公尺以上,深度半公尺左右,集训总队长刘琨身亡,四位参加湘黔滇旅行团的同学受伤(醉秋《一笔屠杀的血账》,《云南日报》,1938.9.29)。这天,我空军奋起迎击,击落敌九六式重型轰炸机三架,俘虏跳伞敌飞行员池岛希索。(《"九·二八"惨杀案刽子手池岛被俘》,《云南日报》,1938.10.1)

十月六日　西南联合大学常务委员会第八十九次会议决议,"成立'编制本大学校歌校训委员会',聘请冯友兰、朱自清、罗常培、罗庸、闻一多为委员,并请冯友兰为该会主席"。(《国立西南联合大学大事记》,《国立西南联合大学校史资料》,第 16 页) 六月二十四日,教育部曾训令各级学校应将所编校歌呈送,以备查核。十月三日,再次训令限一个月内将校歌校训呈报。西南联大为此专门成立编制校歌校训委员会。

十月十一日　先生胞弟闻家驷受聘为西南联大外国语文学系副教授。

十月三十日　　出席西南联大校歌校训编制委员会会议,讨论罗庸写的歌词与曲谱。结果接受歌词,未接受曲谱。歌词取《满江红》词牌形式,为:

> 万里长征,
>
> 辞却了五朝宫阙。
>
> 暂驻足,
>
> 衡山湘水,
>
> 又成离别。
>
> 绝徼移栽桢干质,
>
> 九州遍洒黎元血。
>
> 尽笳吹,
>
> 弦诵在山城。
>
> 情弥切!
>
>
> 千秋耻,
>
> 终当雪,
>
> 中兴业,
>
> 须人杰。
>
> 便一成三户,
>
> 壮怀难折。
>
> 多难殷忧新国运,
>
> 动心忍性希前哲。
>
> 待驱除倭虏,
>
> 复神京,
>
> 还燕碣。

关于校歌曲谱,朱自清提议请清华大学毕业生、时在广西宜山任浙江大学讲师的张清常担任创作。张清常不负信任,于十二月完成曲谱。

十一月二十四日　　西南联大本年度第一学期开始注册。

这前后,一年前已考取清华大学的刘功高同学,因战乱动荡,迟迟到校。注册组初欲拒绝注册,先生恰来注册组办事,经力争始得让刘功高办理入学手续。刘功高回忆这经过说:"一九三八年抗战的烽火燃烧到武汉。在敌机的轰炸中,我在武汉报考清华大学。考后,回到家乡新堤。那时秩序已混乱,我随家人好不容易才逃难到宜昌。在无意中,见宜昌中学的榜文上有我的名字。原来是清华大学因武汉正在大轰炸中而改到宜昌发榜。发榜至今已快一年,红榜已变成白榜。于是我马上赴重庆教育部办理去昆明的手续。到校后才办入校手续,有关人员因为我来得太迟而有难色,我恳切地说:'此地我无亲友,无安身处,必须马上入校。'正在交涉时走来一位身着蓝布大褂,目光炯炯,飘忽若仙的长者。他问了我的情况,我述说如何历尽艰险,从湖北来到昆明。长者听了怒而拍案,对那人说:'一个年青的女学生,千辛万苦来到昆明,那有不收之理,你不收,我收了。'在长者的帮助下,我很快就办好了入校手续。之后,从他人口中知道长者就是闻一多先生,我肃然起敬。从此,我幸运地做了闻先生的学生,四年来一直受到闻先生无微不至的教育和关怀,他是我终生难忘的恩师。"(刘功高给编者的信,1988.3.24)

同日　先生等向西南联大常委会呈送所拟定的校训"刚健笃实"四字。三十日,第九十五次校常委会议决以"刚毅坚卓"四字为校训。

是月　参加抗日话剧《祖国》的舞台设计与制作。十月上旬,云南省抗敌后援会发起为在前线与日寇鏖战的滇军子弟征募棉衣运动,省政府议决募集棉衣20万件,昆明民众纷纷响应,西南联大一些同学和教师决定排演四幕话剧《祖国》,以演出收入作为捐款。《祖国》是西南联大到昆明后上演的第一部话剧,它诞生在反对汪精卫叛国投敌的斗争中,其主题鲜明地体现了歌颂抗战精神、反对妥协投降这一时代需要。该剧是西南联大外文系年轻教授陈铨根据法国剧本《古城的怒吼》改编而成,剧情描写在日军占领下的某个城市里,一位教授不顾个人安危与个人恩怨,与他的学生和工人们一起向日军和汉奸作坚决的斗争,最后为祖国壮烈牺牲。这是一出鼓舞民气的话剧,先生积极参与了许多工作,出了不少主意。

在排练中,剧组中的联大学生(其中有民先队员和中共地下党员)为了团结更多的青年开展抗日救国宣传活动,决定把临时性的剧组发展成一个长期性的有组织的社团,起名为"联大剧团"。年底,他们在租借作为西南联大校舍的昆华农校大楼的一间教室里,召开了成立大会,参加者有六十余人,先生和陈铨以及在剧中担任指导、角色的孙毓棠、凤子等,也到会了。先生在会上还作了发言,张定华《昆明抗日救亡运动中的"联大剧团"》中记述先生讲话:"成立话剧团,开展戏剧活动,是一项有意义的工作,但是想到前方在抗战,同胞们在敌人的铁蹄下受苦难,你们能来后方上大学是很不容易的。剧团成员要演戏,但不能荒疏学业,一定要认真读书。"(云南省历史研究所编《云南现代史料丛刊》第5辑,1985年出版)凤子在《永生的未死的》一文中,也记述了先生这时的活动:"联大剧团成立了,果然闻先生分出一部分时间,参加指导工作。不论导演、演员、工作人员,都包围着他。舞台设计,以及服装他都不吝惜他的意见。……当他在舞台幕后检查工作的时候,那份精神是青年

人所不及的,他热烈地辩论着,为了一个小小的问题,他很少放弃他说话的权利。"(《人世间》,1947年第5期)

十二月一日 西南联合大学开学上课。先生这年度给中国文学系文学组二年级讲"楚辞",给语言组三年级讲"尔雅",均为四学分。(据《西南联合大学历年度各院系必修选修学程表》,清华大学档案室藏)此外,还开大一国文课程。

"楚辞"课,这学期仅讲了一篇《天问》。季镇淮《闻一多先生事略》:"在'楚辞'班上,他先讲《天问》,手里拿着四易稿的《天问疏证》,一句一句地讲,一个字也不含糊,详征博引,一学期只讲了一篇《天问》。学期完了没考试,令学生就《离骚》作一篇报告。"(《闻一多纪念文集》,第464页)

大一国文讲的是"诗经",地点在学校借用作为教室的昆华农校主楼。昆华农校位于大西门外,楼顶四角飞檐翘起的三层主楼刚刚建好,是当时昆明最醒目的现代化建筑,一九三八年度的大一国文课程就在这里开设。在这里,先生讲授过《诗经·采薇》(据许渊冲《闻一多与陈梦家》,《诗书人生》第34页,百花文艺出版社2001年5月出版)后来获得诺贝尔物理学奖金的杨振宁亦在这时听先生的课。当时的经济系学生戴今生也在这时听过课,他回忆:"闻先生那时刚四十岁,给我们开大一国文。他穿长衫,留着不长的胡子,显得很特别。他讲课慢慢吞吞,有股派头。记得'诗经'课上,他先介绍《诗经》在文学史上的地位,又讲解了几首诗,其中《东山》一首,特别强调随周公东征后回家战士的心情,使同学们感觉到仿佛就是抗战胜利归来的将士。"(访问戴今生记录,1986.12.30)

同日 致孙作云信。收《闻一多书信选集》。孙作云是听到先生在日机轰炸中受伤后特来信询问的。先生回信中还说到了湘黔滇旅行及眼下的学术研究工作:

居然得到你的信,南来以后未有如今日更高兴的!受伤是确实的,但是轻,一星期后即恢复,承你和在平诸友关心,感激之至。想不到关于我的消息,你知道了那么多,而且都正确,我的内心生活,想来你也最能了解,四千里的徒步旅行算什么?一个人只要有理想,有勇气,任何艰苦的事都易如反掌。在学生中没有比你更能了解我的,做学问如此,其他一切莫不皆然。唐先生是我最心折的学者,你从他治三礼,一定获益不少。希望你能常常追随他,近闻唐先生将迁居,你能否随他搬动?内人及鹤、雕诸儿常常念及你,他们是今年秋天来此的。今年定开"楚辞"、"尔雅"二课,本年内决将楚辞旧稿整理完毕,校勘部分已缮毕。《离骚》、《九歌》、《天问》、《卜居》、《渔父》、《远游》、《九辩》,签注部分较繁重,现只完成《天问》中夏史数十条,如果你在这里当然可以帮我不少的忙。昨天发现浇是始作甲胄的人,因而楚辞中许多问题可以迎刃而解。《吕览·勿躬篇》曰"大挠作甲子","大挠"即"浇","甲子"衍"子"字,下文"黔如作房首","房"即"橹",字一作"橹",作"楠",盾也,甲盾同类,故连举。我的书如有法打听,请费神打听一下,但拿出来恐不容易,王守惠、孙德宣、邓懿诸君亦时时在念,望以近状见告,以慰边思。

十二月七日　　请朱自清至新雅饭店晚餐。(朱乔森编《朱自清全集》第9卷,第562页)

十二月十六日　　与浦江清赴朱自清家,共同选定特别阅读室展出的书目。(朱乔森编《朱自清全集》第9卷,第564页)

十二月三十一日　　会见茅盾。茅盾是应盛世才邀请,由香港去新疆,二十八日途经昆明的。他听人讲西南联大教授与文协昆明分会的地方人士联系不够,觉得这样不利于抗战文化工作的开展,于是约见了先生和朱自清、吴晗等。

这次谈话的情况,茅盾在回忆录《从东南海滨到西北高原》中说:"我就由顾颉刚陪着拜访了朱自清;佩弦兄又派人去请冰心、闻一多和吴晗,冰心不在家,而我与吴晗是初次见面。这些教授先打听老朋友的消息,尤其关心原来在广州、武汉的一些朋友的行踪和安全。接着就谈起抗战文艺运动中的问题。我作了介绍,发现他们并非不了解情况,相反,他们很注意这些问题,只是自己没有参加进去,取了旁观的态度。我把话题转到外来文化人与本地文化界如何联络感情加强团结的问题。我说,抗战以来我走过不少地方,所到之处都发现这个问题。当地文化界的力量由于历史条件的限制,相对来说比较薄弱,他们欢迎外来的文化人帮助他们工作。但是,往往合作之后却发生矛盾,甚至闹得很紧张。据我观察,两方面都有责任,但我总认为我们这些'外来户'应该多担点责任。吴晗说,沈先生的意见很对,昆明也存在这个问题,我们就很少与当地的文化界联络,因此社会上也有些风言风语,不过,责任还在我们。朱自清说,我们这些人在书斋里呆惯了,不适应那种热闹场面,有人就说我们摆教授架子,其实本地的刊物约我写文章,我就从不推托。我笑道,佩弦兄误会了,参加抗战文化活动并不是要我们去学'华威先生',而是要有个统一的组织,使大家的步调能一致。至于我们这些人的本事,也就是写写文章,对抗战中的各种现象和各种问题发表发表自己的看法。各位的口才都在兄弟之上,还可以向民众作些讲演。顾颉刚说,大家步调一致是对的,但把单方面的意见强加于人就不对了。闻一多说,我们应该先与云南大学的同行加强联络,譬如组织个大学教授联谊会之类,能经常谈谈心,沟通思想。我说,这是个好办法,云南大学的楚图南过去我不认识,这次见面,觉得人很热情,他又是文协云南分会的负责人,你们何不约他交换交换意见,把云南文化界的力量统一组织起来?有了统一的组织,再分工合作,即使有不同意见照样可以保留。这几天我接触了昆明文化界各方面的人士,觉得云南的抗战文艺工作方兴未艾,有很大的潜力,如能把分散的力量统一起来,那就如虎添翼了!我们又议论了汪精卫投敌后的国内政治形势,认为汪的投敌当汉奸,从反面说,也是一件好事,好比挖掉了抗战躯体上的一个毒瘤,也许能促使蒋介石坚定抗战的决心。在我要告辞时,他们提出请我到西南联大作一次讲演,内容就是我向他们介绍的关于抗战文艺的现状。我推辞不了,只好说,那就开个座谈会在小范围内讲讲罢,请不要对外张扬。"(《新文学史料》,1984年第2期)